Kühn/Büning
Politik: Einsteigen
statt Aussteigen

Quellen- und Bildverzeichnis

(Quellen und Bilder, deren Ursprung im Text nachgewiesen ist, sind nicht aufgeführt.)

Archiv Gerstenberg, Wietze: S. 134 (2), 139, 141, 191, 202
Bildarchiv Preußischer Kulturbesitz, Berlin: S. 133, 188, 203, 213, 251
Börsenverein des Deutschen Buchhandels, Frankfurt: S. 209
Büning, Ulrich, Lübeck: S. 29 (2), 41, 47
Bundesbahndirektion — Verkehrsmuseum —, Nürnberg: S. 134, 138
CDU-Landesverband, Berlin: S. 112
Deutsches Lesebuch für Volksschulen, 1. Bd., 6. Aufl. 1940, Frankfurt: S. 107, 210
J. H. W. Dietz Verlag, Bonn-Bad Godesberg: S. 200
dpa, Hamburg: S. 206, 229, 309
Droste Verlag, Düsseldorf: S. 208 (3), 212
Eugen Diederichs Verlag, Köln: S. 130, 131 (4)
foto-present, Essen: S. 33 (2)
Friedrich-Ebert-Stiftung, Bonn: S. 200, 201
GEW/Herold: S. 167
Handelsblatt / Peter Bensch: S. 11
Herzog-August-Bibliothek, Wolfenbüttel: S. 157
Hessisches Landesmuseum, Darmstadt: S. 189, 190 (2), 192 (2), 195, 196 (3), 199
Historia-Photo, Hamburg: S. 133, 135
Hubmann, Hanns, Kröning: S. 202
IBM-Pressefoto: S. 147
Internationale Bilder-Agentur, Zürich: S. 138
Keystone, Pressedienst, München: S. 87
Klusmann, Wolfgang, Kl. Vahlberg: S. 128
Krupp-Pressefoto: S. 146
Landesbildstelle, Berlin: S. 225, 231 (2)
Lange, Wolfgang, Wolfenbüttel: S. 16 (2)
Liebermann, Erich, Starnberg: S. 151
Museum Schloß Rheydt / Ruth Kaiser, Mönchengladbach: S. 134, 135 (2), 141
Niedersächsische Staats- und Universitätsbibliothek, Göttingen: S. 137
Pooschke, Udo, Hildesheim: S. 303
Presse- und Informationsamt der Bundesregierung — Bundesbildstelle —, Bonn: S. 75, 106, 191, 251
Quick: S. 251
Rechenbuch für Volksschulen, Heft 8, 8. Schuljahr, 1. Aufl. 1941, Hannover/Leipzig: S. 15, 210
Renner, Hans-Peter, Stansstadt/Schweiz: S. 130, 295
Rothhämel, Helga, Dortmund: S. 183
Rup, Manfred, Offenbach: S. 95
Salzgitter AG: S. 128 (2)
Sarnes, Dirk, Wolfenbüttel: S. 16
Siemens-Werkbild: S. 128
Der Spiegel, Hamburg: S. 9, 154
Süddeutscher Verlag, Bilderdienst, München: S. 57, 128, 133, 188, 189 (2), 192, 193, 197 (3), 199, 211, 213, 215 (2), 219, 221, 225 (2), 230, 251, 253 (2), 265, 295
STERN/Jan Michael, Hamburg: S. 55
Ullstein-Bilderdienst, Berlin: S. 29, 88, 187, 199, 206, 209, 211, 231, 295 (2), 308
Umweltmagazin, Berlin: S. 152
Ursinus, Lothar, Kiel: S. 148
Verlagsgruppe List · SV · Südwest, München: S. 207, 218, 220
Vollmer, Manfred, Essen: S. 297
Zeitbildverlag: S. 251
Dr. Zentner, Christian, München: S. 215 (3), 216, 217, 220

ISBN 3-449-17154-2 · 1. Auflage · 1 4 3 2 1 / 1986 1985 1984

© Heckners Verlag · 3340 Wolfenbüttel
Gesamtherstellung: Heckners Verlag

Peter Kühn / Ulrich Büning

Politik: Einsteigen statt Aussteigen

HECKNERS VERLAG
3340 WOLFENBÜTTEL

Bestell-Nr. 17154

Vorwort

Wer einsteigt in einen Beruf, muß eine Menge lernen, nicht nur Praktisches, Handwerkliches, nicht nur Theorie, die in der Prüfung abgefragt wird.

Sie müssen sich einleben in Berufsschule und Betrieb. Da ist manches anders ... Gleichzeitig wird sich Ihr Interesse an der Umwelt erweitern. Dieses Buch soll Ihnen den Einstieg in diese neue Welt erleichtern.

Inhaltsverzeichnis

1	**Wir — Jugend in Betrieb, Familie und Freizeit**	
1.0	Hinweise — Büchertips	10
1.1	Neue Techniken fordern: mitdenkende Persönlichkeit	11
1.2	**Ausbildung ist Zukunft**	12
1.2.1	Das duale System: Zwei ziehn an einem Strang	13
1.2.2	Das Berufsbildungsgesetz regelt die Ausbildung	14
1.2.3	Ein Leben lang lernen	16
1.2.4	Eine gute Ausbildung ist das beste Mittel gegen Arbeitslosigkeit	16
1.2.5	Wie kommt man weiter?	17
1.3	**Unsere Rechte am Arbeitsplatz**	19
1.3.1	Am Anfang steht der Arbeitsvertrag	19
1.3.2	Gesetze schützen den Arbeitnehmer — Grundsätzliches steht im Bürgerlichen Gesetzbuch (BGB)	20
1.3.3	Schutz bei der Arbeit: Jugendarbeitsschutz	21
1.4	**Mitbestimmung am Arbeitsplatz?**	23
1.4.1	Der Meister ist Chef in seinem Betrieb	23
1.4.2	Wenn der Betrieb größer ist: der Betriebsrat bestimmt mit	23
1.4.3	Arbeitnehmer im Machtzentrum: Mitbestimmung in Großbetrieben	24
1.5	**Nur nicht aus der Rolle fallen?**	27
1.5.1	Wer seine Rolle spielen will, muß vorher lernen	27
1.5.2	Jedoch: Konflikte lassen sich oft nicht vermeiden	28
1.5.3	Normales Verhalten = genormtes Verhalten?	29
1.6	**Wir und die anderen — Wie sozial sind wir Bürger?**	30
1.6.1	Hilfreich gegenüber Vorbestraften?	30
1.6.2	Menschlich gegen Gastarbeiter?	32
1.7	**Arbeit ..., Freizeit ..., Urlaub ...**	35
1.7.1	Zwischen Hetze und Langeweile	35
1.7.2	Arbeit macht das Leben süß, Faulheit stärkt die Glieder	36
1.7.3	Wie läuft es eigentlich bei Euch?	38

1.8	**Die Familie: Wunschtraum oder Alptraum?**	39
1.8.1	Familie: Eine Gruppe wie jede andere?	39
1.8.2	Primärgruppe Familie: Warum heiraten?	40
1.8.3	Vater, Mutter, Sohn und Tochter: Rollen in der Familie	42
1.8.4	Werte fürs Leben: Was aus den Kindern wird, hängt von den Eltern ab	44
1.8.5	Nicht nebeneinander, miteinander!	46
1.8.6	Mit 18 weg von den Eltern?	46
1.8.7	Familie — Schule — Betrieb: Sie prägen fürs Leben	47
1.9	**Die Schuld tragen wir alle**	48
1.9.1	Hört doch auf, euch kaputtzumachen ...	48
1.9.2	„Das Ende der Welt ist nahe ..." (Jugendschutz)	50

2 Wir werden informiert

2.0	**Hinweise — Büchertips**	54
2.1	**Was man wissen sollte**	54
2.1.1	Glauben Sie an den Weihnachtsmann? Informationen, kritisch betrachtet	54
2.1.2	Meldung und Meinung (Nachricht und Kommentar)	55
2.2	**Jeder kennt sie: Die Massenmedien (Presse, Hörfunk, Fernsehen)**	57
2.2.1	Massenmedien, was sind sie, was wollen sie?	57
2.2.2	Pressefreiheit, Presserecht: Voraussetzung umfassender Information	59
2.2.3	Was man schwarz auf weiß besitzt: die Presse	62
2.2.4	Fenster zur Welt: Hörfunk und Fernsehen	68
2.2.5	Lassen Sie sich beeinflussen? (Wirkungen der Massenmedien)	71
2.2.6	Massenmedien: Fluch oder Segen ... ?	72

3 Unser Staat: Die Bundesrepublik Deutschland

3.0	**Hinweise — Büchertips**	76
3.1	**Eine Welt voller Konflikte (die pluralistische Gesellschaft)**	76
3.2	**Alle wollen mitreden und mitentscheiden**	77
3.2.1	Die Parteien wirken ... mit, Art 21 GG	77
3.2.2	Sind Sie „organisiert"? (Interessenverbände)	83
3.2.3	„Als einzelner ist man zu schwach und zu blöd." Bürgerinitiativen	86
3.3	**Das süße Gift der Macht**	88
3.3.1	Was ist politische Macht?	89
3.3.2	Vertrauen ist gut, Kontrolle ist besser: Macht muß kontrolliert werden	89
3.3.3	Staat und Staatsorganisation	92
3.3.3.1	Staatsaufbau	92
3.3.3.2	Herrschaftsformen (Regierungsformen)	93
3.3.3.3	Präsident oder König?	94
3.4	**Wir leben in einer Demokratie**	95
3.4.1	Sind wir in guter „Verfassung"? (Das Grundgesetz)	95
3.4.2	Menschenrechte, Grundrechte: Schutz vor einem übermächtigen Staat	97
3.4.3	Die Bedeutung des Wahlsystems im politischen Machtkampf	99
3.4.3.1	Das Wahlsystem stellt die Weichen	100
3.4.3.2	Das Wahlrecht der Bundesrepublik Deutschland — „personalisierte Verhältniswahl"	102
3.4.4	Die Gesetzgebung	104
3.4.4.1	Der Bundestag (Art. 38 — 49 GG)	104
3.4.4.2	Der Bundesrat	111
3.4.5	Der Bundespräsident, unser König? (Art. 54 — 61 GG)	112
3.4.6	Regierung und Verwaltung (Art. 62 — 69, 83 — 91 GG)	114
3.4.7	Die Gesellschaft verändert sich	117
3.5	**Wir leben in einem Rechtsstaat**	118
3.5.1	Der Staat garantiert Sicherheit und Ordnung	119
3.5.2	Kriminalität kommt von crime	119
3.5.3	Vor Gericht: Richter sprechen Recht	121
3.5.4	Strafe muß sein! Strafen anderswo	122
3.5.4.1	Geldstrafe: Wer viel verdient, soll auch viel zahlen!	122
3.5.4.2	Freiheitsstrafe: Besserung hinter Gittern?	123
3.5.4.3	Jugendstrafe: durch Strafe erziehen?	123
3.5.5	Muß Strafe sein?	125
3.5.5.1	Vom Waisenhaus ins Zuchthaus	125
3.5.5.2	Resozialisierung: ein Weg, der Erfolg verspricht?	126
3.5.6	Keine Angst vor den Gerichten	126
3.5.6.1	Sein Recht kann sich heute jeder leisten	126
3.5.6.2	Die Göttin der Gerechtigkeit ist menschlich geworden	127

4	**Von der Not zum Überfluß — Die Industriegesellschaft**	
4.0	**Hinweise — Büchertips**	129
4.1	**Die Entwicklung der Wirtschaft: Von der Not zum Überfluß**	130
4.1.1	Schlechte Zeiten: Hunger für alle	130
4.1.2	Handwerksarbeit: Qualität für wenige	130
4.1.3	Leben auf dem Lande damals: Hunger — Elend — Not	132
4.2	**Die Zeiten ändern sich**	133
4.2.1	Maschinen verändern die Welt	133
4.2.2	Industrielle Revolution in Deutschland	136
4.2.3	Das Elend der Massen: „die soziale Frage"!	139
4.2.4	Wege aus der Not	142
4.2.5	Der Staat greift ein	143
4.2.6	1881 — Geburtsstunde unserer Sozialversicherungen	144
4.3	**Am laufenden Band: Wohlstand für alle**	145
4.3.1	Rationalisierung: schneller — billiger — mehr	146
4.3.2	Mehr Arbeit für Maschinen — weniger für Menschen	147
4.3.3	Mikroelektronik: Die Teufelchen sind schon unter uns	147
4.3.4	Auch: Chancen für ein besseres Leben	148
4.4	**Wie soll es weitergehen?**	149
4.5	**Es ist viel zu tun ...**	150
4.5.1	Energie sparen, machen Sie mit!	150
4.5.2	Selbstmord auf Raten — oder Umweltschutz	152
4.5.3	Beispiel: Wunschtraum Auto	154
4.5.4	Besser leben ohne Wachstum?	156
4.6	**Nichts ist wie gestern — und morgen?**	157
4.6.1	Vom Untertanenstaat zur freiheitlichen Gesellschaft	157
4.6.2	Erkämpfte Erfolge — weitermachen?	158
4.6.3	Die Alternative: aussteigen?	158
4.6.4	Eine trügerische Verlockung	159
5	**Alle wollen besser leben — Wirtschafts- und Sozialpolitik**	
5.0	**Hinweise — Büchertips**	161
5.1	**Sozialstaat Bundesrepublik**	162
5.1.1	Soziale Marktwirtschaft: Das Wirtschaftssystem der Bundesrepublik Deutschland	162
5.1.2	Wettbewerb: Zum Vorteil für alle	162
5.1.3	Die Wirklichkeit ist komplizierter: Beispiele	163
5.2	**Unsere Wünsche: Ziele der Wirtschaft — Ziele der Politik**	163
5.2.1	Konjunktur: das Auf und Ab der Wirtschaft	163
5.2.2	Unmögliches möglich machen?	164
5.2.3	Konjunkturpolitik läuft im Prinzip so:	165
5.2.4	Mächtige Mitgestalter der Wirtschaftspolitik	166
5.2.4.1	Die Arbeitgeberverbände: Interessenvertretung der Unternehmer	166
5.2.4.2	Die Gewerkschaften: Interessenvertretung der Arbeitnehmer	167
5.2.5	Jeder erhält ein Stück vom Kuchen „Volkseinkommen"	168
5.3	**Wie sozial ist unser Sozialstaat?**	170
5.4	**Wie funktioniert das mit der sozialen Sicherheit?**	171
5.4.1	Grundsätzliches	171
5.4.2	Es geht nicht ohne Prinzipien	172
5.4.3	Sozialversicherungen heute	173
5.4.4	Selbstverwaltung: Versicherte und Arbeitgeber gestalten mit	173
5.5	**Ist der Sozialstaat am Ende?**	174
5.5.1	Für die einen zu viel Hilfe?	174
5.5.2	Von den anderen zu viel Opfer?	175
5.5.3	Sparen — aber wo?	175
5.6	**Ärmel aufkrempeln: humane Leistungsgesellschaft?**	177
5.6.1	„Der Wille zur Leistung gehört zum Menschen" — Für die Zukunft: lernen — lernen — lernen!	178
5.6.2	.... packen wir's an!	180
5.6.3	„Wer Leistung verweigert ... handelt unsozial"	185
6	**Die Weimarer Republik: Demokratie als Experiment**	
6.0	**Hinweise — Büchertips**	188
6.1	**Zeittafel**	188
6.2	**Vom Ersten Weltkrieg zur Diktatur**	190
6.2.1	Viele können es nicht glauben: Der Krieg ist verloren	190
6.2.2	Der Vertrag von Versailles: Das Diktat der Sieger	191
6.2.3	Nach dem Krieg sind die Staatskassen leer	192

6.2.4	Die Demokratie steht auf schwachen Füßen	195
6.2.5	Das Experiment scheitert: Der Weg in den Abgrund	197
6.2.6	Zur Diskussion gestellt	200

7 Das Dritte Reich — Der Staat der Gewalt

7.0	Hinweise — Büchertips	202
7.1	Zeittafel	202
7.2	Der Weg in die Katastrophe	203
7.2.1	Ziele und Feindbilder der Nationalsozialisten	203
7.2.2	Die Gleichschaltung: Zuckerbrot und Peitsche	205
7.2.3	Die „neue Wirtschaftspolitik": Vorbereitung zum Krieg	211
7.2.4	Im Feuerofen: die Judenverfolgung	212
7.2.5	Das Gewissen steht auf: Widerstand	216
7.2.6	Die Eroberung von „Lebensraum": Der Zweite Weltkrieg	218
7.2.7	Zur Diskussion gestellt	222

8 Die „deutsche Frage"

8.0	Hinweise — Büchertips	226
8.1	Wenn einer eine Reise tut ...	227
8.2	Deutschland nach dem Kriege	229
8.3	Zwei „feindliche Brüder" — Deutschland im Vergleich	233
8.3.1	Grundrechte in Deutschland	233
8.3.2	Vergleichen, was nicht vergleichbar ist?	234
8.4	Der Staatsaufbau der DDR — Grundinformationen	235
8.4.1	Volkskammer	235
8.4.2	Staatsrat	235
8.4.3	Ministerrat	235
8.4.4	Parteien und Nationale Front	236
8.4.5	Vergleich	236
8.5	Sozialistische Demokratie — Pluralistische Demokratie	236
8.5.1	Beispiel: Parteien in Deutschland	237
8.5.1.1	Die Partei als Vortrupp der Arbeiterklasse (DDR)	237
8.5.1.2	Mehrparteiensystem (Bundesrepublik Deutschland)	237
8.6	Zweimal „made in Germany" — Wirtschaft im Vergleich	238
8.6.1	Sozialistische Planwirtschaft: Das Wirtschaftssystem der DDR	238
8.6.1.1	Theoretisch: „in jeder Hinsicht überlegen"	239
8.6.1.2	Die Praxis sieht anders aus	239
8.6.2	Soziale Marktwirtschaft: das Wirtschaftssystem der Bundesrepublik Deutschland	240
8.6.3	Wo lebt man besser?	241
8.7	Jugend in Deutschland — Informationen und Meinungen	242
8.7.1	Informationen	242
8.7.2	Meinungen	245
8.8	Stimmen zur deutschen Frage: Mehr als 30 Jahre geteilte Nation	247

9 Weltpolitische Probleme — Fragen der internationalen Politik

9.0	Hinweise	254
9.1	Hürdenlauf nach Europa	255
9.1.1	Europa: Wie fing es an? — Schritte nach Europa	256
9.1.2	Die Europäische Gemeinschaft (EG)	258
9.1.3	Europa im Zahlenspiegel	260
9.1.4	Hürdenlauf nach Europa: Ziele, heute und morgen	262
9.1.5	Hürdenlauf nach Europa: Ein ganzer Sack voller Probleme	263
9.1.5.1	Beispiel Agrarpolitik	263
9.1.5.2	Andere Probleme	266
9.1.6	Mehr als 25 Jahre Europäische Gemeinschaft: Eine Bilanz	267
9.1.7	Was man sonst noch wissen sollte: Andere Zusammenschlüsse	269
9.2	Der Nord-Süd-Konflikt: Entwicklungshilfe in der Sackgasse?	269
9.2.1	Im Teufelskreis der Armut	270
9.2.2	Was sind Entwicklungsländer?	271
9.2.2.1	Die drei Welten	271
9.2.2.2	Merkmale und Ursachen der Unterentwicklung	273
9.2.2.3	„Die sollen doch die Pille nehmen ...!"	275
9.2.3	Entwicklungshilfe — aber wie?	277
9.2.3.1	Mit den Industrieländern gleichziehen ...?	277
9.2.3.2	„Nord-Süd: Ein Programm zum Überleben"	279
9.2.3.3	Die EG und die Dritte Welt	281
9.2.3.4	Andere Länder, andere Probleme	282
9.2.4	Stimmen zur Entwicklungshilfe	283

10 Der schwere Weg zum Frieden

10.0	**Hinweise — Büchertips**	289
10.1	**„Wir produzieren Sicherheit"**	290
10.1.1	Bundeswehr und NATO	290
10.1.2	NATO und Warschauer Pakt	292
10.1.3	Reden ist besser als schießen ... Versuche zur Friedenssicherung und Rüstungsbeschränkung	294
10.1.4	Friedensdienst mit und ohne Waffen	294
10.2	**Fragezeichen: Höhere Rüstung — höhere Sicherheit?**	295
10.2.1	Zwei kleine Jungen	296
10.2.2	Der Zug nach Neumünster ... Meinungen und Denkanstöße	297
10.3	**„Wie spielt man Frieden?" — Friedenserziehung**	302
10.3.0	Hinweise — Büchertips	302
10.3.1	Warum gibt es Kriege?	304
10.3.2	So fängt es an: Wir und die anderen	306
10.3.2.1	Vorurteile: Urteile ohne Verstand	307
10.3.2.2	Wer angegriffen wird, kapselt sich ab: Beispiel Gastarbeiter	307
10.3.2.3	Wie reagieren Sie auf Leute, die „anders" sind?	308
10.3.3	Feindbilder	309
10.3.3.1	... des Nationalsozialismus	309
10.3.3.2	... der DDR	310
10.3.3.3	... und unsere Feindbilder?	310
10.3.4	Friede, Freude, Eierkuchen ...? — Die Austragung von Konflikten	311
	Stichwortverzeichnis	313

1	Wir — Jugend in Betrieb, Familie und Freizeit
1.0	Hinweise — Büchertips
1.1	Neue Techniken fordern: mitdenkende Persönlichkeit
1.2	Ausbildung ist Zukunft
1.3	Unsere Rechte am Arbeitsplatz
1.4	Mitbestimmung am Arbeitsplatz?
1.5	Nur nicht aus der Rolle fallen?
1.6	Wir und die anderen — Wie sozial sind wir Bürger?
1.7	Arbeit ..., Freizeit ..., Urlaub ...
1.8	Die Familie: Wunschtraum oder Alptraum?
1.9	Die Schuld tragen wir alle

1 Wir — Jugend in Betrieb, Familie und Freizeit

1.0 Hinweise — Büchertips

Wer im Arbeitsleben steht, als Auszubildender, Arbeiter, Angestellter, Beamter, oder sich darauf vorbereitet, der sollte einiges über die rechtlichen Grundlagen wissen. Hier erfahren Sie das wichtigste. Auch wenn Sie das eine oder andere im Augenblick noch nicht direkt angeht: je mehr Sie wissen, desto besser werden Sie in Ihrem Berufsleben zurechtkommen.

Sie sollten unbedingt das Jugendarbeitsschutzgesetz besitzen — und kennen! Sie finden es abgedruckt in der Broschüre ,,Ausbildung und Beruf'', die Sie sicherlich schon längst bestellt haben.

Sie müssen sich einleben in Berufsschule und Betrieb. Da ist manches anders . . . Gleichzeitig wird sich Ihr Interesse an der Umwelt erweitern. Dieses Buch soll Ihnen den Einstieg in diese neue Welt erleichtern.

Kostenlose Informationen erhalten Sie von:

Presse- und Informationsamt der Bundesregierung, Postfach 2160, 5300 Bonn 1 (u. a. erhalten Sie: ,,Frag'' mal — Tips für junge Leute'', ,,Demokratie als Auftrag'', ,,Handbuch Frauen'', ,,Hilfen für die Familie'',

Bundesministerium für Bildung und Wissenschaft, Postfach 200108, 5300 Bonn 2 (u. a. erhalten Sie: ,,Ausbildung und Beruf — Rechte und Pflichten während der Berufsausbildung'', ,,Berufe für Männer und Frauen'', ,,BAföG — Gesetz und Beispiele''),

Bundeszentrale für gesundheitliche Aufklärung, Postfach, 5000 Köln 100 (u. a. erhalten Sie: ,,Alkohol, einmal anders gesehen'', ,,15 Sekunden zum Nachdenken [über das Rauchen]''),

Bundesanstalt für Arbeit, Regensburger Straße 104, 8500 Nürnberg 1 (auch bei jedem Arbeitsamt) (u. a. erhalten Sie: ,,Dienstleistungen für jedermann von A — Z'', ,,Fibel über Förderungsmaßnahmen'').

Büchertips

Bergmann, ,,Abhauen, Flucht ins Glück'', rororo 7404

Kirschner, ,,Die Kunst, ohne Überfluß glücklich zu leben'', Knaur Taschenbuch 7647

Hittlemann, ,,Yoga — das 28-Tage-Programm'', Heyne Taschenbuch 4546

,,Drogen-Reader'', Schriftsteller, Schüler, junge Angestellte und Arbeiter berichten über ihre Erfahrungen, Fischer Taschenbuch 7507

Hungerbühler, ,,Warum sagst du nicht ,Nein danke'?'' Drogen sind der falsche Trip, Fischer Taschenbuch 4227

,,Jugendrecht'', dtv 5008

,,Arbeitsgesetze'', dtv 5006

Fraucke, ,,Berufsausbildung von A — Z'', dtv 5228

,,Lehrlingshandbuch'', Alles über Lehre, Berufswahl, Arbeitswelt für Lehrlinge, Eltern, Ausbilder, Lehrer, rororo 6212

Sehen Sie sich in einer Buchhandlung in der Taschenbuchabteilung um. Auch dort finden Sie Interessantes. Wenn Sie sich die Verzeichnisse der Taschenbuchverlage mitnehmen — die gibt Ihnen jeder Buchhändler gerne —, können Sie zu Hause in Ruhe Literatur aussuchen.

1.1 Neue Techniken fordern: mitdenkende Persönlichkeit

An alle, die einen Ausbildungsplatz suchen

Sicher ist es ungewöhnlich, wenn in einer Anzeige, wo es um einen Ausbildungsplatz geht, gleich ein

Aufstieg zur Führungskraft

in Aussicht gestellt wird. Aber wir wollen bewußt mit dieser Anzeige die jungen Menschen ansprechen, die vom ersten Tag ihrer Lehre an zielstrebig darauf zuarbeiten, einmal mehr zu sein als andere, Führungsfunktionen zu übernehmen.

Das bedeutet, daß Sie die Bereitschaft mitbringen sollten, Besonderes zu leisten und sich von Anfang an planvoll für eine Führungsfunktion zu qualifizieren und voll zu entfalten.

Neben einem guten Schulabschluß sollten Sie den Wunsch mitbringen zu lernen, gut mit Menschen umzugehen.

Wir sind ein Unternehmen in einer besonders attraktiven und interessanten Branche. Sie werden Mitarbeiter eines sehr erfolgreichen Groß- und Einzelhandelsunternehmens. Sie werden ein sehr gutes Betriebsklima finden und einen jungen, dynamischen Chef.

Bewerben Sie sich bitte unter **AG 7246**.

Der Umbruch in der Arbeitswelt, der mit den Begriffen Computer, Bildschirm und Kleinstrechner gekennzeichnet ist, wird in Zukunft dafür sorgen, daß die meisten Berufe sich verändern.

Welche Fähigkeiten brauchen junge Leute, um in der modernen Arbeitswelt bestehen zu können?

„ Die entscheidende Qualifikation für den Beruf, besonders für Führungspositionen, ist die Persönlichkeit des Menschen.

1. Persönlichkeit meint einen Menschen, bei dem aus seelischen und zwischenmenschlichen Anlagen seelisches und zwischenmenschliches Leben wird. Der Gegentyp ist heute weit verbreitet: Das sind Menschen, die sich leer fühlen, denen das Leben langweilig vorkommt, die wenig Antrieb haben, denen kaum etwas Freude macht und die sich isoliert fühlen.

2. Persönlichkeit bezeichnet einen stabilen Menschen; er ist belastbar; stärkere Anspannungen rufen bei ihm nicht so leicht einen gesundheitsschädigenden Streß hervor. Durch Fehlschläge läßt er sich nicht so leicht von seinem Weg drängen. Er besitzt Ausdauer. ...

3. Persönlichkeit ist man nicht, man wird sie immer nur. Dieser Begriff kennzeichnet also einen Menschen, der sich in einem ständigen Wandlungsprozeß befindet. Auf überholte Einstellungen, auf Ansichten, die sich als falsch herausstellen, kann er verzichten. Er hält sich offen, um Neues kennenzulernen und um in der Auseinandersetzung mit Neuem reif zu werden. "

Quelle: Dr. Dr. Rudolf Affemann in einem Vortrag am 15. Februar 1980 in Stuttgart, veröffentlicht im „Deutschen Drucker", 28. März 1980

▼

Erarbeiten Sie aus Anzeige und Text die für „Berufe der Zukunft" geforderten Fähigkeiten und Eigenschaften.

Diskutieren Sie die vorgetragene Meinung.

Überlegen Sie, wie sich die Anforderungen auf Ihre eigene berufliche Laufbahn auswirken werden.

(Fort)Schritt halten

1.2 Ausbildung ist Zukunft

Möglichst alle Jugendlichen sollen eine Ausbildung erhalten. Viele Organisationen und Behörden helfen bei der Suche nach einem geeigneten Ausbildungsplatz. Dabei werden nicht nur die zukünftigen Auszubildenden beraten, sondern auch die Unternehmer, die Meister, die ausbilden sollen.

Überlegen Sie: Warum werden die genannten Gruppen als „Problemgruppen" bezeichnet?

Welche Begründungen werden für eine gute Ausbildung genannt?

Welche Lösungen werden vorgeschlagen?

DER BUNDESMINISTER FÜR BILDUNG UND WISSENSCHAFT

Jeder Jugendliche braucht eine Ausbildung: auch die schwachen Schüler, auch die Kinder der ausländischen Arbeitnehmer – auch die Mädchen!

Hier ist ein Beispiel für die „Problemgruppe" Mädchen:

Die 17jährige Birgit schwingt den Hammer; sie lernt Werkzeugmacher(in!). Mit ihrem Hammer klopft sie auch das Vorurteil weich, daß „Männerberufe" nichts für Mädchen sein sollen. Wie Birgit aus Berleburg lernen viele Mädchen inzwischen „typische Männerberufe". Statt Friseuse, Verkäuferin, Arzthelferin werden diese Mädchen Betriebsschlosserin, Dreherin, Chemiefacharbeiterin. Sieben Millionen Mark steckt der Bund 1979 in diese Modellversuche. Ziel: Vorurteile abbauen, neue Wege aufzeigen. Das ist der Beweis: Es geht.

Hier sind zwei Beispiele für die „Problemgruppe" schwache Schüler:

Herbert hat schlechte Noten im Zeugnis. Ein Diktat und einige Rechenaufgaben bestätigen: Mit den „Kulturtechniken" hapert es. Aber: Er kann und will lernen. Schließen Sie mit ihm einen Ausbildungsvertrag ab. Wenn er es wider Erwarten in der normalen Zeit nicht schaffen sollte, kann die Ausbildungsdauer verlängert werden. Sprechen Sie darüber mit Ihrer Kammer.

Wenn Uschi nach Ihrem Eindruck „zu jung" für den Betrieb ist, dann sollten Sie ihr vielleicht zu einem weiteren Schuljahr raten. Dann soll sie wiederkommen. So hat sie eine Perspektive, und Sie können in der Ausbildung auf besseren Vorkenntnissen aufbauen.

Hier ist ein Beispiel für die „Problemgruppe" Ausländer:

Ali hat Sprachschwierigkeiten: „Bohrfutter" hält er zunächst für etwas zum Essen. Aber Bohren will er lernen. Er will Schlosser werden. Der Betrieb kann sein „sprachliches Defizit" nicht beseitigen. Deshalb gibt es für junge Ausländer Sprachlehrgänge. Aber eine ordnungsgemäße Berufsausbildung soll auch Ali bekommen. Wenn er hier bleibt, können wir Ali als Nachwuchskraft gut brauchen. Wenn er in sein Heimatland zurückgeht, brauchen wir ihn auch: Als Ansprechpartner, wenn wir unsere Produkte verkaufen wollen.

Forderung 1
Jedes Mädchen braucht eine genauso gute Ausbildung wie ein Junge!

Forderung 2
Schwächere Schüler brauchen ebenso eine Ausbildung in einem anerkannten Ausbildungsberuf wie Schüler mit guten Zeugnissen.

Forderung 3
Ausländische Jugendliche brauchen eine genauso gute Ausbildung wie deutsche.

Quelle: „Informationsblatt 1979", Der Bundesminister für Bildung und Wissenschaft

1.2.1 Das duale System: Zwei ziehen an einem Strang

Duo heißt zwei: Wenn zwei zusammen singen, nennt man das ein Duett; wenn zwei aufeinander schießen, ist das ein Duell.

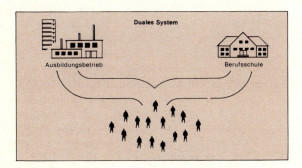

Zwei Partner, Betrieb und Berufsschule sind für die Berufsausbildung verantwortlich. Kein Mensch erwartet, daß sie zusammen singen, aber sie sollen auch nicht aufeinander schießen — auch nicht mit Worten. Sie sollen zusammenarbeiten, an einem Strang ziehen. Diese Form der Berufsausbildung nennt man das duale System.

Die Ausbildung geschieht an zwei Lernorten: in der Berufsschule mit dem Schwerpunkt Theorie (Kenntnisse), in den Betrieben mit dem Schwerpunkt Praxis (Fertigkeiten). Das bedeutet nicht, daß die Schule die Theorie für sich gepachtet hat und der Betrieb die Praxis. Theorie „begreift" man besser, wenn man das Problem in die Hand nehmen kann. Dazu dienen die Werkstätten der Schulen. Die praktische Ausbildung im Betrieb kommt nicht ohne „theoretische" Erklärung aus.

Nur wenige Betriebe können heute alle verlangten Fertigkeiten systematisch vermitteln. Viele sind spezialisiert; gelernt wird an dem, was gerade zu tun ist. Wenn man an einem Kundenauftrag mitarbeitet, kann man eine Menge lernen. Aber die Kunden kümmern sich nicht darum, daß der Auszubildende zuerst das Leichte beherrschen muß, um später das Schwere lernen zu können. In vielen Berufssparten werden deshalb Teile der Ausbildung ausgelagert in überbetriebliche Ausbildungswerkstätten. Dort kann systematisch in Lehrgängen ausgebildet werden. Alle Auszubildenden eines Berufszweiges werden so auf einen gleichen Ausbildungsstand gehoben. Die überbetriebliche Ausbildung wird durchgeführt von Innungen, Kammern, Arbeitgeberverbänden ... Sie gehört zum Lernort Betrieb.

Damit das alles auch funktioniert, wird für jeden einzelnen Beruf einheitlich für die gesamte Bundesrepublik Deutschland festgelegt, was der Auszubildende lernen soll. Das Bundeswirtschaftsministerium erarbeitet die Ausbildungsordnung, daran wirken der betroffene Arbeitgeberverband und die Gewerkschaft mit.

Die Ausbildungsordnung enthält:

- die Bezeichnung des Ausbildungsberufs,
- die Ausbildungsdauer,
- die Fertigkeiten und Kenntnisse, die Gegenstand der Berufsausbildung sind (Ausbildungsberufsbild),
- eine Anleitung zur sachlichen und zeitlichen Gliederung, nach der Fertigkeiten und Kenntnisse gelehrt werden (Ausbildungsrahmenplan),
- die Prüfungsanforderungen.

Für den Unterricht in der Berufsschule wird aufgrund der Ausbildungsordnung ein Rahmenlehrplan ausgearbeitet. Dieser Rahmenlehrplan kann nicht einfach bundeseinheitlich zum Soll für alle Berufsschulen erklärt werden, denn für die Schulen sind die Kultusminister der einzelnen Bundesländer zuständig. Daher wird in jedem Bundesland nach dem Rahmenlehrplan ein Lehrplan erstellt, in dem die Besonderheiten des jeweiligen Landes berücksichtigt werden.

1.2.2 Das Berufsbildungsgesetz regelt die Ausbildung

„Falsch"　„Richtig"

Was verdienen Azubis?

Nach dem Tarifregister des Bundesministers für Arbeit und Sozialordnung, das rund 85 Prozent aller Ausbildungsverhältnisse umfaßt, liegen die höchsten Ausbildungsvergütungen im ersten Ausbildungsjahr zur Zeit bei 935 Mark, die niedrigsten bei 163 Mark monatlich. Der Durchschnitt aller Ausbildungsvergütungen beträgt (ohne Sozialversicherungsbeiträge): im ersten Ausbildungsjahr 542 Mark, im zweiten Jahr 623 Mark, im dritten Jahr 718 Mark, im vierten Jahr 759 Mark monatlich für Auszubildende, die ihre Ausbildung vor Vollendung des 18. Lebensjahres begonnen haben.

BfG: Geldzeitung 1/84

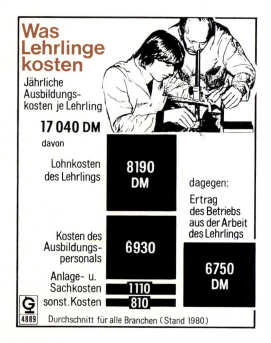

Seit 1969 gilt das Berufsbildungsgesetz. Hier die für Sie wichtigsten Bestimmungen:

1. Wer eine Berufsausbildung beginnt, muß vorher einen schriftlichen Berufsausbildungsvertrag abschließen (§ 3 + 4 BBiG).

2. Pflichten des Ausbildenden (Lehrherr)
   BBiG § 6 Berufsausbildung. (1) Der Ausbildende hat

   1. dafür zu sorgen, daß dem Auszubildenden die Fertigkeiten und Kenntnisse vermittelt werden, die zum Erreichen des Ausbildungsziels erforderlich sind, und die Berufsausbildung in einer durch ihren Zweck gebotenen Form planmäßig, zeitlich und sachlich gegliedert so durchzuführen, daß das Ausbildungsziel in der vorhergesehenen Zeit erreicht werden kann,

   2. selbst auszubilden oder einen anderen Ausbilder ausdrücklich damit zu beauftragen,

   3. dem Auszubildenden kostenlos die Ausbildungsmittel, insbesondere Werkzeuge und Werkstoffe zur Verfügung zu stellen, die zur Berufsausbildung und zum Ablegen von Zwischen- und Abschlußprüfungen, auch soweit solche nach Beendigung des Berufsausbildungsverhältnisses stattfinden, erforderlich sind,

   4. den Auszubildenden zum Besuch der Berufsschule sowie zum Führen von Berichtsheften anzuhalten, soweit solche im Rahmen der Berufsausbildung verlangt werden, und diese durchzusehen,

   5. dafür zu sorgen, daß der Auszubildende charakterlich gefördert sowie sittlich und körperlich nicht gefährdet wird.

   (2) Dem Auszubildenden dürfen nur Verrichtungen übertragen werden, die dem Ausbildungszweck dienen und seinen körperlichen Kräften angemessen sind.

3. Pflichten des Auszubildenden (Lehrling)
   BBiG § 9 Verhalten während der Berufsausbildung.

   Der Auszubildende hat sich zu bemühen, die

Fertigkeiten und Kenntnisse zu erwerben, die erforderlich sind, um das Ausbildungsziel zu erreichen. Er ist verpflichtet,

— die im Rahmen seiner Berufsausbildung aufgetragenen Verrichtungen sorgfältig auszuführen,
— an Ausbildungsmaßnahmen teilzunehmen, für die er nach § 7 freigestellt wird,
— den Weisungen zu folgen, die ihm im Rahmen der Berufsausbildung vom Ausbildenden, vom Ausbilder oder von anderen weisungsberechtigten Personen erteilt werden,
— die für die Ausbildungsstätte geltende Ordnung zu beachten,
— Werkzeuge, Maschinen und sonstige Einrichtungen pfleglich zu behandeln,
— über Betriebs- und Geschäftsgeheimnisse Stillschweigen zu wahren.

4. Der Ausbildende muß dem Auszubildenden eine Vergütung zahlen. Diese ist spätestens fällig am letzten Arbeitstag des Monats (§ 10 + 11 BBiG).

5. BBiG § 13 Probezeit. Das Berufsausbildungsverhältnis beginnt mit der Probezeit. Sie muß mindestens einen Monat und darf höchstens drei Monate betragen.

6. BBiG § 14 Beendigung. (1) Das Berufsausbildungsverhältnis endet mit dem Ablauf der Ausbildungszeit.

(2) Besteht der Auszubildende vor Ablauf der Ausbildungszeit die Abschlußprüfung, so endet das Berufsausbildungsverhältnis mit Bestehen der Abschlußprüfung.

▼

Stellen Sie in einer Tabelle Rechte und Pflichten des Auszubildenden sinnvoll nebeneinander.

Rechte der Auszubildenden	Pflichten der Auszubildenden
?	?

7. BBiG § 15 Kündigung. (1) Während der Probezeit kann das Berufsausbildungsverhältnis jederzeit ohne Einhalten einer Kündigungsfrist gekündigt werden.

(2) Nach der Probezeit kann das Berufsausbildungsverhältnis nur gekündigt werden

1. aus einem wichtigen Grund ohne Einhalten einer Kündigungsfrist,
2. vom Auszubildenden mit einer Kündigungsfrist von vier Wochen, wenn er die Berufsausbildung aufgeben oder sich für eine andere Berufstätigkeit ausbilden lassen will.

(3) Die Kündigung muß schriftlich und in den Fällen des Absatzes 2 unter Angabe der Kündigungsgründe erfolgen.

8. Die Prüfungsausschüsse für die Abnahme der Zwischen- und Abschlußprüfungen bestehen mindestens aus

1 Vertreter der Arbeitnehmer
— benannt durch die Gewerkschaft; in Handwerksberufen gewählt durch die von der Innung einberufene Gesellenversammlung.

1 Vertreter der Arbeitgeber
— benannt durch den Arbeitgeberverband; bei Handwerksberufen gewählt durch die Innungsversammlung.

1 Berufsschullehrer
— benannt durch die zuständige Berufsschule.

Es können größere Prüfungsausschüsse gebildet werden; dann müssen alle Parteien — wenigstens Arbeitgeber- und Arbeitnehmervertreter — in gleicher Anzahl zum Ausschuß gehören.

9. Vorzeitige Abschlußprüfung. BBiG § 40 Zulassung in besonderen Fällen. (1) Der Auszubildende kann nach Anhören des Ausbildenden und der Berufsschule vor Ablauf seiner Ausbildungszeit zur Abschlußprüfung zugelassen werden, wenn seine Leistungen dies rechtfertigen.
— Das heißt im Klartext: Wenn er gute Leistungen in Betrieb und Schule vorweist. Der Auszubildende kann den Antrag selbst stellen. Der Prüfungsausschuß entscheidet.

10. Regelung und Überwachung der Ausbildung ist Sache der „zuständigen Stelle", das sind die Kammern, je nach Beruf die Handwerks-, Industrie- und Handelskammer, Landwirtschaftskammer, Ärztekammer, ...

Wer kann den Ausbildungsvertrag kündigen — unter welchen Bedingungen?

Nehmen wir an, Ihr Ausbildungsvertrag hat als Enddatum den 31. 7. Wegen der Sommerferien kann der letzte Prüfungstag nicht an diesem Tag stattfinden, sondern wird
a) auf den 24. 6., b) auf den 10. 8. festgelegt. Wann endet bei a), wann bei b) die Ausbildung?

1.2.3 Ein Leben lang lernen

Wer glaubt, ein Schulabschluß und ein Ausbildungsabschluß genügten fürs Leben, der irrt.

" Mit dem Einzug der Mikroelektronik in die Büros werden die dort Beschäftigten neu gefordert. Sie müssen umlernen, hinzulernen, sich weiterbilden. Wer nicht dazu bereit ist, muß um seinen Arbeitsplatz bangen. Zwar hat das Aufgabenvolumen im Bürobereich in den letzten Jahren ständig zugenommen, aber noch stärker verbreitete sich die Mikroelektronik. Von 1970 bis 1977 verdreifachte sich die Anzahl an Bürocomputern. 1985 werden vermutlich 240 000 Computer die Arbeit unzähliger Angestellter übernommen haben.

Die Konsequenz aus dieser Situation kann für die Beschäftigten nur sein, umgehend mit der Umschulung und Weiterbildung zu beginnen. "

Quelle: Auszug aus einer Mitteilung der Bundesregierung

1.2.4 Eine gute Ausbildung ist das beste Mittel gegen Arbeitslosigkeit

" Es droht ein „harter Kern" von Arbeitslosen: Männer und Frauen, die keine Arbeit finden, weil sie nicht genügend ausgebildet sind. Dagegen läßt sich etwas tun. Wer nicht genügend ausgebildet ist, kann das nachholen. Hinzulernen oder noch einmal neu anfangen. Das ist weniger schwer, als Sie vielleicht denken. ...

— Trotz aller Bemühungen fehlen immer noch Arbeitsplätze. Das ist die wichtigste Ursache für die Arbeitslosigkeit in unserem Land.

— Trotzdem klagen immer mehr Betriebe darüber, daß sie keine Mitarbeiter für freie Arbeitsstellen finden. Wie erklärt sich dieser Widerspruch?

Die Antwort: Ein großer Teil der freien Stellen, die kurzfristig nicht besetzt werden können, sind meist qualifizierte Arbeitsplätze. ...

Die meisten Arbeitslosen haben aber keine entsprechende Ausbildung. Sie kommen deshalb für diese Stellen nicht in Frage.

Daraus ergibt sich: Je schlechter die Berufsausbildung, desto größer das Risiko, arbeitslos zu werden und es möglicherweise längere Zeit zu bleiben. "

Quelle: Aus einem Faltblatt des Bundesministeriums für Arbeit und Sozialordnung 1979

Ein Ratschlag, der für alle gilt:
— lernen — weiterlernen (lebenslang) — notfalls umlernen! — mobil (beweglich) sein und bleiben!

„Es geht nicht ohne das eigene Zutun der Arbeitnehmer, nicht ohne die Mobilität des einzelnen Arbeitnehmers, nicht ohne seine Bereitschaft, im Notfall sogar den Beruf und nicht nur den Arbeitsplatz zu wechseln. Und es geht nicht ohne die Bereitschaft, im Notfall sogar des Arbeitsplatzes wegen den Wohnort zu wechseln. Und es geht auch nicht ohne innere Bereitschaft zum lebenslangen Lernen ..."

Quelle: Helmut Schmidt, 1978, als Bundeskanzler vor dem Deutschen Gewerkschaftsbund

1.2.5 Wie kommt man weiter?

Das Bildungswesen in der Bundesrepublik Deutschland ist reich gegliedert und daher nicht leicht durchschaubar. Die folgenden Übersichten sollen Ihnen helfen.

Das Bildungswesen in der Bundesrepublik Deutschland

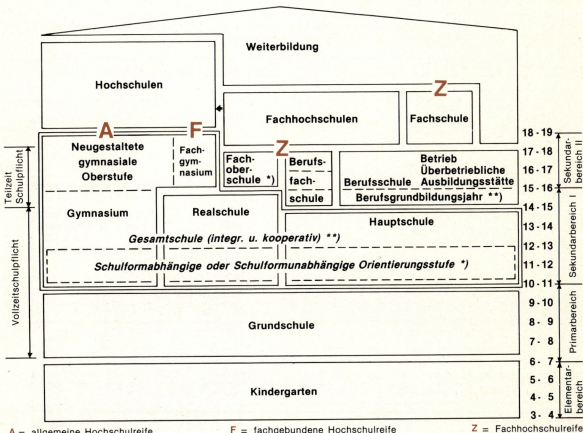

A = allgemeine Hochschulreife   F = fachgebundene Hochschulreife   Z = Fachhochschulreife
*) nicht in allen Bundesländern; z. T. Schulversuche
**) für einen Teil der Schüler bzw. der Auszubildenden; z. T. Schulversuche

Quelle: „Frauen und Bildung", Bundesministerium für Bildung und Wissenschaft

Wege zum Nachholen schulischer Bildungsabschlüsse Quelle: „frag mal, Tips für junge Leute"

Ziel:

Fachhochschulreife			Hochschulreife			
Unterricht						
Fachoberschule (Fachr. Technik, Wirtschaft, Sozialwesen) (Kl. 11 und 12) oder Fachgymnasium	Fachoberschule (Kl. 12)	Ergänzender Unterricht während oder nach der Ausbildung	Abendgymnasium	Institut zur Erlangung der Hochschulreife (Kolleg)	a) Berufsoberschule, Berufliches Gymnasium oder Technische Oberschule b) Höhere Handelsschule	Private Bildungseinrichtung Fernstudium Selbststudium (Sonderreifeprf. Begabtenprf. Prf. als sogen. Externer)
Dauer						
2 Jahre Vollzeit	1 Jahr Vollzeit		3 bis 4 Jahre (das letzte Jahr Vollzeit)	2 1/2 bis 3 Jahre Vollzeit (bzw. Abendunterricht)	(gymn. Zweig) a) 2 bis 3 Jahre Vollzeit b) 3 Jahre Vollzeit	ca. 3 Jahre (individ. versch.)
Voraussetzung						
	abgeschlossene Berufsausbildung	Fachschule, z. B. für Staatl. gepr. Techniker, Betriebswirt, Erzieher o. ä.	abgeschlossene Berufsausbildung oder berufl. Tätigkeit	abgeschlossene Berufsausbildung oder berufl. Tätigkeit	a) abgeschl. Berufsausbild. oder berufl. Tätigkeit	

Start/Ziel:

Mittlerer Bildungsabschluß (je nach Schultyp: Realschulabschluß, Fachschulreife, Fachoberschulreife)						
Unterricht						
Abendrealschule (evtl. mit Vorkursen)	Berufsfachschule (z. B. gewerblich-technisch, kaufmännisch, hauswirtschaftlich, sozialpflegerisch)	a) Fachoberschule (10. Kl.) oder b) Berufsaufbauschule		Telekolleg I	Private Bildungseinrichtung* Fernlehrgang* Selbststudium*	In Verbindung mit Ausbildung zum Techniker oder Staatlich geprüften Betriebswirt
Dauer						
bis zu 3 Jahren	2 bis 3 Jahre Vollzeit	a) 1 Jahr Vollzeit b) 1 bis 1 1/2 Jahre Vollzeit		ca. 3 Jahre	ca. 3 Jahre	2 Jahre Vollzeit
Voraussetzung						
abgeschlossene Berufsausbildung und/oder berufl. Tätigkeit		b) abgeschlossene Berufsausbildung (für Teilzeitform begonnene Berufsausbild.)		abgeschlossene Berufsausbildung und/oder berufl. Tätigkeit	*zur Vorbereitung auf die sogenannte „Externenprüfung"	abgeschlossene Berufsausbild. und 1 bis 2 Jahre Praxis

Start/Ziel:

Volks-/Hauptschulabschluß			
Unterricht			
Abendhauptschule (nur in einigen Bundesländern)	Volkshochschule	Private Bildungseinrichtungen oder Selbststudium	**Bemerkung:** Das Schaubild berücksichtigt nicht alle regionalen Besonderheiten. Auch können die aufgezeigten Wege nach Art und Dauer in einzelnen Bundesländern von dieser Übersicht abweichen.
Dauer			
ca. 1 Jahr Teilzeitunterricht	ca. 1 Jahr Teilzeitunterricht	Dauer unterschiedlich	

Start: ohne Schulabschluß

Verfolgen Sie Ihren Weg durch das Schulsystem. Wo stehen Sie heute?

Entnehmen Sie der Zeichnung, wie Sie — im Prinzip — von Ihrem Standort aus im Schulsystem weiter aufsteigen könnten.

1.3 Unsere Rechte am Arbeitsplatz

1.3.1 Am Anfang steht der Arbeitsvertrag

Das auf dieser Seite wiedergegebene Formular ist ein Musterarbeitsvertrag, der in vielen Betrieben des entsprechenden Wirtschaftszweiges verwendet wird. Allgemein übliche Vereinbarungen sind bereits vorgedruckt. Nur wenige Bedingungen werden speziell zwischen Arbeitgeber und Arbeitnehmer ausgehandelt und in den Vordruck eingetragen.

Allerdings, vorgeschrieben ist es nicht, den Arbeitsvertrag schriftlich abzuschließen. Wenn der Meister sagt, „Sie können bei mir anfangen", und der Geselle mit der Arbeit beginnt, dann ist — rein rechtlich — ein Arbeitsvertrag zustande gekommen.

Entnehmen Sie dem Formular:
1. Welche speziellen Inhalte sind hier zwischen Arbeitgeber und Arbeitnehmer vereinbart worden?
2. Welche allgemeinen Bedingungen sind abgedruckt?
3. Auf welche Bestimmungen wird nur allgemein hingewiesen?

Herr Krause und Fräulein Eifrig brauchen sich nur über wenige Punkte zu einigen. Dabei fehlen ganz wichtige Dinge, die für beide Partner von großem Interesse sind: Wieviel Urlaub erhält Frl. Eifrig? Wie lange ist ihre Kündigungsfrist? ...

Beide wären überfordert, wenn sie alle diese Einzelheiten untereinander aushandeln müßten. Das haben andere für sie getan. Bestimmungen, die alle Arbeitgeber und Arbeitnehmer angehen, sind durch Gesetze geregelt, z. B. daß alle Arbeitnehmer durch ihren Chef bei den Sozialversicherungen anzumelden sind, wie die Zahlung der Beiträge geregelt wird, wieviel Urlaub ein Arbeitnehmer mindestens haben muß, wie lang die Kündigungsfrist ist, wann der Lohn zu zahlen ist ...

Zum Teil sind die gesetzlichen Regelungen Mindestforderungen. In den meisten Fällen hat die Interessenvertretung der Arbeitnehmer, die Gewerkschaft, in Verhandlungen mit dem Arbeitgeberverband für ihren Bereich günstigere Arbeitsbedingungen durchgesetzt: die Arbeitszeit, die Länge des Urlaubs ...
Bei der Festsetzung der Löhne sind beide Parteien ganz auf sich gestellt. Da darf der Staat sich nicht einmischen.
Dem Arbeitsvertrag liegen gesetzliche Regelungen zugrunde. Sie gelten für alle und werden daher nicht extra erwähnt.

Die Tarifpartner haben Verträge abgeschlossen, den Lohntarifvertrag, der den Tariflohn festsetzt, den Manteltarifvertrag, der alle anderen Arbeitsbedingungen enthält. Sollen sie gelten, werden sie im Arbeitsvertrag erwähnt. Meist sind sie günstiger als die Mindestbestimmungen der Gesetze.

Der einzelne Arbeitnehmer kann versuchen, für sich noch bessere Bedingungen — einen höheren Lohn, eine längere Kündigungsfrist — auszuhandeln. Gelingt ihm das, wird es im Arbeitsvertrag festgehalten.

Burghard Sorge hat vor 25 Jahren seinen Arbeitsvertrag abgeschlossen. Damals war er besonders clever. Statt der 18 Tage Urlaub hatte er 20 ausgemacht. Bei einer wöchentlichen Arbeitszeit von 44 Stunden hatte er sich verpflichtet, in Stoßzeiten auch mal mit seinen Kollegen rund um die Uhr zu arbeiten — in zwei Schichten und mit den entsprechenden Zuschlägen versteht sich.

Aber heute? Seine Gewerkschaft hat inzwischen Verbesserungen erreicht. Wer heute anfängt, erhält nach Manteltarif 28 Tage Urlaub, muß nur noch 40 Stunden in der Woche arbeiten, und in Kürze soll die Höchstarbeitszeit gesetzlich auf 48 Stunden begrenzt werden.

Muß Herr Sorge kündigen und sich einen neuen Arbeitsplatz suchen, an dem er genauso viel Urlaub erhält wie seine neuen Kollegen?

Ganz allgemein gilt das Günstigkeitsprinzip: Es muß immer die für den Arbeitnehmer günstigste Bestimmung angewendet werden.

Überlegen Sie, informieren Sie sich:

Es gibt da eine bestimmte Rangfolge, welche Bestimmungen / Abmachungen zuerst erfüllt sein müssen. Welche hat das höchste Gewicht: der unterschriebene Arbeitsvertrag? der Tarifvertrag? das Gesetz?

1.3.2 Grundsätzliches steht im Bürgerlichen Gesetzbuch (BGB)

„ Alle Deutschen haben das Recht, Beruf, Arbeitsplatz und Ausbildungsstätte frei zu wählen. „

Quelle: Art. 12 GG

„ Durch den Dienstvertrag wird derjenige, welcher Dienste zusagt, zur Leistung der versprochenen Dienste, der andere Teil zur Gewährung der vereinbarten Vergütung verpflichtet. „

Quelle: § 611 BGB

Weiter finden wir im Bürgerlichen Gesetzbuch Bestimmungen über:

Fälligkeit der Vergütung (§ 614 BGB),
Erkrankung (§ 617 BGB),
Kündigungsfrist bei Arbeitsverhältnissen (§ 622 BGB),
Fristlose Kündigung (§ 626 BGB),
Zeugnis (§ 630 BGB).

Arbeitgeber und Arbeitnehmer haben Rechte und Pflichten. Nicht alle sind im BGB aufgeführt, sondern sind in anderen Gesetzen verankert. Zum Beispiel im Handelsgesetzbuch (HGB) und in der Gewerbeordnung.

§ 62 HGB Fürsorgepflicht des Prinzipals (Prinzipal nannte man früher den Geschäftsinhaber):

„ (1) Der Prinzipal ist verpflichtet, die Geschäftsräume und die für den Geschäftsbetrieb bestimmten Vorrichtungen und Gerätschaften so einzurichten und zu unterhalten, auch den Geschäftsbetrieb und die Arbeitszeit so zu regeln, daß der Handlungsgehilfe gegen eine Gefährdung seiner Gesundheit, soweit die Natur des Betriebs es gestattet, geschützt und die Aufrechterhaltung der guten Sitten und des Anstandes gesichert ist. „

Gewerbeordnung § 121 Pflichten der Gesellen und Gehilfen.

99 Gesellen und Gehilfen sind verpflichtet, den Anordnungen der Arbeitgeber in Beziehung auf die ihnen übertragenen Arbeiten und auf die häuslichen Einrichtungen Folge zu leisten; zu häuslichen Arbeiten sind sie nicht verbunden. 99

▼

Stellen Sie aus den hier angeführten Texten Rechte und Pflichten von Arbeitgebern und Arbeitnehmern zusammen. Ergänzen Sie aus Ihren eigenen Kenntnissen.

Es gibt Fachleute, die kennen sich im Arbeitsrecht aus. Man findet sie beim Arbeitsgericht, im Gewerbeaufsichtsamt, bei den Gewerkschaften, in den Handwerks-, Industrie- und Handelskammern. Wenn Sie spezielle Fragen haben, dann wenden Sie sich an eine der genannten Einrichtungen. Sie selbst sollten

— wenn Sie noch keine 18 sind — unbedingt das Jugendarbeitsschutzgesetz kennen,
— Bescheid wissen über Kündigung und Kündigungsschutz,
— die wichtigsten Bestimmungen über den Mutterschutz kennen. (Das ist auch für ,,Männer'' nützlich!)

ℹ Das Jugendarbeitsschutzgesetz und andere Gesetze und Verordnungen enthält die Broschüre ,,Ausbildung und Beruf, Rechte und Pflichten während der Berufsausbildung''. Man erhält sie von: Der Bundesminister für Bildung und Wissenschaft, Postfach 200108, 5300 Bonn 2.

1.3.3 Schutz bei der Arbeit: Jugendarbeitsschutz

Das Jugendarbeitsschutzgesetz gilt für Jugendliche von 14 bis 18 Jahren. Hier — auszugsweise — die wichtigsten Bestimmungen:

99 **§ 7 Mindestalter für die Beschäftigung.** (1) Die Beschäftigung Jugendlicher unter 15 Jahren ist verboten.

(2) Jugendliche, die der Vollzeitschulpflicht nicht mehr unterliegen, aber noch keine 15 Jahre alt sind, dürfen

1. im Berufsausbildungsverhältniss, . . . beschäftigt werden.

§ 8 Dauer der Arbeitszeit. (1) Jugendliche dürfen nicht mehr als acht Stunden täglich und nicht mehr als 40 Stunden wöchentlich beschäftigt werden.

§ 9 Berufsschule. (1) Der Arbeitgeber hat den Jugendlichen für die Teilnahme am Berufsschulunterricht freizustellen. Er darf den Jugendlichen nicht beschäftigen

1. vor einem vor 9 Uhr beginnenden Unterricht,
2. an Berufsschultagen mit einer Unterrichtszeit einschließlich der Pausen von mindestens fünf Stunden, . . .

§ 11 Ruhepausen, Aufenthaltsräume. (1) Jugendlichen müssen im voraus feststehende Ruhepausen von angemessener Dauer gewährt werden. Die Ruhepausen müssen mindestens betragen

1. 30 Minuten bei einer Arbeitszeit von mehr als viereinhalb bis zu sechs Stunden,
2. 60 Minuten bei einer Arbeitszeit von mehr als 6 Stunden.

Als Ruhepause gilt nur eine Arbeitsunterbrechung von mindestens 15 Minuten.

§ 15 Fünf-Tage-Woche. Jugendliche dürfen nur an fünf Tagen in der Woche beschäftigt werden. . . .

§ 19 Urlaub. (1) Der Arbeitgeber hat Jugendlichen für jedes Kalenderjahr einen bezahlten Erholungsurlaub zu gewähren.

(2) Der Urlaub beträgt jährlich[1]
1. mindestens 30 Werktage, wenn der Jugendliche zu Beginn des Kalenderjahres noch nicht 16 Jahre alt ist,
2. mindestens 27 Werktage, wenn der Jugendliche zu Beginn des Kalenderjahres noch nicht 17 Jahre alt ist,
3. mindestens 25 Werktage, wenn der Jugendliche zu Beginn des Kalenderjahres noch nicht 18 Jahre alt ist.

---

[1] Ist ein Jugendlicher nicht während des ganzen Jahres in einem Beschäftigungsverhältnis, dann errechnet sich der Urlaub nach der folgenden Formel:

$$\text{zust. Urlaub} = \frac{\text{Jahresurlaub}}{12} \cdot \text{Monate d. Beschäftigung}$$

§ 22 Gefährliche Arbeiten. (1) Jugendliche dürfen nicht beschäftigt werden

1. mit Arbeiten, die ihre Leistungsfähigkeit übersteigen, ...

§ 23 Akkordarbeit, tempoabhängige Arbeiten. (1) Jugendliche dürfen nicht beschäftigt werden

1. mit Akkordarbeit und sonstigen Arbeiten, bei denen durch ein gesteigertes Arbeitstempo ein höheres Entgelt erzielt werden kann, ...

§ 31 Züchtigungsverbot; Verbot der Abgabe von Alkohol und Tabak. (1) Wer Jugendliche beschäftigt ..., darf sie nicht körperlich züchtigen. (2) ... Er darf Jugendlichen unter 16 Jahren keine alkoholischen Getränke und Tabakwaren, Jugendlichen über 16 Jahre keinen Branntwein geben.

Weiterhin bestimmt es z. B.:

Vor Eintritt ins Berufsleben müssen sich Jugendliche einer ärztlichen Untersuchung unterziehen (§ 32). Diese Untersuchung muß nach einem Jahr wiederholt werden (§ 33). Nach einem weiteren Jahr kann sich der Jugendliche freiwillig nachuntersuchen lassen (§ 34).

Arbeitgeber, die gegen die Bestimmungen des Jugendarbeitsschutzgesetzes verstoßen, können bestraft werden. Zuständig für die Überwachung sind die Gewerbeaufsichtsämter.

Zur Diskussion gestellt:

Länger arbeiten, damit das Wochenende eher beginnt
Was Jugendliche zur Änderung des Arbeitsschutzes meinen

Für Bäckerlehrlinge soll der Wecker künftig eine Stunde früher klingeln. Wer über 17 Jahre alt ist, soll schon um 4 Uhr am Backtisch antreten, 16jährige um fünf Uhr. So sieht es die geplante Änderung des Jugendarbeitsschutzgesetzes vor. In allen anderen Berufen dürften Auszubildende unter 18 dann schon um sechs Uhr und nicht wie bisher um 7 Uhr zum Arbeitsbeginn erscheinen.

Außerdem soll erlaubt werden, daß Jugendliche täglich eine halbe Stunde oder wöchentlich vier Stunden länger in ihren Betrieben arbeiten können, bei Ausgleich der Freizeit, versteht sich. Jugendliche im Gaststättengewerbe könnten künftig bis 23 Uhr beschäftigt werden, so steht es im Gesetzesentwurf.

Wir haben Lehrlinge gefragt, was sie zu den geplanten Änderungen des Jugendschutzgesetzes meinen.

Hans-Ulrich, Bäckerlehrling, sagt: „Ich halte eine frühere Arbeitszeit in unserem Handwerk für gar keine schlechte Sache. Erstens lernen wir Auszubildende dabei ganz sicher mehr. Durch den früheren Arbeitsbeginn können wir zum Beispiel beim Brötchenbacken helfen, was sonst nicht möglich ist. Früher anfangen bedeutet ja auch, daß man früher fertig wird, und das finde ich gut. Mir würde es nichts ausmachen, statt um 4.15 um 3.15 Uhr aufzustehen."

Konditoreifachverkäuferin Susanne (17) sieht das anders. „Bei uns wird sowieso schon sonnabends und sonntags gearbeitet, was für die Lehrlinge ganz schön hart ist. Ich finde es nicht gut, wenn man dann auch noch früher anfangen müßte."

Maurerlehrling Peter (16) würde gern täglich länger arbeiten, wenn er dafür am Freitag um ein Uhr Schluß machen kann. „In vielen Betrieben wird das ja sowieso schon gemacht, daß an den übrigen Wochentagen länger oder die Pausen durchgearbeitet wird, damit am Freitag mittag Schluß ist. Ich finde es prima, wenn das Wochenende so verlängert wird. Ob ich dafür täglich eine halbe Stunde oder eine Stunde länger arbeiten muß, ist für mich unwichtig."

Sonnabend muß frei sein

Auf jeden Fall am Sonnabend frei haben, das möchte Tischlerlehrling Stephan (17). Dafür würde er auch an den übrigen Tagen länger arbeiten. Er meint aber: „Man müßte uns auf jeden Fall rechtzeitig bescheid sagen, wenn mal über den normalen Feierabend hinaus gearbeitet werden soll, damit man Verabredungen besser planen kann."

Sabine (17) wird in einem Restaurant ausgebildet. „Mir würde es sogar sehr viel ausmachen, abends länger bleiben zu müssen. Ich wohne nämlich außerhalb und muß den letzten Bus erwischen. Wie soll ich sonst nach Hause kommen? Wenn mein Chef dafür kein Verständnis hat, bin ich ganz schön aufgeschmissen."

Andreas (16) will Automateneinrichter werden. Er findet es gut, früher mit der Arbeit zu beginnen, damit der Feierabend länger wird. „Ehe wir zu Hause sind, duschen und uns umziehen, ist der Tag doch schon gelaufen, wenn man erst später anfängt." Wie viele aus seiner Klasse in der Lübecker Gewerbeschule 1 sieht er nur Vorteile darin, wenn die tägliche Arbeitszeit Jugendlicher nicht mehr auf acht Stunden begrenzt ist und das Wochenende dadurch früher beginnen kann. Alle meinen, daß sie nach einem Achtstundentag noch fit genug sind, um eine halbe oder eine Stunde dranzuhängen. Gd/Anja

„Lübecker Nachrichten", 2. Febr. 1984

1.4 Mitbestimmung am Arbeitsplatz?

1.4.1 Der Meister ist Chef in seinem Betrieb

Die meisten ,,Lehrlinge" werden in Handwerksbetrieben ausgebildet. Dort, wo der Meister mit wenigen Gesellen und ein paar Auszubildenden noch mitarbeitet, da kann er ganz allein bestimmen, was läuft und was nicht. Oft hat seine Frau ein gewichtiges Wort mitzureden, besonders, wenn durch ihre Hände die gesamte Buchführung geht: Materialbestellungen, Löhne, Rechnungen an die Kunden.

Der Meister ist Mitglied in seiner Innung. Das ist ein Zusammenschluß selbständiger Meister eines Berufes in einem Kreis oder Ort. Alle Innungen des Kreises haben sich zur Kreishandwerkerschaft zusammengeschlossen.

In diesen Kleinbetrieben ist vieles abhängig vom ,,Arbeitsklima". Wenn man mit dem Chef zurechtkommt, sich mit den Gesellen versteht und auch die Mit-Lehrlinge in Ordnung sind, dann kann das eine sehr schöne Arbeitsgemeinschaft sein, fast eine ,,Betriebsfamilie". Ähnlich ist es in kleinen Einzelhandelsgeschäften, in kleinen Büros, in Apotheken und Arztpraxen. Wenn man sich nicht verträgt, kann das Leben zur Hölle werden. Das kann schon dann passieren, wenn die Temperamente nicht zusammenpassen. In solchen Fällen sollte man sich aussprechen und für klare Verhältnisse sorgen. Der Lehrlingswart der Innung kann vermitteln. Er wird eventuell, wenn es gar nicht anders geht, dabei behilflich sein, daß ein Ausbildungsverhältnis im gegenseitigen Einverständnis gelöst wird und man bei einem anderen Meister weiterlernen kann, obwohl das nach dem Berufsbildungsgesetz (§ 15) nicht vorgesehen ist.

Der Meister ist Chef in seinem Betrieb. Vielleicht fragt er seine Gesellen mal nach ihrer Meinung, auch mal den Lehrling, aber alle Entscheidungen fällt er allein. Er trägt die Verantwortung. Da kann ihm keiner reinreden. Er braucht niemanden zu informieren oder zu fragen, er braucht sich vor keinem zu rechtfertigen. Sein Betrieb ist sein Risiko. Wenn etwas schief geht, verliert er im schlimmsten Fall sein Geld, die Gesellen und Lehrlinge ihren Arbeitsplatz.

1.4.2 Wenn der Betrieb größer ist: der Betriebsrat bestimmt mit

Nur in Kleinbetrieben gibt es noch den Unternehmer, der allein bestimmen kann. In allen Betrieben mit mindestens fünf Beschäftigten über 18 Jahren können die Arbeitnehmer einen Betriebsrat wählen, der bei wichtigen Unternehmerentscheidungen mitredet. In bestimmten Bereichen kann nichts geschehen ohne seine Zustimmung. Alles über den Betriebsrat finden Sie im Betriebsverfassungsgesetz von 1972.

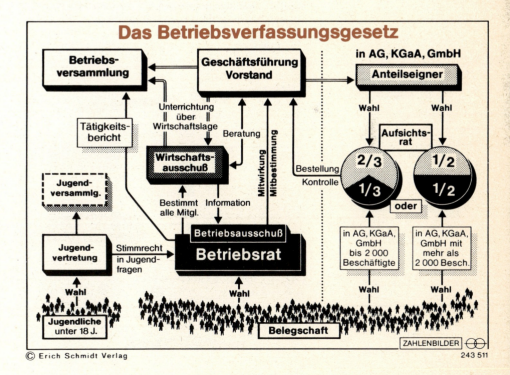

> **§ 87 Mitbestimmungsrecht.** (1) Der Betriebsrat hat, ..., in folgenden Angelegenheiten mitzubestimmen:
> 1. Fragen der Ordnung des Betriebs und des Verhaltens der Arbeitnehmer im Betrieb;
> 2. Beginn und Ende der täglichen Arbeitszeit einschließlich der Pausen sowie Verteilung der Arbeitszeit auf die einzelnen Wochentage; ...
>
> **§ 99 Mitbestimmung bei personellen Einzelmaßnahmen.** (1) In Betrieben mit in der Regel mehr als zwanzig wahlberechtigten Arbeitnehmern hat der Arbeitgeber den Betriebsrat vor jeder Einstellung, ... zu unterrichten, ...
>
> **§ 102 Mitbestimmung bei Kündigungen.** (1) Der Betriebsrat ist vor jeder Kündigung zu hören. Der Arbeitgeber hat die Gründe für die Kündigung mitzuteilen. Eine ohne Anhörung des Betriebsrats ausgesprochene Kündigung ist unwirksam.

Das „Betriebsverfassungsgesetz" von 1972 enthält auch wichtige Bestimmungen über die „betriebliche Jugendvertretung" (§ 60 — 73).

> **§ 60 Errichtung und Aufgabe.** (1) In Betrieben, in denen in der Regel mindestens fünf Arbeitnehmer beschäftigt sind, die das 18. Lebensjahr noch nicht vollendet haben (jugendliche Arbeitnehmer), werden Jugendvertretungen gewählt.

> **§ 70 Allgemeine Aufgaben.** (1) Die Jugendvertretung hat folgende allgemeine Aufgaben:
> 1. Maßnahmen, die den jugendlichen Arbeitnehmern dienen, insbesondere in Fragen der Berufsausbildung, beim Betriebsrat zu beantragen;
> 2. darüber zu wachen, daß die zugunsten der jugendlichen Arbeitnehmer geltenden Gesetze, Verordnungen, Unfallverhütungsvorschriften, Tarifverträge und Betriebsvereinbarungen durchgeführt werden;
> 3. Anregungen von jugendlichen Arbeitnehmern, insbesondere in Fragen der Berufsbildung, entgegenzunehmen und, falls sie berechtigt erscheinen, beim Betriebsrat auf eine Erledigung hinzuwirken. Die Jugendvertretung hat die betroffenen jugendlichen Arbeitnehmer über den Stand und das Ergebnis der Verhandlungen zu informieren.

Entnehmen Sie dem Text:

Welche Aufgaben hat die Jugendvertretung (welche nicht)?

Wer ist Verhandlungspartner der Jugendvertretung?

Besteht in Ihrem Betrieb eine Jugendvertretung (könnte sie bestehen)?

Berichten Sie über Ihre Erfahrungen.

Eine Broschüre „Mitbestimmung" mit allen Gesetzestexten zum Bereich Betriebsrat/Mitbestimmung erhalten sie kostenlos vom: Bundesminister für Arbeit und Sozialordnung, Referat Presse- und Öffentlichkeitsarbeit, Postfach, 5300 Bonn.

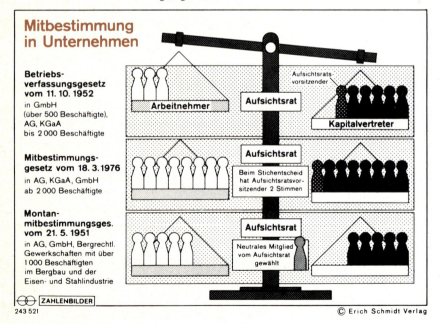

1.4.3 Arbeitnehmer im Machtzentrum: Mitbestimmung in Großbetrieben

In Großunternehmen (z. B. in Aktiengesellschaften [AG]) wählen die Belegschaften ihre Vertreter in den Aufsichtsrat. Der Aufsichtsrat ist das Machtzentrum des Unternehmens: Er bestimmt den Vorstand — die eigentliche Unternehmensführung —, entscheidet über die Geschäftspolitik und kontrolliert die Unternehmensführung. Die Mitbestimmung nach dem Mitbestimmungsgesetz von 1976 gilt in allen Kapitalgesellschaften (z. B. AG) mit mehr als 2000 Arbeitnehmern. In kleineren Kapitalgesellschaften (ab 500 Arbeitnehmer) stellen die Arbeitnehmer ein Drittel des Aufsichtsrates (Beteiligung nach dem Betriebsverfassungsgesetz 1952).

In Unternehmen des Bergbaus und der eisen- und stahlerzeugenden Industrie (= Montanindustrie) ist die Arbeitnehmervertretung im Aufsichtsrat am stärksten: Hier sind — vorläufig bis 1987 — je vier der Kapitaleigner und der Arbeitnehmer vertreten. Der neunte Mann im Aufsichtsrat ist ein Neutraler.

Wenn Sie Genaueres über die Mitbestimmung in Großbetrieben erfahren wollen, wenden Sie sich an die Gewerkschaften! — Alle Gesetze enthält die Broschüre „Mitbestimmung".

Beim Presse- und Informationsamt der Bundesregierung erhalten Sie: Tips für Arbeitnehmer (Reihe „Bürgerservice", Band 4).

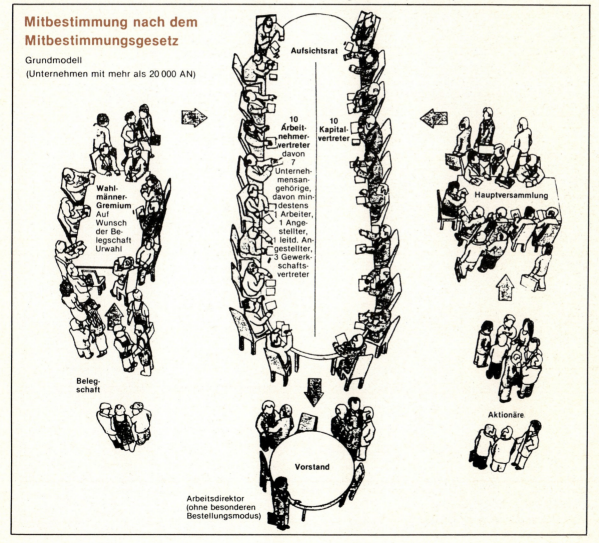

Mitbestimmung auf Unternehmensebene

	Montan-Mitbestimmungsgesetz 1951	Mitbestimmungs-Ergänzungsgesetz 1956	Mitbestimmungsgesetz 1976
Geltungsbereich	Unternehmen bestimmter Rechtsform mit über 1 000 Arbeitnehmern im Bereich Bergbau sowie eisen- und stahlerzeugende Industrie	Konzernobergesellschaften montanmitbestimmter Unternehmen, wenn Unternehmenszweck durch diese gekennzeichnet ist	Unternehmen mit über 2 000 Arbeitnehmern und bestimmter Rechtsform (AG, GmbH u.ä.) mit Ausnahme der montanmitbestimmten Unternehmen
Aufsichtsrat = AR	11 Mitglieder[1]	15 Mitglieder[1]	12 Mitglieder[2]
Zusammensetzung	5:5:1 5 Anteilseignervertreter[3] 5 Arbeitnehmervertreter[3] (davon 2 Unternehmensangehörige) 1 weiteres „neutrales" Mitglied	7:7:1 7 Anteilseignervertreter 7 Arbeitnehmervertreter (davon 4 Unternehmensangehörige) 1 weiteres „neutrales" Mitglied	6:6 6 Anteilseignervertreter 6 Arbeitnehmervertreter (davon 4 Unternehmensangehörige – einschließlich 1 leitender Angestellter – und 2 Gewerkschaftsvertreter)
Wahl bzw. Entsendung von Arbeitnehmer- und Gewerkschaftsvertretern	Wahl durch Hauptversammlung Aber: Bindendes Vorschlagsrecht ● der Gewerkschaften für: 3 AR-Mitglieder – nach Beratung mit Betriebsrat – kein Vetorecht des Betriebsrats ● des Betriebsrats für: 2 AR-Mitglieder (Unternehmensangehörige) – nach Beratung mit Gewerkschaften – Vetorecht der Gewerkschaften Vorschlagsrecht für „neutrales" Mitglied: sämtliche 10 AR-Mitglieder (eventuell Einschaltung eines Vermittlungsausschusses)	Entsendungsrecht der Gewerkschaften (3 AR-Mitglieder nach Beratung mit Betriebsräten) Wahlrecht der Wahlmänner (4 AR-Mitglieder – Unternehmensangehörige)	Urwahl und/oder Wahlmännerwahl Regelwahlarten ● bis 8 000 Beschäftigte: Urwahl ● über 8 000 Beschäftigte: Wahlmännerwahl Außerdem: Wahlrecht der Beschäftigten zwischen den Regelwahlarten Wahl in 4 Wahlgängen für Arbeiter, Angestellte, leitende Angestellte, Gewerkschaftsvertreter
Mittelbare Wahl (Wahlmännerwahl)		① Arbeiter und Angestellte wählen Wahlmänner in getrennten Wahlgängen Wahlvorschläge für Wahlmänner von: ● Betriebsräten ● Gesamtbetriebsrat ● Arbeitnehmern des Konzerns ② Wahlmänner der Arbeiter und Angestellten wählen AR-Mitglieder in getrennten Wahlgängen in den AR	① Arbeiter und Angestellte wählen Wahlmänner in getrennten Wahlgängen (für je 60 Arbeitnehmer 1 Wahlmann) ② Wahlmänner wählen AR-Mitglieder getrennt nach Arbeitern, Angestellten, leitenden Angestellten, Gewerkschaftsvertretern (letztere werden von allen Wahlmännern gemeinsam gewählt)
Unmittelbare Wahl (Urwahl)			Arbeiter und Angestellte wählen getrennt ihre Unternehmensangehörigen AR-Mitglieder (evtl. gemeinsame Wahl nach Beschluß) Gewerkschaftsvertreter werden in gemeinsamer Wahl gewählt
Wahl des Aufsichtsrats-Vorsitzenden	einfaches Wahlverfahren	einfaches Wahlverfahren	besonderes Wahlverfahren 1. Wahlgang: Zweidrittelmehrheit aller AR-Mitglieder, evtl. 2. Wahlgang: Anteilseignervertreter wählen Vorsitzenden
Wahl des Arbeitsdirektors in den Vorstand	durch Aufsichtsrat – wie alle Vorstandsmitglieder aber: besonderes Bestellungsverfahren, d.h. nicht gegen Mehrheit der Arbeitnehmerbank zu berufen oder abzuberufen also: mindestens 3 der 5 Arbeitnehmervertreter müssen zustimmen	durch Aufsichtsrat – wie alle Vorstandsmitglieder ● kein besonderes Bestellungsverfahren ● nicht durch besondere Mehrheit qualifiziert	durch Aufsichtsrat – wie alle Vorstandsmitglieder ● kein besonderes Bestellungsverfahren ● erforderlich: Zweidrittelmehrheit aller AR-Mitglieder ● evtl. 2. Wahlgang: einfache Stimmenmehrheit ● evtl. 3. Wahlgang: Doppelstimmrecht des Aufsichtsratsvorsitzenden

[1] Regelfall; [2] Unternehmen bis 10 000 Arbeitnehmer; [3] darunter jeweils ein „weiteres" Mitglied

iwd © 48/1980 Deutscher Instituts-Verlag

Pro und Contra Mitbestimmung

Die Unternehmer

Den Gewerkschaften gehören heute die größte Wohnungsbaugesellschaft, große Versicherungsunternehmen, Banken, Baufirmen und zahlreiche andere wichtige Unternehmen. Die Gewerkschaften verfügen jährlich über Hunderte von Millionen Mark an Mitgliedsbeiträgen.

Außerdem sitzen ihre Vertreter in den Parlamenten sowie in zahllosen Organisationen und Einrichtungen des öffentlichen Lebens. Die Gewerkschaften haben entscheidenden Einfluß auf Löhne und Gehälter.

Und das alles genügt ihnen nicht. Sie wollen ihre Funktionäre auf wichtige Posten in alle großen Unternehmen der deutschen Wirtschaft setzen. Sie wollen überall kontrollieren, aber sich selbst nicht kontrollieren lassen.

Die Gewerkschaften sagen „mehr Mitbestimmung" — aber sie meinen mehr Macht. Am Ende steht der Gewerkschaftsstaat. Das ist kein Staat für mündige Bürger.

Quelle: Anzeige gegen die Mitbestimmung

Der Deutsche Gewerkschaftsbund

Aber es gibt — leider — auch diese tatsachen: große besitzanteile an deutschen unternehmen wandern ins ausland. Deutsche konzerne verlagern immer mehr betriebsstätten in billiglohnländer. Private unternehmen verweigern der jugend ausbildungsplätze. Kurzarbeit und arbeitslosigkeit werden zur einschüchterung der arbeitnehmer ausgenutzt.

Die sozialen rechte der arbeitnehmer, die solide entwicklung der wirtschaft, die zukunftsinteressen unseres volkes dürfen nicht kurzsichtigem unternehmerischem eigennutz zum opfer fallen.

Nur paritätische mitbestimmung kann das verhindern.

DGB Deutscher Gewerkschafts-Bund

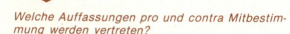

Welche Auffassungen pro und contra Mitbestimmung werden vertreten?

Besteht in Ihrem Betrieb in irgendeiner Form Mitbestimmung?

Berichten Sie über Ihre Erfahrungen. Nehmen Sie Stellung.

Welche Vorteile haben die Arbeitnehmer von der Mitbestimmung?

Haben auch die Unternehmer Vorteile?

1.5 Nur nicht aus der Rolle fallen?

1.5.1 Wer seine Rolle spielen will, muß vorher lernen

Manfred Müller ist 16 Jahre alt. Er wohnt bei seinen Eltern und gehört damit zur Familie; er ist Auszubildender bei Schmidt & Co., gehört also zur Belegschaft dieser Firma; er besucht die Berufsschule und ist in der Klasse „Maschinenschlosser-Unterstufe". Am Abend trifft er sich mit seiner Freundin Ute, dienstags und donnerstags geht er zum Judo-Club.

Manfred Müller gehört verschiedenen Gruppen an.

In jeder Gruppe nimmt er eine bestimmte Position ein: In der Familie hat er die Position „Sohn" und „Bruder", in der Firma die Position „Auszubildender", in seiner Klasse ist er „Schüler", Ute gegenüber „Freund", im Judo-Club „Sportler". Wenn wir ihn beobachten, stellen wir fest, daß er sich in verschiedenen Gruppen ganz unterschiedlich verhält. Er zieht sich manchmal sogar mehrmals am Tage um. Er hat immer die „Rolle" zu spielen, die zu der Position gehört, die Manfred gerade einnimmt.

Selbst wenn wir Manfred nicht kennen, so erwarten wir doch von ihm in seinen verschiedenen Positionen ein ganz bestimmtes Verhalten.

Die Firma Schmidt & Co. sucht einen Maschinenschlosserlehrling. Sie schreibt nicht in die Zeitungsanzeige: „Wir wollen Manfred Müller zum Maschinenschlosser ausbilden. Wo ist er?" Der Firma ist es gleichgültig, wie derjenige heißt, der sich meldet, nur sollte er einige wichtige Rollenerwartungen erfüllen. Herr Schmidt hat da ganz bestimmte Vorstellungen von dem, der in diese Position passen würde: Er soll ein Junge von etwa 16 Jahren sein, der ein gutes Hauptschulzeugnis vorlegt. Er soll jeden Morgen pünktlich im Betrieb erscheinen und freundlich und bescheiden sein. Wenn er etwas nicht weiß, soll er den Meister fragen. Er soll einen blauen Arbeitsanzug tragen und immer hilfsbereit und fleißig sein.

Herr Schmidt sucht unter den Bewerbern den aus, der nach seiner Meinung den Rollenerwartungen am besten entsprechen wird. Das ist Manfred Müller.

Zu den Erwartungen gehört, daß er sich für seinen Betrieb einsetzt.

Nehmen wir an, es herrscht Hochbetrieb, einige Kollegen sind krank, die übrigen machen Überstunden. In dieser Notsituation bittet man auch Manfred, am Freitag eine Stunde länger zu bleiben. (Nach § 21 des Jugendarbeitsschutzgesetzes dürfen Jugendliche in Notfällen länger als 40 Stunden wöchentlich beschäftigt werden. Die Mehrarbeit muß in diesen Fällen innerhalb der drei folgenden Wochen durch entsprechende Verkürzung ausgeglichen werden.) In dieser Situation gibt es drei grundsätzlich verschiedene Möglichkeiten, wie er sich verhalten könnte:

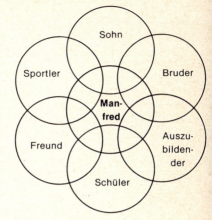

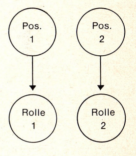

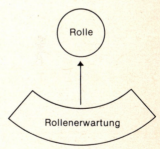

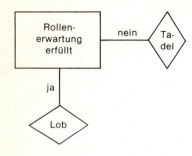

1. Manfred bleibt und arbeitet länger.
2. Manfred tut zwar seine Pflicht, macht aber pünktlich Feierabend.
3. Er feiert ein paar Tage krank, um seinen Kollegen die Möglichkeit zu geben, sich so richtig auszutoben.

Manfred wird am eigenen Leibe spüren, wie unterschiedlich man ihn behandelt, je nachdem, für welche der drei Möglichkeiten er sich entscheidet.

Versuchen wir, das allgemein auszudrücken:

1. Wenn das Verhalten den Rollenerwartungen voll entspricht, wird man gut beurteilt.
2. Wenn das Verhalten den Rollenerwartungen nur knapp entspricht, wird man kritisiert.
3. Wenn das Verhalten den Rollenerwartungen nicht entspricht, muß man mit unangenehmen Folgen rechnen.

▼

Auch Sie haben mehrere soziale Positionen besetzt. Versuchen Sie, alle diese Positionen aufzuschreiben.

Schreiben Sie zu Ihrer beruflichen / schulischen Position nach dem Beispiel die Rollenerwartungen auf.

1.5.2 Jedoch: Konflikte lassen sich oft nicht vermeiden

Nun wäre das Leben ja eigentlich ganz einfach; da Manfred Müller weiß, wie er sich verhalten muß, um immer gut beurteilt zu werden, braucht er nur die an ihn gestellten Rollenerwartungen zu erfüllen. So einfach ist das aber nicht:

Inzwischen hat er gemerkt, daß die Rolle, die er zu spielen hat, nicht für alle Einzelheiten genaue Vorschriften enthält. Die Rolle bietet Freiräume, die Manfred nach eigenen Vorstellungen und eigenem Geschmack gestalten kann, ohne die an ihn gestellten Erwartungen zu enttäuschen. Sicher, in anderen Positionen bietet die Rolle mehr Gestaltungsfreiräume für den einzelnen, aber Manfred ist zufrieden. Denn je größer die Freiräume, desto schwieriger wird es, die Rolle zu spielen. Innerhalb dieses Raumes muß man (kann man) sich frei entscheiden.

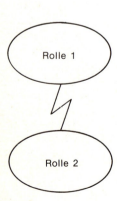

Beispiel:

Die Dienstkleidung des Polizisten ist vorgeschrieben. Wie ist die „Dienstkleidung" des Schülers, Lehrers . . . ?

Nicht alle Menschen haben die gleichen Fähigkeiten, die Rollenerwartungen zu erfüllen. Auch guter Wille und Anstrengung helfen dann nicht weiter.

Es kann (innerhalb der Rolle) zu Konflikten kommen, weil an die Rolle unterschiedliche Erwartungen gestellt werden.

Vom Auszubildenden erwarten Meister, Gesellen und die anderen Auszubildenden ein ganz bestimmtes Verhalten. Manchmal widersprechen sich diese Erwartungen. Wenn z. B. ein Geselle den Auszubildenden Bier holen läßt, obwohl der Chef das verboten hat, was tun?

Es kann aber auch zu einem Konflikt zwischen einzelnen Rollen kommen, wenn man unterschiedliche Rollen zur gleichen Zeit spielen soll.

Manfred erinnert sich, daß er sich mit seiner Freundin Ute am Freitag nach Arbeitsschluß verabredet hat. Will er die Erwartungen als Freund erfüllen, muß er pünktlich an der verabredeten Stelle sein.

Was soll er tun? Bleibt er im Betrieb, lobt ihn der Chef, er riskiert aber einen Krach mit Ute. Macht er pünktlich Schluß, so freut sich Ute; im Betrieb wird man jedoch nicht begeistert sein und das auch zeigen. Selbst wenn man es gut meint, kann man oft nicht allen gerecht werden. Man gerät in einen Rollenkonflikt, weil entgegengesetzte Erwartungen zur gleichen Zeit erfüllt werden sollen. Das geht nicht.

In einem Rollenkonflikt kann die Entscheidung leichter fallen, wenn man sich vorher klar darüber ist, welche Folgen sich ergeben. Manchmal läßt sich ein Kompromiß schließen und dadurch Krach vermeiden.

▼

Überlegen Sie mehrere Lösungen, wie Manfred sich bei den geschilderten Konflikten (Bierholen/Überstunden) verhalten könnte.

Mit welchen Folgen hat er jeweils zu rechnen?

Nennen Sie weitere Beispiele von Konflikten aus Ihrer eigenen Erfahrung. Diskutieren Sie Lösungsmöglichkeiten und deren Folgen.

1.5.3 Normales Verhalten = genormtes Verhalten?

Wer ist normal?

In der Technik gibt es Normen. Jedermann sieht ein, daß ohne sie nichts funktionieren würde.

Wir schätzen unsere persönliche Freiheit über alles. Trotzdem passen wir unser Tun — freiwillig — mehr oder weniger strengen „sozialen Normen" an. Wie wir aussehen, unseren Tag einteilen, was wir essen, arbeiten, nach Feierabend tun: genauso tun tausende genau dasselbe in unserer Gesellschaft auch. Würden Sie in Afrika leben, würden Sie sicherlich vieles anders und manches gar nicht machen. Nur, auch dort schreibt die Gesellschaft vor, was Sie zu tun und wie Sie es zu tun haben.

▼

Überdenken Sie Ihren heutigen Tag bis jetzt. Nennen Sie Beispiele: Was haben Sie bisher getan, was Tausende andere genauso getan haben? Fällt Ihnen etwas ein, was Sie heute anders als die meisten gemacht haben?

Soziale Normen sind Regeln, Gebote, Vorschriften für ganz bestimmte Situationen in einer ganz bestimmten Gesellschaft. Sie sind von Menschen gemacht und können von Menschen geändert werden.

▼

Blättern Sie das Buch durch. Achten Sie auf dargestellte Kleidung und Frisuren. Suchen Sie Beispiele für „normale" Kleidung/Frisuren; „nicht normale" Kleidung/Frisuren. Begründen Sie Ihre Auswahl.

Versuchen Sie eine Beurteilung: Gibt es zur Zeit eine Norm für Kleidung/Frisuren? Gelten vielleicht unterschiedliche — oder keine — Normen für Jugendliche/Erwachsene/Alte?

Der Wissenschaftler unterscheidet an sozialen Normen:

- **Muß-Normen,** die für alle gelten.

Beispiel: „Du sollst nicht töten!"

Schule: Rollen werden erlernt, Voraussetzungen für Positionen erworben.

Rocker: Welche Rolle spielt er? Aus Protest gegen „die Gesellschaft" Anpassung innerhalb seiner Gruppe.

Wird die Norm erfüllt, so geschieht nichts. Wird dagegen ein Mord begangen, dann setzt sich die Polizei in Bewegung, die Zeitungen berichten, die Bevölkerung ist beunruhigt. Der gefangene Mörder wird bestraft. Muß-Normen sind festgesetzt in Gesetzen und Verordnungen. Ihre Einhaltung wird überwacht von staatlichen Organisationen (Polizei, Gerichte). Der Verstoß gegen eine Muß-Norm wird bestraft, im schlimmsten Fall mit lebenslänglicher Freiheitsstrafe, in manchen Staaten, z. B. im Falle eines Mordes, sogar mit dem Tode.

- **Soll-Normen,** die entweder nicht so zwingend sind wie Muß-Normen („Man tut das nicht") oder nur in bestimmten Gruppen gelten.

Beispiel: „Ein Lehrling soll pünktlich sein!"

Pünktlichkeit gilt als selbstverständlich. Verletzt ein Auszubildender fortgesetzt diese Norm, so reagiert

Frisuren 1980: Auszubildende im Friseurhandwerk; welche „Norm-Haarlänge" gilt?

der Betrieb: Zuerst wird der Lehrling ermahnt und verwarnt; dann werden seine Eltern benachrichtigt, er muß die versäumte Zeit nachholen. Kommt er weiterhin zu spät, wird er entlassen. Soll-Normen sind festgelegt in Verträgen und Ordnungen, können aber auch mündlich weitergegeben werden. Der Verstoß gegen eine Soll-Norm wird geahndet, im schlimmsten Fall mit dem Ausschluß aus der Gruppe.

- **Kann-Normen** gelten für den, der sie erfüllen will. Es sind zusätzliche Leistungen, die über das Normalmaß hinausgehen und daher belohnt werden. Kommt ein Schüler regelmäßig zum Unterricht, so erfüllt er damit eine Muß-Norm (Schulpflichtgesetz); verhält er sich ordentlich, dann verstößt er nicht gegen eine Soll-Norm (Schulordnung); arbeitet er aktiv im Schulleben mit (SV, Arbeitsgruppen, Schulzeitung) oder übernimmt er im Unterricht freiwillig ein Referat, das er sorgfältig vorbereitet hat und interessant vorträgt, dann leistet er etwas Besonderes (Kann-Norm).

Nennen Sie mindestens zwei weitere Beispiele für Muß-, Soll- und Kann-Normen. Wo sind sie festgesetzt? Wer überwacht sie? Wie ist die Reaktion bei Einhaltung/Nichteinhaltung?

1.6 Wir und die anderen — Wie sozial sind wir Bürger?

Wir verlangen vom „Staat" — von der Regierung, von den Behörden — Hilfe, Wohltätigkeit, Menschlichkeit. Wie menschlich sind wir Bürger untereinander? Wie hilfreich sind wir anderen gegenüber?

Auch wenn unsere Hilfe nichts kostet, kein Geld und keine Mühe, sondern „nur" Menschlichkeit, fällt uns das oft besonders schwer, wenn es um „die anderen" geht, um Außenseiter, um Minderheiten. Durch unser Verhalten ihnen gegenüber machen wir sie zu einem Problem für uns:

1.6.1 Hilfreich gegenüber Vorbestraften?

Gefängnis war böse Erfahrung
Sophia Loren: Lieber nie wieder zurück ins Heimatland Italien

Rom (dpa). Sophia Loren hat nach eigenen Angaben im Gefängnis schlimm unter Einsamkeit gelitten. Sie würde diese Erfahrung nicht noch einmal auf sich nehmen, auch wenn sie Italien und ihre Verwandten andernfalls nie wiedersehen dürfte.

In der neuesten Ausgabe der italienischen Illustrierten „Oggi" berichtet die 47jährige Schauspielerin ausführlich über jene 17 Tage, die sie in einer Einzelzelle der Haftanstalt in Caserta bei Neapel wegen Steuerhinterziehung absitzen mußte.

„Wenn mir so etwas noch einmal passieren sollte, würde ich nicht wieder freiwillig ins Gefängnis gehen. Sie müßten schon kommen und mich holen", meinte die Loren zu der Tatsache, daß ihr bei der Einreise in ihr Heimatland an jenem 19. Mai durchaus klar war, daß sie einer Gefängnishaft nicht entgehen würde. „Es war eine erschütternde Erfahrung", fuhr sie fort. „Wenn ich nur entfernt ge-

ahnt hätte, was das Eingeschlossensein für ein menschliches Wesen, für seine Seele und seinen Körper bedeutet, wäre ich nicht ins Gefängnis gegangen."

Am schwersten wiegt nach den Gefängniserfahrungen der Loren „das Abgeschnittensein, die Isolierung, das erschreckende Gefühl von Einsamkeit, dazu ständig die Symbole des Gefangenseins vor Augen: das Fenster mit den Gitterstäben und die Tür mit dem Riegel".

„Lübecker Nachrichten", 23. Juli 1982

Straffällig gewordenen Jugendlichen durch Ausbildung helfen

Peter O., 19 Jahre alt, ist in Heimen aufgewachsen. Nach der 7. Klasse hat er die Hauptschule verlassen. Er hat keine Berufsausbildung. Mit 17 Jahren beging er einen Diebstahl und wurde straffällig. Seit drei Monaten lebt er in der Jugendvollzugsanstalt Hameln. Dort wird er noch ein weiteres Jahr bleiben müssen.

Peters Lebenslauf ist typisch für straffällig gewordene Jugendliche: 31 Prozent der einsitzenden Jugendlichen sind in Heimen groß geworden, 66 Prozent wurden wegen Eigentumsdelikten verurteilt. 40 Prozent verbüßen eine Haftzeit zwischen einem Jahr und 18 Monaten. 76 Prozent haben keinen Hauptschulabschluß — sie sind aus den Klassen fünf bis neun ohne ein Abschlußzeugnis abgegangen. Rund 80 Prozent der Jugendlichen haben keine abgeschlossene Berufsausbildung. Ein großer Teil von ihnen hatte zur Zeit der Straftat keine feste Arbeit.

Diese Jugendlichen nach ihrer Haftentlassung nicht in einen Kreislauf „keine Ausbildung — Arbeitslosigkeit — Straffälligkeit..." geraten zu lassen, ist eine der wichtigsten Aufgaben von Jugendvollzugsanstalten.

Höchstens 12 Schüler in einer Klasse

Die Jugendlichen sollen in drei Schritten an eine Ausbildung herangeführt werden: In einer bis zu sechs Monate dauernden Vorbereitungsphase werden sie intensiv sozialpädagogisch und fachlich betreut und zur Ausbildung in einem bestimmten Berufsfeld hingeführt. Dann schließt sich das Berufsgrundbildungsjahr in einem der folgenden Berufsfelder an: Metalltechnik, Bautechnik, Holztechnik, Elektrotechnik, Farbtechnik und Raumgestaltung. Um den besonderen Problemen der Jugendlichen, die zum Teil lernbehindert, zum Teil verhaltensgestört sind, gerecht zu werden, werden höchstens 12 Schüler in einer Klasse unterrichtet. Im fachpraktischen Bereich stehen diesen 12 Schülern zwei Ausbilder zur Verfügung. Auf das Berufsgrundbildungsjahr folgt dann eine Fachausbildung. Sie ist für die Jugendlichen mit längeren Haftzeiten gedacht und für diejenigen, die bereits mit anrechenbaren Ausbildungszeiten in die Vollzugsanstalt kommen.

Quelle: „Informationen bildung wissenschaft", 11/81
Quelle: Anzeige der Bundesanstalt für Arbeit

Kölner Modell hilft jugendlichen Straftätern erfolgreich

Statt „Knast" Sozialdienst

Von unserer Mitarbeiterin Eva Tasche

Köln — Der 17jährige Thomas aus Köln war kein „unbeschriebenes" Blatt mehr. Drogen, Alkohol, Diebstähle bestimmten sein Leben, als der Jugendrichter ihn zu gemeinnütziger Arbeit verurteilte und sozialpädagogische Betreuung anordnete. Daß Thomas diese im Jugendgerichtsgesetz vorgesehene Chance bekam, hat er der Existenz eines Modellprojekts in der Domstadt zu verdanken. Nach zweijähriger Arbeit kann man nun mit ersten Erfolgszahlen aufwarten: Seit es den Verein „Brücke" gibt, ist die Zahl der im Jugendgericht ausgesprochenen Geldbußen und Arreste um ein Drittel zurückgegangen. Dreimal häufiger hieß das Urteil stattdessen „Sozialdienst". Mehr als 1500 Jugendlichen blieb allein im vergangenen Jahr auf diese Art „Knast", Verwarnung oder Geldbuße erspart.

„Rheinische Post", 28. Juli 1982

In unserem Namen wurde er verurteilt. Im Namen des Volkes. Er hat gesühnt. Jetzt hat er ein Recht darauf, wieder als freier Bürger zu leben und zu arbeiten.

4000 Straffällige werden monatlich aus der Haft entlassen. Jeder von ihnen hat das Recht, jetzt einen neuen Anfang zu machen.

<u>Er braucht eine Wohnung.
Er braucht Arbeit.
Er braucht Vertrauen.</u>

Aber er ist abgestempelt. Das Wort „Vorbestraft" wirkt wie ein Kainszeichen. Es schlägt Türen zu, zerschneidet Verbindungen, tötet aufkeimende Sympathie. Es wirkt wie ein nachträgliches, doppeltes Urteil - ungerecht und unmenschlich. Und oft stößt es den einmal Gestrauchelten zurück in die Kriminalität.

Die Wiedereingliederung des Haftentlassenen in die Gesellschaft läßt sich nicht allein mit staatlichen Mitteln erreichen. Wir alle müssen dazu beitragen. <u>Unsere Fairneß und unser Vertrauen können dem Haftentlassenen helfen, künftig ein Leben in sozialer Verantwortung entsprechend unseren Gesetzen zu führen.</u>

Vorbestraft
Jeder hat das Recht auf einen neuen Anfang!

Die Bundesanstalt für Arbeit bemüht sich, Straffälligen die Resozialisierung zu erleichtern. Sie beginnt damit schon während der Haftzeit. Beratung der Straffälligen in Arbeits- und Berufsfragen im Hinblick auf die spätere Entlassung. Die Berater des Arbeitsamtes regen zu Aus-, Fortbildungs- oder Umschulungsmaßnahmen noch in der Haft an, damit der Straffällige nach seiner Entlassung eine qualifizierte Arbeit ausführen, für sich sorgen und auch Schäden wieder gutmachen kann.

Der Arbeitsplatz, den er dazu braucht, wird ihm vermittelt. Die Arbeitsberater und Berufsberater wissen, wo die Wiedereingliederung ins normale Leben den besten Erfolg verspricht.

Denn sie kennen den Bewerber aus ihrer Betreuung, und sie kennen die Anforderungen, die an ihn gestellt werden.

Zum Thema „Resozialisierung" bereitet die Bundesanstalt für Arbeit eine kostenlose Informations-Broschüre mit Fällen aus der Praxis vor. Sie wird besonders alle die interessieren, die sich mit Personalfragen befassen. Sichern Sie sich ein Exemplar bei Ihrem Arbeitsamt.

Nicht Griechen – nicht Deutsche

Für die jungen Ausländer ist Integration am wichtigsten

Mehr als 1,1 Millionen Ausländer in der Bundesrepublik sind Kinder und Jugendliche unter 16 Jahren. Sie sind hier geboren oder aufgewachsen. Viele von ihnen besuchen deutsche Kindergärten, fast alle inzwischen auch deutsche Schulen. Sie müssen in einer deutschen Umwelt zurechtkommen.

Das ist schwerer als es scheint. Vor allem für die türkischen Kinder, die mehr als die Hälfte aller unter 16jährigen Ausländer stellen. Ihre Eltern sind zu über 90 Prozent Moslems. Besonders strenggläubige Moslems stehen Sitten und Lebensverhältnissen in der Bundesrepublik skeptisch gegenüber. Die Frauen werden oft in strenger Abgeschlossenheit gehalten. Mangelnde deutsche Sprachkenntnisse und häufiger Analphabetismus verstärken Unselbständigkeit und Isolation vieler ausländischer Frauen. Und weil sie obendrein Angst haben, in der fremden Umgebung ihre nationale und kulturelle Eigenart zu verlieren, sind viele besonders streng bei der Erziehung ihrer Kinder — strenger als in ihrer Heimat.

Für die türkischen Kinder, die hier aufwachsen, ist diese Situation schwer zu bewältigen. Sie leben in zwei verschiedenen Welten: in Schule und Kindergarten in einer deutschen, zu Hause in einer islamischen. Die Eltern hoffen meist immer noch auf spätere Heimkehr. Ihre Kinder teilen diese Hoffnung meist nicht mehr. Sie wollen hier bleiben. Aber sie wissen nicht genau als was: Sie fühlen sich nicht mehr ganz als Türken. Aber sie wissen auch, daß sie noch längst keine Deutschen sind. Viele wollen es auch nicht sein. So fehlt ihnen ein fester Halt, eine kulturelle und soziale Identität. Das gilt nicht nur für Türken. Es gilt auch für andere Nationalitäten.

„Wir sprechen nicht richtig Griechisch, wir sprechen nicht richtig Deutsch" — schrieben ausländische Jugendliche auf Transparente, um auf ihre Probleme aufmerksam zu machen. Als Wanderer zwischen den Kulturen droht ihnen soziale Heimatlosigkeit.

Ihre Chancen, sich bei uns „zu Hause zu fühlen", steigen aber, je früher sie in die Bundesrepublik kommen. Vor allen Dingen wenn ausländische Kinder vom 1. Schuljahr an deutsche Schulen besuchen, haben sie ebenso gute Chancen wie deutsche Schüler, einen Hauptschulabschluß zu erreichen.

Quelle: „POLITIK", Informationen aus Bonn, Februar 1982, hrsg. vom Presse- und Informationsamt der Bundesregierung

---

Problemgruppe Späteinsteiger

Neun von zehn ausländischen Jugendlichen sind erst im schulpflichtigen Alter oder später in die Bundesrepublik Deutschland eingereist, ihre Qualifikationschancen sind deutlich vermindert.

Von 100 ausländischen Jugendlichen waren im Bundesgebiet geboren 4

Einreisealter:
- unter 5 Jahre: 5
- 5 bis unter 10 Jahre: 17
- 10 bis unter 15 Jahre: 34
- 15 bis unter 20 Jahre: 33
- 20 Jahre und älter: 6
- Keine Angaben: 1

Von 100 ausländischen Jugendlichen waren
- Erwerbstätige: 56
- Schüler an allgemeinbildenden Schulen: 13
- Mithelfende Familienangehörige: 13
- Auszubildende: 8
- Arbeitslose: 5
- Sonstige: 3
- Schüler an berufsbildenden Schulen: 3

Quelle: Bundesinstitut für Berufsbildungsforschung

iwd © 40/1981 Deutscher Instituts-Verlag

So steht es im Grundgesetz:

Niemand darf wegen derselben Tat aufgrund der allgemeinen Strafgesetze mehrmals bestraft werden. (Art. 103 GG)

Aufgrund der Strafgesetze darf nur einmal bestraft werden. Aber die „lieben" Mitbürger sind grausam. In Meinungsumfragen tritt das immer wieder zutage:

„... nach einer noch nicht lange zurückliegenden Umfrage war nicht einmal jeder fünfte erwachsene Bürger bereit, Strafentlassenen zu helfen; drei Viertel lehnten freundschaftliche oder familiäre Kontakte mit Strafentlassenen ab; knapp die Hälfte wollte mit Strafentlassenen nicht in derselben Siedlung wohnen, knapp die Hälfte der Bevölkerung möchte keinen Haftentlassenen zum Arbeitskollegen haben. Von daher kann es nicht überraschen, daß nach der Auffassung vieler Betroffener die schlimmste Strafe häufig erst mit der Entlassung aus dem Strafvollzug beginnt."

Quelle: Inge Donnep, in „Beilage zum Parlament", 10. Juli 1982

Entnehmen Sie der Anzeige und dem Umfrageergebnis: In welchen Bereichen müssen Haftentlassene mit Schwierigkeiten rechnen? Welche Folgen können diese „Privatstrafen" nach Verbüßung der gerichtlichen Strafe haben, für die Betroffenen, für die Allgemeinheit?

Überlegen Sie: Wie sollte man sich einem Haftentlassenen gegenüber verhalten, damit ihm das Wiedereinleben in die Gesellschaft erleichtert wird?

1.6.2 Menschlich gegen Gastarbeiter?

„Das Ausländerproblem — und es gibt ein solches Problem in unserem Land — ist nur zu einem Teil ein Ausländerproblem; zum anderen, größeren Teil ein Problem der Deutschen. Und wir werden das Ausländerproblem in unserem Land nicht lösen können, wenn wir es zunächst nicht in uns lösen. Und wir werden es in uns erst lösen können, wenn wir erkennen, daß in einem großen Teil von uns ganz massiv Vorurteile gegen die Ausländer in unserem Land herrschen.

Im Spannungsfeld zweier Kulturen: Kinder türkischer Gastarbeiter können völlig verschieden ihren ersten Schulbesuch erleben. In der Koranschule lernen sie Grundinhalte der islamischen Religion und pauken Koranverse auf arabisch (oben), in der Vorbereitungsklasse soll ihnen der Start in den deutschen Schulalltag erleichtert werden (unten). Welche Schulform gewählt wird, liegt — wie hier im Ruhrgebiet —, am Willen ihrer Eltern. Daraus entstehende Konflikte müssen sie später einmal selber austragen.

Quelle: „Das Parlament", 29. August / 5. September 1981

In unserem Land lebt rund eine Million ausländischer Kinder ... Zwei Drittel von ihnen bleiben ohne Hauptschulabschluß. Zur Zeit leben bei uns 110000 jugendliche Ausländer ohne Berufsausbildung. Jedes Jahr werden es mehr. Die Vision, daß bei uns in ein paar Jahren eine Million ausländischer Menschen ohne Ausbildung leben wird, ohne Arbeit, ohne ausreichende Sprachkenntnisse, an den Rand der Gesellschaft gedrückt, voller Haß auf eine Gesellschaft, die ihnen nie eine wirkliche Chance bot — diese Vision hat leider sehr reale Hintergründe. Wir dürfen nicht zulassen, daß sich unser Volk am verfehlten Schicksal von Millionen Menschen schuldig macht. „

Quelle: Aus einer Ansprache von Walter Scheel 1978, damals Bundespräsident, in „aus Bonn", 15. Dezember 1978

„Ausländer raus" das ist keine Lösung.

Als man sie brauchte, hat man sie gerufen. Millionen von ihnen kamen ins Wirtschaftswunderland Deutschland. Für die meisten von ihnen war's nicht die reine Freude, sondern bittere Notwendigkeit. Notwendig waren sie auch für uns: sie haben die Arbeit gemacht, die viele Deutsche auch heute nicht machen würden. Einige haben sich durch eigene Tüchtigkeit hochgearbeitet, wie Deutsche auch. Viele sind inzwischen arbeitslos, wie Deutsche auch.
Vernünftigerweise müßte darüber eine Solidarisierung entstehen. Das passiert aber nicht, weil Emotionen geschürt werden, die hier und da in regelrechten Haß umschlagen. Und in die Folgen von Haß.
Die meisten ausländischen Kolleginnen und Kollegen (und oft mehr noch ihre Kinder!) haben sich bei uns akklimatisiert. Sie leben hier. Sie arbeiten wie wir. Sie zahlen wie wir ihre Steuern und Sozialabgaben. Sie verbrauchen hier. Sie tragen genauso zu unserem Wohlstand bei wie jeder Deutsche. Sie zahlen ihren Gewerkschaftsbeitrag wie die Deutschen. Sie kommen auch mal mit dem Gesetz in Konflikt, statistisch nicht häufiger als die Deutschen.

Ausländer sind Menschen wie wir. Andere Menschen eben mit einem eigenen Lebensstil. Geprägt durch ihre Erfahrungen, ihre Religionen, ihre Kulturen. Warum stört uns hier das eigentlich so sehr, was im Urlaub so viel Freude macht...?
Wer seine Lage als Arbeitnehmer ungeschönt sieht und begreift, kann die ablehnende Haltung gegenüber Ausländern in keiner Form unterstützen. Im eigenen Interesse.
Die DGB-Gewerkschaften kämpfen für eine menschliche Politik, für Toleranz, für Solidarität. Dabei ist für uns der Mensch der Maßstab, nicht die Nationalität.

Deutscher Gewerkschaftsbund

Industriegewerkschaft Druck und Papier

Vorurteile schaden uns selbst:

Wenn eine Gruppe von außen angegriffen wird, rücken die Mitglieder enger zusammen. Man baut Schutzwälle auf, um den Feind abzuwehren. Gastarbeiter ziehen zusammen, in bestimmte Straßen, in bestimmte Stadtviertel. Die Deutschen ziehen dort aus. Man grenzt sich ab. Im Innern der Gruppe wird streng darauf geachtet, daß die eigenen Normen eingehalten werden. Abweichler werden zurückgepfiffen. Eine Öffnung nach außen oder eine Angleichung an andere Gruppen wird nicht geduldet: Man muß zusammenhalten. Immerhin: In wachsendem Maße gibt es Organisationen, die versuchen, die Kluft zu überwinden.

Das Vorurteil gegen Gastarbeiter hat eine Wirkung, die keiner von uns wollen kann: Es macht eine Anpassung an unsere Normen, eine Eingliederung in unsere Gesellschaft unmöglich.

Ausländer unter sich lernen nicht richtig Deutsch, können sich deutschem Lebensstil aus Beispielmangel nicht anpassen. Verhinderte Anpassung wird zur Quelle neuer Konflikte!

Erst wenn der Druck gegen die Gastarbeiter nachläßt, haben sie in unserer Gesellschaft eine Chance[1].

>> **Was meinen Sie?**
Eine Meinungsumfrage[2] brachte es an den Tag:

Insbesondere bei weniger informierten Bürgern gibt es eine starke und oft emotionale Ablehnung der Ausländer in unserem Land. Und gerade bei denen, die besonders ausländerfeindlich sind, ist die Bereitschaft gering, sich mit neuen Informationen und Argumenten zu beschäftigen. Wenn das Zusammenleben zwischen Deutschen und Ausländern bei uns erträglich bleiben soll, muß der Versuch gemacht werden, die angewachsenen Vorurteile durch Informationen wieder abzubauen.

---

[1] Mehr über Vorurteile und ihre Folgen lesen Sie in Kapitel 10.3.2.1 Vorurteile: Urteile ohne Verstand.

[2] Im Auftrag des Presse- und Informationsamtes der Bundesregierung.

Kaum überraschend ist schließlich auch dies: Die Bürger, die Ausländer nicht mögen, haben am wenigsten Kontakte zu ihnen, gründen ihre Ablehnung also überwiegend auf Vorurteile. Sie sind auch kaum bereit, solche Kontakte anzuknüpfen. Gleichwohl halten sie sich — mit 89 Prozent — für ausreichend über die Ausländerprobleme informiert. Wer sich durch Aufklärung für eine Verbesserung des Verhältnisses von Ausländern und Deutschen einsetzen will, stößt also auf große Schwierigkeiten. ««

Quelle: ,,POLITIK'', Informationen aus Bonn, Februar 1982, hrsg. vom Presse- und Informationsamt der Bundesregierung

---

Damit kommt der Schule eine entscheidende, möglicherweise die zentrale Rolle zu, wenn erreicht werden soll, daß nicht Abgrenzung, Fremdenscheu, Entwicklung von Vorurteilen und Entstehen von Feindbildern unsere Gesellschaft prägen, sondern Kennenlernen anderer Kulturen und Zusammenarbeit als Voraussetzung für gegenseitige Toleranz und Anerkennung.

Wenn Kinder im gemeinsamen Kindergarten zusammen spielen — Deutsche, Jugoslawen, Griechen, Türken, Spanier und Portugiesen —, wenn sie in der Schule gemeinsam lernen, entstehen Vorurteile erst überhaupt nicht; bestehende können abgebaut werden. Ein Miteinander erscheint möglich — allerdings nur dann, wenn Erfahrungen des gemeinsamen Lebens und Lernens von Deutschen und Ausländern nicht auf die Schule beschränkt bleiben.

Quelle: ,,Die Zeit'', 6. Mai 1983

▼

Fassen Sie die hier aufgeführten Probleme, Spannungsfelder und ihre Ursachen zusammen.

Erarbeiten Sie Vorschläge — kleine Schritte — wie Deutsche und Ausländer in Frieden miteinander leben könnten.

Was können Sie dazu beitragen?

1.7 Arbeit ..., Freizeit ..., Urlaub ...

1.7.1 Zwischen Hetze und Langeweile

Wir Menschen der Industriegesellschaft sind oft hin- und hergerissen zwischen Hetze und Langeweile. Viele Menschen haben Ähnlichkeit mit einer überlasteten Maschine. Sie produzieren und produzieren ... „Die Berufsarbeit ist ein einziger Streß. Immer heißt es schneller ..., schneller ..., und nach Feierabend fühlt man sich wie ausgebrannt." Auch im Gewimmel der Städte; auf den Rolltreppen, in den Kaufhäusern scheint die Devise zu heißen: schneller ..., schneller ...

▼

Sie haben wenig Zeit. Oft will jemand etwas von Ihnen. Sie haben auch nur zwei Hände.

Mit welchen Redewendungen entziehen Sie sich den Forderungen (von Vorgesetzten, Eltern, Freund, Freundin, Kollegen)?

Notieren Sie Ihre „Ausreden", die alle den Satz umschreiben: „Ich habe keine Zeit".

Überprüfen Sie aus dem Gedächtnis den Ablauf der letzten Woche (Montag 0 Uhr bis Sonntag 24 Uhr). Wieviel Stunden haben Sie in dieser Woche aufgewendet für:

Berufsarbeit*) .... ?..
Schule*) .... ?..
Weiterbildung .... ?
Essen .... ?
Körperpflege .... ?
Familie, Haushalt .... ?
Hobbys .... ?
*Radio, Fernsehen,
Plattenspieler* .... ?

---

*) einschließlich Hin- und Rückwege.

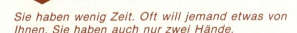

Disco, Kino, Theater .... ?..
Lesen .... ?..
Sport .... ?..
Freunde, Vereine usw. .... ?..
Nichtstun .... ?..
Schlafen .... ?..
Sonstiges .... ?..
(z. B. Einkauf, Stadtbummel)

Die Woche hat 168 Stunden. Auf wieviele Stunden kommen Sie, wenn Sie die Zahlen zusammenzählen?

Welche Tätigkeit bezeichnen Sie als Arbeit? In welchem Verhältnis stehen Arbeit und Freizeit?

Möchten Sie daran etwas ändern?

Was ließe sich ändern? — Warum tun Sie es nicht?

Langeweile tritt schon epidemisch auf

Vakuum-Neurose weit verbreitet

New York (bios). Der Mensch der Hochzivilisation strebt nach immer mehr Freizeit. Doch in unzähligen Fällen weiß er damit nichts anzufangen. Das ist das Fazit, das von der amerikanischen Akademie für geistige Gesundheit in New York nach Untersuchungen gezogen wurde. Die Langeweile in der Freizeit grassiert schon heute epidemisch, sie hat alle Schichten erfaßt, ist also nicht nur in den materiell übersättigten Kreisen zu Hause.

Der Arbeiter langweilt sich in seiner Freizeit meist nicht anders als der Staatsanwalt. Ganz schlimm ist es mit den Jugendlichen bestellt. Ihr Auflehnen gegen Tradition, Konvention und die Ratschläge der älteren Generation ist häufig auf das „Leiden der inneren Leere", die sogenannte „Vakuum-Neurose" zurückzuführen.

Man kann das Wort „Leiden" ohne weiteres anwenden; denn bei der „Vakuum-Neurose" handelt es sich wirklich um eine Gemüts- und Nervenkrankheit, die nicht zu leicht genommen werden darf. Sie nimmt dem Menschen den Schwung, die Zielstrebigkeit und das Durchsetzungsvermögen. Wenn man heute einen Teil der Jugend untätig und mit finsteren, gelangweilten Gesichtern irgendwo herumlungern sieht, dann hat man das klassische Bild der „Vakuum-Neurose" vor sich.

Bei den Erwachsenen äußert sie sich meist in schlechter Laune, im wahllosen Konsum von Fernsehsendungen, im verstärkten Konsum von Alkohol und Nikotin und in einer lethargischen Gesamteinstellung zum Leben und seinen Licht- und Schattenseiten.

In früheren Zeiten bildete vielfach die Religion die seelische Stütze der Menschen. Heute ist diese Stütze weitgehend weggefallen. Die Menschen müssen den Sinn des Lebens selber suchen und finden. Das aber gelingt offenbar nur noch wenigen.

„Lübecker Nachrichten", 15. Mai 1975

Langeweile ...

Schon in einem Jahrzehnt kann uns die 20-Stunden-Woche und mehr Urlaub vor das „Problem" stellen, mit mehr freier Zeit fertig werden zu müssen.

Tips gegen Langeweile:

Jugendzentren, Jugendclubs, Jugendcafés, Häuser der „offenen Tür", Jugendgästehäuser, Jugend-Diskotheken, Bolz- und Spielplätze, Sportvereine, Hobby-Clubs, Jugendgruppen. Das alles sind Tips gegen Langeweile. Diese Häuser und Clubs gibt es in allen größeren Orten. Aber wo?

Am besten: Mal rumhören bei Bekannten. Oder beim örtlichen Jugendamt anrufen. Die haben über alles, was unter Jugend läuft, einen Überblick. Viele Städte haben sogar eine Liste mit den Adressen der Häuser und Jugendverbände.

Wenn man die Adressen hat, braucht man nur noch ein bißchen Mut: Hingehen und sich umsehen. Und wenn man nicht gleich den starken Mann markiert (weil man sich unsicher fühlt als „Neuer"), dann kommt man meist gut an und gehört bald dazu. Wer schlau ist, gibt sogar ganz offen zu: Ich bin neu hier, sag mir mal, was hier los ist. Merke: Die meisten Menschen freuen sich, wenn man von ihnen was wissen will, und geben gern Auskunft. Das sollte man sich zunutze machen.

Die großen Jugendverbände sind im Bundesjugendring zusammengeschlossen. Bei den Zentralen dieser Verbände kann man auch anfragen, ob es in der Nähe eine lokale Gruppe gibt. Wer auf dem Land wohnt, wird dann vielleicht erst in der nächsten Kreisstadt einen Anschluß für sein Hobby finden. Auch das Kreisjugendamt bei der Kreisverwaltung ist eine gute Auskunftsstelle darüber, wo für Jugendliche was los ist. Die Jugendämter planen oft auch Gruppen-Reisen, Wochenendfreizeiten und andere Aktivitäten für Jugendliche, die nicht einem Verband angehören. Auf solchen Reisen können „Einzelgänger" sich „auf Zeit" mit anderen zusammentun, auch wenn sie die „Vereinsmeierei" auf Dauer nicht mögen.

Quelle: „frag mal, Tips für junge Leute"

— Schon heute haben viele Menschen Angst vor der Freizeit —, weil sie Angst vor sich selbst haben, weil sie nicht gelernt haben, mit ihrer freien Zeit sinnvoll umzugehen. Sie langweilen sich „zu Tode" und versuchen, sich durch Arbeit zu betäuben: „Wenn ich Samstag nicht diesen Extra-Job hätte, würde ich vor Langeweile die Wände hochgehen." — Millionen, die am Freitagabend die Tür hinter sich schließen, sind dahinter einsamer als am Arbeitsplatz. Sie fürchten sich vor dem Wochenende.

1.7.2 Arbeit macht das Leben süß, Faulheit stärkt die Glieder ...

In zehn Thesen (Behauptungen) werden hier Gedanken über Arbeit, Freizeit und Urlaub gegenübergestellt.

Welcher These stimmen Sie zu, welche lehnen Sie ab?

Begründen Sie.

Lassen sich allgemeingültige Regeln aufstellen?

Wenn ja, begründen Sie. — Wenn nein, begründen Sie.

1. Der Mensch lebt, um zu arbeiten.	Der Mensch arbeitet, um zu leben.
2. Arbeit ist die Rechtfertigung eines leeren Lebens.	Ohne Arbeit ist das Leben leer.
3. Arbeit bedeutet Zwang.	Arbeit ist Pflichterfüllung. Aus ihr kommt der Sinn des Lebens.
4. Wenn Arbeit nicht sinnvoll ist, kann auch die Freizeit keinen Ersatz schaffen.	Wer in der Arbeit keine Befriedigung findet, muß sich eine sinnvolle Freizeitbeschäftigung suchen.
5. Um den Alltag zu ertragen, braucht man öfters Stunden der Sammlung.	Um den Alltag zu ertragen, braucht man öfters Stunden der Zerstreuung.
6. Die beste Erholung ist es, vom Alltag total abzuschalten.	Wer sich nach totalem Abschalten sehnt, hat ein gestörtes Verhältnis zur Arbeit.
7. Im Urlaub soll man sich gehen lassen.	Im Urlaub soll man zu sich selber kommen.
8. Im Urlaub sollte man möglichst aktiv sein.	Im Urlaub sollte man so richtig gammeln.
9. In Freizeit und Urlaub soll man neue Kraft für die Arbeit schöpfen.	Wo Freizeit und Urlaub der Arbeit untergeordnet wird, dort wird die Erholung selber zur Arbeit.
10. Müßiggang ist aller Laster Anfang.	Nur in der Muße kommt der Mensch zu sich selbst.

Wissenschaftler fand heraus:

Familie ist in der Freizeit ein großer Konfliktherd

Hamburg / Köln (HZ). „Die Familie ist der eigentliche Konfliktherd in der Freizeit", hat der Hamburger Freizeitforscher Professor Horst Opaschewski (38) herausgefunden. Bei einer Untersuchung ermittelte er: Probleme in der Freizeit sind zu 39 Prozent Familienprobleme, „weil sich die unterschiedlichen Interessen nur schwer unter einen Hut bringen lassen". Der Vater will seine Ruhe, die Hausfrau verlangt unternehmungslustig nach einem Tapetenwechsel, und die Kinder wollen endlich einmal mit den Eltern spielen. Und: Wer seinen eigenen Interessen nachgeht, bekommt Krach mit der Familie.

Wenn die notwendigen Arbeiten (Vorbereitung der Mahlzeiten, Großeinkauf, Garten, Auto) erledigt sind, wird in Familie gemacht, weil man sich dazu verpflichtet fühlt. Die Folge: „Was man am Freitagabend und Sonnabend als Traumfamilie in heiler Welt darstellt, wird am Sonntagabend zur bösen Karikatur. Die Familie ist dann nicht mehr der Himmel auf Erden, sondern kann zur reinen Hölle werden." Das Wochenende ist die Zeit des Ehestreits, die Kinder müssen als Blitzableiter herhalten.

Wenn von einem gelungenen Wochenende berichtet wird, handelt es sich zumeist um ein aushäusig verbrachtes. Bei mißlungenen Wochenenden wird meist als Grund die Familie angegeben. In der Freizeit herrschen, wie Opaschewski herausfand, „Unzufriedenheit, Streß und Ratlosigkeit" vor: Meist eine Folge von Zwängen, denen man sich auch in der Freizeit ausgesetzt sieht. So werde es als Tabu angesehen, wenn jemand „Zeit für sich" beansprucht und dabei auch noch passiv sein und einmal richtig faulenzen will.

Es geht um Qualität

Die Probleme mit der Freizeit werden nach Ansicht des Professors noch zunehmen, weil die Freizeit sich gerade in einem Umbruch befindet. Heute gehe es nicht mehr um die Quantität, sondern um die Qualität der arbeitsfreien Zeit. In den 80er Jahren werde die Freizeit hauptsächlich Erlebniszeit sein. Darauf sei der Bundesbürger aber kaum vorbereitet.

Eine Fülle von „Freizeit-Therapien" versucht, den Bundesbürgern gegen gutes Geld die Freizeit zu vertreiben. Die Folgen sind oft, so Opaschewski, hektische Betriebsamkeit, Streß und seelische Tiefs am Sonntagabend.

Die künftige Entwicklung der Freizeit sieht der Experte so: Fernsehen, Bücherlesen, Kartenspielen, Oper, Theater, Konzert, Zuschauen beim Sport werden abnehmen — aber Gammeln, aktiver Sport, gesellige Kontakte, Gruppeninitiativen und Erlebnisreisen zunehmen.

„Welt am Sonntag", 21. Dezember 1980

1.7.3 Wie läuft es eigentlich bei Euch?

Quelle: „Alltag, Scenen einer Clique", Bundeszentrale für gesundheitliche Aufklärung

Quelle: ,,Alltag, Scenen einer Clique'', Bundeszentrale für gesundheitliche Aufklärung

1.8 Die Familie: Wunschtraum oder Alptraum?

1.8.1 Familie: Eine Gruppe wie jede andere?

Der Mensch ist ein Wesen, das nur in der Gesellschaft bestehen kann. Innerhalb der Gesellschaft kann man eine Vielzahl von Gruppen erkennen. Eine Gruppe ist überschaubar. Man kann feststellen, wer zu ihr gehört und wer nicht. Hier sind allerdings nicht solche Ansammlungen gemeint, die zufällig — etwa bei Volkszählungen oder Meinungsumfragen — zustande kommen, wenn man Menschen statistisch zusammenfaßt nach Alter, Einkommen, Schulbildung, Hausbesitz; oder wenn Geschiedene, Kirchgänger, Schlipsträger, Fußballfans befragt werden; erst recht nicht, wenn man sie nach Haarfarbe, Größe, Kragenweite, Blauäugigkeit sortiert. Gemeint sind soziale Gruppen. Sozial bedeutet hier allerdings nicht ,,menschlich, wohltätig, hilfsbereit'', sondern ,,gesellschaftsbezogen'' oder ,,in der Gesellschaft bestehend''.

Soziale Gruppen sind: die Familie, die Schulklasse, der Sportverein . . .

> Eine soziale Gruppe umfaßt mehrere Menschen, die sich durch zumindest ein gemeinsames Merkmal auszeichnen und die regelmäßig etwas Gemeinsames tun, die sich irgendwelchen gemeinsamen Überzeugungen verpflichtet fühlen und die ein Gefühl der Zusammengehörigkeit auszeichnet. Kennzeichnend für Mitglieder einer sozialen Gruppe ist ein Wir-Gefühl und gleiches oder doch annähernd gleiches Handeln.

Quelle: Alfred Bellebaum, Soziologische Grundbegriffe, Stuttgart 1978, Seite 32

Wissenschaftler bemühen sich, die große Zahl von Gruppen zu ordnen, z. B. in Erst- und Zweitgruppen oder in Klein- und Großgruppen.

● Erstgruppen (Primärgruppen), auch Intimgruppen genannt, sind immer Kleingruppen mit sehr enger Bindung der Gruppenmitglieder. Hierzu gehören die Familie, in die man hineingeboren wird, die Familie, die man selbst gründet, sowie ,,Paare'' wie Freunde, Verlobte, Ehepaare.

In der Primärgruppe erfährt der einzelne die Geborgenheit, Zuneigung und Liebe, die jeder braucht, um „draußen" bestehen zu können. Die Bindungen innerhalb der Primärgruppe sind sehr eng. Das ergibt auch Nachteile. Wenn die Übereinstimmung der Gruppenmitglieder gestört ist, brechen Haß und Streit besonders heftig hervor. Das Leben kann dann unerträglich werden: Freundschaften zerbrechen; Ehen werden geschieden; Familien auseinandergerissen. Für den einzelnen kann das Auseinanderbrechen der Primärgruppen lebenslange Folgen haben (dazu siehe S. 44). Kleingruppen, die sich aufgrund gegenseitiger Sympathie freiwillig und ohne Zwang bilden, werden auch als „informelle Gruppen" bezeichnet, z. B. eine Clique innerhalb einer Schulklasse, eines Betriebes, oder in der Freizeit.

• Zweitgruppen (Sekundärgruppen) stehen zeitlich und in der Bedeutung für das Leben des einzelnen erst an zweiter Stelle. Sie können Groß- und Kleingruppen sein, in denen meist ein gemeinsames Ziel oder Interesse im Vordergrund steht: Vereine, Arbeitsgemeinschaften, Schulklassen, Parteien, Interessenverbände sind Zweitgruppen. — Man nennt sie auch formelle bzw. organisierte Gruppen.

Die Unterteilung in Klein- und Großgruppen ist schwieriger. Solange eine Gruppe für die Mitglieder überschaubar ist und jeder jeden kennt, nennen wir sie eine Kleingruppe.

1.8.2 Primärgruppe Familie: Warum heiraten?

>> Warum ich eine Familie haben möchte? Ganz klar: Ich brauche Menschen um mich, von denen ich weiß, daß sie zu mir und ich zu ihnen gehöre. Einen Mann und Kinder. Menschen, um die man sich kümmern kann, auf die man sich verlassen kann. Damit ich weiß, wo ich meinen Platz habe ... Gabriele Holtzer, ein hübscher 17jähriger Teenager aus Dortmund, sagt das mit einer Selbstverständlichkeit, als wäre sie seit vielen Jahren glücklich verheiratet. Dabei hat es bei ihr wirklich noch Zeit. Sie geht noch zur Schule. Doch schon heute steht für sie fest: Wenn sie den Richtigen gefunden hat, will sie heiraten, eine gemütliche Wohnung und zwei Kinder haben.

Quelle: „Journal für Haushalt & Familie", 4/79

>> (1) „Ehe und Familie stehen unter dem besonderen Schutz der staatlichen Ordnung".

(2) „Pflege und Erziehung der Kinder sind das natürliche Recht der Eltern und die zuvörderst ihnen obliegende Pflicht. Über ihre Betätigung wacht die staatliche Gemeinschaft ..."

(3) „Gegen den Willen der Erziehungsberechtigten dürfen Kinder nur auf Grund eines Gesetzes von der Familie getrennt werden, wenn die Erziehungsberechtigten versagen oder wenn die Kinder aus anderen Gründen zu verwahrlosen drohen."

Quelle: Grundgesetz, Artikel 6

Besondere Paragraphen und Gesetze sollen die gesunde Entwicklung und die geregelte Erziehung von Kindern und Jugendlichen gewährleisten.

>> Für viele Menschen ist die Familie ein Zufluchtsort vor den vielfältigen Problemen, die der Alltag mit sich bringt. ... Rationalisierung und Mechanisierung am Arbeitsplatz haben für sehr viele Menschen eine seelische Entwurzelung gebracht. So suchen sie jetzt in der Familie wieder feste Wertvorstellungen, die ihrem Leben einen Sinn und eine Aufgabe vermitteln.

Quelle: „Journal für Haushalt & Familie", 4/79

Was moderne Menschen heute von der Familie erwarten, geht aus einer Untersuchung der Bundeszentrale für gesundheitliche Aufklärung hervor:

>> Vertrauen: Die Gewißheit, sich sicher zu fühlen und nicht fallengelassen zu werden, nicht allein sein.

Nähe: Die zärtliche Zuwendung, bei der Streicheln und In-den-Arm-nehmen noch wichtig sind.

Schutz: Das Bewußtsein, vor Gefahrensituationen bewahrt zu werden und immer eine Zufluchtsmöglichkeit zu haben, wo man angenommen und geliebt wird.

Solidarität: Das Gefühl, mit den anderen verbunden zu sein, sich gegenseitig zu stützen und gemeinsam für ein Ziel einzusetzen.

Sicherheit: Die Gewißheit, daß die Familie auch den Schwächeren hilft und in der Bewältigung der alltäglichen Probleme zusammensteht.

Fünf Begriffe, die sich leicht auf einen gemeinsamen Nenner bringen lassen: Liebe — oder die Erfahrung, daß in der Familie zählt, wer zu ihr gehört und nicht, wer was leistet. "

Quelle: „Journal für Haushalt & Familie", 11/78

Die eigene Familie soll Zuflucht bieten. Sie darf jedoch nicht Flucht vor der Wirklichkeit sein.

Ein Beispiel: „Wie in einem Teufelskreis", Bericht von Christel Hofmann:

„ Sie heißt Ramona, und das Baby, das sie mir stolz und ohne den Kopf abzustützen in den Arm legt, heißt Sascha. Letzte Woche hat sie geheiratet. Das Jugendamt hat lange mit der Heiratsgenehmigung gezögert. Von der Hochzeitsfotografie strahlt Ramona in bodenlangem Weiß an der Seite eines Schulbuben. Nächste Woche, wenn Sascha getauft wird, rückt der junge Vater bei der Bundeswehr ein. Das gibt Geld, sagt Ramona. Und er will bleiben, sagt er, wenn sie ihn behalten. . . . Bis zur Einberufung betrug das Bruttoeinkommen der beiden neunhundert Mark. Von den Eltern kommt keine Hilfe. Sie haben nichts.

Ramona kann nicht stillen, das beeinträchtigt ein bißchen ihren Stolz. Sie wollte alles so gut machen. Daheim hat sie viel Elend erlebt. Die Mutter hat geschlagen und gezankt und wohl auch getrunken. Es gab drei Sorten Kinder, die sich nicht vertrugen, und einen Vater, der seine Hilflosigkeit nie verbergen konnte. Sozialfürsorge, Notwohnung am Stadtrand, Sonderschule und die Aufsicht des Jugendamtes. Ramona will alles besser machen. . . .

Sascha ist die erste vorzeigbare Leistung, die beide erbracht haben. Und das erfüllt sie mit Stolz.

Solange sie in die Sonderschule gingen und sich nicht messen mußten, hat alles gestimmt. Dann kam die Suche nach einem Arbeitsplatz. Da war das Sonderschulzeugnis schon ein großes Hindernis. . . .

Ramona hat keinen Arbeitsplatz bekommen, . . . Saschas Vater hat eine Stellung in der Verputzerkolonne. . . . Er hofft auf die Bundeswehr. Wenn es dort klappt, wollen sie noch mehr Kinder. "

„Die Zeit", 2. Februar 1979

Überlegen Sie:

Welche Bedingungen müßten Ihrer Meinung nach erfüllt sein, wenn junge Leute eine Familie gründen?

Welche Eigenschaften/Fähigkeiten erwarten Sie von Ihrem künftigen (Ehe)-Partner?

Was könnten Sie selbst in die Ehe einbringen?

Buchtip: Zum Thema Mann und Frau gibt es einige sehr interessante Bücher.

Fast, Julius: Typisch Frau! Typisch Mann!, rororo 7102.

Peck, Josef: Alles über die Frauen, dtv 366; Alles über die Männer, dtv 371.

Alle drei Bücher sind spannend geschrieben und sehr gut zu lesen. Weitere kostenlose Informationen zu den Themen Partnerschaft, Liebe, Empfängnisverhütung, Ehe, Familie erhalten Sie von der „Bundeszentrale für gesundheitliche Aufklärung", Postfach 93 01 03, 5000 Köln 91.

1.8.3 Vater, Mutter, Sohn und Tochter: Rollen in der Familie

" Der Mann wünscht ... sich sein Weib an den Topf, den Kochtopf, Waschtopf, Babytopf. Da gehört sie hin. Da soll sie sich kümmern um die Ihren und nicht um ihre Intelligenz. Da soll sie dienen ihrem Mann und nicht irgendeinem lausigen Chef. Für den deutschen Bürger ist die Ehe auch heute noch: eigener Herd, Goldes wert. **"**

Quelle: Leona Siebenschön, Ehe zwischen Trieb und Trott, München 1971, Seite 66

Aber:

" Fast alle Frauen haben heute, zumindest bevor sie heirateten, eine berufliche Tätigkeit ausgeübt. Sie können also Vorteile von Beruf und Hausarbeit vergleichen. Und sie fanden offenbar im Beruf etwas, das ihnen die häusliche Arbeit nicht gibt: eine gewisse Unabhängigkeit, Kontakt zur Außenwelt, Selbstbewußtsein. Frauen haben, genau wie Männer, ein Bedürfnis nach Anerkennung, nach Bewährung, nach Wettbewerb mit anderen Personen. Und dies meinen sie, im Beruf zu finden. **"**

Quelle: „Männlich, weiblich oder menschlich?" Übungen zur Schulfernsehreihe, Seite 15

Noch vor nicht allzu langer Zeit war für alle selbstverständlich: Eine verheiratete Frau hatte die Rolle „der Hausfrau und Mutter" zu spielen. Das war sogar im Bürgerlichen Gesetzbuch (BGB) so festgelegt.

Noch 1976 galt:

" Die Frau führt den Haushalt in eigener Verantwortung. Sie ist berechtigt, erwerbstätig zu sein, soweit dies mit ihren Pflichten in Ehe und Familie vereinbar ist. **"**

Quelle: BGB § 1356

In den letzten Jahren hat sich die Auffassung von der Rolle der Frau geändert. Im neuen Ehe- und Familienrecht wird daher bestimmt, daß Mann und Frau sich einigen müssen, wer welche Aufgaben übernimmt.

Seit 1977 gilt:

" Die Ehegatten regeln die Haushaltsführung im gegenseitigen Einvernehmen. Ist die Haushaltsführung einem der Ehegatten überlassen, so leitet dieser den Haushalt in eigener Verantwortung. Beide Ehegatten sind berechtigt, erwerbstätig zu sein. Bei der Wahl und Ausübung einer Erwerbstätigkeit haben sie auf die Belange des anderen Ehegatten und der Familie Rücksicht zu nehmen.

Die Ehegatten sind einander verpflichtet, durch ihre Arbeit und mit ihrem Vermögen die Familie angemessen zu unterhalten. Ist einem Ehegatten die Haushaltsführung überlassen, so erfüllt er seine Verpflichtung in der Regel durch die Führung des Haushalts. **"**

Quelle: BGB §§ 1356, 1360

UND DIE MUTTER BEDIENT DIE TOCHTER

Bis ins Erwachsenenalter werden Mädchen häufig umsorgt und bleiben unselbständig

Wer Gelegenheit hat, in Familien mit halbwüchsigen Töchtern hineinzuschauen, kann immer wieder feststellen, daß die Mutter die Dienstmagd ihrer Tochter ist. Sie rühren zu Hause keinen Finger und lassen sich ständig von der Mutter bedienen. Oft sind sie sogar zu bequem, für das abendliche Rendezvous ein Kleid selbst aus dem Schrank zu nehmen. Die Mutter muß es bereitlegen und der Tochter vielleicht sogar noch beim Anziehen behilflich sein. Eine hauswirtschaftliche Ausbildung sollte auch heute noch zur Grundausbildung eines jeden Mädchens gehören, das einmal die Absicht hat, zu heiraten. So „modern" und technisiert wird der Haushalt nie werden, daß keine speziellen Kenntnisse mehr nötig wären. Auch ist zu bezweifeln, ob bei uns der Mann sich schon in der jetzt lebenden jungen Generation so zur Hausarbeit abrichten läßt wie der Mann in den USA. Mütter, die ihre Töchter zu tüchtigen „Hausfrauen" heranziehen, leisten einen wesentlichen Beitrag zum späteren ehelichen Glück der Tochter.

„Lübecker Nachrichten", 15. Februar 1981

Zur Diskussion gestellt:

Ist denn der Trauschein wirklich so wichtig?

Immer mehr junge Leute leben heute ohne Trauschein zusammen. Sie ziehen einfach in eine gemeinsame Wohnung und teilen Tisch und Bett, wie man so sagt. Eltern sehen das meistens nicht gern, obwohl sich viele schneller damit abfinden, als das noch vor Jahren der Fall gewesen wäre. Meiner Ansicht nach spricht vieles dafür, ohne Trauschein zusammenzuleben.

Es ist völlig falsch, davon auszugehen, daß eine amtlich mit Brief und Siegel geschlossene Ehe besser ist als eine Gemeinschaft zweier Partner auf Basis der Freiwilligkeit. Auch in einer Partnerschaft kann es alle Formen echter Gemeinschaft und Treue geben.

Ein Zusammenleben ohne Trauschein ist ohne Druck und Zwang, es vermeidet bewußt die feste Form. Man kann dann auseinandergehen, wenn man möchte. Es gibt keine teuren Scheidungsverfahren.

In einer Ehe kann es genauso wie in einer Partnerschaft ernste Konflikte geben, die eventuell zur Trennung führen. Das kann man dann aber unter sich abmachen und braucht keine Richter und Rechtsanwälte dazu. Außerdem haftet einem nicht der „Makel" an, geschieden zu sein, und man hat, so glaube ich, bessere Chancen, einen neuen Partner zu finden.

Ob man heiratet oder nicht, finde ich gar nicht so wichtig. Hauptsache ist doch, daß junge Menschen Geborgenheit finden und glücklich werden. Alles andere spielt doch überhaupt keine Rolle. Wirkliche Liebe ist unabhängig davon, ob man beim Standesamt war oder sich einfach entschlossen hat, ohne Zeremonie zusammenzuziehen. Wenn ein Partner allerdings darauf aus ist, Vorteile aus dem Zusammenleben mit dem anderen zu ziehen, ist das bei einer Ehe ohne Trauschein leichter möglich. Es gibt ja keinen Vertrag, der beiden Partnern ihre Rechte zusichert. Nicht gut finde ich es, wenn zwei junge Leute zu früh zusammenziehen, weil man zu sehr vom Partner abhängig wird und versäumt, andere Menschen kennenzulernen.

Schreibt doch, was ihr zu dem Thema meint. Soll man ohne Trauschein zusammenleben, oder spricht eurer Meinung nach auch etwas dagegen?

Hans, 20 J.

„Lübecker Nachrichten", 20. März 1980

Beantworten Sie die im letzten Absatz des Leserbriefes gestellte Frage.

Wirtschaft
Frauen zum Großteil mit ihrer Arbeit unzufrieden

Frankfurt (ddp). Ein Großteil der berufstätigen Frauen in der Bundesrepublik kann seiner Arbeit keine interessanten Seiten abgewinnen, fühlt sich unterbezahlt und gegenüber männlichen Kollegen im Nachteil. Trotzdem ziehen mehr als zwei Drittel die Berufstätigkeit dem Dasein als „Nur-Hausfrau" vor.

Donnerstag, 31. Mai 1979 Für die Jugend

Zur Diskussion:
Meine Mutter, die „Emanze"
Böse Folgen der „Selbstverwirklichung" einer Frau

Seit einiger Zeit gibt es in unserer Familie ständig Krach. Und zwar deshalb, weil meine Mutter plötzlich entdeckt hat, daß sie zu etwas Höherem geboren sei, als uns, ihre Familie, zu versorgen. Sie habe die Hausarbeit satt, sagt sie, ebenso satt habe sie es, sich ständig mit uns herumzuärgern; und immer nach der Pfeife ihres Mannes zu tanzen, das sei ihr schon lange zuwider.

Ich meine, daß die Selbstverwirklichung einer Frau auch innerhalb der Familie stattfinden kann. Ich jedenfalls weiß nach den bösen Erlebnissen der letzten Monate, daß man nur glücklich sein und wenn das stimmt.

Und auch das weiß ich: Nach Beendigung der Schule und der Berufsausbildung werde ich Familienleben werden kann, mich für Beruf oder Familie entscheiden müssen, wenn ich nicht will, daß meine Kinder eines Tages — wie wir — vor einem Scherbenhaufen stehen.

Was meint ihr dazu?

Bettina, 16

„Zufrieden" in der Rolle als Hausfrau

Frankfurt (dpa). Die meisten der rund zehn Millionen Hausfrauen in der Bundesrepublik sind mit ihrer „Rolle" zufrieden, auch wenn sie oftmals als „Hausmütterchen" oder „grüne Witwen" belächelt werden. Allerdings liegen Schatten auf der Zufriedenheit: Fast jede zweite Hausfrau würde jetzt — wenn sie wählen könnte — lieber berufstätig sein. Dies ist das Ergebnis einer Repräsentativuntersuchung der Gießener Soziologin Prof. Helge Pross unter 1200 nicht berufstätigen Frauen im Alter zwischen 18 und 54 Jahren.

Wenn der Mann nur für den Beruf lebt
Viele Ehefrauen fühlen sich im Stich gelassen

„Wenn ich jünger wäre und noch einmal wählen könnte – ich würde nicht so leicht wieder heiraten", sagte die Frau eines Arztes. Sie fühlt sich – trotz Mann und Kinder – einsam in ihrer Ehe, es bedrückt sie die Abhängigkeit, die ewig gleiche Routine der Hausarbeit und die Tatsache, daß sie keine Chance hat, etwas anderes, etwas Positives aus ihrem Leben zu machen.

„Lübecker Nachrichten", 31. Mai 1979, 26. November 1978, 30. März 1979, 8. Mai 1975

▼

Schreiben Sie möglichst viele Aufgaben auf, die in der Familie zu bewältigen sind. Versuchen Sie, diese Aufgaben möglichst „gerecht" auf die Familienmitglieder zu verteilen.

Bilden Sie sich eine eigene Meinung zur Erwerbstätigkeit der Frau: Sie haben schon vorher das Kapitel „Primärgruppe Familie" durchgearbeitet und jetzt die Meldungen und Meinungen zur Berufstätigkeit von Ehefrauen und zur Erziehung von Töchtern gelesen. Diskutieren Sie folgende Punkte:

1. *Gründe für und gegen die Erwerbstätigkeit der Frau (auch Vorteile und Nachteile für Frau, Mann, Kinder).*
2. *Wie könnte der Haushalt organisiert werden, wenn die Frau (und Mutter) erwerbstätig ist?*
3. *Sollte der Staat die Erwerbstätigkeit von Müttern unnötig machen (CDU: Erziehungsgeld für Mütter, die zu Hause bleiben) oder unterstützen? (F.D.P.: mehr Kindergärten, Ganztagsschulen)?*
4. *Sollte Ihrer Meinung nach die Frau erwerbstätig sein (wann ja, wann nicht)?*

1.8.4 Werte fürs Leben: Was aus den Kindern wird, hängt von den Eltern ab

Man kennt die begeisterten Ausrufe von Tanten und Omas, wenn sie ein Neugeborenes begutachten: „Ganz der Vater!" oder: „Genau wie die Mutter!" Tatsächlich lassen äußere Merkmale wie Haar- und Augenfarbe, Nase- und Mundpartie bei den meisten Kindern sehr bald die Verwandtschaft mit ihren Eltern erkennen. Auch geistige Anlagen werden von den Eltern vererbt; doch sind sie nicht so deutlich zu erkennen wie die körperlichen. Die Fähigkeiten schlummern gleichsam im Menschen. Je mehr sie geweckt werden, um so deutlicher kommen sie zum Vorschein. Dieses Wecken und Fördern der Begabung nennt man Erziehung oder „Sozialisation". Der Begriff „Sozialisation" ist allerdings umfassender. Er umschließt alle Maßnahmen, die den Menschen zu dem sozialen Wesen machen, das in der Gesellschaft bestehen kann.

Beobachten wir einmal, wie Eltern ihre Kinder erziehen: In unserer Gesellschaft werden Babys zu ganz bestimmten Zeiten gebadet, gefüttert und trockengelegt. Schreien sie zwischendurch, so läßt die Mutter sie schreien oder sie tröstet das Baby. Gefüttert wird erst dann, wenn die Zeit gekommen ist. So werden Babys schon früh an Pünktlichkeit und Ordnung gewöhnt.

Die Familie erfüllt bei uns die wichtigsten Aufgaben der Sozialisation:

> 1. Die Familie übernimmt die regelmäßige und dauerhafte materielle und seelische Fürsorge für das Kind.
>
> 2. Dabei führt sie das Kind in die grundlegenden Normen und Werte unserer Gesellschaft ein.
>
> 3. In der Familie erlernt das Kind wichtige Grundmuster des sozialen Lebens und der sozialen Beziehung, die auch im Erwachsenenleben eine große Rolle spielen:
>
> Geben — Nehmen; Mein — Dein; Ich — Du; Wir — die anderen; Macht — Ohnmacht; Schuld — Sühne; Streit — Versöhnung; Liebe — Geliebtwerden usw.

Quelle: Giesecke u. a., Gesellschaft und Politik in der Bundesrepublik, Frankfurt 1976, Seite 53

Kinder werden in den ersten Lebensjahren fast allein durch die Familie geprägt. Die Vorstellungen der Eltern, vor allem der Mutter, wirken sich bis in das Erwachsenenleben der Kinder aus.

Der Politikwissenschaftler E. Hagen (USA) schreibt dazu sinngemäß:

> Eine verständnisvolle Mutter, die davon überzeugt ist, daß Kinder große Entwicklungsmöglichkeiten haben, wird das Kind seine Welt erkunden lassen; sie wird mit Interesse und Befriedigung beobachten, wie seine Muskelkräfte zunehmen und wie es sich in seiner Kindheit und Jugend durch eine ununterbrochene Folge von Versuchen vervollkommnet. Dem Kind wird in Fleisch und Blut übergehen, daß Initiative belohnt wird und daß die Lösung von Problemen Befriedigung gewährt.

Ganz anders wird die Entwicklung des Kindes verlaufen, wenn die Eltern der Auffassung sind, Kinder seien zerbrechliche Wesen und nicht fähig, die Welt zu verstehen und zu bewältigen. Dann wird die Mutter das Kind in seinen ersten Lebensjahren übervorsichtig behandeln und überängstlich von den Gefährdungen des Lebens fernzuhalten suchen. Damit aber hindert sie das Kind unbewußt daran, seine Initiative zu entfalten und zu gebrauchen. Das Kind bekommt Angst vor seiner eigenen Initiative, weil die Mutter davor Angst hat. Sobald das Kind alt genug ist, um erzogen zu werden, werden die Eltern das Kind ständig mit Befehlen und Vorschriften plagen: was gut ist und was schlecht ist, wie man sich Eltern und anderen Personen gegenüber verhält und ganz allgemein, wie man leben soll. „

Quelle: Zapf (Hrsg.), Theorien des sozialen Wandels, Köln 1971, Seite 355

Durch das Vorbild von Vater und Mutter lernen die Kinder ihre späteren Rollen kennen. In ihren Spielen üben sie für ihre zukünftige Rolle als Mann und Frau.

Ausschnitt aus einer Diskussion: Marion (16 Jahre) und Marianne (12 Jahre).

„ Marion: Ein Junge ist meist dem Mädchen überlegen, bei einem Streit zum Beispiel. Die sagen sich: „Ich bin ein Junge, ich bin stärker."

Marianne: Die Buben sind wirklich stärker, und die schaffen mehr, und deshalb wird von denen mehr verlangt als von Mädchen.

Marion: Das liegt teilweise an der Erziehung. Wenn ich einem kleinen Jungen Puppen in die Hand drücke, dann wird der eher erzogen wie ein Mädchen. Wenn ich aber dem Mädchen ein Auto gebe oder einen Bagger oder weiß Gott was, dann entwickelt sich das Mädchen bubenhaft. Wieso sollen Frauen nicht dasselbe leisten wie der Mann, vom Verstand her, meine ich, körperlich hat der Mann schon mehr Kräfte. Ein Mädchen wird nicht so hart erzogen wie ein Junge, deshalb sind Mädchen empfindlicher.

Marianne: Die Buben können dafür nicht handarbeiten, wir können das. Ich meine, können würden sie schon, wenn sie Unterricht hätten. Aber die Buben lernen ja basteln, das ist für sie geeigneter, wir würden uns schneller schneiden beim Schnitzen. „

Quelle: Mädchenbuch — auch für Jungen, rororo rotfuchs 100, Seite 78

▼

Diskutieren Sie die Meinung von Marion und Marianne. Was halten Sie von der Auffassung: Erst durch die Erziehung wird aus den Mädchen „das schwache Geschlecht" und aus den Jungen „das starke Geschlecht"?

Sie haben persönliche Erfahrungen zu Hause und in der Schule gemacht. Diskutieren Sie folgende Fragen:

1. Wie bereiten Elternhaus und Schule auf die Rolle „Mann" und „Frau" vor (oder erziehen sie neutral)?

2. Wie verhalten sich Eltern, wenn Jungen oder Mädchen in der Schule Schwierigkeiten haben?

3. Erziehen alle Eltern, alle Lehrer so, wie es Marion und Marianne beschreiben? Kennen Sie andere Beispiele?

Zum Schluß: Welche Einstellung halten Sie persönlich für richtig?

Zeichnung: Erich Rauschenbach

Mit Kindern reden
Viele Väter vernachlässigen ihre Sprößlinge

An der Zeit für die Kinder fehlt es heute in vielen Familien. Viele Väter kommen abends von der Arbeit „erledigt" nach Hause und wollen dann nur noch „ihre Ruhe" haben. Oft ist es ihnen schon zuviel, der Frau noch eine Weile Wort und Gesellschaft zu gönnen, erst recht aber, sich mit den Kindern zu beschäftigen.

Eltern müssen sich Zeit nehmen, wenn ihre Kinder körperlich und geistig gedeihen und mit ihnen in echter Zuneigung und vollem Vertrauen verbunden sein sollen! Das gilt für die kleinen Kinder ebenso wie für die großen. Manche meinen, wenn das Kind noch klein ist, genüge es, wenn es nur ordentlich ernährt und saubergehalten werde; denn eine Beziehung zu seiner Umwelt habe es ja noch nicht. Diese Einstellung ist falsch, und sie kann sich darum sehr negativ auf die Entwicklung eines Kindes auswirken. Auch wenn den Müttern bei den kleineren Kindern die Hauptaufgabe in der Erziehung zufällt, so sollten doch die Väter kräftig mit zupacken. Sie sollten wissen, daß bereits Säuglinge sehr fein und sehr empfindlich auf die Atmosphäre und die Gefühlsschwingungen ihrer Umgebung reagieren. Das gilt auch für das Sprechen mit ihnen.

Ein junger Vater, der mit seinem Säugling im Kinderwagen plaudert — der ihm erzählt, daß heute die Sonne scheint, daß sie jetzt beide den schönen Park mit den vielen bunten Blumen erleben werden und danach zu der lieben Mami zurückkehren wollen — wird vielleicht von dem einen oder anderen Passanten belächelt. Was soll das, mit einem Baby reden, das doch noch nichts versteht?

Aber dieser Vater macht es richtig: Auch wenn der Säugling seine Worte noch nicht versteht, ist der Sprechkontakt ganz wichtig für das Kind. Denn wie soll es jemals sprechen lernen, ohne zunächst immer wieder angesprochen zu werden? Kontaktfreudig sein ohne sich darauf einüben zu können? All das ist genauso wichtig wie das Greifen von Gegenständen mit den Fingern, aus dem zunehmend ein Begreifen durch den Verstand wird. Kinder lernen vom ersten Tag an, und zwar durch Erfahrungen, die sie vor allem mit ihren Eltern machen.

Wie schön ist es, wenn hier die Väter mit einsteigen! Das alles braucht nicht jeden Tag zwei Stunden zu dauern; eine halbe Stunde ist auch schon etwas.

GP

„Lübecker Nachrichten", 2. März 1980

1.8.5 Nicht nebeneinander, miteinander!

> Der schwindende Kontakt zwischen Eltern und Kindern, zwischen den Eltern untereinander, bereitet seit Jahren zunehmend Sorge. ... Die meisten leiden dabei — verschieden stark und in unterschiedlicher Form — unter den Folgen des Nebeneinander — statt des Miteinanderlebens. Diese Entwicklung belastet das private Leben vieler Menschen und läßt sie unbefriedigt. ... Die Distanz zwischen Erwachsenen und Heranwachsenden ist erschreckend groß geworden. Wen kann es da noch wundern, daß so vielen Eltern und Kindern zunehmend die Fähigkeit abhanden kommt, miteinander zu reden.

Quelle: „Journal für Haushalt & Familie", 4/79

Das Gespräch in der Familie ist sehr wichtig: Wenn Kinder älter werden, lernen sie durch das Verhalten der Eltern und in der Auseinandersetzung mit ihnen, eine eigene Meinung zu bilden. Dadurch findet man seinen eigenen Standpunkt und löst sich gleichzeitig von den Eltern. Man wird selbständig und ist dann fähig, eine eigene Familie zu gründen. Wenn man sich aber in der Familie aus dem Wege geht, nicht miteinander redet, kann diese normale Ablösung nicht stattfinden. Das kann später die eigene Ehe sehr belasten. Man entwickelt Schuldgefühle und findet nur schwer zu einem normalen Verhältnis gegenüber den Eltern zurück.

> In der Familie lernen die Menschen Tugenden und Verhaltensweisen, die unserer Gesellschaft ein menschliches Gesicht geben: Liebe, Vertrauen, Rücksichtnahme auf andere, Opferbereitschaft, Mitverantwortung.
>
> Unser Leitbild ist die partnerschaftliche Familie, die geprägt ist von Partnerschaft zwischen Mann und Frau, zwischen Eltern und Kindern. Die Gemeinschaft von Eltern und Kindern bietet Lebenserfüllung und Glück. ...

Quelle: Regierungserklärung von Bundeskanzler Kohl, CDU, am 13. Oktober 1982

1.8.6 Mit 18 weg von den Eltern?

Meldung und Kommentar: „Hamburger Abendblatt", 11. März 1980

Mit 18 weg von den Eltern
11. März

Jeder zweite Jugendliche, der mit Vollendung des 18. Lebensjahres volljährig wird, will das Elternhaus verlassen. Nur 40 Prozent aller Jugendlichen fühlen sich „in der Familie so wohl", daß sie bleiben wollen. Solchen Drang zur Selbständigkeit ergab eine Untersuchung des Münchner „Deutschen Jugendinstituts" im Auftrag des Bundesfamilienministeriums.

500 Jungerwachsene wurden befragt, um die Auswirkungen des vor fünf Jahren in Kraft getretenen Gesetzes zu untersuchen, das die Volljährigkeitsgrenze von 21 auf 18 Jahre herabsetzte.

Eine große Hoffnung, die alle Parteien des Bundestages bei ihrer Zustimmung zu dem Gesetz damals hegten, erfüllte sich nicht: Die jungen Menschen beteiligten sich nicht früher und intensiver am gesellschaftlichen und politischen Leben. Aber auch eine große Sorge erwies sich als unbegründet: „Nur in ganz wenigen Ausnahmefällen nutzen Jungerwachsene ihre Freiheit von elterlicher Gewalt dazu, ihre Ausbildung abzubrechen".

Für die große Mehrheit der Eltern, die ihre Kinder nur ungern ausziehen lassen, hält die Untersuchung Trost bereit: Nach einer gewissen Zeit der Selbständigkeit nehmen die Kinder wieder Kontakt zum Elternhaus auf. Die Beziehungen gewinnen oft sogar eine ganz neue Qualität, weil die Konflikte des Zusammenlebens entfallen sind. Die Studie kommt zu dem Schluß, daß die vorgezogene Volljährigkeit kaum zusätzliche Konflikte gebracht hat.

Eindeutig verschlechtert habe sich jedoch die Lage der in Heimen untergebrachten jungen Leute. Sie dürfen zwar auch als Jungerwachsene in den Heimen bleiben und ihre Ausbildung beenden. „Aber sie müssen sich in ganz besonderem Maße unterordnen, denn ein Gesetz „dankend abzulehnen" geht nicht.

Der Anteil der 18jährigen, die freiwillig in den Heimen bleiben, ist von etwa 50 Prozent auf derzeit rund ein Drittel zurückgegangen. Diese Entwicklung ist besorgniserregend, weil die in Heimen aufgewachsenen Jungerwachsenen vielfach mit ihrer Selbständigkeit nicht fertig werden, ihre Ausbildung abbrechen oder sogar kriminell werden.

KOMMENTAR

Besseres Miteinander
Von INGE DOSE-KROHN

Seit fünf Jahren macht der Staat den Jugendlichen in der Bundesrepublik schon zu ihrem 18. Geburtstag ein Geschenk: Selbständigkeit. Das bedeutet, sie dürfen ihr Tun und Lassen selbst verantworten. Die Jungerwachsenen sind aber auch gezwungen, dieses Geschenk anzunehmen, denn ein Gesetz „dankend abzulehnen" geht nicht.

Die anderen, die aus finanziellen Gründen nicht den „Sprung in die Freiheit" wagen, haben sich größtenteils zu Hause angepaßt, wenn's manchmal auch schwergefallen sein mag. Das Volljährigkeitsgesetz hat aber auch unduldsame Eltern zu etwas mehr Toleranz bewogen. Sie haben erkannt, daß nicht alle Moralbegriffe von einst immer noch in diese Zeit passen.

Andererseits mußten die jungen Leute, die nach ihrem 18. Geburtstag aufatmend zu Hause auszogen, schnell feststellen, daß die neugewonnene Selbständigkeit sich nicht darin erschöpft, Stereo-Anlagen voll aufzudrehen, mit Freunden ungestört muntere Partys zu feiern oder mangelhafte Zeugnisse und Entschuldigungen für versäumte Schultage selbst unterschreiben zu dürfen. Sie mußten lernen, mit Behörden umzugehen, das knappe Budget richtig einzuteilen und auch manche Suppe nun selbst auszulöffeln, die sie sich eingebrockt hatten.

> **Erstes Buch. Allgemeiner Teil**
> **Erster Abschnitt. Personen**
> **Erster Titel. Natürliche Personen**
>
> § 1. [Beginn der Rechtsfähigkeit] Die Rechtsfähigkeit des Menschen beginnt mit der Vollendung der Geburt.
>
> § 2.* [Eintritt der Volljährigkeit] Die Volljährigkeit tritt mit der Vollendung des achtzehnten Lebensjahres ein.

Quelle: §§ 1 und 2 BGB

Entnehmen Sie den Zeitungsartikeln:

Welche gesellschaftlichen Veränderungen haben sich durch das neue Recht ergeben? Unterscheiden Sie positive und negative Auswirkungen.

Wie urteilt die Zeitung über das neue Recht?

Welche Folgen hat die „Volljährigkeit mit 18" für Ihr eigenes Leben?

Wie beurteilen Sie selbst die „Volljährigkeit mit 18"?

1.8.7 Familie — Schule — Betrieb: Sie prägen fürs Leben

Zuerst war es die Familie allein, die Sie erzogen und geprägt hat. Dann kam die Schule dazu. Es folgt der Betrieb.

Hier stehen Sie an einem neuen Anfang. Bis heute haben Sie eine Menge gelernt. Wenn Sie auch nicht alle Einzelheiten Ihres Schulwissens jetzt anwenden können, es war nicht umsonst. In der Schule haben Sie die Voraussetzungen (Zeugnisse) erworben für den Start in eine berufliche Position. In der beruflichen Ausbildung lernen Sie:
— sich in neue Gruppen einzufügen,
— Positionen auszufüllen,
— berufliche Rollen zu spielen, (dazu gehören die beruflichen Fertigkeiten),
— betriebliche Normen zu erfüllen.

Dabei ist es im Prinzip gleichgültig, welchen Beruf man erlernt. Selbst wenn man keine „Ausbildung" beginnt, lernt man am Arbeitsplatz alle oben aufgeführten sozialen Verhaltensweisen.

Die Erziehung im Beruf und durch den Beruf wird meist sehr intensiv betrieben, mit sehr viel Zwang am Anfang, den man später nicht mehr so stark empfindet, wenn man gelernt hat, seine Rolle zu spielen. Der Beruf prägt daher den einzelnen sehr stark.

Als Erwachsener wird man oft nach seinem Beruf gefragt. Meist will der Frager erfahren, wie er sein Gegenüber gesellschaftlich einstufen kann. Wenn man den Beruf eines Menschen kennt, weiß man mehr über ihn. Von einem Gärtner zum Beispiel erwartet man andere Eigenschaften und Verhaltensweisen als von einem Maschinenschlosser.

Einige Wissenschaftler vertreten die Auffassung, daß die Prägung durch den Beruf entscheidend ist für die Zukunft des Menschen.

> Es ist erwiesen, daß ein vernünftiger Arbeitsplatz auszugleichen vermag, was in der Schule oder durch sie versäumt wurde und daß sich ein gehöriges Selbstbewußtsein einstellt, wenn Leistung im Arbeitsleben erbracht werden darf. Auch bei Sonderschülern! Nicht zuletzt ist es die Zugehörigkeit zu einer Gruppe der Arbeitenden, die den einzelnen stabilisiert und ihn Lebenserfahrung sammeln läßt.

Quelle: Christel Hoffmann in: „Die Zeit", 2. Februar 1979

1.9 Die Schuld tragen wir alle

Durst am Arbeitsplatz

Alternativen zum Alkohol

Es ist erfreulich, daß es in vielen Betrieben als selbstverständlich gilt, keinen Alkohol während der Betriebszeit zu trinken. Dort ist bekannt, daß Alkoholgenuß bereits in geringen Mengen zu einer Leistungsminderung und damit zu einem erhöhten Unfallrisiko führt. Da heute vielfach hohe Anforderungen an Aufmerksamkeit, Reaktionsfähigkeit und Genauigkeit bei der Arbeit gestellt werden, wiegt diese Tatsache um so schwerer.
Hier sei nochmals auf die Auswirkungen von Alkoholgenuß hingewiesen:

● **Sehen**
Schon bei geringen Alkoholwerten wird das räumliche Sehen beeinträchtigt; Entfernungen können nicht mehr richtig eingeschätzt werden, das Blickfeld wird kleiner, die Blendwirkung größer.

● **Riechen**
Die Empfindlichkeit der Geruchswahrnehmung wird geringer; es können deshalb gefährliche Dämpfe unter Umständen zu spät wahrgenommen werden.

● **Fühlen**
Alkohol kann eine Verminderung des Tast- und Temperaturempfindens verursachen; es kann dadurch zu Verzögerungen oder gar zum Ausfall von schützenden Reflexbewegungen kommen.

● **Reagieren**
Bei zunehmenden Promillewerten lassen Reaktionsfähigkeit und Aufmerksamkeit deutlich nach. Entfernungen und Zeit werden falsch eingeschätzt. Außergewöhnliche Situationen können nicht mehr schnell genug wahrgenommen werden.

● **Bewegen**
Das Zusammenspiel von Nerven und Muskeln verschlechtert sich; Geschicklichkeit und Genauigkeit der Bewegungen sind beeinträchtigt, das Gleichgewichtsgefühl ist gestört, Ausgleichs- und Gegenbewegungen werden schwächer oder bleiben ganz aus.

● **Konzentrieren**
Nach Alkoholgenuß lassen Konzentration und Leistungsgenauigkeit deutlich nach; Besonnenheit, Vorausschau und kritische Risikoabschätzung werden beeinträchtigt.

● **Beurteilen**
Alkoholkonsum führt zu schwacher Selbstkritik und Urteilsfähigkeit; Umsicht, Vorsicht und Beurteilung des eigenen Leistungsvermögens sind eingeschränkt.

● **Erleben**
Alkohol regt nicht nur an, sondern hat schon in verhältnismäßig kleinen Mengen auf viele eine enthemmende Wirkung. Selbstbewußtsein und Selbstüberschätzung nehmen zu; Wagnis und Gefahren werden unterschätzt. Es kann sich daraus das trügerisch-gefährliche Sicherheitsgefühl entwickeln, das verheerende Auswirkungen haben kann.

Um den Durst während der Arbeitszeit zu löschen, sind empfehlenswert:

1. Tee (schwarzer Tee, Pfefferminz-, Blüten- und Kräutertee)
2. Fruchtsäfte (enthalten Mineralsalze und Vitamine)
3. Mineralwasser (enthält wichtige Mineralstoffe)
4. Milch (hat besonders hohen Nährwert)

Wag.

„Tag für Tag", Okt./78

1.9.1 Hört doch auf, euch kaputtzumachen

Die hier abgedruckten Leserbriefe enthalten Meinungen. Sie sind nicht das Ergebnis von wissenschaftlichen Untersuchungen. Trotzdem enthalten sie eine Menge Wahrheit.

Hört doch auf, euch kaputtzumachen

„Rauchen ist ‚in'", „Mit der Zigarette in der Hand ist man wer", „Die Zigarette — Symbol der Emanzipation", „Wer raucht zeigt, daß er erwachsen ist". Das sind nur einige der Argumente, mit denen eine immer größer werdende Anzahl von Jugendlichen den Griff zum Glimmstengel motiviert. Kerstin, 16, ist anderer Ansicht.

Genau das Gegenteil ist richtig: Wer **keine** Zigarette in der Hand hat, wirkt erwachsener, denn er hat seinen eigenen Willen und läßt sich nicht von anderen beeinflussen.

Außerdem schadet diese ewige Qualmerei auch der Umwelt! Wer macht schon seine Zigarette mit dem Fuß aus, um sie hinterher wieder aufzuheben und in einen Mülleimer zu werfen? Seid doch mal ehrlich, wenn Ihr in Lübeck oder in anderen Großstädten auf die Straße guckt, was sieht man?

Wenn das so weitergeht, daß jeder Jugendliche oder besser jedes Kind schon mit 12 oder 13 Jahren anfängt zu rauchen, ist in spätestens hundert Jahren das deutsche Durchschnittsalter 45 Jahre. Spätestens dann ist man nämlich an Krebs gestorben!

Rauchen stinkt, sieht primitiv aus, und ich möchte keinen küssen, der nach Nikotin schmeckt! Außerdem bringt es auch noch Ärger mit den Eltern, denn ich glaube die wenigsten von euch dürfen rauchen.

Hört lieber auf, euch von innen und außen kaputtzumachen, bevor es zu spät ist! Hört jetzt auf!

Kirstin, 16

„Lübecker Nachrichten", 21. November 1979

ZEITLUPE 20

Die Schuld tragen wir alle

Junge Leute über Alkohol- und Drogenmißbrauch

Alkohol- und Drogensüchtige werden durch Eltern, Lehrer und durch das Milieu, in dem sie aufwuchsen, zu den Menschen geformt, die sie heute sind. Sie wurden zu Menschen, die Schwierigkeiten im Kontakt zu ihren Mitmenschen und Angst vor der Wirklichkeit empfinden. Ihre Neigung, allen Schwierigkeiten bei der Auseinandersetzung mit ihrer Umwelt aus dem Weg zu gehen, ist größer als die, sich der Wirklichkeit zu stellen. Man findet sie in innerlicher Vereinsamung und Daseinsleere, ihnen fehlen Liebe und Geborgenheit. Durch Ansprüche und Forderungen, die Leben und Gesellschaft an sie stellen, geraten sie in eine reine Protesthaltung. In dieser Haltung bietet ihnen die Droge einen Weg zu sich selbst, einen scheinbaren Weg zurück zur Freiheit ihrer Person. Menschen, die zu solchen Mitteln greifen müssen, um sich selbst zu finden, kann man kein Verantwortungsvermögen im Sinne von Schuld auflasten. Wenn man überhaupt von Schuld reden will, dann muß man dort suchen, wo die Freiheit des einzelnen in solch gefährlichem Maße verlorengeht.

Gisela Lumme, 16 Jahre

☆

Alkohol- und Drogensüchtige sind Menschen, die mit ihrer Umwelt nicht zurechtkommen, die mit ihren Eltern, Freunden, der Schule Probleme haben. Sie fühlen sich von niemandem verstanden, sie kapseln sich ab und greifen zum Alkohol oder zur Droge. Auf der einen Seite wollen sie damit ihre Probleme vergessen, andererseits wollen sie — teilweise unbewußt — ihre Hilflosigkeit demonstrieren. Da man aber nicht von heute auf morgen süchtig wird, bleibt genügend Zeit für andere, auf solche Leute genauer einzugehen, um eine totale Sucht zu verhindern. Jemand, der behauptet, daß Süchtige selbst schuld sind, vergißt, daß er auch mitschuldig ist.

Elke Ritter, 17 Jahre

Rauschgift — Warum?

Wie viele junge Leute bin ich schon in mehreren Heimen gewesen. Jetzt, seit fast einem Jahr bin ich im Landeskrankenhaus.

Im Landeskrankenhaus (LKH)? Weil ich abhängig bin, süchtig! Jemand, der aus der Gesellschaft ausgestoßen ist. Genau wie die Alkoholiker.

Alkoholiker, Rauschgiftsüchtige und Tabletten-Abhängige sind krank. Es ist eine Krankheit, die genau wie eine Kinderkrankheit oder eine Herzkrankheit behandelt werden muß. Ich habe gesehen, wie Rauschgiftsüchtige an Überdosen sterben, wie Alkoholiker langsam verlottern.

Und dennoch kann man ihnen geholfen, ihre Krankheit geheilt werden. Aber nur, wenn auch die Gesellschaft mithilft, angefangen von der eigenen Familie. Ohne ihre Hilfe ist es nicht möglich die Abstinenz zu überstehen, d. h. lange Zeit ohne die Genußmittel auszukommen und dann später keine Ampulle, keine Tablette und keinen Tropfen Alkohol anzurühren.

Abhängige, die keine Hilfe von außen erfahren, laufen Gefahr, sich selber aufzugeben. Sie sehen keinen Sinn mehr im Leben und sacken schnell immer tiefer.

Und selbst die wenigen, die es geschafft haben, von ihrer Sucht loszukommen, werden oft rückfällig, weil es ihnen „draußen" so schwer gemacht wird, weil ihnen so oft Vorwürfe gemacht werden.

Ich finde, jeder sollte sich überlegen, ob er nicht etwas mehr Verständnis für Abhängige aufbringen könnte. Es würde bestimmt weniger Rückfälle geben.

Kira, 15 Jahre

Wer wird Fixer?

Die meisten der jungen Fixer (Durchschnittsalter 21 Jahre), nämlich 70 Prozent, lernten in der Hauptschule für das Leben, ein knappes Drittel verließ sie ohne Abschluß. Schulangst kannten die Hundert nicht, die Bildungsstätten machten sie eher verdrießlich. Ein Fixer: „Also die Schule stank mir nicht direkt, aber ich hatte keine Lust."

Freilich, die Hälfte der Fixer lebte in zerbrochenen Familien: Die Eltern waren geschieden, lebten getrennt oder ein Elternteil war verstorben. Mehr als ein Drittel erwarb keine nennenswerte Berufsqualifikation.

Dennoch waren Arbeitslosigkeit, mieser Schulbetrieb, malade Familienverhältnisse nicht der Grund für Drogenkonsum. Zum ersten Joint griffen die späteren Fixer, so fanden die Kölner Soziologen, aus „diffuser Neugier". „Aber daß ich mir groß Gedanken gemacht hab", gab ein Junkie zu Protokoll, „das war nie. Ich rauche jetzt Hasch aus Protest." Den meisten genügte die Hedonisten-Moral: Drogenkonsum bringt Lustgewinn.

Zwischen dem 16. und 19. Lebensjahr stiegen die Hascher auf Heroin um, wieder aus „Neugier" als Motiv: „Ich wollt' halt mal sehen, wie das Gefühl ist." Zunächst probierten sie das Pulver als sei's Schnupftabak, aus Angst vor der Nadel oder weil sie es für weniger gefährlich hielten. Doch bald erschien das „Sniffen" wie Geld- und Heroinverschwendung: die Nadel war ökonomischer.

Ein Drittel der Befragten begann, sofort nach dem ersten Schuß, täglich zu fixen. Zunächst fühlten sich viele nur psychisch abhängig: „Süchtig, so richtig körperlich, war ich erst nach eineinhalb Monaten."

Doch selbst der Tod vermochte die Fixer nicht zu schrecken. Mehr als zwei Drittel der inhaftierten Junkies hatten welche gekannt, die an zuviel oder zu schlechtem Stoff krepierten. Und dreißig Prozent gaben an, dabeigewesen zu sein, als ein Fixer auf dem Klo oder in der Gosse starb. „Jeder muß mal dran glauben", so ein Augenzeuge, „früher oder später." Ungerührt auch erinnerte sich rund die Hälfte der Fixer an eigene Überdosis-Erlebnisse: „Ich hab' nur gedacht, haste Schwein gehabt, daß du nicht über die Wupper bist. Hab' nur gelacht und weitergemacht."

„Die Zeit", 8. September 1978 und „Lübecker Nachrichten", 10. Februar 1973

„Die Zeit", 28. Mai 1982

▶ Erarbeiten Sie aus den Texten die Meinungen zu folgenden Fragen:
— Warum greifen junge Leute zu Alkohol und Drogen?
— Für wen ist die Gefahr besonders groß, „Opfer" zu werden?
— Wer sind die Schuldigen?
— Wie kann man helfen?
— Lesen Sie kritisch! Diskutieren Sie die Meinungen!

Es ist bekannt, daß Rauchen und Trinken gesundheitsschädlich sind. Das Gesundheitsministerium und viele andere Einrichtungen werben dagegen. Kinder und Jugendliche bis 16 Jahren dürfen in der Öffentlichkeit nicht rauchen. Kindern und Jugendlichen bis 18 Jahre darf kein Branntwein verkauft werden (Jugendschutzgesetz). Bekannt ist die Gefahr, süchtig zu werden. Der „Süchtige" raucht zu viel, trinkt zu viel. Die Gesellschaft reagiert, wenn die Sucht auffällt.

▼

Wie reagiert die Gesellschaft auf Nichtraucher, auf Antialkoholiker — im Prinzip, in bestimmten Situationen? Wie reagiert die Gesellschaft auf maßvolle Raucher und Trinker?

Wie reagiert die Gesellschaft auf „Kettenraucher" und „Trinker"?

Bei Drogen ist die Geduld zu Ende!

Auch Alkohol und Nikotin sind Drogen: Man kann abhängig werden. Doch bei allem, was wir gewöhnlich meinen, wenn wir von „Drogen" sprechen, ist die Duldung der Gesellschaft vorbei. Im Betäubungsmittelgesetz (Muß-Norm!) werden Verkauf und Besitz von Drogen verboten, bei Verstoß sind harte Strafen angedroht.

Warum duldet die Gesellschaft das Rauchen und Trinken, den Genuß anderer Rauschmittel (Drogen) jedoch nicht? Der Mißbrauch ist in jedem Fall lebensgefährlich!

Eine mögliche Erklärung:

Getrunken wird bei uns schon immer. Die Germanen berauschten sich am Met. Die Römer brachten den Weinanbau nach Deutschland.

Geraucht wird schon lange: Als Kolumbus Amerika entdeckte, brachte er nicht nur die Kartoffel, sondern auch den Tabak mit nach Europa.

Rauchen und Trinken sind fest in der Kultur unserer Gesellschaft verankert. Es gab Regeln (Normen), wann und wo man raucht und trinkt und wann und wo nicht. Jahrhundertelang hatte die Gesellschaft das Rauchen und Trinken unter Kontrolle. Auch wenn jemand mal über den Durst getrunken hatte, reagierten nicht nur Kopf und Magen des „Säufers", sondern auch die Gesellschaft. Erst in den letzten Jahrzehnten ist das Trinken aus mehreren Gründen außer Kontrolle geraten.

▼

Nennen Sie Normen, die Rauchen und Trinken in unserer Gesellschaft regeln (Wo? Wann? Wieviel? Soll — darf — darf nicht — geraucht, getrunken werden? Wie reagiert die Gesellschaft, z. B. die Familie auf Leute mit einem „Kater"?).

Was ist zu tun?

Ratschläge:

Der Versuchung widerstehen! Das ist zwar leicht gesagt, ist aber immer noch das beste: Gar nicht erst anfangen mit dem Rauchen und dem Trinken.

Weniger gut, aber immer noch annehmbar: Maß halten! Wer raucht und trinkt, soll sich an die Regeln (Normen) halten, darf sich auf keinen Fall der gesellschaftlichen Kontrolle entziehen. (Nicht heimlich trinken!)

Auf jeden Fall: Hände weg von Drogen! (Eine Drogenberatungsstelle gibt es bestimmt in Ihrer Nähe. Wenn Sie mit Drogen in Berührung gekommen sind, gehen Sie sofort hin! Dort erhalten Sie Rat und Hilfe.)

▼

Überdenken Sie noch einmal den Inhalt des Kapitels. Dann diskutieren Sie: Ist das Verhalten von Staat und Gesellschaft gegenüber Rauschmitteln und Süchtigen angemessen?

Wenn Sie Ideen zur Verbesserung der Situation haben, dann arbeiten Sie Ihren Vorschlag aus und verbreiten ihn (Schülerzeitung / Tageszeitung / Bundesgesundheitsministerium ...).

1.9.2 „Das Ende der Welt ist nahe ..." (Jugendschutz)

Die folgenden Informationen und Meinungen sollen zur Diskussion anregen.

▼

Versuchen Sie, sich eine eigene Meinung zu bilden.

Tip: Sprechen Sie auch mit Ihren Eltern, Lehrern, und anderen Erwachsenen über die angeschnittenen Probleme.

> **Klagen über die Jugend:**
>
> „Unsere Erde ist heruntergekommen, die Kinder gehorchen ihren Eltern nicht mehr. Das Ende der Welt ist nahe."
>
> Ägyptischer Priester, 2000 Jahre vor Christi Geburt
>
> „Ich habe keine Hoffnung mehr für die Zukunft unseres Volkes, wenn sie von der leichtfertigen Jugend von heute abhängig sein sollte. Denn diese Jugend ist unerträglich, rücksichtslos und altklug."
>
> Der Dichter Hesiod, 700 Jahre vor Christi Geburt
>
> „Unsere Jugend liebt den Luxus, hat schlechte Manieren, mißachtet die Autorität und hat keinen Respekt vor dem Alter. Sie widerspricht den Eltern, tyrannisiert ihre Lehrer."
>
> Der Philosoph Sokrates, 500 Jahre vor Christi Geburt
>
> „Die frühe Verderbnis der Jugend ist jetzt eine so allgemeine Klage geworden, daß es angebracht erscheint, diese Frage öffentlich zur Diskussion zu stellen und Vorschläge zur Besserung der Jugend zu machen."
>
> Der englische Philosoph John Locke, 17. Jahrhundert

Das Jugendschutzgesetz („Gesetz zum Schutze der Jugend in der Öffentlichkeit") ist umstritten. Durch dieses Gesetz sollen Kinder und Jugendliche vor „Orten" und „Veranstaltungen" bewahrt werden, die ungünstig auf ihre sittliche Entwicklung wirken können. Schäden durch Genußgifte (z. B. Alkohol und Nikotin) sollen vermieden werden.

Das Gesetz richtet sich zwar an die Erwachsenen, schränkt aber die Freiheit der Jugendlichen ein (z. B. Rauchen, Alkoholgenuß, Kinobesuch). Dieses Gesetz wird von vielen Jugendlichen übertreten (Beispiele können Sie sicherlich selbst nennen).

Faßt man die Argumente für ein Jugendschutzgesetz zusammen, so nennen die Befürworter vor allem zwei Gründe:

1. Der Jugendliche soll vor sich selbst geschützt werden

Begründung: Er befindet sich seelisch und körperlich in einer „Reifephase". Seine Persönlichkeit ist noch nicht so stabil, daß er jederzeit übersehen kann, was ihm schadet und was ihm nützt. (Genußgifte wirken auf den jugendlichen Organismus stär-

Immer mehr Kinder greifen zu Bierflasche und Flipper

Sie heißen „Super Crash", „Space Invader Kamikaze" und „Satan of Saturn". Sie stehen – gut gefüttert vom Taschengeld faszinierter Kinder und Jugendlicher – in den Eingangsbereichen Lübecker Supermärkte und Kinos: Video-Spielautomaten. Ebenfalls ein „Kinderspiel": der Erwerb einer Pulle Bier. Entsprechende Automaten sind frei zugänglich. Diese Entwicklung will das Bonner Kabinett jetzt stoppen. Es hat Anfang Juni einen Entwurf zur Änderung des Jugendschutzgesetzes verabschiedet, der Jugendliche besser vor Video-Spielgeräten schützen soll und auch die Abgabe von Alkoholika verschärft.

Dies sind die Änderungsvorschläge in punkto Alkohol und Spielgeräte für das seit 1957 unveränderten Jugendschutzgesetz, die das Kabinett noch in diesem Jahr dem Parlament zur Verabschiedung vorlegen will:

● Der Vertrieb alkoholischer Getränke durch Automaten an Orten, die Jugendliche betreten können, wird verboten.

● Wein, Bier, Sekt und ähnliches dürfen weder in Gaststätten noch an anderen Verkaufsstellen an Heranwachsende unter 16 Jahren abgegeben werden.

● Abgewiesen werden müssen auch Jugendliche, die für ihre Eltern alkoholische Getränke holen sollen.

● Alle anderen Alkoholika dürfen auch weiterhin nur an Erwachsene verkauft werden.

● Video-Spielgeräte werden aus den Eingangszonen von Kinos, Supermärkten verbannt. Sie dürfen nur noch in Spielhallen (offen ab 18 Jahren) und in Gaststätten aufgestellt werden.

● Kriegsverherrlichende Spielgeräte dürfen Jugendlichen nicht zugänglich sein.

● Diskotheken können schon von 14jährigen besucht werden.

● Verstöße gegen diese Bestimmungen können mit Geldbußen bis 10 000 Mark geahndet werden.

Steigender Konsum

Für die mit dieser Thematik befaßten Mitarbeiter des Jugend- und Ordnungsamtes sowie andere Fachleute konzentrieren sich die Probleme auf diese zwei jugendgefährdenden Punkte: Besorgniserregender Alkoholkonsum und zunehmende Spielleidenschaft.

An erster Stelle steht der gravierend zunehmende Alkoholgenuß von Kindern und Jugendlichen. Maria Heilemann, Leiterin der Abteilung Erziehungshilfe im Jugendamt, macht aus ihren ernüchternden Erfahrungen keinen Hehl.

„Bier gilt bei uns schon als Nahrungsmittel, nicht als Alkohol. Zehnjährige, mit einer Bierdose in der Hand können sie bei nahezu jedem Spaziergang in den Parks treffen. Ich kenne Lübecker Kinder von sieben, acht Jahren, die bereits gesundheitliche Alkoholschäden haben."

Doch die Kritik zielt nicht nur in Richtung Gesetzgeber. „Die Eltern müssen sich mehr um ihre Kinder kümmern", appelliert Maria Heilemann, „es ist erschreckend wie Kinder durch deren schlechtes Beispiel an Alkohol herangeführt werden." Auch der Lübecker Drogenberatungsstelle in der Werftstraße ist diese Fahrlässigkeit bekannt. „Die Eltern kommen fast nur wegen Rauschgiftkonsum ihrer Kinder zu uns", erklärt Christel Reuter. „Alkohol wird nicht als Droge begriffen."

Eine Entwicklung, deren Größenordnung auch Edmund Faustmann, Mitarbeiter der Jugendgerichtshilfe, bedenklich stimmt. „Unsere Erfahrungswerte mit 14- bis 21jährigen zeigen in besorgniserregendem Umfang den Zusammenhang von Alkohol und Straftaten."

Wirte vorsichtig

Eine ausreichende Verschärfung der Alkoholabgabe wird in dem Gesetzentwurf aus Lübecker Sicht nicht gesehen. Herbe Kritik findet vor allem die vorgesehene Besuchserlaubnis von Diskotheken für 14jährige (bislang ab 16 Jahre). „Hier wird auf der einen Seite das wieder kaputtgemacht, was man auf der anderen Seite verbessert", meint Maria Heilemann. Auch Helmut Heß übt energische Kritik. „Das ist eine mittlere Katastrophe."

„Lübecker Nachrichten", 13. Juni 1982

400. Gesetz zum Schutze der Jugend in der Öffentlichkeit

in der Fassung vom 27. Juli 1957[1]

(BGBl. I S. 1058, geänd. durch Ges. über den Wechsel von Zuständigkeiten im Recht des Jugendschutzes und der Adoptionsvermittlung v. 12. 5. 1967, BGBl. I S. 525, Art. 29 EG zum OrdnungswidrigkeitenG v. 24. 5. 1968, BGBl. I S. 503, Art. 6 Nr. 8 des 4. StrRG v. 23. 11. 1973, BGBl. I S. 1725, und Art. 76 EGStGB v. 2. 3. 1974, BGBl. I S. 469)

(BGBl. III 2161–3)

§ 1 [Begriffsbestimmungen; Aufenthalt an jugendgefährdenden Orten]. (1) Kinder und Jugendliche, die sich an Orten aufhalten, an denen ihnen eine sittliche Gefahr oder Verwahrlosung droht, sind durch die zuständigen Behörden oder Stellen dem Jugendamt zu melden.

(2) Sie sind außerdem zum Verlassen eines Ortes anzuhalten, wenn eine ihnen dort unmittelbar drohende Gefahr nicht unverzüglich beseitigt werden kann. Wenn nötig, sind sie dem Erziehungsberechtigten zuzuführen oder, wenn dieser nicht erreichbar ist, in die Obhut des Jugendamtes zu bringen.

(3) Kind im Sinne dieses Gesetzes ist, wer noch nicht vierzehn, Jugendlicher, wer vierzehn, aber noch nicht achtzehn Jahre alt ist.

(4) Erziehungsberechtigter im Sinne dieses Gesetzes ist, wer das Recht und die Pflicht hat, für die Person des Kindes oder des Jugendlichen zu sorgen. In den Fällen der §§ 2 bis 4 stehen den Erziehungsberechtigten Personen ab einundzwanzig Jahren gleich, die mit Zustimmung des Sorgeberechtigten (Satz 1) das Kind oder den Jugendlichen zur Erziehung, Ausbildung, Aufsicht oder Betreuung in ihre Obhut genommen haben.

§ 2 [Aufenthalt in Gaststätten]. (1) Der Aufenthalt in Gaststätten darf Kindern und Jugendlichen unter sechzehn Jahren nur gestattet werden, wenn ein Erziehungsberechtigter sie begleitet.

(2) Dies gilt nicht, wenn die Kinder oder Jugendlichen
1. an einer Veranstaltung teilnehmen, die der geistigen, sittlichen oder beruflichen Förderung der Jugend dient,
2. sich auf Reisen befinden oder
3. eine Mahlzeit oder ein Getränk einnehmen, solange dazu der Aufenthalt in der Gaststätte erforderlich ist.

§ 3 [Alkoholische Getränke]. (1) Kindern und Jugendlichen darf in Gaststätten und Verkaufsstellen Branntwein weder abgegeben noch

[1] Die Neufassung ist gem. Art. V des ihr zugrunde liegenden Änderungsgesetzes v. 27. 7. 1957 (BGBl. I S. 1058) am 1. Oktober 1957 in Kraft getreten. Bezüglich der Geltung in Berlin und im Saarland bestimmt Art. IV des Änderungsgesetzes:
„(1) Dieses Gesetz gilt nach Maßgabe des § 13 Abs. 1 des Dritten Überleitungsgesetzes vom 4. Januar 1952 (Bundesgesetzbl. I S. 1) auch im Land Berlin. Rechtsverordnungen, die auf Grund dieses Gesetzes erlassen werden, gelten im Land Berlin nach § 14 des Dritten Überleitungsgesetzes.
(2) Dieses Gesetz gilt nicht im Saarland."

September 1974

Quelle: Sartorius I, Verfassungs- und Verwaltungsgesetze

---

ker als auf den von Erwachsenen.) Der Jugendliche soll vor eigener Unvernunft und vor eigenem Fehlverhalten geschützt werden.

2. Der Jugendliche soll vor anderen geschützt werden

Begründung: Geschäftstüchtige Erwachsene ziehen Jugendlichen das Geld aus der Tasche, ohne Rücksicht darauf, welchen Schaden sie dabei anrichten (z. B. Alkohol, Nikotin, Spielhallen).

▼

Beschaffen Sie sich das Jugendschutzgesetz.

Diskutieren Sie die einzelnen Bestimmungen.

Sammeln Sie Gründe für und gegen dieses Gesetz.

Diskutieren Sie das Pro und Kontra. Gibt es einen Kompromiß?

Tip: Erarbeiten Sie in Ihrer Klasse ein neues Jugendschutzgesetz. Bilden Sie Arbeitsgruppen (Ausschüsse). Diskutieren Sie die einzelnen Vorschläge und suchen Sie nach Kompromissen. Versuchen Sie zum Schluß, dieses „Gesetz" in Ihrer Klasse mit Mehrheit zu „verabschieden".

2 Wir werden informiert

2.0 Hinweise — Büchertips
2.1 Was man wissen sollte
2.2 Jeder kennt sie: Die Massenmedien
 (Presse, Hörfunk, Fernsehen)

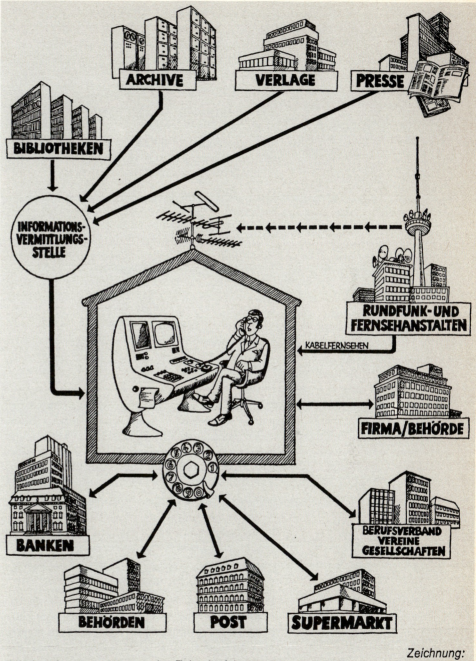

Mit dem Computer leben — eine Zukunftsvision der Wissenschaftler

Zeichnung: Hanno Engler

2 Wir werden informiert

2.0 Hinweise — Büchertips

Nur der informierte Bürger ist in der Lage, Vorurteile zu überwinden, sich ein Urteil zu bilden und seine Meinung sachgerecht zu vertreten.

Das ist leichter gesagt als getan: Täglich werden wir von einer wahren Flut von Informationen überschüttet. — Wer soll sich da noch zurechtfinden? — Sie finden deshalb in diesem Kapitel Arbeitsaufgaben, die Sie in die Lage versetzen sollen, mit den Massenmedien kritisch umzugehen.

Kostenlos erhalten Sie die Broschüre: ,,Fernsehen lernen'', hrsg. von der Bundeszentrale für politische Bildung, Berliner Freiheit 7, 5300 Bonn.

Büchertips:

Hermann Meyn, ,,Massenmedien in der Bundesrepublik Deutschland'', Colloquium Verlag. — Nüchterne Darstellung über Entwicklung, Aufbau und Wirkung der Massenmedien. Enthält Angaben über Arbeitsmittel (Tonfilme, Bildreihen, Tonbildreihen, Tonbänder).

,,Thema: Massenmedien (Comics, Fernsehen, Schallplatten, Kinder- und Schulbücher) als Unterrichtsgegenstand'', hrsg. von der Landesbildstelle Berlin, Pro Schule Verlag.

,,Massenmedien spontan. Die Zuschauer machen ihr Programm.'' Fischer Taschenbuch 4011.

Das Taschenbuch enthält Informationen und Erfahrungsberichte über Möglichkeiten der Bürger, moderne Informationstechniken selbst aktiv zu nutzen, so u. a. regionales und kommunales Fernsehen, Kabelfernsehen, Videosysteme, Mediothek (nicht ganz leicht zu lesen).

2.1 Was man wissen sollte

2.1.1 Glauben Sie an den Weihnachtsmann? Informationen, kritisch betrachtet

> Fritzchen glaubt noch fest an den Weihnachtsmann. Alle Informationen, die seine Eltern ihm geben, bestätigen diesen Kinderglauben. Mit anderen Worten: Fritzchen wird beeinflußt (,,manipuliert'').

Auch wir können durch Informationen beeinflußt (manipuliert) werden . . .

Wir sollten daher nicht alles, was in der Zeitung steht oder vom Bildschirm flimmert, kritiklos übernehmen (wie Fritzchen den Weihnachtsmann).

Versuchen wir, uns über die wichtigsten Probleme dieses Themas klar zu werden.

- **Informationen sind Auswahl**

Fritzchens Eltern könnten ihrem Sohn alle Informationen über den Weihnachtsmann geben, auch jene, die gegen dessen Existenz sprechen. Doch sie wählen bewußt die Informationen aus, die seinen Kinderglauben nicht zerstören.

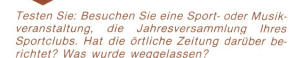

Testen Sie: Besuchen Sie eine Sport- oder Musikveranstaltung, die Jahresversammlung Ihres Sportclubs. Hat die örtliche Zeitung darüber berichtet? Was wurde weggelassen?

- **Informationen sind einseitig**

Fritzchens Eltern wählen die Informationen, wie wir sahen, für ihren Sohn einseitig aus: Alles, was für den Weihnachtsmann spricht, wird Fritzchen erzählt. Er erhält also nur Informationen unter einem bestimmten Blickwinkel.

Wie bedeutsam der „bestimmte Blickwinkel" für Informationen ist, machen wir uns am besten an zwei Beispielen klar.

Das erste Beispiel: Zwei Bilder, der gleiche Mann.

Das Ergebnis des linken Bildes könnte getrost für einen Steckbrief benutzt werden, das andere läßt sich für ein Bild mit der Überschrift „Buchhalter Fröhlich feiert Dienstjubiläum" verwenden.

Das zweite Beispiel: Zwei Kamerateams drehen in Südamerika je einen Dokumentarfilm über eine Gruppe von Revolutionären.

Der Titel des ersten Films: „Anarchistenbande terrorisiert die Bevölkerung."

Der andere Film läuft unter der Überschrift: „Freiheitskämpfer streiten für eine bessere Welt."

Sie können sich denken, daß beide Filme grundverschieden sind.

Lesen Sie „Bild", Ihre örtliche Tageszeitung, „Die Zeit", den „Rheinischen Merkur", den „Bayernkurier", um nur einige Blickwinkel zu nennen. Lesen und vergleichen Sie, wie über das gleiche Ereignis informiert wird.

Machen Sie einen Test: Sie besuchten z. B. eine Sportveranstaltung. Was wurde nach Ihrer Meinung einseitig dargestellt?

- **Informationen sind Macht**

> Fritzchen bemüht sich in der Weihnachtszeit, besonders brav zu sein. Er denkt sich: „Wie jedermann weiß, hat der Weihnachtsmann auch eine Rute. Also ist es besser, brav zu sein ..." So üben Fritzchens Eltern mit Hilfe dieser Information Macht über ihren Sohn aus.

Es gibt eine interessante Theorie über die Entstehung des Königtums in Westpakistan: Um die Bevölkerung mit dem lebenswichtigen Wasser zu versorgen, schuf man ein weitverzweigtes Kanalsystem mit Schleusen.

Schleusenwärter verteilten das kostbare Naß. Sie hatten es in der Hand, ganzen Dörfern den Hahn abzudrehen. Diese „Macht" der Schleusenwärter führte dazu, daß sie im Laufe der Zeit zu Hohepriestern und Herrschern der von ihnen kontrollierten Gebiete wurden ...

Der Aufbau unseres verzweigten Informationsnetzes mit Aufbereitungsanlagen, Schleusen und Zapfstellen läßt sich mit diesem Beispiel vergleichen.

Überlegen Sie, warum auch für Sie Informationen „Macht" oder „Einfluß" bedeuten können. Denken Sie z. B. an Ihren Beruf.

2.1.2 Meldung und Meinung (Nachricht und Kommentar)

> Eines Tages überrascht Fritzchen seine Eltern mit der Erkenntnis: „Den Weihnachtsmann gibt es gar nicht!" — Fritzchen ist kritisch geworden, er glaubt nicht mehr alles, was man ihm erzählt. Er hat verschiedene Informationen und Meinungen miteinander verglichen, darüber nachgedacht und ist zu dem Schluß gekommen: „Der Weihnachtsmann ist nur eine Erfindung der Erwachsenen." Damit hat auch er seinen ersten Schritt in die Welt der Erwachsenen getan ...

Journalisten müssen gezielt fragen, wenn sie über Ereignisse berichten wollen. Ihre Meldung (Nachricht) muß bestimmte Qualitätsmerkmale aufweisen. Eine gute Hilfe bei dieser Arbeit sind die „sechs W des Journalismus". Als eine Art Einmaleins gehören sie zur Berufspraxis.

Die sechs journalistischen W
(Merkmale einer Nachricht)[1]

— **Was** geschah?
— **Wer** war beteiligt?
— **Wann** geschah es?
— **Wo** geschah es?
— **Wie** geschah es?
— **Warum** geschah es?

„Bild"-Reporter verurteilt
Strafen mit Bewährung und Geldbußen

FRANKFURT (Reuter). Vier Redakteure und Reporter der „Bild"-Zeitung sind gestern vom Frankfurter Landgericht zu Freiheitsstrafen zwischen drei und acht Monaten auf Bewährung und Geldbußen verurteilt worden.

Sie wurden für schuldig befunden, Fotos gestohlen oder die entwendeten Bilder veröffentlicht zu haben. Ein fünfter Beteiligter erhielt eine Geldstrafe von 4200,— DM, der sechste Angeklagte wurde freigesprochen.

Laut Beweisaufnahme waren vier der Journalisten am 2. Januar 1979 in die Wohnung eines Schülers in Frankfurt-Sachsenhausen eingedrungen und hatten dort Fotos entwendet.

„Lübecker Nachrichten", 9. Januar 1981

▼

Überprüfen Sie die obenstehende Meldung. Sind alle sechs W beantwortet?

Berichten Sie in Form einer Meldung über ein Ereignis aus Ihrem Lebenskreis. Achten Sie dabei auf die Beantwortung der sechs W.

Überprüfen Sie in zwei verschiedenen Tageszeitungen Meldungen über ein gleiches Ereignis.

Diese W sind nur eine technische Hilfe. Ihre Beantwortung allein macht noch keinen guten Journalisten aus. Sie sagt nichts über andere wichtige Qualitätsmerkmale (u. a. Stil, Art der Gedankenführung).

So lautet eine andere Grundregel: Die Nachricht soll wahr, aktuell, unabhängig und klar sein. Die Überprüfung, ob ein Zeitungsartikel die Ws enthält, gibt uns nur gute Anhaltspunkte für das rein handwerkliche Können des Journalisten.

Je nach Art der Information wird sich der Journalist für die eine oder andere Form der Darstellung entscheiden. Er soll die Ware „Information" möglichst attraktiv servieren. Mag diese Verpackung noch so verschieden ausfallen, grundsätzlich unterscheiden wir zwei Formen:

1. Die **Meldung** (Nachricht). Wir werden sachlich informiert. Die Beantwortung der sechs W steht im Vordergrund. (Auf der ersten Seite von Tageszeitungen lesen wir vor allem Meldungen.)

2. Die **Meinung** (Kommentar). Auch Journalisten haben eine Meinung, die sie ihrem Publikum mitteilen. Das gehört zu ihrem Handwerk. (Leitartikel sind typische Meinungen, ebenso Kommentare in Funk und Fernsehen.)

Wir als Empfänger von Informationen sollten immer genau wissen, wann wir eine Meldung und wann wir eine Meinung vor uns haben. Deshalb lautet die Grundregel für jeden Journalisten:

● Meldungen und Meinungen sind zu trennen oder genau kenntlich zu machen. Dies kann geschehen durch anderen Druck, eine besondere Überschrift (z. B. Kommentar, Unsere Meinung) oder die Nennung des Kommentators. (Eine einfache Regel, die jedoch in der Praxis nicht immer zu verwirklichen ist.)

▼

Ist ein Kommentar ohne Nachricht zu verstehen? Welchen Sinn haben Kommentare?

*Untersuchen Sie eine **Meldung** nach den folgenden Anregungen:*

1. Schlagzeile (Unterschlagzeile): Enthält sie schon eine Information? Ist sie gut formuliert, ist sie sachlich? (Wenn nein, Begründung.)

2. Die sechs W: Überprüfen Sie, ob alle W enthalten sind.

3. Stil: Ist er flüssig oder trocken, enthält er Fremdwörter?

---

[1] Manche Fachleute sprechen auch von den fünf W, d. h., sie ziehen das Wie und Warum zu einem W zusammen.

4. **Manipulation:** Wird versucht, in die Meldung eine Meinung zu schmuggeln? Wenn ja, begründen Sie.

Untersuchen Sie eine **Meinung** (Kommentar) nach den folgenden Anregungen:

1. Schlagzeile (Unterschlagzeile): Ist sie sachlich, gut formuliert? Enthält sie schon eine Meinung? Kann man von ihr auf den Inhalt schließen?
2. Stil: Ist er flüssig oder trocken, enthält er Fremdwörter? Wird die Meinung sachlich vorgetragen oder wird mit „Tiefschlägen" gearbeitet?
3. Information: Enthält der Artikel auch Informationen? (Wenn ja, welche?)
4. Gegenmeinung: Falls Sie mit der Meinung des Artikels nicht übereinstimmen. Welches ist Ihre Meinung? (Begründung.)
5. Auf Seite 82 ist einer Meldung (Nachricht) eine Meinung gegenübergestellt. — Untersuchen Sie die Meldung und die Meinung.

2.2 Jeder kennt sie: Die Massenmedien (Presse, Hörfunk, Fernsehen)

Das amtliche Massenmedium früherer Jahrhunderte.

2.2.1 Massenmedien, was sind sie, was wollen sie?

Massenmedien sind Nachrichtenträger, die mit Unterhaltung, Meldungen und Meinungen viele Menschen erreichen. Es sind vor allem Presse, Hörfunk und Fernsehen. Im weiteren Sinn gehören dazu auch Film, Taschenbuch, Schallplatte, Ton- und Fernsehkassette.

Massenmedien 1983

Presse		
	Zahl	Auflage in 1000
Zeitungen	446	26 996
davon:		
Tageszeitungen	398	25 111
Wochenzeitungen	48	1 886
	Zahl	Auflage in 1000
Zeitschriften	1046	103 153
davon:		
Publikumszeitschriften	309	90 159
Fachzeitschriften	737	12 994
Hörfunk (Angemeldete Geräte, Stand 30. 6. 83, in 1000) 24 432		
Fernsehen (Angemeldete Geräte, Stand 30. 6. 83, in 1000) 22 059		

Quelle: Auflagenliste 2/83, hrsg. v. Informationsgemeinschaft zur Feststellung der Verbreitung von Werbeträgern; Norddeutscher Rundfunk

Die Bedeutung der Massenmedien zeigt sich auch darin, daß der Durchschnittsbürger einen erheblichen Teil seiner Freizeit mit ihnen verbringt.

Nutzung von Massenmedien in Minuten

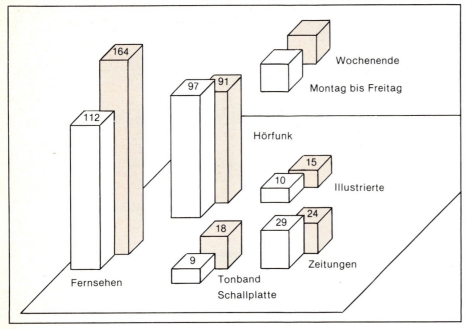

Quelle: „Fernsehen lernen", hrsg. von der Bundeszentrale für politische Bildung

- **Merkmale der Massenmedien**
— Sie arbeiten mit modernsten technischen Mitteln.
— Sie erreichen eine große Öffentlichkeit.
— Sie bedienen uns in einer Art „Einbahnstraße", d. h. der Verbraucher bleibt passiv (Fachausdruck: „one-way communication").

Es gibt Versuche, den Verbraucher zu „aktivieren", z. B. die Möglichkeit der Leserbriefe oder das Angebot, sich mit dem Telefon direkt in Sendungen „einzuschalten". Wir können uns ein Leben ohne Presse, Funk und Fernsehen nicht mehr vorstellen.

Die Aufgaben der Massenmedien sind hauptsächlich:

— **Unterhaltung:** Oft werden Informationen und Unterhaltung miteinander verknüpft.
— **Information** und **Meinungsbildung:** Massenmedien sollen so vollständig, objektiv und verständlich wie möglich informieren, damit wir uns ein Urteil bilden können.
— **Kritik** und **Kontrolle:** In der Demokratie haben Massenmedien auch die Aufgabe, Mißstände aufzudecken und Maßnahmen von Behörden zu kritisieren. So wirken sie an politischen Entscheidungen mit. Daher sind im Grundgesetz Meinungs- und Pressefreiheit als Grundrechte besonders geschützt.

Suchen Sie in Ihrer Tageszeitung Beispiele für diese Kontrolle.

- **Informationsquellen**

Woher beziehen Presse, Funk und Fernsehen ihre Informationen?

Vor allem von den großen Nachrichtenagenturen, die Nachrichten und Kommentare gewerblich verbreiten. Überall, wo etwas „los" ist, ist auch der Korrespondent einer Nachrichtenagentur nicht weit. Durch Fernschreiber erhalten die Redaktionen möglichst „brandneu" Nachrichten aus aller Welt.

Hier einige der großen Agenturen:

ADN	— Allgemeiner Deutscher Nachrichtendienst, DDR
AFP	— Agence France Presse, Frankreich
AP	— Associated Press, USA
ddp	— Deutscher Depeschen Dienst, Bundesrepublik Deutschland
dpa	— Deutsche Presseagentur, Bundesrepublik Deutschland
Reuter	— Großbritannien
TASS	— Telegrafnoje Agenstwo Sovjeskowo Sojusa, UdSSR
UPI	— United Press International, USA

Meldungen der großen Presseagenturen liest man häufig in Zeitungen. Auf sie weisen die Anfangsbuchstaben — z. B. dpa — hin.

▼ *Achten Sie in Ihrer Tageszeitung auf die Angabe der Agenturen.*

In diesem Buch sind viele Zeitungsausschnitte abgebildet, überprüfen Sie, wo Nachrichtenagenturen genannt sind.

Andere Informationsquellen: Das Presse- und Informationsamt informiert über die Politik der Bundesregierung, z. B. in der Bundespressekonferenz. Parteien und Verbände geben Presse- und Informationsdienste heraus. Reporter und Journalisten von Presse, Funk und Fernsehen tragen Nachrichten zusammen, Korrespondenten (ständige Mitarbeiter) sitzen in wichtigen Städten des In- und Auslandes, Sonderberichterstatter werden entsandt, freie Mitarbeiter tragen Informationen zusammen. Diese Informationsflut wird in den Redaktionen ausgewählt und verarbeitet.

So bearbeitet die Nachrichtenabteilung des Presse- und Informationsamtes der Bundesregierung die Mitteilungen von 26 Nachrichtenagenturen, 66 Hörfunk- und 7 Fernsehprogrammen sowie von 122 in- und ausländischen Zeitungen und Zeitschriften. Täglich sind dies rund zwei Millionen Wörter. Sie ergeben einen Umfang von 8000 Schreibmaschinenseiten. Wollte man sie vorlesen, dann benötigte man dazu 14 Tage.

2.2.2 Pressefreiheit, Presserecht: Voraussetzung umfassender Information

> „Die Presse muß schreiben können, was sie will, damit gewisse Leute nicht tun können, was sie wollen."
> Terrenoire, früherer französischer Informationsminister
>
> „Pressefreiheit ist die Freiheit von zweihundert reichen Leuten, ihre Meinung zu verbreiten."
> Paul Sethe, zitiert in „Innere und äußere Pressefreiheit", Beilage „Das Parlament", 24/74

Ohne Meinungs- und Pressefreiheit ist eine umfassende Information der Bürger nicht möglich, und damit auch keine Mitwirkung an politischen Entscheidungen. Deswegen sind im Grundgesetz Meinungs- und Pressefreiheit als Grundrecht besonders geschützt:

> 99 Jeder hat das Recht, seine Meinung in Wort, Schrift und Bild frei zu äußern und zu verbreiten und sich aus allgemein zugänglichen Quellen ungehindert zu unterrichten. 99

Quelle: Grundgesetz, Artikel 5

Außerdem hat das Bundesverfassungsgericht auf die besondere Bedeutung dieser Grundrechte hingewiesen:

> 99 Das Grundrecht auf freie Meinungsäußerung ist als unmittelbarster Ausdruck der menschlichen Persönlichkeit in der Gesellschaft eines der vornehmsten Menschenrechte überhaupt ...; es ermöglicht erst die ständige geistige Auseinandersetzung, den Kampf der Meinungen, der ihr Lebenselement ist. Es ist in gewissem Sinn die Grundlage jeder Freiheit überhaupt ... 99

Quelle: BVerfG, Bd. 7, Nr. 28, Seite 208

● **Presserecht**

Grundgesetz und Bundesverfassungsgericht stecken den Rahmen ab. Die Festsetzung von Rechtsbestimmungen ist in der Bundesrepublik Deutschland Sache der Länder. Die Bundesregierung hat noch keine Rahmenvorschriften erlassen; zur Zeit (1984) wird an einem Entwurf für ein Bundespresserechts-Rahmengesetz gearbeitet. Das Presserecht der einzelnen Landesregierungen ist in Aufbau und Inhalt ähnlich. Geregelt werden wichtige Einzelheiten. Zum Beispiel:

Informationsrecht: Es ist das Recht, sich aus allgemein zugänglichen Quellen zu unterrichten (Art. 5 GG).

Auskunftspflicht (der Behörden): Vertreter der Behörden sollen den Journalisten behilflich sein. Bei der Beschaffung von Informationen dürfen Pressevertreter nicht behindert, sondern sollen unterstützt werden.

Gegendarstellungsrecht: Personen, die sich durch Veröffentlichungen zu Unrecht angegriffen fühlen, sollen sich verteidigen können. Die Redaktion muß die „Gegendarstellung" veröffentlichen, auch wenn sie nach ihrer Ansicht nicht der Wahrheit entspricht.

Falschmeldungen, reißerische Berichterstattung, manipulierte Nachrichten, verzerrte Berichte: das sind gefährliche Angriffe auf unsere Pressefreiheit.

(Es darf nur Tatsachenbehauptungen widersprochen werden.) Allerdings kann niemand die Redaktion daran hindern, die Gegendarstellung in einem Vorspann oder Nachwort (Schwanz) zu kommentieren.

Gegendarstellung

In der Tageszeitung DIE WELT vom 14. Dezember 1979 wird in dem Artikel von Hermann A. Griesser unter der Überschrift „ARD sagt ja zum Vormittagsprogramm mit dem ZDF" behauptet: „Obwohl die Programmdirektoren von ARD und ZDF kürzlich erklärt hatten, dieses Programm werde vorwiegend aus Informationssendungen bestehen, beschlossen die Intendanten ein Verhältnis von 50:50 von Information und Unterhaltung".

Richtig ist, daß weder die Fernsehprogramm-Konferenz der ARD noch ich selbst jemals erklärt habe, ein bundesweites Vormittagsprogramm werde vorwiegend aus Informationssendungen bestehen. Die Intendanten haben vielmehr eine ursprüngliche Empfehlung der Programmdirektoren von ARD und ZDF, wonach ein bundesweites Vormittagsprogramm zu zwei Dritteln aus Unterhaltung und zu einem Drittel aus Information bestehen sollte, zugunsten des Informationsanteils verändert.

Dietrich Schwarzkopf,
Programmdirektor, Deutsches Fernsehen

*

Zum Abdruck dieser Gegendarstellung verpflichtet uns das Pressegesetz unabhängig davon, ob die Gegendarstellung der Wahrheit entspricht oder nicht.

Die Redaktion

„DIE WELT", 19. Dezember 1979

▼

Achten Sie auf Gegendarstellungen in Zeitungen, Hörfunk und Fernsehen. Stellen Sie fest, ob die Redaktion versucht, diese durch einen „Schwanz" zu entkräften.

Pressefreiheit und Geheimnishaltung: Der Bürger soll umfassend informiert werden. Dabei können Konflikte entstehen, wenn es sich um Geheimnisschutz handelt. Echte Staatsgeheimnisse sind durch Art. 18 GG und Bestimmungen des Strafgesetzbuches geschützt (z. B. § 93 ff. Landesverrat).

Ein Konfliktfall:

Ein Beamter gibt Papiere, die als geheim bezeichnet worden sind, an die Presse weiter.

Bis 1979 wurden in solchen Fällen auch Journalisten häufig strafrechtlich verfolgt. Im November 1979 hat der Bundestag dann den § 353 c des Strafgesetzbuches — die Journalisten nannten ihn „Maulkorbparagraphen" — geändert. Der Kommentar eines Bundestagsabgeordneten:

> Die Streichung des Geheimnisschutzparagraphen ... beendet eine jahrzehntelange Diskussion um diese Vorschrift, beseitigt ein undemokratisches Relikt[1] aus unserem Strafrecht und leistet einen Beitrag zum effektiveren[2] Schutz der Pressefreiheit ... Die Presse kann und darf nicht verlängerter Arm der Verwaltung sein und kann auch nicht als solcher strafrechtlich behandelt werden ... Der bloße Stempel ‚Geheim' wird die Pressefreiheit in unserem Lande nicht länger einschränken."

Quelle: „Journalist I" (1980), Seite 38

Zeugnisverweigerungsrecht: Nach § 53 der Strafprozeßordnung kann ein Journalist in bestimmten Fällen vor Gericht die Aussage darüber verweigern, von wem er Informationen erhalten hat. Um Informationen zu bekommen, sind Journalisten manchmal gezwungen, Schweigeversprechen abzugeben.

In Konfliktfällen entscheiden die Gerichte.

So hatte z. B. ein verantwortlicher Redakteur des „Spiegel" Aussagen über den mutmaßlichen Terroristen Hans-Joachim Klein verweigert, der sich im „Spiegel" im Herbst 1978 in einer Artikelserie gegen Gewalttaten ausgesprochen hatte. Der Bundesgerichtshof gab dem Journalisten recht, weil manchmal nur auf diesem Wege die Öffentlichkeit über wichtige Tatsachen unterrichtet werden könne.

---

[1] Relikt: Überbleibsel.
[2] effektiv: wirkungsvoll.

- **Pressefreiheit**

äußere: Sie soll Presseorgane vor staatlicher Bevormundung schützen. Sie ist vor allem im Art. 5 GG und den Gesetzen der Länder geregelt.

innere: Es ist das Recht des Journalisten, unbeeinflußt von der Meinung des Verlegers oder aufsichtsführender Gremien (z. B. bei Funk und Fernsehen) seine Auffassung darzustellen. Zwar bezeichnen sich etwa 90 Prozent aller Zeitungen in der Bundesrepublik Deutschland als „unabhängig"; dennoch verfolgen manche Herausgeber eigene Ziele. Konflikte zwischen Herausgebern und Journalisten hat es häufig gegeben.

Diese Freiheit ist im Grundgesetz nicht ausdrücklich verankert. Durch die Schaffung von „Redaktionsstatuten" versucht man, dieses Recht mehr als bisher durchzusetzen.

99 **Beispiel: STERNSTATUT (Auszug)**

2. Kein Redakteur oder Mitarbeiter des STERN darf gezwungen werden, etwas gegen seine Überzeugung zu tun, zu schreiben oder zu verantworten. Aus seiner Weigerung darf ihm kein Nachteil entstehen.

3. Die Interessen der Redaktion nimmt ein Beirat aus sieben Redaktionsmitgliedern wahr, der jährlich in geheimer Wahl bestimmt wird. Auf Antrag von 30 Redaktionsmitgliedern muß eine Neuwahl des Beirats stattfinden.

6. Personelle Entscheidungen innerhalb der Redaktion trifft der Chefredakteur.

Personelle Veränderungen im Kreise der stellvertretenden Chefredakteure, der Ressortleiter und der politischen Mitarbeiter des STERN dürfen nicht gegen den Widerspruch von zwei Dritteln des Beirats vorgenommen werden. ... 99

Quelle: Das Fischer-Lexikon Publizistik, Seite 279

- **Selbstkontrolle der Presse**

1956 wurde der „Deutsche Presserat" gebildet. Er hat 20 Mitglieder (je 10 Vertreter der Verleger und 10 der Journalisten). Zu seinen Aufgaben gehören: Schutz der Pressefreiheit, Beseitigung von Mißständen, Beobachtung der Entwicklung der Presse.

Um Mißbrauch der Presse zu verhindern, hat der Presserat einen „Pressekodex" ausgearbeitet und auch Richtlinien für die redaktionelle Arbeit, in denen es z. B. heißt:

99 Der Deutsche Presserat empfiehlt, bei der Berichterstattung über Straftaten Jugendlicher und über ihr Auftreten in Strafverfahren mit Rücksicht auf ihre Zukunft die Veröffentlichung von Bildnissen und eine volle Namensnennung zu unterlassen. Die Ausnahmeregelung für Bildnisse aus dem Bereich der Zeitgeschichte sollte hier an den berechtigten Interessen des Jugendlichen und seiner Angehörigen ihre Grenzen finden. Das gleiche gilt für die Abbildung von Jugendlichen, die Opfer von Verbrechen wurden.

Gegen die Veröffentlichung von Bildnissen und die Namensnennung von vermißten Jugendlichen bestehen, insbesondere wenn die Unterlagen von Behörden zur Verfügung gestellt werden, keine Bedenken. 99

Quelle: Handbuch für Lokaljournalisten, Bd. 3, Seite 199

Verstoßen Journalisten gegen den Pressekodex, dann kann man beim Presserat Beschwerde gegen die Berichterstattung einlegen. Sieht der Presserat die Beschwerde als berechtigt an, rügt er das Presseorgan:

Presserat mißbilligt Eindringen von Redakteuren in eine Wohnung. (s. Meldung Seite 56.)

Zu dem Eindringen von Mitarbeitern der „Bild"-Redaktion Frankfurt in die Wohnung eines Frankfurters, der unter dem Verdacht des Drogenmißbrauchs vorübergehend festgenommen worden war, verabschiedete der Presserat folgende Entschließung:

99 Der Deutsche Presserat verurteilt das Vorgehen von Mitarbeitern der „Bild"-Redaktion Frankfurt im Falle eines unter dem Verdacht des Drogenmißbrauchs festgenommenen 22jährigen Frankfurters.

Der Einbruch in die Wohnung eines Festgenommenen zum Zweck der Beschaffung von Bildern und Informationen stellt einen eindeutigen Verstoß gegen die Ziffern 4 und 8 des Pressekodex dar. Solche Arbeitsmethoden schädigen das Ansehen der gesamten Presse. Der Presserat beanstandet außerdem die Darstellung dieses Falles in einem Teil der Presse, besonders aber in der „Bild"-Zeitung. Der Presserat verkennt dabei jedoch nicht, daß die ersten Pressemitteilungen der zuständigen Polizeibehörde zu dieser übertrieben sensationellen Berichterstattung herausgefordert haben. 99

Quelle: Deutscher Presserat, Jahrbuch 1980, Seite 15

Erzwingen kann der Presserat nichts. Er erwartet aber, daß seine Rügen von den Betroffenen veröffentlicht werden.

Bei Hörfunk und Fernsehen: Pflicht zur Neutralität[1]. Hörfunk und Fernsehen sind in der Bundesrepublik Deutschland „Anstalten des öffentlichen Rechts" (siehe auch Seite 68). Ihnen wurden in Gesetzen oder Verträgen besondere Auflagen erteilt. So heißt es zum Beispiel im Gesetz über den Westdeutschen Rundfunk:

> Der Westdeutsche Rundfunk Köln hat seine Sendungen im Rahmen der verfassungsmäßigen Ordnung zu halten. Er hat die weltanschaulichen und künstlerischen Richtungen zu berücksichtigen. Die sittlichen und religiösen Überzeugungen sind zu achten ... Die Nachrichtengebung muß allgemein, unabhängig und objektiv sein. Der Westdeutsche Rundfunk ... darf nicht einseitig einer politischen Partei oder Gruppe, einer Interessengemeinschaft, einem Bekenntnis oder einer Weltanschauung dienen.

Quelle: Hermann Meyn, Massenmedien in der Bundesrepublik Deutschland, Berlin 1972, Seite 78

Was jede Zeitung im Rahmen der Meinungs- und Pressefreiheit darf (z. B. einseitig informieren, eine bestimmte politische Richtung vertreten), das ist Rundfunk und Fernsehen verwehrt. Sie haben die Pflicht zur Neutralität!

Ob diese Pflicht verletzt ist, läßt sich nur am gesamten Programm beurteilen. So können z. B. einzelne Sendungen sehr wohl einen einseitigen Standpunkt vertreten. Das Programm muß aber so „ausgewogen" sein, daß auch entsprechende Gegenmeinungen an gleichwertiger Programmstelle berücksichtigt werden.

▼

Begründen Sie die „Pflicht zur Neutralität" bei Hörfunk und Fernsehen. — Stimmen Sie ihr zu?

„Ausgewogenheit" ist für die Verantwortlichen bei Funk und Fernsehen ein schweres und mühseliges Geschäft. Die Qualität von Sendungen kann darunter leiden. — Können Sie den Satz „... die auf Ausgewogenheit bedachten Phrasen der Journalisten — sie sind langweilig"[2] bestätigen?

2.2.3 Was man schwarz auf weiß besitzt: die Presse

> Aus einer „Anweisung für Zeitungsleser"

Prüft jedes Wort
prüft jede Zeile
    vergeßt niemals
    man kann
    mit einem Satz
    auch den Gegen-Satz ausdrücken

Mißtraut den Überschriften
den fettgedruckten
    sie verbergen das Wichtigste
mißtraut den Leitartikeln
    den Inseraten
    den Kurstabellen
    den Leserbriefen
und den Interviews am Wochenende

Übernehmt nichts
ohne es geprüft zu haben
nicht die Wörter und nicht die Dinge
nicht die Rechnung und nicht das Fahrrad
nicht die Milch und nicht die Traube
nicht den Regen und nicht die Sätze
faßt es an, schmeckt es, dreht es nach allen Seiten
nehmt es wie eine Münze zwischen die Zähne
hält es stand? Seid ihr zufrieden?

Ist Feuer noch Feuer und Laub noch Laub?
Ist Flugzeug Flugzeug und Aufstand Aufstand?
Ist eine Rose noch eine Rose?

Hört nicht auf
    euren Zeitungen zu mißtrauen
    auch wenn die Redakteure
    oder Regierungen wechseln

Quelle: Horst Bienek, Gleiwitzer Kindheit, Gedichte aus zwanzig Jahren, Carl Hauser Verlag, Seite 34

Die Bedeutung der Presse für die Information (und die Unterhaltung) der Bundesbürger kann man am besten erfassen, wenn man sich die verkaufte Auflage der Presse insgesamt ansieht.

---

[1] Neutralität = hier: Ausgewogenheit.
[2] Dieter Prokop, Faszination und Langeweile, die populären Medien, dtv 4336, Seite 4

Verkaufte Auflage der deutschen Presse 1975 und 1983 in Millionen

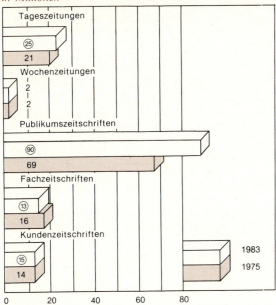

● **Tageszeitungen** ...

leben von der aktuellen Information. Die meisten Meldungen beziehen sich auf Ereignisse der letzten 24 Stunden. Man unterscheidet zwei Arten:

1. Boulevardblätter[1] sind Zeitungen besonderer Art. Sie werden im Vorübergehen am Kiosk gekauft. Schreiende Überschriften, reißerische Schlagzeilen, balkendicke Unterstreichungen sollen zum Kauf anregen. Die Artikel sind kurz, oft sensationell aufgemacht, eine Gliederung fehlt. Bild und Schlagzeilen sind wichtiger als Text. Diese Zeitungen werden im Bus, in den Frühstücks- und Mittagspausen durchgeblättert. Sie versuchen, jedem etwas zu bringen.

Typisches Boulevard-Blatt ist die „Bild-Zeitung" des Springer-Verlages.

 „ Ich war mir ... darüber klar, daß der deutsche Leser eines auf keinen Fall wollte, nämlich nachdenken. Und darauf habe ich meine Zeitungen eingerichtet. "

Quelle: A. Springer nach Meyn Massenmedien in der Bundesrepublik Deutschland, Berlin 1972, Seite 45

---

[1] Boulevard (französisch) = belebte Straße.

2. Abonnement-Zeitungen[2] haben einen festen Kundenstamm. Sie können auf reißerische Aufmachung verzichten. Oft sind sie streng gegliedert (z. B. Politik, Wirtschaft, Lokales, Sport, Kultur). Die meisten dieser Zeitungen beschränken sich auf ein bestimmtes Gebiet (die regionalen oder lokalen Zeitungen[3]). Daneben gibt es überregionale Tageszeitungen, solche sind z. B. die „Frankfurter Allgemeine", „Die Welt" und die „Süddeutsche Zeitung".

● **Wochenzeitungen**

Zu ihren Hauptaufgaben gehören Kommentare, Analyse[4] und „Hintergrund-Information", d. h. Wochenzeitungen untersuchen die Ereignisse der letzten Woche in größeren Zusammenhängen (das Wie und Warum spielt dabei eine große Rolle). Damit sprechen sie Leserschichten an, die besonders interessiert sind. Bekannte Wochenzeitungen: „Die Zeit", „Deutsche Zeitung / Christ und Welt", „Rheinischer Merkur".

Vergleichen Sie die „Gesichter" (Titelseiten) von Tages- und Wochenzeitungen desselben Datums. Achten Sie auf: 1. allgemeine Aufmachung, 2. Schlagzeilen, 3. Bilder.

Übertragen Sie den untenstehenden Arbeitsbogen auf ein A4-Blatt. Testen Sie Tages- und Wochenzeitungen anhand des Arbeitsbogens: Vergeben Sie pro Anforderung bis zu zehn Punkte.

Arbeitsbogen: Anforderungen an eine Tageszeitung / Wochenzeitung

	Punkte
1. Übersichtliche Gliederung	?
2. Ansprechende Aufmachung, gutes Bildmaterial	?
3. Treffende Überschriften, Unterüberschriften	?

---

[2] Abonnement = Dauerbezug.

[3] regional = gebietsmäßig, lokal = auf einen Ort beschränkt.

[4] Analyse = Untersuchung, Zerlegung.

4. Möglichst objektive Berichterstattung	?
5. Trennung von Meldung und Meinung	?
6. Bei Meldungen: Beantwortung der 6 W	?
7. Bei Meinungen: faire Darstellung, keine „Tiefschläge"	?
8. Hintergrund-Informationen	?
9. Guter, flüssiger Stil	?
10. Nicht zu viele Fremdwörter	?
Gesamtpunkte:	?
Note:	?

Auswertung:

90 — 100 Punkte: die Zeitung gehört zur Spitzenklasse
75 — 89 Punkte: die Zeitung ist gut
60 — 74 Punkte: die Zeitung gehört zum Durchschnitt
40 — 59 Punkte: die Zeitung weist schwere Mängel auf
0 — 39 Punkte: der Kauf dieser Zeitung lohnt sich nicht

Messen Sie die Zeitung an den Forderungen und geben Sie bei jeder Forderung bis zu zehn Punkte.

Stellen Sie auf diese Weise die Qualität verschiedener Zeitungen fest (Gruppenarbeit).

Übertragen Sie den nachstehenden Arbeitsbogen auf ein A4-Blatt. Stellen Sie die Schwerpunkte fest. Tip: Die Klasse teilt sich in Arbeitsgruppen, von denen jede eine bestimmte Zeitung testet. Übertragen Sie den Arbeitsbogen auf die Wandtafel. Jede Gruppe trägt dort ihre Ergebnisse ein.

Benutzen Sie die Gliederung als Strichliste. Tragen Sie oben die Ergebnisse ein (Seitenzahl).

Unterstreichen Sie zum Schluß mit Rotstift die drei Schwerpunkte mit den höchsten Seitenzahlen.

Arbeitsbogen:
Schwerpunkte von Tages- und Wochenzeitungen

Zeitung	Seiten für 1 2 3 4 5 6 7 8 Σ
?	? ? ? ?
?	? ? ? ?
?	? ? ? ?
?	? ? ? ?

1. Politik	5. Wissenschaft, Technik
2. Wirtschaft	6. Reisen, fremde Länder
3. Sport	7. Werbung, Anzeigen
4. Kultur, Unterhaltung, Humor	8. Sonstiges

Welche Zeitungen sollen wir lesen?
Das hängt von Temperament und Interesse ab. Gewisse Zeitungen kaufen, bedeutet, Geld und Zeit zum Fenster hinauszuwerfen. Wer von beidem genügend besitzt, mag das tun. Als Wegweiser durch den Zeitungsdschungel zwei Grundregeln:

1. Lesen Sie neben Tageszeitungen auch eine gute Wochenzeitung. Wochenzeitungen sind nicht so aktuell, aber sie untersuchen Hintergründe. Sie können darin gründlicher sein als eine Tageszeitung.

2. Wechseln Sie Ihre Zeitungen, seien Sie kein „Zeitungsmuffel". Jede Zeitung hat ihr „Gesicht", vertritt „ihre" Meinung (auch wenn sie noch so „unabhängig" ist). Lernen Sie andere Gesichter, andere Zeitungen kennen.

● **Zeitschriften**

In der Bundesrepublik Deutschland gibt es annähernd 1000 Zeitschriften mit einer verkauften Auf-

---
[1] Summe (als Summenzeichen wird der griechische Buchstabe Sigma verwendet).

lage von 113,62 Millionen[1]. (Dabei fehlen allerdings die unter 4. genannten Zeitschriften, die nicht im Handel verkauft werden.) Sie lassen sich in mehrere Großgruppen gliedern:

1. Publikumszeitschriften (Illustrierte, Rundfunk- und Fernsehzeitschriften, Familienzeitschriften). Die Leser erwarten in erster Linie Unterhaltung. Sie richten sich dabei an ganz unterschiedliche Lesergruppen. Eine besondere Gruppe bilden die Klatsch- und Sensationszeitschriften:

> Wie oft war die Königin von England schwanger? Die britische Zeitung „Sunday Times" überprüfte Berichte der französischen „Regenbogenpresse"[2] über Königin Elisabeth II. Danach war diese 92mal schwanger, 149mal in Unfälle verwickelt, erlitt 9 Fehlgeburten, dankte 63mal ab, stand 73mal kurz vor der Trennung von ihrem Gemahl und 32mal kurz vor einem Nervenzusammenbruch!

▼

Versuchen Sie festzustellen, an welche Leser sich „Bravo" oder „Pop" richtet.

2. Fachzeitschriften. Für alle Sparten von Industrie, Handel, Handwerk, Landwirtschaft und Hobby gibt es Fachzeitschriften. Auch wissenschaftliche Zeitschriften gehören in diese Gruppe.

Besonders genannt seien die politischen Zeitschriften. Sie kommentieren das politische Leben in größeren Zusammenhängen, manchmal von einem bestimmten Standpunkt aus (z. B. „Außenpolitik", „Frankfurter Hefte", „Politische Studien").

---
[1] Diese Angaben sind zu gering. Es gibt in der Bundesrepublik Deutschland rund 6000 Zeitschriften, von denen aber nur die genannten 1000 der Informationsgemeinschaft zur Feststellung der Verbreitung von Werbeträgern e. V. angeschlossen sind.

[2] Manche Wochenzeitschriften bevorzugen Themen aus Adel, Gesellschaft und Freizeitindustrie (z. B. „Das neue Blatt", „Die Neue Post", „Frau im Spiegel").

3. Kundenzeitschriften: Sie liegen meist in Fachgeschäften aus und können von den Kunden kostenlos mitgenommen werden. Sie enthalten Tips über die Verwendung der entsprechenden Produkte (z. B. „Die Bäckerblume mit Bäckerkurier", „Drogisten-Illustrierte").

4. Verbands- und Standeszeitschriften. Wir finden sie u. a. in der Gewerkschaftsbewegung, im Bereich der Kirchen, bei Erziehung und Unterricht (auch Studenten- und Schülerzeitschriften gehören dazu).

▼

Übertragen Sie den folgenden Arbeitsbogen auf ein A4-Blatt. Benutzen Sie die Gliederung als Strichliste (Siehe Seite 64).

Tragen Sie die Ergebnisse ein (Seitenzahl).

Unterstreichen Sie die drei Schwerpunkte mit den höchsten Seitenzahlen.

Arbeitsbogen: Schwerpunkte von Illustrierten

Seiten für Illustrierte	1	2	3	4	5	6	7	8	9	10	Σ
?	?	?	?	?	?	?	?	?	?	?	?
?	?	?	?	?	?	?	?	?	?	?	?
?	?	?	?	?	?	?	?	?	?	?	?
?	?	?	?	?	?	?	?	?	?	?	?

1. Politik und Wirtschaft	6. Sex und Sexgeschichten
2. Sport, Wissenschaft, Technik	7. Verbrechen, Sensationen
3. Reisen, fremde Länder	8. Mode, Kosmetik, Küche
4. Geschichten von Adel, Geldadel	9. Werbung
5. Romane, Kultur, Humor	10. Sonstiges

Betrug um die Wirklichkeit? (Illustrierte und Regenbogenpresse)[1]

1. Meinung	2. Meinung
Vor einem Kiosk blicken wir in Glanz und Elend des Freizeitmenschen: kraftstrotzende Helden, barbusige Sexbomben, rührselige Fürstengeschichten ... Mit bunter Reklame zusammengemixt soll diese Mischung Woche für Woche unseren miesen Alltag verklären. Während der Verbraucher glaubt, er lerne die Welt kennen, wird ihm ein Traumreich vorgegaukelt. Es wächst die Gefahr, in dieser Welt der Träume und Sehnsüchte einen Ersatz für Enttäuschungen und Versagen in Beruf und Familie zu suchen. Über Politik wird kaum berichtet, demokratisches Denken und Handeln nicht gefördert, sondern gehemmt. Diese Blätter sind „rückwärts" gewandt, der Leser wird beeinflußt, am Bestehenden festzuhalten, in eine „heile Welt" zu fliehen. Verantwortliche Zukunftsplanung aber verlangt die gegenteilige Einstellung: den Mut zum Blick nach vorn, den Mut zu Reformen.	Was früher die fahrenden Sänger mit ihren Schauergeschichten waren, sind heute die bunten Massenblätter. Sie erfüllen unseren Wunsch nach Unterhaltung, Spannung und Entspannung. Wir können für kurze Zeit der rauhen Wirklichkeit entfliehen. Daß der Alltag nicht vergessen wird, dafür sorgt das Leben selbst. Gerade dem einfachen Menschen wird Hilfe geboten: Er erfährt, daß selbst strahlende Fürstinnen nicht frei von Leid sind und wird dadurch mit seinem persönlichen Schicksal versöhnt. Auch versucht man, durch praktische Ratschläge „Lebenshilfe" zu bieten (von der Kindererziehung über Kochrezepte bis zu den intimsten Sorgen). Im persönlichen Brief können wir unser Herz ausschütten und erhalten Rat und Trost. Illustrierte und Regenbogenpresse bieten wenig Politik. Das entspricht dem Wunsch des Lesers dieser Presse. Er kann Tagespresse, Fernsehen und Rundfunk nutzen, um sich politisch zu informieren.

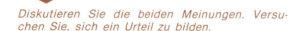

Diskutieren Sie die beiden Meinungen. Versuchen Sie, sich ein Urteil zu bilden.

● **Probleme der Pressekonzentration**

Die Zusammenballung von Zeitungen und Zeitschriften in wenigen Großverlagen ist die bekannteste Form der Pressekonzentration. Die Gründe sind vor allem wirtschaftlicher Art. Kostensteigerungen zwingen zu Rationalisierung und Automation. Diese Maßnahmen mit ihren enormen Kosten lassen sich im Großbetrieb am besten durchführen. Steuervorteile, Verteilung des Risikos und die Konkurrenz mit anderen Massenmedien sind weitere Gründe. Die drei wichtigsten Großverlage für Zeitungen und Zeitschriften sind: Der Springer-Konzern, der größte Verlag Europas, Gruner und Jahr und der Heinrich-Bauer-Verlag.

Verlag	Zeitungen / Zeitschriften
Springer-Konzern	„Bild-Zeitung", „Hamburger Abendblatt", Bild am Sonntag", „Welt am Sonntag", „Hör zu", „Die Welt", „BZ", „Berliner Morgenpost", „Funk-Uhr".
Gruner und Jahr	„stern", „Brigitte", „Eltern", „Gong", „Schöner Wohnen", „Die Zeit", „Capital", „deutsche automobil revue", „Geo", „essen und trinken", „P. M.", „Yps", „Nicole".
Heinrich-Bauer-Verlag	„Quick", „Neue Revue", „Praline", „Neue Mode", „TV Hören und Sehen", „Das neue Blatt", „Wochenend", „Neue Post", „Bravo".

---

[1] Die Grundgedanken der beiden Meinungen sind einem Tagungsbericht über die Regenbogenpresse entnommen. „Gefährliche Unterhaltung? Eine Tagung über die Regenbogenpresse in Hofgeismar", in: Weg und Wahrheit, 12. Nov. 1972.

In der Welt der Massenmedien spricht man inzwischen von Medien-Giganten.

Axel-Springer-Gruppe
Verkaufsauflagen, 2. Quartal 1983 (in 1000)

Bild insgesamt	5493	BZ	285
Bild am Sonntag	2545	Berliner Morgenpost	183
Hamburger Abendblatt	276	Hör zu	3687
Die Welt	203	Funkuhr	2713
Welt am Sonntag	339		

Daneben bestehen Beteiligungen an verschiedenen Zeitungen, z. B.: tz, Lübecker Nachrichten.

Quelle: Auflagenliste 2/83

Was halten Sie von der Pressekonzentration?

1. Meinung:	2. Meinung:
Die Folgen werden übertrieben. Man behauptet, die Zusammenballung von Verlagen bedeutet Macht und damit die einseitige politische Beeinflussung der Leser. Diese Meinung setzt voraus, daß der Inhaber eines Pressekonzerns imstande ist, allen seinen Journalisten einen einheitlichen politischen Stil aufzuzwingen. Das ist unmöglich. Der Leser hat es in der Hand, diese oder jene Zeitung zu kaufen, d. h. er nimmt täglich eine „Abstimmung" vor. Auch sorgen Funk und Fernsehen dafür, daß wir nicht einseitig beeinflußt werden. In unserer Wirtschaft zählt die Leistung, d. h., die tüchtigsten Verleger werden belohnt. Solange die Regeln des Wettbewerbs gelten, ist es auch unwahrscheinlich, daß ein Konzern eine marktbeherrschende Stellung erringt. Wir müssen darauf vertrauen, daß auf dem Gebiet der Presse die Bäume nicht in den Himmel wachsen.	Zeitungen dürfen nicht wie Harzer Käse hergestellt werden. Sie müssen eine öffentliche Aufgabe erfüllen: Wir haben ein Anrecht auf umfassende Information. Sobald mehrere Zeitungen in einem Verlag erscheinen, besteht die Gefahr der Einseitigkeit. Und das ist gefährlich. — Die Presse ist Sauerstoff im Blutkreislauf der Demokratie. Pressekonzentration erschwert diese Aufgabe. Das vielstimmige Konzert vieler Zeitungen droht durch Konzentration einseitig zu werden. Die Geigen werden durch Trompete und Schlagzeug verdrängt. Nach dem Motto: „Die Reichen werden immer reicher" sind die Großverlage immer größer geworden. Sie werden damit zu einer Gefahr für die Pressefreiheit.

Bei lokalen Zeitungen gibt es häufig eine Form der Konzentration, die vom Leser kaum bemerkt wird: Zeitungen werden unter Beibehaltung des Titels aufgekauft. Der Großverlag beliefert sie mit einem einheitlichen politischen Teil, dem „Mantel". Nur der lokale Teil wird von einer Lokalredaktion versorgt.

Die von der Bundesregierung eingesetzte „Pressekommission"[1] befaßte sich mit Problemen der Pressekonzentration. In ihrem Schlußbericht kam sie u. a. zu folgender Beurteilung:

> „Die Sorge der Pressekommission ist, dem Bürger könnten durch fortschreitende Konzentration nicht mehr genügend unabhängige und über große Breitenwirkung verfügbare Publikationsorgane zur Verfügung stehen, aus denen er sich frei seine Meinung bilden kann. Dieses ist schon jetzt auf Teilsektoren des Pressewesens für politische Wochenmagazine, Straßenverkaufszeitungen und für Sonntagszeitungen der Fall. Das gleiche gilt für diejenigen kreisfreien Städte und Landkreise, in denen dem Bürger nur noch eine über Lokalereignisse berichtende Zeitung zur Verfügung steht ..."

▸ *Diskutieren Sie die beiden Meinungen. Versuchen Sie, sich ein Urteil zu bilden.*

---

[1] „Kommision zur Untersuchung der Gefährdung der wirtschaftlichen Existenz von Presseunternehmen und der Folgen der Konzentration für die Meinungsfreiheit in der Bundesrepublik Deutschland" (Schlußbericht: 3. Juli 1968).

Die Kommission fordert: Festlegung von Höchstgrenzen für Marktanteile von Pressekonzernen, jährlicher Bericht der Bundesregierung über die Lage der deutschen Presse, Ergänzung der Landespressegesetze, finanzielle Unterstützung kleiner Verlage, Verbesserung der sozialen Stellung und der Unabhängigkeit des Journalisten.

Von anderer Seite wurden u. a. folgende Vorschläge gemacht: Bildung von regionalen Presseausschüssen, bei denen geplante Konzentrationsmaßnahmen angemeldet werden, Umwandlung von Zeitungsverlagen in gemeinnützige Stiftungen oder öffentlich-rechtliche Anstalten. Beschränkung der Zahl der Zeitungen, die von einem Verleger herausgegeben werden, Offenlegung der Besitzverhältnisse, Bereitstellung von Raum für alle Parteien bei Wahlkämpfen, Sicherung der redaktionellen Unabhängigkeit durch Gesetze.

Die gesetzgeberischen Maßnahmen wurden inzwischen erweitert durch eine vorbeugende Fusionskontrolle[1] im Pressebereich durch das Pressestatistikgesetz.

2.2.4 Fenster zur Welt: Hörfunk und Fernsehen

"Gute Idee, die Kinder so ins Grüne zu kriegen!"
Bild am Sonntag

---

[1] Fusion = Zusammenschluß.

Fernsehen und Hörfunk sind, wie statistische Untersuchungen belegen, die meistgenutzten Medien.

Nutzung von Hörfunk und Fernsehen in v. H. der Bevölkerung

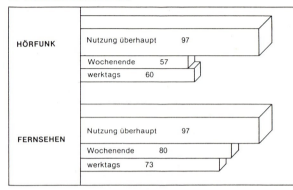

HÖRFUNK	
Nutzung überhaupt	97
Wochenende	57
werktags	60

FERNSEHEN	
Nutzung überhaupt	97
Wochenende	80
werktags	73

Quelle: Bericht der Bundesregierung über die Lage von Presse und Rundfunk in der Bundesrepublik Deutschland, 1978, Seite 101

Die Rundfunkanstalten der Bundesrepublik sind Anstalten des öffentlichen Rechts. Sie haben Selbstverwaltungsrecht, finanzieren sich aus Gebühren und Werbeeinnahmen und sollen von privatem und staatlichem Einfluß unabhängig sein. In der Bundesrepublik Deutschland gibt es neun Anstalten.

Rundfunkanstalten und ihr Anteil am ARD-Fernsehprogramm[1]

Anstalten		Anteil in v. H.
BR	Bayerischer Rundfunk (München)	17 %
HR	Hessischer Rundfunk (Frankfurt/M.)	8 %
NDR	Norddeutscher Rundfunk (Hamburg)	20 %
RB	Radio Bremen (Bremen)	3 %
SR	Saarländischer Rundfunk (Saarbrücken)	3 %
SFB	Sender Freies Berlin	8 %
SDR	Süddeutscher Rundfunk (Stuttgart)	8 %
SWF	Südwestfunk (Baden-Baden)	8 %
WDR	Westdeutscher Rundfunk (Köln)	25 %

---

[1] ARD = Arbeitsgemeinschaft der öffentlich-rechtlichen Rundfunkanstalten der Bundesrepublik Deutschland.

Hörfunk und Fernsehen sind zu politischer Neutralität verpflichtet (siehe Seite 62). Das erfordert ständige öffentliche Kontrolle. Auch sind die Anstalten so organisiert, daß möglichst alle gesellschaftlich bedeutsamen Gruppen in ihnen vertreten sind (siehe als Beispiel den Fernsehrat des ZDF.

Nicht umsonst sichern sich diese Gruppen Einfluß in den Gremien dieser Anstalten. Sie wachen darüber, daß ihre Ansprüche weder übergangen noch durchkreuzt werden. Auch Bundesregierung, Landesregierungen und Oppositionsparteien beanspruchen und erhalten die Möglichkeit, ihre Ansichten zum Ausdruck zu bringen.

▼

Hören Sie eine Nachrichtensendung.

Notieren Sie dann, welche Informationen Sie behalten haben. Stellen Sie Freunden und Bekannten (unvorbereitet) die gleiche Aufgabe. Sie werden Überraschungen erleben. Führen Sie die gleiche Selbstkontrolle nach einem Kommentar durch. Erproben Sie diese auch beim Fernsehen.

Das Fernsehen kennen wir unter zwei Markenzeichen:

Jeder Sender der ARD produziert neben Hörfunkprogrammen und Regionalfernsehen (18 bis 20 Uhr) einen festgelegten Anteil am Hauptprogramm (siehe Übersicht). Daneben gibt es eine weitere Anstalt: das ZDF. Es arbeitet als zentrale Fernsehanstalt mit Sitz in Mainz. Das Programmschema zwischen ARD und ZDF wird in einem Koordinationsabkommen[1] abgestimmt. Der Aufbau der Anstlten ist so, daß jede einseitige Machtkonzentration verhindert werden soll.

Hier als Beispiel das ZDF:

Intendant und Fernsehrat des ZDF

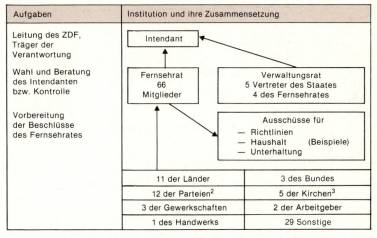

Sie müssen sich zusammenraufen ...

Unter anderem wählt der Fernsehrat den ZDF-Intendanten. Er muß diese wichtige Personalentscheidung mit mindestens Dreifünftel-Mehrheit treffen. Das ist in der Theorie einfacher als in der Praxis. Die „CDU-nahen" Vertreter des Fernsehrates halten z. B. „ihren" Kandidaten für geeignet, während die „SPD-nahen" Mitglieder „ihren" Mann auf den Schild heben wollen.

So begann z. B. im Frühjahr 1977 ein großes Tauziehen, als ein Nachfolger für den ausscheidenden Intendanten Karl Holzammer gefunden werden

---

[1] koordinieren = aufeinander abstimmen.
[2] 5 CDU, 1 CSU, 1 FDP, 5 SPD.
[3] 2 ev., 2 kath., 1 jüd.

mußte[1]. Scheint keine Einigung möglich, wird oft versucht, auf höchster Parteiebene einen Kompromiß auszuhandeln:

> „ Das Fernsehvolk hat sich fast schon daran gewöhnt, daß Intendantenposten nur noch in Gipfelgesprächen der Spitzenpolitiker vergeben werden. "

„Die Welt", 14. Januar 1977

Fernsehen, immer wieder schön ...

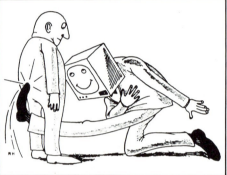

Quelle: „Fernsehen lernen", Bundeszentrale für politische Bildung, Berliner Freiheit 7, 5300 Bonn, in Verbindung mit dem Verlag Herder, Freiburg

Begutachten Sie die beiden Bilder: Welche Meinungen will der Zeichner ausdrücken? — Stimmen Sie zu?

Nikotinarm im Rauch ...

Der Bildschirm, Symbol der „informierten Gesellschaft", zeigt uns die beunruhigenden Schwächen moderner Massenmedien besonders deutlich.

Trotz aller Aktualität und „harter" Reportagen wirken Bild und Ton irgendwie entschärft. Wir sind unbeteiligter, als wir es wahrhaben wollen. Wir halten innerlich Abstand.

Wir spüren: Auch eine noch so vollkommene Nachrichtentechnik ersetzt das eigene Erleben nicht. Der Abstand zwischen dem Geschehen und unserem warmen Zimmer ist zu groß.

Nach einem bekannten Werbespruch läßt sich diese ungewollte Filterwirkung moderner Nachrichtentechnik als „nikotinarm im Rauch" bezeichnen. Es ist gut, um diese Schwäche zu wissen ...

> Wir schalten das Gerät ein:
> Mikrofon und Kamera bringen das große und kleine Weltgeschehen wie frische Brötchen ins Haus ...
> Wir sind dabei.
> Politiker diskutieren, Soldaten marschieren, Granaten krepieren, Menschen sind auf der Flucht ...
> Wir sind dabei.
> Uns stockt einen Augenblick der Atem ...
> Doch wenn wir in den Sessel zurücksinken und die gepflegte Ansagerin ihren Text vom Blatt lächelt ... stellt sich bei uns das Gefühl ein: „Die Welt ist wieder in Ordnung."
> Sind wir wirklich dabei ... ?

Das Fernsehen im Meinungsstreit

Leserbriefe ...[1]

> Gute Hörspiele im Radio, an denen wir viel Freude hatten, gute Bücher lesen, Bastelarbeiten oder Spiele, an denen sich früher die ganze Familie beteiligt hat, dies wird alles nicht mehr gemacht. Eine gute Unterhaltung mit der Familie oder mit Bekannten kommt durch das Fernsehen nicht mehr zustande. Das Fernsehen ist wie ein Magnet.

Andrea Engelbrecht, 12 Jahre

> Ohne Fernsehen würde es in vielen Ehen Krach geben, oder der Mann würde abends immer in der Kneipe sitzen. Das Leben wäre ohne Fernsehen ganz bestimmt ärmer.

Marion Lütke, 13 Jahre

> Wenn heute die Älteren von den Zeiten ohne Fernsehen erzählen, so können wir Jüngeren uns ein solches Leben nur schwer vorstellen. Für viele ist das Fernse-

---

[1] Gewählt wurde am 12. März 1977 nach fünf vergeblichen Wahlgängen von allen Parteirichtungen der bisherige Botschafter in London Karl Günther von Hase.

[1] Aus Leserbriefen an die Wochenzeitung „Die Zeit", zitiert in „Fernsehen lernen".

hen der Bestandteil ihres täglichen Lebens geworden. Diese Menschen greifen anscheinend keine der ihnen vom Fernsehen gebotenen Freizeitanregungen auf. Auch für mich ist das Fernsehen Bestandteil des täglichen Lebens, und ich glaube, daß es eine Bereicherung ist. Abgesehen von den weitgefächerten Unterhaltungssendungen vermittelt es viele interessante Informationen und Ratschläge für alle Altersschichten.

Thomas Schodder, 15 Jahre

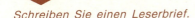

Schreiben Sie einen Leserbrief.

Der TV-Trickkiste-Test . . .

" Um eine Vorstellung davon zu bekommen, in welchem Ausmaß das Fernsehen auf technische Tricks angewiesen ist, um unser Interesse aufrechtzuerhalten, schlage ich vor, daß Sie das folgende Experiment unternehmen; ich nenne es TV-Trickkiste-Test:

Schalten Sie Ihren Fernsehapparat ein und zählen Sie einfach, wie oft ein Schnitt vorkommt, eine Fahrt mit der Gummilinse, eine Überblendung, ein Übereinanderlegen verschiedener Stimmen, das Erscheinen von Schrift auf dem Bildschirm, also irgendein technischer Kunstgriff. Sie werden merken, daß sich da eine Menge tut.

Jeder technische Kunstgriff — jede Veränderung, was sich einer natürlichen Bildwahrnehmung bieten würde — soll verhindern, daß Ihre Aufmerksamkeit nachläßt, was sonst durchaus der Fall sein könnte.

Jedesmal, wenn die Aufmerksamkeit abnimmt, hält uns ein weiteres technisches Ereignis bei der Stange. Vom Fernseher weg und nach draußen zu gehen oder eine ganz normale Unterhaltung zu führen wird unbefriedigend. Man will Action! Das Leben wird langweilig, Fernsehen interessant, und all das als Folge eines Systems von technischen Mätzchen.

Aber sobald den Leuten klar wird, in welchem Grade es die Technik ist — und nicht etwas von der Sache her Interessantes —, was sie an den Bildschirm bannt, kann die Befreiung von der Fernsehsucht und der totalen Versenkung in diesem Medium beginnen. Ich konnte das bei meinen eigenen Kindern beobachten. Nachdem ich ihnen einmal die Aufgabe gegeben hatte, mit Hilfe des oben beschriebenen Tests diese technischen Kunstgriffe zu zählen und zeitlich zu bestimmen, konnte das Fernsehen sie nie mehr wie vordem völlig in Bann schlagen. "

Quelle: Jerry Mander, Schafft das Fernsehen ab, zitiert in „Psychologie heute", 10/79

Machen Sie den Trickkiste-Test.

**2.2.5 Lassen Sie sich beeinflussen?
(Wirkungen der Massenmedien)**

> Lagern Sie täglich fünf Minuten Ihre Beine hoch!
> Das Institut für Demoskopie[1] in Allensbach stellte bei der Untersuchung einer Frauenzeitschrift fest: Etwa zwei Millionen Leserinnen lagerten einige Tage oder Wochen stündlich für fünf Minuten ihre Beine hoch. Dieser Ratschlag war ihnen von der Zeitschrift gegeben worden.

Quelle: Nach Hermann Meyn, Massenmedien in der Bundesrepublik Deutschland, Berlin 1972, Seite 120.

Ob Berichte über Verbrechen oder Gewalttaten zu ähnlichem Tun anregen, ist umstritten. Das bedeutet nicht, daß die Vorführung von gehäufter Brutalität harmlos ist. Gefährlich scheint vor allem die indirekte Wirkung zu sein, d. h. wir stumpfen ab und neigen schließlich der Ansicht bestimmter „Fernseh-Helden" zu, die da meinen, jedes Problem sei mit einem Kinnhaken oder einer „blauen Bohne" zu lösen.

Klar ist, daß unser Leben von den Massenmedien beeinflußt wird, oft viel stärker, als wir ahnen. So berichten diese darüber, wie „man" sich kleidet, ißt und trinkt, die Wohnung einrichtet, Kinder erzieht, den Urlaub verbringt und Hobbys betreibt.

---

[1] Demoskopie = Meinungsforschung (durch öffentliche oder private Institute). Der Name stammt von dem 1946 gegründeten Institut für Demoskopie in Allensbach.

Haben Massenmedien große politische Wirkungen?

1. Meinung	2. Meinung
Natürlich! Wenn sich der Bürger dreieinhalb Stunden täglich mit Massenmedien beschäftigt, bleibt das nicht ohne Wirkung. Ein Beispiel: Der Psychologe Paul Braune untersuchte die politische Wirkung von Tageszeitungen auf ihre Leser. Er verschickte an 760 Versuchspersonen für eine längere Zeit die Tageszeitung „Frankfurter Rundschau" oder „Die Welt". Dann wurden mit Fragebogen die Veränderungen der politischen Einstellung gemessen. — Als Ergebnis konnte tatsächlich eine Veränderung der politischen Meinung festgestellt werden. „Wir hatten z. B. unseren Zeitungslesern einen Fragebogen ... zur Beurteilung des Viermächteabkommens über Berlin vorgegeben. Bereits nach acht Wochen Zeitungslektüre konnten wir feststellen, daß sich die Einstellungen zu dem Viermächte-Abkommen verändert hatten — und zwar jeweils in dem Sinne, in dem das Abkommen von den beiden Zeitungen kommentiert wurde: ‚Die Welt'-Leser waren zum Viermächte-Abkommen negativer eingestellt, die Leser der ‚Frankfurter Rundschau' positiver."	Der politische Einfluß der Massenmedien wird überschätzt. Beobachten wir uns selbst: Wir lesen die Zeitung, die uns liegt; wir schalten das Programm ein, das voraussichtlich unsere Meinung bestätigt. Gegenteilige Ansichten nehmen wir nicht gern zur Kenntnis. Nur in wenigen Fällen hören wir uns andere Meinungen geduldig an, um ernsthaft darüber nachzudenken. Das bedeutet: Unser politischer Standpunkt läßt sich durch Presse, Funk und Fernsehen nicht so schnell ins Wanken bringen. — Wichtigste Ursache für unsere Meinungsbildung ist und bleibt der Kontakt mit anderen Menschen. Dieser Kontakt (verbunden mit Erziehung, Herkunft, Gewohnheiten, Beruf) ist entscheidend für unsere persönliche Entwicklung und damit auch für die politische Meinungsbildung. Mag eine Sendung, ein Artikel noch so eindrucksvoll sein: das anschließende Gespräch mit Freunden kann darüber entscheiden, ob ich meine Meinung ändere.

Quelle: „Psychologie heute", Nov./Dez. 1974, Seiten 49 bis 51

Quelle: Böhme, W. (Hrsg.), Die politischen Wirkungen von Funk und Fernsehen, Stuttgart, Seite 31

Diskutieren Sie die beiden Meinungen. Versuchen Sie, sich ein Urteil zu bilden.

2.2.6 Massenmedien: Fluch oder Segen ...?

Sie haben auf den Seiten 93 bis 108 die sogenannten Massenmedien kennengelernt. Als Abschluß finden Sie hier eine optimistische und eine pessimistische Betrachtung:

> In Zukunft werden die Menschen nicht nur über mehr materielle Güter ..., sondern auch über sehr viel mehr Information verfügen. Der Besitz an Wissen wird mit unvorstellbarer Geschwindigkeit vergrößert werden ... Menschen werden mit Methoden belehrt, welche das Lernen zum Vergnügen machen und vom gegenwärtigen Stil der Massen- und Bestrafungsausbildung weiter entfernt sind als ein Elektromotor von einer Tretmühle. Die zukünftige Gesellschaft wird nicht nur eine Gesellschaft ohne Mangel an materiellen Gütern und Energien sein, die zukünftige Gesellschaft wird im besonderen eine informierte Gesellschaft sein.

Quelle: Karl Steinbuch, Die informierte Gesellschaft, Reinbek 1970, Seite 242

„ Massenkommunikationsmittel stehen uns zur Verfügung, doch ob die Massen wirklich kommunizieren?[1] ... Ab und zu dürfen wohl ein paar Auserwählte aus dem Medienvolk mitmachen, manchmal darf sogar eine Alibi-Oma aus Krähwinkel bei einer Show mitwirken ... Wer diesen Vorgang als Kommunikation bezeichnet, muß sich wohl im Irrtum befinden. Denn Kommunikation bedeutet Verständigung zwischen Partnern, wobei sich beide Teile in gleicher Weise aktiv und passiv verhalten. Wenn diese Definition[2] aber stimmt, dann steht eines fest: Die Massenkommunikationsmittel haben mit Kommunikation nichts zu tun. Was jedoch meistens stattfindet, ist eine Einbahn-Information für das Publikum. "

Quelle: Rudolf Brun in „Massenmedien spontan", Fischer Taschenbuch 4011, Seite 5 ff

▼

Vergleichen Sie die beiden Ansichten.

Überprüfen Sie die jetzt folgenden Meinungen: Welcher stimmen Sie zu? Welche lehnen Sie ab?

Bilden Sie sich ein abschließendes Urteil.

Massenmedien ...

- sind „Einbahn-Straßen" (siehe Seite 58). Sie verführen zur Passivität. Man läßt sich berieseln und wird selbst nicht aktiv.
- können einseitig sein und dadurch die Wirklichkeit verfälschen (siehe Seite 54).
- zeigen uns immer nur einen Ausschnitt der Wirklichkeit. Sie sind immer „Auswahl" (siehe Seite 54).
- üben durch ihre Möglichkeiten der Beeinflussung große Macht aus (siehe Seite 55).
- sind undurchschaubar: Wer von uns ist schon in der Lage, die gedruckten oder gesendeten Informationen auf ihren Wahrheitsgehalt hin zu überprüfen?

---

[1] Kommunizieren = miteinander sprechen, Informationen austauschen.

[2] Definieren = den Inhalt eines Begriffs klarlegen, erklären.

Massenmedien ...

- bieten uns eine Fülle von Informationen und viele Möglichkeiten der Lebenshilfe und Weiterbildung.
- bereichern unser Leben durch ihr großes Angebot an verschiedenster Unterhaltung.
- sind kontrollierbar. Wir haben die Möglichkeit, Informationen zu überprüfen (es gibt viele Zeitungen, außerdem Hörfunk und Fernsehen).
- üben auf den kritischen Bürger keine Macht aus. Er ist durchaus in der Lage, „Manipulationen" durch kritischen Vergleich zu durchschauen. Sie sind nur so „mächtig", wie es der Bürger zuläßt. Er hat die Möglichkeit, abzuschalten, ein anderes Programm zu wählen, die Zeitung zu wechseln ...

Perspektiven

Unterhaltungselektronik, Kommunikations- und Datentechnik werden immer mehr zu einem Verbund zusammenwachsen. Zwar wird diese Entwicklung in diesem Jahrzehnt noch nicht in vollem Umfang zum Tragen kommen – dem stehen medienpolitische, technische und auch finanzielle Probleme entgegen. Ende der achtziger Jahre wird den Menschen jedoch ein vielfältiges Informationsangebot zur individuellen Nutzung zur Verfügung stehen.

Quelle: „iwd", Nr. 13/81, S. 7

▼

Überlegen Sie, ob Sie ohne Zeitung, Hörfunk und Fernsehen auskommen könnten. Welche Probleme würden sich ergeben?

*Zeichner sehen die Zukunft ganz verschieden.
Wer mag wohl recht haben?*

Quelle: „Die Zeit", 2. Sept. 1983

Quelle: „Umweltmagazin", Juli/Aug. 1982

Quelle: „Der Beamtenbund", Febr. 1984

Quelle: „Das Parlament", 23. Jan. 1982

3 Unser Staat:
   Die Bundesrepublik Deutschland
3.0 Hinweise — Büchertips
3.1 Eine Welt voller Konflikte
     (die pluralistische Gesellschaft)
3.2 Alle wollen mitreden und mitentscheiden
3.3 Das süße Gift der Macht
3.4 Wir leben in einer Demokratie
3.5 Wir leben in einem Rechtsstaat

3 Unser Staat:
Die Bundesrepublik Deutschland

3.0 Hinweise — Büchertips

1. Zu unserem Thema erhalten Sie viele kostenlose Informationen:

Genauere Angaben über bestimmte Broschüren finden Sie bei den einzelnen Abschnitten (z. B. Bundestag, Bundesrat).

Schreiben Sie an: Presse- und Informationsamt der Bundesregierung; Referat für Öffentlichkeitsarbeit des Bundespräsidenten, des Bundestages, des Bundesrates und der Bundesministerien. Auch von der Bundeszentrale für politische Bildung und der Bundesanstalt für gesamtdeutsche Aufgaben erhalten Sie kostenloses Material. Als Anschrift genügt in allen Fällen: Postfach, 5300 Bonn. Auf jeden Fall sollten Sie sich als Grundstock den „Bonner Almanach" vom Presse- und Informationsamt der Bundesregierung schicken lassen (erscheint meist im Februar). Sie finden dort u. a. die letzte Regierungserklärung, Angaben über Ministerien, „Die Politik der Bundesregierung in Stichworten" und viele andere Informationen.

2. Aus der Flut der Literatur hier nur einige Taschenbücher:

Grundgesetz für die Bundesrepublik Deutschland, z. B. Beck-Texte, dtv 5003. Es enthält eine Einführung und ein Register.

Bernewitz, Heinrich v., und Borin, Konrad v.: Das Grundgesetz verstehen. Didaktisches Sachbuch zu Verfassungsrecht und Gesellschaftswirklichkeit, rororo 6995. Das Buch enthält viele Arbeitsaufgaben. Es ist allerdings recht anspruchsvoll und vor allem für Real- und Oberschüler gedacht.

Kammer, Hilde, und Bartsch, Elisabeth: jugend lexikon politik, 800 einfache Antworten auf schwierige Fragen, rororo 6183. Das Buch hält, was es verspricht. In einfacher Sprache werden die wichtigsten Begriffe aus dem Gebiet der Politik beantwortet.

Flach, K.-Hermann: 1 x 1 der Politik. Zwölf Kapitel für den Staatsbürger, rororo tele 39. Gut verständlich und lebendig geschrieben mit vielen Bildern. Raschke: Die politischen Parteien in Westeuropa: Geschichte, Programm, Praxis, rororo 4269.

Bundestag A - Z, Transcontact Verlag.

3.1 Eine Welt voller Konflikte (die pluralistische Gesellschaft)

„Führer befiehl . . ."

Herr Lorenz erinnert sich: „Ich war damals noch ein Kind. Wir marschierten im ‚Jungvolk', dann in der ‚Hitlerjugend'. Unsere Zeit war ausgefüllt und verplant: Wir machten Geländespiele und Schießübungen; wir wurden politisch geschult; wir saßen am Lagerfeuer und sangen die Lieder von der neuen Zeit; wir lernten den absoluten Gehorsam . . . Nur manchmal spürten auch wir Kinder den Druck, der auf dem Land und den Menschen lastete: Mein Onkel, ein überzeugter Sozialdemokrat, verschwand eines Tages spurlos. Mit Heinz, einem Jungen aus der Nachbarschaft, durfte ich nicht mehr spielen: Er war Jude. Auch er wurde mit seiner Familie eines Nachts abgeholt . . ."

Keine heile Welt . . .

Ingo weiß manchmal nicht, wo es längs geht. Wenn er am Kiosk die vielen Zeitungen und Zeitschriften mit ihren verschiedenen Meinungen sieht, schwirrt ihm der Kopf. In Hörfunk und Fernsehen ist es auch nicht besser. Und dann die Parteien! Ingo hält nichts davon, wenn sie sich dauernd streiten. Auch die Konflikte zwischen Gewerkschaften und Unternehmern machen ihn ungeduldig. Ingo arbeitet in einer Bürgerinitiative mit. Er will etwas für eine bessere Zukunft tun. Aber auch dort gibt es immer wieder Konflikte durch verschiedene Interessen und Meinungen.

Ingo sehnt sich nach der „heilen Welt", einer Welt, in der er sich geborgen fühlen kann, einer Welt ohne Streit und Parteiengezänk, ohne Umweltschmutz und Rüstungswahnsinn ... Hat es diese heile Welt jemals gegeben, kann es sie je geben?

Ingo lebt in einer „pluralistischen Gesellschaft", einer offenen Gesellschaftsordnung mit einer Vielzahl (Plural) von Gruppen, Meinungen und Interessen:

> Der Wettstreit zwischen den unterschiedlichen Gruppen ist in einer pluralistischen Gesellschaft vielfältig und lebhaft. Pluralistisch heißt, aus verschiedenen Gruppen zusammengesetzt. Eine pluralistische Gesellschaftsordnung ist durch eine Vielzahl von Gruppen gekennzeichnet, die sich frei bilden und untereinander messen können. Alle Gesetze, die das Leben der Menschen in einer Gesellschaft regeln, werden von den Gruppen ständig erörtert und geprüft. Einen Wettstreit unterschiedlicher Interessengruppen gibt es dagegen in einer totalitären Gesellschaftsordnung nicht: Alle Menschen sind hier ein und derselben Ordnung unterworfen, die von der Regierung bestimmt und überwacht wird. Totalität heißt, das Ganze umfassend.

Quelle: jugend lexikon politik, rororo 6183, S. 68

Unser Staat garantiert den Pluralismus. So sind Meinungsfreiheit (Art. 5 GG), Versammlungsfreiheit (Art. 8 GG) und Koalitionsfreiheit (Art. 9 GG) die wichtigsten Kennzeichen einer pluralistischen Gesellschaftsverfassung (siehe auch Art. 3 und 4 GG und die Seiten 96 ff.). Es gibt keine für alle verbindliche Wahrheit:

> Was zu geschehen hat, wird in ständiger Auseinandersetzung aller an der Gestaltung des sozialen Lebens beteiligten Gruppen ermittelt ... Die Aufgabe der staatlichen Ordnung besteht wesentlich darin, die Wege für alle denkbaren Lösungen offenzuhalten.

Quelle: Aus einem Urteil des Bundesverfassungsgerichtes, zitiert in „Gesellschaft und Staat", Baden-Baden 1979, S. 431

Unser Staat macht eine funktionierende pluralistische Ordnung erst möglich, indem er die Austragung der Konflikte in geordnete und gerechte Bahnen lenkt: Er schützt die Minderheiten und die Grundrechte des einzelnen und unterwirft die Ausübung der Macht allen möglichen Kontrollen. Auf den nächsten Seiten wird davon ausführlich die Rede sein.

3.2 Alle wollen mitreden und mitentscheiden

3.2.1 „Die Parteien wirken ... mit, Art. 21 GG

> **§ 1 Verfassungsrechtliche Stellung und Aufgaben der Parteien.** (1) Die Parteien sind ein verfassungsrechtlich notwendiger Bestandteil der freiheitlichen demokratischen Grundordnung. Sie erfüllen mit ihrer freien, dauernden Mitwirkung an der politischen Willensbildung des Volkes eine ihnen nach dem Grundgesetz obliegende und von ihm verbürgte öffentliche Aufgabe. ... (3) Die Parteien legen ihre Ziele in politischen Programmen nieder.

Quelle: Parteiengesetz

Was ist eine Partei?

> Eine Gruppe von Gleichgesinnten, besonders im staatlichen Leben.

Quelle: Brockhaus Enzyklopädie, Band 14, S. 261

Parteimanager X mag sich die Haare raufen, wenn er diese Erklärung in einem Lexikon liest und an Richtungskämpfe in seiner Partei oder Auseinandersetzungen mit der Jugendorganisation denkt. Im Prinzip stimmt diese Feststellung, trotz verschiedenster „Flügel" in den heutigen Volksparteien.

> Die Parteien sind Schmelztiegel, in denen sich die Meinungen von Tausenden und Millionen vermischen und so weit vorklären, daß sie an den Staat herangebracht werden können.

Quelle: Walter Dirks, zitiert in Monsheimer-Hilligen, fragen, urteilen, handeln, Frankfurt 1962, S. 242

Welche Aufgaben und Ziele haben die Parteien?

Das Grundgesetz erteilt ihnen die Aufgabe, „bei der politischen Willensbildung des Volkes" mitzuwirken (Art. 21.1).

Parteien sind eine Art Brennglas für die im Volk vorhandenen Meinungen. Sie bündeln den Wählerwillen und versuchen, ihn in politische Macht umzusetzen (im Parlament, bei der Regierungsbildung und Wahl des Staatsoberhauptes; bei der Besetzung öffentlicher Ämter, in den Gremien von Funk und Fernsehen). Scheint den Parteien die Sonne der Wählergunst, dann ist die Brennglaswirkung beträchtlich ...

Ziel jeder Partei ist es, die Regierungsverantwortung zu übernehmen (oder an ihr teilzuhaben). In der Regierung ergibt sich die beste Chance, eigene politische Vorstellungen und Pläne zu verwirklichen.

Kleine Parteienübersicht

> **Rechtliches**
>
> Da die Parteien in unserer Demokratie bedeutende Aufgaben zu erfüllen haben, sind strenge Anforderungen an sie gestellt. So bestimmt das Parteiengesetz:
>
> Parteien müssen
> — ein schriftliches Programm vorlegen,
> — eine schriftliche Satzung haben.
>
> > Die Satzung muß u. a. Bestimmungen über die Aufnahme von Mitgliedern und ihren Ausschluß enthalten; die Wahl der Vorstände durch die Mitgliederversammlung bzw. durch Vertreterversammlungen regeln und die Rechte der Vorstände und der übrigen Parteiorgane festlegen. Die Untergliederung der Parteien muß so sein, daß die Mitglieder an der innerparteilichen Willensbildung mitwirken können.
>
> **Geschichtliches**
>
> Parteien entstanden im 18. Jahrhundert in England (Tories und Whigs), in den USA (Föderalisten und Republikaner) und in Frankreich während der Französischen Revolution (Girondisten und Jakobiner). In Deutschland bildeten sich im 19. Jahrhundert Parteien (Demokraten, Liberale, Konservative; katholisch-konfessionelle und sozialistische Parteien).
>
> In den ersten Jahren der Bundesrepublik Deutschland waren im Bundestag einige Parteien vertreten — z. B. das Zentrum, die Deutsche Partei oder die Bayernpartei —, die heute nicht mehr existieren oder nur noch als Splitterparteien[1] vorhanden sind. Bei den Wahlen zum Bundestag kandidieren mehr Parteien, als dann im Bundestag vertreten sind.
>
> Die im 10. Deutschen Bundestag vertretenen Parteien sind:
>
> **CDU** — Christlich-Demokratische Union Deutschlands
>
> > Die nach dem Zweiten Weltkrieg gegründeten Parteigruppen schlossen sich 1950 zur Bundespartei zusammen. Die CDU versteht sich als christliche Partei, in der konfessionelle[2] Gegensätze keine Rolle spielen. Nach ihrem Programm versucht sie als Volkspartei soziale, liberale und konservative Strömungen in sich zu vereinigen. Die CDU hat rund 900000 Mitglieder.
>
> **CSU** — Christlich-Soziale Union
>
> > Sie ist die Schwesterpartei der CDU und beschränkt ihre Arbeit auf Bayern. Ihr Programm stimmt weitgehend mit dem der CDU überein. Als Partei, die auf Bayern beschränkt ist, betont sie besonders die Eigenständigkeit des Freistaates. Die CSU wurde 1945 gegründet, hat rund 120000 Mitglieder und bildet im Bundestag zusammen mit der CDU eine Fraktionsgemeinschaft.
>
> **F.D.P.** — Freie Demokratische Partei
>
> > Sie wurde als Zusammenschluß mehrerer liberaler Parteien 1948 gegründet. In ihrem Programm steht das Liberale besonders im Mittelpunkt, d. h., die Freiheit des einzelnen wird stärker betont als z. B. die Rechte des Staates. Die F.D.P. hat rund 62000 Mitglieder.
>
> **SPD** — Sozialdemokratische Partei Deutschlands
>
> > Die SPD ist die Partei mit der längsten Tradition in Deutschland. Sie ging hervor aus der Vereinigung des von Lassalle 1863 gegründeten „Allgemeinen Deutschen Arbeitervereins" und der von Wilhelm Liebknecht 1869 gegründeten „Sozialdemokratischen Arbeiterpartei". Nach der

---

[1] Ihr Stimmenanteil bei Wahlen liegt weit unter fünf Prozent.

[2] Konfessionell = zu einem Glaubensbekenntnis gehörend.

Vereinigung führte sie ab 1875 den Namen „Sozialistische Arbeiterpartei Deutschlands". Ihr herausragender Programmpunkt ist die Verwirklichung des „demokratischen Sozialismus". Die SPD hat rund 950000 Mitglieder.

Für diese vier Parteien ist seit den ersten Bundestagswahlen die überwiegende Mehrheit der Stimmen abgegeben worden. Neben den genannten Parteien sind nach den Wahlen vom 6. März 1983 auch **Die Grünen** im Bundestag vertreten.

Die Grünen Die „Sonstige Politische Vereinigung"[1] Die Grünen wurde am 16./17. März 1979 gegründet, und zwar von Delegierten verschiedener grüner Gruppierungen wie z. B. „Grüne Liste Umweltschutz" und „Grüne Aktion Zukunft". 1979 beteiligten sich Die Grünen zum ersten Mal an einer Wahl, der Europawahl. Am 12./13. Januar 1980 wurde dann die Bundespartei Die Grünen gegründet. Anfang 1984 hat die Partei rund 30000 Mitglieder.

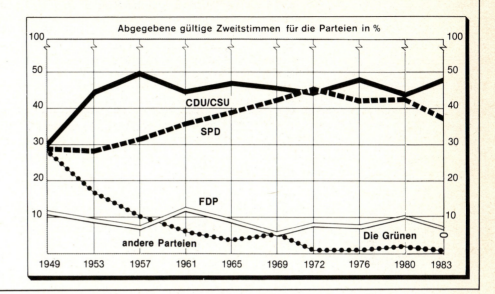

Prozentualer Stimmenanteil der Parteien bei den Bundestagswahlen.

Aus den Wahlprogrammen der im Bundestag vertretenen Parteien[2]:

CDU/CSU

„ Mit der Regierung Helmut Kohl wird unser Land seine Bewährungsprobe bestehen. Sie liegt darin, die vier wichtigsten politischen Herausforderungen der achtziger Jahre entschlossen anzupacken und erfolgreich zu bewältigen:

— Arbeit zu schaffen und soziale Gerechtigkeit für alle wiederherzustellen;
— Frieden und Freiheit zu sichern;
— das Ziel der deutschen und der europäischen Einheit entschieden zu verfolgen und
— eine Gemeinschaft mit menschlichem Gesicht zu verwirklichen.

---
[1] So nannten sich die Grünen zunächst, um den Unterschied zu den bestehenden Parteien deutlich zu machen.
[2] Veröffentlicht in „Das Parlament", 5. März 1983. Hier konnten nur einige Kernsätze zitiert werden. Ausführliche Unterlagen erhalten Sie in den Geschäftsstellen der Parteien (s. S. 83).

Aus der Wirtschafts-, Finanz- und Sozialpolitik

Wir werden

— die rechtlichen und steuerlichen Bedingungen für Vermögensbildung der Arbeitnehmer verbessern ...
— einen neuen, die Bürger entlastenden Tarif für die Lohn- und Einkommensteuer vorbereiten ...
— parallel zur Entlastung der Betriebe Steuersubventionen abbauen ...
— bessere steuerliche Voraussetzungen für die Eigenkapitalausstattung und Investitionsfähigkeit der Unternehmer schaffen ...
— Wir bekämpfen Subventionsmißbrauch, Wirtschaftskriminalität und Steuerhinterziehung ...

Arbeitsplätze entstehen dann, wenn Kapital gebildet wird. Dazu müssen wir

— Preisstabilität herstellen und erhalten;
— die öffentliche Neuverschuldung abbauen;
— die Bedingungen für Eigenkapitalbildung verbessern;
— die Neugründung von Unternehmen erleichtern;
— bürokratische Bremsklötze beseitigen.

Aus der Umweltpolitik

Die Wirtschaft hat dem Menschen zu dienen. Wir wissen, daß Staat und Wirtschaft Rücksicht nehmen müssen auf Mensch und Natur. Wir werden deshalb dafür sorgen, daß die natürlichen Lebensgrundlagen erhalten und unersetzbare Rohstoffe nicht vergeudet werden. Wir werden die Umweltschutznormen, wo notwendig, verschärfen und sie vor allem anwendbar gestalten; wir werden Investitionen für den Umweltschutz fördern und den technischen Fortschritt in den Dienst des Umweltschutzes stellen. Wir werden den Wald schützen und gegen das Baumsterben im Zusammenwirken mit der Wissenschaft ein Aktionsprogramm entwickeln . . .

Aus der Friedenspolitik

Die Atlantische Gemeinschaft ist eine Freiheitsgemeinschaft, indem sie unsere Freiheit verteidigt. — Die Atlantische Gemeinschaft ist eine Friedensgemeinschaft. Sie verhindert durch ihre glaubwürdige Verteidigungsbereitschaft Krieg und politische Erpressung. Bündnispolitik ist Friedenspolitik . . .

Für uns gilt: Freundschaft und vertrauensvolle Partnerschaft mit unseren europäischen und amerikanischen Verbündeten, korrekte und auf friedliche Zusammenarbeit ausgerichtete Beziehungen zu den östlichen Nachbarn.

Wir unterstreichen . . . die auf dem NATO-Gipfel 1982 bekräftigte Gesamtstrategie des Bündnisses für unsere Beziehungen zum Osten. Sie enthält die Instrumente für eine erfolgreiche Friedenssicherung in Europa:

— wirksame Verteidigungsfähigkeit . . . gegen ein militärisches Übergewicht der Sowjetunion;

— Abrüstung und Rüstungskontrolle;

— Dialog und Zusammenarbeit.

Wir wollen Abrüstung. Wir wollen Frieden schaffen mit weniger Waffen . . .

Wir verwirklichen Wehrgerechtigkeit. Ein Volk, das nicht zur Verteidigung entschlossen ist, verspielt mit der Freiheit auch den Frieden. Die allgemeine Wehrpflicht ist für unsere Verteidigung unerläßlich. **"**

SPD

" Erstmals in ihrer Geschichte ist die Menschheit in der Lage, sich selbst zu vernichten. Diese uns umfassend bedrohende Gefahr überschattet zunehmend alle anderen Probleme. Immer mehr Menschen erkennen, daß es zur Politik der Entspannung und zu aktiver Friedenssicherung keine vernünftige Alternative gibt.

Wir Sozialdemokraten wissen: Die Wirtschaftskrise ist nicht zu meistern, ohne daß alle Opfer bringen. Wenn aber Bescheidenheit nur den Schwachen gepredigt wird . . ., wird dieses Land wieder zur Ellbogengesellschaft . . .

Wir stehen zum westlichen Bündnis. Wir sagen aber auch gleichzeitig klipp und klar, wo unsere eigenen deutschen Interessen liegen . . .

Aus der Wirtschafts-, Finanz- und Sozialpolitik

Sozialdemokraten wissen, was Arbeitslosigkeit für die Arbeitnehmer und ihre Familien bedeutet: Arbeitslosigkeit ist eine Entwürdigung des Menschen . . .

Was ist zu tun?

— Wir drängen auf einen internationalen Beschäftigungspakt . . .

— Wir werden uns auch in internationalen Organisationen einer Einengung des Welthandels widersetzen . . .

— Wir wollen unsere Entwicklungspolitik fortsetzen . . . Sie hilft beiden Partnern. Bei uns sichert sie viele Arbeitsplätze.

— Wir fordern . . . die Zusammenarbeit aller am Wirtschaftsleben beteiligten gesellschaftlichen Gruppen . . . in einem Solidarpakt zur Überwindung der Arbeitslosigkeit.

Wir treten ein für eine deutliche Verbesserung der beruflichen Bildung . . . Wir werden die vielfältigen Bemühungen der Gewerkschaften um Arbeitszeitverkürzung unterstützen . . . Wir unterstützen jede Initiative zur Vermögensbildung der Arbeitnehmer . . . Das soziale Mietrecht muß gerade in einer Zeit schwacher Bautätigkeit unangetastet bestehenbleiben.

Aus der Umweltpolitik

Für uns ist die Erhaltung der Umwelt eine bestimmende Vorgabe für alle Politikbereiche. Die Vielfalt der Natur ist zu schützen und soweit möglich dort wieder herzustellen, wo sie beschädigt ist . . .

Schwerpunkte unserer Umweltpolitik sind:

— Durchgreifender Gewässerschutz . . .

— Intensive Lärmbekämpfung . . .

- Schärfere Bestimmungen zur Luftreinhaltung
- Mehr Schutz vor Chemikalien
- Mehr Chancen für den Naturschutz

Aus der Friedenspolitik

Oberstes Ziel unserer gesamten Politik ist die Erhaltung des Friedens . . . die SPD hat Deutschland nie in einen Krieg geführt. Die SPD ist die verläßliche politische Kraft, damit nie wieder von Deutschland Krieg ausgeht.

Die äußere Sicherheit ist für unser Land nur im Atlantischen Bündnis und nur an der Seite der Vereinigten Staaten, Frankreichs und Großbritanniens zu verwirklichen. Aber die Interessen der einzelnen Partner im Bündnis sind nicht immer deckungsgleich. Es ist heute nötiger denn je, daß die Bundesrepublik ihre eigenen Interessen wirksam im Bündnis vertritt.

Aktive Friedenspolitik heißt Sicherheit und Entspannung. Dies verlangt Verhandlungen mit dem Ziel der Sicherheitspartnerschaft, denn keiner kann allein den Frieden gewährleisten. Die modernen Waffen ermöglichen es, daß die Welt sich selbst vernichtet. Westeuropa und Osteuropa, die Bundesrepublik und die DDR stehen vor der Alternative: Entweder gemeinsam leben — oder zusammen im Konflikt untergehen. Deshalb können wir Sicherheit nicht mehr vor dem Gegner, sondern nur noch mit ihm erreichen . . .„

F.D.P.

„In den 80er Jahren steht die deutsche Politik vor grundsätzlichen Herausforderungen:

- Die Bekämpfung der Arbeitslosigkeit . . ., eine nachhaltige Konsolidierung der öffentlichen Finanzen und die dauerhafte Sicherung der finanziellen Grundlagen der sozialen Sicherungssysteme sind die wichtigsten Aufgaben.
- Die Außen-, Deutschland-, Sicherheits- und Entwicklungspolitik muß Friedenspolitik bleiben . . .
- Die Freiheitsrechte . . . der Bürger müssen gesichert und ausgebaut werden . . .
- Der Schutz der natürlichen Lebensgrundlagen muß verpflichtender Bestandteil jeder zukunftssichernden Politik sein.

Aus der Wirtschafts-, Finanz- und Sozialpolitik

Für die liberale Politik der nächsten Zeit gilt heute: Die Staatsverschuldung muß begrenzt werden . . . private Investoren und Menschen, die sich beruflich selbständig machen wollen, müssen ermutigt werden . . . Die Arbeitnehmer müssen verstärkt am Produktivvermögen beteiligt werden . . .

Auch die Steuerpolitik muß dazu beitragen, . . . die Eigenkapitalbasis der Unternehmen zu verbessern . . .

Liberale Wirtschaftspolitik mißt der Vielzahl von leistungsfähigen kleinen und mittleren Unternehmen . . . eine besondere Rolle zu . . . Wohnungsversorgung und Miethöhe werden besonders in Ballungsgebieten und Großstädten auch zukünftig eine große politische Bedeutung besitzen. Die Liberalen wollen . . . einen allmählichen und schrittweisen Übergang zur sozialen Marktwirtschaft erreichen.

Weil Arbeitslosigkeit nicht als selbstverschuldetes oder gar gewolltes Unglück behandelt werden kann, muß es in einer sozialen Gesellschaft Solidarität geben zwischen denjenigen, die einen Arbeitsplatz haben und denjenigen, die einen suchen . . .

Aus der Umweltpolitik

Für Liberale hat Umweltschutz Verfassungsrang, er ist im Grundgesetz zu verankern . . .

Folgende Sofortmaßnahmen sind erforderlich:

Zur Verbesserung der Luftqualität fordert die F.D.P. härtere Bestimmungen. Ein Sofortprogramm zur Bekämpfung des Waldsterbens ist unverzüglich durchzusetzen.

Die Reinhaltung der Gewässer muß stärker als bisher international gefördert werden. Als . . . Maßnahmen werden gefordert:

- die Sanierung aller Binnengewässer
- ein verbesserter Grundwasserschutz . . .
- die Verminderung des Eintrags aller Schadstoffe in die Gewässer
- eine Beendigung der Verklappung von schädlichen Abfällen auf See . . .

Aus der Friedenspolitik

Der Frieden ist die unabdingbare Voraussetzung für ein Leben in Freiheit und Menschenwürde. Für Liberale ist Friedenspolitik grundsätzlich Konfliktlösung in gewaltfrei-

er Auseinandersetzung. Das enge Bündnis mit unseren europäischen und nordamerikanischen Partnern soll den Frieden in Europa langfristig durch blockübergreifende Zusammenarbeit, schrittweise gesamteuropäische Sicherheitsvereinbarungen ... bei ausgewogenen Abrüstungsverhandlungen und schließlich durch eine dauerhafte Friedensordnung sichern. Das bedeutet für unsere zukünftige Politik:

Beiderseitiger Verzicht auf atomare Mittelstreckenraketen als Ergebnis einer Vereinbarung zwischen USA und Sowjetunion ... Fortsetzung der Vertragspolitik mit der DDR. Dazu zählt auch die wirtschaftliche Zusammenarbeit ... „

Die Grünen

„ Unsere Politik wird von langfristigen Zukunftsaspekten geleitet und orientiert sich an vier Grundsätzen: sie ist ökologisch, sozial, basisdemokratisch und gewaltfrei.

Ausgehend von den Naturgesetzen und ... von der Erkenntnis, daß in einem begrenzten System kein unbegrenztes Wachstum möglich ist, heißt ökologische Politik, uns selbst und unsere Umwelt als Teil der Natur zu begreifen.

Eine zukünftige soziale Politik muß zum Ziele haben, ein stabiles Sozialsystem zu errichten, „sozial'' hat vor allem eine ökonomische Komponente.

Basisdemokratische Politik bedeutet verstärkte Verwirklichung dezentraler, direkter Demokratie.

Aus der Wirtschafts-, Finanz- und Sozialpolitik

Es geht im Kern darum, daß die Betroffenen selbst Entscheidungen darüber treffen, was, wie oder wo produziert wird. Die Menschen sollen bei der Arbeit und in der Freizeit ihre vielseitigen Fähigkeiten und Initiativen frei entfalten können.

Wir sind grundsätzlich gegen jedes quantitatives Wachstum, ganz besonders dann, wenn es aus reiner Profitgier vorangetrieben wird. Aber wir sind für qualitatives Wachstum ... Wir sind für soziales Wachstum, besonders für die eindeutig Benachteiligten unserer Gesellschaft ...

So ergeben sich die ökologischen Zielsetzungen:

— Sparsamer Umgang mit Energie und Rohstoffen

— Herstellung dauerhafter, reparaturfähiger Gebrauchsgüter

— Verarbeitung wiederverwertbarer Naturprodukte

— Wiederverwendung gebrauchter Waren und Abfälle

— Verzicht auf Stoffe und Verfahren, die das ökologische Gleichgewicht nachhaltig stören ...

— Sinnvolle und menschenwürdige Arbeit und Aufgaben für alle ...

Aus der Umweltpolitik

Eine biologisch intakte Umwelt muß erhalten oder wiederhergestellt werden ...

Um die ... Ziele durchzusetzen, fordern wir ein Umweltministerium. Wir fordern:

— Die sofortige Anwendung des Verursacherprinzips.

— Die Erhaltung und Ausweitung des Waldes ...

— Produktionsverfahren, die Giftmüll erst gar nicht produzieren.

— Im Prinzip sollen alle „Abfälle'' so beschaffen sein, daß sie als Rohstoffe wiederverwendbar sind ...

— Die kommunale Müllabfuhr sollte ihr Schwergewicht nicht auf die Ablagerung des Mülls, sondern auf das Aussortieren verwertbarer Rohstoffe legen (Recycling) ...

Aus der Friedenspolitik

Das Weiterleben auf unserem Planeten Erde wird nur gesichert werden können, wenn es zu einer Überlebensgemeinschaft aller Menschen und Völker kommt ...

Die bisherige Politik der Industriestaaten gegenüber der „Dritten Welt'' war überwiegend an ihrem eigenen Nutzen orientiert und ist damit abzulehnen.

Ökologische Außenpolitik ist gewaltfreie Politik ... Der Krieg hat ... eine völlig neue Dimension erreicht. Er ist durch die Möglichkeit der mehrfachen Vernichtung der ganzen Erde zum reinen Mord an Völkern und zum Verbrechen am Leben überhaupt geworden.

Gewaltfreiheit bedeutet nicht Kapitulation, sondern Sicherung des Friedens und des Lebens mit politischen Mitteln ... Der Ausbau einer am Leitwert Frieden ausgerichteten Zivilmacht muß mit der sofort beginnenden Auflösung der Militärblöcke, vor allem der NATO und des Warschauer Paktes, einhergehen. Damit wird auch die Grundlage geschaffen, um die Teilung Europas und damit auch die deutsche Spaltung zu überwinden. „

Vergleichen Sie die Aussagen der Parteien. Wo sehen Sie Unterschiede, wo Gemeinsamkeiten?

Versuchen Sie mit Hilfe von Lexika zu klären, was sozial, liberal und konservativ bedeuten.

Sind Sie Mitglied einer Partei oder deren Jugendorganisation? Wenn ja, berichten Sie über Ihre Gründe zum Beitritt. Stellen Sie die Ziele „Ihrer" Partei vor, und diskutieren Sie mit der Klasse darüber. (Diese Frage müssen Sie nicht beantworten, wenn Sie das nicht wollen.)

Orientieren Sie sich über die Parteien. Bilden Sie je eine Arbeitsgruppe für jede Partei. Testen Sie auch kleine Parteien (Splitterparteien). Bevor Sie systematisch arbeiten, beantworten Sie die Eingangsfrage: Was wissen Sie über diese Partei? — Nun tragen Sie Material über die Partei zusammen.

Tip: Schlagen Sie im Stichwortregister nach unter CDU, CSU, F.D.P., SPD, Grüne. Auf diese Weise erhalten Sie eine Reihe von Informationen für die Arbeitsaufgabe.

Informationsquellen: Parteiprogramme und anderes Informationsmaterial (in den örtlichen Büros erhältlich), Berichte aus Presse, Funk, Fernsehen; Literatur, Lexika (Bücherei); Besuch von Parteiveranstaltungen; Gespräche mit Parteimitgliedern.

Anschriften der im Bundestag vertretenen Parteien:

Christlich-Demokratische Union: Bundesgeschäftsstelle, Friedrich-Ebert-Allee 73 — 75, Konrad-Adenauer-Haus, 5300 Bonn.

Christlich-Soziale Union: Geschäftsstelle, Lazarettstraße 33, 8000 München 2.

Freie Demokratische Partei: Bundesgeschäftsstelle, Baunscheidtstraße 15, Thomas-Dehler-Haus, 5300 Bonn.

Sozialdemokratische Partei Deutschlands: Bundesgeschäftsstelle, Ollenhauerstraße 1, Erich-Ollenhauer-Haus, 5300 Bonn.

Die Grünen: Bundesgeschäftsstelle der Grünen, Colmantstraße 36, 5300 Bonn.

Versuchen Sie, folgende Punkte zu erarbeiten:
1 *Grundsätzliches über die von Ihnen untersuchte Partei.*
1.1 *Geschichtliches.*
1.2 *Die geistigen Grundlagen (aus Grundsatzprogrammen, Leitsätzen u. ä.).*
Welche Stellung bezieht die Partei
2.1 *... in der Außenpolitik?*
2.2 *... in der Wirtschaftspolitik?*
2.3 *... in der Kulturpolitik (z. B. Berufsschulwesen)?*
2.4 *... in aktuellen Fragen der Zukunftsplanung (z. B. Umweltschutz, Kernkraftwerke, Entwicklungshilfe)?*
2.5 *... in aktuellen Fragen der Kommunalpolitik[1]?*

Diskutieren Sie in der Klasse die wichtigsten und interessantesten Ergebnisse Ihrer Untersuchungen. Vergleichen Sie mit den anderen Parteien.

Notieren Sie Äußerungen von Abgeordneten.

Besonders interessant und lebendig kann es werden, wenn Sie Abgeordnete der Parteien zu einem Gespräch einladen[2].

Arbeiten Sie vorher Fragen aus, die aktuell sind und Sie besonders interessieren.

3.2.2 Sind Sie „organisiert"? (Interessenverbände)

> Alle Deutschen haben das Recht, Vereine und Gesellschaften zu bilden.

Quelle: Art. 9,1 GG

Natürlich sind Sie „organisiert"! Fast jeder von uns gehört irgendwelchen Interessenverbänden an, z. B. einem Sportverein, Gesangverein, Kegelklub oder einer Gewerkschaft.

---
[1] Kommunal heißt „die Gemeinde betreffend", eine Kommune ist eine Gemeinde.

[2] In manchen Ländern während der Wahlkampfzeit nicht gestattet.

Versuchen Sie zu erfragen: Wer in Ihrer Klasse gehört welchen Verbänden an?

Sie können z. B. alle genannten Verbände an die Tafel schreiben und sie dann ordnen. Niemand kann allerdings gezwungen werden, seine Mitgliedschaften zu nennen.

Diskutieren Sie:

1. Warum gehören wir diesem oder jenem Verband an?

2. Was tut der Verband für uns als Mitglieder?

3. Haben diese Verbände nur positive oder auch negative Seiten?

4. Wer arbeitet aktiv in einem Verband mit? (in welcher Form?)

Greifen Sie einen Verband heraus (z. B. eine Gewerkschaft), und schildern Sie seine Ziele und seine Arbeit.

Tip: Benutzen Sie als Grundlage die Arbeitsaufgabe über Parteien (Seite 83). Verändern Sie die Punkte für diese Aufgabe.

● **Welche Interessenverbände gibt es?**

Es gibt viele Verbände, eine Aufzählung ist nicht möglich. Man teilt sie in sechs Gruppen ein:

1. Unternehmerische Verbände,
2. Erwerbsständische Verbände (z. B. Handwerk, Landwirtschaft, Einzelhandel),
3. Arbeitnehmerverbände (vor allem Gewerkschaften),
4. Geschädigtenverbände (z. B. Kriegsopfer),
5. Interessenpflege, lebensständische und ideologische Gruppen (vom Sportverein, Naturbünden, Tierschutzbund, Gesangverein bis zum „Magischen Zirkel"),
6. Religiöse Gemeinschaften.

Aus der Arbeit der Interessenverbände

1. Innere Verbandsarbeit: Wenn wir einem Verband beitreten, erwarten wir „Leistungen", z. B. Beratung und Fürsorge (Vertretung vor dem Arbeitsgericht u. a.). Auch die Bildungsarbeit (Fortbildungskurse) ist wichtig.

2. Öffentlichkeitsarbeit (Public relations[1]): Eine Gewerkschaft ruft z. B. zum Streik auf. Für den Erfolg des Arbeitskampfes ist die Meinung der Öffentlichkeit nicht gleichgültig; d. h., die Verbände müssen der Meinungspflege nach außen Aufmerksamkeit schenken. Langfristige Imagepflege[2] ist dabei wichtiger als aktuelle Kampagnen. Dabei spielen Kontakte zu den Massenmedien eine große Rolle. Auch eigene Zeitschriften werden herausgegeben (Verbandspresse).

3. Der Kampf um politische Macht: Ziel der Verbände ist es, möglichst viel für ihre Mitglieder „herauszuholen". Ob sie dabei im Interesse der „Allgemeinheit" handeln, ist nur von Fall zu Fall zu entscheiden. Die Gewerkschaften vertreten z. B. eine bestimmte Meinung zur Frage der Mitbestimmung. Um sie gegen andere Meinungen durchzusetzen (oder einen Kompromiß zu erzielen), bedarf es politischer Macht. Allein die Mitgliederzahl eines Verbandes (Wähler!) bedeutet Macht. Aber auch alle Formen der Öffentlichkeitsarbeit gehören zu diesem Ringen um Macht und Einfluß (Demonstrationen,

---

[1] Englisch: „öffentliche Beziehungen", auch unter der Abkürzung PR oder PR-Arbeit bekannt.

[2] Modewort aus der Werbebranche. Gemeint ist damit die Förderung des Ansehens, das Personen, Gruppen oder Firmen in der Öffentlichkeit haben.

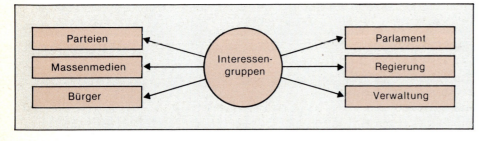

Ansprechpartner von Interessengruppen

Anzeigen, Flugblätter, Hörfunk- und Fernsehinterviews u. a.). Der Hauptkampf spielt sich hinter den Kulissen ab: Große Verbände versuchen, Abgeordnete zu beeinflussen und bis zu Ministern vorzustoßen.

Interessenverbände werden als „Lobby"[1] bezeichnet:

> Einige Beispiele illustrieren vielleicht am besten die Methoden, mit denen Interessenverbände ihre Argumente „verkaufen": Als die deutsche Krabbenfischerei gegen einige Bestimmungen des geplanten Lebensmittelgesetzes vorging, sagte sie ganz offen, daß ein Verbot der Borsäure für die Konservierung von Krabben ihren wirtschaftlichen Ruin bedeuten würde. Sicher eine übertriebene Behauptung ...
>
> Wenn der deutsche Weinbau die ausländische Konkurrenz aus dem Markt verdrängen möchte, dann wird in seinen Erklärungen natürlich vor allem der „Schutz des deutschen Verbrauchers" vor minderwertigen Produkten vorgeschoben ...
>
> Aus der Argumentation der Arbeitgeber in Lohnkämpfen könnte man folgern, die deutsche Wirtschaft sei durch die Lohnforderungen der Gewerkschaften schon mehrfach ruiniert worden.
>
> Aus der Argumentation einiger Gewerkschafter dagegen könnte man zu der Ansicht gelangen, die Arbeiter und Angestellten hätten infolge ihrer kümmerlichen Bezahlung kaum noch zu essen.
>
> In allen diesen vorgeschobenen Argumenten findet sich ein kleiner wahrer Kern ... Aber: Für Politiker ..., für jeden Bürger kommt es immer wieder darauf an, die tatsächlichen Beweggründe zu durchschauen und die vorgeschobenen Argumente auf den Platz zu verweisen, der ihnen zukommt. Das ist nicht immer leicht, denn die Verbände sind die besten Sachkenner ihres Interessengebietes und fast immer in der Lage, ihre Interessen mit allgemeingültigen Argumenten zu begründen.

Quelle: Karl-Hermann Flach, 1 x 1 der Politik, S. 98.

---

[1] Lobby ist die Vorhalle des Parlaments. Lobbyisten nennt man die, die in dieser Vorhalle (und nicht nur dort) mit Abgeordneten Kontakt aufnehmen. (Auch große Firmen versuchen, durch „Lobbyismus" Bundesaufträge zu erhalten.)

● **Aufgaben der Verbände in der Demokratie**

Aus modernen Massendemokratien sind Interessenverbände nicht wegzudenken. Neben den bereits beschriebenen Tätigkeiten erfüllen sie Aufgaben, auf die demokratische Staaten nicht verzichten können:

1. Öffentliche Meinungsbildung und Machtkontrolle (siehe auch Seite 89 ff.): Verbände ermöglichen die Sammlung und Vorprüfung von Interessen und Meinungen (Gruppenfilter). Die Regierung plant z. B. ein neues Lebensmittelgesetz: Bevor sie ihren Gesetzentwurf dem Bundestag und der Öffentlichkeit vorlegt, wird sie sich einen allgemeinen Überblick über die Wünsche und Sorgen der von diesem Gesetz Betroffenen verschaffen (z. B. Wirtschaftsverbände, Verbraucher- und Hausfrauenverbände).

2. Sachberatung: Regierung und Parlament begnügen sich nicht mit der Sammlung von Meinungen. Sie nutzen das „Sachwissen" von Interessenvertretern. So veranstalten Bundestagsausschüsse „Hearings"[1]. Hier wird Interessenvertretern Gelegenheit gegeben, zu einem Gesetzentwurf Stellung zu nehmen. So heißt es in der Geschäftsordnung des Bundestages:

> „Zur Information über einen Gegenstand seiner Beratung kann ein Ausschuß öffentliche Anhörungen von Sachverständigen, Interessenvertretern und anderen Auskunftspersonen vornehmen ..." (§ 73,3).

Auch Regierung und Behörden sind auf die Beratungen durch Sachverständige (in Beiräten und Kommissionen) angewiesen.

3. Besondere Aufgaben: Verbände erfüllen im öffentlichen Leben Aufgaben, um die sich sonst der Staat kümmern müßte.

Ein Beispiel: Industrie- und Handelskammern und Handwerkskammern sind „Körperschaften des öffentlichen Rechts". Sie üben auch staatliche Hoheitsaufgaben aus (z. B. Abnahme von Prüfungen).

---

[1] Hearings = öffentliche Anhörungen

Die Verbände im Kreuzfeuer der Kritik

Vorteile der Verbandsarbeit

1. **Betreuung:** Die Verbände beraten und betreuen ihre Mitglieder.
2. **Kontrolle:** Sie machen auf wichtige Probleme aufmerksam und kontrollieren Regierung und Verwaltung.
3. **Fachwissen:** In vielen Ausschüssen stellen sie ihr Fachwissen zur Verfügung.
4. **Übernahme staatlicher Aufgaben:** Sie erfüllen Aufgaben, die sonst der Staat wahrnehmen müßte, z. B. in der Jugendpflege, im Sport, in der Volksbildung. Zum Teil üben sie staatliche Hoheitsaufgaben aus.

Gefahren der Verbandsarbeit

1. **Scheuklappendenken:** Verbände vertreten bestimmte Interessen. Sie blicken oft nicht über ihren „Kirchturm" hinaus. Ihre „Beratung" kann daher gefährlich sein. Können Sie sich z. B. vorstellen, daß ein Vertreter der Tabakindustrie der Regierung empfiehlt, die Werbung für Tabakwaren zu verbieten?
2. **Manipulationen der öffentlichen Meinung:** Verbände versuchen, uns durch geschickte Öffentlichkeitsarbeit zu beeinflussen. Kleine Zeitungen können mit der Drohung unter Druck gesetzt werden, ihnen Anzeigen zu entziehen. Auch gibt es Versuche von Verbänden, Druck auf Funk und Fernsehen auszuüben.
3. **Machtmißbrauch:** Nur Verbände können sich Gehör verschaffen. Das geht auf Kosten der Bürger, die nicht organisiert sind. Mancher Abgeordnete ist Verbandsmitglied und damit einem Druck ausgesetzt, der seine Gewissensfreiheit gefährdet (siehe Seite 108 f.).
4. **Rücksichtnahme der Regierung:** In Wahlzeiten wird es eine Regierung vermeiden, einen mächtigen Verband zu verärgern. Auch nach der Wahl kann der Rückhalt einzelner Gruppen im Parlament die Regierungsbildung beeinflussen.

Mehr Licht!

Eins ist sicher: Das Bild der Verbände als machthungrige Raubtiere ist ebenso falsch wie eine Unterschätzung ihres Einflusses. Um die Gefahren der Verbandsarbeit in Grenzen zu halten, fordern Fachleute die „Offenlegung des Verbandseinflusses" und damit bessere Kontrollmöglichkeiten.

So ist z. B. in Washington jeder Lobbyist registriert. Er muß über seine Auftraggeber, Finanzquellen und Tätigkeit Auskunft geben. Die Angaben erfolgen unter Eid und werden veröffentlicht.

Herbert Schneider schreibt über die Verbände:

> „Ihr große Geheimniskrämerei und ihre Methoden der Parteienfinanzierung haben die bereits vorhanden gewesene Neigung zur Legendenbildung[1] über Wirken und ihren Einfluß noch genährt. „Mehr Licht" schrieb deshalb ein englischer Schriftsteller ... über die Verbände in seinem Lande ... Mehr Licht! Das kann man auch den deutschen Verbänden zurufen!"

Quelle: H. Schneider, Die Interessenverbände, München/Wien 1966, S. 155

3.2.3 „Als einzelner ist man zu schwach und zu blöd": Bürgerinitiativen

> „Bürgerinitiativen tragen dazu bei, daß wir uns unserer Freiheiten bewußt werden. Sie haben ihre Grundlagen, aber auch ihre Grenze in der Verfassung. Sie gehören zu einer lebendigen Demokratie."

Quelle: Gustav Heinemann, Bundespräsident von 1969 bis 1974, in der Ansprache bei der Verleihung des Theodor-Heuss-Preises am 11. Februar 1973

> „Die Bürgerinitiativen verdienen ihren Namen nur, wenn sie aus Bürgern bestehen, das heißt, wenn sie in der Lage sind, ihre Interessen in die Interessen der Gemeinschaft einzuordnen und die Beschlüsse der Mehrheit als Recht zu respektieren."

Quelle: Walter Scheel, Bundespräsident 1974 bis 1979, in der Ansprache bei der Verleihung des Theodor-Heuss-Preises am 11. Februar 1977

> „Bürgerinitiativen können als neue Form der politischen Beteiligung des Bürgers angesehen werden. Sie haben es in den letzten Jahren verstanden, erhebliche Teile der Bevölkerung politisch zu aktivieren."

Quelle: Martin Müller: „Bürgerinitiativen in der politischen Willensbildung." Beilage zur Wochenzeitung „Das Parlament", 19. März 1983

---

[1] Legende = sagenhafte, unbewiesene Geschichte

Aus Flugblättern von Bürgerinitiativen:

> „... Lernen könnte Spaß machen ... Wenn die Lernbedürfnisse der Kinder genutzt werden sollen, muß die Klasse beweglich sein ... Darum fordern wir: Kleine Klassen auch für die Grundschule!"

Quelle: Aus dem Flugblatt einer Bürgerinitiative „Kleine Klassen"

> „Atomindustrie und die Bundesregierung wollen bis 1985 51 Atomkraftwerke bauen. Unvermeidliche Folgen dieser Politik sind: schwer zu überwachende Transporte lebensbedrohender Substanzen, der Bau von gefürchteten Wiederaufbereitungsanlagen und die Lagerung von hochradioaktivem Atommüll über unvorstellbare Zeiträume ... Deshalb haben mehr als 6000 deutsche Wissenschaftler sofortigen Baustopp aller Atomkraftwerke gefordert ... In der Bildung zahlreicher Bürgerinitiativen ... zeigt sich der wachsende Widerstand gegen eine nicht zu verantwortende Entwicklung ... ,Wo Recht zu Unrecht wird, wird Widerstand zur Pflicht!' (Grundgesetz, Art. 20)"

Quelle: Aus einem Flugblatt der Bürgerinitiative Umweltschutz Unterelbe"

Der Untertan wird ungebequem

Bürgerinitiativen setzen sich für Abenteuerspielplätze und Umweltschutz ein, sie demonstrieren für kleine Klassen und neue Kindergärten, sie wehren sich gegen den Bau von Fabriken in der Nähe von Wohnsiedlungen, sie setzen sich ein für Obdachlose und Gastarbeiter, sie leisten Widerstand gegen Kernkraftwerke ...

Was sind Bürgerinitiativen? In ihnen finden sich aktive Bürger zusammen. Sie versuchen — außerhalb der Parteien — praktische Politik zu machen. Sie warten nicht auf die große Revolution, sondern arbeiten jetzt daran, Schwächen und Mängel dieser Gesellschaft zu beseitigen.

> „ Auch Kirchturmpolitik und kleinkariertes Gruppeninteresse verbirgt sich bisweilen unter dem Mäntelchen Bürgerinitiative ... Wirkung erzielen Bürgerinitiativen besonders dann, wenn sie ... bei ganz konkreten Mißständen ansetzen und sich zum Anwalt elementarer Interessen

Bürger einer Randgemeinde Münchens wehren sich gegen die Auswahl eines Platzes für einen neuen Großflughafen.

der Bevölkerung machen ... Oft genug freilich rennen Bürgerinitiativen vergeblich gegen die Windmühlen der Bürokratie an und verharren dann in Ohnmacht oder aber resignieren ganz. „

Quelle: Dirk Schubert in „Deutsche Zeitung / Christ und Welt", 16. Juni 1972

Bürgerinitiativen im Meinungsstreit

Bürgerinitiativen sind das Salz in der demokratischen Suppe

Sie bieten engagierten Bürgern aller Bevölkerungsschichten die Chance zur aktiven Mitarbeit. Sie arbeiten unbürokratisch und tragen Probleme in die Öffentlichkeit, um die sich die „Obrigkeit" oft nicht kümmert. Ihre Ziele sind meist so begrenzt, daß sie gute Erfolgschancen haben. Außerdem zwingen sie Parteien und Abgeordnete, sich auch zwischen den Wahlen um die Bürger zu kümmern. Vor allem aber dienen Bürgerinitiativen der Machtkontrolle (siehe Seite 89). Als lästige Mahner zwingen sie Politiker und Verwaltungen, über ihr Handeln öffentlich Rechenschaft abzulegen. Sie haben durch ihre Proteste schon eine Reihe von Fehlentscheidungen korrigieren oder verhindern können.

Bürgerinitiativen sind mit Vorsicht zu genießen

Als Minderheit neigen sie dazu, eigene Interessen als „Gemeinwohl" auszugeben (die Erhaltung des kleinen Gemeindewaldes wird wichtiger als der Bau einer Autobahn). „In einer parlamentarischen Demokratie aber kann die Initiative einzelner Bürger nicht das Parlament ersetzen, das die Belange aller Bürger wahren muß."[1] Bürgerinitiativen wollen möglichst schnell Erfolge erzielen. Bleiben diese aus, besteht die Gefahr, daß die Mitglieder sich verdrossen von jeder Politik abwenden. Auch neigen engagierte Mitglieder dazu, jeden „Gegner" als böswillig-bürgerfeindlich und autoritär abzustempeln. „Was die Demokraten brauchen, ist etwas anderes als der Hochmut der Ämter oder die Arroganz der Bürgerinitiativen. Wir brauchen die offene Diskussion ..."[2] — Schließlich sei noch eine Gefahr genannt: Nicht selten versuchen radikale und gewalttätige Gruppen, Bürgerinitiativen für ihre Zwecke zu benutzen.

---

[1] Quelle: Jürgen Echternach, Fraktionsvorsitzender der Hamburger CDU, in „FAZ", 27. Oktober 1973
[2] Quelle: Theo Sommer in „Die Zeit", 25. Februar 1977

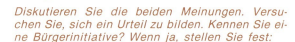

Diskutieren Sie die beiden Meinungen. Versuchen Sie, sich ein Urteil zu bilden. Kennen Sie eine Bürgerinitiative? Wenn ja, stellen Sie fest:

1. *Aus welchen Personen und Gruppen besteht sie?*
2. *Welche Ziele hat sie sich gesetzt?*
3. *Mit welchen Methoden arbeitet sie (Flugblätter, Demonstrationen u. ä.)?*
4. *Welche Erfolge/Mißerfolge liegen bereits vor?*
5. *Wie beurteilen Sie die Chance der Bürgerinitiative, ihre Ziele durchzusetzen?*
6. *Gehören Sie selbst einer Bürgerinitiative an? — Wenn ja, berichten Sie.*

3.3 Das süße Gift der Macht

Macht muß kontrolliert werden. Uneingeschränkte Macht verführt zum Mißbrauch und kann zu schrecklichen Verbrechen führen: Juden im Warschauer Ghetto.

3.3.1 Was ist politische Macht?

> Politik ohne Macht ist erfolglos. Jede politische Gruppe ist daher bestrebt, Macht zu erlangen, diese Macht zu verteidigen oder die bestehenden Machtverhältnisse zu verändern.

Quelle: jugend lexikon politik, rororo 6183, S. 137

Mancher von uns stellt sich unter „Macht" (vor allem politischer Macht) etwas Böses vor. Doch ursprünglich sind Begriffe wie „Macht" oder „Ordnung" weder gut noch böse, sie sind „wertneutral". Kein Politiker kann auf Macht zur Durchsetzung seiner Ziele verzichten, kein Staat ohne Macht existieren. Macht gibt es in den verschiedensten Formen, von der Macht des Glaubens bis zur Macht der Bomben und Granaten. Die Geschichte der Menschheit ist die Geschichte immer neuer Versuche, Macht zu gewinnen, sie zu mißbrauchen oder einzuschränken und zu kontrollieren.

Macht kann der einzelne auf Grund seiner Eigenschaften ausüben, z. B. geistige oder körperliche Überlegenheit, erworbene Fähigkeiten. Auch durch materielle Güter kann er Macht erlangen. Schließlich kann die Zugehörigkeit zu einer bestimmten Gruppe, z. B. Partei, Klasse, Interessenverband, Macht bedeuten.

Das Streben nach Macht hängt eng mit dem menschlichen Bedürfnis nach Sicherheit zusammen.

Versuchen Sie, dem Problem der „Macht" auf den Grund zu gehen:

1. *Ihre Eltern und Lehrer üben Macht aus. Wie geschieht dies? Wann würden Sie von „Mißbrauch dieser Macht" sprechen? (Beispiele)*
2. *Auch Sie haben Macht über Menschen. Wie üben Sie Macht aus? Wann haben Sie schon einmal Ihre Macht „mißbraucht"? (Beispiele)*
3. *Unser Staat kann mit „Machtmitteln" ein geordnetes Zusammenleben notfalls erzwingen. Wie übt der Staat diese Macht aus? Kennen Sie Beispiele von Machtmißbrauch?*
4. *Gewerkschaften, Parteien und andere Interessengruppen wollen durch „Machtmittel" bestimmte Ziele erreichen. Wie geschieht dies? Gibt es auch hier Beispiele von Machtmißbrauch?*

Aber was ist nun eigentlich „politische Macht"? — Im Standardwerk „Politik im 20. Jahrhundert" lesen wir dazu:

> Wer politisch gestalten will, muß die Möglichkeit dazu haben, seinen Willen auch gegen den Willen anderer durchzusetzen. Darin liegt das Kennzeichen der Macht. Macht kann somit als Voraussetzung politischer Gestaltung bezeichnet werden." … „Politische Macht unterscheidet sich von allen anderen Formen der Macht dadurch, daß sie nicht mittelbar durch Verfügung der Machthaber über begehrte Güter oder Werte wirkt, sondern unmittelbare Entscheidungsgewalt über das Schicksal der Menschen (v. d. Gablentz) bedeutet. Vor allem ist politische Macht mit dem Zwangsapparat des Staates verbunden. Sie kann somit zur Macht über Leben und Tod werden." … „Da der Mißbrauch politischer Macht das Leben jedes einzelnen Bürgers gefährden kann, muß die Gesellschaft Möglichkeiten finden, Macht zu kontrollieren. … Es hat sich erwiesen, daß wirksame Kontrolle nur möglich ist, wenn es mehrere selbständige Machtträger gibt, so daß die Macht des einen an der Macht des anderen ihre Grenze findet.

Quelle: Hartwich (Hrsg.), Politik im 20. Jahrhundert, Braunschweig 1964, S. 44 f.

Einige kritische Gedanken können nur angedeutet werden. So wäre es interessant, folgende Fragen zu diskutieren: Wie weit geht heute die Macht gesellschaftlicher Gruppen, die Macht von Pressekonzernen, von Gewerkschaften, Industrieverbänden … ? Haben sie nicht zum Teil schon größere Macht als jene Personen, die die Gesetze verfassen? (Siehe auch: Interessenverbände, Seite 83.)

3.3.2 Vertrauen ist gut, Kontrolle ist besser: Macht muß kontrolliert werden

Macht reicht vom uneigennützigen Dienst am Menschen bis zur menschenverachtenden Diktatur. Politische Macht verlockt besonders zum Mißbrauch. **Deshalb ist die Kernfrage jeder politischen Ordnung immer die Frage nach der Machtkontrolle.**

▼

Starten Sie einen ersten Versuch, Beispiele von Machtkontrolle zusammenzustellen.

Beispiel: Ihr Lehrer übt Macht aus. Wie wird sie kontrolliert, d. h. eingeschränkt?

● **Neun Möglichkeiten der politischen Machtkontrolle (Übersicht)**

Es gibt viele Möglichkeiten, machthungrige Politiker und überhebliche Verwaltungen in ihre Schranken zu weisen. Hier die wichtigsten:

1. *Gewaltenteilung.* Grundgedanke: Politische Macht in einer Hand ist immer gefährlich. Deshalb teilt man sie in drei unabhängige Gewalten auf, die sich gegenseitig überwachen[1]. Gesetzgebende Gewalt (Legislative). Die Gesetzgebung liegt bei der Volksvertretung (Parlament). Ausführende Gewalt (Exekutive). Das sind Regierung und Verwaltung. Rechtsprechung (Judikative). Das sind die Gerichte.

In der Bundesrepublik Deutschland haben wir es also mit einer doppelten Gewaltenteilung zu tun:

der horizontalen[2]

| Legislative | Exekutive | Judikative |

und der vertikalen[3]
Bund
Länder

Gerade die vertikale Gewaltenteilung mag zwar manchmal ärgerlich sein — denken Sie nur an die unterschiedlichen Schulformen in den einzelnen Bundesländern —, vom Prinzip der Gewaltenteilung her aber ist sie sinnvoll: Es gibt keine Stelle, die alles entscheiden kann.

Daneben gibt es auch praktische Gründe. Stellen Sie sich vor, in Bonn würde über jeden Bauantrag entschieden. Damit eine gewisse Einheitlichkeit erhalten bleibt, hat der Bund das Recht, Rahmenvorschriften zu erlassen.

▼

Blättern Sie das Grundgesetz durch, und suchen Sie Beispiele für dieses Recht.

Auch die vertikale Gewaltenteilung ist durch das Grundgesetz garantiert.

Für die Länder

❞ Die Länder haben das Recht der Gesetzgebung, soweit dieses Grundgesetz nicht dem Bunde Gesetzgebungsbefugnisse verleiht." (Art. 70, 1 GG) „Die Bundesrepublik Deutschland ist ein ... Bundesstaat. ❞

Quelle: Art. 20,1 GG

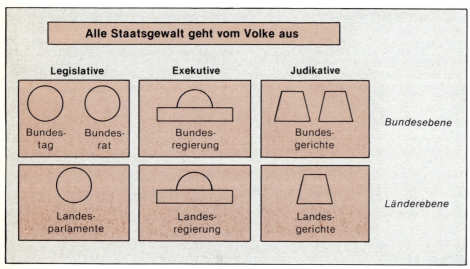

Die Gewaltenteilung

Die Gewaltenteilung in der Bundesrepublik Deutschland

---

[1] Die Idee geht auf den französischen Philosophen Montesquieu (1689 — 1755) zurück und ist Kern jedes demokratischen Rechtsstaates.

[2] horizontal = waagerecht.

[3] vertikal = senkrecht (siehe auch: „Föderalismus", Seite 92 f.).

Verstärkt wird die Gewaltenteilung durch das Selbstverwaltungsrecht der Gemeinden. So heißt es im Grundgesetz:

> „ Den Gemeinden muß das Recht gewährleistet sein, alle Angelegenheiten der örtlichen Gemeinschaft im Rahmen der Gesetze in eigener Verantwortung zu regeln. Auch die Gemeindeverbände haben ... das Recht der Selbstverwaltung. "

Quelle: Art. 28,2 GG

2. Die öffentliche Meinung

> „ ... Bezeichnung für die schwankende und beeinflußbare Ansicht einer Mehrheit und Person, die als repräsentativ für die Gesamtheit ausgegeben wird. "

Quelle: Ullstein Handlexikon, Berlin 1973, S. 644

Sie bildet und verbreitet sich von Mund zu Mund und vor allem durch die „Massenmedien", Presse, Hörfunk und Fernsehen.

1. Beispiel:

Herr Jahnke ist Frührentner. Er glaubt, einen höheren Rentenanspruch zu haben, als man ihm zubilligen will. Doch im Umgang mit Behörden ist er unbeholfen. Man schickt ihn von Zimmer zu Zimmer und behandelt ihn wie einen lästigen Bittsteller. Herr Jahnke ist verbittert, er fühlt sich von den Behörden „überfahren". Ein Journalist erfährt davon und berichtet in seiner Zeitung darüber. In Leserbriefen wird Stellung genommen. Das Fernsehen greift den Fall in einer Magazinsendung auf. Durch diesen „Druck der öffentlichen Meinung" wird die Behörde schließlich gezwungen, die Rentensache noch einmal gründlich zu überprüfen.

2. Beispiel:

Bundestagswahlkampf 1976. Der Kampf um die Stimmen der Wähler hat seinen Höhepunkt erreicht. Es geht um die Entscheidung: Wer gewinnt die Mehrheit, wer stellt die nächste Regierung? Nur wenige Stimmprozente können die Wahl entscheiden. Um Stimmen für sich zu gewinnen, versprechen die Politiker aller Parteien: „Die Renten werden ab 1. Juli 1977 um 10 Prozent erhöht." — Wenige Wochen nach der Wahl, der Pulverdampf der Wahlschlacht hat sich kaum verzogen, wird die Öffentlichkeit durch die Nachricht aufgeschreckt: „Die Regierung plant eine Verschiebung der Rentenanpassung auf den 1. Januar 1978." Es erhebt sich ein Sturm der Entrüstung, der so stark wird, daß die Regierung diesen Plan aufgeben muß.

3. *Das Bundesverfassungsgericht (Art. 93 GG).* Es wird auch „Hüter der Verfassung" genannt und entscheidet, ob das Grundgesetz verletzt worden ist (z. B. bei Gesetzen). Jeder Bürger kann Verfassungsbeschwerde erheben, wenn er meint, seine Grundrechte seien verletzt worden. (Siehe auch Seite 97.)

4. *Der Bundesrechnungshof* (Art. 114 GG). Er ist unabhängig und überwacht die gesamte Haushaltsführung[1] des Bundes. Er ist der Bundesregierung gegenüber selbständig und nur dem Gesetz unterworfen. Das Ergebnis seiner Rechnungsprüfung leitet er an die gesetzgebenden Körperschaften weiter, die nach Prüfung der Bundesregierung Entlastung erteilen.

5. *Parlamentarische Opposition.* Da die „Regierungsparteien" meist wenig Neigung verspüren, die Regierung zu kritisieren, ruht auf ihr die Hauptlast der parlamentarischen Machtkontrolle. (Siehe Seite 100 f.)

6. *Volksbegehren, Volksentscheid.* Nach Art. 29 und 118 GG gibt es Volksabstimmungen nur bei Abänderung der Ländergrenzen. Sonst sind sie nur noch in Länderverfassungen und Gemeindeordnungen vorgesehen (z. B. Bayern, Hessen, Nordrhein-Westfalen).

Volksbegehren: Eine Mindestzahl stimmberechtigter Bürger (Nordrhein-Westfalen: ein Fünftel) kann die Verabschiedung, Änderung oder Aufhebung eines Gesetzes fordern.

Volksentscheid: Lehnt das Parlament ab, kann dies zum Volksentscheid führen (Volksabstimmung, Referendum). Jetzt entscheiden alle stimmberechtigten Bürger mit ihrer Stimme.

---

[1] In den Ländern gibt es Landesrechnungshöfe (Schleswig-Holstein: Landesrechnungskammer).

Beispiel:

Nordrhein-Westfalen (aus der Verfassung, Artikel 68): „Volksbegehren können darauf gerichtet werden, Gesetze zu erlassen, zu ändern oder aufzuheben." „Das Volksbegehren ist von der Landesregierung ... unverzüglich dem Landtag zu unterbreiten. Entspricht der Landtag dem Volksbegehren nicht, so ist binnen zehn Wochen ein Volksentscheid herbeizuführen." „Auch die Landesregierung hat das Recht, ein von ihr eingebrachtes, vom Landtag jedoch abgelehntes Gesetz zum Volksentscheid zu stellen."

7. Interessenverbände Seite 83.

8. Bürgerinitiativen Seite 86.

9. Petitionsausschüsse Seite 108.

3.3.3 Staat und Staatsorganisation

Was ist ein Staat?

Für den englischen Philosophen Thomas Hobbes (1588 — 1679) war er ein bösartiges Ungeheuer. Johann Gottfried Herder (1744 — 1803) bezeichnete ihn als Verwirklichung des Volksgeistes, Karl Marx (1818 — 1883) als Herrschaftsinstrument einer Klasse. Der deutsche Philosoph Friedrich Hegel (1770 — 1831) sah im Staat die „Wirklichkeit der sittlichen Idee".

»Los! Tu mal etwas für mich!«

Wir sind nüchterner geworden und betrachten den Staat weder als Ungeheuer noch als Gott. Diese Haltung drückte Gustav Heinemann mit den Worten aus:

> Der Staat ist die Notordnung gegen das Chaos.

Quelle: „Der Spiegel", 13. Januar 1969

Staatsrechtler sprechen von einem Staat, wenn ein **Staatsvolk**, ein **Staatsgebiet** und eine **Staatsgewalt**, die sich aus Gesetzgebung, Regierung und Rechtsprechung zusammensetzt, vorhanden sind. Der Staat tritt dem einzelnen mit verbindlichen Befehlen gegenüber und setzt diese notfalls auch mit Zwang durch.

Für viele ist der Staat die Kuh, die im Himmel frißt und auf Erden gemolken wird ...

Wir alle erwarten viel von „unserem Staat". Er soll uns z. B. den inneren und äußeren Frieden garantieren; er soll für die sozial Schwachen sorgen; er soll viel für Jugend und Familie tun; er soll Bildung, Wissenschaft und Forschung fördern; er soll für eine gute Wirtschaftsentwicklung sorgen, er soll ..., er soll ... Andererseits wächst das Unbehagen an der zunehmenden Bürokratisierung, an „zu viel Staat". Der Bürger sieht sich von einer Flut von Gesetzen umgeben, denen er hilflos ausgeliefert ist.

3.3.3.1 Staatsaufbau

Man unterscheidet zwei große Gruppen[1]:

- **1. Zentralstaat.** Es gibt nur eine Regierung, ein Parlament. Das Land wird zentral verwaltet.

Beispiele: Frankreich, Japan.

- **2. Bundesstaat.** Die Länder besitzen Hoheitsrechte. Sie haben daher Verfassung, Parlament, Regierung. Regierung und Gesetzgebung sind zwischen Bund und Ländern aufgeteilt (Föderalismus).

---

[1] Als Vorstufe zu einer staatlichen Organisation gibt es den Staatenbund. In ihm haben die Mitglieder keine Rechte an die Zentrale abgegeben. Daher müssen über für alle geltende Regelungen einstimmige Beschlüsse gefaßt werden. Beispiel: Der Deutsche Bund von 1815 bis 1866.

Beispiele: Die Bundesrepublik Deutschland, die USA, die Schweiz.

> „ Was heißt überhaupt „föderativ" oder Föderalismus? Die Römer haben dieses Wort und auch schon den Begriff geprägt: „foedus" heißt im Lateinischen schlicht und einfach „Bund". Ein Staat, dessen Glieder einen Bund miteinander geschlossen haben, also ein Bundesstaat, ist föderalistisch. "

Quelle: „Unser Bundesrat", S. 12

Dieser föderalistische Aufbau der Bundesrepublik Deutschland steht oft im Kreuzfeuer der Kritik. So wird unter anderem gesagt:

Ein Bundesstaat ist schwerfällig und langsam in seinen Entscheidungen. Der Föderalismus verhindert einheitliche Regelungen. So hat z. B. die Kulturhoheit der Länder zu einem uneinheitlichen Schulsystem geführt. Auch wird durch die Häufigkeit von Wahlen (Bundestagswahl, Landtagswahlen, Gemeindewahlen) eine beständige Politik erschwert. Ein Zentralstaat ist rationeller, effektiver.

Andererseits ist zu bedenken: Der Föderalismus hat auch entscheidende Vorteile gegenüber einem zentralistisch aufgebauten Staat:

> „ Der (föderalistische) Staatsorganismus wird durch ein Gegen- und Nebeneinanderwirken zentraler Partei- und regionaler Landesinteressen komplizierter; andererseits ist das Verantwortungsgefühl in dem in Bundesländern aufgegliederten Staat ausgeprägter. Ebenso ist die Kontrolle der zum Teil auf die Gliedstaaten verteilten Staatsgewalt in Bundesstaaten leichter und übersichtlicher als in zentralistischen Staaten. "

Quelle: „Unser Bundesrat", Seite 12

3.3.3.2 Herrschaftsformen (Regierungsformen)

Unter „Herrschaft" verstehen wir hier die Ausübung politischer Macht. Wie politische Macht ausgeübt und ob sie kontrolliert wird, zeigen uns die Herrschaftsformen. Man unterscheidet prinzipiell zwei Typen:

1. Demokratische Herrschaft und **2. Autoritäre Herrschaft (Diktatur).**

Natürlich gibt es fließende Übergänge und Mischformen, z. B. die Herrschaft eines einzelnen („Hitlerdiktatur") oder die einer Gruppe („Militärjunta").

● **1. Demokratische Herrschaft**

Bürger (Regierte) bestellen die Regierenden durch Wahlen auf Zeit und kontrollieren sie.

Alle Bürger sind gleich und frei. Keiner ist von der Teilnahme an der Lenkung der gemeinsamen Geschicke ausgeschlossen. Mehrheitsentscheidungen, durch faire Abstimmungen zustande gekommen, werden innerhalb bestimmter Grenzen anerkannt. Mehrheitsentscheidungen (Wahlen) erfordern bestimmte Voraussetzungen (siehe Seite 100 ff.).

Es herrschen Meinungsfreiheit, Glaubensfreiheit, Recht der Freizügigkeit, Gleichheit vor dem Gesetz (siehe auch Seite 98). Demokratie gibt es (abgesehen von wenigen Ausnahmen) nur noch als repräsentative, mittelbare Herrschaft, die Bürger beschließen nicht selbst (z. B. Gesetze), sondern überlassen dies einer auf Zeit gewählten Vertretung (siehe auch Seite 104 ff.).

Parlamentarismus. Klassisches Beispiel: England.

Das Parlament als Volksvertretung bestellt die Regierung oder wählt sie ab. Es ist gesetzgebendes und regierungsbildendes Organ. Die Länder Westeuropas haben durchweg das parlamentarische Regierungssystem.

Präsidialdemokratie. — Klassisches Beispiel: USA.

Präsident und Parlament werden unabhängig voneinander gewählt. Das Parlament kann den Präsidenten praktisch nicht absetzen[1], er es nicht auflösen. Zugleich sind Präsident und Parlament aufein-

---

[1] Begeht er strafbare Handlungen, kann er durch ein besonderes Verfahren (impeachment) abgesetzt werden. Präsident Nixon drohte 1974 ein solches Verfahren, er trat zurück.

ander angewiesen. Der Präsident ist Staatsoberhaupt und Regierungschef zugleich. Er hat Machtbefugnisse, die die europäischer Regierungschefs weit übertreffen.

Der Kongreß besteht als Parlament aus Repräsentantenhaus und Senat. Ein Veto (Einspruch) des Präsidenten gegen beschlossene Gesetze kann der Kongreß nur mit Zweidrittelmehrheit überstimmen. — Auch Frankreich hat eine Art Präsidialdemokratie.

● 2. Autoritäre Herrschaft (Diktatur)

Unbeschränkte Macht eines einzelnen oder einer Gruppe über die Bürger.

Oft gibt es Einrichtungen, wie wir sie in Demokratien kennen, z. B. Volksvertretungen. Ihre Möglichkeiten der Machtkontrolle sind aber meist sehr beschränkt. — In vielen ehemaligen Kolonien gibt es autoritäre Herrschaft in Form von Einparteienherrschaft oder der Militärregierung. Man sieht sie oft als Übergangsform, aus der entweder demokratische oder totalitäre Herrschaftsformen entstehen.

Die ausgeprägteste Form ist die totalitäre Herrschaft (totalitäre Diktatur), wobei die Übergänge fließend sein können. Sie erfaßt alle Bürger im Sinne einer Ideologie (auch seine private Welt) über eine Einheitspartei und sonstige Massenorganisationen. Bei der allein regierenden Partei liegt die eigentliche Macht, auch wenn demokratische Einrichtungen vorhanden sind. — Stalin, Hitler und Mao regierten totalitär. Die UdSSR, die DDR und andere „Volksdemokratien" haben mindestens totalitäre Tendenzen.

3.3.3.3 Präsident oder König?

Staaten können sich schließlich auch dadurch unterscheiden, ob an ihrer Spitze ein auf eine bestimmte Zeit gewähltes Oberhaupt steht (z. B. ein Präsident) oder eins, das auf Lebenszeit und meist in Erbfolge an der Spitze eines Staates steht. Im ersten Fall spricht man von **Republik**, im zweiten von **Monarchie.**

Grundsätzlich können wir unterscheiden:

Staatsaufbau, Regierungsform, Staatsform

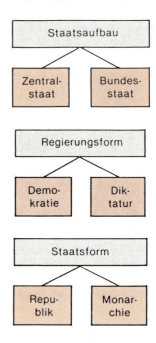

Wichtig ist, daß alle drei Merkmale miteinander kombinierbar sind.

Beispiele für die Kombination der Merkmale

Staat	Kombination der Merkmale		
Bundesrepublik Deutschland	Bundesstaat	Demokratie	Republik
Frankreich	Zentralstaat	Demokratie	Republik
Dänemark	Bundesstaat	Demokratie	Monarchie

Versuchen Sie herauszufinden, welche Kombination in den folgenden Staaten vorhanden ist: USA, UdSSR, England, Italien, Schweiz, Österreich.

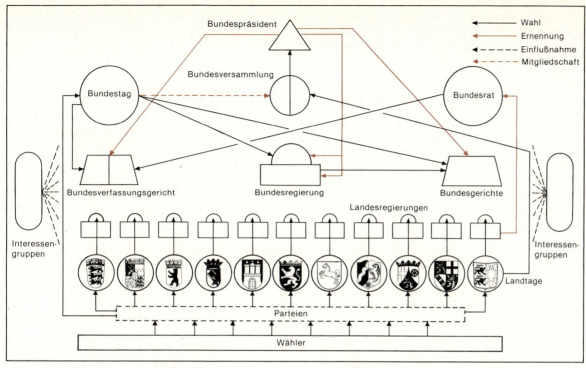

Übersicht über die wichtigsten Institutionen der Bundesrepublik Deutschland

3.4 Wir leben in einer Demokratie

3.4.1 Sind wir in guter „Verfassung"? (Das Grundgesetz)

Kostenlos erhalten Sie das Grundgesetz von der Bundeszentrale für politische Bildung, Berliner Freiheit 7, 5300 Bonn.

Kostenlos erhalten Sie die Broschüre „Demokratie als Auftrag — Drei Jahrzehnte Bundesrepublik Deutschland und die Vorgeschichte" vom Presse- und Informationsamt der Bundesregierung, Postfach, 5300 Bonn 1.

„ Im Bewußtsein seiner Verantwortung vor Gott und den Menschen, von dem Willen beseelt, seine nationale und staatliche Einheit zu wahren und als gleichberechtigtes Glied in einem vereinten Europa dem Frieden der Welt zu dienen, hat das deutsche Volk in den Ländern Baden, Bayern, Bremen, Hamburg, Hessen, Niedersachsen, Nordrhein-Westfalen, Rheinland-Pfalz, Schleswig-Holstein, Württemberg-Baden und Württemberg-Hohenzollern, um dem staatlichen Leben für eine Übergangszeit eine neue Ordnung zu geben, kraft seiner verfassunggebenden Gewalt dieses Grundgesetz der Bundesrepublik Deutschland beschlossen. Es hat auch für jene Deutsche gehandelt, denen mitzuwirken versagt war. Das gesamte deutsche Volk bleibt aufgefordert, in freier Selbstbestimmung die Einheit und Freiheit Deutschlands zu vollenden. "

Quelle: GG, Präambel[1]

1. Beispiel:
Angenommen, Sie sind Sporttaucher. Eines Tages beschließen Sie mit einem Dutzend Gleichgesinnter: „Wir gründen einen Verein!" — Außer dem Stiftungsfest ist vieles andere zu bedenken. Versuchen Sie, alle wichtigen Punkte in einer „Satzung" festzulegen. (Denken Sie dabei z. B. an die Wahl des Vorstandes, Vereinsbeiträge, Benutzung vereinseigener Boote usw.)

2. Beispiel:
Stellen Sie sich vor, Sie haben ein Mietshaus geerbt. Unter den Mietern gibt es ständig Streitereien über Ruhezeiten, Teppichklopfen, Schneefegen, Haustiere usw. — Stellen Sie eine Hausordnung auf.

Die „Hausordnung", „Satzung" oder „Verfassung" unseres Staates ist das Grundgesetz. Als staatliche Grundordnung regelt es in elf Abschnitten das Verhältnis des einzelnen zum Staat, legt die Organisation des Staates fest und enthält Spielregeln für den politischen Machtkampf.

Betrachten wir die staatliche Organisation Bundesrepublik Deutschland (siehe Schaubild S. 95), dann wird verständlich, warum viele Bundesbürger „nicht mehr durchblicken". Wir werden auf den folgenden Seiten versuchen, die einzelnen Einrichtungen getrennt zu behandeln.

Kleine Zeittafel zur Entstehung des Grundgesetzes

1948	Der Auftrag, eine provisorische Verfassung zu schaffen, kam von den drei westlichen Besatzungsmächten. Es zeigte sich, daß durch den wachsenden Ost-West-Gegensatz ein deutscher Gesamtstaat nicht gegründet werden konnte.
10.-23. 8.	Vertreter aller Länder der Westzonen erarbeiten auf der Insel Herrenchiemsee in Bayern den Entwurf für ein Grundgesetz.
1. 9.	Zusammentritt des von den Landtagen gewählten Parlamentarischen Rates zur Schaffung des Grundgesetzes.
1949	
8. 5.	Der Parlamentarische Rat beschließt das „Grundgesetz für die Bundesrepublik Deutschland".
12. 5.	Genehmigung des Grundgesetzes durch die drei Militärgouverneure.
23. 5.	Ausfertigung und Verkündung des Grundgesetzes durch den Parlamentarischen Rat.
24. 5.	Das Grundgesetz tritt in Kraft.
14. 8.	Wahl des ersten Deutschen Bundestages.
7. 9.	Zusammentritt des ersten Bundestages.
12. 9.	Die 1. Bundesversammlung wählt Prof. Dr. Theodor Heuss zum ersten Bundespräsidenten.
15. 9.	Der Bundestag wählt Dr. Konrad Adenauer zum ersten Bundeskanzler.

Wichtige Grundsätze unserer Verfassung

„Jeder hat das Recht . . . ": Die Grundrechte (siehe auch Seite 97 ff.) stehen am Anfang des Grundgesetzes. Sie sind „unmittelbar geltendes Recht" und dürfen in keinem Fall in ihrem „. . . Wesensgehalt angetastet werden" (Art. 1,3; 19,2 GG). Eine Verwirkung oder Einschränkung von Grundrechten ist nur unter ganz bestimmten Umständen möglich (Art. 18 und 19 GG).

Beispiele für diese Aussage finden Sie auf der Seite 119 ff.

---
[1] Präambel = Vorwort (in feierlicher Form)

Wir leben in einer Demokratie (siehe auch Seite 95). Demokratie bedeutet Volksherrschaft: „Alle Staatsgewalt geht vom Volke aus. Sie wird vom Volke in Wahlen und Abstimmungen und durch besondere Organe der Gesetzgebung, der vollziehenden Gewalt und Rechtsprechung ausgeübt." (Art. 20.2 GG) Man spricht von „mittelbarer Volksherrschaft", denn sie erfolgt durch gewählte Vertreter des Volkes („repräsentative Demokratie").

Wir leben in einem Rechtsstaat (siehe auch Seite 118 ff.). In einem Rechtsstaat sind alle Staatsorgane an die von der Volksvertretung verabschiedeten Gesetze gebunden. — Art. 19,4 des Grundgesetzes bezeichnet man als „Krönung des Rechtsstaates". Er garantiert lückenlosen Gerichtsschutz. Die Unabhängigkeit der Richter ist in Art. 97 festgelegt.

Wir leben in einem Bundesstaat (siehe auch Seite 92 f.). Unser Staat besteht aus elf Ländern[1], die in bestimmten Bereichen selbständig sind (Art. 30 GG). Jedes Bundesland hat seine eigene Verfassung, Parlament und Regierung. Dadurch soll Machtmißbrauch zentraler Behörden verhindert werden. Diese bundesstaatliche Ordnung nennt man „Föderalismus" (siehe Seite 93).

Wir leben in einem Sozialstaat. Durch die Bezeichnung „sozial" im Grundgesetz ist unser Staat verpflichtet, für eine gerechte Sozialordnung zu sorgen (Art. 20.1 GG). Das Bundesverfassungsgericht stellte fest, der Staat habe nicht nur das Recht, sondern auch die Pflicht, „für einen Ausgleich der sozialen Gegensätze und damit für eine gerechte Sozialordnung zu sorgen." — Beispiel: Sie haben nach Art. 12 GG das Recht, Beruf, Arbeitsplatz und Ausbildungsstätte frei zu wählen. Durch das „Bundesausbildungsförderungsgesetz" fördert der Staat die Ausbildung junger Menschen. Damit ist ein Schritt zur Chancengleichheit getan.

> Unser Grundgesetz ist ein großartiges Angebot. Es anerkennt Grundrechte und Freiheiten, wie sie unsere Geschichte zuvor zu keiner Zeit gekannt hat.

Quelle: Gustav Heinemann

---

[1] Über den Status von Berlin siehe Seiten 125, 133

3.4.2 Menschenrechte, Grundrechte: Schutz vor einem übermächtigen Staat

Die Macht des Staates findet ihre Grenzen in den „Menschenrechten".

> Alle Menschen sind frei und gleich an Würde und Rechten geboren. Sie sind mit Vernunft begabt und sollen einander im Geiste der Brüderlichkeit begegnen.

Quelle: Allgemeine Erklärung der Menschenrechte der UN, Art. 1

Die „Allgemeine Erklärung der Menschenrechte" wurde 1948 von der Vollversammlung der Vereinten Nationen angenommen. In 30 Artikeln sind dort die grundlegenden Rechte der Menschen gegenüber Gesellschaft und Staat festgelegt.

Wir halten diese Menschenrechte für selbstverständlich. Doch erst im 17./18. Jahrhundert, im Zeitalter der „Aufklärung", wurde die Idee der Menschenrechte geboren. Damals wagten es einige Philosophen und Staatsrechtler, sich von überlieferten und bis dahin nicht angezweifelten Vorstellungen zu lösen. Sie sagten: Alle Ungleichheit hat sich geschichtlich entwickelt. Ursprünglich sind alle Menschen „frei und gleich an Würde und Rechten geboren".

Die erste öffentliche Erklärung der Menschenrechte enthält der Virginia Bill of Rights, der 1776 vom Kongreß der amerikanischen Kolonien angenommen wurde. Er bildete die Grundlage der Unabhängigkeitserklärung. Seine wichtigsten Festsetzungen wurden 1791 in der amerikanischen Verfassung verankert. Diese erste Fassung der Menschenrechte wurde das Vorbild für die Erklärung der Menschenrechte in der Französischen Nationalversammlung 1791. Beide Erklärungen, die sich sehr ähnelten, beeinflußten die Verfassungen fast aller europäischen Länder.

Menschenrechte sind „unveräußerlich", das heißt, der einzelne kann sie nicht — auch nicht freiwillig — verlieren, weil er damit ein Stück seines Menschseins aufgeben würde.

Menschenrechte sollen den einzelnen vor den Übergriffen des Staates und vor seinen Mitmenschen schützen. Sie garantieren die Freiheit für jeden.

Diese Zeichnung hat P. Picasso amnesty international gewidmet

Seit 20 Jahren hilft amnesty international politischen Gefangenen

- Durch Proteste, Petitionen und Information der Öffentlichkeit arbeiten ai-Gruppen in vielen Ländern für die Freilassung von Männern und Frauen, die irgendwo in der Welt wegen ihrer Überzeugung, ihrer Hautfarbe, ihres ethnischen Ursprungs, Geschlechts oder ihrer Religion inhaftiert sind — vorausgesetzt, daß sie weder Gewalt angewandt noch zur Gewaltanwendung aufgerufen haben.

- ai entsendet Beobachter zu politischen Prozessen.

- ai trägt die Kosten für einen Anwalt.

- ai-Delegationen besuchen Gefängnisse und Lager — soweit das möglich ist, und setzen sich ein für die Beachtung der Mindestbedingungen der UNO für die Behandlung von Gefangenen.

- ai leistet Beihilfe zum Lebensunterhalt. In der Regel leben die Familienangehörigen politischer Gefangener in materieller Not.

- ai übernimmt das Schulgeld der Kinder.

- ai sendet Medikamente.

Helfen Sie amnesty international

amnesty international
Sektion der
Bundesrepublik
Deutschland e.V.

Sekretariat
Heerstraße 178
5300 Bonn 1

Spendenkonto:
Bank: BKD Duisburg
Konto-Nr. 30 000
BLZ: 350 60 190

Postscheckamt Köln
Konto-Nr.: 224046-502
BLZ: 370 100 50

Verwendungszweck 8111

Alle modernen Staaten — westlicher und östlicher Prägung — haben die Menschenrechte in ihre Verfassung übernommen. Sie werden jedoch nicht immer und überall beachtet.

 Informationen über Menschenrechtsverletzungen erhalten Sie von der Gefangenenhilfsorganisation Amnesty International, Heerstraße 178, 5300 Bonn 1.

Grundrechte: Rechte des Bürgers im Staat

Die **Menschenrechte** gehören als erste zu den Grundrechten. Es sind dies die Freiheits- und Gleichheitsrechte, die für jeden Menschen gelten. Das Grundgesetz garantiert sie auch für den, der nicht Staatsbürger ist. „Jeder hat das Recht auf . . ."

Die **Bürgerrechte** legen die Rechte des Bürgers im Staate fest. Auf sie kann sich nur der Staatsbürger berufen: „Jeder Deutsche hat das Recht . . ." Es sind dies vor allem Mitwirkungsrechte des Bürgers in der Demokratie.

Die Grundrechte

Die Grundrechte
Grundgesetz der Bundesrepublik Deutschland, Artikel 1 bis 19

- 1 Schutz der Menschenwürde
- 2 Freiheit der Person
- 3 Gleichheit vor dem Gesetz
- 4 Glaubens- und Gewissensfreiheit
- 5 Freie Meinungsäußerung
- 6 Schutz der Ehe und Familie
- 7 Staatliche Schulaufsicht, Elternrechte
- 8 Versammlungsfreiheit
- 9 Vereinigungsfreiheit
- 10 Brief- und Postgeheimnis
- 11 Recht der Freizügigkeit
- 12 Freie Berufswahl
- 13 Unverletzlichkeit der Wohnung
- 14 Gewährleistung des Eigentums
- 15 Überführung in Gemeineigentum
- 16 Staatsangehörigkeit, Asylrecht
- 17 Petitionsrecht
- 18 Verwirkung der Grundrechte
- 19 Einschränkung der Grundrechte

- 20 Widerstandsrecht
- 101 Anspruch auf den gesetzlichen Richter
- 33 Gleicher Zugang zu öffentlichen Ämtern
- 103 Anspruch auf rechtliches Gehör vor Gericht
- 38 Wahlrecht
- 104 Schutz vor willkürlicher Verhaftung

ZAHLENBILDER 60 110 © Erich Schmidt Verlag

Die **Sozialrechte** begründen einen Anspruch des Bürgers an den Staat. Sie sollten ursprünglich Freiheit von Not gewähren. Heute zählt man dazu Leistungen wie z. B. Sozialversicherungen, Sozialhilfe, Wohnungsgeld.

Diese Grundrechte sind durch das Grundgesetz für unveränderbar erklärt:

„ In keinem Fall darf ein Grundrecht in seinem Wesensgehalt angetastet werden. "

Quelle: Art. 19,2 GG

Suchen Sie aus den dargestellten Grundrechten Beispiele: Menschenrechte/Bürgerrechte.

Unsere Grundrechte lassen sich auch so einteilen:

Freiheitsrechte	
Entfaltung der Persönlichkeit	(Art. 2)
Freiheit von Glauben, Gewissen und Religion	(Art. 4)
Freiheit der Meinungsäußerung, von Kunst, Wissenschaft und Lehre	(Art. 5)
Versammlungsfreiheit	(Art. 8)
Vereins- und Koalitionsfreiheit	(Art. 9)
Recht auf Freizügigkeit	(Art. 11)
Recht auf freie Berufswahl	(Art. 12)
Beschwerderecht (Petitionsrecht)	(Art. 17)

Gleichheitsrechte

Art. 3

Abs. 1: Alle Menschen sind vor dem Gesetz gleich

Abs. 2: Männer und Frauen sind gleichberechtigt

Abs. 3: Niemand darf wegen seines Geschlechtes, seiner Abstammung, seiner Rasse, seiner Sprache, seiner Heimat und Herkunft, seines Glaubens, seiner religiösen oder politischen Anschauungen benachteiligt werden

Schutzrechte	
Schutz der Menschenwürde	(Art. 1)
Recht auf Leben	(Art. 2)
Schutz von Ehe und Familie	(Art. 6)
Brief- und Postgeheimnis	(Art. 10)
Unverletzlichkeit der Wohnung	(Art. 13)
Recht auf Eigentum	(Art. 14)

Schlagen Sie im Grundgesetz nach und überlegen Sie, was die einzelnen Rechte für unser Leben und unsere Freiheit bedeuten. — Nennen Sie Beispiele aus dem täglichen Leben.

Grundrechte binden die Staatsgewalt

Der Staat braucht Macht. Er muß in der Lage sein, Recht mit Gewalt zu erzwingen. Das Grundgesetz schreibt vor, welche Grenzen der Staatsgewalt gesetzt sind.

„ Die nachfolgenden Grundrechte binden Gesetzgebung, vollziehende Gewalt und Rechtsprechung als unmittelbar geltendes Recht. "

Quelle: Art. 1,3 GG

Das bedeutet: Die im Grundgesetz verankerten Grundrechte stehen über der Staatsgewalt. Alle staatlichen Organe müssen bei ihren Entscheidungen diese Grundrechte beachten.

„ In keinem Falle darf ein Grundrecht in seinem Wesensgehalt angetastet werden. "

Quelle: Art. 19,2 GG

● **Wenn Grundrechte verletzt werden ...**

Das Bundesverfassungsgericht entscheidet „über Verfassungsbeschwerden, die von jedermann mit der Behauptung erhoben werden können, durch die öffentliche Gewalt in einem seiner Grundrechte verletzt zu sein" (Art. 93,4a GG).

Seine Entscheidung ist bindend.

„ Die Entscheidungen des Bundesverfassungsgerichtes binden die Verfassungsorgane des Bundes und der Länder sowie alle Gerichte und Behörden." "

Bundesverfassungsgerichtsgesetz § 31

Wenn ein Bürger vom Bundesverfassungsgericht mit seiner Klage abgewiesen wird, kann er innerhalb der Bundesrepublik keine Rechtsmittel mehr einlegen.

● **Bei Verstößen gegen Menschenrechte ...**

steht noch eine Möglichkeit offen: ein Gesuch an den Generalsekretär des Europarates, der die Angelegenheit der „Europäischen Kommission für Menschenrechte" vorlegt. Die Bundesrepublik Deutschland hat das Beschwerderecht von Einzelpersonen bei dieser Kommission anerkannt und damit die letzte Entscheidung über das eigene rechtliche Verhalten gegenüber ihren Bürgern einem internationalen Gericht überlassen.

3.4.3 Die Bedeutung des Wahlsystems im politischen Machtkampf

„Und das nennt sich Gerechtigkeit ..."

Man schreibt das Jahr 1906. Ort der Handlung: eine Arbeiterwohnung irgendwo in Berlin. Franz Bauer stapft müde in die verräucherte Wohnküche. Nach zwölf Stunden harter Arbeit endlich Feierabend ... „Du, Papa!" — triumphierend schwenkt der zehnjährige Oskar die Zeitung —, „hast Du schon gelesen? Hier steht es: Wahlen zum preußischen Landtag. Knapp 600 000 Stimmen für die SPD. Die konservativen Parteien erhalten 400 000 Stimmen. Ist das nicht 'ne Wucht? Jetzt könnt ihr von der SPD aber auf die Pauke hauen!" — „Hat sich was mit Pauke!" Franz Bauer zieht mürrisch das verschwitzte Hemd aus, „laß mich bloß mit der Wahl zufrieden. — Noch nie was von Dreiklassenwahlrecht gehört? Dann lies man weiter auf Seite zwei. Da steht: Die SPD erhält sechs Sitze. Die Konservativen aber können sich mit ihrem dicken Hintern auf 212 Sitzen breitmachen. — Und das nennt sich Gerechtigkeit ...!"

Das Dreiklassenwahlrecht galt von 1849 bis 1918. Die Wähler eines Wahlkreises wurden nach ihrer Steuerleistung eingeteilt. Diejenigen, die ein Drittel der Steuern aufbrachten, bildeten unabhängig von ihrer zahlenmäßigen Stärke jeweils eine Wählerklasse, die die gleiche Zahl von Wahlmännern bestimmte.

Das Motto dieses Wahlsystems lautete: „Fleiß, Bildung und Besitz sollen nicht der Kopfzahl geopfert werden."

▼

Verteilen Sie die 218 Sitze des Beispiels nach dem Verhältnis der abgegebenen Stimmen.

Können Sie den Ärger von Franz Bauer verstehen? „Gerecht" in unserem Sinne ist es damals wahrhaftig nicht zugegangen. Aber politische Wahlen sind (damals und heute) keine Sandkastenspiele. Hier geht es um handfeste politische Macht.

Politische Wahlen sind:

● **Machtkonkurrenz.** Die politischen Parteien ringen öffentlich um die Gunst der Wähler und damit um die Macht.

● **Machterteilung auf Zeit und Machtkontrolle.** Im Gegensatz zu Diktaturen läßt man Köpfe nicht rollen, sondern wählt sie ab.

● **Auftrag zum politischen Handeln.** Partei X vertritt im Wahlkampf bestimmte Vorstellungen. Ein Wahlsieg bedeutet den Auftrag der Wähler, dieses Programm zu verwirklichen.

Grundsätze demokratischer Wahlen:

Das Dreiklassenwahlrecht empfinden wir heute als undemokratisch. Als Anforderungen an echte demokratische Wahlen haben sich im Laufe der Zeit vier Grundsätze[1] herausgebildet. — Wir wählen:

— allgemein, d. h., jeder hat das Wahlrecht, ob arm oder reich, gebildet oder ungebildet;

— frei, d. h., niemand kann zu einer bestimmten Wahlentscheidung gezwungen werden;

— gleich, d. h., jede Stimme wird gleich gewertet;

— geheim, d. h., jeder muß unbeobachtet wählen können (Wahlkabine).

3.4.3.1 Das Wahlsystem stellt die Weichen

● **Mehrheitswahl**

Motto: Einer gewinnt, einer verliert; und wer gewinnt, regiert.

1. Absolute Mehrheitswahl (z. B. in Frankreich). Das Land ist in Wahlkreise eingeteilt. Wer mehr als 50 Prozent der Stimmen erhält, ist gewählt. Erreicht kein Kandidat 50 Prozent, findet eine „Stichwahl" statt zwischen den Kandidaten, die mindestens 10 Prozent der Stimmen bekamen.

. . . und das kann passieren: 1973, Wahlen zur Französischen Nationalversammlung. Die „Linksparteien" erhalten 10 Millionen, der „Bürgerblock" 9 Millionen Stimmen. Sitzverteilung 176 Sitze für die „Linksparteien", 280 Sitze für den „Bürgerblock".[1]

Verteilen Sie die 456 Sitze des Beispiels nach dem Verhältnis der abgegebenen Stimmen.

2. Relative Mehrheitswahl (z. B. in England). Auch hier ist das Land in Wahlkreise aufgeteilt. Wer die höchste Stimmenzahl erhält ist gewählt.

. . . und das kann passieren: 1951. Wahlen zum englischen Unterhaus. Die Labour Party erringt 13,9 Millionen Stimmen, die Konservativen 13,7 Millionen Stimmen. Sitzverteilung: 295 Sitze für Labour, 320 Sitze für die Konservativen.[2]

---

[1] In der Bundesrepublik Deutschland kommt noch der Grundsatz „unmittelbar" dazu, d. h., wir wählen nicht über Wahlmänner (wie in den USA).

[1] Der Grund: Der Block einigt sich auf den aussichtsreichsten Kandidaten und fordert die Wähler auf, ihn zu wählen.

[2] Der Grund: Die Konservativen wurden im Durchschnitt mit relativ geringem Stimmenvorsprung gewählt, die Labourabgeordneten dagegen mit hohem. So erhielt die Labour Party „unnötig viel" Stimmen.

▼

Verteilen Sie die 615 Sitze des Beispiels nach dem Verhältnis der abgegebenen Stimmen.

Mehrheitswahl: Wer die Mehrheit hat, kommt ins Parlament. Die Stimmen für die Verlierer gehen verloren. Voraussetzung: Das Gebiet (Gemeinde/Land/Bund) wird in so viele Wahlkreise eingeteilt, wie Abgeordnete ins Parlament sollen.

Beispiel: 4100 Wähler einer Stadt wählen fünf Abgeordnete. Die Stadt ist in fünf Wahlkreise eingeteilt.

👤 = 100 Wähler für Kandidat von Partei A

👤 = 100 Wähler für Kandidat von Partei B

Ermitteln Sie die Sitzverteilung!

Wahlkreis 1 Kandidat von Partei?

Wahlkreis 2 Kandidat von Partei?

Wahlkreis 3 Kandidat von Partei?

Wahlkreis 4 Kandidat von Partei?

Wahlkreis 5 Kandidat von Partei?

Im Parlament sind vertreten: Abgeordnete Partei A? / Partei B?

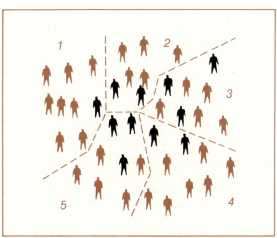

● **Verhältniswahl** (Proportionalwahl)[1] (z. B. Italien). Motto: Keine Stimme geht verloren. Alle Stimmen im Land werden gezählt und die Sitze im Parlament nach dem Verhältnis der Stimmen verteilt. Die Parteien stellen Listen auf, in denen sie die Kandidaten vorstellen: „Listen-Wahlverfahren".

... und das kann passieren: 1980, in der Presse ist von „Italiens Dauerkrise" die Rede: 33 Jahre Republik bescherten dem Land 36 Regierungen! — Es ist „... das Unvermögen der Parteien, irgendeine regierungsfähige Mehrheit zu bilden ..."[1] — Neben anderen Ursachen ist es auch das Wahlsystem, das diesen Zustand herbeiführte.

▼

Verhältniswahl: Die Abgeordnetensitze werden nach dem Verhältnis der Wählerstimmen auf die Parteien verteilt.

Beispiel: 4100 Wähler einer Stadt wählen fünf Abgeordnete.

Wahlergebnis: (1 👤 *= 100 Stimmen)*

👤 = 100 Stimmen für Partei A

👤 = 100 Stimmen für Partei B

1 Abgeordneter braucht 4100:5 = ? Stimmen.

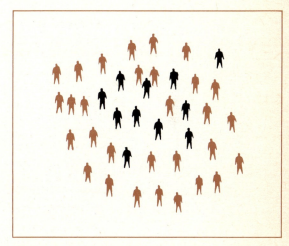

Nach den für die Parteien abgegebenen Stimmen ergibt sich folgende Sitzverteilung:

Partei A 1100 Stimmen = ? Sitze,

Partei B 3000 Stimmen = ? Sitze.

---

[1] Lateinisch proportio = Verhältnis

[1] „Italiens Dauerkrise", „Die Zeit", 8. Februar 1980

Mehrheitswahl

Als Vorzüge werden genannt:
1. Stabile Regierungen durch klare Mehrheiten.
2. Begünstigt Zweiparteiensystem, verhindert Parteienzersplitterung.
3. Persönlichkeitswahl mit Wettkampfcharakter. Der Abgeordnete ist stark an seinen Wahlkreis gebunden.
4. Unabhängigkeit des Abgeordneten gegenüber der Partei ist größer.
5. Mäßigende Wirkung auf Parteien und Wähler.
Als Nachteile werden genannt:
1. Ungerechtigkeit: Viele Stimmen gehen verloren.
2. Keine Garantie für klare Fronten.
3. Bequemlichkeit in „sicheren" Wahlkreisen. Die Minderheit resigniert schon vor der Wahl.
4. Neue Parteien haben keine Chance.
5. Frauen und wenig bekannte Fachleute haben wenig Chancen.

Verhältniswahl

Als Vorzüge werden genannt:
1. Gerechtigkeit: Jede Stimme zählt. Jeder Wähler fühlt sich im Parlament vertreten.
2. Spiegelbild der Wähler: Das Parlament ist „maßstabgetreues" Abbild aller politischen Kräfte.
3. Bessere Chancen für neue Parteien.
4. Gute Fachleute (Experten), im Volk wenig bekannt, können über die „Liste" ins Parlament einrücken.
Als Nachteile werden genannt:
1. Oft nur formale Gerechtigkeit: Minderheiten können den Wählerwillen verfälschen.
2. Schwierige Mehrheitsverhältnisse, Gefahr häufiger Regierungskrisen und schwacher Regierungen.
3. Parteienzersplitterung.
4. Die Abhängigkeit der Abgeordneten von der Partei ist groß. Der Wähler wählt mehr die Partei als die Persönlichkeit.

3.4.3.2 Das Wahlrecht der Bundesrepublik Deutschland „personalisierte Verhältniswahl"

> Die Abgeordneten des Deutschen Bundestages werden in allgemeiner, unmittelbarer, freier, gleicher und geheimer Wahl gewählt.
>
> Wahlberechtigt ist, wer das achtzehnte Lebensjahr vollendet hat, wählbar ist, wer das Alter erreicht hat, mit dem Volljährigkeit eintritt.

Quelle: Art. 38,1 und 2 GG

Die „personalisierte Verhältniswahl" ist ein Kompromiß zwischen Mehrheitswahl und Verhältniswahl. Man versucht, die Nachteile des jeweiligen Wahlsystems zu mildern.[1]

Und so wird gewählt: Jeder Wähler hat zwei Stimmen. Mit der Erststimme wählt er seinen Direktkandidaten (relative Mehrheitswahl, Seite 100). Die Zweitstimme erhält die Landesliste einer Partei (Verhältniswahl, Seite 101).

Wichtig: Die Zweitstimme entscheidet darüber, wieviel Abgeordnete einer Partei ins Parlament einziehen (auf die Zweitstimme kommt es an!).

Mit der Erststimme beeinflussen Sie die Auswahl der Personen (auf die parteipolitische Zusammensetzung des Bundestages hat sie keinen Einfluß).

Wichtig und umstritten: die Sperrklausel (Fünf-Prozent-Klausel).

Nur Parteien, die mindestens fünf Prozent der Zweitstimmen erhalten, kommen in das Parlament (oder, wenn sie durch Erststimmen mindestens drei Sitze unmittelbar errungen haben).

Die Sperrklausel hat die Aufgabe, eine Parteienzersplitterung zu vermeiden. Dadurch wird die Regierungsbildung erleichtert, denn eine Einigung zwischen wenigen ist leichter als die zwischen vielen.

---

[1] „Die Abgeordneten des Deutschen Bundestages und die der meisten Bundesländer werden nach Mehrheitswahl in Einerwahlkreisen mit Verhältnisausgleich aus Ergänzungslisten gewählt". — („Gesellschaft und Staat", a. a. O., Seite 564)

In diesem Punkt hat man aus den Erfahrungen der Weimarer Republik gelernt, denn die Vielzahl kleiner Parteien im Reichstag trug mit zur politisch instabilen Lage vor 1933 bei.

Warum haben es neue Parteien so schwer, in den Bundestag zu kommen? Überlegen Sie auf diesem Hintergrund: Entspricht die Zusammensetzung des Bundestages genau dem Wählerwillen? (Verschaffen Sie sich die genauen Ergebnisse der letzten Bundestagswahl).

Wie werden nach der Wahl die Sitze verteilt?

Die Sitzverteilung wird nach dem Höchstzahlverfahren von d'Hondt[1] berechnet.

Die für jede Partei abgegebenen Gesamtstimmen werden durch 1, durch 2, durch 3 usw. geteilt. Jede Teilung ergibt eine „Höchstzahl". Auf die „höchste Höchstzahl" entfällt das erste, auf die „zweithöchste Höchstzahl" das zweite Mandat usw.

Beispiel:

Drei Parteien nahmen an der Wahl teil. 21 000 Zweitstimmen wurden abgegeben. 10 Mandate (Sitze) sind zu verteilen. Das erste Mandat geht an Partei A, das zweite Mandat an Partei B. Nach Teilung ihrer Stimmzahlen durch 2 haben A und B immer noch höhere Zahlen als die Partei C. Sie erhalten die Mandate 3, 4 und A sogar 5. Erst das 6. Mandat geht an Partei C.

Stimmenzahl	Partei A	Mandat	Partei B	Mandat	Partei C	Mandat
	10000	1.	8000	2.	3000	6.
: 2 =	5000	3.	4000	4.	1500	—
: 3 =	3333	5.	2666	7.	1000	—
: 4 =	2500	8.	2000	9.	750	—
: 5 =	2000	10.	1600	—	600	—
Mandate:		5		4		1

[1] Der Belgier Prof. Victor D'Hondt war Mathematiker an der Universität Gent.

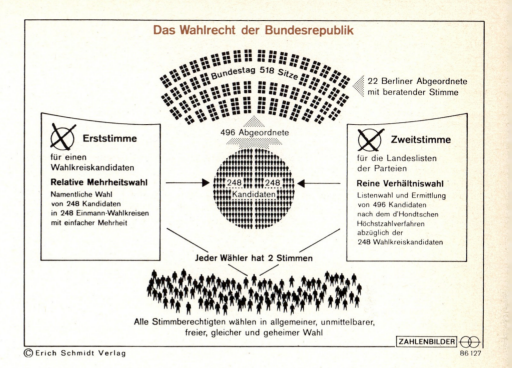

Das Wahlrecht der Bundesrepublik

© Erich Schmidt Verlag

100 000 Wähler einer Stadt wählen in zehn Wahlkreisen je einen Abgeordneten. Insgesamt zehn Abgeordnete kommen ins Parlament.

Wahlkreis	Stimmen für Partei			
	A	B	C	übrige
1	3500	3400	3100	
2	7000	2000	500	500
3	2000	5000	2500	500
4	8000	1000	1000	
5	4500	3500	2000	
6	6000	3000	1000	
7	1000	6000	3000	
8	5000	4500	500	
9	3000	3500	3000	500
10	4000	3500	2500	
gesamt	44000	35400	19100	1500

1. Unterstreichen Sie in jedem Wahlkreis die höchste Stimmenzahl. Der Kandidat der unterstrichenen Partei kommt ins Parlament

Ergebnis der Sitzverteilung:
   ? A   ? B   ? C   ? übrige

2. Verteilen Sie die 10 Sitze nach dem Höchstzahlverfahren.

Stimmenzahl	Partei A	Mandat	Partei B	Mandat	Partei C	Mandat
	44 000	?	35 400	?	19 100	?
: 2 =	?	?	?	?	?	?
: 3 =	?	?	?	?	?	?
: 4 =	?	?	?	?	?	?
: 5 =	?	?	?	?	?	?
Mandate:		?		?		?

Ergebnis der Sitzverteilung: ? A   ? B   ? C

Vergleichen Sie.

- Halten wir zum Schluß fest:

Ein Wahlsystem soll vor allem zwei Aufgaben erfüllen:

1. Die Zusammensetzung des Parlaments (Verteilung der Sitze) soll möglichst genau dem Wählerwillen entsprechen.
2. Im Parlament sollen deutliche Mehrheiten entstehen, damit Abstimmungen klar ausfallen.

Warum wird oft so erbittert um das Wahlsystem gerungen? Wahlsysteme regeln den Zugang zu politischer Macht. Daher ist es verständlich, daß jede Partei ein Wahlsystem anstrebt, das sie begünstigt. So muß z. B. die F.D.P. gegen ein Mehrheitswahlsystem sein, denn sie wäre sonst nicht im Bundestag vertreten.

Jedes Wahlsystem hat Vor- und Nachteile. Das „ideale" Wahlsystem gibt es nicht. (Denken Sie dabei auch an unser Wahlsystem mit der Fünf-Prozent-Klausel.)

3.4.4 Die Gesetzgebung

3.4.4.1 Der Bundestag (Art. 38 — 49 GG)

Kostenlos erhalten Sie vom Presse- und Informationsamt, Bundeshaus, 5300 Bonn: „Bundestag von a — z" (mehrere Broschüren). „Der Deutsche Bundestag, eine zeitgeschichtliche Dokumentation" und anderes Material.

> Der Plenarsaal[1] ist unser Lagerfeuer.
> Deutlich sichtbar wird die Demokratie bei den ... Indianern, wenn ein Dutzend gestandener Krieger ums Lagerfeuer hockt und solange palavert, bis der weise Häuptling einen Beschluß verkünden kann. Wir aber haben 500 Krieger, von denen die Hälfte prinzipiell gegen alles ist, was der Häuptling verkünden möchte, dessen Weisheit zudem noch alle vier Jahre überprüft wird, ebenso wie die seiner Krieger. Unser Lagerfeuer ist der Plenarsaal, und hier ist die Stelle, wo — vom Volke beobachtet — Demokratie offiziell geübt wird.

Quelle: Leserbrief in „Die Zeit", 14. Dezember 1979

Möchten Sie Abgeordneter sein? — Aus dem Tagebuch eines Abgeordneten —

> 8. Woche: Endlich einmal eine sitzungsfreie Woche. Die Familie verlangt ebenso ihr Recht wie der Wahlkreis und die Parteiorganisation. Das bedeutet aber, daß ich in Hamburg kaum zur Besinnung komme ...
>
> 9. Woche: Meine Übermüdung nimmt von Tag zu Tag zu. Tagsüber gibt es keinen Moment der Ruhe. Meistens sind wir bis tief in die Nacht hinein betriebsam. Manchmal fühle ich mich schon uralt und abgewirtschaftet ...
>
> 15. Woche: Die letzte Ferienwoche zu Hause. Jeden Tag mit anderen Leuten reden ... Was sind wir eigentlich? Hochstapler? Seelenpfleger? Sozialanwälte? Entscheider? Von jedem etwas. Vor allem tanzen wir ... auf zu vielen Hochzeiten ...
>
> 26. Woche: Die Kinder ... empfinden es als eine persönliche Kränkung, wenn auch in den Ferien Versammlungen sind, die Leute anrufen ... Meine älteste Tochter spricht dann immer von der ‚Scheißpartei' ...

[1] Plenarsaal (Plenum), Sitzungssaal für Sitzungen des Parlaments (von lat. plenus = voll).

70. Woche: Meine Rede (zur Deutschlandfrage) habe ich am Donnerstagvormittag gehalten ... 31 Stunden Arbeit waren vorausgegangen. Die Rede selbst kostet dann nur noch Nerven und Stehvermögen ...

78. Woche: Der Bundestag debattiert ... eine große Anfrage der CDU/CSU über die Reformpolitik der Bundesregierung ... Solche Plenarsitzungen sind ‚permanenter Wahlkampf'. Im Deutschen Bundestag wird den Bürgern gezeigt, wie sich die politischen Kräfte zu den vielfältigen Problemen unseres Landes stellen und wie sie sie lösen wollen ... Es geht vor allem auch darum, ... den eigenen Wählern und Anhängern Argumente zu liefern und Unentschlossene zu gewinnen. Es gibt keine härtere Bewährungsprobe für Politiker ... als das Auftreten im Plenum. "

Quelle: Hans Apel: „Bonn, den ... Tagebuch eines Bundestagsabgeordneten", Köln 1972

Nehmen Sie Ausschnitte von Bundestagsdebatten (Hörfunk) auf Kassette auf. Diskutieren Sie über die Reden.

 Auch die Zeitschrift „Das Parlament" (liegt im Lehrerzimmer aus) bringt Bundestagsreden im Wortlaut.

Bundestag in Aktion

Seine Abgeordneten werden für vier Jahre gewählt. Die Geschäftsordnung regelt die Arbeit des Bundestages. Der Bundestagspräsident leitet die Sitzungen. Er wird von Vizepräsidenten vertreten und bildet mit den Schriftführern und parlamentarischen Geschäftsführern der Fraktionen den Vorstand. In den Ausschüssen wird die Hauptarbeit geleistet.

● **Abstimmungen**

— einfache Abstimmung (Handzeichen oder Aufstehen),
— Auszählung (Hammelsprung[1]),

---
[1] Die Abgeordneten verlassen den Saal und betreten ihn wieder durch die Ja-Tür, Nein-Tür oder Enthaltungs-Tür.

— namentliche Abstimmung durch Stimmkarten,
— geheime Wahl: z. B. bei wichtigen Personalentscheidungen.

● **Mehrheiten**

— absolute Mehrheit: mehr als die Hälfte der gesetzlichen Mitglieder,
— relative (einfache) Mehrheit: Mehrheit der Anwesenden,
— Zweidrittelmehrheit ist z. B. für Änderungen des Grundgesetzes vorgeschrieben.

● **Bundestagsdebatten**

Die Redezeit ist auf 15 Minuten begrenzt (Ausnahmen werden vereinbart). Zwischenfragen können vom Redner zugelassen oder abgelehnt werden.

In der aktuellen Stunde kann der Bundestag eine Stellungnahme der Regierung erzwingen. Kleine Anfragen werden von der Regierung schriftlich beantwortet, große Anfragen im Bundestag diskutiert.

● **Anträge**

1. Sachanträge (z. B. Gesetzentwürfe) werden von Fraktionen oder mindestens 26 Abgeordneten gestellt.

2. Geschäftsordnungsanträge (z. B. Antrag auf namentliche Abstimmung) kann jeder Abgeordnete stellen.

● **Hauptaufgaben und Rechte des Bundestages**

1. Wahl des Bundeskanzlers (s. auch „konstruktives Mißtrauensvotum", siehe Seite 114) und Abstimmung über seine Vertrauensfrage (Art. 63, 67, 68 GG).

2. Mitwirkung an der Wahl des Bundespräsidenten (Art. 54 GG, siehe Seite 112).

3. Kontrolle von Regierung, Verwaltung und Bundeswehr

4. Einbringung von Gesetzesvorlagen und Verabschiedung von Bundesgesetzen (Art. 70 — 82 GG)

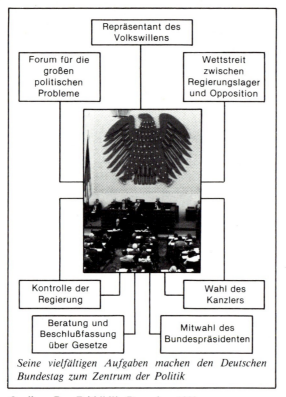

Seine vielfältigen Aufgaben machen den Deutschen Bundestag zum Zentrum der Politik

Quelle: „Das Zeitbild", Dezember 1982

5. Verabschiedung des Haushaltsgesetzes (Art. 110 — 115 GG)

 Kostenlos erhalten Sie die Broschüre: „Der Bundeshaushalt, unser Geld", beim Bundesministerium der Finanzen, Postfach, 5300 Bonn.

6. Zustimmung oder Ablehnung von Staatsverträgen des Bundes (Ratifizierung, Art. 59,2 GG)

7. Wahl der Hälfte der Mitglieder des Bundesverfassungsgerichtes

8. Einsetzung von Untersuchungsausschüssen (Art. 44 GG)

Weg der Gesetzgebung (Art. 70 — 82 GG):

 Beim Presse- und Informationszentrum des Deutschen Bundestages, 5300 Bonn, erhalten Sie kostenlos die Broschüre „Weg der Gesetzgebung".

„Gesetze sind das Kleid der Freiheit" hat Gustav Heinemann einmal gesagt. — In der Familie, im Freundeskreis sind es „ungeschriebene Gesetze", nach denen wir uns richten. Auch ein freiheitlicher Staat kann auf Gesetze nicht verzichten (z. B. Straßenverkehrsgesetz, Berufsbildungsgesetz, Lebensmittelgesetz). Sie schränken unsere Freiheit ein, geben uns aber auch Rechte (z. B. das Jugendarbeitsschutzgesetz).

Nicht nur in Bonn werden Gesetze gemacht. In der Bundesrepublik Deutschland darf jedes Bundesland Gesetze verabschieden (Föderalismus). Damit kein Durcheinander entsteht, gibt das Grundgesetz genaue Anweisungen. Wir kennen vier Formen der Gesetzgebung:

1. die ausschließliche Gesetzgebung des Bundes, d. h., nur er darf Gesetze erlassen (z. B. auswärtige Angelegenheiten, Verteidigung),

2. die ausschließliche Gesetzgebung der Länder, d. h., hier haben die Länder das Gesetzgebungsrecht (z. B. Bildungswesen),

> „Die Gesetzesgebung ist eine schwierige Aufgabe. Der Bundestag und der Bundesrat lassen sich das Gesetz zweimal vorlesen. Das nennt man Lesung. Danach läßt man sich das ganze Gesetz durch den Kopf gehen. Dann folgt noch eine dritte Lesung, und das Gesetz ist fertig, und der Bundespräsident kann es unterschreiben..."

Aus einem Schüleraufsatz

3. die konkurrierende Gesetzgebung, d. h., hier dürfen die Länder solange tätig werden, bis der Bund ein Interesse an einer bundesweiten Regelung hat,

4. Rahmenvorschriften, d. h., der Bund kann auf bestimmten Gebieten Vorschriften erlassen, nach denen sich die Länder zu richten haben (z. B. Pressewesen, Naturschutz).

Außerdem gibt es einfache Gesetze und zustimmungsbedürftige Gesetze (letztere können nur mit Zustimmung des Bundesrates verabschiedet werden). Verfassungsändernde Gesetze müssen mit Zweidrittelmehrheit von Bundestag und Bundesrat beschlossen werden.

Das Schema zeigt den Weg eines Bundesgesetzes vom Gesetzentwurf bis zur Verkündung durch den Bundespräsidenten im Bundesgesetzblatt. Dies ist der Weg, wenn alles „glatt über die Bühne" geht. Tauchen Schwierigkeiten auf, dann wird es komplizierter (siehe vor allem Art. 77 GG).

ℹ️ „Parlament aktuell", Herausgeber: Deutscher Bundestag, Presse- und Informationszentrum, 5300 Bonn. Sie können die Broschüre dort kostenlos anfordern.

„ Der Bundestag gilt im Wettbewerb vergleichbarer westlicher Parlamente als extrem fleißig ... Eine Flut von Gesetzen, Verordnungen und Durchführungsbestimmungen ergießt sich über die Bürger. Nahezu alles wird mit einem an Besessenheit grenzenden Zwang zum Perfek-

„Ich kann Ihnen nur sagen: Hier ist ährlich Arbeit geleistet worden!"

So kommt ein Gesetz zustande:

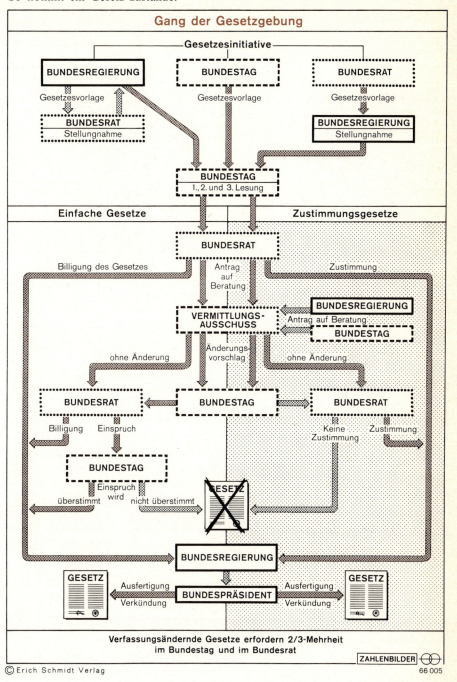

tionismus geregelt. Die Folge: Das Unbehagen über den ständig komplizierter werdenden Umgang mit den Behörden wie mit dem Recht wächst in dem Maße, wie die Bürokratisierung selbst fortschreitet. 99

"Rheinische Post", 10. Januar 1980

Der "Speditionsausschuß"

Eingaben an den Petitionsausschuß tragen häufig kuriose Anschriften: „Speditionsausschuß Bundeshaus", „Pietätsausschuß", „Präzisionsabteilung Bonn", „Positions-, Exekutions- und Spekulationsausschuß", „Meckerecke Bonn", „Kummerkasten der Nation", „Bundesklagemauer" oder an die „Ministerin der Speditionsgesellschaft, Regierungshaus". Wichtig aber ist: die Post kommt an.

Quelle: „Das Parlament", 22. Januar 1977

● "Kummerkasten der Nation": **Petitionsausschuß**[1] (Art. 17 GG)

99 Viele Bürger wissen nicht, wie sie ihre Anliegen bei den Behörden vortragen sollen. Hier können verständnisvolle Beamte, Auskunfts- und Beratungsstellen helfen. Außerdem kann jeder Bürger seine Eingabe an den Petitionsausschuß des Landtages, des Bundestages und in Rheinland-Pfalz an den Bürgerbeauftragten richten. 99

Quelle: „Das Parlament", 22. Januar 1977

Das Petitionsrecht ist das Recht jedes Bürgers, sich mit Bitten oder Beschwerden an die Parlamente oder an Behörden zu wenden.

Auch Sie können an den „Kummerkasten der Nation" schreiben, wenn Sie sich z. B. von Behörden im Stich gelassen fühlen. Sie brauchen keine langen Formulare auszufüllen oder kunstvolle Sätze zu drechseln. Es genügt eine kurze Schilderung Ihrer Sorgen (eventuell legen Sie Unterlagen bei). Die 27 Mitglieder des Petitionsausschusses des Bundestages sind Kummer gewohnt. 1975 hatten sie 11 500 Eingaben zu bearbeiten. 1976 waren es über 20 000! Der Ausschuß prüft jedes Gesuch und versucht, dem Antragsteller zu helfen (zuständige Behörden müssen Auskünfte geben). Jeder hat einen Anspruch darauf, auf seinen Brief eine Antwort oder Entscheidung zu erfahren.

▼

Angenommen, Sie sind in einem Kraftwerk beschäftigt. Vor einigen Wochen haben Sie an der Demonstration einer Bürgerinitiative (siehe Seite 86) gegen Atomkraftwerke teilgenommen (Art. 5 und 18 GG). Ihre Vorgesetzten sind für Atomkraftwerke. Man ist verärgert und setzt Sie unter Druck. Sie bestehen auf Ihrer Meinungsfreiheit, und Ihnen wird gekündigt (wegen „Störung des Betriebsfriedens"). Schreiben Sie an den Petitionsausschuß.

Übrigens: Es ist nicht wichtig, ob Sie an den „richtigen" Petitionsausschuß schreiben:

99 „Sendet jemand eine Eingabe an den Petitionsausschuß des Bundestages oder eines Landtages, ist aber für die Behandlung des Falles ein anderes Parlament ... zuständig, so wird die Petition an den zuständigen Petitionsausschuß weitergeleitet, und der Einsender erhält darüber eine Abgabennachricht." 99

Quelle: Das Parlament, 22. Januar 1977

● **Gewissensfreiheit und Fraktionszwang**

In den Fraktionen[1] fallen wichtige Grundsatzentscheidungen. Die freiwillige Unterordnung der Abgeordneten unter Fraktionsbeschlüsse nennt man **Fraktionsdisziplin. Fraktionszwang** bedeutet, daß eine Fraktion von ihren Mitgliedern verlangt, sich bei einer Abstimmung im Bundestag einheitlich zu verhalten (nach dem Grundgesetz unzulässig, Art. 38,1).

99 Die Freiheit des Glaubens, des Gewissens und die Freiheit des religiösen und weltanschaulichen Bekenntnisses sind unverletzlich.

Die Abgeordneten des Deutschen Bundestages ... sind Vertreter des ganzen Volkes, an Aufträge und Weisungen nicht gebunden und nur ihrem Gewissen unterworfen. 99

Quelle: Art. 4,1 und Art. 38,1 GG

99 ... wenn die Durchsetzung ... eines Gesetzentwurfes, für den sich die Mehrheit ... der Fraktion einsetzt, durch das Verhalten einer Minderheit der Fraktion unmöglich wird ..., dann muß sich die Minderheit der Fraktion die Frage stellen lassen, wie sie es verantworten will, die Mehrheit der Fraktion zur Wirkungslosigkeit zu nötigen. 99

Quelle: Herbert Wehner in „Frankfurter Allgemeine Zeitung", 1. Oktober 1977

---

[1] Petition = Bittschrift, Gesuch.

[1] Fraktion: Zusammenschluß von mindestens 26 Abgeordneten derselben politischen Partei. Im jetzigen Bundestag gibt es vier Fraktionen: CDU/CSU, SPD, F.D.P., Die Grünen.

> Die Gewissensfreiheit gehört zu jenen Grundrechten, die den Bestand einer freiheitlichen Demokratie sichern. Freie politische Entscheidungen sind nur dann möglich, wenn nach sachlicher Prüfung letztlich das Gewissen den Ausschlag gibt.

Quelle: „Gesellschaft und Staat", a. a. O., S. 250

Immer wieder entzünden sich an der Gewissensfreiheit des Abgeordneten leidenschaftliche Diskussionen. — Ist er frei? Kann er seinem Gewissen folgen, ohne Rücksicht auf Wähler, Partei oder Interessengruppen? Oder sollte man mit diesem Begriff vorsichtiger umgehen, sich davor hüten, „... große Worte zu strapazieren, wenn es um ganz handfeste Dinge geht"?[1]

Gewissensfreiheit und Fraktionszwang: In einem erfundenen Gespräch wollen wir versuchen, einige Probleme anzureißen.

Abgeordneter: Das Grundgesetz garantiert uns die Gewissensfreiheit. Wir sollten uns freimachen von Interessengruppen und nur das Wohl des ganzen Volkes im Auge haben.

Wähler: Das klingt sehr schön. Doch wie sieht die Praxis aus? Ich denke daran, daß oft eine Partei geschlossen gegen die andere Partei stimmt. Es fällt mir dann schwer zu glauben, daß jeder Abgeordnete eine persönliche Gewissensentscheidung getroffen hat.

Abgeordneter: Dieser Eindruck kann entstehen. Doch Sie dürfen nicht vergessen: Die Männer und Frauen einer politischen Partei sind in den wichtigsten Fragen einer Meinung, deshalb haben sie sich ja dieser Partei angeschlossen.

Wähler: Ich kann mir aber nicht vorstellen, daß das immer so ist. Dazu sind die Menschen zu verschieden. Wenn im Bundestag eine Partei geschlossen gegen die andere stimmt, werden wir mißtrauisch. Man hört immer wieder das Wort „Fraktionszwang". Gibt es ihn oder nicht?

Abgeordneter: In bestimmten Fällen kann davon gesprochen werden. Es gibt Entscheidungen, die für eine Partei besonders wichtig sind. Wenn jetzt nicht alle Parteifreunde geschlossen abstimmen, gelingt es vielleicht der anderen Partei, uns zu überstimmen.

Wähler (ironisch): Bei weniger wichtigen Entscheidungen darf der Abgeordnete sich frei entscheiden! — Bei wichtigen Entscheidungen muß er der Partei gehorchen!

[1] Walter Scheel am 27. April 1972 vor dem Deutschen Bundestag

Abgeordneter: Vor der entscheidenden Abstimmung im Bundestag wird in einer Fraktionssitzung ausführlich über das Problem gesprochen. Es wird dann darüber abgestimmt, wie die Parteifreunde sich im Bundestag verhalten sollen. Die Minderheit muß sich der Mehrheit fügen! Das ist demokratisch.

Wähler: Ich kann das nicht demokratisch finden! Die Partei erwartet von der Minderheit, daß sie das Grundgesetz mißachtet, indem sie gegen ihre Überzeugung stimmt! Parteitaktik ist wichtiger als die Gewissensentscheidung eines Abgeordneten!

Abgeordneter: So darf man das nicht sagen! Das Wohl der Partei kann keinem Abgeordneten gleichgültig sein. In bestimmten Fällen sollte der einzelne sich unterordnen — zum Wohle des Ganzen! Übrigens, auch wenn ich mich anders entscheide als meine Parteifreunde, geschieht mir nichts.

Wähler: Nehmen wir einmal an, Sie haben sich bei einer wichtigen Entscheidung anders verhalten, als es die Partei erwartete. Durch Ihre fehlende Stimme kam ein Gesetz nicht zustande. Würde Ihnen nichts geschehen?

Abgeordneter: Nein, absolut nichts!

Wähler: Wären Ihre Parteifreunde nicht verärgert?

Abgeordneter: Natürlich, das ist doch nur menschlich!

Wähler: Sie sind aber in vielen Dingen von Ihrer Partei abhängig! Da sind Posten zu vergeben. Bei der nächsten Wahl möchten Sie wieder kandidieren ... Wenn Sie nun unangenehm auffallen, wird man Druck auf Sie ausüben! Können Sie als einzelner gegen den Parteiapparat ankommen?

Abgeordneter: Sie dürfen die Parteien nicht zu schlecht machen. Man wird nicht einfach in diesem Apparat „zerrieben". Es gibt Möglichkeiten, sich zu wehren. Aber wenn ich dauernd anderer Meinung bin als meine Parteifreunde, dann bin ich in der falschen Partei.

Wähler: Wenn ich das Problem richtig verstanden habe, ist der Abgeordnete hin- und hergerissen zwischen Parteiinteresse und Gewissen. So einfach, wie es im Grundgesetz steht, ist es nicht.

Abgeordneter: Da haben Sie recht. Manche Entscheidung fällt uns wirklich nicht leicht. Im Notfall sollte man sich auch einmal gegen seine Partei entscheiden. Es kann für eine Partei heilsam sein, wenn sie nicht nur Jasager in ihren Reihen hat.

Diskutieren Sie das Problem. Beachten Sie auch die Zitate auf Seite 108 f.

- **Wachhund mit scharfen Zähnen: parlamentarische Opposition**

„Herr Nachbar, haben Sie eine Ahnung, woher diese Unlust und Verdrossenheit unserer Kundschaft kommt?"

Geschichtliches: Die Wurzel liegt in dem von John Locke formulierten Widerstandsrecht gegen die absolute Herrschaft der Krone. Dieses Recht sah er, wenn die „balance of powers" (das Machtgleichgewicht) gestört war. Es zeigte sich, daß auch unter einer parlamentarischen Regierung diese Balance gefährdet sein konnte: Robert Walpole (1676 — 1745), englischer Regierungschef, regierte geschickt und skrupellos. Er bestach Abgeordnete und spielte sie gegeneinander aus. Den Widerstand gegen ihn organisierte Lord Bolingbroke[1]. In zäher Arbeit baute er eine Oppositionspartei auf. Schließlich gelang es, Walpole zu stürzen.

---

[1] Saint-John Bolingbroke (1678 — 1751), englischer Staatsmann und Schriftsteller: gen. John Bull.

Bolingbroke war der erste, der die Aufgaben einer parlamentarischen Opposition gründlich durchdachte. Sein Kerngedanke:

> Wer auch immer an der Macht ist, er sollte bewacht werden.

Quelle: Zitiert bei Bode, Ursprung und Begriff der parlamentarischen Opposition, Stuttgart 1962, S. 3

Das englische Beispiel hatte für andere parlamentarische Systeme grundlegende Bedeutung:

> Das britische Parlament in der Ausbildung, die es im 18. Jahrhundert erfahren hat, ... mit seiner Opposition als latenter[1] alternativer Ablösung der Regierung ist vielleicht die großartigste und zugleich delikateste[2] Form der Selbstverwirklichung der freiheitlichen Vernunft des Abendlandes.

Quelle: Bode, a. a. O., Vorwort

- **Was ist parlamentarische Opposition?**

Als „Minderheit" im Parlament gehört sie zu den wichtigsten Kontrollorganen. (Die „Mehrheit" unterstützt in der Regel die Regierung.)

Zu den wichtigsten Rechten und Aufgaben gehören:

1. Machtkontrolle. Keine Regierung ist davor gefeit, Fehler zu machen oder Macht zu mißbrauchen. Parlamentarische Opposition als „Wachhund" bedeutet ständige scharfe Kontrolle von Regierung und Verwaltung. Sie achtet darauf, daß das Gleichgewicht zwischen notwendigem Zwang und politischer Freiheit gewahrt bleibt.

Möglichkeiten: Im Parlament z. B. die Debatten über Regierungserklärungen, Gesetzesvorlagen, kleine und große Anfragen, Fragestunde, eigene Gesetzesvorschläge, Arbeit in den Ausschüssen, Einsetzung von Untersuchungsausschüssen und das „konstruktive Mißtrauensvotum" als Möglichkeit des Kanzlersturzes (Seite 114). — Im übrigen versucht sie, die Mehrheit des Volkes für sich zu gewinnen.

---

[1] latent = verborgen, schlummernd; alternativ = alternativ = zwischen zwei Möglichkeiten wählen können.

[2] delikat = ausgesucht, heikel.

2. Gegenvorschläge (Alternativen). Die parlamentarische Opposition erarbeitet häufig zu strittigen Punkten der Regierungsarbeit Gegenvorschläge.

3. Ziel: Die Ablösung der Regierung durch einen Wahlsieg (Mehrheit im Parlament) ist schließlich Ziel jeder parlamentarischen Opposition.

3.4.4.2 Der Bundesrat

Kostenlos erhalten Sie vom Bundesrat, Referat Öffentlichkeitsarbeit, Bundeshaus, 5300 Bonn, die Broschüre „Unser Bundesrat" und anderes Material.

Was ist der Bundesrat?

„ Der Bundesrat besteht aus Mitgliedern der Regierungen der Länder, die sie bestellen und abberrufen ... "

Quelle: Art. 51,1 GG

Das Grundgesetz räumt den Ländern durch den Bundesrat erhebliche Gesetzgebungsbefugnisse ein. Eine Verfassungsänderung, durch die diese Grundgesetze aufgehoben werden, ist unzulässig (Art. 79,3 GG).

Halten wir fest:

Der Bundesrat ist die Vertretung der Länder (Art. 50 — 53 GG). Je nach ihrer Bevölkerungszahl entsenden die Bundesländer drei bis fünf Vertreter. Es sind keine gewählten Volksvertreter, sondern Regierungsvertreter. Sie dürfen als Vertreter ihres Landes ihre Stimmen nur einheitlich abgeben und sind dabei an die Weisungen der Landesregierung gebunden.

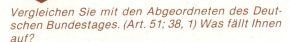

Vergleichen Sie mit den Abgeordneten des Deutschen Bundestages. (Art. 51; 38, 1) Was fällt Ihnen auf?

Erklären Sie die Grafik „Der Bundesrat" anhand der Bestimmungen des Grundgesetzes (Art. 50 — 53).

Verfolgen Sie den Weg der Gesetzgebung, und machen Sie sich klar, welche Rolle der Bundesrat dabei spielt (Seite 107).

Der Bundesrat als Vertretung der Länder wird oft als das „Herz des deutschen Föderalismus" bezeichnet (siehe Seite 193).

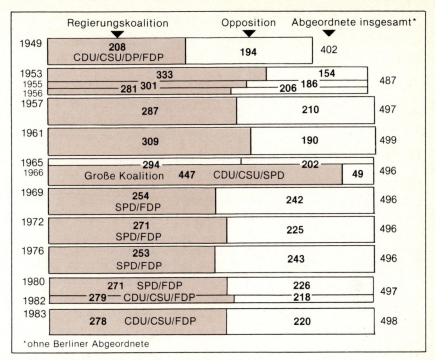

Koalition und Opposition im Deutschen Bundestag

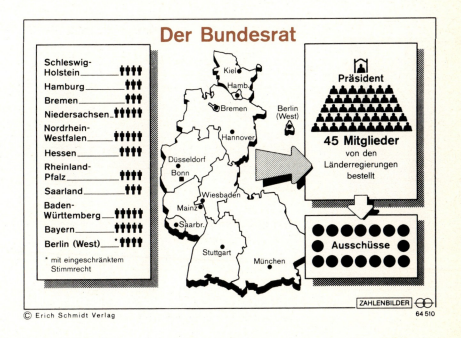

111

- **Hauptaufgaben und Rechte des Bundesrates**

1. Vorschlag von Gesetzen (Gesetzesinitiative, Seite 107).
2. Mitwirkung bei der Gesetzgebung (Art. 50 und 70 — 82 GG, siehe Seite 107). Der Bundesrat nimmt zu Gesetzesvorlagen der Bundesregierung Stellung (Zustimmung zu oder Ablehnung von Gesetzesentwürfen und Rechtsverordnungen).

Die Zustimmung des Bundesrates ist vor allem bei Verfassungsänderungen und Finanzgesetzen erforderlich. Gegen alle anderen Gesetze hat er ein Einspruchsrecht, das aber vom Bundestag zurückgewiesen werden kann (siehe dazu Seite 107).

Das Schwergewicht der Ausführung von Gesetzen liegt bei den Ländern. Daher ist die Sachkenntnis der „Länderbürokratie" für die Arbeit von Bundesregierung und Bundestag wichtig.

3.4.5 Der Bundespräsident, unser König?

(Art. 54 — 61 GG)

Am 23. Mai 1984 wurde Richard v. Weizsäcker zum sechsten Bundespräsidenten gewählt.

In der Tat, die Stellung unseres Bundespräsidenten läßt sich mit westeuropäischen Monarchen, z. B. der englischen Königin, vergleichen.

Die Stellung des Bundespräsidenten ergab sich aus den Erfahrungen mit der Weimarer Verfassung[1]. Direkte politische Macht übt unser „König" in der Regel nicht aus. Allerdings gibt ihm unsere Verfassung für bestimmte Fälle eine „Reservemacht" . . . (Seite 113 f.).

Verschaffen wir uns zunächst die notwendigen Grundinformationen:

Der Bundespräsident...

- muß mindestens 40 Jahre alt sein;
- wird alle 5 Jahre von der Bundesversammlung gewählt, die sich je zur Hälfte aus den Abgeordneten des Bundestages und Wahlmännern zusammensetzt, die von den Länderparlamenten bestimmt werden;
- kann nur einmal wiedergewählt werden;
- vertritt die Bundesrepublik Deutschland völkerrechtlich, schließt im Namen der Bundesrepublik Verträge mit ausländischen Staaten, beglaubigt und empfängt die Gesandten;
- schlägt dem Bundestag einen Kandidaten zur Wahl des Bundeskanzlers vor;
- ernennt und entläßt den Bundeskanzler nach entsprechenden Beschlüssen des Bundestages;
- kann den Bundestag auflösen und Neuwahlen ausschreiben, wenn bei der Wahl des Bundeskanzlers auch der dritte Wahlgang keine absolute Mehrheit für einen Kandidaten bringt;
- ernennt und entläßt die Bundesminister, Bundesrichter, Bundesbeamten, Offiziere und Unteroffiziere auf Vorschlag der zuständigen Gremien;
- übt das Begnadigungsrecht für den Bund aus;
- fertigt die beschlossenen Gesetze aus und verkündet sie, nachdem er diese vorher auf ihre Verfassungsmäßigkeit geprüft hat;
- verleiht den Verdienstorden der Bundesrepublik Deutschland;

Kostenlos erhalten Sie die Broschüre „Der Bundespräsident" vom Referat für Öffentlichkeitsarbeit des Bundespräsidenten, Postfach, 5300 Bonn.

Erklären Sie das Schema auf Seite 113 mit Hilfe des Grundgesetzes (Art. 54 — 61, 82, 63, 64, 67, 68, 81).

---

[1] Nach ihr hatte ein Reichspräsident aufgrund des Art. 48 u. a. eine Ausnahmegewalt. So konnte er z. B. den Reichskanzler ernennen oder entlassen („Präsidialkabinette"). Maßnahmen, die solange Gültigkeit hatten, bis der Reichstag mit Mehrheit eine andere Entscheidung traf: Art. 48 „Weimarer Verfassung": „Der Reichspräsident kann, . . . , die zur Wiederherstellung der öffentlichen Sicherheit und Ordnung nötigen Maßnahmen treffen, erforderlichenfalls mit Hilfe der bewaffneten Macht einschreiten."

Horst Hildebrandt, Die deutschen Verfassungen des 19. und 20. Jahrhunderts, Paderborn 1954, S. 158.

Die Person prägt das Amt

" Das Amt des Bundespräsidenten ist ein Paragraphengespinst, das erst durch die Person des Amtsträgers mit Leben erfüllt wird. "

Quelle: Prof. Theodor Heuss, Bundespräsident von 1949 bis 1959, zitiert in Zimmermann, Das Bundespräsidialamt, Droste Verlag, S. 25.

Unser Bundespräsident ist vom Grundgesetz mit wenig Macht ausgestattet. Trotzdem hat er Möglichkeiten politischer Einflußnahme:

1. Informationsrecht

Er kann jederzeit den Bundeskanzler, jeden Bundesminister, andere Politiker und Persönlichkeiten aus der Wirtschaft zu sich bitten, um sich unterrichten zu lassen. Er kann in diesen Gesprächen Anregungen geben und versuchen, die Politik zu beeinflussen. (Übrigens ist ein Vertreter des Bundespräsidenten bei Sitzungen der Regierung anwesend.)

2. Völkerrechtliche Vertretung des Bundes (Art. 59 GG)

Der Bundespräsident schließt im Namen des Bundes die Verträge mit fremden Staaten. Er beglaubigt und empfängt die Gesandten, entsendet deutsche Botschafter ins Ausland und macht Staatsbesuche. Dies heißt nicht, daß er eine eigene Außenpolitik betreiben darf.

3. Autorität des Amtes und persönliche Autorität

Der Bundespräsident ist unser „König". Durch die Autorität seines Amtes und seiner Person bieten sich für ihn viele Einflußmöglichkeiten. Er kann z. B. in öffentlichen Reden bestimmte Probleme ansprechen. Er kann Veranstaltungen, die er besucht, allein durch seine Anwesenheit eine besondere Bedeutung geben.

" Der Bundespräsident braucht die Öffentlichkeit, braucht die Unterstützung durch Presse, Hörfunk und Fernsehen. Hier eröffnen sich Wirkungsmöglichkeiten, die in keiner Verfassung zu verankern sind, die aber den im Grundgesetz niedergelegten Aufgaben nicht nachstehen. "

Quelle: „Das Bundespräsidialamt", S. 29

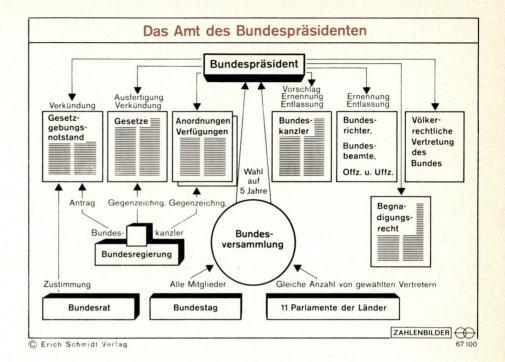

Der Bundespräsident als „Reservemacht"

" Dem Bundespräsidenten ... gibt unsere Verfassung eine Reservemacht, die nur für den Fall einer Regierungs- und Parlamentskrise zum Einsatz kommt. "

Quelle: „Das Bundespräsidialamt", S. 70

Im „Normalfall" hat unser Bundespräsident keine direkte politische Macht. In bestimmten Fällen aber kann es entscheidend auf ihn ankommen:

1. Parlamentsauflösung

Erhält ein Kandidat für das Amt des Bundeskanzlers im dritten Wahlgang nur die relative Mehrheit, dann kann er ihn ernennen oder das Parlament auflösen (Art. 63,4 GG).

Verliert der Bundeskanzler bei einer Vertrauensfrage die Abstimmung, kann er den Bundespräsidenten bitten, den Bundestag aufzulösen. Der Bundespräsident kann diesem Wunsche innerhalb von 21 Tagen entsprechen (siehe dazu Art. 68 GG).

2. Gesetzgebungsnotstand

Unter bestimmten Voraussetzungen (Art. 81 GG) kann der Bundespräsident den Gesetzgebungsnotstand erklären. Dies bedeutet, daß für die Dauer von sechs Monaten Gesetzesvorlagen der Regierung ohne Bundestag mit Hilfe des Bundesrates verabschiedet werden können.

3. Ernennung von Ministern

Hier gibt es verschiedene Ansichten:

> Die Frage, ob der Bundespräsident die vorgeschlagenen Minister ernennen muß, ist umstritten. Immerhin hat Bundespräsident Heuss 1953 den für das Amt des Bundesjustizministers vorgeschlagenen Dr. Thomas Dehler abgelehnt. Bundeskanzler Adenauer gab damals nach.

Quelle: „Das Bundespräsidialamt", S. 22

3.4.6 Regierung und Verwaltung
(Art. 62 — 69, 83 — 91 GG)

Kostenloses Material erhalten Sie vom Presse- und Informationsamt der Bundesregierung, 5300 Bonn. — Die Broschüre „Der Bundeshaushalt, unser Geld" erhalten Sie vom Bundesministerium der Finanzen, 5300 Bonn. Auch die anderen Ministerien schicken Ihnen Material zu.

- **Die Bundesregierung**

„Die Bundesregierung besteht aus dem Bundeskanzler und den Bundesministern." (Art. 62 GG)

„Der Bundeskanzler wird auf Vorschlag des Bundespräsidenten vom Bundestag ohne Aussprache gewählt." (Art. 63,1 GG)

„Die Bundesminister werden auf Vorschlag des Bundeskanzlers vom Bundespräsidenten ernannt und entlassen." (Art. 64,1 GG)

Zu den Hauptaufgaben und Rechten gehören:

1. Die politische Führung nach innen und außen,
2. die Einbringung von Gesetzesvorlagen,
3. die Ausführung der Gesetze.

Dem Bundeskanzler wird vom Grundgesetz eine starke Stellung eingeräumt. Er bestimmt „die Richtlinien der Politik", schlägt dem Bundespräsidenten die Minister vor und leitet die Kabinettssitzungen. Er kann nur durch das „konstruktive Mißtrauensvotum"[1] (Art. 67 GG) abgewählt werden. Man spricht daher auch manchmal von einer „Kanzlerdemokratie". Trotzdem haben die Minister ihr Gewicht. Im Rahmen ihrer Aufgabenbereiche sind sie selbständig und eigenverantwortlich tätig. Oft stärkt ihnen eine „Hausmacht" den Rücken (z. B. Gruppen innerhalb der Partei, oder der Minister gehört der anderen Koalitionspartei an).

Treten innerhalb der Regierung (des „Kabinetts") Meinungsverschiedenheiten auf, dann entscheidet nicht allein der Kanzler, sondern die gesamte Regierung.

Vergleichen Sie die Stellung von Bundespräsident und Bundeskanzler (Art. 54 — 61 und 62 — 69 GG). Denken Sie dabei vor allem an die Möglichkeit, politische Macht auszuüben.

Erklären Sie die folgende Grafik (Mißtrauensvotum, Vertrauensfrage) mit Hilfe des Grundgesetzes (Art. 67 und 68).

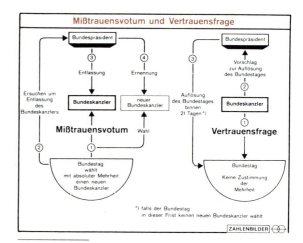

[1] Der Bundeskanzler kann nur dadurch gestürzt werden, daß ein anderer an seiner Stelle gewählt wird. Am 1. Oktober 1982 wurde mit einem konstruktiven Mißtrauensvotum Helmut Kohl zum Bundeskanzler gewählt.

- **Die Verwaltung**

Kostenlos erhalten Sie Broschüren aus der Reihe „Bürger-Service". So z. B. „Tips für Arbeitnehmer", „Tips für junge Leute", „Sozialhilfe — Ihr gutes Recht", „Wohngeld", „Unser neues Mietrecht". Schreiben Sie an das Presse- und Informationsamt der Bundesregierung, Postfach, 5300 Bonn.

Buchtip: Karlhorst, Paul, „Keine Angst vor Bürokraten", Beltz Verlag.

Der Amtsschimmel wiehert ...

> Eine Ursache kann begrifflich nur gegeben sein, wenn eine Folge vorliegt, da sie ihrem Wesen nach erst mit der Folge entsteht. Mittelbare Folgen sind Folgen unmittelbarer Folgen. Demzufolge kann eine mittelbare Ursächlichkeit nur bestehen, wenn eine unmittelbare Folge der Ursache zu weiteren Folgen geführt hat. Unter mittelbarer Ursächlichkeit ist also das Hervorrufen von Folgen durch unmittelbare Folgen eines Ereignisses oder Zustandes zu verstehen.

Quelle: Bundesversorgungsblatt, 1956, Heft 1, Seite 9

▼

Versuchen Sie einmal, dieses „Amtsdeutsch" in verständliche Formulierungen zu „übersetzen".

Klagen über „die Verwaltung" sind so alt wie die Verwaltung selbst. Man spricht gern vom „verwalteten Bürger", von „aufgeblähter Verwaltung", von „Bürokratie" und vom „Amtsschimmel" ...

Was ist eigentlich „die Verwaltung"?

> Sie „... dient dazu, die innere Tätigkeit von Behörden, Organisationen (Parteien, Interessenverbänden), Industrieunternehmen und Handel zu gewährleisten. In den gegenwärtigen Gesellschaften erfaßt die Verwaltung immer weitere Bereiche in Staat, Politik, Wirtschaft, Kultur, Freizeit. Nach einem Wort des Philosophen und Soziologen Theodor W. Adorno leben wir in einer ‚verwalteten Welt' ... Die Verwaltungsvorgänge werden immer komplizierter. Ohnmächtig muß der Bürger in der Regel zusehen, wie er zwar korrekt, aber für ihn nicht durchschaubar verwaltet wird.'

Quelle: „Gesellschaft und Staat", a. a. O., S. 555

Bürger schreiben an Behörden ...

Halten wir fest: Kein Staat kommt ohne Bürokratie aus. Die moderne Verwaltung hat komplizierte Aufgaben zu bewältigen. Gefahren liegen in der „Aufblähung des Behördenapparates", des Machtmißbrauchs und der Anonymität.

Als Grundinformation für öffentliche Verwaltung hier eine Gliederung in drei Punkte:

1. Ordnungsverwaltung (z. B. Gefahrenabwehr, Aufrechterhaltung der Ordnung). Dazu gehören u. a. Polizei, Steuerverwaltung, Militär.

2. Betreuungsverwaltung (z. B. Hilfe für Bedürftige). Dazu gehören u. a. die öffentliche Fürsorge, Sozialverwaltungen, sozialer Wohnungsbau.

3. Leistungsverwaltung (Leistungen für alle Bürger). Dazu gehören u. a. Verkehrsbetriebe, öffentliche Versorgungsbetriebe wie Schulwesen, Straßenbau, Gas, Wasser, Elektrizität.

Die Verwaltung wird kontrolliert durch: 1. Parlamente (Seite 104 ff.), 2. Regierungen (Seite 114), 3. Rechnungshof (Seite 91), 4. Gerichte (Seite 91), 5. Öffentlichkeit (z. B. Presse, Initiativen von Bürgern, Seite 86 ff.).

Umgang mit Bürgern wird geübt
Fortbildungsseminar für die Mitarbeiter der Stadt

Das Thema „Bürgernahe Verwaltung" steht im Mittelpunkt des Fortbildungsprogramms 1980 für die Mitarbeiter der Hansestadt Lübeck. Das Personalamt bietet 37 Seminare mit einer Kapazität von 860 Plätzen an.

Rund 100 000 Mark wird die Durchführung des Programms kosten. . . .

Senator Hilpert: „Mich hat am meisten gefreut, daß das Fortbildungsseminar ‚Bürgernahe Verwaltung — Umgang mit dem Bürger' absoluter Spitzenreiter in den Beurteilungen ist." . . .

Der Innensenator ist übrigens mit dem Erfolg der Fortbildungsmaßnahme, die in diesem Jahr zum siebten Mal stattfindet, zufrieden: „Ich gehe ab und zu durch die Ämter und mache Stichproben. Die bürgernahe Verwaltung wird zum großen Teil durch eben diese Seminare schon praktiziert."

BiS

„Lübecker Nachrichten", 12. Januar 1980

Tips für den Umgang mit Behörden

Sie fühlen sich von einer Verwaltung ungerecht behandelt. Ein Antrag von Ihnen ist abgelehnt worden. Sie sind z. B. der Ansicht, für ihre Wohnung stehe Ihnen Wohngeld zu. Oder Sie meinen, daß Sie Anspruch auf Ausbildungsförderung oder Sozialhilfe haben. Die Ablehnung der zuständigen Behörde wollen Sie nicht hinnehmen. Was ist zu tun? (siehe auch Buchtip Seite 115).

1. Allgemeine Information

Sie können sich zunächst allgemein informieren. Denken Sie dabei auch an den „Bürger-Service" Seite 115). Vielleicht gibt es im Freundes- und Bekanntenkreis ähnliche Fälle, aus denen Sie für sich lernen können. Natürlich können Sie auch einen Rechtsanwalt aufsuchen.

2. Auskunftsrecht

Jede Verwaltung ist verpflichtet, Ihnen genaue Auskünfte zu geben. Dabei ist es selbstverständlich, daß man Sie höflich und korrekt behandelt. Die Verwaltung ist für Sie da und nicht umgekehrt . . .

3. Rechtsbehelfe (Schritte, die nicht unbedingt eine rechtliche Wirkung haben)

Die Gegenvorstellung ist die Bitte, eine Entscheidung noch einmal zu überprüfen.

Die Beschwerde: Sie bitten die nächsthöhere Behörde, eine Entscheidung der untergeordneten Behörde zu überprüfen. Dienstaufsichtsbeschwerde: Sie sind empört über ein besonders unhöfliches oder pflichtwidriges Verhalten eines Angestellten oder Beamten. An dessen Dienstvorgesetzten schreiben Sie eine Beschwerde.

— Und schließlich können Sie an einen Petitionsausschuß schreiben. Informieren Sie sich über Ihr Petitionsrecht (siehe Seite 108).

4. Rechtsmittel

Das sind Schritte mit rechtlicher Wirkung gegen eine Entscheidung. Rechtsmittel müssen immer schriftlich innerhalb einer vorgeschriebenen Frist eingelegt werden. (Jeder „Verwaltungsakt" soll eine Rechtsmittelbelehrung enthalten. Wenn sie fehlt, kann man sie anfordern.)

5. Klage vor dem Verwaltungsgericht

Regierung und Verwaltung als Machtzentrum

99 Regierungen sind . . . Zentren des staatlichen Machtapparates . . . Für den Bürger ist darum die Frage entscheidend: Wie werde ich regiert? Schützt und fördert die Regierung meine Interessen, oder tut sie das Gegenteil? 99

Quelle: Kurt Sontheimer in Politik für Nichtpolitiker, Bd. 2, München 1972, S. 507

Wir leben in einem „sozialen Leistungsstaat", d. h., wir Bürger erwarten immer mehr von Regierung und Verwaltung. Wir erwarten Ordnung im Innern und Sicherheit nach außen; gute Straßen und eine funktionierende Bundesbahn; wir erwarten soziale Sicherung und einen angemessenen Lebensstandard; wir erwarten, daß der Staat sich um sichere Arbeitsplätze, Preisstabilität, Energiesicherung und eine saubere Umwelt kümmert.

Je mehr Aufgaben Regierung und Verwaltung an sich ziehen, desto größer wird auch ihre Machtfülle. Deshalb ist die Frage nach der Machtkontrolle heute so wichtig geworden.

Ursprünglich sollte die Gewaltenteilung (Seite 90) die Regierungsmacht beschränken. Dieses ideale Bild stimmt heute nicht mehr. Das Verhältnis zwischen Regierung und Parlament hat sich stark verschoben. Einer mächtigen Regierung (und Verwaltung) steht ein gespaltenes Parlament gegenüber, denn die Mehrheitsfraktion ist heute eine Art Hilfstruppe der Regierung. Die Möglichkeiten der parlamentarischen Opposition (Seite 110 f.) sind begrenzt. Sie hat nicht die Mehrheit, der umfangreiche Apparat der Regierung und Verwaltung steht ihr nicht zur Verfügung.

Schließlich sollte der Bürger seine Regierung auch nach folgendem Grundsatz beurteilen:

„ Was sie für den Menschen tut, der ihrer Herrschaft anvertraut ist und der er nicht entrinnen kann. "

Quelle: Kurt Sontheimer in Politik für Nichtpolitiker, Bd. 2, München 1972, S. 517

So ist die Frage aktueller denn je: Wie können Regierung und Verwaltung wirksam kontrolliert werden?

Schlagen Sie als Abschluß noch einmal den Abschnitt 3.3.2 auf (Seite 89 ff.). Dort finden Sie neun Möglichkeiten der Machtkontrolle. Jetzt sind Sie besser als am Anfang in der Lage, jede einzelne dieser Möglichkeiten kritisch zu diskutieren.

Überlegen Sie dabei: Bei welcher dieser Möglichkeiten kann ich persönlich aktiv werden? (Denken Sie dabei an Ihre Grundrechte).

3.4.7 Die Gesellschaft verändert sich

Keine heile Welt ...

Erinnern wir uns: Ingo weiß manchmal nicht, wo es längs geht (Seite 76). Er lebt in einer „pluralistischen Gesellschaft" mit einer Vielzahl von Gruppen, Meinungen und Interessen.

Aber außerdem merkt Ingo: Unsere Gesellschaft verändert sich ständig. Was seinen Eltern noch wichtig war, ist heute überholt. Was heute „in" ist, kann morgen „out" sein. Deshalb ist es für ihn so schwierig, sich in dieser Gesellschaft zurechtzufinden und zu behaupten.

„ **Die Welt, in der wir leben wollen**

Die Welt, in der wir leben wollen, ist ganz anders als die, in der wir leben. Wir wollen etwas leisten, aber keinen Frust; wir brauchen Anerkennung, keine ständige Nörgelei; wir wollen uns mit den Menschen, besonders mit unseren Freundinnen, Freunden und Eltern verstehen, aber keinen dauernden Streit; wir wollen eine helle, lockende Zukunft, keine schmutzigen Flüsse, keine sterbenden Wälder; wir wollen fröhlich sein, aber keine Bedrückungen und keine Ängste. Wir wollen in einer Welt leben, in der wir so sein dürfen wie wir sind. Nach dieser Welt suchen wir. "

Quelle: jo 4/83

Zu Hause Krach mit dem Vater, Krach mit der Mutter. Da fliegen die Fetzen, denn die Göre läßt sich nichts sagen. Sie weiß alles besser. Und dann haut sie ab und demonstriert für den Frieden! Weil sie Angst hat vor den Amerikanern, vor der Bundeswehr und vielleicht auch vor den Russen, aber nicht so sehr: Überhaupt die Angst. Die Unlust zieht sich durch den Alltag: Angst vor dem Job, Angst davor, den Job zu verlieren. Angst vor der Zukunft. Die Eltern haben die Gegenwart gepolstert und versichert. Sie haben leider vergessen, die Wegweiser aufzustellen, die dem Ganzen einen Sinn geben. Immer geht es nur ums Bare. Gefühle zahlen sich nicht aus. Wer hier Frieden sucht, wird Aggressionen finden, vor allem Haß auf Stärkere, Mächtigere. Das wird sich noch steigern, weil die Zeiten härter werden. Im Ringen um den eigenen Anteil wird die Spanne zwischen Frieden und Gewalt kleiner. Das gilt für das Gehalt des berühmten Durchschnittsmenschen, das gilt für alle Länder. Die Ölkrise hat uns darüber aufgeklärt. Die Umwelt wird uns und den Nachbarn die Sünden ungenierten Fortschritts heimzahlen. Schwedens Seen sterben auch durch unsere ferngelenkten Abgase. Die Welt wird kleiner, die Verantwortung auch für den Nachbarn größer. Ist das der Zwang zum Umdenken, zum Dazulernen, ehe es für alle zu spät ist?

Quelle: PZ Nr. 28/82

Diskutieren Sie die in diesem Abschnitt vorgetragenen Gedanken — mit einbeziehen könnten Sie: „Die Alternative: aussteigen?" von S. 158 f.
— *Welche Probleme werden erwähnt,*
— *welche Verhaltensweisen beklagt,*
— *welche Einstellung, welche Handlungen vorgeschlagen?*
Nehmen Sie Stellung.

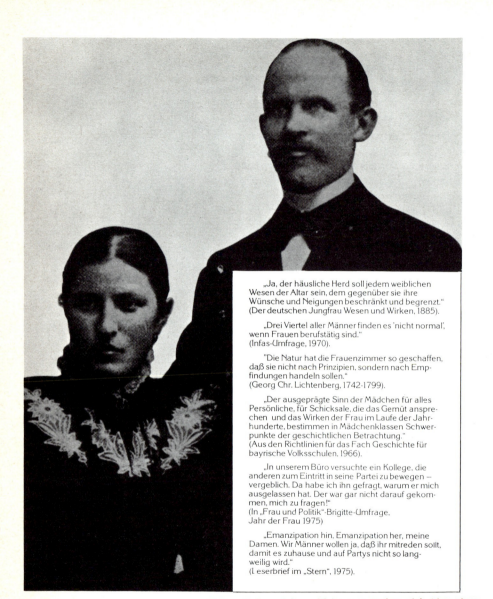

Zeiten ändern sich — Meinungen ändern sich (Aus einer Wahlkampfbroschüre der F.D.P.)

Eltern heute haben andere (?) Wertvorstellungen als früher — vielleicht andere als Sie heute.

Wertvorstellungen bestimmen — bewußt oder unbewußt — die Erziehung der Kinder.

3.5 Wir leben in einem Rechtsstaat

Der Bundesminister der Justiz, Referat für Presse- und Öffentlichkeitsarbeit, Postfach 200650, 5300 Bonn-Bad Godesberg, gibt zu besonderen Anlässen kostenlose Broschüren heraus (z. B. wenn neue Gesetze beraten werden, wenn neue Gesetze beschlossen sind).

Gesetzestexte finden Sie in der Taschenbuchreihe bei dtv, z. B.:

GG Grundgesetz / BGB Bürgerliches Gesetzbuch / StGB Strafgesetzbuch; diese Bände enthalten immer eine Einleitung und ein ausführliches Stichwortverzeichnis, nach dem Sie sich schnell orientieren können, wenn Sie bestimmte Sachverhalte suchen.

Ein preiswertes Nachschlagewerk mit vielen Stichwörtern — verständlich erklärt — ist das „Jugendlexikon Recht" rororo 6201.

Wir sind nicht Robinson: Jeder hat das Recht . . .

Wenn ein Mensch allein auf einer einsamen Insel lebt, kann er sich frei entfalten, soweit es die gegebenen Möglichkeiten zulassen. „Recht" gibt es für ihn nicht, denn er hat immer recht. Sobald ein zweiter Mensch hinzukommt, ist zwar die Einsamkeit vorbei, aber es treten Probleme auf.

„Jeder hat das Recht auf die freie Entfaltung seiner Persönlichkeit, soweit er nicht die Rechte anderer verletzt und nicht gegen die verfassungsmäßige

> Ordnung oder das Sittengesetz verstößt." (Grundgesetz, Art. 2)
>
> Wenn Sie nach Feierabend auf Ihrer Bude den Verstärker so richtig aufdrehen wollen, regen sich die Eltern auf, und es klopfen die Nachbarn.
>
> Wenn Sie Ihr neues Moped, Motorrad, Auto einmal ausfahren wollen: nicht in der Stadt!
>
> Wenn die Ampel Rot zeigt, dann müssen Sie anhalten, selbst wenn weit und breit kein Auto zu sehen ist; „freie Entfaltung . . ."?

Die Freiheit des einzelnen findet ihre Grenzen in der Freiheit der anderen. Jeder hat das gleiche Recht, daher kann es für den einen nicht unbeschränkte Freiheit geben; denn Freiheit ohne Einschränkung bedeutet auch die Freiheit, Unrecht zu tun. Zustände wie im „Wilden Westen" würden sich entwickeln.

Recht ordnet das Leben in der Gesellschaft. Daraus folgt: Recht schützt Sie und garantiert Ihre Freiheit.

Daraus folgt auch: Sie müssen das Recht beachten; denn auch die anderen haben das gleiche Recht auf Freiheit.

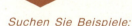

Suchen Sie Beispiele:
Recht schützt Sie und gewährt Ihnen Freiheit, dadurch wird die Freiheit anderer eingeschränkt.
Recht schränkt Ihre Freiheit ein, um anderen Freiheit zu ermöglichen.

3.5.1 Der Staat garantiert Sicherheit und Ordnung

Der Staat übernimmt in unserer Gesellschaft die Garantie für Sicherheit und Ordnung.

Sicher gibt es einige ideale Bürger, die sich an Recht und Gesetze halten würden, auch wenn ein Rechtsbruch keinerlei Folgen für sie hätte. Im allgemeinen gilt jedoch: Recht kann nur dann durchgesetzt werden, wenn der Staat die Macht hat, es zu erzwingen.

● **Die Schutzpolizei**

— muß — auf Veranlassung der Behörden — Gefahren abwehren oder gegen Störungen vorgehen;

— muß dafür sorgen, daß die öffentliche Sicherheit und Ordnung aufrechterhalten bleiben oder wiederhergestellt werden;

— muß — von sich aus — einschreiten, wenn dies notwendig und unaufschiebbar ist.

● **Die Kriminalpolizei**

— ist verpflichtet, gegen alle strafbaren Handlungen einzuschreiten. Sie ist an Weisungen der Staatsanwaltschaft gebunden;

— versucht, Straftaten durch ihre Anwesenheit zu verhindern. Wer jeden Augenblick damit rechnen muß, von der Polizei erwischt zu werden, wird z. B. nicht so leicht einen Zigarettenautomaten ausplündern;

— versucht, durch Fernsehsendungen und Beratungsstellen Verbrechen vorzubeugen. Nach begangenen Straftaten muß die Kriminalpolizei die Täter ermitteln und fassen sowie die Tatumstände klären. Damit leistet sie Vorarbeit für die Gerichte.

3.5.2 Kriminalität kommt von crime

In dem Zeitungsartikel auf Seite 120 werden zwei Begriffe verwendet: „Straftat" und „Kriminalität". Man sollte sie genau unterscheiden.

Straftat: Tat, die im Strafgesetzbuch steht und mit Strafe bedroht ist.

> 99 Keine Strafe ohne Gesetz. Eine Tat kann nur bestraft werden, wenn die Strafbarkeit gesetzlich bestimmt war, bevor die Tat begangen wurde. 99

Quelle: StGB, § 1

Alkohol begünstigt Gewalttaten
Untersuchung über Jugendkriminalität veröffentlicht

Düsseldorf (ddp). Der Alkohol spielt zunehmend eine gefährliche Rolle in der Jugendkriminalität.

Nach einer Untersuchung, die in der jüngsten Ausgabe der Zeitschrift des Bundes Deutscher Kriminalbeamter veröffentlicht wurde, standen etwa 79 Prozent der ermittelten Gewalttäter unter Alkoholeinfluß. Bei den angetrunkenen jungen Tätern — einschließlich der „Rocker" — wurde ein durchschnittlicher Blutalkoholgehalt von 1,74 Promille ermittelt.

In der Untersuchung heißt es, typisch für Jugendliche sei das Auftreten in Gruppen. Laut Kriminalstatistik handeln nur etwa 30 Prozent der kindlichen und jugendlichen Täter allein. Es gehöre wesentlich mehr „kriminelle Energie" dazu, eine Straftat allein zu begehen. In der Gruppe würden Bedenken leichter überwunden. Das Gewicht und die moralische Belastung einer Straftat verteilten sich auf mehrere und würden für den einzelnen leichter.

Nach der Statistik spielen Übermut und Tatendrang bei Gewalttaten Jugendlicher eine bedeutende Rolle. Die Jugendlichen stellen Kraft und Gewandtheit zur Schau, lassen dabei aber nach den Beobachtungen der Kriminalisten „eine erschreckende Roheit und Brutalität durchblicken". Die Beteiligung Minderjähriger an Sittlichkeitsdelikten ist laut Statistik nur geringfügig angestiegen. Ein Problem bilden allerdings Fälle der „Gruppennotzucht".

Im Bereich des Warenhausdiebstahls seien Minderjährige besonders aktiv vertreten. Eine starke Zunahme sei bei weiblichen Minderjährigen zu beobachten. Ganz allgemein könne gesagt werden, daß in den vergangenen Jahren die kriminelle Aktivität junger Mädchen speziell hier zugenommen habe.

„Lübecker Nachrichten", 19. April 1978

Unterschieden wird zwischen Verbrechen und Vergehen.

> **Verbrechen und Vergehen** (1) Verbrechen sind rechtswidrige Taten, die im Mindestmaß mit Freiheitsstrafe von einem Jahr oder darüber bedroht sind.
>
> (2) Vergehen sind rechtswidrige Taten, die im Mindestmaß mit einer geringen Freiheitsstrafe oder mit Geldstrafe bedroht sind.

Quelle: StGB, § 12

Kriminalität ist die Gesamtheit der vorkommenden Straftaten. Davon spricht man, wenn man Straftaten

- erfaßt   z. B. alle bei der Polizei angezeigten (Polizeistatistik)
  alle von den Gerichten abgeurteilten (Gerichtsstatistik)
- aufteilt   z. B. Jugendkriminalität
  Erwachsenenkriminalität
  Gewaltkriminalität
  Wirtschaftskriminalität
- untersucht z. B. Anstieg der Jugendkriminalität
  Ursachen der Gewaltkriminalität

Als Straftäter bezeichnet man einen Menschen, der eine Straftat begangen hat. Der Begriff „Krimineller" (übersetzt Verbrecher) ist fragwürdig. Er stempelt einen Menschen ab und trifft nur auf wenige Straftäter zu.

Welche Straftaten werden in dem Artikel erwähnt? Um welche Straftäter handelt es sich? In welchem Sinne wird hier von Kriminalität gesprochen (was ist erfaßt / wie aufgeteilt / was untersucht)?

Beispiele für Straftaten:

(Die angedrohten Strafen gelten für erwachsene Straftäter.)

> **§ 223. Körperverletzung.** (1) Wer einen anderen körperlich mißhandelt oder an der Gesundheit beschädigt, wird mit Freiheitsstrafe bis zu drei Jahren oder mit Geldstrafe bestraft.
>
> **§ 224. Schwere Körperverletzung.** (1) Hat die Körperverletzung zur Folge, daß der Verletzte ein wichtiges Glied des Körpers, das Sehvermögen auf einem oder beiden Augen, das Gehör, die Sprache oder die Zeugungsfähigkeit verliert oder in erheblicher Weise dauernd entstellt wird oder in Siechtum, Lähmung oder Geisteskrankheit verfällt, so ist auf Freiheitsstrafe von einem Jahr bis zu fünf Jahren zu erkennen.
>
> **§ 227. Beteiligung an einer Schlägerei.** Ist durch eine Schlägerei oder durch einen von mehreren gemachten Angriff der Tod eines Menschen oder eine schwere Körperverletzung (§ 224) verursacht worden, so ist jeder, welcher sich an der Schlägerei oder dem Angriff beteiligt hat, schon wegen dieser Beteiligung mit Freiheitsstrafe bis zu drei Jahren oder mit Geldstrafe zu bestrafen, falls er nicht ohne sein Verschulden hineingezogen worden ist.
>
> **§ 242. Diebstahl.** (1) Wer eine fremde bewegliche Sache einem anderen in der Absicht wegnimmt, dieselbe sich rechtswidrig zuzueignen, wird mit Freiheitsstrafe bis zu fünf Jahren oder mit Geldstrafe bestraft.
>
> (2) Der Versuch ist strafbar.
>
> **§ 243. Besonders schwerer Fall des Diebstahls.** (1) [1] In besonders schweren Fällen wird der Diebstahl mit Freiheitsstrafe von drei Monaten bis zu zehn Jahren bestraft.
>
> **§ 249. Raub.** (1) Wer mit Gewalt gegen eine Person oder unter Anwendung von Drohungen mit gegenwärtiger Gefahr für Leib oder Leben eine fremde bewegliche Sache einem anderen in der Absicht wegnimmt, sich dieselbe rechtswidrig zuzueignen, wird mit Freiheitsstrafe nicht unter einem Jahr bestraft.
>
> (2) In minder schweren Fällen ist die Strafe Freiheitsstrafe von sechs Monaten bis zu fünf Jahren.
>
> **§ 250. Schwerer Raub.** (1) Auf Freiheitsstrafe nicht unter fünf Jahren ist zu erkennen, wenn
> 1. der Täter oder ein anderer Beteiligter am Raube eine Schußwaffe bei sich führt,

Quelle: StGB

[1] Z. B. Einbruch

▼ *Vergleichen Sie die hier abgedruckten Paragraphen mit den beiden Zeitungsartikeln. Nach welchen Paragraphen müssen die erwähnten Straftaten bestraft werden? Welche Strafen sind (für Erwachsene) angedroht? Welche Straftaten sind Verbrechen, welche Vergehen?*

Ist „Zocken" schon normal?
Eine seltsame Einstellung zu fremdem Eigentum

Auf einer der vorigen Jugendseiten berichtete ich von einem Diebstahl, den ich beobachtet hatte und von dem Ergebnis meiner Umfrage unter Jugendlichen, betroffenen Geschäftsleuten und Eltern, wie man auf einen Diebstahl reagieren soll. Die Meinungen waren unterschiedlich. Während die meisten Erwachsenen meinten, jeder Diebstahl gehöre angezeigt, waren Jugendliche der Ansicht, man solle den Dieb nur auffordern, die Ware zurückzulegen.

Doch ich möchte euch auch berichten, was ich nach Veröffentlichung des Berichts erlebt habe: Da hörte ich plötzlich von mehreren Jugendlichen, die ich teilweise gar nicht kannte, wie unmöglich sie die Einstellung fänden, man soll den Dieb ansprechen oder gar der Verkäuferin Bescheid sagen. Sie würden den Dieb nicht einmal ansprechen, dies sei schließlich nicht ihre Aufgabe.

„Und überhaupt", hörte ich, „die Leute von unsympathischen Läden wie Warenhäuser sind doch selber schuld, wenn man bei den Preisen was zockt."

Mir fiel erst einmal auf, daß der Sprecher das Wort „zocken" benutzte, nicht „klauen". Denn, so glaube ich, ein Diebstahl wird von diesen Jugendlichen schon nicht mehr als solcher angesehen, man „zockt" ja nur. „Außerdem", so erfuhr ich weiter, „mein Erschrecken, als ich einen so geringfügigen Diebstahl wie den eines Marzipanbrotes beobachtete, sei wohl etwas übertrieben."

Ich muß sagen, daß mich diese Reaktionen erschreckt haben. Denn ich glaube, aus ihnen entnehmen zu können, daß viele Jugendliche überhaupt keine Beziehung zu dem Begriff „Eigentum" haben, wenigstens nicht, wenn es um fremdes Eigentum geht.

Cornelia, 15. J.

„Lübecker Nachrichten", 29. Januar 1981

▼ *Diskutieren Sie die von Cornelia geschilderten Beobachtungen und Meinungen.*

3.5.3 Vor Gericht: Richter sprechen Recht

„Gelber Kopf als Denkzettel"

„Hamburg (dpd/lno). Einem ungewöhnlichen Fall von Selbstjustiz ist die Hamburger Polizei auf die Spur gekommen. Auf dem Gelände einer Autoverwertungsfirma im Stadtteil Bahrenfeld entdeckten die Beamten nach einem entsprechenden Hinweis einen Mann, dessen Kopf als ‚Denkzettel' für einen Diebstahl gelb angemalt war, beim Fegen eines Möbelwagens.

Wie die Ermittlungen am Freitag ergaben, hatte der Mann, ein 32 Jahre alter wohnungsloser Arbeiter, einige Akkus bei der Firma gestohlen und versteckt. Daraufhin sei er von einem Angestellten zum Chef gebracht worden, der ihn mit der Faust niedergeschlagen habe. Außerdem wurde der 32jährige nach Darstellung der Polizei mit einer Eisenstange geschlagen. Das Haar schnitt man ihm ab und strich seinen Kopf mit leuchtend gelber Farbe an. Nachts wurde er in dem auf dem Hof stehenden Möbelwagen eingesperrt."

„Lübecker Nachrichten", 25. August 1973

„ Niemand darf seinem gesetzlichen Richter entzogen werden. "

Quelle: Art. 101 GG

Das bedeutet: Nur die Richter sind berechtigt, Recht zu sprechen, nicht die Polizei, nicht einzelne Behörden, nicht das Volk (auch nicht in einer Demokratie).

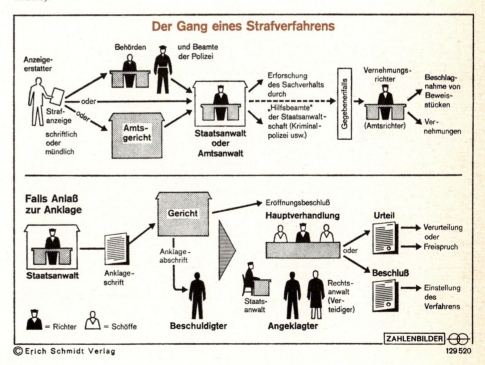

Jeder wegen einer strafbaren Handlung Angeklagte hat einen Anspruch darauf, bis zu dem im gesetzlichen Verfahren erbrachten Nachweis seiner Schuld als unschuldig zu gelten — so heißt es im Art. 14 (2) der Menschenrechtskonvention der UN von 1966.

Die Verfolgung von Straftaten ist an ganz bestimmte Regeln gebunden. Sie sind im Grundgesetz und z. B. im Strafgesetzbuch (StGB) oder in der Strafprozeßordnung (StPO) niedergelegt. Jeder Bürger — auch der Rechtsbrecher — muß sich darauf verlassen können, daß diese Regeln angewendet werden: immer und für alle gleich.

Entnehmen Sie der Schemazeichnung (S. 121), welche einzelnen Schritte dem Prozeß — der Hauptverhandlung — vorausgegangen sind.

3.5.4 Strafe muß sein!
Strafen anderswo

Millionendieben droht Verlust der rechten Hand

Frankfurt/Riad (dpa). Die im Januar 1979 in Riad wegen Diebstahls von (umgerechnet) 3,2 Millionen Mark von der saudiarabischen Polizei festgenommenen drei deutschen Staatsbürger warten im Zentralgefängnis des Königreichs immer noch auf ihren Prozeß.

Die Beschuldigten müssen damit rechnen, daß ihnen die rechte Hand als Sühne für den Diebstahl abgeschlagen wird.

Arztfrau soll öffentlich ausgepeitscht werden

London (reuter). Die Frau eines in Saudi-Arabien tätigen Arztes ist wegen Verstoßes gegen die strengen Alkoholgesetze des Landes zu einer Prügelstrafe verurteilt worden. Die Strafe laute auf 80 Hiebe.

Drakonische Strafe

Singapur (reuter). Drakonisch ist die Justiz in Singapur gegen den 26jährigen Fong Sen Shiong eingeschritten, der seine Schwiegermutter in spe mit einem Pistolenschuß am linken Arm verletzte: Nach dem strikten Antiwaffengesetz des Stadtstaates wurde der junge Mann gestern zum Tode verurteilt.

Spekulanten bestraft

Berlin (reuter). Zu jeweils sieben Jahren Haft und hohen Geldstrafen hat jetzt das Ostberliner Stadtgericht ein Spekulantenpaar verurteilt. Das Ehepaar hatte über zwei Jahre lang Heimwerkergeräte im Wert von 45 000 Mark illegal gehortet und mit hohen Preisaufschlägen verkauft.

Gelddieb in UdSSR zum Tode verurteilt

Moskau (ddp). Für Diebstahl ist ein sowjetischer Lastwagenfahrer laut Meldung der sowjetischen Zeitung „Prawda" zum Tode verurteilt worden. Der Fahrer habe mit einem Komplizen in Sibirien 80 000 Rubel aus dem Tresor einer Fabrik gestohlen. Zuvor hatten sie zwei Wärter mit Eisenstangen niedergeschlagen und dabei schwer verletzt.

„Lübecker Nachrichten", 15. September 1978, 2. und 30. März 1980, 2. und 11. April 1980

Wer gegen die rechtliche Ordnung verstoßen hat, muß bestraft werden. Das Gericht entscheidet über die Art der Strafe und das Strafmaß. „Die Schuld des Täters ist Grundlage für die Zumessung der Strafe." (§ 46 StGB)

3.5.4.1 Geldstrafe: Wer viel verdient, soll auch viel zahlen!

Der Straftäter muß bestraft werden. Die Strafe soll gleichzeitig so auf ihn wirken, daß er in Zukunft die Gesetze befolgt. Nach unserem Strafrecht gibt es — für Erwachsene — zwei Arten von Strafe: Geldstrafe und Freiheitsstrafe.

Wenn Geldstrafe wirken soll, dann muß sie den Verurteilten, je nach Schwere seiner Tat, hart treffen. Eine Strafe von 1000,— DM kann für einen „Normalverdiener" hart sein, der Großverdiener lacht über sie. Strafe muß gerecht sein. Wenn zwei Leute die gleiche Straftat begehen, dann sollen sie auch — soweit möglich — die gleiche Strafe dafür erhalten. Daher wird heute die Höhe der Geldstrafe nach Tagesverdienstsätzen berechnet.

1. Die Anzahl der Tagessätze richtet sich nach der Straftat.
2. Die Höhe des Tagessatzes nach dem Einkommen des Täters.

> Verhängung in Tagessätzen. (1) Die Geldstrafe wird in Tagessätzen verhängt. Sie beträgt mindestens fünf und . . . höchstens dreihundertsechzig volle Tagessätze.
>
> (2) Die Höhe eines Tagessatzes bestimmt das Gericht unter Berücksichtigung der persönlichen und wirtschaftlichen Verhältnisse des Täters. Dabei geht es in der Regel von dem Nettoeinkommen aus, das der Täter durchschnittlich an einem Tag hat oder haben könnte. Ein Tagessatz wird auf mindestens zwei und höchstens zehntausend Deutsche Mark festgesetzt.

Quelle: § 40 StGB

Das funktioniert so: Zu Beginn der Gerichtsverhandlung fragt der Richter den Angeklagten danach, wieviel er verdient. Dabei interessiert der Nettolohn, das, was ausgezahlt wird und somit auch zum Ausgeben zur Verfügung steht. Nehmen wir an, der Angeklagte wird zu 50 Tagessätzen wegen Trunkenheit am Steuer (im Wiederholungsfall) verurteilt. Dann errechnet der Richter die Höhe des Tagessatzes und die Gesamtgeldstrafe:

Beispiel:

Monatsverdienst (netto) 1800,— DM : 30 (Tage) = 60,— DM (Tagessatz)

Strafe: 50 Tagessätze zu 60,— DM / 50 · 60,— DM = 3000,— DM

Rechnen Sie selbst:

Wie hoch müßte die Geldstrafe sein bei der gleichen Straftat für

a) *einen (erwachsenen) Auszubildenden mit 480,— DM netto im Monat,*

b) *einen leitenden Angestellten, 4200,— DM netto im Monat?*

Überlegen Sie: Ist Geldstrafe bei dieser Berechnung gerecht?

Nebenbei: Bei der hier geschilderten Straftat „Trunkenheit am Steuer" würde außerdem noch der Führerschein für mehrere Monate eingezogen werden. Im Strafgesetzbuch steht das unter der Überschrift „Nebenstrafe". In vielen Fällen fühlen sich Verurteilte durch diese Nebenstrafe härter getroffen als durch die Hauptstrafe, solange sie eine Geldstrafe ist.

Können Sie sich denken, warum das so ist?
Begründen Sie Ihre Auffassung.

3.5.4.2 Freiheitsstrafe: Besserung hinter Gittern?

Nur bei besonders schweren Straftaten — bei Verbrechen — soll Freiheitsstrafe verhängt werden oder wenn der Täter durch eine Geldstrafe nicht zu beeindrucken ist, das heißt, wenn er schon (mehrmals) vorbestraft ist.

> Dauer der Freiheitsstrafe. (1) Die Freiheitsstrafe ist zeitig[1], wenn das Gesetz nicht lebenslange Freiheitsstrafe androht. (2) Das Höchstmaß der zeitigen Freiheitsstrafe ist fünfzehn Jahre, ihr Mindestmaß ein Monat.

Quelle: § 38 StGB

Freiheitsstrafe wird verbüßt in „Justizvollzugsanstalten" (JVA).

Die Wiedereingliederung des Täters in die Gesellschaft ist oberstes Ziel des Strafvollzugs. Das steht im Strafvollzugsgesetz (§ 2).

Infolgedessen soll sein Leben in der Strafanstalt den allgemeinen Lebensverhältnissen soweit als möglich angeglichen werden (§ 3), und er selbst soll aktiv an der Gestaltung dieses Lebens mitwirken (§ 4).

Zu Beginn des Strafvollzugs soll mit ihm gemeinsam ein Vollzugsplan aufgestellt werden (§ 7), in dem seine Berufsausbildung oder sein Einsatz bei sinnvoller beruflicher Tätigkeit, u. U. auch außerhalb der Strafanstalt (Freigänger), den Vorrang haben. Hierfür soll er auch ein Entgelt in Höhe von fünf Prozent des Durchschnittseinkommens vergleichbarer Arbeitnehmer in Freiheit erhalten.

Um den Kontakt zu seiner Familie und seiner gewohnten Umwelt nicht ganz abreißen zu lassen, hat er grundsätzlich Anspruch auf 21 Tage Urlaub im Jahr (§ 13).

3.5.4.3 Jugendstrafe: durch Strafe erziehen?

Bier fiel um — zu Tode getrampelt

Bielefeld (dpa). Auf qualvolle Weise mußte ein schmächtiger, 44 Jahre alter Mann in Bad Oeynhausen sterben, weil er in einer Diskothek versehentlich ein Bierglas umgestoßen hatte. Die Bierbesitzer, ein 18jähriger Lehrling und ein 19 Jahre alter Arbeiter, traktierten den nur 1,47 Meter großen Mann später vor dem Lokal mit Faustschlägen und Fußtritten derart, daß ihm Schädel und Brustkorb zertrümmert wurden. Die rohen Burschen kehrten nach einiger Zeit noch einmal an den Tatort zurück, stellten fest, daß die Leiche schon kalt war, und warfen sie auf einen Abfallhaufen. Die Bielefelder Jugendkammer verurteilte die beiden Rohlinge wegen Mordes unter Zubilligung verminderter Schuldfähigkeit wegen Alkoholgenusses zu je acht Jahren Jugendstrafe. Vor Gericht meinten die Angeklagten: „Wir haben uns nichts dabei gedacht, wir waren ja betrunken."

„Lübecker Nachrichten", 1. Februar 1977

Lesen Sie zu diesem Thema unbedingt die Seiten 30 bis 32!

---

[1] zeitig = zeitlich begrenzt.

Für straffällige Jugendliche (14 bis 18 Jahre) gilt das Jugendgerichtsgesetz (JGG) in der Fassung von 1974. Es kann auch auf Heranwachsende (18 bis 21 Jahre) angewendet werden:

> ... wenn 1. die Gesamtwürdigung der Persönlichkeit des Täters bei Berücksichtigung auch der Umweltbedingungen ergibt, daß er zur Zeit der Tat nach seiner sittlichen und geistigen Entwicklung noch einem Jugendlichen gleichstand, oder 2. es sich nach der Art, den Umständen oder den Beweggründen der Tat um eine Jugendverfehlung handelt.

Quelle: § 105 JGG

▼

Obwohl das Volljährigkeitsalter 18 Jahre beträgt, gilt weiterhin für die „Heranwachsenden" (18 bis 21 Jahre) — bei entsprechender Beurteilung durch das Gericht — das Jugendstrafrecht. Diskutieren Sie: 18 Jahre = voll geschäftsfähig = voll verantwortlich? Warum gilt nicht das Erwachsenenstrafrecht?

Jugendliche Straftäter werden anders bestraft als Erwachsene. Ziel ist die (nachgeholte) Erziehung. Hierzu dient eine Reihe von Maßregeln.

1. Erziehungsmaßregeln: Weisungen, Erziehungsbeistand, Fürsorgeerziehung.

> Weisungen sind Gebote und Verbote, welche die Lebensführung des Jugendlichen regeln und dadurch seine Erziehung fördern und sichern sollen. ... Der Richter kann dem Jugendlichen insbesondere auferlegen,
> 1. Weisungen zu befolgen, die sich auf den Aufenthaltsort beziehen,
> 2. bei einer Familie oder in einem Heim zu wohnen,
> 3. eine Lehr- oder Arbeitsstelle anzunehmen,
> 4. Arbeitsleistungen zu erbringen,
> 5. den Verkehr mit bestimmten Personen oder den Besuch von Gast- oder Vergnügungsstätten zu unterlassen oder
> 6. bei einer Verletzung von Verkehrsvorschriften an einem Verkehrsunterricht teilzunehmen.

Quelle: § 10 JGG

2. Zuchtmittel: Verwarnung, Auferlegung besonderer Pflichten, Jugendarrest.

> JGG § 13 (1) Der Richter ahndet die Straftat mit Zuchtmitteln, wenn Jugendstrafe nicht geboten ist, dem Jugendlichen aber eindringlich zum Bewußtsein gebracht werden muß, daß er für das von ihm begangene Unrecht einzustehen hat.

Quelle: § 13 JGG

3. Jugendstrafe: Jugendstrafe von bestimmter Dauer, Jugendstrafe von unbestimmter Dauer.

> (1) Die Jugendstrafe ist Freiheitsentzug in einer Jugendstrafanstalt.
>
> (2) Der Richter verhängt Jugendstrafe, wenn wegen der schädlichen Neigungen des Jugendlichen, die in der Tat hervorgetreten sind, Erziehungsmaßregeln oder Zuchtmittel zur Erziehung nicht ausreichen oder wenn wegen der Schwere der Schuld Strafe erforderlich ist.
>
> Dauer der Jugendstrafe. (1) Das Mindestmaß der Jugendstrafe beträgt sechs Monate, das Höchstmaß fünf Jahre. Handelt es sich bei der Tat um ein Verbrechen, für das nach dem allgemeinen Strafrecht eine Höchststrafe von mehr als zehn Jahren Freiheitsstrafe angedroht ist, so ist das Höchstmaß zehn Jahre. ...

Quelle: §§ 17 und 18 JGG

Anders als bei Erwachsenen hat der Gesetzgeber die Hoffnung, daß Jugendliche, die vom rechten Weg abgekommen sind, durch Erziehung zu rechtschaffenen Bürgern gemacht werden können. Den Erfolg der Erziehung kann aber der Richter bei seinem Urteilsspruch nicht vorhersehen. Deshalb kann er einen Jugendlichen zu Freiheitsstrafe „von unbestimmter Dauer" verurteilen. Das bedeutet: Wer so verurteilt ist, weiß nicht im voraus, wann er die Freiheit wiedersieht. Das Gute für ihn: Er kann durch eigene Anstrengung dazu beitragen, so schnell wie möglich entlassen zu werden.

> Der Richter verhängt Jugendstrafe von unbestimmter Dauer, wenn wegen der schädlichen Neigungen des Jugendlichen, die in der Tat hervorgetreten sind, eine Jugendstrafe von höchstens vier Jahren geboten ist und sich nicht voraussehen läßt, welche Zeit erforderlich ist, um den Jugendlichen durch den Strafvollzug zu einem rechtschaffenen Lebenswandel zu erziehen.

Lebenslänglich für 14jährigen

London (dpa). Ein 14jähriger Junge ist von einem Gericht im südwestenglischen Exeter zu einer lebenslänglichen Freiheitsstrafe verurteilt worden. Er hatte versucht, einer 71 Jahre alten Frau die Kehle durchzuschneiden. Der Junge flüchtete mit einer Beute von rund drei Pfund (13,20 Mark). Die Frau konnte nach vierwöchigem Krankenhausaufenthalt geheilt entlassen werden.

10 Jahre für Mord

Amberg (dpa). Wegen Mordes und schweren Raubes hat eine Jugendkammer beim Landgericht Amberg (Oberpfalz) einen 18jährigen zu zehn Jahren Jugendstrafe verurteilt, der im Juli letzten Jahres eine 77 Jahre alte Geschäftsfrau überfallen, erschlagen und beraubt hatte.

„Lübecker Nachrichten", 9. September 1980, 4. Februar 1981

Das Höchstmaß der Jugendstrafe von unbestimmter Dauer beträgt vier Jahre. Der Richter kann ein geringes Höchstmaß bestimmen oder das Mindestmaß erhöhen (...). Der Unterschied zwischen dem Mindest- und dem Höchstmaß soll nicht weniger als zwei Jahre betragen."

Quelle: § 19 JGG

Vergleichen Sie:

1. Welche Maßnahmen sind für jugendliche/erwachsene Straftäter vorgesehen?

2. Welche Mindest-/Höchststrafen sind bei der Freiheitsstrafe für Jugendliche/Erwachsene möglich?

Sie haben erfahren, welche Möglichkeiten Richter und Jugendstrafanstalten haben, zu „bestrafen" — nachträglich zu „erziehen".

Überlegen Sie: Welche Strafen / In welchen Fällen scheinen Ihnen für jugendliche Straftäter am sinnvollsten/wirkungsvollsten?

3.5.5 Muß Strafe sein?

3.5.5.1 Vom Waisenhaus ins Zuchthaus

„ Die Vorgeschichte: „Sein Name: Wolfgang Werner, Alter: 27 Jahre, Vater: unbekannt. Die Mutter lernte er 17 Jahre nach seiner Geburt kennen. Sie gebar ihn als uneheliches Kind. Das Jugendheim entzog ihr die Erziehungsrechte. Der Säugling kam in ein Waisenhaus ...

Im Alter von zwei Jahren wurde der Säugling aus dem Waisenhaus abgeholt und von Pflegeeltern übernommen ... Eines Tages kam er wieder in ein Heim ... Die Pflegemutter, die ihn eines Tages wieder herausholte, lebte mit ihrem Untermieter zusammen. Bald aber steckte sie ihn in ein anderes Heim ...

In einem Heim in Düsseldorf lernte er Kinder kennen, die schon älter und erfahrener waren, die auch schon mit kleineren Diebstählen prahlten ...

Der Zwölfjährige wurde schließlich für vier Jahre in ein Waisenhaus eingeliefert ..."

Dann: Nach Schulabschluß im Heim (7. Klasse) Arbeit in der Schuhmacherei, in der Gärtnerei. Schließlich: ab in ein Fürsorgeheim.

„Am Sonntag bekamen andere Besuch. Froh war er, wenn diese Sonntage zu Ende gingen ...

Eines Tages erhielt auch er Besuch. Ein Mann stellte sich vor, er sei sein Vater, sagte er, ein Mädchen, das er mitbrachte, seine Schwester Marion. Seine Mutter, so sagte der Mann, wolle für ihn sorgen und bald nach Hause holen. Der engste Freund, dem er glücklich erzählte, auch er habe Eltern, sagte ihm: ‚Wolfgang, die wollen Dich zum Geldverdienen'."

Zu Hause: „Sein Vater arbeitete auf dem Bau. Abends ließ er Bier holen, randalierte, schlug die Mutter und die Kinder. In der ganzen Gegend war er als Schläger bekannt. In den Wirtshäusern machte er sich an Frauen ran. Die Mutter und der Kostgänger, der ihr Hausfreund war, sprechen alsbald mit dem Sohn über die Möglichkeit, wie sie ihn beseitigen könnten ...

Dies also war die Freiheit. Als Hilfsarbeiter ging er, wie sein Vater, auf den Bau — bis, ja bis er durch Zufall einen Mann traf, den er aus einem der Heime kannte. Was nun begann, hörte nie wieder auf. Wolfgang Werner begann zu stehlen. Er wurde zum Einbrecher, Schläger und Zuhälter. Er kam hinter Gitter, erlebte den Knastkoller und gelobte, wieder in Freiheit, immer wieder Besserung. ‚In mir selbst', so meint er, ‚war noch nie ein richtiger Drang gewesen, straffällig zu werden'. Aber die Gefangenschaft und Freiheit hatten ihn längst gebrochen: Der Staat erntete, was er gesät hatte."

Quelle: „Strafe muß sein! Muß Strafe sein?", herausgegeben von der Bundeszentrale für politische Bildung, Dezember 1970

Sie haben in diesem Kapitel gelesen,
— aus welchem „Zuhause" jugendliche Straftäter kommen,
— wodurch Straftaten begünstigt werden.
Daraus können Sie nicht ableiten, daß Jugendliche, die ... straffällig werden müssen.

Gegenmeinung: Man kann nicht immer dem Staat oder der Gesellschaft die Schuld geben. Irgendwann muß jeder einsehen, was man tun darf und was nicht. Wer immer wieder vom rechten Wege abweicht, muß selbst die Folgen tragen. Er darf nicht den Staat für das eigene Versagen verantwortlich machen.

Diskutieren Sie den „Fall" und die Gegenmeinung.

3.5.5.2 Resozialisierung[1]: ein Weg, der Erfolg verspricht?

Resozialisierung ist ein Versuch, mit geeigneten Mitteln und Methoden soziales Fehlverhalten einzelner und ganzer Gruppen zu ändern und zu heilen. Rechtsbrüche und Straftaten sind solches Fehlverhalten und stören das menschliche Zusammenleben.

Resozialisierung — Methoden im Telegrammstil

Intensive Untersuchung und Beratung: Behandlung durch Aussprache in Gruppen unter Anleitung von Psychologen; allmähliche Gewöhnung an Freiheit und Arbeit: von der Zelle ins eigene „Zimmer" (innerhalb der Anstalt), das nach eigenem Geschmack eingerichtet werden darf. Von der Arbeit in der Anstalt zur Arbeit in einem Betrieb draußen — zuerst in Gruppen, unter Aufsicht — allein unter Aufsicht — allein als Freigänger. Gewöhnung an den Umgang mit Geld: vom Taschengeld in der Anstalt zum vollen Lohn als freier Arbeitnehmer. Währenddessen ständig die Aussprache in der Gruppe, in der versucht wird, die Schwierigkeiten des einzelnen durch gemeinsames Gespräch zu lösen.

Die letzte Stufe der Behandlung schildert ein ehemaliger Strafgefangener, der in einer solchen Anstalt lebte: Beschäftigung in einem metallverarbeitenden Betrieb; ein Meister holte ihn morgens ab und brachte ihn abends zurück.

„ Drei Monate später ging ich morgens um sechs Uhr als ‚Freigänger' in Zivilkleidung in den gleichen Betrieb.

---

[1] re = zurück, Sozialisierung = gesellschaftsfähig machen

Eine Stunde nach Arbeitsschluß, also um achtzehn Uhr, mußte ich wieder vor dem Beamten an der Torwache stehen; die Stunde dazwischen gehörte mir ...

Bei dieser Arbeit als Freigänger war wesentlich, daß der volle Lohn gewährt, jedoch an die Anstalt überwiesen wurde, daß meine Invalidenversicherung wieder in Kraft trat und ich für Unterkunft sechs Mark pro Tag an die Anstalt abführen mußte. Der Rest wurde für meine Entlassung zurückgelegt. Als diese auf Grund meines Gnadengesuchs drei Monate später (vorzeitig) erfolgte, hatte ich einen soliden finanziellen Rückhalt, einen Arbeitsplatz und ein möbliertes Zimmer.

Ich bin nun ein Jahr in Freiheit, führe ein Leben, als sei ich nie straffällig gewesen. Ich habe mir jetzt ein Auto gekauft, besitze ein Sparbuch und frage mich, wo ich heute wäre, wenn ..." "

Quelle: „Fast wäre mein Leben verpfuscht gewesen" in „Die Zeit", 13. April 1973

Wer nicht mit den Gesetzen in Konflikt gerät, muß eine Reihe von Verhaltensweisen beherrschen, die den meisten selbstverständlich sind.

Zum Beispiel:

Einteilen (Geld/Zeit, Arbeitstage, freie Tage); Ordnung halten (Wohnung, Kleidung, Arbeitsplatz); Kontakte aufnehmen und pflegen zu anderen.

Wie werden diese Verhaltensweisen in der normalen Erziehung erlernt?

Wie kann man nachträglich „soziales Verhalten" einüben?

Stellen Sie Pläne auf: 1. normale Sozialisierung, 2. nachträgliche Sozialisierung.

3.5.6 Keine Angst vor den Gerichten

3.5.6.1 Sein Recht kann sich heute jeder leisten

In den allermeisten Fällen ist es vernünftig, sich bei einem Streit mit seinem Gegner zu einigen ohne vors Gericht zu gehen. Zahlreiche Einrichtungen beraten Sie, wenn es um Streitfälle aus ihrem speziellen Bereich geht: Gewerkschaften, Verbraucherzentralen, Handels- und Handwerkskammern. Manchmal aber kommt man ohne den fachkundigen Rat eines Anwaltes nicht aus. Gut, wenn Sie dann in einer Rechtsschutzversicherung sind.

Aber auch ohne brauchen Sie keine Scheu zu haben. Sein Recht kann sich heute jeder leisten. Wer wenig verdient — als Lediger z. B. weniger als 850,— DM netto im Monat — kann sich für 20,— DM vom Amtsgericht oder von einem Rechtsanwalt beraten lassen. Müssen Sie einen Prozeß führen, um Ihr Recht durchzusetzen, dann erhalten Sie Prozeßkostenhilfe.

Eine Broschüre der Bundesregierung informiert kostenlos, anschaulich und fröhlich über diese Möglichkeiten. ,,Guter Rat ist nicht teuer'', Reihe: Bürger-Service, Band 24, zu beziehen vom: Bundesministerium der Justiz, Referat Presse- und Öffentlichkeitsarbeit, Postfach 200650, 5300 Bonn 2.

3.5.6.2 Die Göttin der Gerechtigkeit ist menschlich geworden

Justitia, die Göttin der Gerechtigkeit, wägt ab auf ihrer Waage das Für und Gegen und entscheidet mit verbundenen Augen — ohne die Beteiligten zu sehen — was Recht ist.

,,Die Gerichte'' und alles was damit zusammenhängt, bezeichnen wir auch heute noch — nach dieser römischen Göttin — als ,,Justiz''. Aber so göttlich ist das alles nicht mehr wie bei den alten Römern.

> Es ist verständlich, daß die Justiz, die ja überwiegend dann tätig wird, wenn Konflikte gelöst werden müssen, sich nicht gerade besonderer Beliebtheit erfreuen kann. Der Straftäter, der sein Urteil entgegennehmen muß, empfindet für die Justiz ebensowenig Sympathie wie derjenige, der einen Zivilprozeß verliert. Die Justiz hat Streit zu schlichten. Sie muß — wenn nötig — bestrafen. Eine undankbare Aufgabe also.

Quelle: Inge Donnepp in ,,Beilage zum Parlament'', 10. Juli 1982

Das beste Mittel, die Scheu vor den Gerichten zu verlieren: Gehen Sie hin, sehen Sie sich im Gerichtsgebäude um, besuchen Sie Verhandlungen vor der Strafkammer, vor dem Zivilgericht. Sie können fast überall — auch ohne Anmeldung — hineinsehen. Fragen Sie am besten vorher in der Geschäftsstelle des Amtsgerichtes. Dort wird man Sie gerne beraten. Machen Sie aus einem verregneten Ferientag Ihren persönlichen Gerichtstag. Sie werden erleben, wie menschlich es heute vor Gericht zugeht.

Unvereinbar mit der Menschenwürde

,,Die Würde des Menschen ist unantastbar. Sie zu achten und zu schätzen, ist Verpflichtung aller staatlichen Gewalt''.
(Art. 1 Abs. 1 des Grundgesetzes.)

Ich war in der Stadt, in der Fußgängerzone. Vor dem Eingang eines Geschäftes lag ein Mann, regungslos. Neben ihm stand eine Flasche Wodka, fast leer. 'Zig Menschen gingen vorbei, neugierig oder mit Abscheu, keiner kümmerte sich um ihn.

Plötzlich kam ein großer Polizeiwagen, zwei Polizisten stiegen aus, sie gossen den Rest Wodka in den Straßenrand und warfen die leere Flasche in den Abfalleimer. Der Mann lag immer noch dort. —

Erst jetzt hoben die beiden Polizisten den Mann von dem naßkalten Pflaster und trugen ihn zum Polizeiwagen. Mit dem Kopf zuerst wurde er hineingeworfen, ein Bein war noch draußen.

Mit Gewalt wurde auch das reingedrückt. Die Tür ging zu, der Mann regte sich noch immer nicht. Der Polizeiwagen fuhr fort.

,,So behandelt man keinen Menschen'', sagte eine Frau. ,,Gleich erschlagen'', sagte ein Mann.

Die Schaulustigen verschwanden, alles war wieder, als sei nichts geschehen. Und da frage ich mich: Wo ist sie, die Würde des Menschen? Wo ist sie, die Staatsgewalt, die sie schützen soll? Schlimmer als ein Hund wurde dieser Mann behandelt — schlimmer als ein Sack Kartoffeln.

Harri, 24

,,Lübecker Nachrichten'', 10. Mai 1979

4 Von der Not zum Überfluß — Die Industriegesellschaft

4.0 Hinweise — Büchertips
4.1 Die Entwicklung der Wirtschaft: Von der Not zum Überfluß
4.2 Die Zeiten ändern sich
4.3 Am laufenden Band: Wohlstand für alle
4.4 Wie soll es weitergehen?
4.5 Es ist viel zu tun ...
4.6 Nichts ist wie gestern — und morgen?

4 Von der Not zum Überfluß — Die Industriegesellschaft

4.0 Hinweise — Büchertips

Der Beruf, für den Sie sich entschieden haben oder noch entscheiden werden, wird Sie mitten hinein in die Arbeitswelt führen. Da ist es gut zu wissen, wie die Wirtschaft in der Vergangenheit sich entwickelt hat, welche Möglichkeiten und Schwierigkeiten sich zur Zeit bieten und wie die Zukunft aussehen wird. Sie werden in den folgenden Jahren in der Schule und bei Ihrer Arbeit eine ganze Menge von „der Wirtschaft" lernen. Wenn Sie diese wenigen Seiten durchgearbeitet haben, haben Sie einen ersten Schritt getan: Was Sie dann mehr wissen, wird Ihnen helfen, sich selbst und Ihren Beruf im Wirtschaftsleben besser einzuordnen.

Weitere Informationen zum Thema „Wirtschaft und Arbeitswelt" können Sie täglich der Zeitung entnehmen, Radio und Fernsehen bringen ständig die neuesten Nachrichten auch aus diesem Bereich. Alle an der Wirtschaft beteiligten Gruppen geben Informationen heraus: die Gewerkschaften, die Arbeitgeberverbände, Banken, Sparkassen, Industrie- und Handelskammer, Handwerkskammer, ... Sie können dort ganz allgemein um Informationsmaterial bitten. Wenn Sie bestimmte Fragen haben, wird man Ihnen dort sicher Antwort geben.

Über den Weg Deutschlands in die Industriegesellschaft gibt es zahlreiche Bücher. Wenige nur sind auch für Schüler erschwinglich. Die Darstellungen sind nicht einheitlich, denn die Schilderung der modernen Gesellschaft war von Beginn an häufig mit dem Wunsch verbunden, die Zustände zu verändern. Die Schriften sollten deshalb immer kritisch gelesen werden: Handelt es sich um die sachliche Darstellung der Vergangenheit oder um die parteiliche Beschreibung eines abgelehnten Zustandes?

Gebhard, Bruno, Handbuch der Deutschen Geschichte, Band 17, Gesellschaft, Wirtschaft und Technik im 19. Jahrhundert, dtv 4217.

Fragen an die Deutsche Geschichte, Ideen, Kräfte, Entscheidungen von 1800 bis zur Gegenwart, herausgegeben vom Presse- und Informationszentrum des Deutschen Bundestages.

Henning, Friedrich-Wilhelm, Die Industrialisierung in Deutschland 1800 — 1914, UTB 146.

Droege, Georg, Deutsche Wirtschafts- und Sozialgeschichte, Ullstein Taschenbuch 3855.

Borchardt, Knut, Grundriß der Deutschen Wirtschaftsgeschichte, Kleine Vandenhoeck-Reihe 1441.

Fischer, Wolfram, Armut in der Geschichte, Erscheinungsformen und Lösungsversuche der „Sozialen Frage" in Europa seit dem Mittelalter, Kleine Vandenhoeck-Reihe 1476.

Grebing, Helga, Geschichte der Deutschen Arbeiterbewegung, dtv 647.

Zwei Originalschriften aus den Anfängen der Arbeiterbewegung:

Lassalle, Ferdinand, Arbeiterprogramm, Reclam 6048.

Marx, Karl/Engels, Friedrich, Manifest der kommunistischen Partei, Reclam 8323.

4.1 Die Entwicklung der Wirtschaft: Von der Not zum Überfluß

4.1.1 Schlechte Zeiten: Hunger für alle

Hirschjagd und stürzendes Tier. Tormón (gemalt).

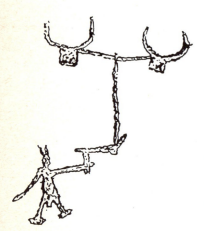

Pflüger mit Ochsengespann. Köpfe und Gehörn der Zugtiere abkürzend wiedergegeben. Monte Bego. (Diese Darstellung gehört schon zur Bronzezeit. Aus dem schweifenden Jäger wird der Ackerbauer.)

Das ist lange, lange her. Als die Urmenschen in ihren Höhlen hausten, Wurzeln und Beeren sammelten, vom Fischen und Jagen lebten. Ihr kurzes Leben war ausgefüllt von der Sorge um Nahrung, von der Angst vor wilden Tieren, vor Unwettern und Krankheiten. Sie nahmen die Natur wie sie war, versuchten nicht, sie zu ändern, sondern „ernteten", was sie fanden. Wenn sie nichts fanden, dann war die Not für alle groß.

Jahrtausende vergingen. Die Menschen lernten: Wenn sie nicht alle Weizenkörner jetzt aufessen, sondern einige wieder aussäen auf ein Stück Land, das sie im Auge behalten, dann brauchen sie im nächsten Jahr nicht mehr zu suchen. Wenn sie die gefangene Ziege nicht gleich schlachten, sondern sie hüten und warten, bekommt sie vielleicht ein Junges. Dann haben sie zwei Ziegen und können zusätzlich von der Muttermilch etwas für sich abzweigen.

Wenn sie nicht nur mit List und Tücke, sondern mit Pfeil und Bogen auf die Jagd ziehen, dann ist die Beute sicherer.

Die Menschen begannen, durch ihre Arbeit die Natur zu verändern. Sie machten sich unabhängiger von den Launen des Wetters, ihr Leben wurde erträglicher.

Wenn zu Anfang noch alle Menschen alles machten, um zu überleben, begann jetzt die Spezialisierung. Wer besonders geschickt war bei der Herstellung von Speerspitzen, der blieb bei seiner Arbeit, während die anderen zur Jagd zogen. Von der erlegten Beute bekam er seinen Anteil. Jäger, Bauern, Handwerker, das waren über viele Jahrtausende die Berufe, die ausreichten, um die Menschen mit allem zu versorgen, was zum Leben unbedingt notwendig war.

Die Jagd auf dem Lande verlor an Bedeutung, der Fischfang brachte größeren Erfolg. Ackerbau und Viehzucht wurden ausgedehnt, immer mehr Flächen gerodet und bestellt, immer mehr Haustiere gehalten.

4.1.2 Handwerksarbeit: Qualität für wenige

Die Handwerker spezialisierten sich weiter: Werkzeugmacher und Töpfer, Bauhandwerker, Gerber und Tuchmacher, Schneider und Schuhmacher, Bäcker und Fleischer. Längst war auch das Geld erfunden, denn der Tausch von Naturalien — Töpfe gegen Korn, Korn gegen Tuche — war in dieser entwickelten Wirtschaft zu kompliziert geworden.

Abb. 20. Töpfer bei der Arbeit. Holzschnitt aus: Polydor Vergilius, Buch von den Erfindern der Dinge. Augsburg, Steiner, 1537.

Das Geld machte einen ganz neuen Wirtschaftszweig möglich: Händler und Kaufleute nahmen den Bauern und Handwerkern langwierige Fahrten und Verkaufsverhandlungen ab. Sie kümmerten sich darum, daß jeder für die von ihm hergestellten Waren Geld bekam und für sein Geld all das kaufen konnte, was er selbst zum Leben brauchte.

Die Kaufleute stellen selbst nichts her. Sie verhandeln und transportieren, nehmen anderen Arbeit ab und erweisen ihnen damit einen Dienst, ähnlich wie

Absatz rechnen. Die meisten Handwerker jedoch arbeiteten auf Bestellung nach den Wünschen und Maßangaben ihrer Kunden. Das Kleid, der Tisch, das Bett waren Einzelanfertigungen, entsprechend teuer und mußten daher oft ein Leben lang halten. Wer kein Geld hatte, und das waren die meisten, mußte sein Kleid selber nähen, und in den engen Wohnstuben war ohnehin nur Platz für einen selbstgebauten Tisch, eine Bank und ein Bord an der Wand.

Die Handwerker waren in Zünften zusammengeschlossen. Diese bestimmten bis ins einzelne, wie,

Abb. 21. Böttcher schlägt Reifen um ein Faß. Holzschnitt aus dem 16. Jahrhundert. Nürnberg, Germ. Museum.

Der zum Fleiß antreibende Wagner. Der willige Gesell.

Abb. 67. Wagner mit seinem Gesellen. Holzschnitt aus: E. Porzelius, Curioser Spiegel. Nürnberg, J. A. Endter, 1689.

mit welchem Material zu welchem Preis etwas hergestellt werden durfte. Wer abwich von der Zunftordnung, wurde hart bestraft.

Schmiede im 18. Jahrhundert.

Nachtwächter, Lehrer, Priester, Richter ... Wir nennen sie daher „Dienstleistungsberufe".

Bis vor etwa 200 Jahren lebten die allermeisten Menschen auf dem Lande von der Landwirtschaft. Es gab einige Handwerker, vor allem in den Städten, aber nur wenig Dienstleistungsberufe. Die Wirtschaft war darauf ausgerichtet, die Menschen mit dem Allernötigsten zu versorgen. Selbst das gelang nicht immer. Nach einer Mißernte starben die Ärmsten vor Hunger im kalten Winter.

Bäcker und Töpfer, Holzschuhmacher und Fleischer stellten ihre Waren her und konnten mit sicherem

4.1.3 Leben auf dem Lande damals: Hunger — Elend — Not

> Es seien uns in diesem gnadenreichen Jahr nach der Geburt unseres Herrn Jesu Christi anno 1786 nichts sehr Übeles und Widerwärtiges wiederfahren, dann Gott der Herr hat uns erhalten und unser Viehe vor allem Übel, daß wir ihm treulich dienen konnten, wir unserem Haus konnten vorstehen und die natürliche Nahrung und Unterhaltung des Lebens haben gewinnen können, wofür ich Gott dem Herrn schuldigen Dank zu sagen verpflichtet bin und ihm auch dafür danke, bitte auch, daß er mich und das ganze Hausgesinde in frischer Gesundheit erhalten wolle. So wollen wir die göttliche Gerechtigkeit und Barmherzigkeit rühmen, preisen und hochschätzen. Amen... Also währte diese große Teurung aus einem Jahr in das andere. Und man wußte nicht, wo man das tägliche Brot bekommen sollte. Der gütige Gott aber hat uns und unser liebes Vatterland erhalten, daß kein einziger vom Hunger ist gestorben. Aber große Kümmernussen haben wir ausstehen müssen. Diese opfern wir Gott auf und sagen Dank, daß er uns noch bishero erhalten. Der gütige Gott wird es zu seiner Zeit endigen.

Quelle: Tagebuch des Gladbacher Webers Mathias Wirz, 1773 — 1815 in: Rheydter Jahrbuch 13 (1979) S. 22 und 24.

Versuchen Sie, den Text in die heutige Sprache zu übersetzen. Vergleichen Sie: die Beschreibung der wirtschaftlichen Situation damals mit unserer heutigen Lage. Was erwartete/erhoffte der Tagebuchschreiber für sich und seine Familie damals? Was erwarten Sie vom Leben heute?

Es gibt nur wenige solcher Berichte einfacher Leute aus der vorindustriellen Zeit. Alle aber zeigen eines deutlich: Die Menschen waren von der Natur so abhängig, wie es heute noch die „unterentwickelten" Völker sind. Vor 1800 lebten die Menschen in Deutschland am Rande der Katastrophe und das, obwohl rund 90 % auf dem Lande wohnten und sich den größten Teil ihrer Zeit mit Landwirtschaft beschäftigten: Fiel ihre Ernte schlecht aus, dann herrschten Hunger und Elend.

Wie ist das zu erklären?

● Seit dem 30jährigen Krieg (1618 — 1648) stieg die Bevölkerung ständig.

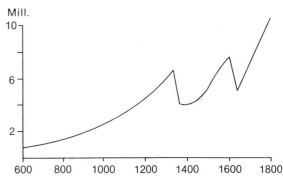

Quelle: F. W. Henning, Das vorindustrielle Deutschland 800 — 1800, Paderborn 1974, Seite 19.

● Die Nahrungsmittel wurden immer knapper, so daß sich auch in normalen Zeiten die Ernährung der wachsenden Bevölkerung ständig verschlechterte. Chancen, mehr Nahrungsmittel zu produzieren, hatte man kaum, denn:

— der verfügbare Boden war bereits voll genutzt.

— Es war nicht möglich, moderne Produktionstechniken einzusetzen,

    weil die Kenntnisse fehlten,

    weil die überkommenen Lebensverhältnisse Änderungen nicht zuließen.

Beispiel:

Damit der Boden sich erholen konnte, wurde seit dem Mittelalter in „Dreifelderwirtschaft" angebaut.

1. Jahr	2. Jahr	3. Jahr
Sommergetreide	Wintergetreide	Brache (ohne Anbau)

Diese Methode brachte es mit sich, daß ständig ein Drittel des Bodens nicht bebaut wurde. Es kam hier wie in anderen Situationen zu Engpässen.

4.2 Die Zeiten ändern sich

4.2.1 Aus der Not geboren: Maschinen verändern die Welt

Man suchte nach Wegen, wie man die „Engpaß-Situationen" überwinden könnte.

Gegen Ende des 18. Jahrhunderts begannen die ersten Veränderungen.

Viele kleinere und größere Neuerungen bewirkten den Strukturwandel, den wir „industrielle Revolution" nennen. Den Ausgangspunkt nahm er in England und griff auf alle übrigen „westlichen" Industrienationen im 19. Jahrhundert über.

● Die für die Industrialisierung folgenreichste Erfindung war Watts Dampfmaschine. Sie ist das Produkt einer Engpaß-Situation, und zwar des „Wasserhaltungsproblems" in Bergwerken. Seit 1712 setzte man in englischen Gruben technisch unvollkommene „Newcomen'sche Feuermaschinen" ein. Watt gelang es, daraus eine funktionsfähige Dampfmaschine zu entwickeln. Sie wurde 1769 patentiert. Die ersten Dampfmaschinen arbeiteten nur mit auf- und niedergehender Bewegung. Sie wurden in Bergwerken zur Wasserhaltung eingesetzt, z. T. auch als Antrieb für Blasebälge.

Als es Watt 1785 gelang, die Dampfmaschine auf Drehbewegungen umzurüsten, war ihrem Einsatz kaum noch Grenzen gesetzt. Sie war zum „Allzweckantrieb" geworden.

— In Bergwerken setzte man sie auch zur „Bewetterung" (Luftversorgung) und bald zur Förderung ein.
— Über Transmissionen (Treibriemensysteme) betrieben Dampfmaschinen Arbeitsmaschinen aller Art.
— In der Eisenerzeugung und -verarbeitung wurden Pochhämmer, Hochofengebläse, Schmiedehämmer, Werkzeugmaschinen mit Dampfkraft angetrieben.
— Im Mühlengewerbe begann der Dampf, Wasser und Wind zu ersetzen.

Als die grundlegende Erfindung der frühen Industrialisierung gilt die Dampfmaschine.

Die Transmissionsriemen, die einzelne Arbeitsmaschinen mit der zentralen Kraftmaschine koppelten, bestimmten das Gesicht des Maschinensaals.

Daß die Dampfmaschine nahezu universelle Einsatzmöglichkeiten hatte, zeigt der Dampfpflug von Max Eyth.

• Seit der Mitte des 18. Jahrhunderts waren etwa acht bis zehn Spinner damit beschäftigt, das von einem Weber benötigte Garn zu erzeugen. Um die Nachfrage befriedigen zu können, wurde die Arbeitszeit ausgedehnt. Man begann aber auch zu experimentieren, wie der Spinnvorgang rationalisiert werden könnte. Es gelang im Verlaufe von wenigen Jahren (1764 — 1785), leistungsfähige Spinnmaschinen herzustellen.

Zuerst wurden die Spinnmaschinen mit Wasserkraft angetrieben. Als die Dampfmaschine diese Arbeit übernahm, war damit die erste Fabrikindustrie geboren.

Sie setzte sich innerhalb weniger Jahre durch und machte die häusliche Nebenbeschäftigung des Spinnens schnell überflüssig und damit die Heimarbeiter arbeitslos.

Auch für die weitere Industrialisierung hatte dieser erste Durchbruch entscheidende Bedeutung, denn dadurch waren neue Engpässe geschaffen worden.

• Jetzt war ein riesiges Garnangebot vorhanden, mit dem die Weber nicht mehr Schritt halten konnten. Antwort war die Erfindung des mechanischen Webstuhls (1785). Der neue Webstuhl machte einem weit verbreiteten Gewerbe Konkurrenz: Hunderttausende von Handwebern verloren durch diese neue Kombination von Kraftmaschine (= Dampfmaschine) und Arbeitsmaschine (= mechanischer Webstuhl) in den Fabriken ihren häuslichen Arbeitsplatz — mehr noch allerdings fanden eine neue Beschäftigung in den Fabriken.

Das obere Bild zeigt deutlich, daß schon vor der Industrialisierung die Übertragung von Wasserkraft auf Arbeitsmaschinen üblich war. Deswegen lautet der englische Name für Fabrik „mill". Das untere Bild zeigt eine frühe industrialisierte Spinnerei.

Handwebstuhl aus dem 18. Jahrhundert.

Fabrikmäßig vorbereitet wurden auch einzelne Fertigungsstufen — das Bild zeigt eine Bäummaschine. Auf dem Baum sind die Längsfäden der Webstühle aufgewickelt.

● Die industriellen Baumwollspinnereien litten bald unter Versorgungsschwierigkeiten. Für die Garnherstellung mußten die Samenkapseln der Baumwolle entfernt werden. Dies war ein sehr arbeitsintensiver Vorgang. Zur Gewinnung eines Pfundes Baumwolle benötigten Sklavinnen in den Vereinigten Staaten einen Tag. Nach der Erfindung der Entkörnungsmaschine (1793) verfünffachte sich ihre Tagesleistung.

Diese Entwicklung der Baumwollverarbeitung wirkte sich bald auf die Leinen- und Wollfabrikation aus. Mechanisiert wurden dann alle übrigen Bereiche der Textilproduktion.

Die ersten Industriechemikalien wurden um 1800 für das Bleichen und Färben produziert. In anderen Produktionsstufen wurden ebenfalls Maschinen eingesetzt, z. B. Wollkämm- und Tuchschermaschinen.

● Im Verkehrswesen wurde die Dampfmaschine als Antrieb von immer größeren Schiffen und seit 1814 als Grubenlokomotive eingesetzt und seit 1825 als Eisenbahnlokomotive. Damit war eine Verkehrsrevolution eingeleitet, die das Gesicht Europas vollständig veränderte.

Schiffe dieser Art prägten die „Transportrevolution" des 19. Jahrhunderts. Sie ermöglichten die wirtschaftliche Fracht von Massengütern.

"Lokomobile" — konstruiert in England.

- Am Beginn der Industrialisierung waren alle Maschinen aus Holz. Das Holz hielt der Beanspruchung durch die Dampfmaschinen nicht mehr stand. Daher wurden immer mehr Arbeitsmaschinen, wie die Dampfmaschine selbst, aus Eisen gebaut. Damit war ein ganz neuer Industriezweig entstanden: die Maschinenbauindustrie.

Fassen Sie zusammen: Ursachen, Schritte, Folgen der Industrialisierung.

4.2.2 Industrielle Revolution in Deutschland

In Deutschland wurde vereinzelt sehr schnell die moderne englische Technik eingesetzt — 1783/84 entstand die erste Spinnfabrik in Ratingen bei Düsseldorf, 1785 wurde die erste Dampfmaschine im Bergbau installiert — und sogar verbessert. Der Dampfmaschineneinsatz zur Förderung im Bergbau wurde erst wirtschaftlich, nachdem 1834 im Harz die bis dahin üblichen Hanfseile und Eisenketten durch reißfeste Drahtseile ersetzt wurden.

Für einen schnellen Strukturwandel aber gab es in Deutschland erhebliche Probleme.

- Deutschland war kein einheitlicher Staat, sondern bestand aus einer Fülle von kleinen und kleinsten Staaten, von denen jeder auf jedem nur möglichen Wege versuchte, den Handel mit den Nachbarn zu erschweren. Zwischen 1818 und 1833 wurden diese Handelshemmnisse weitgehend abgebaut, 1834 verschwanden sie fast ganz durch den Deutschen Zollverein.

- Die Unfreiheit im Handwerk, vor allem aber in der Landwirtschaft mußte erst beseitigt werden. Die führenden Staatsmänner sahen ein, daß der Staat nicht alles regeln könne und dürfe. Jeder Bürger müsse die Möglichkeit erhalten, seine Fähigkeiten frei zu entfalten.

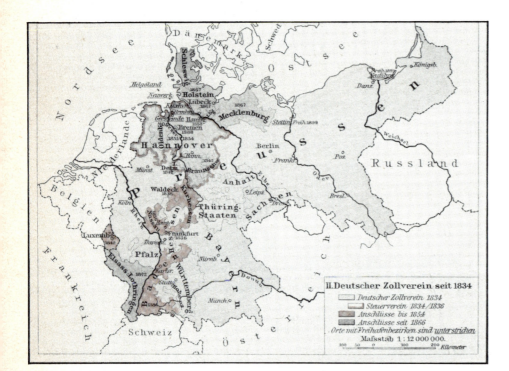

In Preußen und auch in anderen deutschen Staaten wurde die Agrarverfassung umgestaltet: Die bis dahin abhängigen Bauern wurden gegen Entschädigung an ihren früheren Herrn Eigentümer des von ihnen bewirtschafteten Bodens. Ebenso wurden alle anderen Beschränkungen aufgehoben: Die Bauern durften jetzt andere Berufe ergreifen oder ihre Heimat verlassen.

> Mancherlei Einsprüchen zum Trotz verkündeten die beiden schleswig-holsteinischen Obergerichte am 19. Dezember 1804 schließlich: „Vom 1. Januar 1805 ist die Leibeigenschaft in unseren Herzogtümern Schleswig und Holstein gänzlich und auf immer abgeschafft. Von diesem Zeitpunkt an verfügen die Freigelassenen über ihre Person sowie über ihr Vermögen frei und ungehindert. Es ist demnach die Einwilligung des Gutsherrn zur Heirat und zur Erlernung eines Handwerks nicht mehr erforderlich."
>
> Doch es sollte noch einige Zeit brauchen, bis die Leibeigenen mit ihrer gewonnenen Freiheit etwas anzufangen wußten. Manch einer sehnte sich sogar zurück nach dem Untertanendasein in gutsherrlicher Geborgenheit. So berichten die „Wagrisch-Fehmarner Blätter" im Jahr 1836: „Als man in Holstein und Schleswig die Fesseln der Leibeigenschaft zerbrach und den bisherigen Sklaven zum freien Mann erhob, hätte man einen Schritt weitergehen und den Freigewordenen auch Eigentum geben sollen. Aber der bisherige Leibeigene blieb Zeitpächter und Froner nach wie vor, und so wurde eigentlich die Leibeigenschaft nur nominell aufgehoben. Noch immer ist das Los der Bauern ein beklagenswertes zu nennen. Vielleicht gelingt es der fortschreitenden Humanität unseres Zeitalters, die Lage dieser Menschenklasse durch Erteilung von Eigentum zu verbessern und die Freigewordenen dadurch auch zu Staatsbürgern zu erheben."

„Lübecker Nachrichten", 20. Februar 1983.

Fast gleichzeitig mit der Veränderung der Landwirtschaftsverfassung führte man die Gewerbefreiheit ein. Die Zünfte verloren das Recht, das Wirtschaftsleben zu bestimmen. So durfte z. B. in Preußen seit 1810 jeder jedes Handwerk betreiben und mit anderen Handwerkern frei konkurrieren. Einzige Bedingung war: er mußte sich einen Gewerbeschein ausstellen lassen und dafür eine Gebühr bezahlen. Ausgenommen von dieser Regelung waren nur wenige Berufe, z. B. Ärzte und Apotheker.

Dieses Gesetz leitete die Reformen in Preußen ein: Es brachte mehr Freiheit.

Mit dieser befreienden Gesetzgebung waren die rechtlichen Bedingungen für die Industrialisierung in Deutschland gegeben.

In den ersten Jahrzehnten des 19. Jahrhunderts ahmte Deutschland das englische Vorbild nach: Die moderne Industrie setzte sich zunächst im Textilbereich durch, wobei die Entwicklung sehr viel langsamer verlief als in England.

Das zeigt die Zahlenreihe für den Einsatz von Dampfmaschinen in Preußen:

Jahr	Anzahl
1837	419
1843	863
1849	1444
1852	2832
1861	8669
1884	36747
1900	73792

Quelle: Rübberdt, Geschichte der Industrialisierung, München 1972, S. 91.

Der Durchbruch zur Industrialisierung gelang erst mit dem Eisenbahnbau.

• Das wachsende Schienennetz machte es möglich, die Güter billig zu transportieren.

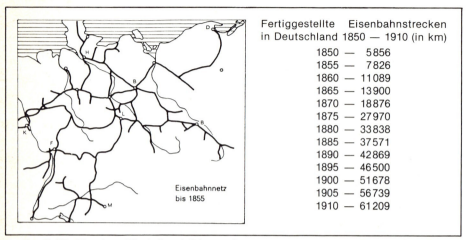

Fertiggestellte Eisenbahnstrecken in Deutschland 1850 — 1910 (in km)	
1850	5856
1855	7826
1860	11089
1865	13900
1870	18876
1875	27970
1880	33838
1885	37571
1890	42869
1895	46500
1900	51678
1905	56739
1910	61209

Quelle: F.-W. Henning, Die Industrialisierung in Deutschland von 1800 bis 1914, S. 161.

Quelle: Michael Stürmer, Das ruhelose Reich, Deutschland 1866 — 1918, S. 76.

Eisenbahnbau in Deutschland.

• Bau und Betrieb der Eisenbahnen kurbelten die Produktion an in anderen Wirtschaftsbereichen: im Strecken- und Fahrzeugbau, vor allem in der Eisen- und Kohleerzeugung.

In den ersten Jahren wurden Lokomotiven aus England importiert. Das Bild zeigt die erste Lokomotive eines bedeutenden deutschen Unternehmens.

• Der Gleisbau für die Eisenbahn gab vielen Tausend Menschen über Jahrzehnte Arbeit.

Die Eisenbahn war damit entscheidend für die Entwicklung der Wirtschaft. In den letzten Jahren des 19. Jahrhunderts bis zum Ersten Weltkrieg wurde die weitere wirtschaftliche Entwicklung getragen von modernen Wirtschaftszweigen, die erst mit der Industrialisierung entstanden: dem Maschinenbau, der chemischen Industrie und der Elektroindustrie. In den 100 Jahren seit 1800 hat tatsächlich eine Revolution stattgefunden: Aus dem rückständigen Agrarland Deutschland ist eine führende Industrienation geworden.

Die einzelnen Reihen der Grafik zeigen deutlich, wie langsam die Industrialisierung zunächst vonstatten ging und wie stürmisch die Entwicklung in den letzten Jahren vor dem Ersten Weltkrieg verlief.

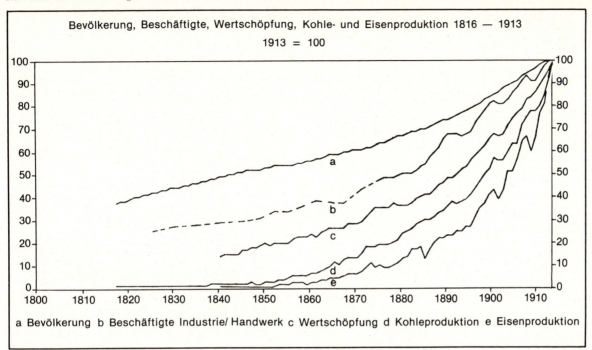

Quelle: Walter G. Hoffmann, Das Wachstum der deutschen Wirtschaft seit der Mitte des 19. Jahrhunderts, eigene Berechnungen.

4.2.3 Das Elend der Massen: „die soziale Frage"

Die wirtschaftlichen Veränderungen blieben nicht ohne Auswirkungen auf das Leben der Menschen: In der ersten Hälfte des 19. Jahrhunderts verschärfte sich die soziale Lage der Bevölkerung ganz erheblich. Der „Pauperismus"[1] wurde zu einer Massenerscheinung. Politiker und vor allem Schriftsteller beklagten das Elend der Bevölkerung. Sie waren empört über die Not der Arbeiter.

So schrieb der Dichter Georg Büchner:

> Ich komme vom Christkindelsmarkt: überall Haufen zerlumpter, frierender Kinder, die mit aufgerissenen Augen und traurigen Gesichtern vor den Herrlichkeiten aus Wasser und Mehl, Dreck und Goldpapier standen. Der Gedanke, daß für die meisten Menschen auch die armseligsten Genüsse unerreichbare Kostbarkeiten sind, machte mich sehr bitter.

Quelle: Georg Büchner, Sämtliche Werke, S. 448.

Viele Vorschläge zur Lösung der sozialen Frage enthielten die Empfehlung, zur alten, ständischen Ordnung zurückzukehren. Auch Vertreter der Kirche sahen einen Ausweg zunächst nur darin, zu den Grundsätzen des Christentums zurückzukehren; denn Armut war für sie Zeichen von Mangel an Religion und Moral.

Vergleichen Sie die Aussagen der Zeitungsausschnitte auf Seite 140 miteinander und mit unserem Text.

[1] Pauperismus = Verarmung, Verelendung.

Georg Büchners (1813 — 1837) Schrift „Der Hessische Landbote" trug das Motto der Französischen Revolution: „Friede den Hütten! Krieg den Palästen!"

Kampftag wurde zum Gedenktag

Von einem Kampftag zu einem Gedenktag hat sich im Laufe der Jahrzehnte der alljährlich in Ost und West begangene Weltfeiertag der Arbeit gewandelt. Den Anlaß gaben eine Demonstration und ein Streik amerikanischer Arbeiter, die im Mai 1886 in Chicago für die Einführung des Acht-Stunden-Tages kämpften. Ihre Aktion endete mit einem Polizeieinsatz, bei dem 17 Menschen getötet und über hundert verletzt wurden.

Im Juli 1889 beschlossen die Delegierten der II. Sozialistischen Internationale in Paris, den 1. Mai zu einer „großen internationalen Manifestation" zu erklären. Ursprünglich sollte damit der Forderung nach einer Arbeitszeitverkürzung Nachdruck verliehen werden; im Zusammenhang mit der sozialen und wirtschaftlichen Entwicklung änderten sich auch die Forderungen der Arbeitnehmer.

Vom zartesten Alter an beschäftigt

In kleinen Stickereien, d. h. bei einer mit zwei dem Besitzer gehörigen Strickmaschinen fand der Zwickauer Beamte Kinder noch über 8½ Uhr Abends und ebenso Kinder unter dem zulässigen Alter beschäftigt.
Fabrik-Inspektoren über die Not der Heimarbeiter 1880

In den Fabriken abgerichtet

Auch in dem hiesigen Regierungsdepartement werden schon Kinder von fünf bis sechs Jahren teils in den Werkstätten ihrer Eltern, teils in den Fabriken zu ganz mechanischen Fertigkeiten abgerichtet. In den Fabriken fängt die Arbeit um sechs Uhr früh an und dauert gewöhnlich bis abends um neun Uhr, die Mittagsstunde allein ausgenommen, ununterbrochen fort.
Bericht der Regierung in Potsdam 1818

Kinder in der Höhle des Jammers

Der Herr Abgeordnete Schuchard (Barmen) bemerkte: daß gewissenhafte Kreisphysiker versicherten, wenn die Kinder auch nur um 10 Stunden in die Höhle des Jammers eingesperrt würden und stets sich auf den Beinen befinden, um zu arbeiten, so erhielten besonders die Mädchen Geschwülste und Auswüchse, die Beine schwänden und die Kinder welkten elendiglich dahin. Er müsse indessen das Zeugnis ablegen, daß die Spinnerei von Oberempt in Barmen insoweit eine Musteranstalt genannt werden könne, als derselbe um 11 Uhr morgens eine Maschine still stehen lasse, um seinen 200 Spinnkindern eine bis 1 und ¼ Stunde Unterricht erteilen und dann eine Stunde freie Luft genießen zu lassen.
Debatte über Kinderarbeit Rhein. Provinziallandtag 1837

Äußerst wichtig für die Moralität

Der Vorteil, den Fabrikarbeit insofern mit sich bringt, daß die Kinder durch dieselbe an den Fleiß gewöhnt werden — eine der Haupttriebfedern bei allen Operationen eines jeden Pädagogen —, ist für die Moralität und das Glück der Kinder unendlich wichtig; würden sie durch das Besuchen der Schule von jener Arbeit abgehalten, so würde dies vielleicht — auch wenn sonst gar kein Nachteil damit verbunden wäre — an sich selbst, wenn sich von dem Schulunterricht noch so viel Gutes erwarten ließe — ein so großes Übel sein, daß ihm aller jener durch den Schulunterricht zu stiftende Nutzen nicht das Gleichgewicht hielte.
Bericht des Oberpräsidenten Graf Solms — Laubach 1818

Der Lehrer holte die Säumigen

Kam der Lehrer in die Fabrik, so riß er die untere Saaltüre auf und schrie hinein: „Schule!" Dann stieg er die Treppe hinauf und schrie ebenso in die oberen Säle hinein: „Schule!" Die Kinder, die Bücher unter dem Arme, stürmten ihm nach. Nun kam es aber vor, daß Spinner gerade über dem Abziehen oder dem Aufstecken waren, wobei sie die Andreher notwendig brauchten und deshalb zurückhielten. Dann ging der Lehrer ärgerlich zurück und holte die Säumigen. Hierbei gab es oft bissige Auseinandersetzungen zwischen Lehrer und Spinnern.
Fabrikschule um 1840

Ungeliebte Inspectoren

Kinderarbeit in den Fabriken war noch an der Tagesordnung, als vor über 125 Jahren die Geburtsstunde der staatlichen Gewerbeaufsicht in Deutschland schlug. Preußen beschloß am 16. Mai 1853, besondere Beamte einzusetzen, die den Arbeitsschutz in den Fabriken überwachen sollten. Der erste dieser „Fabrikinspectoren" wurde in Aachen eingestellt.

Die rechtliche Grundlage hatte 1839 eine Verordnung über die Beschäftigung Jugendlicher geschaffen: Sie verbot die Arbeit von Kindern unter neun Jahren, „beschränkte" die Arbeitszeit für Neun- bis Zwölfjährige auf zehn Stunden pro Tag und untersagte Kindernacht- und Sonntagsarbeit. Auch technische Betriebsschutzanordnungen sollten erlassen werden.

Nicht etwa soziale Gründe haben den Ausschlag für das sogenannte „Kinderregulativ" von 1839, sondern wehrpolitische Bedenken. In einer Eingabe an die preußische Regierung beschwerte sich 1828 in Krefeld Generalleutnant von Horn, daß die Musterungsergebnisse katastrophal seien. Er führte den schlechten Gesundheitszustand der Rekruten darauf zurück, daß sie als Kinder von sechs Jahren an in den Fabriken nachts durcharbeiten, tagsüber zur Schule müßten und so in unverantwortlicher Weise überbeansprucht würden.

1869 wurden die Betriebe verpflichtet, alles „zu tunlichster Sicherung der Arbeiter gegen Gefahr für Leben und Gesundheit" zu tun. Eine Arbeiterschutznovelle 1891 brachte Verbesserungen im technischen Arbeitsschutz, regelte den Kinder- und Jugendschutz neu und die Nachtarbeit von Frauen und Wöchnerinnen.

Situation der deutschen Arbeiterschaft um die Mitte des vorigen Jahrhunderts:

„In Lumpen gekleidete Menschen, hungernd, frierend, krank, invalid, junge und alte, Männer und Frauen und Kinder in erbarmungswürdigem Zustand des Leibes und der Seele, ausgemergelt und dumpf", so gingen die Industriearbeiter — nach zeitgenössischem Urteil — vor Morgengrauen in die Fabrik und verdienten mit anstrengender Arbeit bis Einbruch der Nacht nicht das Existenzminimum. Es gab weder Lohntarife noch Versicherungsschutz, Urlaub und Sonn- oder Feiertagsruhe waren unbekannt; ein Teil des Lohnes mußte in minderwertigen Naturalien hingenommen werden (sog. Trucksystem). Bittschriften an die Obrigkeit „um Besserung des traurigen Loses der Ärmsten" blieben erfolglos; Proteste und demonstrativ erhobene Forderungen galten als „Anstiftung zum Aufruhr".

„Noch um die Jahrhundertwende war es selbstverständlich, daß ein Arbeiterkind von zwölf oder dreizehn Jahren wenigstens im Sommerhalbjahr ganztägig zum Bauern ging, zum Handwerker oder — wenn es ein Mädchen war — in den Haushalt", schrieb Nis R. Nissen in seinem Kommentar zu dem Photoband „Kaiserzeit auf dem Land". Und an anderer Stelle heißt es: „Die Schule war für Kinder damals nur eine Nebenbeschäftigung, der sie ... auch nur in jüngeren Jahren nachgingen. Mit zwölf oder dreizehn kamen sie dann nur noch ein- oder zweimal in der Woche oder allenfalls in den Wintermonaten in die sogenannte ‚Dispensierschule', welche für Kinder eingerichtet war, die zur Arbeit gingen. In der Regel wohnten die Kinder jedoch bei ihrem Brotherren wie Knecht und Magd."

Die Zeitungsausschnitte stammen aus den „Lübecker Nachrichten" und „Die Zeit".

Aus mehreren Gründen nahm die Arbeitslosigkeit zu.
— Das Bevölkerungswachstum setzte sich fort. Dadurch vergrößerte sich das Arbeitskräfteangebot.
— Nach der Bauernbefreiung gaben viele im Zuge der Landreform ihre Tätigkeit auf und zogen in die Stadt. Sie verstärkten die Zahl der Arbeitsuchenden.
— Die Wirtschaftsstruktur Deutschlands war in fast allen Bereichen der englischen unterlegen. Exporte konnten nicht erhöht werden. Sie gingen sogar zurück.
— Die allgemein geringen Einkommen brachten keine zusätzliche heimische Nachfrage und dadurch keine Wirtschaftsbelebung.

Typisches Merkmal der von Arbeitslosigkeit und Unterbeschäftigung gekennzeichneten Gesellschaft ist die Frauen- und Kinderarbeit. Die nicht mehr konkurrenzfähigen rückständigen Betriebe versuchten, sich mit dem Einsatz billiger Arbeitskräfte gegen die vordrängende Industrie zu retten.

Kinderarbeit in Fabriken, in denen die schwere körperliche Arbeit durch Dampfmaschinen ersetzt war.

Das Elend, das in der ersten Hälfte des 19. Jahrhunderts herrschte, wird deutlich, wenn man Gerhart Hauptmanns Schauspiel „Die Weber" liest. Es schildert den schlesischen Weberaufstand von 1844.

Das „Weberelend" war eines der großen Themen der Sozialkritik des 19. Jahrhunderts: In keinem vorindustriellen Handwerksberuf waren so viele Menschen beschäftigt wie in der Weberei.

Seit Friedrich Engels — mit Karl Marx der Begründer des „Wissenschaftlichen Sozialismus" — wird immer wieder betont, die moderne Industrieproduktion, der Kapitalismus, sei schuld an der bedrückenden Lage der Bevölkerung. Man kann das auch anders sehen. Schon 1848 schrieb ein Kritiker dieser Theorie, Engels verherrliche die Vergangenheit als die „gute alte Zeit", weil er keine Statistik aus dieser Zeit kenne. Die Not sei zwar unübersehbar groß, sie sei aber nicht Folge der Industrie. Das Fehlen der modernen Fabrikindustrie sei vielmehr der Grund dafür, daß weiterhin große Teile der Bevölkerung in Armut leben müßten.

Wöchentliche Arbeitszeit (in Stunden) der Lohnarbeiter in Deutschland 1800 — 1914.

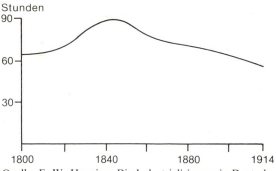

Quelle: F.-W. Henning, Die Industrialisierung in Deutschland 1800 — 1914, S. 195.

Bureau-Ordnung
zur Beachtung des Personals

I. Gottesfurcht, Sauberkeit und Pünktlichkeit sind die Voraussetzungen für ein ordentliches Geschäft.

II. Das Personal braucht jetzt nur noch an Wochentagen zwischen 6 Uhr vormittags und 6 Uhr nachmittags anwesend zu sein. Der Sonntag dient dem Kirchgang. Jeden Morgen wird im Hauptbureau das Gebet gesprochen.

III. Es wird von jedermann die Ableistung von Überstunden erwartet, wenn das Geschäft sie begründet erscheinen läßt.

IV. Der dienstälteste Angestellte ist für die Sauberkeit der Bureaus verantwortlich. Alle Jungen und Junioren melden sich bei ihm 40 Minuten vor dem Gebet und bleiben auch nach Arbeitsschluß zur Verfügung.

V. Einfache Kleidung ist Vorschrift. Das Personal darf sich nicht in hellschimmernden Farben bewegen und nur ordentliche Strümpfe tragen. Überschuhe und Mäntel dürfen im Bureau nicht getragen werden, da dem Personal ein Ofen zur Verfügung steht. Ausgenommen sind bei schlechtem Wetter Halstücher und Hüte. Außerdem wird empfohlen, in Winterszeiten täglich 4 Pfund Kohle pro Personalmitglied mitzubringen.

VI. Während der Bureaustunden darf nicht gesprochen werden. Ein Angestellter, der Zigarren raucht, Alkohol in irgendwelcher Form zu sich nimmt, Billardsäle und politische Lokale aufsucht, gibt Anlaß, seine Ehre, Gesinnung, Rechtschaffenheit und Redlichkeit anzuzweifeln.

VII. Die Einnahme von Nahrung ist zwischen 11.30 Uhr und 12.00 Uhr erlaubt. Jedoch darf die Arbeit dabei nicht eingestellt werden.

VIII. Der Kundschaft und Mitgliedern der Geschäftsleitung ist mit Ehrerbietung und Bescheidenheit zu begegnen.

IX. Jedes Personalmitglied hat die Pflicht, für die Erhaltung seiner Gesundheit Sorge zu tragen, im Krankheitsfalle wird die Lohnzahlung eingestellt. Es wird daher dringend empfohlen, daß jedermann von seinem Lohn eine hübsche Summe für einen solchen Fall wie auch für die alten Tage beiseitelegt, damit er bei Arbeitsunvermögen und bei abnehmender Schaffenskraft nicht der Allgemeinheit zur Last fällt.

X. Zum Abschluß sei die Großzügigkeit dieser neuen Bureau-Ordnung betont. Zum Ausgleich wird eine wesentliche Steigerung der Arbeit erwartet.

Entnommen aus den verschiedensten Arbeitsbestimmungen und Betriebsordnungen von Manufakturen, Comptoirs und Amtsstuben der Jahre 1863 bis 1872.

Quelle: W. Siekaup, Aspekte kaufmännischer Berufsbildung, S. 16.

4.2.4 Wege aus der Not

Als sich in der zweiten Hälfte des 19. Jahrhunderts die Arbeitsmarktlage zunehmend verbesserte, und damit Massenarbeitslosigkeit und Kinderarbeit weitgehend verschwanden, verschoben sich auch die Probleme, die man als „soziale Frage" zusammenfaßte. Die „Arbeiterernährungsfrage" war weitgehend gelöst — so bezeichnete der Mainzer Bischof von Ketteler die soziale Frage.

Jetzt suchte man eine Antwort auf die Frage, wie man die Arbeiterschaft am besten in die Gesellschaft eingliedern könne. 1872 gründeten viele deutsche Wissenschaftler den „Verein für Socialpolitik", weil sie mit den bestehenden sozialen Verhältnissen unzufrieden waren. Es ging nicht mehr um Hunger und Überleben: Es gab ein neues Ziel.

> Und dieses Ideal darf und soll kein anderes sein, als daß einen immer größeren Theil unseres Volkes zur Theilnahme an allen höheren Gütern der Kultur, an Bildung und Wohlstand zu berufen, daß soll und muß die große, im besten Sinne des Wortes demokratische Aufgabe unserer Entwicklung sein, ...

Quelle: Verhandlungen der Eisenacher Versammlung zur Besprechung der socialen Frage am 6. und 7. October 1872, S. 5.

Seit 1881 versuchte der Staat durch die Sozialversicherungsgesetzgebung, einen Teilbereich der sozialen Frage zu lösen: Die Versorgung der Arbeiter in Zeiten, in denen sie nicht arbeiten und daher auch nichts verdienen konnten.

Drei weitere Problemfelder der sozialen Frage mußte die junge Industriegesellschaft lösen:

- **Arbeitsbedingungen**
  - Die Arbeitsbedingungen waren schlecht, wenn auch die Arbeitszeiten deutlich kürzer wurden.
  - Der Arbeitsschutz war unzureichend. Er verbesserte sich mit dem Unfallversicherungsgesetz, denn auf dieser Grundlage wurden die Arbeitsstätten überprüft.
  - „Fabrikordnungen" belasteten die Arbeitnehmer

▼

Nehmen Sie die „Ordnung" (S. 142) Punkt für Punkt durch, und vergleichen Sie: Wie sind die Bestimmungen/Regelungen heute?

— Das „Regulativ zur Kinderarbeit" von 1839 und nachfolgende Gesetze beseitigten Schritt für Schritt die schlimmsten Übelstände bei der Kinder- und Jugendlichenarbeit.

Durch die Verbesserung der betrieblichen Arbeitsbedingungen haben auch Unternehmer ihren Beitrag zur Lösung der sozialen Frage geleistet. Bei vielen stand dabei eine patriarchalische[1] Auffassung im Vordergrund. So sagte von Stumm-Halberg, der „König der Saar", der schon vor Bismarck die Sozialgesetzgebung gefordert hatte:

„ Wie der Arbeiter zu Gehorsam gegenüber seinem Arbeitgeber verpflichtet ist, so hat der Arbeitgeber von Gottes und Rechts wegen für seine Arbeiter weit über die Grenzen des Arbeitsvertrages hinaus zu sorgen. "

Im gleichen Sinne baute Alfred Krupp Werkswohnungen und die notwendigen öffentlichen Einrichtungen, wie Schulen und Geschäfte. Dafür verlangte er von seinen Arbeitern Gehorsam:

„ Ich habe mich dadurch in eine Schuldenlast gesetzt, die abgetragen werden muß. Damit dies geschehen kann, muß jeder seine Schuldigkeit tun, in Frieden und Eintracht und Übereinstimmung mit unseren Vorschriften. "

Quelle: Versäumte Lektionen, Fischer-Taschenbuch 1163, S. 125.

Es haben aber nicht nur diese beiden Unternehmer Sozialpolitik geleistet. Auch andere zeigten sich aufgeschlossen und sind Wege gegangen, die auch heute noch diskutiert werden. So hat Ernst Abbé, der Gründer der Carl-Zeiss-Stiftung, auch Mitbestimmung und Gewinnbeteiligung für seine Beschäftigten eingeführt.

---

[1] patriarchalisch = nach Altväterweise. — Gemeint ist, daß der Herr im Hause alles bestimmt aber auch die alleinige Verantwortung für das Wohlergehen seiner „(Betriebs-)Familie" trägt.

4.2.5 Der Staat greift ein

Großgrundbesitzer und Fabrikherren fürchteten um ihre führende Stellung in Gesellschaft und Staat. Die ersten Arbeitsschutzgesetze wurden erlassen, Kinderarbeit seit 1839 eingeschränkt.

Gegen das Massenelend konnte das alles nichts bewirken.

Bismarck, Reichskanzler und damit Regierungschef unter Kaiser Wilhelm I, sucht für das große Problem — die soziale Frage — eine große Lösung. Zunächst bringt er 1878 das „Gesetz gegen die gemein-

gefährlichen Bestrebungen der Sozialdemokratie" im Reichstag durch (abgekürzt „Sozialistengesetz" genannt). Damit wurden alle Gewerkschaften und Arbeiterparteien verboten.

Die Geltungsdauer des Gesetzes ist zeitlich begrenzt. Bismarck will damit die weitere Ausbreitung revolutionärer Gedanken und Umtriebe stoppen und Zeit gewinnen für seine soziale Gesetzgebung.

Im Februar 1881 wird dem Reichstag der Entwurf für ein Unfallversicherungsgesetz vorgelegt. Dazu wird eine Kaiserliche Thronrede verlesen, in der es heißt:

> Seine Majestät der Kaiser hofft, daß (dieser Gesetzentwurf) dem Reichstag als eine Vervollständigung der Gesetzgebung zum Schutze gegen sozialdemokratische Bestrebungen willkommen sein werde. Die bisherigen Veranstaltungen, welche die Arbeiter vor der Gefahr sichern sollten, durch den Verlust ihrer Arbeitsfähigkeit infolge von Unfällen oder des Alters in eine hilflose Lage zu geraten, haben sich als unzureichend erwiesen, und diese Unzulänglichkeit hat nicht wenig dazu beigetragen, Angehörige dieser Berufsklasse dahin zu führen, daß sie in der Mitwirkung zu sozialdemokratischen Bestrebungen den Weg zur Abhilfe suchten.

Quelle: Huber, Deutsche Verfassungsgeschichte, Bd. 4, S. 1197

Das waren Bismarcks Grundgedanken zur sozialen Gesetzgebung:

Der Sprengstoff, der in der sozialen Frage steckt, kann nur entschärft werden, wenn der Klassengegensatz zwischen Arbeiterschaft und Unternehmern in ein Miteinander umgewandelt wird und die Arbeiterschaft in Gesellschaft und Staat eingebunden wird und sich nicht mehr ausgestoßen fühlen muß.

Daraus ergibt sich: Arbeiter, Unternehmer und Staat sind gleichermaßen bei der Lösung zu beteiligen.

Bismarck versucht, dieses Prinzip zuerst bei der Unfallversicherung durchzusetzen: Alle Arbeitnehmer, deren Jahreseinkommen 2000,— Mark nicht übersteigt, sollten bei einer Reichsversicherungsanstalt zwangsversichert sein. Die Kosten sollen zu gleichen Teilen — je ein Drittel — durch Beiträge der Arbeitnehmer, der Unternehmer und durch Zuschüsse des Staates aufgebracht werden.

Diese Aufteilung der Kosten plante Bismarck, weil
— die Arbeiterschaft sich selbst helfen sollte, ohne jedoch zu stark belastet zu werden,
— die Unternehmer für die Arbeiterschaft mitverantwortlich sein sollten. Die Kosten mußten nach Bismarcks Vorstellung so sein, daß die Konkurrenzfähigkeit gegenüber dem Ausland erhalten bliebe,
— der Arbeiterschaft gezeigt werden sollte, daß ihre Notlage vom Staat verstanden und mit seiner Hilfe beseitigt würde.

Nach Abschluß der gesamten Sozialgesetzgebung sollte die Arbeiterschaft mit dem Staat versöhnt sein und gleichzeitig sich der Staat zu einem „Sozialstaat" gewandelt haben. Damit wären dann Sozialismus, Kommunismus und Revolution überflüssig geworden.

4.2.6 1881 — Geburtsstunde unserer Sozialversicherungen

Mit diesen Vorstellungen aber kann sich Bismarck zunächst nicht durchsetzen. Im Oktober 1881 wird ein neuer Reichstag gewählt. Mit ihm soll ein neuer Versuch gestartet werden. Bei seiner ersten Sitzung wird eine Kaiserliche Botschaft verlesen:

> Schon im Februar d. J. haben Wir Unsere Überzeugung aussprechen lassen, daß die Heilung der sozialen Schäden nicht ausschließlich im Wege der Repression[1] so-

Beispiel für eine kaiserliche Botschaft.

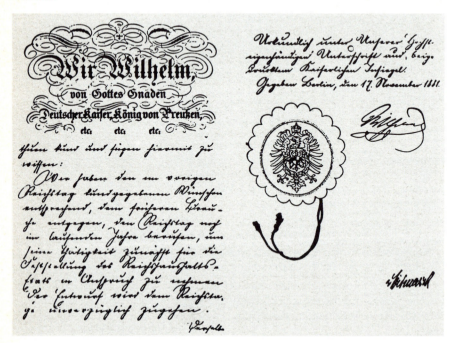

---

[1] Repression = Hemmung/Unterdrückung

zialdemokratischer Ausschreitungen, sondern gleichmäßig auf dem der positiven Förderung des Wohles der Arbeiter zu suchen sein werde. ... In diesem Sinne wird zunächst der ... Entwurf eines Gesetzes über die Versicherung der Arbeiter gegen Betriebsunfälle mit Rücksicht auf die im Reichstage stattgehabten Verhandlungen über denselben einer Umarbeitung unterzogen, um die erneute Berathung desselben vorzubereiten. Ergänzend wird ihm eine Vorlage zur Seite treten, welche sich eine geichmäßige Organisation des gewerblichen Krankenkassenwesens zur Aufgabe stellt. Aber auch diejenigen, welche durch Alter oder Invalidität erwerbsunfähig werden, haben der Gesamtheit gegenüber begründeten Anspruch auf ein höheres Maß staatlicher Fürsorge, als ihnen bisher hat zu Theil werden können ..."

Quelle: „Unsere Sozialversicherung", S. 10

Diese Kaiserliche Botschaft wird allgemein als Geburtsurkunde der Sozialversicherungen angesehen. In den folgenden Jahren werden Gesetzentwürfe eingebracht, wird diskutiert, beraten, abgelehnt, geändert und werden schließlich Kompromisse geschlossen. Bismarck hat seine Vorstellungen nur zum Teil durchsetzen können. Trotzdem erschienen die Sozialversicherungen zu ihrer Zeit als vorbildlich und wurden von vielen Ländern nachgeahmt. Es waren

1. die Krankenversicherung 1883,
2. die Unfallversicherung 1884,
3. die Invaliden- und Altersversicherung für Arbeiter 1889.

Sie wurden erst viel später ergänzt durch

4. die Rentenversicherung für Angestellte 1911,
5. die Arbeitslosenversicherung 1927.

Diese Versicherungen bilden auch heute noch die Grundlage für unsere soziale Sicherheit.

▼

Fassen Sie zusammen:
— Die Vorstellungen Bismarcks: Was waren die Ziele seiner Sozialpolitik?
— Wie wollte er die Versicherungen gestalten?

4.3 Am laufenden Band: Wohlstand für alle

Unternehmer wollen Gewinne machen. Zu diesem Zweck lassen sie sich allerhand einfallen. Das Problem ist immer gleich: Wie kann man möglichst billig viel herstellen, was den Kunden so sehr gefällt, daß genügend bereit sind, einen hohen Preis zu zahlen.

Automatische Schweißstraße bei General Motors, USA: Verbesserungen in der Produktion machten die Autos immer billiger

KONZERNE SCHAFFEN DEN WOHLSTAND

Joseph Alois Schumpeter wurde als Konjunktur-Theoretiker berühmt. Er behauptete, daß im Kapitalismus ein »Prozeß der schöpferischen Zerstörung« vor sich gehe. Dabei verdrängen bessere Produktions-Verfahren die schlechteren und bessere Produkte die schlechteren Waren. Nach der Ansicht des Österreichers verdanken wir unseren hohen Lebensstandard vor allem den Großunternehmen

Quelle: „Der Stern", 25. November 1982

Henry Ford, Nr. 1 der Automobilhersteller in den USA, ließ sich das Fließband einfallen: Die Einzelteile des Autos werden auf ein Band gesetzt, das sich automatisch weiterbewegt. Jeder einzelne Arbeiter macht nur einen Handgriff, setzt ein neues Teil an, zieht eine Schraube fest. Das Auto wächst und läuft nach vielen tausend Stationen fertig vom Band. Der Vorteil für den Unternehmer: Das Band ist zwar teuer, aber die Arbeiter billig. Der Handgriff kann in wenigen Minuten erlernt werden, jeder Arbeiter ist, wie ein Rad in der Maschine, jederzeit austauschbar.

▼

Die Vor- und Nachteile für den einzelnen Arbeiter können Sie im gemeinsamen Gespräch selbst zusammenstellen. — Weiteres dazu finden Sie im Abschnitt 4.3.3, S. 147 ff.

Die Industrieproduktion machte es möglich, daß heute (fast) alle ausreichend mit allem Nötigen versorgt sind, daß viele sich zusätzlich Wünsche erfüllen können, von denen die Menschen vor ... Jahren nicht einmal geträumt haben.

▼

Nennen Sie Beispiele: Heute erfüllbare Wünsche, von denen Menschen vor 1000, 200, 50, 20 Jahren noch nicht geträumt haben.

4.3.1 Rationalisierung: schneller — billiger — mehr

> Ein Weber produziert heute das Vierzigfache dessen, was sein Großvater erreichte — nicht weil er fleißiger wäre, sondern weil er über mehr und bessere Maschinen verfügt. Der Arbeitsplatz seines Großvaters kostete damals 4000 Reichsmark, sein Arbeitsplatz kostet eine Million DM.

Quelle: Wolfram Engel in „Die Zeit", 21. März 1980

Wenn wir immer mehr haben wollen — ein Fahrrad, ein Moped, ein Auto, einen Kassettenrekorder, die Stereoanlage, das Videogerät —, dann muß immer mehr hergestellt werden. Damit wir uns das möglichst alles leisten können, müssen wir immer mehr verdienen. Das geht nur, wenn wir in unserer Arbeit auch immer mehr zustande bringen, immer mehr leisten.

Wenn die Arbeit vernünftiger organisiert wird ..., wenn wir alle schneller arbeiten ... Bald stoßen wir an eine Grenze: Die Leistungsfähigkeit des Menschen läßt sich — auch durch beste Organisation — nicht beliebig steigern. Es bleibt nur ein Weg: Maschinen müssen her!

Automation: Segen oder Fluch für Preisstabilität und Vollbeschäftigung?

Was früher 1500 Frauen am Spinnrad fertigbrachten, leistet heute eine moderne Spinnmaschine.

Maschinen, die besser, schneller und billiger produzieren, machen es möglich. Die Produktivität — was ein Mann in einer Stunde schafft — wird ständig größer.

> Die Schlüsselrolle der Wirtschaft ist die Produktivität. Sie bestimmt, wie viele Güter wir produzieren und verbrauchen, wieviel Freizeit wir uns leisten, wie sauber wir unsere Umwelt halten können. Die Produktivität steigt, wenn der einzelne Arbeitsplatz mit mehr und besseren Maschinen ... ausgestattet wird. Die Erhöhung der Arbeitsproduktivität durch mehr und besseren Kapitaleinsatz heißt „Rationalisierung". Rationalisierung ist die einzige Quelle zur Erhöhung des Wohlstands.

Quelle: Wolfram Engel in „Die Zeit", 21. März 1980

Neue und bessere Maschinen kosten mehr Geld. Da sie dem Menschen immer mehr Arbeit abnehmen, brauchen sie auch mehr Energie, meistens mehr Strom.

Maschinen sind zuverlässiger als Menschen. Sie werden nicht krank, ein Ersatzteil ist schnell eingesetzt; sie bekommen keine Kinder; beanspruchen keinen Urlaub; fordern keine Lohnerhöhung. Sie sind für den Unternehmer berechenbar und Tag und Nacht einsatzfähig. Daher sind sie am Ende doch billiger als der Mensch.

Wenn die Maschine veraltet ist, wird sie verschrottet, sie erhält keine Rente. Die neue Maschine muß noch schneller und besser sein, seit ein paar Jahren kann sie sogar billiger und sparsamer sein.

▼

Erklären Sie die Begriffe „Rationalisierung" und „Produktivität". Begründen Sie den Satz: Wachsender Wohlstand ist nur durch Einsatz von Maschinen möglich.

4.3.2 Mehr Arbeit für Maschinen = weniger für Menschen?

❞ In meiner Kindheit, also vorm Ersten Weltkrieg, konnten wir noch auf der Straße Schlagball spielen. Wenn die Dämmerung hereinfiel, kam ein Mann die Straße entlang, der eine Stange über der Schulter trug. Er ging von Laterne zu Laterne, und mit einem Haken an der Stange gab er der Lampe einen Ruck: Licht! Dann ging er fünfzig Meter weiter. Zur nächsten Laterne. Und so fort. Dieser Mann war städtischer Angestellter. Er hatte sein Gehalt. Würde er invalid werden, wäre er versichert, im Alter hätte er seine Pension. Er hatte eine wichtige Aufgabe. Er sorgte für Licht. Der Mann war ausgefüllt. Solche Leute gab es in großer Zahl ... ❞

Quelle: Gerd Bucerius in „Die Zeit", 28. Dezember 1979

Heute wird das Ein- und Ausschalten der Laternen elektronisch gesteuert.

Unsere Wirtschaft befindet sich im Umbruch. Strukturwandel ist das Stichwort.

Die Bedürfnisse haben sich geändert und die Produktionsweisen. Strukturelle Arbeitslosigkeit ist das neue Problem.

❞ Für die Leute, die durch die Maschine ersetzt werden, hat heute die Gesellschaft keine Arbeit mehr. Und zwar — darüber müssen wir uns klar sein — nie mehr! Früher konnte man sagen: Geht's mit der Wirtschaft aufwärts, läßt die Arbeitslosigkeit nach. Das war unter allen Umständen richtig. Heute aber stimmt dieser Satz nur noch zum Teil. Es gibt Arbeitslose deshalb, weil ihre Arbeit weggefallen ist. ❞

Quelle: Gerd Bucerius in „Die Zeit", 28. Dezember 1979

Aber auch in der Industrie ist ein stürmischer Umbruch im Gange: Ein Arbeiter produziert heute soviel wie fünf Arbeiter 1949. Vier von fünf Arbeitsplätzen sind seither „wegrationalisiert" worden — noch mehr Arbeitsplätze wurden neu geschaffen.

▼

Vielleicht finden Sie weitere Beispiele: Berufe, deren Arbeit weggefallen ist. Fragen Sie Ihre Eltern, Großeltern, Meister. Die Zeit vor dem allgemeinen Einsatz von Maschinen war sicher in mancher Hinsicht doch „die gute alte Zeit". Versuchen Sie in einem Gespräch Vor- und Nachteile der Arbeitswelt gestern und heute zusammenzustellen.

4.3.3 Mikroelektronik: Die Teufelchen sind schon unter uns

Seit ein paar Jahren verändern kleine Revolutionäre unsere Welt:

❞ Allein sind sie dumm wie ein Sack Kartoffeln, im Verbund zu Tausenden aber können sie uns mit ihrer hexerischen Schnelligkeit ihrer unmenschlichen Intelligenz einen gehörigen Schrecken einjagen: ... Mikroprozessoren heißen die kleinen Teufelchen, die sich — äußerlich einem Tausendfüßler ähnlich — wie Ungeziefer breit machen. Unter ihrer Macht sterben ganze Branchen, neue werden hochgestrudelt. ❞

„Die Welt", 29. Dezember 1979

>> Der erstaunliche Preis: Heute ist ein teurer Taschenrechner so leistungsfähig (...) wie der erste handelsübliche IBM-Computer, der Anfang der fünfziger Jahre eine Million Dollar kostete.

Hätten wir im Automobilbau einen gleichen Kostenrückgang, ... dann dürfte der alte VW-Käfer statt 5 000,— DM nur noch 5,— DM kosten. <<

Quelle: Beilage zur Wochenzeitung „Das Parlament", 16. Februar 1980.

>> Die Folgen: „Wie jede Veränderung in Wirtschaft und Gesellschaft bringt auch der Vormarsch der Mikroelektronik neben vielen Vorteilen große Probleme mit sich: Traditionelle Arbeitsplätze verschwinden, ganze Industriezweige müssen sich umstellen, berufliche Kenntnisse und Fertigkeiten werden entwertet. <<

„Die Zeit", 8. Juni 1979

▼

Können Sie Geräte nennen, die ohne Mikroelektronik in ihrer heutigen Form gar nicht denkbar wären?

Vielleicht können Sie ergründen, welche Wirtschaftszweige besonders von der Mikroelektronik betroffen sind, wo große Umstellungen zu erwarten sind. Wie beurteilen Sie Ihre beruflichen Zukunftsaussichten?

„Deutsche Handwerkszeitung", 9. Juli 1982

4.3.4 Auch: Chancen für ein besseres Leben

Ganz falsch aber wäre es, nur die Nachteile zu betonen.

>> Immer wieder hat ... der technische Fortschritt zusätzliche Kaufkraft und damit Nachfrage mitgeschaffen. Arbeitslosigkeit ist kein Fluch der Technik. Es gibt immer genug Arbeit wenn

— die Arbeit nicht zu teuer ist ...,
— interessante, marktfähige Produkte angeboten werden.

... die Bedürfnisse der Menschen und Gesellschaften sind noch lange nicht erschöpft. Es gibt zahllose Beispiele für neue Aufgaben. Das reicht von kleinen Verbesserungen für den Alltag, wie etwa einem Gerät zur Absorption von Zigarettenrauch, bis zu großen Projekten, wie die Krebsbekämpfung, die Luftreinigung, die Energieeinsparung durch neue Heizformen oder den Bau von familiengerechten Wohnungen. ... Es gibt genug zu tun in Südeuropa und in der Dritten Welt. Gegenüber den Entwicklungsländern dürfen wir uns — von der moralischen Verpflichtung einmal abgesehen — nicht auf den Export und Import von Gütern beschränken. Es gibt neue Arbeitsplätze für unsere Monteure und Ingenieure und Manager auch dann, wenn wir beim Aufbau von Partnerbetrieben in den armen Ländern mithelfen. Damit züchten wir nicht Konkurrenz von morgen, sondern schaffen kaufkräftige Kunden in einem Land mit wachsendem Wohlstand. <<

Quelle: Elmar Pieroth in „Die Zeit", 4. März 1977

Und:

>> Es wäre freilich völlig falsch, nur auf die Gefahren zu starren, die von der modernen Technik ausgehen könnten, und gleichzeitig die Chance, die sie bietet, zu vernachlässigen. ... Zu den Chancen, die die Mikroelektronik bietet, gehört neben der Verbesserung alter auch die Entwicklung neuer Produkte. Dazu gehört eine bessere Steuerung und damit ein rationeller Einsatz knapper Energieträger.

Dazu gehört die Übertragung monotoner Büroarbeiten auf Maschinen und eine humanere Gestaltung vieler Arbeitsplätze. Die Produktivitätssteigerung wird es möglich machen, die Arbeitszeit weiter zu verkürzen, die Zeit für Urlaub und Weiterbildung zu verlängern. <<

„Die Zeit", 8. Juni 1979

Die neue Technik wird neue Produkte hervorbringen.

Fallen Ihnen weitere Zukunftsaufgaben ein, die die Wirtschaft in Angriff nehmen könnte?

Welche Chancen und Möglichkeiten „für ein besseres Leben" bieten sich außerdem?

4.4 Wie soll es weitergehen?

Wenn wir immer mehr haben wollen, dann muß in jedem Jahr mehr hergestellt werden. Die Wirtschaft muß wachsen. Das ist allerdings in den letzten Jahren nicht mehr so recht gelungen.

Ermitteln Sie:

Wo ist der Markt — fast — gesättigt? Bei welchen Produkten war die Zunahme am stärksten? Wo sind noch Steigerungen möglich? Sie kennen sicher einige Geräte, die hier nicht aufgeführt sind, bei denen ebenfalls mit starkem Wachstum zu rechnen ist. Die hier angegebenen Zahlen beziehen sich auf „Arbeitnehmerhaushalte mit mittlerem Einkommen". Überlegen Sie: Ist für alle eine totale Versorgung mit den angegebenen Geräten sinnvoll? Worauf könnte man zuerst verzichten?

Brechen schlechte Zeiten an? Steht uns ein Unglück bevor?

Die Wirtschaft muß sich umstellen. Klar ist: Wer mehr produzieren will, braucht z. B. mehr Rohstoffe. Rohstoffe werden knapper und darum teurer. Wenn wir so weiter produzieren wie bisher, werden die Vorräte bald verbraucht sein. Wer mehr produzieren will, braucht mehr Energie. Energie ist knapp und wird immer teurer. Wer mehr produziert, belastet die Umwelt. Damit wir nicht im eigenen Dreck ersticken, hat der Gesetzgeber immer neue und im-

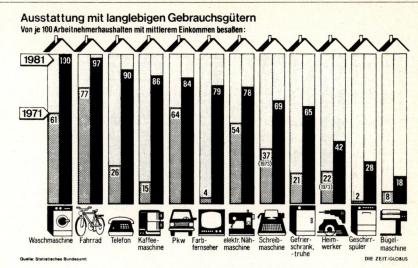

In den letzten zehn Jahren ist in die deutschen Haushalte großer Komfort eingezogen: Nahezu jede Arbeitnehmerfamilie wäscht heute in der eigenen Waschmaschine, bei drei von vier Familien steht das eigene Auto vor der Tür und Telephonanschluß und Kaffeemaschine — beides noch vor zehn Jahren eine Luxusanschaffung — gehören zur Normalausstattung. Selbst Gefriertruhe und Heimwerker-Ausrüstung sind in jedem zweiten Haushalt vorhanden. Dabei sind die Komfortgüter nicht nur in der Anschaffung teuer, auch ihr Betrieb schlägt sich in der Haushaltskasse nieder. Nach Angaben der Hauptberatungsstelle für Elektrizitätsanwendung (HEA) entfallen rund 30 Prozent des verbrauchten Haushaltsstroms auf Kochen, Gefrieren und Kühlen, weitere 8,5 Prozent werden beim Waschen verbraucht.

mer strengere Umweltschutzgesetze beschlossen. Diese Bestimmungen verursachen Kosten für die Unternehmen.

Die Folgen: Die Unternehmer reagieren auf die veränderten Bedingungen: Während viele zuerst schimpften und klagten, haben einige aus der Not der anderen eine Tugend (Gewinn) für sich gemacht. Neue Aufgaben müssen angepackt werden.

„ Zum Beispiel wird sich aus der Energiesituation nicht nur ein neuer Markt von energiesparenden Produkten entwickeln. Wir können wohl auch damit rechnen, daß die Konsumenten ihr Verhalten ändern müssen. Sie werden anders wohnen, weil sie sich weniger mobil verhalten, anders kochen, um Energie zu sparen. Sie werden sich anders kleiden, um die Heizung drosseln zu können. Sie werden nicht mehr ins Ausland fliegen oder fahren und in den Ferien etwas anderes tun. Ich bin sicher, daß Veränderungen Produkte und Services produzieren werden und damit die Arbeit für die Werbeleute. "

Quelle: Vilim Vasata, Werbemanager, in „Die Zeit", 2. Mai 1980

4.5 Es ist viel zu tun ...

4.5.1 Energie sparen, machen Sie mit!

Über Energie- und Umweltfragen gibt es eine wahre Flut von Informationen.

 Kostenlose Informationen erhalten Sie von:

Presse- und Informationsamt der Bundesregierung, Postfach, 5300 Bonn

Bundesministerium des Innern, Postfach, 5300 Bonn (u. a. erhalten Sie die Broschüre ,,Was Sie schon immer über Umweltschutz wissen wollten''.)

Bundesministerium für Raumordnung, Bauwesen und Städtebau, Postfach, 5300 Bonn (u. a. erhalten Sie die Broschüren ,,So hilft der Staat beim Energiesparen und Modernisieren von Bauten'', ,,Energiesparbuch für das Eigenheim''.)

Bundesministerium für Forschung und Technologie, Postfach, 5300 Bonn (u. a. erhalten Sie ,,Kernenergie, eine Bürgerinformation''.)

Bundesverband Bürgerinitiativen Umweltschutz, Hellbergstraße 6, 7500 Karlsruhe 21 (Sie erhalten Bücher-, Materiallisten und viele andere Informationen.)

Informationskreis Kernenergie, Heußallee 10, 5300 Bonn 1

Umweltbundesamt, Bismarckplatz 1, 1000 Berlin 33 (Sie erhalten u. a. die Broschüre ,,Bürger in Umweltschutz''. Darin sind 1600 Adressen von Umweltschutzorganisationen und Bürgerinitiativen angeführt.)

Büchertips:

Der ,,Fischer Öko-Almanach'', Fischer-Taschenbuch Nr. 4057, enthält eine Fülle von Informationen über Umwelt- und Energieprobleme.

Gaul, ,,Atomenergie oder Ein Weg aus der Krise''? rororo 1773

Kahlert, ,,Unheimliche Energie, Kernspaltung zwischen Bombe und Kraftwerk'', Belz-Verlag

Croall, ,,Atomkraft für Anfänger'', Sach-comic-Taschenbuch, rororo 7533 ,,Umwelt für Anfänger'', Sach-comic-Taschenbuch, rororo 7541

Bölsche (Hrsg.) ,,Natur ohne Schutz'', Spiegel-Buch

Gruhl, ,,Ein Planet wird geplündert'', Fischer Taschenbuch 4006

Für ein Vollbad sind etwa 200 Liter warmes Wasser nötig. Ein Duschbad von sechs Minuten Dauer braucht nur etwa 70 Liter warmes Wasser.

Um einen Liter Wasser auf die erwünschte Warmwassertemperatur zu bringen, sind etwa 0,03 kWh nötig.

Wieviel Energie ist zum
Aufheizen der Badewanne nötig? _____ ? kWh
und zum
Aufheizen des Duschwassers? _____ ? kWh

Quelle: „Energie im privaten Haushalt", Schülerheft, S. 16
Verlagsgesellschaft Schulfernsehen, Köln 1980

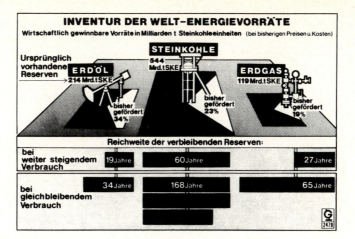

▼

Betrachten Sie kritisch die Karikaturen und das Schaubild:

— *Was wollen die Karikaturen aussagen? — Stimmen Sie zu?*
— *Was bedeuten die Zahlen des Schaubildes für unsere und Ihre Zukunft? — Welche Probleme ergeben sich?*

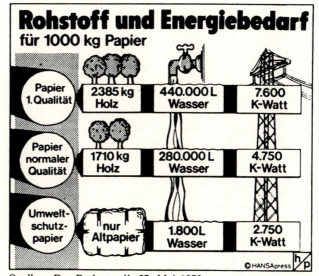

Quelle: „Das Parlament", 27. Mai 1978

▼

Ein DIN A4-Schreibblock mit 100 Blatt Papier wiegt etwa 450 g. In Ihrer Klasse werden zehn Schreibblocks verbraucht.

Berechnen Sie die Rohstoffe und den Energiebedarf (Holz, Wasser, KWatt) für Papier erster Qualität; Papier normaler Qualität und Umweltschutzpapier. Vergleichen Sie.

... und **Ihre** Einwegflaschen?

energiesparen
Die deutschen haushalte sorgen dafür, daß rund 30% der einwegflaschen für massengetränke nicht mehr in den müll, sondern in den glascontainer wandern. Von dort erhält die glasindustrie sie zurück, kann sie einschmelzen und wiederverwenden. Mit jeden kilogramm altglas läßt sich eine energiemenge von 60 liter heizöl einsparen.

Quelle: „Druck und Papier", Februar 1982

Umweltzeichen.
Eine vom Bundesminister des Innern berufene unabhängige Jury verleiht diese Auszeichnung für umweltfreundliche Produkte, um sie für die Verbraucher erkennbar zu machen. Nähere Informationen dazu – wie auch Tips für umweltgerechtes Verhalten – gibt das Umweltbundesamt, Bismarckplatz 1, 1000 Berlin 33.

4.5.2 Selbstmord auf Raten — oder Umweltschutz

„ Die kleinen Kriege machen uns kaputt. Frankreich hat der Bundesrepublik den Kampf angesagt und bombardiert uns mit 7,8 Tonnen Kalisalzen in der Minute. Der Rhein transportiert die Bombe. Wir halten uns an Holland schadlos. Wir reichern die salzige Brühe mit der Flut unserer Industrieabwässer aus dem Rhein/Main- und dem Ruhrgebiet an und entlassen den so hingerichteten Strom als Trinkwasser-Reservoir in die Niederlande. Unsere Abgase schicken wir zusammen mit dem Industrie- und Privatdreck per Luftströmung nach Norden: Norwegen und Schweden klagen über sterbende Seen und Wälder.

Amerikanische Wissenschaftler haben es an die große Glocke gehängt: Wenn wir Menschen auf diesem Globus so weitermachen wie bisher, wird das Leben im Jahr 2000 eine mühevolle Angelegenheit. Bäume werden zur Mangelware. Pflanzen und Tiere sind bis auf wenige Arten ausgestorben. Nur der Mensch hat sich dann auf die unvorstellbare Zahl von annähernd sechs Milliarden vermehrt. Diese

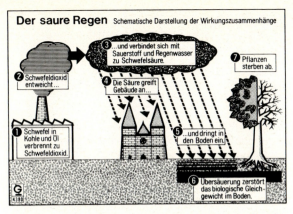

viel zu vielen sind aber nicht mehr zu ernähren, weil weite Gebiete der Erdoberfläche versteppt und verwüstet sind — wie jetzt schon in Afrika. Der Raubbau an Regenwäldern führt dann zusammen mit anderen Ursachen zu einer Erwärmung der Erdoberfläche um zwei bis drei Grad. Die Folge davon? An den Polen schmelzen die Eisberge, der Meeresspiegel steigt um etwa sechs Meter. Und dann?

Und dann ist es zu spät, um darüber nachzudenken, was man eigentlich vorher alles hätte tun können und sollen, um diese Entwicklung aufzuhalten . . . "

Quelle: „PZ", Nr. 28, März 1982, Seite 11

Umweltschutz: Früher . . .

Die Götter versöhnen . . .

„ Schon im alten Rom gab's Probleme mit verschmutzter Umwelt. Alle fünf Jahre mußte die Obrigkeit eine ‚lustratio urbis', eine Generalreinigung der Stadt anordnen, damit die Bürger nicht in ihrem eigenen Dreck ersticken. Die Stadtsäuberung wurde allerhöchst motiviert: Es gelte, so die damals Herrschenden, die durch breitgetretenen Dreck beleidigten Götter zu versöhnen und der Stadt gnädig zu stimmen."

Quelle: „Umweltlexikon", Bundesministerium des Innern

Umweltsünder auspeitschen . . .

Ferdinand von Aragonien, der 1503 König von Neapel wurde, verbot das Entleeren von Abfalleimern und Nachtgeschirren auf die Straßen. Der Abfall mußte auf bestimmten Deponien gebracht werden. Wer gegen dieses königliche Gebot verstieß, wurde auf die Galeeren verbannt oder öffentlich ausgepeitscht.

In die Wohnungen zurückschaufeln . . .

Auch Friedrich Wilhelm von Preußen, der zweihundert Jahre später regierte, wollte seine Berliner zur Reinlichkeit erziehen. Seine Gendarmen hatten Befehl, den Unrat, den sie vor den Häusern auf der Straße fanden, durch die Fenster in die Wohnungen zurückzuschaufeln.

und heute . . .

Sanfte Ermahnungen für Umweltverbrecher . . . ?

„ Mit sanften Ermahnungen ist den Umweltverbrechern nicht beizukommen. — Wer einen Taxifahrer, Polizisten, Bankangestellten oder eine Prostituierte ermordet, hat mit zehn oder fünfzehn Jahren oder sogar lebenslänglich . . . zu rechnen. Wer eine Smogkatastrophe verschuldet, wer also trotz bedenklicher Wetterlage riesige Mengen an Schwefeldioxyd und Ruß in die Luft abläßt, und so für den Tod von 40 oder 100 Menschen verantwortlich ist (Smogsterben im Ruhrgebiet oder in Karlsruhe), hat nichts zu befürchten . . . Mit Geldstrafen von ein paar tausend DM kommt der Umweltschutz nicht weiter . . . Wer auf die Weitsicht des deutschen Unternehmertums setzt, der wird sich sehr bald in einer total ruinierten Umwelt wiederfinden, in einem giftverseuchten Land, das für den Menschen kaum noch Lebensbedingungen bietet."

Quelle: Willy R. Lützenkirchen, Verbrechen ohne Richter, Köln 1972, Seite 48

Strafen für Umweltsünder

B o n n (dpa). Straftaten, die die Umwelt bedrohen, werden jetzt im Strafgesetzbuch verankert, die Strafandrohungen zum Teil erhöht.

Nach dem Bundestag stimmte gestern auch der Bundesrat dem Gesetz zur Bekämpfung der Umweltkriminalität zu. Das neue Gesetz bestimmt unter anderem: Bei Luftverunreinigung und Lärm ist nicht mehr der Nachweis eines konkreten Schadens Voraussetzung für eine Bestrafung. Vielmehr reicht es aus, daß die Handlung generell zur Herbeiführung eines Schadens geeignet ist.

Diese Vorschrift kann aber nur dann angewendet werden, wenn grob pflichtwidrig gegen Ordnungen verstoßen wurde.

Bei Gewässerverunreinigung wurde die Höchststrafe angehoben.

„Lübecker Nachrichten", 22. März 1980

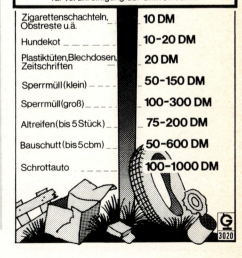

▼

Diskutieren Sie:
Reichen die Strafen für Umweltsünder aus?
Sollte man sie erhöhen?

4.5.3 Beispiel: Wunschtraum Auto

Die Herstellung
— verschlingt kostbare Rohstoffe und Energie.

Beim Fahren
— vergiften Auspuffgase die Umwelt,
— terrorisiert der Lärm von Motor, Reifen, Bremsen die Mitmenschen,

Zum Fahren
— braucht man Straßen, Autobahnen; sie zerschneiden Landschaften, Städte, Nachbarschaften,
— braucht man teures Benzin; die Ölvorräte sind begrenzt (Seite 151).

Beim Fahren
— ermorden wir Millionen von Kleintieren: Igel, Kaninchen, Katzen, Rehe, Vögel,
— töten wir Tausende von Kindern, Jugendlichen, Erwachsenen.

Nur weil wir schneller, weiter, schöner, unabhängiger sein wollen durch unser Auto. Für Tausende endet dieser Traum tödlich. Sicherer, billiger, gesünder, nervenschonender ist die Fortbewegung zu Fuß, mit dem Fahrrad, mit Bus und Bahn.

Das könnten alle wissen. Nur, wir wollen nicht! Und wenn das Spielzeug ausgedient hat, dann interessiert nur noch, wie man das Schrottauto, mit möglichst wenig Einsatz, wieder los wird. Was mit dem Müll wird, was geht uns das an?

Abgase, Staub, Müll, Lärm belästigen uns, belasten die Umwelt. Das Auto ist nur ein Beispiel, allerdings ein sehr treffendes: Mit der Industrialisierung stieg die Massenproduktion explosionsartig an. Der Massenkonsum verbesserte unseren Lebensstandard. Allerdings sind unsere Vorfahren mit den Rohstoffen umgegangen, als würden sie ewig reichen. Bei der Produktion, beim Gebrauch und beim Vernichten der ausgebrauchten Produkte haben auch wir noch so getan, als wenn die Natur sich immer wieder von selbst erneuern könnte. Das kann nicht so weitergehen! Wenn wir nicht bald im eigenen Dreck

ersticken wollen, müssen wir umdenken: Schluß machen mit der Verschwendung von kostbaren Rohstoffen, Schluß machen mit der Zerstörung unserer Umwelt!

> Vieles spricht dafür, daß das Automobil, jedenfalls in seiner heutigen Form, als verschwenderischstes aller Transportmittel, als Privileg für jedermann dieses Jahrhundert nicht überleben wird. Vielleicht werden wir es nicht einmal bereuen.

Quelle: Hans Schueler in „Die Zeit", 23. März 1973

▼

Strengen Sie Ihre Phantasie an: Denken Sie sich eine Welt ohne Auto (genauer: ohne privaten Pkw).

1. Wie sähe diese Welt aus? Was wäre besser (welche Schäden wären geringer)? Was wäre schlechter? Was würden Sie persönlich entbehren?
2. Könnte man das, was Sie als negativ ansehen, auf andere Weise — ohne Auto — zufriedenstellend lösen?

Ganz ohne Auto? So einfach geht das nicht!

Im Jahre 2000 rechnet man in der Bundesrepublik mit fast 30 Millionen Autobesitzern.

> Sie haben für ihr Auto viel Geld bezahlt und verlangen deshalb — wie schon heute —, daß die von Ihnen gewählte Regierung alles tut, damit sie es auch benutzen können. An dieser stärksten Lobby im Lande kann kein Politiker vorbeigehen. Und auch die Lage der Autoindustrie kann dem Staat nicht gleichgültig sein. Ist sie doch nach wie vor eine Schlüsselindustrie, ist doch vom Wohl und Wehe dieser Branche weiterhin direkt oder indirekt jeder siebente Arbeitsplatz abhängig, ... Keine Regierung kann es sich leisten, diese Tatsache zu ignorieren. ... Denn drastische Einschränkungen der Autobenutzung würden eine schwere wirtschaftliche Krise heraufbeschwören und das Wahlvolk in Aufruhr versetzen.

Quelle: Richard Gaul in „Die Zeit", 14. September 1979

▼

Werden Sie kreativ: Wie müßten Autos aussehen, wie müßten wir mit ihnen umgehen, wenn wir uns auch im Jahre 2050 noch den Luxus „Privatauto" leisten wollen? — Suchen Sie gemeinsam Lösungen für ein anderes — rohstoffsparendes, umweltfreundliches — Auto in einer natur- und menschenfreundlichen Umwelt.

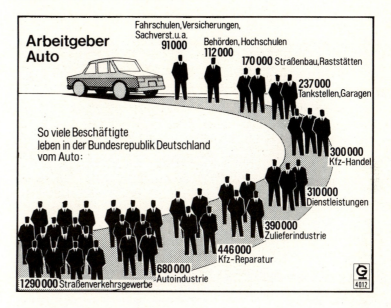

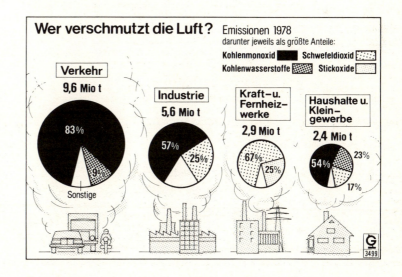

4.5.4 Besser leben ohne Wachstum?

Grundsätzliche Kritik am Wirtschaftswachstum wird schon seit Jahren laut:

> Wenn ein Produkt dank technischen Fortschritts qualitativ verbessert wird und eine längere Lebensdauer hat, aber zum gleichen Preis wie zuvor verkauft wird, führt dies statistisch nicht zu stärkerem Wachstum, obwohl der Vorteil für die Verbraucher offenkundig ist. Wenn durch verbesserten Umweltschutz die Luft gesünder wird, können statistisch nur die Kosten dafür erfaßt werden, nicht aber der Wohlfahrtsgewinn für die Menschen in dieser Gegend — und wenn sie seltener zum Arzt müssen, führt dies sogar zu Mindereinnahmen und damit zu geringerem Wachstum.

Quelle: Michael Jungblut in „Die Zeit", 5. Mai 1978

Von 1879 bis 1979 stieg das Volkseinkommen — das ist das, was wir alle zusammen verdienen — um mehr als 700 Prozent; und entsprechend gewachsen ist unser Lebensstandard, das, was wir uns leisten können.

> Mußten 1879 die Menschen aber noch durchschnittlich 3400 Stunden im Jahr für ihr kümmerliches Einkommen schuften, so reichten hundert Jahre später 1782 Stunden, um den weit höheren Lebensstandard zu erarbeiten. . . . Vieles deutet . . . darauf hin, daß die Mehrzahl der Erwerbstätigen bei der Auswahl der Leistungen, die ihnen unsere Wirtschaft und die auch in Zukunft weiter steigende Produktivität bieten, mehr Freizeit oder — genauer gesagt — mehr Selbstbestimmung über die Arbeitszeit als gleichwertig oder gar vorrangig gegenüber einer verbesserten Versorgung mit materiellen Gütern betrachtet.

Quelle: Michael Jungblut in „Die Zeit", 8. Februar 1980

In diesem Kapitel haben Sie einiges über die Möglichkeiten der technischen und wirtschaftlichen Entwicklung erfahren. Dabei wurde auch auf Gefahren für die Arbeitswelt hingewiesen. Mehr über unsere hochindustrialisierte Welt lesen Sie im Kapitel „Alle wollen besser leben — Wirtschafts- und Sozialpolitik".

▼

Versuchen Sie an dieser Stelle eine Diskussion:

Wie soll es weitergehen? Immer mehr und mehr . . ., oder besser leben ohne Wirtschaftswachstum?

Tip: Schlagen Sie auch die Seite 35 („Wozu leben Sie eigentlich?") auf.

4.6 Nichts ist wie gestern — und morgen?

4.6.1 Vom Untertanenstaat zur freiheitlichen Gesellschaft

> **Siebenter Titel.**
> **Vom Bauerstande.**
> **Erster Abschnitt.**
> **Vom Bauerstande überhaupt.**
>
> Wer Bauer sey. §. 1. Unter dem Bauerstande sind alle Bewohner des platten Landes begriffen, welche sich mit dem unmittelbaren Betriebe des Ackerbaues und der Landwirthschaft beschäftigen; in so fern sie nicht durch adliche Geburt, Amt, oder besondere Rechte, von diesem Stande ausgenommen sind.
>
> §. 2.
>
> **Vom Bauerstande überhaupt.** 325
>
> §. 2. Wer zum Bauerstande gehört, darf, ohne Erlaubniß des Staats, weder selbst ein bürgerliches Gewerbe treiben, noch seine Kinder dazu widmen. (§. 173.)
>
> §. 3. Welche Arten der Gewerbe, außer dem Ackerbaue und der Landwirthschaft, auch ohne besondere Erlaubniß, auf dem Lande getrieben werden dürfen, ist im folgenden Titel bestimmt.
>
> §. 4. Durch die Erlaubniß, ein bürgerliches Gewerbe zu treiben, verändert der Landmann seinen Stand und persönliche Beziehungen noch nicht.

Quelle: Allgemeines Gesetzbuch für die Preußischen Staaten, Zweyter Theil, Berlin 1791.

Der Übergang von der vorindustriellen Gesellschaft zur modernen Industriegesellschaft vollzog sich gleichzeitig mit dem Wandel vom Obrigkeitsstaat zur freiheitlich-demokratischen Republik.

Neben der Obrigkeit (Adel, adliger Großgrundbesitz) hatte sich zunächst in den mittelalterlichen Städten ein neuer Stand der Stadtbürger herausgebildet. Es waren die großen Kaufherren, die die Gruppe der Patrizier bildeten sowie die selbständigen Handwerker, die sich in Gilden und Innungen zusammenschlossen. Sie entwickelten einen eigenen Lebensstil mit einer eigenständigen bürgerlichen Kultur. Mit der Zeit drang das zu Wohlstand gelangte Besitzbürgertum in die durch Geburt, Grundbesitz, Militär- und Staatsfunktionen ausgezeichnete Oberschicht ein. Die in die Städte abgewanderten, ehemals leibeigenen Bauern vermischten sich mit den besitzlosen Stadtbürgern, die in der neuen industriellen Gesellschaft als Lohn- und Fabrikarbeiter das städtische Proletariat bildeten.

Die früheren „Stützen von Thron und Altar" verloren ihre Bedeutung als Oberschicht. Nicht mehr Herkunft und Grundbesitz, sondern das Verfügungsrecht über Produktionsmittel, die Leistung und das Einkommen wurden entscheidend für den politischen Einfluß. Sozial und politisch hat die durch die wachsende Zahl der Angestellten und Beamten vermehrte Mittelschicht auch einen Teil des gehobenen Arbeiterstandes aufgenommen. Während in der Monarchie die Machtpositionen im Staat bei einer kleinen Oberschicht lagen, nehmen an der Willensbildung eines demokratischen Staates Vertreter der verschiedensten Schichten teil. In der heutigen Gesellschaft bemüht sich eine Vielzahl von Gruppen gleichberechtigt um die Durchsetzung ihrer jeweiligen Ziele. Durch diesen beständigen Wettstreit hofft man, zu einem dem Gemeinwohl dienenden Ausgleich der Gegensätze zu kommen.

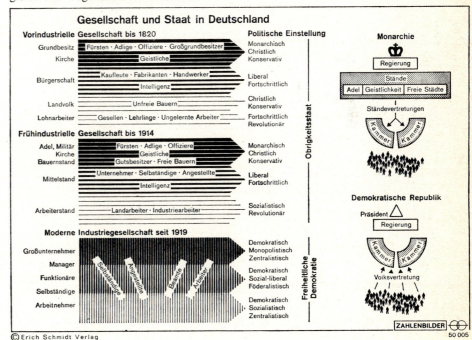

der weg erkämpfter erfolge – auch frauen waren dabei!

Arbeitslosigkeit, angriff auf den sozialen besitzstand, diskriminierung der frauen usw.: „Dagegen kann man nichts machen ...", so hören wir immer wieder. Wir stellen die frage: Wo würden wir heute stehen, wenn unsere großeltern und eltern so gedacht; wenn heute alle arbeitnehmer so denken und so (nicht) handeln würden? ...
Es hätte nie einen sozialen fortschritt gegeben.
Schauen wir uns drei frauengenerationen an:

zum beispiel: jahrgang 1895 – unsere großmütter

Sie mußten oft mit 13 jahren schon in der fabrik arbeiten. Geld verdienen. Weil's zu hause hinten und vorne nicht reichte. Damals hatte nur einer zu sagen: der fabrikherr. Er bestimmte allein, wie lange (11 stunden und mehr pro tag, 6 tage in der woche, urlaub gab's nicht) gearbeitet werden mußte. Für einen hungerlohn.
Frauen mußten nicht weniger hart arbeiten als männer; sie bekamen von anfang an einen viel geringeren lohn. Sie durften nicht wählen und hatten in parteien nichts verloren.
Damals entstanden die ersten gewerkschaften. Es war die einzige möglichkeit sich zu wehren, wenn dies auch vielfach schmerzliche folgen für die einzelnen hatte.
Das bild vom „glück am herd" war eine schamlose lüge; gültig allenfalls für die „höheren töchter".
Ausdauer, zähigkeit, kampf machten sich bezahlt. 1910 gab es schon 182 442 weibliche gewerkschaftsmitglieder. Ihnen und ihren kollegen ist es zu danken, daß die tägliche arbeitszeit auf 10 stunden gesenkt werden mußte. 1911 gab es das erstemal auch urlaub: 3 tage pro jahr. Der erste mutterschutz (insgesamt 8 wochen) konnte durchgesetzt werden.

zum beispiel: jahrgang 1922 – unsere mütter

Sie gingen oft arbeiten wie ihre mütter, weil sie auf das geld angewiesen waren.
Laut weimarer verfassung hatten frauen und männer „grundsätzlich dieselben rechte und pflichten" – und „gleiches wahlrecht für männer und frauen". Zwischen worten und wirklichkeit gab's klaffende lücken.
Die gewerkschaften hatten – soweit es in ihrer kraft lag – wort gehalten: sie hatten den 8-stunden-tag erkämpft – die 48-stunden-woche. Aber immer noch bestand lohndiskriminierung der frauen.
Über 1,5 millionen frauen waren organisiert.
Dann kam die wirtschaftskrise – millionen arbeitslose. Das böse schlagwort von den „doppelverdienern" wurde in die welt gesetzt. Es wird heute unverschämt wiederholt. Die krise hat ins totale verderben geführt: 1933 konnten die nazis die macht an sich reißen, mit all den schrecklichen folgen – die viele von uns noch am eigenen leib erfahren mußten.
Unter anderem konnte dies auch deshalb geschehen, weil die gewerkschaften als kampforganisationen der arbeitnehmer zerschlagen wurden ...
Trotzdem gab es viele – auch frauen –, die in den gewerkschaften gelernt hatten, widerstand zu leisten.

und heute?

Viele von uns sind nach dem krieg geboren. In einer zeit, die nicht gut, aber hoffnungsvoller war.
Immer mehr frauen gehen arbeiten. Ein großer teil allein aus finanziellen gründen; ein immer größer werdender teil auch, weil's ihnen spaß macht.
Daß es uns heute besser geht als der mutter und der großmutter, haben wir diesen und den millionen kolleginnen und kollegen zu verdanken, die bei gewerkschaftlichen kämpfen mitgemacht haben. Nicht nur für das eigene, sondern für das gemeinsame interesse.
Die tariflöhne auch unserer kolleginnen sind kräftig angehoben worden. Im bereich der druckindustrie beträgt der urlaub bald sechs wochen für alle. Urlaubsgeld, jahressonderzahlung, 6 wochen lohnfortzahlung bei krankheit, kündigungsschutz – und viele andere rechte wurden durchgesetzt, von denen unsere mutter und großmutter nicht geträumt haben.
Noch wird 40 stunden gearbeitet – bald werden es hoffentlich weniger sein. Wir sind weitergekommen – aber längst nicht am ziel.
Mit was haben wir es heute zu tun?
● Arbeitsplatzangst
● leistungsdruck
● angriff auf erworbene berufliche qualifikation
Vieles, was wir gemeinsam durchgesetzt haben, soll uns wieder genommen werden.
In den gewerkschaften müssen deshalb frauen und männer gemeinsam weiter um den sozialen fortschritt, um die gleichberechtigung von frauen und männern kämpfen.

das sind unsere forderungen

● recht auf arbeit für frauen und männer
● mehr chancen für jungen und mädchen in der schulischen und beruflichen bildung
● verbesserung der arbeitsbedingungen
● lohngleichheit zwischen männern und frauen
● arbeitszeitverkürzung
● verbesserung des mutterschutzes
● eigenständige soziale sicherung der frau

Quelle: „druck + papier", 26/1979

Verfolgen Sie die gesellschaftlichen Gruppen/Stände/Berufe durch die drei Entwicklungsstufen der Gesellschaft. Welche Verschiebungen gab es? Wo sind die Gruppen der früheren Stufen in unserer Gesellschaft zu finden? Stimmen Sie mit der Darstellung der „modernen Industriegesellschaft" überein? Begründen Sie Ihr Urteil.

4.6.2 Erkämpfte Erfolge — weitermachen?

Entnehmen Sie der Zusammenstellung links:
— Von wem stammt der Vergleich?
— Welche Zeiten werden beschrieben? Wie alt wären/sind die geschilderten Personen heute?
— In welchen Schritten hat sich die soziale Lage verbessert?
— Wie ist die Situation heute?

Versuchen Sie, die angeführten Forderungen zu gewichten: Was ist Ihrer Meinung nach heute besonders, was weniger wichtig? Wollen Sie Streichungen in der Liste vornehmen oder Ergänzungen hinzufügen?

Sollte man auf dem gewerkschaftlichen Weg weitermachen — oder aussteigen?

4.6.3 Die Alternative[1]: aussteigen?

Zehntausende junge Bundesbürger haben der Wohlstandsgesellschaft den Rücken gekehrt. Sie kümmern sich nicht um Karriere und Erfolg, pfeifen auf das vielgepriesene soziale Netz, denken und wählen grün — und suchen nach neuen Lebensformen: Sie gründen Landkommunen, ziehen als Korbflechter mit ihren Zelten von Dorf zu Dorf, arbeiten in alternativen Bäckereien und Buchläden. . . . Sie sind ausgestiegen, weil sie einen Staat, der sich ihnen als

---

[1] Heute versteht man unter Alternative: das Gegenmodell zum Bestehenden, z. B. alternatives Leben, alternative Energien.

Unterdrückungsapparat darstellt, nicht mehr als den ihren anerkennen wollen. ... Außerdem glauben sie nicht, daß die Probleme der Umweltzerstörung und Rohstoffverknappung, des Hungers in der Welt und der globalen Aufrüstung mit Wirtschaftswachstum und Wohlstandsdenken zu lösen sind.

Eine nach klassischen Maßstäben unpolitische Jugend organisierte sich in Selbsthilfegruppen und erfuhr dort die Möglichkeiten des Selbermachens. Dabei stört es sie überhaupt nicht, daß ihre neue Lebensform kein Modell sein kann für die Masse der Arbeiter, Angestellten und Hausfrauen, die nicht die Möglichkeit, aber auch nicht den Wunsch hat, aufs Land zu ziehen und alternative Brötchen zu backen.

Die neuen Aussteiger wollen aber nicht nur ihr eigenes Leben ändern, sie wollen auch das Leben dieser Gesellschaft ändern.

Besorgte Politiker fragen: Wie können wir diese Bürger wieder in unsere Gesellschaft eingliedern?

Ein Soziologe antwortet: Es kommt für diese Menschen nicht darauf an, in dieser Gesellschaft einen Platz zu finden, sondern die Gesellschaft so zu verändern, daß die Aussteiger überhaupt einen Platz in ihr finden möchten.

Die Alternativen wissen, daß nur ein liberaler Staat genügend Toleranz aufbringt, die Ausgestiegenen zu ertragen.

Der Kommentar eines (erwachsenen) Redakteurs:

》 Was bedeuten ihre Träume, die wir aus unserem Alltag längst schon fristlos entlassen haben: Solidarität statt Wolfsgeist, Glück statt Eigenheim. Gestaltung statt Verwaltung, Ehrlichkeit statt Sprachlosigkeit. ... Das klingt so utopisch[1] wie die Zehn Gebote oder das Grundgesetz. Doch nur, wer täglich, mit allen Risiken Utopie wagt, schafft irgendwann kleine, glaubwürdige Schritte. Es gibt so verdammt viel zu tun. Aber wir warten wieder einmal ab. 《

Quelle: „Stern", 10. April 1980

---

[1] utopisch: wirklichkeitsfremd, unerfüllbar, weil zu idealistisch; Utopie: Idealbild einer vollkommenen Gesellschaftsordnung.

▼
Versuchen Sie, sich weitere Informationen über die alternative Bewegung zu besorgen: Sie finden sie in Taschenbuchreihen, „grünen Läden", alternativen Buchhandlungen ...

Diskutieren Sie die hier vorgetragenen Gedanken: Kann die Alternativbewegung Modell sein für eine Zukunftsgesellschaft (wenn alle so leben würden ...)? Kann sie Denkanstöße geben, die die Gesellschaft weiterbringen?

4.6.4 Eine trügerische Verlockung

Rückkehr aufs Land?

Wenn die Kinder wieder barfuß gehen...

Alternativ leben – eine trügerische Verlockung / Von Michael Jungblut

Eine Alternative zur Industriegesellschaft, die in der Rückkehr aufs Land und zu den Produktionsmethoden unserer Vorfahren im vorigen Jahrhundert besteht, würde auch eine Rückkehr ins Zeitalter der Hungersnöte, des Zwölf-Stunden-Tages, der barfüßigen Kinder, des Analphabetentums und der geringen Lebenserwartung bedeuten. Ohne die in den vergangenen Jahrzehnten entwickelte Kombination aus Technik, Marktwirtschaft und hochentwickelter Organisation von Wirtschaft und Gesellschaft läßt sich das heutige Lebensniveau weder in materieller noch in kultureller Hinsicht aufrechterhalten.

Wenn nun ein großer Teil der Jugend auf der Suche nach dem alternativen Leben wieder so unproduktiv wie unsere Vorfahren wirtschaften wollte, dann müßte auch das Angebot an Krankenhäusern, Schulen und Universitäten, an Wissenschaft und Forschung, Freizeit oder Altersicherung wieder auf das Niveau zurückgeführt werden, das mit einer naturnahen Lebensweise vereinbar ist. Die Bereitschaft zum einfachen Leben auf dem Lande muß dann zwangsläufig auch die Bereitschaft einschließen, den Hunger wieder als ständigen Begleiter zu akzeptieren. Denn die Gewißheit, auch morgen satt zu werden, ist in Deutschland wie in ganz Westeuropa nicht älter als die Generation der heute Dreißigjährigen.

Quelle: „Die Zeit", Nr. 50, 7. Dezember 1979

▼
Nehmen Sie Stellung zu der hier abgedruckten Meinung. Überdenken Sie noch einmal das Kapitel 4.1. Wie schätzen Sie die Gegenwart ein im Vergleich zur Zeit vor/während der Industrialisierung (Lage, Wünsche, Probleme der Bevölkerung). Welche besonderen Probleme haben wir heute — im Vergleich zu gestern und vorgestern?

5 Alle wollen besser leben — Wirtschafts- und Sozialpolitik

- 5.0 Hinweise — Büchertips
- 5.1 Sozialstaat Bundesrepublik
- 5.2 Unsere Wünsche: Ziele der Wirtschaft — Ziele der Politik
- 5.3 Wie sozial ist unser Sozialstaat?
- 5.4 Wie funktioniert das mit der sozialen Sicherheit?
- 5.5 Ist der Sozialstaat am Ende?
- 5.6 Ärmel aufkrempeln: humane Leistungsgesellschaft?

5 Alle wollen besser leben — Wirtschafts- und Sozialpolitik

5.0 Hinweise — Büchertips

Dieses Kapitel soll keine Wirtschaftskunde ersetzen. Wenn Sie etwas über Produktionsfaktoren, Geld, Güterkreislauf erfahren wollen, dann besorgen Sie sich ein Wirtschaftskundebuch! Worum es hier geht, sagt die Überschrift.

Blättern Sie das Kapitel (bis Seite 186) langsam durch. Schreiben Sie Stichworte auf. Vielleicht können Sie anschließend in der Klasse einige Themen kurz ansprechen.

Büchertips

Zum Thema Wirtschaft gibt es viele Veröffentlichungen, meist zu bestimmten Teilbereichen. Fragen Sie doch einmal in einer Buchhandlung nach, welche aktuellen Taschenbücher es zum Thema Wirtschaft gibt! Fragen kostet nichts.

Unsere Vorschläge:

Jugendlexikon Wirtschaft, hrsg. von Horst Günter, rororo 6189.

Walter und Leistico, Anatomie der Wirtschaft rororo-tele 4. Eine Einführung in die Volkswirtschaftslehre, mit Zeichnungen und grafischen Darstellungen. Gründlich und verständlich. Für besonders interessierte Schüler.

Schmacke und Weber, Der Schlüssel zur Wirtschaft, Econit, ECON im Taschenbuch. Flüssig geschrieben, gut zu verstehen.

Kostenlos erhalten Sie vom Bundesministerium für Wirtschaft, Postfach, 5300 Bonn:

Wirtschaft von A bis Z, kleine Broschüre, Fachausdrücke werden knapp und verständlich erklärt.

Leistung in Zahlen — erscheint in jedem Jahr (August) und enthält alle Zahlen über die wirtschaftliche Entwicklung des vorangegangenen Jahres im Vergleich zu den Vorjahreszahlen und im Vergleich mit anderen Ländern. Vorbestellen! Auch als Klassensatz erhältlich.

Aktuelle Informationen zum Thema Sozialpolitik finden Sie in zwei Broschüren. Sie erhalten sie kostenlos vom Bundesministerium für Arbeit und Sozialordnung, Postfach, 5300 Bonn:

Soziale Sicherheit 1984; Über die Sozialpolitik — ein Lese- und Arbeitsheft für die Schule.

Die Bundesrepublik Deutschland verfügt über ein eng gespanntes „soziales Netz", das die Bürger vor Elend und Not bewahren soll. Wichtigster Bestandteil sind die Sozialversicherungen, in die jeder von Ihnen in irgendeiner Weise eingebunden ist.

Am meisten über Sozialversicherungen erfahren Sie von den Versicherungen selbst: Alle geben Informationsmaterial heraus. Bitten Sie die für Sie zuständige Versicherung um Zusendung von Schriften und Plakaten.

Die AOK — Allgemeine Ortskrankenkasse — macht eine eigene sehr empfehlenswerte Jugendzeitschrift „jo" (junge Ortskrankenkasse). Klassen erhalten kostenlose Exemplare.

Die BfA — Bundesanstalt für Angestellte — hat eine Broschüre „Unsere Sozialversicherungen" zusammengestellt. Dort finden Sie ausführliche Informationen.

Sie bekommen die Schrift kostenlos bei: BfA, Dezernat Presse- und Öffentlichkeitsarbeit, Postfach, 1000 Berlin-Wilmersdorf.

Fragen Sie auch an beim: Bundesminister für Arbeit und Sozialordnung, Postfach, 5300 Bonn 1, von dort erhalten Sie den „Ratgeber Soziale Sicherheit".

5.1 Sozialstaat Bundesrepublik

Sozial heißt: hilfreich — wohltätig — menschlich. Beim staatlichen Neubeginn nach dem Zweiten Weltkrieg wurde dieser gewichtige Satz ins Grundgesetz geschrieben:

> Die Bundesrepublik Deutschland ist ein demokratischer und sozialer Bundesstaat.

Quelle: Art. 20 (1) GG

Hier wird beschrieben, was nach 1949 Wirklichkeit werden sollte. Ein sozialer, hilfreicher, wohltätiger, menschlicher Staat, mit einem sozialen Wirtschaftssystem, mit sozialen Gesetzen, mit sozialen Bürgern. Dies sollte kein Staat werden, in dem es für die Armen warme Suppe gab. Das gesamte Leben sollte so gestaltet sein, daß alle menschlich leben konnten, ohne Armut, ohne Not.

Wie sozial ist die Bundesrepublik Deutschland heute? Wie sozial ist der Staat? Wie sozial sind seine Bürger?

5.1.1 Soziale Marktwirtschaft: Das Wirtschaftssystem der Bundesrepublik Deutschland

Die Entscheidung für unser Wirtschaftssystem fiel nach dem Zweiten Weltkrieg mit der Währungsreform. Nach Jahren der Kriegswirtschaft unter den Nationalsozialisten und der Verwaltung des Mangels durch die Siegermächte wagten die Politiker den Sprung in die Marktwirtschaft.

5.1.2 Wettbewerb: Zum Vorteil für alle

In der Marktwirtschaft stellt jeder einzelne — Unternehmer, Verbraucher — seinen eigenen Plan auf. Die Einzelpläne müssen aufeinander abgestimmt werden. Das geschieht auf dem „Markt" durch den Preis.

Angebot und Nachfrage bestimmen den Preis, oder: Der Preis regelt Angebot und Nachfrage.

Ein Gleichgewicht ist bei dem Preis entstanden, bei dem Angebot und Nachfrage sich die Waage halten, das heißt, wenn die Käufer bereit sind, genau so viel zu kaufen, wie angeboten wird.

Sobald das Gleichgewicht gestört ist, gerät der Markt wieder in Bewegung.

Der Motor, der die Wirtschaft in Bewegung hält, ist das Gewinnstreben jedes einzelnen, des Unternehmers wie des Verbrauchers. Bedingung ist, daß jeder über sein Eigentum frei verfügen kann: über seine Produktionsmittel, sein Geld, seine Arbeitskraft.

Der freie Wettbewerb in der Marktwirtschaft bringt dem Käufer Vorteile. Der Käufer kann die anbietenden Konkurrenten gegeneinander ausspielen und so das Beste für sich herausholen. In dieser Situation sind die Anbieter gezwungen, die knappen Mittel ständig wirtschaftlicher einzusetzen.

Denn derjenige verdient am meisten, der besonders kostengünstig produziert und der mit seinem Angebot möglichst genau die Wünsche seiner Kunden trifft. So haben alle Vorteile: In einer Marktwirtschaft werden Material, Maschinen, Energie so sparsam wie möglich eingesetzt, nichts wird vergeudet. Der Käufer findet immer das, was er braucht, in ausreichender Menge zu einem günstigen Preis, nicht weil die Unternehmer wohltätig, hilfreich, menschlich sind, sondern weil sie verdienen wollen. Das erstaunliche ist, daß jeder zwar seinen eigenen Nutzen im Auge hat, aber gerade dadurch alle das Beste erreichen. Der Markt sorgt für den Ausgleich der Interessen. Daher ist Marktwirtschaft an sich schon sozial.

All das funktioniert nur, wenn der Wettbewerb bestehen bleibt. Die Konkurrenz legt dem Gewinnstreben Zügel an und lenkt es in die richtige Bahn. Der Unternehmer muß ständig auf der Hut sein vor der Konkurrenz. Damit die Unternehmen nicht der Versuchung erliegen, mit unerlaubten Mitteln die Konkurrenz auszuschalten, hat der Gesetzgeber Grenzen gesetzt. Die Regierung muß notfalls eingreifen; denn . . .

Der Wettbewerb muß erhalten bleiben, sonst gibt es keine Marktwirtschaft mehr.

Damit der Wettbewerb nicht ausartet zum rücksichtslosen Kampf aller gegen alle, bei dem nur der Stärkste siegt, muß es in der Gesellschaft für einzelne Personen und bestimmte Gruppen soziale Schonräume geben — Bereiche ohne Wettbewerb.

Wer im Konkurrenzkampf noch nicht oder nicht mehr bestehen kann, braucht Unterstützung, sonst können Staat und Gesellschaft nicht überleben: Kinder und Jugendliche, für die die Eltern nicht ausreichend sorgen können; Alte, Kranke, Arbeitslose, Behinderte und Personen, die so wenig verdienen, daß sie allein nicht zurechtkommen.

Das Wirtschaftssystem der Bundesrepublik Deutschland bezeichnet man daher als Soziale Marktwirtschaft.

5.1.3 Die Wirklichkeit ist komplizierter: Beispiele

— Viele Bereiche unserer Wirtschaft werden von nur wenigen großen Unternehmen beherrscht. Dort ist der Wettbewerb praktisch ausgeschaltet.

— Der Markt ist zu unübersichtlich. Viele Verbraucher sind verwirrt durch das vielfältige Angebot und zusätzlich durch die Werbung. Sie können das für sie günstigste Angebot nicht herausfinden.

— Arbeiter und Angestellte fordern ihren Lohn. Für den Unternehmer ist menschliche Arbeit ein Kostenfaktor, ein sehr unzuverlässiger und teurer. Der Gewinn wird größer, wenn man diesen Faktor ausschalten kann. Es wird rationalisiert, wenn eben möglich: die modernsten Maschinen müssen her. Was hat der entlassene Arbeitnehmer vom großen Angebot der sozialen Marktwirtschaft, wenn er vom Arbeitslosengeld leben muß?

— Die Bundesrepublik Deutschland ist Mitglied der EG (s. S. 255 ff.). Sie ist verflochten mit den Wirtschaften der anderen EG-Länder und in ihren wirtschaftlichen Entscheidungen nicht völlig frei. Außerdem ist sie stark abhängig vom Welthandel, weil Ein- und Ausfuhren einen großen Teil unseres Umsatzes ausmachen. Bewegungen auf dem Weltmarkt schlagen deshalb sehr schnell auf unseren Markt durch.

— Nicht alle Länder halten sich an das Gebot der Marktwirtschaft. Viele Staaten greifen in die Wirtschaft ein, besonders wenn es um das Geschäft mit dem Ausland geht. Sie unterstützen die eigene Industrie und verbilligen künstlich deren Produkte. Unsere Betriebe sind nicht mehr wettbewerbsfähig und rufen ebenfalls nach dem Staat. . . .

Suchen Sie Beispiele für die aufgeführten Punkte.

Die Aufzählung ist einseitig negativ. (Man kann das auch ganz anders sehen.) Diskutieren Sie die einzelnen Punkte und versuchen Sie, allem auch eine positive Seite abzugewinnen.

5.2 Unsere Wünsche: Ziele der Wirtschaft — Ziele der Politik

> Wir erwarten, daß es uns jedes Jahr besser geht. Fast alle wollen mehr verdienen — mehr ausgeben — besser leben.
>
> Das geht nur, wenn die Wirtschaft jedes Jahr mehr produziert und leistet.

5.2.1 Konjunktur: das Auf und Ab der Wirtschaft

In einer Marktwirtschaft ist die wirtschaftliche Gesamtlage — Konjunktur genannt — ständig in Bewegung. Kaum ein Jahr gleicht dem anderen, und doch gibt es einen typischen Ablauf.

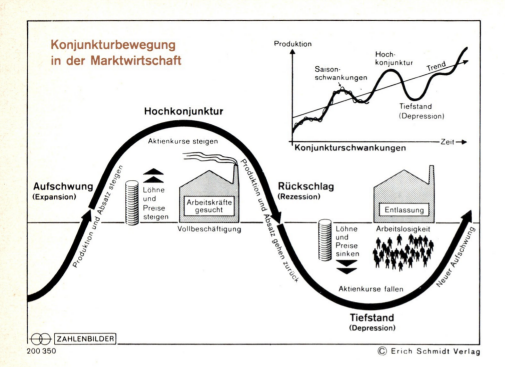

gültig sein, wie die Wirtschaft läuft. Denn wenn es dem Volk schlechter geht, reagiert es sehr schnell: Auch wenn die Regierung keine direkte Schuld trifft, kann sich die Unzufriedenheit einiger Bürger gegen sie richten. Bei der nächsten Wahl kann das für die Regierung gefährlich werden.

In der Bundesrepublik Deutschland haben die gewählten Abgeordneten der Bundesregierung durch Gesetz den Auftrag erteilt, den Wirtschaftsablauf zu beobachten und notfalls einzugreifen. 1967 wurde zu diesem Zweck das „Gesetz zur Förderung der Stabilität und des Wachstums der Wirtschaft" verabschiedet. In diesem Gesetz heißt es:

> Bund und Länder haben bei ihren wirtschafts- und finanzpolitischen Maßnahmen die Erfordernisse des gesamtwirtschaftlichen Gleichgewichts zu beachten. Die Maßnahmen sind so zu treffen, daß sie im Rahmen der marktwirtschaftlichen Ordnung gleichzeitig zur Stabilität des Preisniveaus, zu einem hohen Beschäftigungsstand und außenwirtschaftlichem Gleichgewicht bei stetigem und angemessenem Wirtschaftswachstum beitragen.

Quelle: Gesetz zur Förderung der Stabilität und des Wachstums der Wirtschaft, § 1

Verfolgen Sie die Konjunkturkurve in der Zeichnung, und beschreiben Sie fortlaufend „das Auf und Ab der Wirtschaft".

Schreiben Sie die Erscheinungen bei Aufschwung und Rückschlag in einer Tabelle nebeneinander auf.

Konjunktur	Merkmale
Aufschwung	?
Abschwung	?

Versuchen Sie, die gegenwärtige Konjunkturlage auf der Kurve festzulegen.

Vereinfacht ausgedrückt:

— Die Preise sollen stabil bleiben.
— Alle sollen Arbeit haben.
— Das Geschäft mit dem Ausland soll ausgeglichen sein.
— Die Wirtschaft soll jedes Jahr mehr produzieren, mehr leisten.

5.2.2 Unmögliches möglich machen?

In einer Demokratie haben die vom Volk gewählten Abgeordneten und vor allem die von der Mehrheit getragene Regierung ein Interesse, daß es dem Volk wirtschaftlich gut geht. Es kann ihnen nicht gleich-

Alles, was die Regierung unternimmt, muß „im Rahmen der marktwirtschaftlichen Ordnung" geschehen: Sie darf den „Marktmechanismus" nicht aufheben. Im Klartext: Der Markt — nicht die Regierung — muß die wirtschaftliche Lage bestimmen; allerdings im Rahmen der geltenden Rechte.

Deswegen darf die Regierung nur versuchen, die gesamtwirtschaftlichen Größen zu beeinflussen (s. S. 165 f.). Diese Konjunkturpolitik nennt man Globalsteuerung.

Das magische Viereck der Wirtschaftspolitik

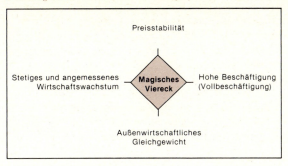

Die vier Wirtschaftsziele stehen in einer Marktwirtschaft teilweise miteinander in Konkurrenz. Sie alle gleichzeitig zu erreichen, grenzt fast an Zauberei. Man spricht daher vom „Magischen Viereck" der wirtschaftspolitischen Ziele. So können z. B. Beschäftigungsprogramme zur Vollbeschäftigung führen, zugleich aber die Preisstabilität gefährden.

Die Regierung muß sehr vorsichtig, besonnen und mit großem Geschick vorgehen, weil sie gleichzeitig allen vier Zielen möglichst nahekommen muß, denn nur dann wird es uns allen immer besser gehen.

Wie weit die Ziele erreicht wurden, zeigt das folgende Schaubild.

Die Erfolge der Wirtschaftspolitik

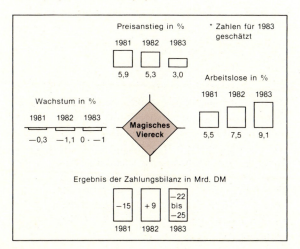

5.2.3 Konjunkturpolitik läuft im Prinzip so:

Wenn die Konjunktur davonrast, müssen die Wirtschaftspolitiker bremsen, möglichst bevor ein Unglück passiert; kurz bevor die Konjunktur zum Stillstand kommt, müssen sie wieder Gas geben. Doch für die Politiker ist das Fahren schwierig: Sie dürfen selbst nicht ans Steuer. Unsere Marktwirtschaft soll sich aus eigenen Kräften regulieren.

Staatliche Stellen dürfen nur mit marktkonformen (d. h. marktgerechten) Mitteln indirekt eingreifen.

Durch die Steuerpolitik kann der Gesetzgeber Einfluß nehmen. Durch Steuererhöhung kann in der Hochkonjunktur Geld abgezogen werden, das die Regierung stillegen muß, um so Nachfrage „abzuschöpfen"; in der Flaute gewährt sie den Unternehmern Steuererleichterungen in der Hoffnung, daß diese das Geld in ihre Betriebe stecken und so neue Arbeitsplätze schaffen. Den Arbeitnehmern ermäßigt sie die Steuern, um die Nachfrage nach Konsumgütern zu erhöhen.

Durch die staatliche Ausgabenpolitik können gezielt bestimmte Bereiche der Wirtschaft gefördert wer-

den. Dies ist möglich, weil der Staat der größte Unternehmer, Arbeitgeber und Verbraucher ist. Die Ein- und Ausgaben werden in den Haushalten des Bundes (Bundeshaushalt), der Länder und Gemeinden jährlich neu festgelegt.

Insgesamt sollen die Politiker — so fordern es die Wirtschaftsexperten — gegen die Konjunktur ansteuern: in der Hochkonjunktur weniger Geld ausgeben, als durch Steuern eingenommen wird, um die Nachfrage zu drosseln; in der Flaute mehr Geld ausgeben, um die Konjunktur anzuheizen.

Der Haken an der Sache: Ausgerechnet dann, wenn die Steuereinnahmen geringer werden, sollen Bund, Länder und Gemeinden zusätzliche Steuergeschenke machen. Das halten sie nicht lange durch. Sie müssen Geld leihen und dafür Zinsen zahlen. Springt der Konjunkturmotor immer noch nicht an, müssen sich Bund, Länder und Gemeinden so stark verschulden, daß später ein großer Teil der Staatseinnahmen für Zinsen draufgeht.

Fassen Sie zusammen:

Welche Folgen für die Konjunktur können (sollen) Steuererhöhungen bzw. Steuererleichterungen bei der Lohnsteuer haben?

Denken Sie an Änderungen von Nachfrage — Unternehmerverhalten — Preise und Löhne — Vollbeschäftigung.

5.2.4 Mächtige Mitgestalter der Wirtschaftspolitik

In der Sozialen Marktwirtschaft wirken viele Kräfte an der Gestaltung der Wirtschaft mit: Neben dem Gesetzgeber, der Regierung mit ihren Verwaltungsbehörden und der Rechtsprechung z. B. die Arbeitnehmer und Arbeitgeber; Verkäufer und Käufer; Interessenvertretungen und Verbände ... Dabei ist der Unternehmer mal Käufer, mal Verkäufer; der Staat mal Kontrolleur, mal Auftraggeber, Unternehmer, Käufer und Verkäufer; der Arbeitnehmer Verkäufer seiner Arbeitsleistung und Käufer. Die beiden neben dem Staat wichtigsten Mitgestalter sollen hier kurz vorgestellt werden.

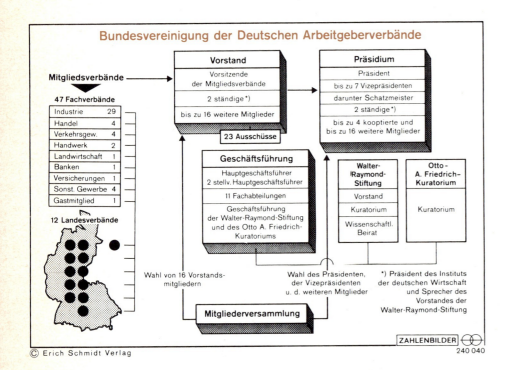

5.2.4.1 Die Arbeitgeberverbände: Interessenvertretung der Unternehmer

Fast alle Unternehmer sind in „ihrem Verband". Handwerksinnungen, örtliche Arbeitgeberverbände beraten in ihren Versammlungen über fachliche, wirtschaftliche und soziale Probleme. Sie lassen sich informieren über technische Neuheiten, Warenangebote, Methoden der Geschäftsführung und setzen sich mit den Forderungen der Gewerkschaften auseinander. Die Spitzenverbände der Arbeitgeber verhandeln mit den Gewerkschaften über Löhne und Arbeitsbedingungen.

Informieren Sie sich:

Welche Arbeitgeberorganisation ist für Ihr Berufsfeld / Ihren Berufsfeldschwerpunkt zuständig? Wer kann Mitglied werden? Was tut die Organisation für ihre Mitglieder?

Diskutieren Sie: Für die meisten Unternehmer ist es selbstverständlich, Mitglied in ihrem Verband zu sein. Viele (kleinere) Unternehmer nehmen es ihren Arbeitnehmern übel, wenn sie der Gewerkschaft beitreten.

Können Sie herausfinden, warum das so ist?

5.2.4.2 Die Gewerkschaften: Interessenvertretung der Arbeitnehmer

Kurz nach Beginn des Maschinenzeitalters, in den Jahren um 1848, schlossen sich die Arbeiter zu „Verbrüderungen" zusammen. Die Stärke dieser Vereinigungen war der Zusammenhalt aller, die Gegenseitigkeit — Solidarität. „Einer für alle, alle für einen" ist der Wahlspruch. Auf dem Prinzip der Solidarität beruht auch heute die Macht der Gewerkschaften.

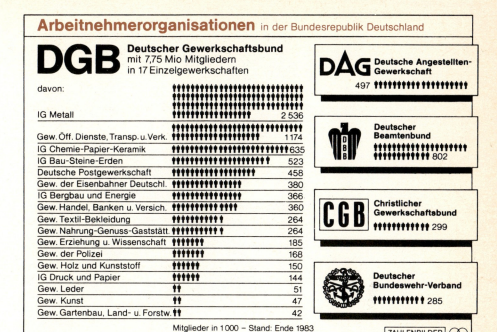

Die Organisationsdichte ist in den einzelnen Wirtschaftszweigen unterschiedlich, ebenso ist sie abhängig von der Betriebsgröße. In Großbetrieben sind meist viele Werktätige organisiert, in Handwerksbetrieben oder dort, wo überwiegend Frauen arbeiten, gehört oft nur ein geringer Teil der Gewerkschaft an. Insgesamt sind über 45 Prozent der Arbeiter und fast 25 Prozent der Angestellten Mitglied einer Gewerkschaft.

▼ *Informieren Sie sich: Welche Gewerkschaft ist für Ihr Berufsfeld / Ihren Berufsfeldschwerpunkt zuständig? Wo ist das nächste Gewerkschaftsbüro? Welche Aufnahmebedingungen bestehen? Was tut die Gewerkschaft für Ihre Mitglieder?*

Diskutieren Sie: Vor- und Nachteile der Mitgliedschaft in einer Gewerkschaft.

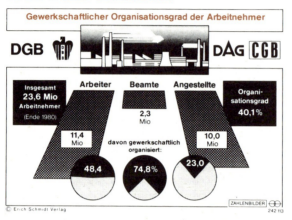

5.2.5 Jeder erhält ein Stück vom Kuchen „Volkseinkommen"

Alle wollen jedes Jahr mehr verdienen: die Unternehmer, die Arbeitnehmer, ja sogar diejenigen, die nicht mitarbeiten (können) am wirtschaftlichen Erfolg.

Unsere Wünsche können nur dann erfüllt werden, wenn die Wirtschaft Sachgüter produziert und Dienstleistungen hervorbringt. Dabei ist wichtig, daß jeder einzelne etwas leistet, ausschlaggebend ist aber das Gesamtergebnis der Wirtschaft: das Sozialprodukt. All das, was gemeinsam erarbeitet wurde, steht als Volkseinkommen zur Verfügung. Es ist der Kuchen, der verteilt werden muß. Daran gebacken haben die Arbeitnehmer durch ihre Arbeit und die Arbeitgeber durch ihren unternehmerischen Einsatz und durch Kapital — durch Einrichtungen und Maschinen.

Nun soll „leistungsgerecht" verteilt werden. Die Arbeitnehmer erhalten ihr Stück vom Kuchen als Lohn oder Gehalt. Was übrig bleibt, behalten die Unternehmer als Arbeitseinkommen und Betriebsgewinn. Von beiden nimmt der Staat sein Stück: Er zieht direkte Steuern ein.

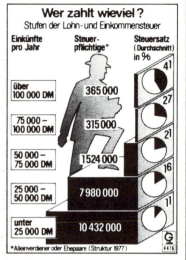

„Lübecker Nachrichten", 16. Januar 1983

99 Der Staat hat ... die unbestrittene Aufgabe, über den Staatshaushalt und die öffentlichen Versicherungen die aus dem Marktprozeß resultierenden Einkommensströme umzuleiten und soziale Leistungen, wie Kindergeld, Mietbeihilfen, Renten, Pensionen, Sozialsubventionen usw. zu ermöglichen. 99

Quelle: Ludwig Erhard / Müller-Armack, Soziale Marktwirtschaft, Manifest 1972, Ullstein Buch Nr. 647, S. 26.

In der sozialen Marktwirtschaft haben die staatlichen Organe die Aufgabe, Geld umzuverteilen: Was sie den wirtschaftlich Schwachen geben, nehmen sie den Stärkeren.

Der Staat zieht Steuern ein. Die Lohn- und Einkommensteuern machen einen bedeutenden Teil der Staatseinnahmen aus. Sie sind ein wichtiges Mittel der Umverteilungspolitik.

Es funktioniert so: Nicht alle Erwerbstätigen müssen gleich viel Steuern zahlen. Wer sehr wenig verdient, zahlt keine oder nur wenig Lohnsteuer; wer viel verdient, zahlt prozentual mehr Steuern als der Durchschnittsverdiener. Der höchste Steuersatz beträgt zur Zeit 56 Prozent. Das bedeutet: Wer sehr viel verdient, muß von jeden verdienten 100,— DM 56,— DM Steuern zahlen.

Unterschiede werden auch gemacht, ob jemand mit seinem Einkommen nur für sich allein zu sorgen hat (Lohnsteuerklasse I) oder als Alleinverdiener eine Familie versorgt (Lohnsteuerklasse III).

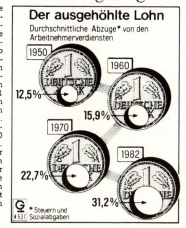

"Lübecker Nachrichten"

▼

Informieren Sie sich mit Hilfe einer Lohnsteuertabelle für die Lohnsteuerklassen I und III:

Bei welcher Lohnhöhe müssen zuerst Steuern bezahlt werden? Setzen Sie einige Löhne fest und suchen Sie dafür die Steuern heraus.

Rechnen Sie um: Wer ..., — DM im Monat verdient, muß von jeder Mark ... Pfennige Steuern bezahlen.

Vergleichen und diskutieren Sie das Ergebnis.

Wer wenig verdient, behält mehr von seinem ursprünglichen Lohn. Wer mehr verdient, dem wird mehr abgezogen. Mit diesen Steuereinnahmen werden wichtige allgemeine staatliche Aufgaben finanziert, aber auch „Sozialsubventionen" gezahlt an die, die weniger oder nichts verdienen.

▼

Nennen Sie Beispiele: staatliche Zahlungen an die Bürger, durch die das persönliche Einkommen verbessert wird. — Dazu zählen auch die Leistungen der Sozialversicherungen, die durch die Beiträge der Versicherten aufgebracht werden — teilweise ergänzt durch Zuschüsse aus der Staatskasse.

Und das war 1980 das Ergebnis: Einkommen, erworben durch eigene und fremde Leistung, nach Umverteilung durch den Staat: Einkommen in der sozialen Marktwirtschaft.

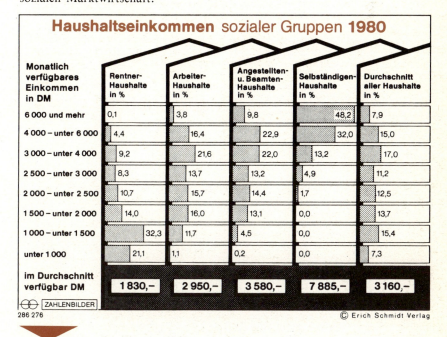

▼

Vergleichen Sie die Einkommen innerhalb der einzelnen Gruppen und zwischen den Gruppen. (Nicht feststellen kann man, wieviel Personen eines Haushalts jeweils gearbeitet haben.) Nehmen Sie Stellung.

Arbeitslos – was ist nun zu tun (7)
Auch das Sozialamt zahlt Unterstützung

Daran denken weder Frau S. noch ihre Freundin Bettina B.: Daß sie so lange arbeitslos sein könnten, bis der Anspruch auf das Arbeitslosengeld endet. Denn der Höchstanspruch besteht immerhin für ein ganzes Jahr.

Doch es gibt sehr viele Arbeitslose, die statt des Arbeitslosengeldes, das etwa 68 Prozent des vorherigen Nettoverdienstes beträgt, Arbeitslosenhilfe bekommen. Und die macht nur etwa 58 Prozent des vorherigen Nettoeinkommens aus. Kein Wunder, daß manche dieser Frauen und Männer nur noch ein verfügbares Einkommen unter der Sozialhilfeschwelle haben. Niemand in dieser Situation sollte sich deshalb scheuen, sich beim Sozialamt um zusätzliche Einnahmen zu kümmern.

Wichtigste Voraussetzung dafür ist allerdings: Sozialhilfe gibt es nur, wenn alle anderen Möglichkeiten ausgeschöpft sind. Dazu gehört auch die Hilfe durch nahestehende Angehörige, aber auch etwaiges Vermögen. Diese Einschränkungen sind nötig; denn auch die Mittel der Sozialhilfe müssen sinnvoll verwandt werden.

Aus dem Steueraufkommen wird auch die Arbeitslosenhilfe finanziert. Sie setzt ebenfalls die Bedürftigkeit voraus. Das bedeutet, daß die Zahlung dieser Leistung des Arbeitsamtes daran gebunden ist, daß der Arbeitslose seinen und seiner Familie Lebensunterhalt nicht auf andere Weise bestreiten kann. So sind zum Beispiel Verwandte – etwa die Eltern – verpflichtet, mit Unterhaltszahlungen einzuspringen, ehe das Arbeitslose dran ist, soweit die Eltern das ohne Gefährdung des eigenen Unterhalts können.

Das Arbeitsamt erfragt deshalb entsprechende Angaben und kürzt gegebenenfalls die Arbeitslosenhilfe, fordert also nicht etwa die Verwandten auf, dem Arbeitsamt bestimmte Beträge zu erstatten. Dafür, daß der Arbeitslose von den zum Unterhalt verpflichteten Verwandten etwas erhält, ist er selbst zuständig.

Die Voraussetzungen für den Anspruch auf Arbeitslosenhilfe entsprechen im großen und ganzen denen für das Arbeitslosengeld. Der Arbeitslose muß also in der Lage sein, zu arbeiten und demzufolge eine Arbeitsstelle anzunehmen die ihm angeboten wird.

Diese „Verfügbarkeit" kann allerdings durch verschiedene Gründe eingeschränkt sein. So könnte es sein, daß eine Arbeitslose wegen der Betreuung ihres Kleinkindes nur werktags in der Zeit von 8 bis 12 Uhr arbeiten kann. Freie Arbeitsplätze dieser Art sind aber derzeit nicht vorhanden. Das Arbeitsamt dürfte die Zahlung der Arbeitslosenhilfe nicht mit der Begründung verweigern, die Frau sei „nicht vermittelbar".

„Lübecker Nachrichten", 27. März 1983

5.3 Wie sozial ist unser Sozialstaat?

Das Grundgesetz geht von einem hohen Menschenbild aus:

> Die Würde des Menschen ist unantastbar. Sie zu achten und zu schützen ist Verpflichtung aller staatlichen Gewalt.

Quelle: Art. 1 GG

Aus dieser Verpflichtung ergibt sich die Beschreibung unseres Staates:

> Die Bundesrepublik Deutschland ist ein demokratischer und sozialer Bundesstaat.

Quelle: Art. 20 GG

Die Grundrechte des Bürgers gegenüber seinem Staat sind unveränderbar im Grundgesetz festgeschrieben. An erster Stelle steht:

> Jeder hat das Recht auf die freie Entfaltung seiner Persönlichkeit . . .

Quelle: Art. 2 GG

Welche praktische Bedeutung hat das für das Leben des einzelnen Bürgers?

Die gewählten Abgeordneten im Bundestag und die Vertreter der Länder im Bundesrat haben die Verpflichtung von Regierung und Verwaltung näher festgelegt, z. B. im Sozialgesetzbuch (SGB):

Hilfe für ein menschenwürdiges Leben:

> § 9 Sozialhilfe

Wer nicht in der Lage ist, aus eigenen Kräften seinen Lebensunterhalt zu bestreiten oder in besonderen Lebenslagen sich selbst zu helfen, und auch von anderer Seite keine ausreichende Hilfe erhält, hat ein Recht auf persönliche und wirtschaftliche Hilfe, die seinem besonderen Bedarf entspricht, ihn zur Selbsthilfe befähigt, die Teilnahme am Leben in der Gesellschaft ermöglicht und die Führung eines menschenwürdigen Lebens sichert.

Hilfe zur freien Entfaltung der Persönlichkeit:

> § 3 Bildungs- und Arbeitsförderung

Wer an einer Ausbildung teilnimmt, die seiner Neigung, Eignung und Leistung entspricht, hat ein Recht auf individuelle Förderung seiner Ausbildung, wenn ihm die hierfür erforderlichen Mittel nicht anderweitig zur Verfügung stehen.

Hierzu ist genauer festgelegt im Arbeitsförderungsgesetz (AFG):

„ § 40 Die Bundesanstalt (für Arbeit) gewährt Auszubildenden Berufsausbildungsbeihilfen ..., soweit ihnen die hierfür erforderlichen Mittel anderweitig nicht zur Verfügung stehen ... "

Bei allen Meinungsverschiedenheiten über den „Sozialstaat" wird nicht angezweifelt, daß die staatlichen Organe grundsätzlich die Pflicht zur Hilfe haben. Die Grundrechte des Grundgesetzes stehen fest:

„ In keinem Falle darf ein Grundrecht in seinem Wesensgehalt angetastet werden. "

Quelle: Art. 19 GG

Wieweit jedoch die Verpflichtung des Staates geht, darüber gehen die Meinungen — weit — auseinander: Ausbildungsförderung ja oder nein? Wenn ja, wieviel für wen? Gesetze kann ändern, wer die Mehrheit hat in einer Demokratie!

„ Das System der sozialen Sicherheit ist auf einem Stand, der uns Menschen die Angst vor den wirtschaftlichen Folgen von Krankheit und Alter nimmt.
Ziel der Sozialpolitik ist es, mehr soziale Chancengleichheit für alle Bürger unseres Landes zu erreichen. Sie will und darf sich nicht mit den gegebenen Sozialordnungen zufriedengeben. Vielmehr gilt für sie der Spruch: Man soll die Welt so nehmen, wie sie ist — aber nicht so lassen. "

Quelle: Broschüre „Über die Sozialpolitik", 1973

5.4 Wie funktioniert das mit der sozialen Sicherheit?

5.4.1 Grundsätzliches

1. Grundsätzlich ist jeder für sein eigenes Wohlergehen verantwortlich. Die Lebensrisiken: Krankheit, Unfall, Arbeitslosigkeit, Alter, Tod trägt jeder selbst. Diese Verantwortung kann keine Gemeinschaft, auch nicht der Staat übernehmen.

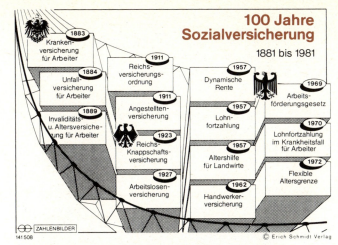

2. Mit Sicherheit steht fest: Keiner ist sicher vor Krankheit, Unfall, Arbeitslosigkeit.
Die allermeisten möchten nach einem Leben voller Arbeit ihren Lebensabend in Ruhe genießen.
Alle werden — der eine früher, der andere später — einmal sterben.

3. Keiner darf in Not und Elend zugrunde gehen.
Das Grundgesetz der Bundesrepublik Deutschland stellt in Artikel 1 fest: „Die Würde des Menschen ist unantastbar. Sie zu achten und zu schützen ist Verpflichtung aller staatlichen Gewalt."
Aus dieser Verpflichtung ergibt sich die Beschreibung unseres Staates: „Die Bundesrepublik Deutschland ist ein demokratischer und **sozialer** Bundesstaat." (GG Art. 20)

Welche praktische Bedeutung hat das für das Leben des einzelnen Bürgers? Wenn schon jeder sein Lebensrisiko selbst tragen muß, dann muß der Staat dafür sorgen, daß das Leben der Bürger immer menschenwürdig bleibt. Wenn jemand krank wird, arbeitslos oder alt, dann gibt es ein eng gespanntes „soziales Netz", das den einzelnen vor dem Absturz in Elend und größte Not bewahren soll. Das bedeutet jedoch nicht, daß die Regierung oder staatliche Behörden in jedem Fall eingreifen müssen. Die vom Volk gewählten Abgeordneten haben vielmehr die Aufgabe, durch Gesetze das Leben so zu regeln, daß die Bürger sich möglichst selbst helfen können.

5.4.2 Es geht nicht ohne Prinzipien

Prinzip Eigenverantwortung: Hilf Dir selbst, dann hilft Dir Gott! Wer viel verdient, kann und soll selbst für sich sorgen. Es gibt nur wenige Bürger, die so viel verdienen, daß sie mit allen Nöten des Lebens normalerweise selbst zurechtkommen können: Zu ihnen zählen Selbständige: Ärzte, Rechtsanwälte, Architekten, Unternehmer ... Sie können für persönliche Notzeiten und ihr Alter so viel zurücklegen oder private Versicherungen abschließen, daß sie keinem anderen zur Last fallen. Um sie kümmert sich bei uns keine staatliche Einrichtung.

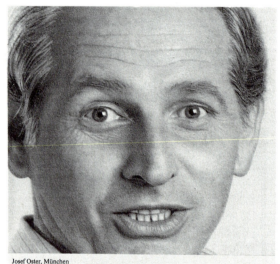

Prinzip Solidarität: Einer für alle, alle für einen! Wer weniger verdient: Arbeiter, Angestellte, Auszubildende, wird durch Gesetz in die Sozialversicherungen gezwungen. Hier muß man Beiträge zahlen, solange man verdient. Dafür hat man einen Anspruch auf Leistungen durch die Gemeinschaft der Versicherten, wenn man krank wird ... Gesunde zahlen für Kranke, Starke für Schwache, Leute mit Arbeit für Arbeitslose und für Rentner. Sozialversicherung heißt: Ausgleich unter den Versicherten. Der Beitrag dazu ist die soziale Pflicht.

Von ihren vier „Zweigen", der Kranken-, Unfall-, Renten- und Arbeitslosenversicherung (Merkwort: KURA), sind 90 Prozent aller Bundesbürger irgendwie erfaßt.

Prinzip Subsidiarität: Hilfe zur Selbsthilfe — Oder: den Schwachen stützen und wenn möglich, ihm wieder auf die Beine helfen.

Wer nur ganz wenig oder nichts verdient, der braucht die Hilfe von anderen, wenn er sich selbst nicht helfen kann.

1. Beispiel:
Wer arbeitet und trotzdem nur sehr wenig verdient — 1983 unter 500,— DM —, z. B. weil er in der Ausbildung ist, für den bezahlt der Chef die Beiträge zu den Sozialversicherungen.

2. Beispiel:
Wenn der Vater als Ernährer der Familie sozialversichert ist, dann tritt für Ehefrau und Kinder, solange sie nicht selbst verdienen, bei Krankheit die Solidargemeinschaft der Versicherten ein, ohne daß ein zusätzlicher Beitrag geleistet werden muß. Stirbt der Ernährer, so erhält seine Frau Witwenrente. Solange die Kinder klein sind, haben sie Anspruch auf Waisenrente.

Besteht kein Anspruch auf Versicherungsleistungen, dann muß die Familie einspringen.

3. Beispiel:
Erhält ein Jugendlicher nach Abschluß seiner Schulzeit keinen Ausbildungs- oder Arbeitsplatz, dann ist er zwar weiterhin in der Krankenkasse seiner Eltern, er erhält aber kein Arbeitslosengeld, weil er noch keine Beiträge gezahlt hat. Die Familie muß weiter für ihn sorgen.

Wenn auch die Familie zu schwach ist, erst dann helfen staatliche Stellen.

Die Höhe des Beitrags richtet sich nicht nach dem Versicherungsrisiko, z. B. Alter und Gesundheitszustand bei der Krankenversicherung, wie dies bei privaten Versicherungen üblich ist, sondern nach der Leistungsfähigkeit, das heißt danach, wieviel der einzelne verdient.

▼
Schlagen Sie in einem Lexikon/Fremdwörterbuch die Begriffe Solidarität/Subsidiarität nach und vergleichen Sie den Text mit der hier abgedruckten Erklärung.

5.4.3 Sozialversicherungen heute

- **Sozialversicherungen im Überblick**

	Krankenversicherung	Unfallversicherung	Rentenversicherung	Arbeitslosenversicherung
Versicherungsträger — nennt man die Einrichtungen, die die Beiträge erhalten und im Falle eines Falles zahlen.	Krankenkassen: Orts-, Innungs-, Betriebskrankenkassen, Ersatzkassen	Berufsgenossenschaften	Landesversicherungsanstalten (für Arbeiter) LVA Bundesversicherungsanstalt (für Angestellte) BfA	Bundesanstalt für Arbeit
Beiträge werden für Renten- und Arbeitslosenversicherung durch Bundesgesetz einheitlich festgesetzt.	10 bis 15 %* des Bruttolohns; Arbeitnehmer und Arbeitgeber zahlen je die Hälfte. * Jede Krankenkasse setzt ihren Beitragssatz eigenständig fest.	Beitrag wird allein vom Arbeitgeber getragen; Höhe richtet sich nach Gefahrenklassen und Betriebsgröße (Lohnsumme)	18,5 % des Bruttolohnes. Arbeitnehmer und Arbeitgeber zahlen je die Hälfte	4,6 % des Bruttolohnes. Arbeitnehmer und Arbeitgeber zahlen je die Hälfte
Versicherungsleistungen	Arzt-, Zahnarzt- und Krankenhausbehandlung, Arznei, Entbindungskosten …	Renten, Heilbehandlung, Förderungsmaßnahmen für Behinderte, Unfallverhütung …	Renten, Heilbehandlung, Förderungsmaßnahmen für Behinderte …	Arbeitslosengeld, berufl. Aus- und Fortbildung, Umschulung, Berufsberatung, Arbeitsvermittlung …

▼
Vergleichen Sie die Organisation der einzelnen Versicherungen von heute mit den Vorstellungen von Bismarck: Wo sind sie noch erkennbar? Wo ist Neues hinzugetreten?

5.4.4 Selbstverwaltung: Versicherte und Arbeitgeber gestalten mit

Die Träger der Sozialversicherung sind keine staatlichen Behörden. Sie sind selbständige Einrichtungen,
— denen staatliche Aufgaben übertragen sind,
— deren Aufgaben durch Gesetze genau festgelegt sind,
— die von staatlichen Stellen beaufsichtigt werden.

Aber: die Versicherungsträger verwalten sich selbst. Und das funktioniert so:

Alle sechs Jahre finden Sozialwahlen statt. Da wählen die Versicherten und deren Arbeitgeber — getrennt — ihre Vertreter in die Vertreterversammlung der Versicherung. Dieses „Parlament" besteht aus höchstens 60 Vertretern. Die Kandidaten werden von Gewerkschaften und Arbeitgeberverbänden aufgestellt. Wer gewählt ist, vertritt ehrenamtlich — also nicht hauptberuflich — die Interessen seiner Gruppe. Die Vertreterversammlung hat wichtige Beschlüsse zu fassen. Bei den Krankenkassen setzt sie

z. B. die Höhe der Beiträge fest. Sie wählt weiterhin den Vorstand — die „Regierung" — der Versicherung und den Geschäftsführer, der hauptberuflich die gesamte Versicherung leitet. Durch die Selbstverwaltung können die Beteiligten, die Versicherten und die Arbeitgeber, ihre Versicherung mitgestalten.

5.5 Ist der Sozialstaat am Ende?

5.5.1 Für die einen zu viel Hilfe?

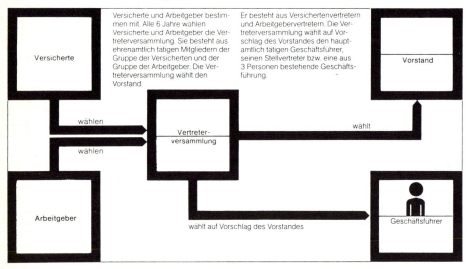

Quelle: Einführung in die gesetzliche Rentenversicherung

▼ *Erkundigen Sie sich bei „Ihrer" Krankenkasse nach der Zusammensetzung der Vertreterversammlung.*

Der eingebildet Arme: Die meisten Bundesbürger wissen gar nicht, wie reich die Deutschen sind

Starker Anstieg der Sozialhilfe
Immer mehr junge Menschen betroffen – In Berlin gilt Arbeitspflicht

Frankfurt (dpa). Die Ausgaben für Sozialhilfe, das „letzte soziale Auffangnetz", ist seit Beginn der 70er Jahre stärker gestiegen als praktisch jeder andere staatliche Bereich.

Von 1970 bis 1981 erhöhten sie sich auf das Viereinhalbfache und erreichten knapp 15 Milliarden Mark. 1982 sind die Ausgaben auf gut 16 Milliarden Mark gestiegen, schreibt die Bundesbank in einer Untersuchung. Pro Bundesbürger gerechnet wurden 1981 rund 240 Mark für die Sozialhilfe aufgewendet, 1970 waren es erst rund 54 Mark gewesen.

Die Zahl der Empfänger, die nach Inkrafttreten des Bundessozialhilfegesetzes 1962 etwa 1,5 Millionen betragen hatte, nahm in den 70er Jahren erheblich zu. 1977 erreichte die Empfängerzahl mit 2,16 Millionen ihren bisher höchsten Stand. 1980 lag sie bei 2,14 Millionen.

Auffallend ist die Zunahme ausländischer Hilfe-Empfänger: Ihre Zahl hat sich von rund 20 000 (oder 1,5 Prozent aller Sozialhilfe-Empfänger) 1970 auf rund 163 000 (gut 7,5 Prozent) 1980 erhöht.

Auch nehmen nach den Ergebnissen der Studie immer mehr jüngere Menschen Sozialhilfe in Anspruch. Waren 1970 rund 40 Prozent der Sozialhilfe-Empfänger 60 Jahre und älter und waren es nur 30 Prozent im erwerbsfähigem Alter (von 18 bis unter 60 Jahren), hat sich das Verhältnis bis 1980 praktisch umgekehrt: 30 Prozent der Unterstützten 60 Jahre und mehr, 40 Prozent im erwerbsfähigem Alter.

5.5.2 Von den anderen zu viel Opfer?

In den letzten zwanzig Jahren hat sich der Aufwand für Sozialleistungen in der Bundesrepublik Deutschland nahezu versechsfacht. Besonders die Arbeitnehmer bekamen das zu spüren: Sie müssen heute wesentlich höhere Anteile ihres Einkommens für Steuern und Sozialbeiträge abzweigen als früher. Fast ein Drittel des Sozialprodukts wurde 1981 für die Erhaltung des sozialen Netzes — vom Kindergeld bis zur Lohnfortzahlung — aufgewandt. 1961 war es nur etwas mehr als ein Fünftel.

5.5.3 Sparen — aber wo?

Rommel beklagt zu hohe Belastungen

Städte: Sozialhilfe soll gesenkt werden

Bonn (N). Eine Überprüfung der Sozialhilfe „mit dem Ziel ihrer Reduzierung" hat der Präsident des Deutschen Städtetages, der Stuttgarter Oberbürgermeister Manfred Rommel (CDU), gefordert. Viele Städte seien kaum noch in der Lage, die rapide steigenden Mittel für Sozialhilfeleistungen aufzubringen, erklärte Rommel gestern vor Journalisten in Bonn. Nach seinen Angaben sind die Aufwendungen der Kommunen für die Sozialhilfe von 1973 bis 1981 auf fast das Achtfache, nämlich 14,8 Milliarden Mark, gestiegen. Hingegen habe sich die Zahl der Berechtigten auf 2,3 Millionen Personen knapp verdoppelt.

„Lübecker General-Anzeiger", 13. Januar 1983

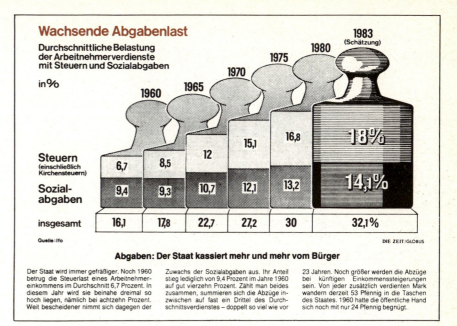

Quelle: „Die Zeit", 31. März 1983

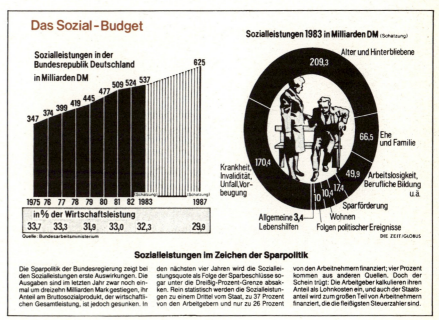

Quelle: „Die Zeit", 13. Januar 1984

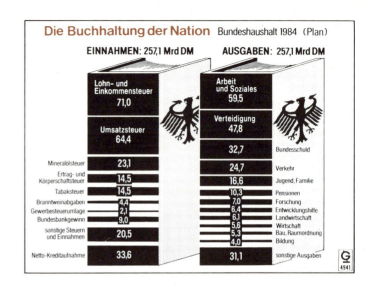

Quelle: „Die Zeit", 1. Januar 1982

Vergleichen Sie die Ausgaben des Bundes 1982 (SPD/FDP-Regierung) mit 1984 (CDU/CSU/FDP-Regierung). In welchen Bereichen wurde gespart (viel, wenig), wo nicht? Wofür wurde mehr Geld ausgegeben?

Sie haben früher bereits andere Sparmaßnahmen kennengelernt (z. B. im Gesundheitswesen), inzwischen sind staatliche Leistungen für weitere Personengruppen gekürzt. Können Sie Beispiele nennen?

Lieber Polizisten

Wenn Politiker den Rotstift ansetzen, berufen sie sich gern auf des Bürgers Opfersinn. Er sei durchaus bereit, Kürzungen an den Etats von Bund und Ländern hinzunehmen. Das ist wohl richtig; nur zeigen die Umfrageergebnisse der Demoskopen überwiegend anders gewichtete Streichungswünsche, als sie die Regierung vertreten möchte. Das wird besonders deutlich bei den Ausgaben, an denen nach Meinung einer Mehrheit der Befragten *nicht* gekürzt werden soll: Innere Sicherheit (75 Prozent), Sozialinvestitionen (73), Energieversorgung (62), Umweltschutz (59), Sozialleistungen (58).

Hingegen sind 49 Prozent für Einschränkungen beim Autobahn- und Straßenbau, 43 Prozent für die Herabsetzung der Beamtengehälter. Und die Hälfte aller Befragten befürwortet Kürzungen am Verteidigungshaushalt.

Diese Rangfolge bei den Staatsausgaben läßt sich durchaus als Reihenfolge von Ansprüchen einerseits und Ängsten andererseits verstehen. Das Angstgefälle stimmt dabei nachdenklich. Die Bundesbürger fühlen sich offenbar in ihrer inneren Sicherheit viel stärker bedroht als in der äußeren. Polizisten sind ihnen wichtiger als Soldaten.

Quelle: „Die Zeit", 16. April 1982

Bürger ziehen mit

Bevölkerung will sparen helfen

Die meisten Bürger der Bundesrepublik finden es richtig, daß im Bundeshaushalt gespart wird. Und eine klare Mehrheit ist sogar bereit, Einschränkungen dabei hinzunehmen. Das ist das Ergebnis von Meinungsumfragen in den letzten Wochen.

Drei Viertel der Bundesbürger wissen: Die gegenwärtigen wirtschaftlichen und finanziellen Probleme haben ihre Wurzel vorwiegend in der Explosion der Öl- und Rohstoffpreise, unter der alle Industrienationen leiden. Rund 70 Prozent der Bundesbevölkerung meinen, daß in dieser Lage große Sparanstrengungen nötig sind. Sie sehen aber keinen Grund, das Vertrauen in die Zukunft der Bundesrepublik zu verlieren. Die Bereitschaft der Bundesbürger, bei Einsparungen selbst einen Beitrag zu leisten, zeigt eine Umfrage noch kurz vor den Haushaltsbeschlüssen der Bundesregierung. Zwischen 70 und über 80 Prozent der Bundesbürger sind einverstanden, daß
● illegale Leiharbeit und Schwarzarbeit schärfer geahndet werden;
● auch der öffentliche Dienst sparen soll;
● die Sperrfristen bei selbstverschuldeter Arbeitsaufgabe verlängert werden;
● die Tabaksteuer erhöht wird.
Immerhin noch zwei Drittel aller Bürger akzeptieren
● den Abbau der Steuervorteile im Mietwohnungsbau beim sogenannten Bauherrenmodell;
● die Einschränkung von Kuren in der Renten- und Krankenversicherung.
Insgesamt belegen die Umfrageergebnisse: Die Mehrheit der Bevölkerung hat für Sparmaßnahmen der Bundesregierung Verständnis, wenn sie sozial ausgewogen und gerecht sind und das soziale Netz im Kern nicht antasten.

Quelle: „Die Zeit", 16. April 1982

5.6 Ärmel aufkrempeln: humane Leistungsgesellschaft?

Ist Leistung heute eigentlich unanständig

Leistungsprinzip zwischen weniger Arbeit und mehr Freizeit — K.-H. Zimmermann*

»Unsere Gesellschaft wird zu sehr vom Leistungsdenken beherrscht. Dies äußert sich beim einzelnen oft als unmenschlicher Leistungsdruck. Dieser Druck entspringt dem kapitalistischen Konkurrenzprinzip. So wie die Kapitalisten um Marktanteile und Profite konkurrieren, zwingt die kapitalistische Wirtschaftsordnung die Men-

▼

„Bevölkerung will sparen" meinte die Bundesregierung 1981. Vergleichen Sie beide Artikel. Was will die Bevölkerung wirklich? Was will die Zeichnung sagen? Wie stehen Sie zu dem Problem: sparen — wo?

Alle wollen sparen

waz-Zeichnung: Gerd Hüsch

Quelle: Informationen der Bundesregierung; Presse- und Informationsamt der Bundesregierung, September 1981

schen dazu, miteinander in einen Leistungswettbewerb zu treten.«

Solche und ähnliche Aussagen hört man immer häufiger nicht nur von linken Theoretikern. Dabei wird versucht, einen Gegensatz zu konstruieren zwischen *Marktwirtschaft* und *Leistung* auf der einen und *persönlichem Glück* und *Zufriedenheit* auf der anderen Seite.

Dieser Gegensatz besteht jedoch in Wahrheit nicht.

Das oft zitierte Schlaraffenland, in dem jeder nach seinen Bedürfnissen leben kann, wird immer eine Utopie bleiben.

Der Wille zur Leistung gehört also zum Menschen, weil ohne Leistung ein erfülltes menschliches Leben wohl kaum möglich ist. Führt eine Überbetonung des Leistungsprinzips — wie Kritiker behaupten — aber nicht zu ungerechten Ergebnissen? Dies mag in Einzelfällen zutreffen. Die Kritiker übersehen jedoch zumeist, daß das Leistungsprinzip zu gerechteren Ergebnissen führt als andere Maßstäbe, wie etwa Herkunft, Religion, Privilegien des Alters, Zugehörigkeit zu einer bestimmten Partei usw.

Um so alarmierender sind seit einigen Jahren die Anzeichen zu werten, die auf ein Nachlassen des allgemeinen Leistungswillens hindeuten.

Eine solche Einstellung birgt erhebliche Gefahren für unsere Wirtschaftsordnung, die Leistung, Bereitschaft zum Risiko, Selbstvertrauen und Mobilität erfordert. Wenn zu einer solchen Einstellung noch die derzeit hohe Steuer- und Abgabenbelastung hinzukommt, drohen Leistungsanreize — etwa durch Gehaltserhöhungen — immer stärker zu verkümmern.

Gerade in der heutigen Zeit verdient das Leistungsprinzip jedoch besondere Beachtung: Nur mehr Leistung schafft mehr Wachstum und Reserven, die es erlauben, auch sozial Schwache am Fortschritt zu beteiligen. Leistungsprinzip und Leistungsbereitschaft sind insoweit eine optimale Sozialversicherung der Gesellschaft. (khz)

---

* Autor Dipl.-Volkswirt Karl-Heinz Zimmermann ist Geschäftsführer der Industrie- und Handelskammer Koblenz.

Quelle: „Deutscher Drucker" Nr. 12/21 — 4 — 1983

5.6.1 „Der Wille zur Leistung gehört zum Menschen" — Für die Zukunft: lernen — lernen — lernen!

,, Mit dem Einzug der Robotertechnik in die Betriebe wandeln sich auch die Qualifikationsanforderungen an die Beschäftigten:

Die Hauptaufgaben des Menschen verlagern sich in der industriellen Fertigung mehr und mehr in die produktionsbegleitenden Bereiche wie Programmieren, Fertigungsüberwachung und -ablaufsteuerung sowie Instandhaltung.

Diese teilweise neuen beruflichen Anforderungen verlangen grundsätzlich ein höheres Ausbildungsniveau; allerdings können durch eine Verkürzung der Anlern- und Einarbeitungszeiten auch sogenannte Restarbeiten mit geringeren Anforderungen entstehen.

Eine entscheidende Aufgabe kommt in diesem Zusammenhang der schulischen und beruflichen Bildungsarbeit zu. Sie muß die auf die neuen Techniken hin orientierten Qualifikationen bereits in der Erstausbildung vermitteln.

Der Umgang mit moderner Technik erfordert vor allem Kenntnisse in den Bereichen Rechnen, Mathematik, Statistik, Maschinenkenntnisse, aber auch in Rechtschreibung und Grammatik. Gefragt ist mithin eine breite Palette von Grundkenntnissen und die Fähigkeit, sich in neue Sachgebiete und Techniken einzuarbeiten.

Damit steht das Bildungssystem vor der Aufgabe, den beruflichen Nachwuchs rechtzeitig auf breite berufliche Qualifikationsanforderungen vorzubereiten. Die Jugend sollte rechtzeitig vor der Illusion bewahrt werden, ihr einmal erworbenes Spezialwissen reiche aus für eine gesicherte berufliche Zukunft. ,,

Quelle: iwd, 9. September 1982 und 24. Februar 1983.

Welche Folgerung müssen Sie persönlich aus der technischen Entwicklung ziehen — für Ihre Ausbildung heute — für Ihr Berufsleben in der Zukunft?

,, Es kann also überhaupt keinen Zweifel geben: Wir brauchen die technisch-wirtschaftliche Revolution dringend, auch wenn sie in vielen Bereichen erst einmal mehr Arbeitsplätze vernichtet als schafft. Die Volkswirtschaft

... muß ständig in Schwung gehalten werden. Wenn für Berufe, Firmen und Branchen Naturschutzparks errichtet werden, ist es um den sozialen Fortschritt bald geschehen. Die Gesellschaft braucht den zerstörerisch-aufbauenden Strukturwandel, ... andererseits müssen die wirtschaftlichen und sozialen Voraussetzungen erhalten und teilweise neu geschaffen werden, um die bürgerlichen Freiheiten wie die freie Arbeitsplatz- und Konsumwahl oder die Tarifautonomie zu erhalten. „

Quelle: Beilage zur Wochenzeitung „das parlament", 16. Februar 1980.

„ Wir müssen uns darauf einrichten, daß sich auf jeden Fall die Arbeitswelt, aber auch die Gesellschaft tiefgreifend verändert. „

„Die Welt", 29. Dezember 1979.

„ Die Gewerkschaften müssen davon ausgehen, daß Wissenschaft und Technik dazu dienen sollten, die menschliche Existenz zu erleichtern.

Spätestens seit dem Weberaufstand ist klar, daß die Verbesserung der Arbeits- und Lebensbedingungen nicht durch die Zerstörung der Produktionsmittel erreicht wird, sondern durch Einflußnahme auf die Entwicklung und Gestaltung der Technik im Interesse derjenigen, die mit dieser Technik arbeiten müssen und den gesellschaftlichen Reichtum schaffen. ...

Jede Technologie bietet in ihrem Einsatz und ihrer Gestaltung Gestaltungschancen. Den Gewerkschaften kommt es darauf an, die Möglichkeiten zur Verbesserung der Arbeitsbedingungen zu nutzen. „

Quelle: Die Quelle 4/82, S. 212

▼

Die Fragen und Ergebnisse des Schaubildes stammen aus der Untersuchung eines Meinungsforschungsinstitutes. Die Überschrift ist eine Zusammenfassung von Unternehmerseite.

Sehen Sie sich das Ergebnis der Befragung genau an. Ist die Überschrift gerechtfertigt/nicht gerechtfertigt? Begründen Sie.

Entnehmen Sie den Beiträgen dieses Abschnittes 1. Gefahren, 2. Chancen der technischen Entwicklung. Was überwiegt Ihrer Meinung nach? Warum?

„Lübecker Nachrichten", 12. Juli 1984

Junge Leute antworten auf ein Diskussionsthema:
Computer ja, aber sie dürfen uns nicht schaden

Ich möchte nicht auf die Technik verzichten, da sie uns das Leben erleichtert. Wer möchte schon in die arbeitsreiche Steinzeit zurück? Die Technik nimmt uns momentane Arbeiten ab, aber durch Herstellung und Wartung bietet sie auch neue Arbeitsplätze. Zum Thema Vereinsamung durch Technik: Dies liegt an einem selbst! Es gibt viele Freizeitvereine, denen man sich anschließen kann. Ich finde es schade, daß an unserer Schule Informatik nicht auf dem Stundenplan steht, da dies in der Zukunft wichtig sein wird.
Silke, 17 J.

Genau wie Susanne macht mir die Entwicklung der Technik ziemlich viel Angst, denn meiner Meinung nach hat sie viel mehr Nachteile als Vorteile. Besonders gefährlich finde ich es, daß viele Menschen in ihrem blinden Fortschrittsglauben die ganzen Nachteile gar nicht sehen. Für sie bedeutet immer mehr Technik automatisch auch immer mehr Positives. Dabei wird überhaupt nicht wahrgenommen, daß zunehmende Technisierung im Endeffekt schadet, weil sie auf Kosten der Menschlichkeit geht. Ein Beispiel dafür sind die Computer. Durch sie wird unsere Gesellschaft zwar immer fortschrittlicher, gleichzeitig aber auch immer kälter. Natürlich sehe ich auch das Gute an der Technik. Wir müssen lernen, mit der Technik richtig umzugehen. So sollten wir ihre Vorteile nutzen, aber auch bereit sein, auf technische Erfindungen zu verzichten, die mit zu vielen Nachteilen verbunden sind.
Kirsten, 22 J.

Es ist völlig absurd, glauben zu können, daß die Weiterentwicklung der Technik, gleich welcher Art, auch nur irgendwie – noch – aufzuhalten ist. Es besteht heute eine derartige Informationsflut, die ohne Computer gar nicht mehr zu bewältigen wäre. Stellte man Menschen an diese Stelle, so wären die Arbeiten a) langandauernder und damit b) teurer. Konsequenz: Wer möglichst viel mit Computern erledigt, arbeitet wirtschaftlich erfolgreicher als der, der noch alles „zu Fuß" erledigt. Letzten Endes sehe ich in der heutigen Computerangst nur ein Wiederaufleben des Symptoms, das es vor 100 Jahren schon einmal gab, als die ersten Automobile über die Straßen knatterten. Heute sehen wir das Verhalten der damaligen Menschen als lächerlich an, vielleicht denken die Menschen im Jahre 2080 das gleiche von uns.
Stephan, 18 J.

Im Grunde verstehe ich Susannes Bedenken gegen die Entwicklung der Technik samt ihren Auswirkungen auf unser Leben. Ihre Ausführungen finde ich allerdings etwas zu nostalgisch und inkonsequent. Die Technik beeinflußt uns doch auch schon abends in der Disco. Technik macht uns zwar abhängig, aber sie kann uns das Leben auch angenehm machen. Wo die Grenze zu ziehen ist, vermag auch ich nicht zu sagen.
Katrin, 22 J.

Das Problem zunehmender Technisierung beschäftigt mich schon länger, denn überall liest man, daß hochkomplizierte, elektronische Geräte langsam beginnen, das tägliche Leben zu beherrschen. In allen Bereichen, ob Freizeit, Unterhaltung, Arbeit oder Bildung, beginnen die „kalten Akteure" die Menschen zu faszinieren und zu fesseln. In meinem Freundeskreis beobachte ich das zunehmende Interesse und die Begeisterung an Computern sowie an Video. Ich finde es völlig abstumpfend und erdrückend, mich tage- und nächtelang mit einem Computer zu befassen, lieber treibe ich Sport oder treffe Freunde, um mich zu unterhalten und Spaß zu haben. Auch die zunehmende Technisierung im größeren Rahmen wie die Verkabelung macht mir Angst.
Julia, 19 J.

In manchen Fällen mögen Computer den Menschen ja eine Hilfe sein. Ich habe aber Angst davor, daß sie bald die Menschen ersetzen werden. Und wo bleibt dann der Platz für die Menschen?
Katja, 16 J.

179

5.6.2 ... packen wir's an!

»KANNST DU WAS, DANN MACH WAS«

Im Interview mit dem STERN erklärt Bundesarbeitsminister Norbert Blüm, was er gegen die Jugendarbeitslosigkeit tun will und wem er dabei auf die Füße treten muß

STERN: Herr Minister, Sie gelten als Mann mit unkonventionellen Ideen. Ist Ihnen zu den rund 200 000 arbeitslosen Jugendlichen nichts eingefallen?

BLÜM: Ich glaube, daß wir mit den alten Ladenhütern das Problem nicht erledigen. Wir werden nur mit einem Bündel, einem Blumenstrauß von Maßnahmen die Jugendarbeitslosigkeit lösen. Mangel an Geld muß ja kein Mangel an Phantasie sein.

STERN: Ihre Regierung baut auf Eigeninitiative. Warum machen Sie es dann jungen Leuten so schwer, sich selbständig zu machen?

BLÜM: Viele Leute verlieren sicherlich die Lust, wenn sie sich erst durch 200 Formulare und 200 Subventionsgesetze durcharbeiten müssen. Da werden wir nicht ohne Kahlschlag durchkommen. Ich bin der Meinung, daß wir beim Aufschwung nicht nur daran denken sollten, die Großbetriebe noch größer zu machen, sondern vor allem daran, daß die Klein- und Mittelbetriebe größer und stärker werden. Kleinvieh gibt auch Mist. Ich wäre dafür, eine Welle von Existenzgründungen auszulösen. 5000 Existenzgründungen mit zwei Arbeitsplätzen bringen soviel wie auf einen Schlag 10 000 in einem Großbetrieb.

STERN: Haben Sie sich einmal unsere mittelalterliche Handwerksordnung angeschaut, die ganze Berufszweige für junge Leute blockiert?

BLÜM: Wir haben leider nicht nur Zunftgewohnheiten in die Industriegesellschaft gerettet, sondern auch ein staatliches Berechtigungsscheinwesen. Da sind wir, glaube ich, Weltmeister.

STERN: Was wollen Sie dagegen tun?

BLÜM: Das Ding muß vom Kopf auf die Beine gestellt werden. Da brauchen wir eine mittelschwache Kulturrevolution. Leistungsgesellschaft ist doch keine Stempel- und Genehmigungs-Gesellschaft. Kannst du was, dann mach was! Das ist unser Motto.

STERN: Ist es nicht ein Unding, daß jemand, der seinen Meisterbrief mit Geldern der Bundesanstalt für Arbeit gemacht hat, mehrere Jahre im Betrieb abdienen muß, ehe er sich in die Selbständigkeit begeben darf?

BLÜM: Na klar, laßt ihn doch ein bißchen früher heraus. Er darf mit 18 wählen, er darf mit 18 in die Bundeswehr, aber nicht sich selbständig machen. Als ob Sich-selbständig-Machen gefährlicher wäre als die Stimmabgabe.

STERN: Herr Blüm, dürfen die ausgebildeten jugendlichen Arbeitslosen in Zukunft hoffen, sich leichter selbständig machen zu können?

BLÜM: Wir wollen es mit der Selbständigkeit nicht übertreiben. Zwei Millionen Arbeitslose schaffen wir nicht von der Straße, indem jetzt alle eine Würstchenbude aufmachen. Aber daß der Anteil der Existenzgründungen an der Problemlösung größer sein muß als in der Vergangenheit, unterstreiche ich voll und ganz.

EIN PAAR IDEEN ZUM THEMA NR. 1

Ungewöhnliche Zeiten erfordern ungewöhnliche Ideen. Eine davon stellt der STERN auf den folgenden Seiten vor: Wie man Unternehmer, sein eigener Arbeitgeber, wird, wenn kein anderer einem Arbeit gibt.

Es ist ein Appell an Eigeninitiative; die Aufforderung, nicht nur auf den Staat und die anderen zu vertrauen. Die größten Chancen für alle, die den Sprung in die Selbständigkeit wagen wollen, liegen im Bereich der Dienstleistung. In einem Bereich, in dem vor allem Arbeiten erledigt werden müssen, die anderen zu risikoreich oder zu mühsam erscheinen. Arbeitstage von zwölf oder sechzehn Stunden Dauer sind hier nicht die Ausnahme, sondern eher die Regel. Nur wer bereit ist, mit zwar geringem Kapital (höchstens 20 000 Mark), aber sehr viel Fleiß einzusteigen, hat gute Aussichten.

Quelle: ,,Der Stern'', 17. Februar 1983

AM BESTEN WAS NEUES

Chancen für Unternehmungslustige: 14 ausgefallene Einfälle für Serviceleistungen

MIR SAN MIT'M RADL DA
Pkw-motorisierte Botendienste bleiben im Großstadtverkehr schon mal stecken. Warum also nicht Radler bemühen, die die Akten zum Anwalt oder den Rock in die Reinigung bringen?

MIR SAN FÜRS RADL DA
Der Fahrrad-Doktor kommt ins Haus: Wo immer der Schlauch Luft verliert, die Speiche krumm ist oder der Dynamo klemmt, die Reparatur wird ohne Wartezeit ausgeführt.

NATUR IN DER TÜTE
Nachdem auch Stadtmenschen der Vorteil biologischer Düngung bewußt wird, hat sich hier ein Markt gebildet: Natur-Dünger, abgepackt und auf Wochenmärkten angeboten, findet Abnehmer auch unter Balkon-Gärtnern.

KRIECHER-KONJUNKTUR
Regenwurmzüchter müssen ein breites Sortiment anbieten können: den drahtigen Wurm für Balkonkästen, den normalen für den Schrebergarten und die Sondergrößen für Angler.

GESITTETE TIERE
Mit dem Tiersitter erkaufen sich Frauchen und Herrchen ein reines Gewissen: Die Katze kommt zu ihren Streicheleinheiten, der Wellensittich zu seinem Gesprächspartner, und der Hund muß nicht allein in die Röhre gukken.

IDEEN-VERKÄUFER
Wer zum Arbeiten zu faul ist, sollte Ideen für Ideen verkaufen. Einer hatte damit schon Erfolg: der Bonner Norman Rentrop mit seinem selbstverlegten Buch »312 Ideen, mehr Geld zu machen«.

VON BAUM ZU BAUM
Für den, der keine Zeit hat, pünktlich mit seinem Hund Gassi zu gehen, gibt es den Hunde-Ausführer. Der braucht nur Telefon, Anrufbeantworter und gute Nerven, damit er mehrere Hunde gleichzeitig betreuen kann.

PLATZHALTER FÜR DIE KUNST
Wann immer Karajan in der Oper dirigiert oder Fuchsberger fürs Fernsehen auftritt: Der Schlangesteher reiht sich schon eine Nacht vor Kartenverkaufsbeginn in die Schar der Fans ein und hält einen Platz frei.

ATOM-TRIEBE
Dafür gibt's sicher Abnehmer: Die aus den Subtropen stammende „Tradescantia virginia" warnt vor Gefahr, denn in verseuchter Luft färben sich die blauen Härchen auf den Blättern violett. Ableger der Pflanze können großgezogen und verkauft werden.

EIN GROSSER FÜR DIE KLEINEN
Die Chance wurde zuerst von einer Imbißkette erkannt: Sie schickt einen Animateur, wenn die lieben Kleinen Geburtstag feiern. Wer es ein wenig individueller hätte und die Veranstaltung ins eigene Heim verlegen möchte, ruft den Kinderparty-Organisator an.

HILFE GEGEN MORGEN-GRAUEN
Die Situation ist nur allzu bekannt: Der Durst war zu groß, und die Heimfahrt im eigenen Pkw ist zu riskant. Anruf beim „Rent-a-Chauffeur" genügt: Der fährt den Autobesitzer in dessen Wagen nach Hause.

ROCKFORD FÜR TIERE
Wem schon einmal ein tierischer Hausgenosse durchgebrannt ist, der weiß, wieviel Mühe es kostet, ihn wiederzufinden. Der Tierdetektiv stöbert ihn auf, bevor der Vogel oder Vierbeiner sich woanders einnistet oder zu Versuchen mißbraucht wird.

HIOBS-BOTSCHAFTER
Der Nachrichten-Übermittler erzählt Dritten alles, was man selbst nicht über die Lippen bringt: dem Chef nach durchzechter Nacht von der plötzlichen Krankheit, dem Liebenden vom Ende des Verhältnisses und dem Gläubiger von der Hoffnung auf Geld.

DOUBLE IM SUPERMARKT
Wer beim Einkauf im Billigmarkt nicht beobachtet werden, auf Preisvorteile aber nicht verzichten will: Den peinlichen Einkauf von Schlußverkauf-Sonderangeboten oder namenloser Zigaretten erledigt die „Snob-Einkaufshilfe", ins Silberetui stecken tut es der Auftraggeber.

Quelle: „Der Stern", 17. Februar 1983

»MENSCH, LEUTE, MACHT DOCH MAL...«

Wer »Null Bock« hat und »No Future« sagt, hat seine Zukunft schon hinter sich. Aber mit Ideen und Mut läßt sich auch heute noch was unternehmen – und ganz gut leben

Sibylle Hartung und Wilhelm Blume in Köln leben richtig, ohne sich kaputtzumachen. Jedes Wochenende gehen die Gründer der Firma „Balloni" auf Stadtfeste und Märkte und verkaufen dort Luft und Illusionen. Nämlich Luftballons. Nicht irgendwelche, sondern selbstentworfene: riesige bunte Hasen, Teddys, Schneemänner und Mickymäuse. Auf den Märkten verkleiden sie sich als Clowns. Kaum jemand kann achtlos an ihnen vorbeigehen, Kinder schon gar nicht. „Das sind unsere Hauptkunden", sagt Sibylle. „Balloni" bedruckt auch Ballons mit Werbung oder etwa mit „Lieber Volker, für dich 99 Luftballons" und liefert sie anschließend ins Haus.

„Wir mußten Geld verdienen", sagt Wilhelm Blume, Student der Theaterwissenschaften wie seine Freundin, „aber es sollte etwas Schönes sein, das Spaß macht. Je trister es wird, desto mehr freuen sich die Leute über was Buntes."

Ballonis bunte Ballons können nicht darüber hinwegtäuschen, daß die Gründung eines Unternehmens nur für wenige ein Ausweg aus der Arbeitslosigkeit ist. Doch noch wird er viel zu selten versucht. Das sicher auch, weil die zuständigen Behörden und Organisationen nicht genügend helfen, sondern die Jugendarbeitslosigkeit lieber verwalten.

Ermunterung kommt da noch am ehesten von der „Netzwerk Selbsthilfe", einem „Fonds für politische und alternative Projekte". Ihr Maskottchen, eine schwarze Wildsau, rät auf einer Karikatur: „Man sollte... Man müßte... Man könnte... Mensch, Leute, macht doch mal!"

Stefanie Rosenkrantz

Quelle: ,,Der Stern'', 17. Februar 1983

Neues Projekt hilft jungen Arbeitslosen
In einer Düsseldorfer Initiative werden alte Möbel aufgearbeitet und an Bedürftige abgegeben

Düsseldorf. Die wachsende Zahl jugendlicher Arbeitsloser und Sozialhilfe-Empfänger in der Bundesrepublik macht Städten und Gemeinden finanziell schwer zu schaffen. Für aufwendige Hilfsprojekte ist oft kein Geld da. Aber eine Arbeitslosen-Initiative in Düsseldorf zeigt, daß guter Rat auch billig sein kann.

„Da gibt es Jugendliche, die brauchen Arbeit, und andere, die brauchen Möbel." So bringt Elisabeth Siebers vom Düsseldorfer Jugendamt die ungewöhnliche Idee auf einen Nenner, wie sich beiden betroffenen Gruppen gleichzeitig helfen läßt.

Seit einigen Wochen sägen, pinseln und hämmern 18 Jugendliche in einem Düsseldorfer Hinterhof an der Verwirklichung des Konzeptes. Sie kommen von der Straße, waren alle arbeitslos und reparieren nun alte Möbel, die an Bedürftige weitergegeben werden. Diese Bedürftigen sind Jugendliche aus Heimen, die zum ersten Male eine eigene Wohnung beziehen, auch Asylanten und andere Sozialhilfe-Empfänger. Denn die können mit einer aufgemöbelten Wohnungseinrichtung frei Haus mehr anfangen, „als wenn ihnen das Sozialamt 1000 Mark in die Hand drückt", sagt Elisabeth Siebers.

Die 5 Mädchen und 13 Jungen, die für diese besondere „Arbeitsbeschaffungsmaßnahme" ausgewählt wurden, haben alle kaum etwas gelernt und oft die Schule vorzeitig abgebrochen. Angeleitet von Fachleuten – einem Schreiner, einem Polsterer und einem Sozialarbeiter – sollen sie in erster

Linie Arbeit als eine sinnvolle Tätigkeit erleben. Viele der Jugendlichen finden auf diese Weise einen neuen Ansporn und machen noch den Hauptschulabschluß nach, weiß der Leiter des Düsseldorfer Projekts, Peter Palm, aus seiner Erfahrung als Sozialarbeiter.

Die Jugendlichen selber sehen das ähnlich. „Die Arbeit ist abwechslungsreicher als in der Fabrik", meint ein 19jähriger Arbeitsloser, der gerade einen Stuhl neu polstert. Und eine 21jährige Teilnehmerin an diesem Projekt will nach Ablauf des einjährigen Arbeitsvertrages in dem Projekt wieder die Schulbank drücken. Ihr gefällt auch, daß man mit den Betreuern über alle Probleme reden kann und man „hier ruhig mal eine rauchen kann; woanders heißt es nur arbeiten, arbeiten, arbeiten".

Dieses „Schonklima", meint Elisabeth Siebers, wolle man allerdings nicht zu sehr aufkommen lassen. Denn „die Jugendlichen müssen sich später wieder in der freien Wirtschaft behaupten".

Die Frage, ob sie dazu aber überhaupt eine Chance erhalten, trübt den Enthusiasmus in den Werkräumen des Düsseldorfer Projektes. „Die Sozialarbeiter bedrückt es sehr, wenn sie später erfahren, daß der Jugendliche wieder auf der Straße sitzt", sagt Palm.

Ein Anlaß zur Resignation soll das aber nicht sein. Jeden Tag holen zwei Kleintransporter kostenlos alte Möbel aus Düsseldorfer Wohnungen ab. Die Fahrten sind schon jetzt bis nach Ostern ausgebucht.

Thomas Bethge

Für aufwendige Arbeitsbeschaffungsmaßnahmen fehlt es vielfach an Geld. Eine Düsseldorfer Arbeitslosen-Initiative zeigt, daß guter Rat aber auch billig sein kann. Arbeitslose Jugendliche reparieren unter fachmännischer Anleitung alte Möbel, die dann an Bedürftige weitergegeben werden. (Foto: dpa)

„Lübecker Nachrichten", 15. März 1983.

„Lübecker Nachrichten", 14. April 1983.

Studium finanziert mit Fensterleder und Besen

Als „Mann für alle Fälle" empfiehlt sich Frank Heimlich (23), Student der Chemie im 4. Semester an der Gesamthochschule Essen: Schon bei Beginn seines Studiums war dem gelernten Chemielaboranten bei einem Überblick über seine Finanzlage klar: „Wenn du studieren willst, mußt du putzen gehen."

Also immatrikulierte er sich an der Hochschule und finanzierte sein Studium mit dem sauberen Job. Vornehmlich bei älteren Leuten fand er Putzstellen.

„Alle waren anfangs skeptisch", berichtet der putzende Student – „aber inzwischen sind sie hellauf begeistert und rundum zufrieden." Kein Wunder: Der junge Mann ist pingeliger als manche Putzfrau. Das bestätigen ihm zumindest seine Auftraggeber.

Als er vor kurzem mal Ferien machte, nahm sich eine seiner „Kundinnen" eine weibliche Vertretung. Eines Tages flatterte Frank Heimlich eine Postkarte ins Haus: „Bitte Herr Heimlich, kommen Sie doch wieder." Und kurz darauf blitzte und blinkte ihre Wohnung wieder in aller Frische – nachdem Putzmann Frank Hand angelegt hatte.

Neue Putzstelle nötig

Franks „Einsatzort" war bislang Dortmund, wo er wohnte und jeden Tag nach Essen zum Studium pendelte. Jetzt zieht er nach Essen um – aber er ist nicht in Sorge, sein Studium an den Nagel hängen zu müssen: Auch in Zeiten, in denen nur schwer an Studenten-„Jobs" zu kommen ist, läßt sich leicht eine Putzstelle finden.

So waren jedenfalls seine Dortmunder Erfahrungen: Als er erst einmal bei einem Rentnerehepaar zu deren vollen Zufriedenheit den Wischlappen geschwungen hatte, sprach sich die Kunde vom fleißigen und blitzsauberen „Putzmann" Frank in Windeseile herum – und schon heuerten ihn auch die Nachbarn zur Reinigung ihrer Wohnungen und Treppenflure an.

Ein kleines Schwätzchen

Mit dem Putzen allein ist die Tätigkeit des Studenten mit dem Putzeimer noch längst nicht erschöpft: Die meisten seiner Auftraggeber sind alleinstehende Leute, die kaum Ansprache haben. Da kommt ihnen ihr „Putzmann" gerade recht für ein aufmunterndes kleines Schwätzchen.

Meistens wird Frank von seinen Kunden schon sehnsüchtig erwartet und mit kleinen Aufmerksamkeiten überhäuft: „Bei einer Oma kriege ich immer eine Tafel Schokolade, eine andere schenkt mir jedesmal einen Apfel." An vielen seiner Putzstellen stehen Kaffee und Kuchen, Plätzchen und Butterbrote bereit. Beim angebotenen Schnäpschen kommt er in Gewissenskonflikte: „Der geht mir quer runter. Aber ich kann auch nicht gut 'nein' sagen."…

Der Putz-Job hat für ihn den großen Vorteil, daß er sich die Zeiten so einteilen kann, daß er die notwendigen Studientermine einhalten kann. Und mit dem hart erwischten Geld kommt er gut über die Studien-Runden. Frank Heimlich hält sich selbst für einmalig: „Einen anderen Putzmann kenne ich nicht." Helga

Kurze Pause für ein Foto: Studiosus Frank beim Putzen eines Treppenhauses. Eine mühsame Arbeit in so einem alten Haus. (Foto: Helga)

Können Sie das verstehen? Tag für Tag ist von der hohen Jugendarbeitslosigkeit zu hören und zu lesen, und trotzdem sind im Lebensmittelhandel immer noch 15% der angebotenen Lehrstellen einfach nicht zu besetzen. Nun, wir verstehen ja, daß es die jungen Leute nicht gerade reizt, samstags morgens, wenn fast alle anderen frei haben, arbeiten zu müssen. Aber das ist schließlich nur eine Seite der Medaille. Und eine sehr oberflächliche Betrachtung dazu.

Auf der anderen Seite bietet gerade der Lebensmittelhandel Aufstiegschancen, die in anderen Branchen ganz und gar undenkbar sind. Oder kennen Sie einen Beruf, in dem man als Hauptschulabgänger mit Anfang zwanzig schon 45.000 Mark im Jahr verdienen kann. Dieses Gehalt bezieht ein junger Marktleiter, der mit Erfolg einen Supermarkt führt. Und da der Lebensmittelhandel seine Mitarbeiter am liebsten selbst ausbildet, ist eine solche Karriere keine Seltenheit, sondern eher die Regel.

Wir können Ihnen einen Beruf verraten, in dem es noch genügend Lehrstellen gibt, und in dem man schon mit Anfang zwanzig 45.000 Mark im Jahr verdienen kann.

Quelle: Verlagsgruppe Deutscher Fachverlag, Frankfurt.

Die hier zusammengestellten Beiträge sollen anregen. Nicht alle Beispiele können ernstgenommen werden, nicht jedes ist von jedem nachzuahmen. Trotzdem können Sie einiges ableiten:

Wo gibt es heute noch berufliche Chancen? Welche Eigenschaften/Voraussetzungen muß der haben, der Außergewöhnliches wagt? Welche Aussichten haben solche Unternehmungen (wann gute/wann schlechte)? Können Sie selbst für sich/für andere Anregungen geben? Wie packen Sie's an?

Nehmen Sie Stellung zur Anzeige der Banken: Stimmen Sie mit der Schilderung der Situation überein/mit der am Schluß geäußerten Meinung? Begründen Sie Ihre Auffassung.

Quelle: Bundesverband deutscher Banken, 8. April 1983.

Thema „Zukunft"

Banken: Wir sind keine Gesellschaft mit beschränkter Hoffnung

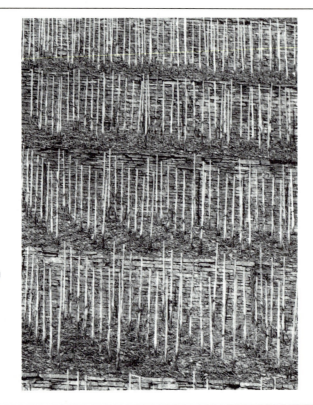

Keine Frage: Optimisten sind im Leben besser dran. Sie haben mehr Schwung, mehr Tatkraft und – meistens – auch mehr Erfolg. Dabei wirkt Optimismus ansteckend – wie der Pessimismus leider auch.

Viele Deutsche blicken pessimistisch in die Zukunft. Warum eigentlich? Wir haben Spitzenlöhne, ein umfassendes soziales Netz, sind Weltmeister in Urlaubsreisen und überlassen manche Arbeiten gern den Gastarbeitern. Sicher, das alles ist keineswegs problemlos: Wir haben über unsere Verhältnisse gelebt, und jetzt müssen wir für die Folgen aufkommen. Doch wenn jeder ein wenig zurücksteckt und alle energisch zupacken, sind unsere Probleme zu lösen.

Wir Banken meinen: Wir sind keine Gesellschaft mit beschränkter Hoffnung. Mit einem neuen, entschlossenen Anlauf sind auch neue Erfolge möglich.

5.6.3 „Wer Leistung verweigert ... handelt unsozial"

BUNDESREPUBLIK DEUTSCHLAND
DER BUNDESKANZLER

Liebe Mitbürgerinnen,
liebe Mitbürger,

am 6. März, wenn kurz nach 18.00 Uhr die ersten Hochrechnungen auf den Bildschirmen erscheinen, haben Sie über Deutschlands Zukunft entschieden. Dann läßt sich nichts mehr rückgängig machen.

Sie haben entschieden, ob es mit uns allen wieder aufwärts geht. Ob Sie und Ihre Familie wieder Vertrauen in die Zukunft haben können.

Sie haben entschieden, ob die Wirtschaft in Schwung kommt und ob es wieder mehr Arbeitsplätze geben wird. Sie haben entschieden – wofür ich mich besonders eingesetzt habe –, daß jeder junge Mensch Ausbildung und Arbeit bekommt. Denn ein Land, das seine Jugend nichts lernen läßt, hat als Industrienation keine Zukunft mehr.

Wir wollen ein Deutschland schaffen, auf das wir stolz sein können. Ein Deutschland, in dem es sich lohnt zu arbeiten und zu leben. Ich vertraue dabei auf Fleiß, Können, Tüchtigkeit und Gemeinsinn der Deutschen, ich vertraue auf die Tugenden, mit denen wir nach dem Krieg unser Land aus dem Nichts wieder aufgebaut haben.

Ich vertraue darauf, daß Sie am 6. März für sich und Deutschland richtig entscheiden. Entscheiden Sie sich für den Aufschwung. Für eine Zukunft in Frieden und Freiheit, in der über den materiellen Wohlstand hinaus Werte zählen, die das Leben lebenswert machen: Menschlichkeit, Geborgenheit und Zuverlässigkeit.

Miteinander schaffen wir's

Helmut Kohl

Arbeit, Frieden, Zukunft
Aufwärts mit Deutschland
CDU sicher sozial und frei

Quelle: CDU-Faltblatt aus dem Bundestagswahlkampf 1983

Wir stemmen uns gegen die Ellenbogengesellschaft.

Die solidarische Gesellschaft ist unsere Orientierung. Wir Sozialdemokraten wissen: die Wirtschaftskrise ist nicht zu meistern, ohne daß alle Opfer bringen. Wenn aber Bescheidenheit nur den Schwachen gepredigt wird und Opferwille nur von Arbeitnehmern und ihren Familien, von Mietern und Rentnern, von Sozialhilfeempfängern, Schülern und Studenten verlangt wird, wird dieses Land wieder zur Ellenbogengesellschaft. Ohne Gerechtigkeit keine Vernunft. Ohne Gerechtigkeit geht unser Land kaputt.

Wir Sozialdemokraten wissen: eine solidarische Gesellschaft bedarf des wachen Bürgersinns, sie steht und fällt mit den Tugenden der Bürger. Wir wissen aber auch, daß Bürgersinn allein nicht schützen kann vor Angst und Not. Deshalb gilt es, den Sozialstaat mit Bürgersinn zusammenzubringen und beides nicht zu entzweien.

Wir Sozialdemokraten wissen, wie entscheidend die Zukunft unseres Landes von Leistung, Tatkraft und den Anstrengungen von uns allen bestimmt wird. Wir wissen aber auch, daß der Mensch nicht auf seine Rolle in der Wirtschaft reduziert werden darf. Gerade in schwierigen Zeiten muß sich unsere Demokratie bewähren. Deshalb müssen wir unbeirrbar am Prinzip der Gerechtigkeit festhalten und die Schwachen vor der Überwältigung durch die Starken schützen.

SPD-Flugblatt im Bundestagswahlkampf 1983

DGB-Aufruf zum 1. Mai 1983

„Soziale Sicherheit ist ein unverzichtbarer Bestandteil des demokratischen und sozialen Rechtsstaats, unabhängig von der wirtschaftlichen Situation. Es darf keinen Rückzug des Staates aus der sozialen Verantwortung geben.

Das soziale Netz ist weiterhin lebensnotwendig für die Arbeitnehmer und ihre Familien."

Thema „Sozialstaat"

Banken:
Wie sozial kann ein Staat mit leeren Kassen sein?

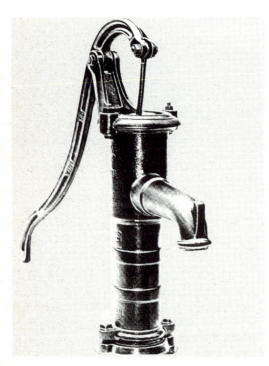

Machen wir uns nichts vor: Trotz aller staatlichen Fürsorge geht es jenen Bürgern am besten, die der Hilfe des Staates nicht bedürfen.

Denn wenn auch der Staat sein soziales Netz kräftig verstärkt hat, so bleibt es doch ein Hilfsmittel für den individuellen Notfall. Die begrenzten finanziellen Mittel reichen schließlich nur für jene, die wirklich Hilfe brauchen. Deshalb ist die Politik am besten, die Abhängigkeit vom Staat und seinem sozialen Netz möglichst ausschließt. Eine Politik also, die auf den Erfolg freier wirtschaftlicher Initiative setzt und auf die Leistung des einzelnen.

Wir Banken fragen: Wie sozial kann eigentlich ein Staat mit leeren Kassen und fast 600 Milliarden Mark Schulden sein? Die Antwort ist einfach: Je mehr Unternehmer erfolgreich sind und je mehr Menschen unabhängig vom Staat ihr Geld verdienen, desto mehr Steuern fließen in die Kassen des Staates und machen ihn wieder handlungsfähig.

Bundeskanzler Helmut Kohl, CDU, gibt am 13. Oktober 1982 vor dem Bundestag seine erste Regierungserklärung ab. Zum Schluß zählt er Grundsätze auf, die man als Glaubensbekenntnis der CDU zur Sozialpolitik bezeichnen könnte:

„ **Erstens.** Wir glauben an die Würde des Menschen, seine Einzigartigkeit und seine Freiheit. Dies verbindet uns alle.
Zweitens. Wir sind davon überzeugt, daß freie Initiative und Leistung für den einzelnen wie für das Ganze besser sind als staatliche Lenkung und Bevormundung. Wir vertrauen auf den Bürger, der seine Zukunft in seine Hände nimmt.
Drittens. Wir wissen, daß Leistung, das schöpferische Schaffen der Menschen, einen sozialen Sinn hat und auch eine soziale Verpflichtung ist. Wer Leistung verweigert, obwohl er leisten könnte, handelt unsozial. Er beutet seinen Nächsten aus.
Viertens. Wir halten es für gerecht, den Zusammenhang zwischen Leistung und Gegenleistung wieder stärker herauszustellen. Wer diesen Zusammenhang leugnet, macht unser Volk ärmer und gefährdet die Grundlagen sozialer Sicherheit.
Fünftens. Wir treten dafür ein, daß der Schwache und Notleidende einen Anspruch auf solidarische Hilfe aller hat. Aber wir wissen auch, daß Menschen mehr brauchen als Geld und staatliche Betreuung.
Sechstens. Wir vertrauen auf den Willen zur Gemeinsamkeit in unserem Volk. Wir wissen, daß es Partnerschaft und Solidarität über alle Gruppen und alle sozialen Grenzen hinweg gibt.
Siebtens. Wir glauben daran, daß es vornehmste Pflicht freier Bürger ist, keine Anstrengung zu unterlassen, um die Freiheit zu verteidigen und anderen die Hoffnung auf Freiheit zu erhalten."

Überblicken Sie das gesamte Kapitel noch einmal und diskutieren Sie:
„Sozialstaat" und / oder „Leistungsgesellschaft."? Wie stehen Sie persönlich zu dem Problem: Was soll der Staat? Was kann der Bürger?
Wie soll es heute und morgen weitergehen
— mit der Entwicklung der Technik;
— der sozialen Absicherung?
Wie sehen Sie Ihre eigene Gegenwart und Zukunft in dieser Gesellschaft?

6 Die Weimarer Republik: Demokratie als Experiment

6.0 Hinweise — Büchertips
6.1 Zeittafel
6.2 Vom Ersten Weltkrieg zur Diktatur

Die Opfer des Ersten Weltkrieges			
	Gefallene	Verwundete	Gefangene
Deutschland	1 808 000	4 247 000	618 000
Frankreich	1 385 000	3 044 000	446 000
Großbritannien	947 000	2 122 000	192 000
Italien	460 000	947 000	530 000
Österreich-Ungarn	1 200 000	3 620 000	2 200 000
Rußland	1 700 000	4 950 000	2 500 000
Türkei	325 000	400 000	
USA	115 000	200 000	4 500

Quelle: Ploetz, Auszug aus der Geschichte, S. 1026

6 Die Weimarer Republik: Demokratie als Experiment

Friedrich Ebert war von 1919 bis zu seinem Tode 1925 der erste Präsident der Republik. Für die Kommunisten war er Verräter der Arbeiter, die Nationalisten verleumdeten ihn als Vaterlandsverräter.

6.0 Hinweise — Büchertips

Die deutsche Frage ..., ein Thema, das ganze Bibliotheken füllt. Deshalb kann auf den folgenden Seiten nur ein roter Faden gezogen werden. Ein Faden, der mit dem verlorenen Ersten Weltkrieg beginnt und zur Gegenwart führt. Vieles mußte weggelassen, manches vereinfacht dargestellt werden.

In den Kapiteln 7 und 8 wird der Faden weitergeführt:

1. Die Hitler-Diktatur (Seite 201 ff.) und wie es dazu kam.
   Wir müssen uns noch heute mit den Folgen dieser Zeit auseinandersetzen.
2. Die Gegenwart (Seite 225 ff.)
   Schließlich leben wir heute, und unsere Zukunft wird von der weiteren Gestaltung der Gegenwart abhängen.

Tip: Gewiß haben Sie im Geschichtsunterricht schon das eine oder andere Thema behandelt. — Vielleicht besitzen Sie noch ein Geschichtsbuch oder andere Unterlagen, die Sie zur Vertiefung mit verwenden können.

 Kostenlose Informationen erhalten Sie von:

Presse- und Informationsamt der Bundesregierung, Postfach, 5300 Bonn: „Demokratie als Auftrag", eine ausgezeichnete, knappe Darstellung der Zeit von 1789 bis heute mit gutem Bildmaterial.

Büchertips:

Die ungeliebte Republik, Dokumente zur Innen- und Außenpolitik Weimars 1918 — 1933, dtv 2918

Hans Herzfeld, Die Weimarer Republik, Ullstein Taschenbuch 3846

Helmut Heiber, Die Republik von Weimar, dtv 4003

6.1 Zeittafel

09. 11. 1918   Die Geburtsstunde der Republik: Philipp Scheidemann ruft die Republik aus.

10. 11. 1918   Der „Rat der Volksbeauftragten" unter dem Vorsitz von Friedrich Ebert ist die neue Regierung.

11. 11. 1918   Abschluß des Waffenstillstandes.

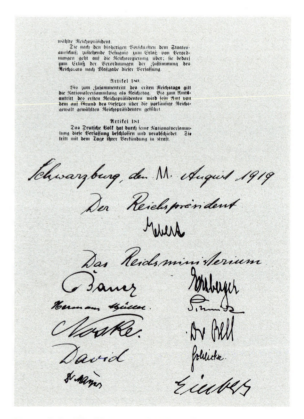

Letzte Seite der Weimarer Reichsverfassung mit den Unterschriften des Reichspräsidenten Ebert und der Reichsregierung.

19. 01. 1919	Wahlen zur (verfassunggebenden) Nationalversammlung.
02. 1919	Zusammentritt der Nationalversammlung in Weimar. Daher der Name: „Weimarer Republik".
28. 06. 1919	Unterzeichnung des Friedensvertrages von Versailles
11. 08. 1919	Die Weimarer Verfassung tritt in Kraft.
13. 03. 1920	Kapp-Putsch: rechtsradikale Militärs (Anführer Kapp) versuchen, die Republik zu stürzen.
06. 06. 1920	Wahlen zum ersten Reichstag.
11. 01. 1923	Besetzung des Ruhrgebietes durch Frankreich und Belgien. Grund: Nicht vollständige Leistung der Reparationen.
09. 1922 — 11. 1923	Neben der zunehmenden Inflation wird die Republik von zahlreichen blutigen Unruhen erschüttert. Ein Ereignis in diesem Zusammenhang ist Hitlers Putschversuch am 8./9. 11. 1923 in München.
28. 02. 1925	Tod des Reichspräsidenten Ebert.
26. 04. 1925	Wahl von Hindenburgs zum Reichspräsidenten.
25. 10. 1929	Der „Schwarze Freitag": Mit einem Kurssturz an der New Yorker Börse beginnt die Weltwirtschaftskrise.
29. 03. 1930	1. Kabinett Brüning — mit dieser Regierung beginnt die Reihe der Präsidialregierungen. Diese Regierungen werden nicht vom Reichstag gewählt, sondern vom Präsidenten eingesetzt. Sie können so lange regieren, wie sie das Vertrauen des Reichspräsidenten haben.
14. 09. 1930	Im Zeichen der Wirtschaftskrise erringt die NSDAP Hitlers 107 Sitze bei den Reichstagswahlen. Bis dahin hatte sie 12 Sitze.
11. 10. 1931	Bildung der „Harzburger Front": Damit haben sich die Feinde der Republik aus dem rechten Lager, die NSDAP, die Deutschnationalen und der Stahlhelm eine feste Organisation gegeben.
10. 04. 1932	Wiederwahl von Hindenburgs zum Reichspräsidenten.
01. 06. 1932	v. Papen Reichskanzler
31. 07. 1932	Reichstagswahlen mit großem Stimmenzuwachs für die NSDAP.
06. 11. 1932	Erneute Reichstagswahlen.
02. 12. 1932	v. Schleicher Reichskanzler
30. 01. 1933	v. Hindenburg beruft Hitler zum Reichskanzler
27. 02. 1933	Reichstagsbrand in Berlin.

Zum zweiten Präsidenten der Weimarer Republik wurde 1925 Paul von Hindenburg gewählt. Auch als Präsident der Republik trug er die kaiserliche Uniform. Er verstand sich als Statthalter des Kaisers.

Zum politischen Alltag der ersten Republik gehörten Straßenschlachten zwischen den gegnerischen Gruppen. Zwei demokratische Tugenden fehlten: die Bereitschaft zum Kompromiß und die Anerkennung von Mehrheitsentscheidungen.

Um 1932 die Wahl Hitlers zum Reichspräsidenten zu verhindern, einigen sich alle republikanischen Parteien auf den kaiserlichen Feldmarschall. Neben dem als Held der Antike dargestellten Reichspräsidenten ist Hitler als Gernegroß (Ich bin viel stärker) zu sehen.

Niemand glaubte, daß der Krieg anders als mit einem deutschen Sieg enden könnte.

05. 03. 1933 Reichstagswahlen: Die NSDAP erringt gemeinsam mit der Kampffront Schwarz-Weiß-Rot 52 Prozent der Stimmen.

24. 03. 1933 Ermächtigungsgesetz: Für vier Jahre kann die Reichsregierung ohne Mitwirkung des Reichstages Gesetze erlassen. Damit ist verfassungsrechtlich der Weg für die nationalsozialistische Herrschaft frei. Die Weimarer Republik hat aufgehört zu existieren.

6.2 Vom Ersten Weltkrieg zur Diktatur

6.2.1 Viele können es nicht glauben: Der Krieg ist verloren

Im Herbst 1918 sah die militärische Führung ein, daß der Krieg nicht mehr zu gewinnen war. Man drängte daher die politische Führung, einen Waffenstillstand zu schließen.

General Ludendorff erklärte am 1. Oktober 1918 vor Offizieren der Obersten Heeresleitung:

> Ich habe aber S. M.[1] gebeten, jetzt auch diejenigen Kreise an die Regierung zu bringen, denen wir es in der Hauptsache zu danken haben, daß wir so weit gekommen sind. Wir werden also diese Herren jetzt in die Ministerien einziehen sehen. Die sollen nun den Frieden schließen, der jetzt geschlossen werden muß. Sie sollen die Suppe jetzt essen, die sie uns eingebrockt haben!

Quelle: Thaer, Generalstabsdienst, Seite 235

Ein Historiker kommentierte diese Aussage Ludendorffs so:

> Unnötig anzumerken, daß eine Verantwortung der Mehrheitsparteien für die militärische Lage Deutschlands nur in Ludendorffs Fantasie bestand.

Quelle: Hagen Schulze, Weimar, Seite 141

---

[1] Seine Majestät.

Jeder in Deutschland, auch die führenden Politiker, waren überrascht: Bisher hatte die Oberste Heeresleitung (OHL) immer den Eindruck erweckt, der Sieg sei zum Greifen nahe. Auf einmal wurde man mit einer vollständigen Niederlage konfrontiert, die man um so weniger einsah, als bisher kein feindlicher Soldat über die deutsche Grenze gekommen war, vielmehr hielten die deutschen Truppen ihre Stellungen in Frankreich und Belgien.

Die Reichstagsabgeordneten waren vor eine völlig neue Situation gestellt, als ein Beauftragter der OHL die wirkliche militärische Situation schilderte. Ein Journalist beobachtete die Reaktion der Abgeordneten:

> Ich höre die halberstickten Aufschreie, ich bemerke hervorquellende Tränen. Erwachen aus der Narkose, Zorn, Wut, Scham, Anklage: Wir sind jahrelang von den Militärs belogen worden, und wir haben vier Jahre daran geglaubt wie an ein Evangelium! Die ganze Nation, von der ein winziger Ausschnitt hier eng beisammen hockte, machte einen Nervenzusammenbruch durch ...

Quelle: Fischart, Das alte und das neue System, Band 1, 1919, Seite 246

Die letzten Wochen des Krieges waren nicht nur durch die Waffenstillstandsbemühungen gekennzeichnet, sondern auch durch Revolution. Ende Oktober meuterten zunächst die Matrosen der Hochseeflotte, von Kiel ausgehend ergriff die Revolution viele Städte. Überall wurden Arbeiter- und Soldatenräte gebildet. In den einzelnen Ländern des Reiches wurde die Monarchie abgeschafft.

Es drohte, insbesondere als die Unruhen auch Berlin erreicht hatten, eine Revolution nach sowjetischem Muster. In Berlin wird diese Gefahr abgewendet: Am 9. November 1918 übergibt der letzte vom Kaiser ernannte Reichskanzler, Prinz Max von Baden, die Geschäfte an den Vorsitzenden der SPD, Friedrich Ebert.

Gleichzeitig erklärt er auch den Rücktritt des Kaisers.

"Der Kaiser hat abgedankt." Diese Meldung konnte man am 9. 11. 1918 in vielen Zeitungen lesen.

Am gleichen Tag ruft der Fraktionsvorsitzende der SPD, Philipp Scheidemann, die Republik aus.

Der Kaiser, der sich in den letzten Wochen im Hauptquartier der OHL in Spa (Belgien) aufgehalten hatte, fährt von dort nach Holland ins Exil.

Damit ist das 1871 gegründete Kaiserreich zu Ende gegangen.

6.2.2 Der Vertrag von Versailles: Das Diktat der Sieger

Viele Schwierigkeiten der Weimarer Republik hatten ihre Ursachen in den harten Friedensbedingungen der Sieger:

— Deutschland verlor etwa 13 Prozent seines Vorkriegsgebietes und ein Zehntel der Bevölkerung.

— Um zu verhindern, daß das Reich jemals wieder eine militärische Bedrohung werden könnte, mußte es abrüsten.

— Um die Kriegsschäden der Alliierten auszugleichen, sollte das Reich Reparationen[1] zahlen. Ihre Höhe wurde im Vertrag von Versailles zunächst nicht festgelegt. Sie sollte von einer Kommission bestimmt werden. Schlimmer aber als die harten Bedingungen war, daß durch den Vertrag Deutschland für den Ausbruch des Krieges

Philipp Scheidemann ruft von einem Fenster des Reichstagsgebäudes die Republik aus. Er wird erster Ministerpräsident der Weimarer Republik.

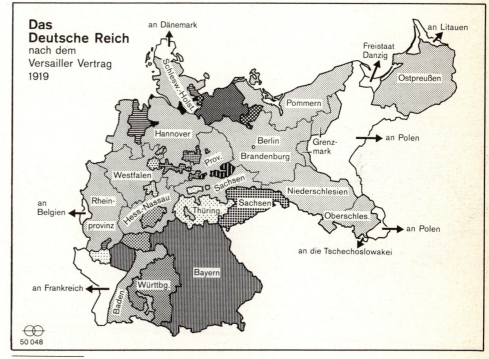

[1] Reparationen = Wiedergutmachungen: Die von den Deutschen angerichteten Schäden sollten mit dem Geld „repariert" werden.

Vor allem die rechten Parteien sahen im Frieden von Versailles eine Demütigung Deutschlands, gegen die sie Stimmung machten.

allein verantwortlich gemacht wurde. Damit rechtfertigten die Sieger alle Forderungen an das Reich.

99 Die alliierten und assoziierten Regierungen erklären und Deutschland erkennt an, daß Deutschland und seine Verbündeten als Urheber für alle Verluste und Schäden verantwortlich sind, die die alliierten und assoziierten Regierungen und ihre Staatsangehörigen infolge des Krieges, der hier durch den Angriff Deutschlands und seiner Verbündeten aufgezwungen wurde, erlitten haben. 99

Quelle: Art. 230 des Versailler Friedensvertrages

Als die Reichstagsmehrheit am 16. Juni 1919 dem Friedensvertrag zustimmte, wurden die staatstragenden Parteien als Vaterlandsverräter beschimpft; dabei wußten sie wie ihre Gegner, daß ein militärischer Widerstand aussichtslos war, und von den Siegern eine Teilung des Reiches drohte.

99 Nicht als Erster Generalquartiermeister, sondern als Deutscher, der die Gesamtlage klar übersieht, halte ich mich auch in dieser Stunde für verpflichtet, Ihnen, Herr Reichspräsident, folgenden Rat zu geben: Die Wiederaufnahme des Kampfes ist nach vorübergehenden Erfolgen im Osten im Enderfolg aussichtslos. Der Friede muß daher unter den vom Feinde gestellten Bedingungen abgeschlossen werden. 99

Quelle: Gröner, Erster Generalquartierfeldmeister und Nachfolger Ludendorffs

Widerstand von rechts und links gegen den Young-Plan.

Die Reparationszahlungen wurden erst im Januar 1921 auf der Konferenz von London festgelegt: Gezahlt werden sollten 269 Milliarden Goldmark in 42 Jahresraten und 12 Prozent der deutschen Ausfuhr für ebenfalls 42 Jahre. Da die wirtschaftliche Lage Zahlungen in dieser Höhe nicht zuließ, wurden mehrfach die Bedingungen geändert.

Am 16. April 1924 nahm die deutsche Regierung den Dawes-Plan an, der, allerdings ohne zeitliche Festlegung, die wirtschaftlichen Möglichkeiten Deutschlands berücksichtigte.

Im Januar 1930 wurde der Young-Plan in Kraft gesetzt; auch er war eine Anpassung an die veränderten wirtschaftlichen Daten.

Im Juni/Juli/August 1932 findet die Konferenz von Lausanne statt. Auf dem Höhepunkt der Weltwirtschaftskrise wird das Ende der Reparationen vereinbart: Deutschland verpflichtet sich, eine einmalige Ablösungssumme von drei Milliarden Mark zu zahlen.

Jedes dieser Abkommen brachte zwar eine Erleichterung für das Reich, innenpolitisch aber wurden die Regierungen, die diese Pläne unterstützten und mit ausgearbeitet hatten, weiterhin angegriffen: Sie blieben, was sie in den Augen der Gegner immer waren: Verräter. So forderten Hitler und die Führer anderer rechter Gruppierungen in einem Gesetzentwurf „Gesetz gegen die Versklavung des deutschen Volkes", daß die Reichsregierung, die den Young-Plan unterschreiben würde, strafrechtlich verfolgt werden müsse.

6.2.3 Nach dem Krieg sind die Staatskassen leer

Der Krieg mußte finanziert werden. Das kostete Geld, viel Geld — mehr, als das Reich besaß. Man hätte die Steuern erhöhen können, aber das wollte die Kaiserliche Regierung nicht. Den Krieg sollten später die Besiegten zahlen. Bis zum Sieg sollte er über Anleihen vorfinanziert werden. Mit einer Niederlage Deutschlands rechnete niemand.

Als der Krieg schließlich gegen alle Erwartungen verloren ging, waren 154 Milliarden Mark Schulden aufgetürmt. Dazu mußte man die normalen Haushaltsausgaben bezahlen, Reparationen an die Sieger und Kriegsfolgekosten — und das bei zurückgehenden Steuereinnahmen.

Man hätte auch jetzt wieder die Steuern erhöhen können, aber dazu war die wirtschaftliche Lage nicht geeignet. Die Regierung hätte auch den Staatsbankrott erklären können — aber das wollte sie nicht. Die Reichsführung machte weiter wie bisher — sie druckte ständig mehr Geld. Das hatte den Vorteil, daß man die Sieger und ihre Reparationsforderungen für die Inflation verantwortlich machen konnte. Man nahm also das wirtschaftliche Chaos bewußt mit in Kauf.

Welches Ausmaß die Inflation annahm, zeigt am besten die Entwicklung des Dollarkurses und die Entwicklung der Brotpreise.

Brotpreise in Berlin in den Jahren 1918 bis 1923	
1918	0 — 63 Mark
1922	163,15 Mark
Januar 1923	250 Mark
Juli 1923	3 465 Mark
September 1923	1 512 000 Mark
November 1923	201 000 000 000 Mark

Am 15. November 1923 war der Alptraum zu Ende: Durch eine Währungsreform wurde festgelegt:

1 Billion Reichsmark = 1 Rentenmark

1 000 000 000 000 = 1

Der Währungsverfall im Jahre 1923	
1 Dollar kostet	Mark
3. Januar	7 525
1. Februar	41 500
1. März	22 800
1. April	20 975
1. Mai	31 700
1. Juni	74 750
1. Juli	160 400
1. August	1 102 750
1. September	9 724 250
1. Oktober	242 000 000
21. Oktober	40 100 000 000
1. November	130 225 000 000
11. November	631 575 000 000
21. November	4 210 500 000 000

Während der Inflation konnte das Geld nur noch in Körben und Säcken abtransportiert werden, obwohl die auf die Geldnoten (s. S. 194) gedruckten Werte immer höher wurden. Der höchste Wert: 1 000 000 000 RM.

150 Großdruckereien waren damit beschäftigt, immer mehr Papier als Geldscheine zu bedrucken.

Gewinner und Verlierer lassen sich leicht bestimmen.

Der Staat war seine Schulden los; auf dem Höhepunkt der Inflation hätte man sich für die gesamten Reichsschulden gerade ein Brötchen kaufen können.

Gewinner waren vor allem auch die, die über Devisen verfügten. Diese Inflationsgewinnler häuften in kurzer Zeit riesige Vermögen an.

Verlierer waren all diejenigen, die über Geldwerte, Sparguthaben, Anleihen usw. verfügten.

So zum Beispiel Rentner, kleine Geschäftsleute ...

Die Folgen der Inflation für die Weimarer Republik gingen weit über den wirtschaftlichen Bereich hinaus. Gustav Stresemann, der bedeutendste Politiker der Republik, hat sie in seiner Nobelpreisrede aufgezeigt:

❞ Der Geschichtsforscher sieht heute noch den Ausgang des Krieges für Deutschland vielfach nur in verlorenen Gebietsteilen, verlorener praktischer Kolonialbetätigung, verlorenem Staats- und Volksvermögen. Er übersieht vielfach den schwersten Verlust, den Deutschland mit erlitten hat. Dieser schwerste Verlust bestand meiner Auffassung nach darin, daß jene geistige und gewerbliche Mittelschicht, die traditionsgemäß Trägerin des Staatsgedankens war, ihre völlige Hingabe an den Staat im Kriege mit der völligen Aufgabe ihres Vermögens bezahlte und proletarisiert[1] wurde. ❞

Quelle: Gustav Stresemann, Vermächtnis, Band 3, Berlin 1933, Seite 463. Stresemanns Rede vor dem Nobelpreiskomitee

---

[1] proletarisieren = zu Proletariern machen / Proletarier = besitzlose Klasse von Arbeitern

Gustav Stresemann (1878 — 1929) war zu Beginn der Republik Anhänger der Monarchie. Als „Vernunftrepublikaner" trat er für eine Aussöhnung mit den ehemaligen Gegnern ein. Für diese Bemühungen bekam er gemeinsam mit dem französischen Außenminister Briand 1926 den Friedensnobelpreis.

Wenn es auch nach der Währungsreform von 1923 wirtschaftlich wieder besser ging, so war doch eine wirkliche Erholung nicht gegeben: Die wirtschaftliche Blüte bis 1928 war eine Scheinblüte auf Pump.

6.2.4 Die Demokratie steht auf schwachen Füßen

Die neuen Führer der jungen Republik hatten es von Beginn an schwer: Sie mußten versuchen, eine neue Verfassung zu schaffen, vor allem aber hatten sie mit den Folgen des Krieges fertigzuwerden. Die Bedingungen für ihre Arbeit waren denkbar schlecht:

- Zwei der staatstragenden Parteien der Weimarer Republik — die Sozialdemokraten und die katholische Zentrumspartei — waren während der ganzen Kaiserzeit nicht geachtet, beide Gruppen waren zeitweilig unter Bismarck verfolgt worden: Die Sozialdemokraten während der Zeit des Sozialistengesetzes, die Katholiken zur Zeit des Kulturkampfes.

- Nicht die eigentlich verantwortlichen kriegsführenden Militärs, sondern die politischen Führer der Republik unterzeichneten den Waffenstillstand. Alle Feinde der Republik konnten sie so leicht zu Sündenböcken machen, die die harten Bedingungen der Sieger angenommen hatten.

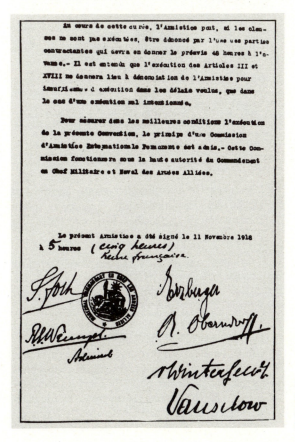

Die Waffenstillstandsurkunde trägt die Unterschrift des Zentrumspolitikers Erzberger, Generäle haben sie nicht unterschrieben.

Höhepunkt dieser unmittelbar mit dem Kriegsende einsetzenden Kampagne ist die „Dolchstoßlegende", die auch ein Großteil der Presse bis 1933 immer wieder verbreitet.

Vor einem Untersuchungsausschuß, der die Ursachen des Zusammenbruchs ergründen sollte, erklärte am 18. November 1919 v. Hindenburg u. a.:

> So mußten unsere Operationen mißlingen, es mußte der Zusammenbruch kommen, die Revolution bildete nur den Schlußstein. Ein englischer General sagte mit Recht, die deutsche Armee ist von hinten erdolcht worden.

Quelle: Ursachen und Folgen, Band 4, Seite 7 f.

- Große Teile der Bevölkerung waren noch immer Anhänger der Monarchie: Sie machten die Führer der Republik für den Sturz des Kaisers verantwortlich. Auch dies führte dazu, daß man in großen Teilen der Bevölkerung wie die Nationalsozialisten von den „Novemberverbrechern" sprach.

- Abgelehnt wurde die Regierung aber nicht nur von den rechten Nationalisten, sondern ebenso heftig von den linken Gruppierungen, die einen Staat nach sowjetischem Muster aufbauen wollten.

Die beiden Plakate zeigen deutlich, daß auch die KPD offen zum Umsturz aufrufen durfte.

Diese Proklamation stammt aus dem Jahre 1923. In diesem Jahr ist der Hitler-Putsch zwar gescheitert, weitergeführt wurden aber die Angriffe auf die Regierung und die sie tragenden Parteien.

So standen sich 3 Gruppierungen unversöhnlich gegenüber, die sich kompromißlos bekämpften: Putschversuche und politische Morde bestimmten das öffentliche Leben während der ganzen Zeit der Weimarer Republik. Dieser Staat war ein ungeliebter Staat mit instabilen Verhältnissen.

Zu den zahllosen Opfern des politischen Terrors gehörten auch die Minister Matthias Erzberger (l.)(† 1921) und Walter Rathenau (r.) († 1922). Beide waren für eine Verständigung mit den ehemaligen Gegnern eingetreten.

Die Regierungen wechselten in rascher Folge und die Parteien, die sie in Koalitionen mittrugen, verloren meist in den darauffolgenden Wahlen an Stimmen.

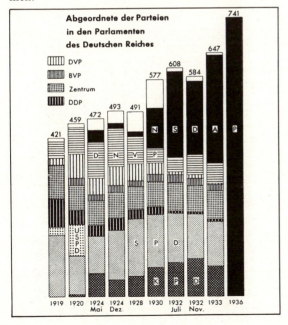

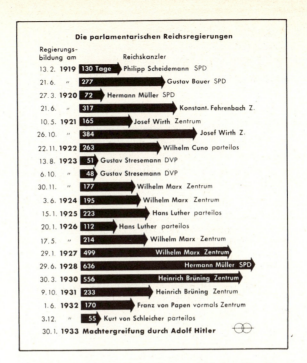

Schließlich schmolz die Stimmenzahl der Parteien, die bereit waren, auf dem Boden der Weimarer Verfassung zu arbeiten, so zusammen, daß sie nicht einmal eine Mehrheit hatten. Schon lange bevor Hitler an die Macht kam, war die Weimarer Republik eine Republik ohne Republikaner.

6.2.5 Das Experiment scheitert: Der Weg in den Abgrund

Die Ergebnisse der Reichstagswahlen zeigten: Viele wollten ein kommunistisches Deutschland, viele die Rückkehr des Kaiserhauses, wenige dagegen die Republik. Die Republik stand auf schwachen Füßen. Ein solch schwacher Staat kann schon durch einen geringen Anlaß zerstört werden.

Ausgangspunkt war der „Schwarze Freitag" am 25. Oktober 1929. Er löste die Weltwirtschaftskrise aus, die sich immer stärker auswirkte. Sie

Statt der vier Wahlen, die nach der Weimarer Verfassung hätten abgehalten werden müssen, gab es acht in 13 Jahren — 1924 und 1932 — wurde sogar zweimal gewählt.

traf Deutschland besonders hart, weil es im Ausland, besonders in den USA, stark verschuldet war. Das Ausland, das selbst in finanzielle Schwierigkeiten geraten war, forderte das geliehene Geld zurück: Das gesamte Bankensystem brach zusammen.

Die Krise hatte noch andere Gründe. Zum Beispiel waren die europäischen Industrieländer gezwungen zu exportieren. Die großen Auslandsmärkte aber, besonders die USA, litten selbst an Überproduktion. Durch hohe Zölle versuchten sie, sich vor den Einfuhren aus Europa zu schützen. Für die Industrie in Deutschland waren dadurch wichtige Absatzmärkte verschlossen. Das hatte verheerende Folgen:

Von Monat zu Monat sank die gesamtwirtschaftliche Produktion, dagegen stiegen die Arbeitslosenzahlen in nie gekannte Höhen.

Wachstum des Bruttosozialprodukts und der Industrieproduktion

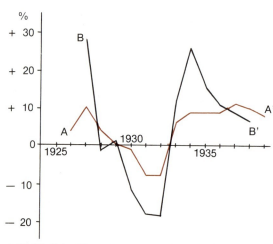

AA' Jährliche Veränderungsrate des realen Bruttosozialprodukts (Preise von 1936)

BB' Jährliche Veränderungsrate der Industrieproduktion

Quelle: Petzina/Abelshauser/Faust, Sozialgeschichtliches Arbeitsbuch III, Seite 44

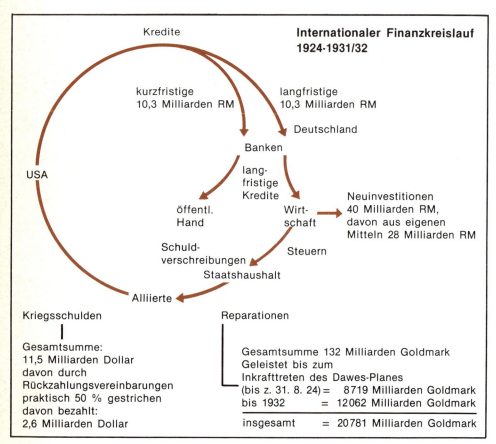

Quelle: Hagen Schulze, Weimar, Seite 39

Jahr	Arbeitslose[1] 1000	in % d. abhängig. Erwerbspersonen
1925	682	3,4
1926	2025	10,0
1927	1312	6,2
1928	1391	6,3
1929	1899	8,5
1930	3076	14,0
1931	4520	21,9
1932	5603	29,9
1933	4804	25,0
1934	2718	13,5

Bereits lange vor dem Höhepunkt der Wirtschaftskrise geriet die Arbeitslosenversicherung 1929 in Zahlungsschwierigkeiten.

[1] Amtliche Zahlen erst ab 1929.

Seit 1929 wurde das Heer der Arbeitslosen immer größer. Für viele war dies ein Beweis, daß die Republik nicht in der Lage war, Probleme zu lösen.

Öffentliche Suppenküchen wurden eingerichtet, um die Not zu lindern. Das „soziale Netz" war nur schwach ausgebaut, bei weitem nicht so gut wie heute.

Die Massennot und die Hilflosigkeit der Regierung führte zu einer immer stärkeren Radikalisierung nach rechts und links. Große Teile der Bevölkerung versprachen sich Heilung von autoritären Staatsformen — dem Kommunismus oder dem Nationalsozialismus.

Während die Reichstagsparteien nicht mehr in der Lage waren, Regierungsmehrheiten zu bilden, wurde v. Hindenburg in den letzten Jahren der Weimarer Republik die entscheidende Person. Er konnte im Rahmen der Verfassung ohne parlamentarische Kontrolle regieren. Seine Machtbasis beruhte auf 3 Säulen:

1. Der Artikel 48 erlaubte ihm, durch Notverordnungen Gesetze zu erlassen.
2. Er konnte den Reichstag auflösen.
3. Er war berechtigt, die Reichsregierung ohne Mitwirkung des Reichstages zu ernennen und zu entlassen.

Vor allem von der letzten Möglichkeit machte er Gebrauch: In den letzten knapp 1 1/2 Jahren vor der „Machtergreifung" ernannte v. Hindenburg 3 Reichskanzler. Auf Drängen seiner Berater ernannte er am 30. 1. 1933 Hitler zum Reichskanzler. Viele glaubten, Hitler und seine Bewegung im Rahmen der Regierungsverantwortung kontrollieren zu können.

Wie wenig Verständnis für die Demokratie vorhanden war, zeigt dieses Wahlplakat: die Macht eines einzelnen — des Reichspräsidenten — will man stärken. Dagegen nennt man die Befugnisse des Reichstages Alleinherrschaft.

Zwei Tage nach der Ernennung Hitlers wird der Reichstag aufgelöst: Hitler will Neuwahlen. Er braucht eine parlamentarische Absicherung für seine „Machtergreifung".

Sie täuschten sich ebenso wie am 24. 3. 1933 die Reichstagsmehrheit, die für 4 Jahre durch das Ermächtigungsgesetz die verfassungsmäßigen Rechte des Reichstages außer Kraft setzte im Vertrauen darauf, daß die Nationalsozialisten sich an Recht und Gesetz halten würden.

Gesetz zur Behebung der Not von Volk und Reich (Ermächtigungsgesetz)

... Artikel 1. Reichsgesetze können außer in dem in der Reichsverfassung vorgesehenen Verfahren auch durch die Reichsregierung beschlossen werden. Dies gilt auch für die in den Artikeln 85, Absatz 2 und 87 der Reichsverfassung bezeichneten Gesetze.

Artikel 2. Die von der Reichsregierung beschlossenen Reichsgesetze können von der Reichsverfassung abweichen, soweit sie nicht die Einrichtung des Reichstags und des Reichsrats als solche zum Gegenstand haben. Die Rechte des Reichspräsidenten bleiben unberührt.

Artikel 3. Die von der Reichsregierung beschlossenen Reichsgesetze werden vom Reichskanzler ausgefertigt und im Reichsgesetzblatt verkündet. Sie treten, soweit sie nicht anderes bestimmen, mit dem auf die Verkündung folgenden Tage in Kraft. Die Artikel 68 bis 77 der Reichsverfassung finden auf die von der Reichsregierung beschlossenen Gesetze keine Anwendung. ...

6.2.6 Zur Diskussion gestellt

Nach dem verlorenen ersten Weltkrieg wurde unter schwierigen Bedingungen der Versuch unternommen, die Demokratie als Staatsform in Deutschland einzuführen. — Dieses Experiment „Weimarer Republik" endete in der Diktatur Hitlers.

Nach dem verlorenen zweiten Weltkrieg startete man einen neuen Versuch. Es entstand die „Bundesrepublik Deutschland".

Könnten Sie sich vorstellen, daß auch dieses demokratische Experiment im Abgrund einer Diktatur endet?

Versuchen Sie zunächst, diese Frage rein gefühlsmäßig zu beantworten.

Beginnen Sie danach, Ihre Antwort mit Vernunftgründen zu untermauern: Schreiben Sie spontan alles auf, was Ihnen an Gründen für Ihre Meinung einfällt.

Gehen Sie jetzt systematisch vor: Arbeiten Sie die Abschnitte 6.1 — 6.2.5 einzeln durch und versuchen Sie, Vergleiche zur Gegenwart anzustellen.

Beispiele:

Das innenpolitische Klima,   damals — heute
Politische Parteien,   damals — heute
Probleme der Arbeitslosigkeit,   damals — heute
Die wirtschaftliche Lage,   damals — heute

Tip: Bilden Sie Arbeitsgruppen und diskutieren Sie die gesammelten Argumente.

Für besonders Interessierte:

Je besser wir informiert sind, desto gründlicher sind Vergleiche möglich: Beschaffen Sie sich zusätzliche Informationen für Ihre Arbeit.

Warnungen wie diese am Ende der Republik waren berechtigt — genutzt haben sie nichts mehr.

7 Das Dritte Reich — Der Staat der Gewalt

7.0 Hinweise — Büchertips
7.1 Zeittafel
7.2 Der Weg in die Katastrophe

*... Hitler treu ergeben
Treu bis in den Tod,
Hitler wird uns führen
Einst aus dieser Not.*

Die Bildunterschrift stammt aus: v. Leers, Adolf Hitler, 1932, S. 55

7 Das Dritte Reich — Der Staat der Gewalt

7.0 Hinweise — Büchertips

Die Literatur zum Dritten Reich ist nahezu unübersehbar. Es gibt auch eine Reihe von preiswerten Taschenbüchern. Wir empfehlen:

Der Nationalsozialismus, Dokumente 1933 — 1945, hrsg. v. Walther Hofer, Fischer Taschenbuch 6084. Der Band enthält zu allen wichtigen Themen Informationsquellen.

Gerhard Schoenberner, Der Gelbe Stern, die Judenverfolgung in Europa 1933 — 1945, Fischer Taschenbuch 3463.

Sebastian Haffner, Anmerkungen zu Hitler, Fischer Taschenbuch 3489.

Das Tagebuch der Anne Frank. Fischer Taschenbuch 77.

Inge Scholl: Die weiße Rose. Fischer Taschenbuch 88.

Knopp/Wiegmann, Warum habt ihr Hitler nicht verhindert?, Fischer Taschenbuch 3476.

Josef und Ruth Becker, Hitlers Machtergreifung, dtv-Dokumente, dtv 2938.

7.1 Zeittafel

30. 01. 1933	Hitler wird Reichskanzler.
27. 02. 1933	Reichstagsbrand.
28. 02. 1933	Verordnung des Reichspräsidenten ,,zum Schutz von Volk und Staat''.
21. 03. 1933	Tag von Potsdam.
24. 03. 1933	Ermächtigungsgesetz.
02. 05. 1933	Auflösung der Gewerkschaften, Gründung der deutschen Arbeitsfront.
Juni/Juli 1933	Auflösung der Parteien.
19. 10. 1933	Austritt aus dem Völkerbund.
02. 08. 1934	Tod Hindenburgs, Hitler wird ,,Führer und Reichskanzler''.
16. 03. 1935	Wiedereinführung der allgemeinen Wehrpflicht.
15. 09. 1935	Nürnberger Rassengesetze.
11. bis 13. 03. 1938	,,Anschluß'' Österreichs.
29. 09. 1938	Münchener Abkommen.
09. 11. 1938	,,Reichskristallnacht''.
15. 03. 1939	Einmarsch deutscher Truppen in die ,,Rest-Tschechei''.
23. 08. 1939	Nichtangriffspakt mit der UdSSR.
01. 09. 1939	Einmarsch in Polen, damit Beginn des Zweiten Weltkrieges.

Nach dem ,,Anschluß'' zieht Hitler in Wien ein.

Göring/Chamberlain/Mussolini Dolmetscher Hitler/Daladier
Die letzte europäische Konferenz vor dem Kriege hatte das Münchener Abkommen zur Folge.

7.2 Der Weg in die Katastrophe

7.2.1 Ziele und Feindbilder der Nationalsozialisten

Das Programm Hitlers hat jeder gekannt oder zumindest kennen können: Hitlers „Mein Kampf", die Bibel der Nationalsozialisten, 1924 geschrieben, war schon vor 1933 ein Bestseller. Die Parteizeitung der Nationalsozialisten, der „Völkische Beobachter", war ein vielgelesenes Blatt und an jedem Kiosk zu kaufen.

Schließlich besuchten Millionen die nationalsozialistischen Wahlveranstaltungen vor 1933.

Lassen wir Hitler selbst sprechen. Das folgende Gespräch enthüllt die ganze Brutalität seines Denkens. Das Interview ist erfunden. Aber alle „Antworten" stammen wörtlich aus seinem Buch „Mein Kampf". Sie enthalten die Kernstücke der nationalsozialistischen Ideologie.

Reporter:
Herr Hitler, Sie haben sich zu einem Gespräch zur Verfügung gestellt. Wie sehen Sie die Probleme der Weltgeschichte?

Hitler:
Die Rassenfrage gibt nicht nur den Schlüssel zur Weltgeschichte, sondern zur menschlichen Kultur überhaupt. Was wir heute an menschlicher Kultur, an Ergebnissen von Kunst, Wissenschaft und Technik vor uns sehen, ist nahezu ausschließlich schöpferisches Produkt des Ariers[1]. Er ist der Prometheus[2] der Menschheit, aus dessen lichter Stirne der göttliche Funke des Genies zu allen Zeiten hervorsprang.

Reporter:
Können Sie das näher erklären?

Hitler:
Die völkische Weltanschauung erkennt die Bedeutung der Menschheit in ihren rassischen Urelementen. Sie sieht im Staat prinzipiell nur ein Mittel zum Zweck und faßt als seinen Zweck die Erhaltung des rassischen Daseins des Menschen auf. Sie glaubt somit keineswegs an eine Gleichheit der Rassen, sondern erkennt mit ihrer Verschiedenheit auch ihren höheren und niederen Wert und fühlt sich durch diese Erkenntnis verpflichtet, gemäß dem eigenen Wollen, das dieses Universum beherrscht, den Sieg des Besseren, Stärkeren zu fördern, die Unterordnung des Schlechteren und Schwächeren zu verlangen. Sie huldigt damit prinzipiell dem aristokratischen Grundgedanken der Natur und glaubt an die Geltung dieses Gesetzes bis herab zum letzten Einzelwesen.

Reporter:
Gibt es eine Rasse, die besonders minderwertig ist?

Hitler:
Den gewaltigsten Gegensatz zum Arier bildet der Jude. Er ist und bleibt der typische Parasit. Nicht, daß ich den Juden ein Tier nenne. Er steht dem Tier viel ferner als ein Arier. Er ist ein naturfernes und naturfremdes Wesen.

Reporter:
Sie hassen die Juden. Können Sie mir den wirklichen Grund für diesen Haß nennen?

---
[1] Unter Arier versteht Hitler den nordischen, germanischen Menschen.
[2] Griechischer Göttersohn, der Zeus das Feuer raubte. — Man schrieb Prometheus auch die Schöpfung des Menschen zu. (In diesem Sinne gilt er als der schöpferische Mensch.)

Hitler:[1]

Der Jude zerstört jede völkische Lebensordnung ...

I. Das Judentum strebt nach der Weltherrschaft. Dies liegt in seiner Weltanschauung begründet ...
Der Jude versucht und zerbricht die Lebensordnungen seiner Wirtsvölker. Musterbeispiel ist das Deutschland vor der Machtübernahme ...

1. Der Jude greift durch Beherrschung des Geldes, des Handels, des Banken- und Börsenwesens nach den Schlüsselstellungen zur Weltwirtschaft ...

2. Der Jude durchwühlt mit Hilfe des Freimaurertums, von Revolutionen, von Demokratien und Parlamentarismus die völkischen Ordnungen jeder Gemeinschaft, jedes Staates ...

3. Der Jude entartet jede völkische Kultur und mißbraucht sie zur Propaganda für seine internationalen Pläne ...

4. Der Jude unterhöhlt die Sittlichkeit und schwächt damit Zucht, Kraft und Kinderreichtum des Volkes ...

Reporter:

Nach Ihren Plänen soll das deutsche Volk zu einer Reinzucht arischer Menschen werden. Soll der Staat diese Reinzucht erzwingen?

Hitler:

Was auf diesem Gebiete heute von allen Seiten versäumt wird, hat der völkische Staat nachzuholen. Er hat die Rasse in den Mittelpunkt des allgemeinen Lebens zu setzen. Er hat für ihre Reinerhaltung zu sorgen. — Er muß ohne Rücksicht auf Verständnis oder Unverständnis, Billigung oder Mißbilligung in diesem Sinne handeln.

Reporter:

Das „Böse" ist für Sie der Jude, das „Gute" der Arier. Es ist für Sie der Kampf zwischen Licht und Finsternis. Sind dabei alle Mittel erlaubt?

Hitler:

In unserem Kampf gibt es nur zwei Möglichkeiten: Entweder der Feind geht über unsere Leichen, oder wir gehen über die seine!

Reporter:

Der Haß gegen die Juden ist alt. Sie haben ihn nicht erfunden, aber gewaltig angeheizt. Manchmal hat man den Eindruck, ohne „die Juden" wären Sie nicht so stark geworden.

Hitler:

Man müßte den Juden, wenn er nicht wäre, erfinden. Man braucht einen sichtbaren Feind, nicht bloß einen unsichtbaren.

Reporter:

Ich verstehe. Man braucht einen Sündenbock. Aber ist es nicht furchtbar, aus diesem Grund ein Volk zu verfolgen und auszurotten?

Hitler:

Barmherzigkeit ist nicht unsere Sache!

Reporter:

Durch den verlorenen Krieg hat Deutschland große Gebiete eingebüßt. Werden Sie in Verhandlungen versuchen, unser Recht auf Selbstbestimmung durchzusetzen?

Hitler:

Darüber muß man sich doch wohl klar sein, daß die Wiedergewinnung der verlorenen Gebiete nicht durch feierliche Anrufungen des lieben Herrgotts erfolgt, sondern nur durch Waffengewalt!

Reporter:

Waffengewalt kann nur Krieg bedeuten. Wollen Sie das wirklich?

Hitler:

In der ewig gleichmäßigen Anwendung der Gewalt allein liegt die allererste Voraussetzung zum Erfolg!

Reporter:

Sie sind Führer einer großen Partei. Wie stehen Sie zur Demokratie als Staatsform?

Hitler:

Ihre Mission liegt nicht in der Festigung einer Republik, sondern in der Schaffung eines germanischen Staates. — Damit ist die Bewegung aber antiparlamentarisch.

Reporter:

Auf Ihrem Weg zur Macht haben Sie doch selbst die Vorteile der Demokratie in Anspruch genommen.

Hitler:[2]

Wenn die Demokratie uns in Zeiten der Opposition demokratische Methoden zubilligte, so mußte dies ja in einem demokratischen System geschehen. Wir Nationalsozialisten haben aber niemals behauptet, daß wir Vertreter eines demokratischen Standpunktes seien, sondern wir haben offen erklärt, daß wir uns demokratischer

---

[1] Diese Antwort stammt nicht von Hitler selbst. Sie ist entnommen einer NS-Broschüre für weltanschauliche Erziehung. Quelle: Hofer, Der Nationalsozialismus, Dokumente 1933 — 1945, Seite 34 f.

[2] Das sagte nicht Hitler selbst, sondern Josef Goebbels, Reichspropagandaminister, 1934. Quelle: Hofer, Der Nationalsozialismus, Dokumente 1933 — 1945, S. 27

Mittel nur bedienen, um die Macht zu gewinnen, und daß wir nach der Machteroberung unseren Gegnern rücksichtslos alle die Mittel versagen würden, die man uns in Zeiten der Opposition zugebilligt hatte.

Reporter:
Sie lehnen die Demokratie ab. Wollen Sie eine Diktatur errichten?

Hitler:
Die Bewegung vertritt im kleinsten wie im größten den Grundsatz der unbedingten Führerautorität, gepaart mit höchster Verantwortung.

Reporter:
Das nenne ich Diktatur! — Wenn Sie ihre Ziele erreicht haben, wird Friede herrschen. Wie stellen Sie sich diesen Frieden vor?

Hitler:
... ein Friede, gestützt nicht durch die Palmenwedel tränenreicher pazifistischer Klageweiber, sondern begründet durch das siegreiche Schwert eines die Welt in den Dienst einer höheren Kultur nehmenden Herrenvolkes.

Reporter:
Mit anderen Worten: Sie wollen die Weltherrschaft.

Hitler:
Deutschland wird entweder Weltmacht, oder überhaupt nichts sein.

Deutschland aber war nach dem Ersten Weltkrieg alles andere als eine Weltmacht: Es hatte vielmehr den Weltkrieg verloren. Für Hitler — und darin waren viele Deutsche mit ihm einig, wie die Dolchstoßlegende bewies — war klar, daß nur eine großangelegte Verschwörung das Elend Deutschlands bewirkt hatte. Daher mußten die Verschwörer vernichtet werden, um Deutschland zu dem zu machen, was ihm zustand. Wer die Verschwörung angezettelt hatte, war für Hitler klar: Es war das Judentum. Seine „Erfindungen" wie Marxismus, Demokratie, Liberalismus oder Humanismus sollten dazu dienen, die germanische Rasse zu schwächen und dann zu vernichten.

Aus dem **Rassenwahn** ergaben sich zwangsläufig „Antihaltungen": Antiparlamentarismus, Antiliberalismus, Antihumanismus, ... vor allem aber Antisemitismus.

Aus Hitlers Rassevorstellungen kann man auch ein weiteres Kennzeichen des Nationalsozialismus — den **Führerkult** — ableiten.

Hitler und seine Anhänger glaubten, daß sich im Ausleseverfahren der Rassen die Besten durchsetzen. Innerhalb des Rassenverbandes durfte es folgerichtig keine Mehrheitsentscheidungen geben — wie in einer Demokratie. Der Beste, der Stärkste mußte entscheiden: der Führer, nicht die Mehrheit.

Rasse, Rassenkampf und Führerkult sind die drei Kernelemente des Nationalsozialismus.

7.2.2 Die Gleichschaltung: Zuckerbrot und Peitsche

Bevor Deutschland die Rolle spielen konnte, die ihm nach Hitler zustand, mußte nach der Machtergreifung erst einmal eine „Volksgemeinschaft" geformt werden, die die Pläne Hitlers widerspruchslos durchführte.

Innerhalb weniger Monate wird das Deutsche Reich zur Diktatur. Schon die Verordnung vom 4. 2. 1933 gibt Hitler die Möglichkeit, die Versammlungs- und Pressefreiheit einzuschränken und politische Gegner zu verhaften. Die letzten Tage der Demokratie beginnen. Der Hauptschlag erfolgt am 28. 2. 1933. Hitler benutzt den Reichstagsbrand, um vom Reichspräsidenten die „Reichstagsbrandverordnung" zu erlangen, die „Verordnung des Reichspräsidenten zum Schutz von Volk und Staat." Wichtige Grundrechte werden außer Kraft gesetzt. Politische Gegner sind praktisch schon jetzt vogelfrei.

Angeblich droht ein kommunistischer Aufstand. Die KPD wird verboten, die ersten Massenverhaftungen setzen ein. Gleichzeitig versucht Hitler, das Mißtrauen vieler Deutscher einzuschläfern: Der Zusammentritt des neu gewählten Reichstages in der Garnisonskirche zu Potsdam wird zum feierlichen Staatsakt (Tag von Potsdam). Tief verneigt sich der braune Diktator vor dem alten Reichspräsidenten v. Hindenburg.

Drei Tage später fordert Hitler vom Reichstag das „Ermächtigungsgesetz" (s. S. 200):

„Gesetz zur Behebung der Not von Volk und Staat". Es ermächtigt Hitler zu verfassungsändernder Gesetzgebung und gibt ihm unbeschränkte Gewalt. Es bedeutet die Diktatur. Durch Drohungen, leere Versprechungen und ungesetzliche Kniffe erreicht er im Reichstag die erforderliche Zweidrittelmehrheit.

Die 81 kommunistischen Abgeordneten, zum größten Teil verhaftet, werden von Reichstagspräsident Göring nicht mehr als zur gesetzlichen Zahl der Abgeordneten gehörig betrachtet. — Unentschuldigt fehlende Abgeordnete hatten einfach als anwesend zu gelten (um die Beschlußfähigkeit sicherzustellen). — Der Sitzungssaal war von bewaffneter SA und SS umstellt. Jeder Abgeordnete, der mit „Nein" stimmte, mußte mit seiner Verhaftung rechnen. Die SPD wagt es als einzige Partei, gegen das Gesetz zu stimmen.

Die zwei Gesichter der nationalsozialistischen Politik: In der Potsdamer Garnisonskirche werden die preußischen Tugenden beschworen; im KZ Oranienburg die politischen Gegner terrorisiert.

Auch nach dem Ermächtigungsgesetz gibt es ein „doppeltes Deutschland": Während feierlich der „Tag von Potsdam" begangen wird, werden in schnell errichteten Konzentrationslagern die politischen Gegner gefoltert.

Nach der Machtergreifung läuft der Propagandaapparat auf vollen Touren. Riesige Aufmärsche und Paraden, Fahnen, Trommeln, Uniformen sollen die Menschen blenden. Massenpresse, Rundfunk und Film sind „gleichgeschaltet" und verherrlichen den „Führer" und seine „Bewegung". Die Presse des Auslandes ist der breiten Masse des Volkes verschlossen. Die Jugend marschiert und trommelt in einheitlicher Uniform des „Jungvolkes" und der „Hitlerjugend", singt am Lagerfeuer die alten und neuen Kampflieder und wird durch Massenaufmärsche, Geländespiele und das Erlebnis der Fahrten- und Lagerkameradschaft begeistert.

Große Erfolge reißen viele der noch Zögernden mit. Österreich, das Sudetenland, die Tschechoslowakei und das Memelland werden ohne Krieg besetzt. Die Autobahnen werden gebaut, die Menschen erhalten wieder Arbeit und Brot. Nach den langen Jahren politischer Zerrissenheit wird der Gedanke der „Volksgemeinschaft" von vielen mit ehrlicher Begeisterung aufgenommen.

Zu den olympischen Spielen in Berlin (1936) treffen sich die Sportler aller Nationen. „Ein Volk, ein Reich, ein Führer", so jubeln die Massen. Der Traum vom „Großdeutschen Reich" scheint in Erfüllung zu gehen. Deutschland ist wieder Großmacht, die Niederlage von 1918 ist endgültig überwunden. Hitler beteuert seine Friedensliebe.

So werden Ideale von Hitler bewußt ausgenutzt und in den Dienst seiner Propaganda gestellt. — Die Diktatur versteht es meisterhaft, ihr Gesicht zu verbergen. Wer ist schon über die wahren Absichten Hitlers informiert, wer ahnt, daß hinter der strahlenden Kulisse in den Konzentrationslagern und Gestapokellern[1] der Terror herrscht!

Sicher hat ein Teil der Bevölkerung das, was man sah und hörte, nicht so ernst genommen, wie man es hätte ernst nehmen müssen.

---

[1] Gestapo ist die Abkürzung für Geheime Staatspolizei.

- In vier Schritten vollzog sich der Aufbau des Führerstaates:

— das „Gesetz zur Gleichschaltung der Länder mit dem Reich" vom 31. 3. 1933 und das „Gesetz über den Neuaufbau des Reiches" vom 30. 1. 1934 schaffen die Reichsländer und den Reichsrat ab.

Das deutsche Reich ist seitdem ein straff geführter Zentralstaat.

— Die Parteien wurden entweder verboten — so die KPD und die SPD — oder lösten sich selbst auf.

Übrig blieb die NSDAP. Am 1. 7. 1933 wurde ihre Monopolstellung durch das „Gesetz zur Sicherung der Einheit von Partei und Staat" gesetzlich verankert. Der Reichstag hatte damit keine Aufgabe mehr. Er wurden zum „teuersten Gesangverein der Welt". So spottete das Ausland, weil die „Abgeordneten" in ihren Sitzungen stehend mit zum Führergruß erhobener Hand das Deutschlandlied sangen.

— Zwischen dem 30. 6. und dem 2. 7. 1934 beseitigte Hitler die innerparteiliche Opposition. Er ließ alle Parteigrößen, von denen er glaubte, sie könnten ihm gefährlich werden, ermorden. Die Propaganda erfand zu diesem Zweck den „Röhm-Putsch". Am 2. Juli wurde der von der Staatsführung organisierte Mord als Staatsnotwehr von der Reichsregierung für recht erklärt.

— Als v. Hindenburg am 2. 8. 1934 starb, übernahm Hitler als „Führer und Reichskanzler" auch das Amt des Reichspräsidenten. Bei Anlässen, von denen Hitler glaubte, nach außen die Zustimmung des Volkes zeigen zu müssen, veranstaltete er „Abstimmungen".

Sie ergaben — wie es in Diktaturen üblich ist — immer Zustimmungen von fast 100 Prozent.

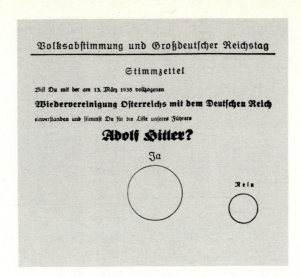

Dies ist der Stimmzettel für die letzte Volksabstimmung Hitlers. Auch diesmal sind zwei verschiedene Punkte (propagandistisch geschickt) zusammengefaßt.

- Ausgeschaltet wurden nicht nur Parteien, sondern auch andere gesellschaftliche Gruppen, von denen die Nationalsozialisten eine Beeinflussung der Bevölkerung befürchteten.

— Bevor noch die Parteien verschwunden waren, wurden die Gewerkschaften aufgelöst: Sie wurden am 3. Mai 1933 verboten und in die Deutsche Arbeitsfront (DAF) überführt.

Zwangsmitglieder in dieser Organisation wurden auch die Arbeitgeber, deren Verbände ebenfalls aufgelöst wurden. Im NS-Staat war die Deutsche Arbeitsfront „die Organisation der schaffenden Menschen der Stirn und der Faust".

Entsprechend der Führerideologie wurden die Unternehmensleiter jetzt zu „Betriebsführern", die Arbeitnehmer zu ihrer „Gefolgschaft".

Über die DAF wurde auch die Freizeit gesteuert:

Die Unterorganisation „Kraft durch Freude" (KdF) ermöglichte vielen Deutschen zum ersten Mal einen Urlaub. Auch dies trug zum Erfolg des Nationalsozialismus in der Bevölkerung bei.

Einen vergleichbaren Monopolverband schuf man auch für die Bauern mit dem Reichsnährstand. Die

Die DAF organisierte im Rahmen der KdF-Fahrten auch den Urlaub. Die totale Einordnung aller Lebensbereiche in den Nationalsozialismus war gewollt.

Hitlerjugend auf dem 1. Reichsparteitag nach der Machtergreifung — dem „Reichsparteitag des Sieges".

Partei wollte alle Bevölkerungsgruppen erfassen, beeinflussen und kontrollieren. Um dieses Ziel zu erreichen, wurden alle organisiert, z. B. die Studenten im „nationalsozialistischen deutschen Studentenbund", die Lehrer im „NS-Lehrerbund".

Um die Bevölkerung möglichst lückenlos und frühzeitig zu erfassen, mußten alle Jugendlichen der Hitler-Jugend beitreten.

> **Gesetz über die Hitlerjugend vom 1. Dezember 1936**
>
> Von der Jugend hängt die Zukunft des deutschen Volkes ab. Die gesamte deutsche Jugend muß deshalb auf ihre künftigen Pflichten vorbereitet werden. Die Reichsregierung hat daher das folgende Gesetz beschlossen, das hiermit verkündet wird:
>
> § 1. Die gesamte deutsche Jugend innerhalb des Reichsgebietes ist in der Hitlerjugend zusammengefaßt.
>
> § 2. Die gesamte deutsche Jugend ist außer in Elternhaus und Schule in der Hitlerjugend körperlich, geistig und sittlich im Geiste des Nationalsozialismus zum Dienst am Volk und zur Volksgemeinschaft zu erziehen.

Quelle: Walther Hofer, Der Nationalsozialismus, Dokumente 1933 — 1945, S. 87 f.

Faßt man alle Maßnahmen zusammen, dann war damit der Weg des gleichgeschalteten Bürgers durch die nationalsozialistischen Organisationen von der Wiege bis zur Bahre vorgezeichnet.

— Gegen die Kirchen, die Hitler nicht so problemlos durch Gebote und Verbote ausschalten konnte, ging er anders vor: Er versuchte, ihren Einfluß einzudämmen. Offiziell räumte man ihnen Betätigungsfelder ein, inoffiziell aber wurden sie verfolgt, wo immer es ging.

Die evangelische Kirche versuchte man zu spalten. Für die „Deutschen Christen" sollte eine nationalsozialistische Volkskirche geschaffen werden.

● Die Gleichschaltung war nicht nur eine Frage der Organisation, sondern auch der Inhalte: Kunstrichtungen und Wissenschaftszweige, die mit der nationalsozialistischen Ideologie nicht übereinstimmten, wurden verboten.

Den Auftakt dieser Art von Gleichschaltung bildeten die öffentlichen Bücherverbrennungen am 10. 5. 1933.

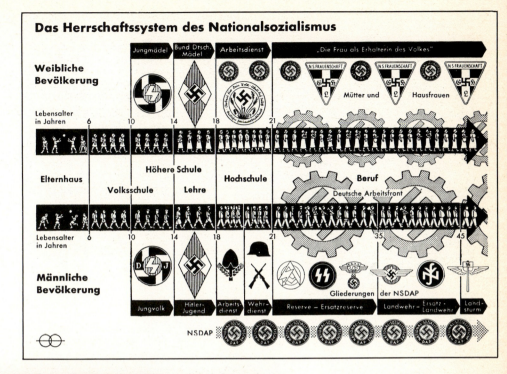

Das war ein Vorspiel nur, dort wo man Bücher verbrennt, verbrennt man auch am Ende Menschen

(Heinrich Heine, „Almansor")

Auch das geistige Leben wurde gleichgeschaltet, Bücher verbrannt, „entartete" Kunst verboten.

Zur Kontrolle von Kunst und Kultur schuf auch hier der nationalsozialistische Staat eine Organisation. An ihrer Spitze stand die Reichskulturkammer. Sie war dem „Reichsministerium für Volksaufklärung und Propaganda" unterstellt.

Am einfachsten war es, mit der Erziehung in der Schule anzusetzen. Unterrichtet wurden nur „völkische Inhalte".

```
Abschrift.
        Der Reichsminister          Berlin, den 2. November 1933.
    für Volksaufklärung und Propaganda
        II 2240/2.11.
    An
        die Landesstellen des Reichsministeriums für Volksaufklärung
                            und Propaganda
        und an
                sämtliche Länderregierungen.

    Betrifft: Indirekte Wahlpropaganda durch Jugendliche.

        Es wird gebeten, dafür Sorge zu tragen, daß in der nächsten
    Woche sämtliche Schüler der Volks-, mittleren-, höheren-, Berufs-
    schulen auf die Bedeutung des 12. November hingewiesen werden.
    Es muß erreicht werden, daß die Kinder und Jugendlichen das,
    was sie erfahren haben, an ihre Eltern weitergeben.
                                Im Auftrag
                                gez. Dr. Mahlo.
                        - - - - - - - - -
    Abschriftlich
        allen Schulleitungen
                zur weiteren Veranlassung.
                Lübeck, den 7. November 1933.
                Der Senat, Abteilung V,
                    Kultusverwaltung
                        I.V.

                                    Regierungsdirektor.
```

Propagandaträger waren nach dem Willen der Nationalsozialisten auch die Jugendlichen.

Der Führer kommt!

Heute kommt der Führer mit dem Flugzeug. Reinhold will ihn sehen. Er bittet Vater und Mutter gar schön, und sie wandern zum Flugplatz. Dicht stehen hier schon die Menschen, aber die kleinen Buben lassen sie vor. So wartet Reinhold ganz vorne neben einem SA.-Mann und sucht immerzu mit scharfen Augen den Himmel ab. Es dauert lange, die Musik spielt und will den Leuten die Zeit vertreiben.

Auf einmal schreit Reinhold: „Er kommt, er kommt!" Alle reißen die Köpfe hoch; der Junge hat recht. Rasch nähert sich das Flugzeug, und schon landet es, ganz nahe bei Reinhold. Der Führer steigt aus. „Heil! Heil Hitler!" So braust es über den Platz. Adolf Hitler grüßt freundlich. Da kann sich Reinhold nimmer halten, im Nu ist er weg von dem SA.-Mann, rennt über den Platz hin zum Führer und reicht ihm die Hand. Der lacht ihn an und geht Hand in Hand mit ihm zum Auto. Das wird Reinhold nie vergessen.

Barthel Reinlein

Nationalsozialistisches Gedankengut prägte nicht nur den Deutschunterricht, sondern auch die übrigen Fächer. Das zeigt die Seite aus einem Mathematikbuch.

Die Leistung des Führers für das deutsche Volk

A. Das Verbrechen von Versailles

1. Was wir verloren hatten.

Von den entrissenen Gebieten kamen an		qkm	Einwohner
Belgien	Eupen-Malmedy	1 036	60 000
Frankreich	Elsaß-Lothringen	14 522	1 874 000
Dänemark	Nordschleswig	3 993	166 300
Polen	Teil von Ostpreußen	501	24 700
	fast ganz Westpreußen	15 864	964 700
	fast ganz Posen	20 042	1 964 400
	Teil von Pommern und Brandenburg	10	200
	Teil von Niederschlesien	511	26 200
	Süd- u. Oberschlesien	3 221	892 500
Litauen	Memelland	2 656	141 000
Freie Stadt Danzig		1 914	333 600
Tschecho-Slowakei	Hultschiner Land	316	48 400

a) Wieviel Land und wieviel Einwohner hat Deutschland verloren?

b) Deutschland hatte vor dem Weltkriege 540 858 qkm mit 64 925 993 Einwohnern. Wieviel behielt es?

c) Wieviel % seines Bodens und seiner Einwohner hatte es verloren? (Zahlen vorher auf Tausend abrunden!)

- Ein unmenschliches Mittel der Gleichschaltung war der Terror. Jeder fühlte sich bespitzelt — viele wurden es auch.

In Deutschland herrscht die „Ordnung" einer Diktatur. Die Gestapo durchkämmt das Land nach politischen Gegnern.

Der „Führer" hat unumschränkte Macht. Sein Wille ist Gesetz. Er herrscht über Justiz, Polizei und Militär.

„Führer befiehl, wir folgen Dir", so heißt es.

Am 26. 4. 1942 erklärt er sich selbst zum unbeschränkten Gesetzgeber und Richter über Deutschland.

7.2.3 Die „neue Wirtschaftspolitik": Vorbereitung zum Krieg

Wie alle anderen Lebensbereiche wurde auch die Wirtschaftspolitik den Zielen des Nationalsozialismus untergeordnet. Die ersten Bemühungen galten der Beseitigung der Arbeitslosigkeit.

Beschäftigung und Arbeitslosigkeit		
Oktober	Beschäftigte	Arbeitslose
1933	14,5 Mio.	3,7 Mio.
1934	16,1 "	2,3 "
1935	17,0 "	1,8 "
1936	18,3 "	1,1 "
1937	19,7 "	0,5 "
1938	20,8 "	0,2 "

Die Gleichschaltung des Lebens verlief sicherlich auch deshalb so reibungslos, weil die Nationalsozialisten dieses Problem erfolgreich lösten.

Eingeleitet wurde der Kampf gegen die Arbeitslosigkeit durch öffentliche Arbeiten großen Ausmaßes. Das Ziel war, möglichst viel Arbeitskräfte und möglichst wenig Maschinen einzusetzen.

Der Arbeitsdienst war zunächst freiwillig. 1935 wurde eine sechsmonatige Arbeitsdienstpflicht eingeführt. Sie mußte in der Regel vor dem Wehrdienst abgeleistet werden. Jährlich wurden so zwischen 200 000 und 300 000 junge Menschen eingesetzt.

Hitler beim ersten Spatenstich des Autobahnbaus bei Frankfurt. Damit möglichst viele Menschen eingesetzt werden konnten, verzichtete man auf schwere Baumaschinen.

Mit großem propagandistischen Aufwand wurden die Autobahnen als Arbeitsbeschaffungsmaßnahmen gebaut.

Was dabei oft vergessen wird: Die meisten Arbeitsbeschaffungsmaßnahmen nach 1933 waren schon in der Weimarer Republik vorbereitet worden: Den ersten Spatenstich für eine Autobahn — zwischen Köln und Bonn — tat schon fünf Jahre vor Hitler der damalige Kölner Oberbürgermeister Konrad Adenauer. Auch für die meisten nach 1933 gebauten Autobahnen — etwa 4000 km — waren die Pläne schon vorher entwickelt.

Der Reichsarbeitsdienst — hier beim Aufmarsch 1935 in Nürnberg — war 1933 Auffangbecken für die Arbeitslosen; später ist er ein Instrument, die Menschen in die ,,Bewegung" einzugliedern.

Entlastet wurde der Arbeitsmarkt auch durch Einberufungen zur Wehrmacht. Beim Kampf gegen die Arbeitslosigkeit verlor Hitler die nationalsozialistischen Ziele nie aus den Augen: Großbauten dienten direkt (z. B. Kasernenneubauten) oder indirekt (z. B. Autobahnen) der Aufrüstung.

Wo es möglich war, griff der Staat von Beginn an in den Wirtschaftsprozeß ein, zuerst in der Landwirtschaft. Seit 1933 werden hier Produktion und Verteilung durch eine Fülle von Gesetzen neu geregelt. Lückenlos war auch die staatliche Überwachung von Import und Export. Seit 1936 wird die Wirtschaft eindeutig auf das große Ziel Hitlers ausgerichtet: Die Eroberung von Lebensraum durch Krieg.

Hitler stellte der Wirtschaft vor allem die Aufgabe autark — unabhängig vom Ausland — zu werden.

Auf dem Nürnberger Parteitag von 1936 wird der Vier-Jahres-Plan verkündet:

> In vier Jahren muß Deutschland in allen jenen Stoffen vom Ausland gänzlich unabhängig sein, die irgendwie durch die deutsche Fähigkeit, durch unsere Chemie- und Maschinenindustrie, sowie durch unseren Bergbau selbst beschafft werden können. ...

Quelle: Stolper, Deutsche Wirtschaft seit 1870, S. 158

Die Finanzierung der einzelnen Maßnahmen, vor allem aber der Rüstung, überstieg die finanziellen Möglichkeiten des Reiches. Da auch die Nationalsozialisten sich eine Inflation nicht leisten konnten, finanzierte man einen Großteil der Ausgaben über einen ,,Trick", mit dem man die Reichsbankbestimmungen umgehen und die Aufrüstung tarnen konnte: Man bezahlte mit Wechseln.

> Diese von Hitler systematisch betriebene Aufrüstung, die ihren Ursprung allein in politischen und nicht in wirtschaftlichen Überlegungen hatte, wurde zum einen durch das Steueraufkommen und zum anderen durch eine immer größer werdende innere Verschuldung des Dritten Reiches finanziert. Betrug die Reichsschuld, d. h. die Gesamtbelastung des Reiches (ohne Länder und Gemeinden) mit inneren und äußeren kurzfristigen Schulden, 1932 noch 8,5 Milliarden = 15 % des inländischen Geldvermögens, waren es 1939 bereits 47,3 Milliarden = 43,3 %, um dann bis Kriegsende auf die ungeheure Summe von 387 Milliarden = 95 % anzusteigen.

Quelle: Zentner, Illustrierte Geschichte des Dritten Reiches, S. 247

7.2.4 Im Feuerofen: Die Judenverfolgung

Die Verfolgung und schließlich die Vernichtung der Juden war ein zentraler Punkt des Nationalsozialismus. In den ersten Jahren, als die Macht der Nationalsozialisten noch nicht gefestigt war, verfolgte man die Juden noch nicht systematisch. Einzelne Aktionen standen im Vordergrund. So wurden z. B. durch das ,,Gesetz zur Wiederherstellung des Berufsbeamtentums" vom 11. April 1933 alle ,,nicht-arischen" Beamten zwangspensioniert. Teilnehmer des Ersten Weltkrieges genießen zu dieser Zeit noch einen gewissen Schutz.

Wenige Tage nach dem „Ermächtigungsgesetz" beginnt die Judenverfolgung. In der Propagandasprache wehrt man sich gegen „Angriffe" des „Judentums".

Mit den „Nürnberger Gesetzen" von 1935 und weiteren Verordnungen wurden die Juden immer stärker isoliert und zu Bürgern zweiter Klasse gemacht.

Mit der „Reichskristallnacht" am 9. November 1938 begann ein neuer Abschnitt: Gewaltanwendungen und Deportationen beherrschten von jetzt an das Bild. Auch hier hielten sich die staatlichen Stellen zurück, es sollte nach einer spontanen Volksaktion aussehen. Daß die Aktionen gelenkt waren, zeigt der

Eine von fast 200. Brennende Synagoge in Berlin.

Eines der schlimmsten antisemitischen Hetzblätter war während des Dritten Reiches „Der Stürmer".

Inhalt eines Fernschreibens, das an alle Staatspolizei-Stellen und Stapo-Leitstellen verschickt wurde:

> 1. Es werden in kürzester Frist in ganz Deutschland Aktionen gegen Juden, insbesondere gegen deren Synagogen, stattfinden. Sie sind nicht zu stören. Jedoch ist im Benehmen mit der Ordnungspolizei sicherzustellen, daß Plünderungen und sonstige besondere Ausschreitungen unterbunden werden können.
>
> 2. ....
>
> 3. Es ist vorzubereiten, die Festnahme von etwa 20 000 bis 30 000 Juden im Reiche. Es sind auszuwählen vor allem vermögende Juden. Nähere Anordnungen ergehen noch im Laufe dieser Nacht.
>
> 4. ....
>
> *Gestapo II Müller.* Dieses FS ist geheim.

Quelle: Schoenberner, Der gelbe Stern, S. 12

Die Folgen dieser Ausschreitungen schildert ein erster offizieller Bericht:

> Der Umfang der Zerstörung jüdischer Geschäfte und Wohnungen läßt sich bisher ziffernmäßig noch nicht belegen. Die in den Berichten aufgeführten Zahlen: 815 zerstörte Geschäfte, 29 in Brand gesteckte oder sonst zerstörte Warenhäuser, 171 in Brand gesetzte oder zerstörte Wohnhäuser, geben, soweit es sich nicht um Brandlegungen handelt, nur einen Teil der wirklich vorliegenden Zerstörungen wieder. Wegen der Dringlichkeit der Berichterstattung mußten sich die bisher eingegangenen Meldungen lediglich auf allgemeinere Angaben, wie „zahlreiche" oder „die meisten Geschäfte zerstört", beschränken. Die angegebenen Ziffern dürften daher um ein Vielfaches überstiegen werden.
>
> An Synagogen wurden 191 in Brand gesteckt, weitere 76 vollständig demoliert. Ferner wurden 11 Gemeindehäuser, Friedhofskapellen und dergleichen in Brand gesetzt und weitere drei völlig zerstört.
>
> Festgenommen wurden rund 20 000 Juden, ferner sieben Arier und drei Ausländer. Letztere wurden zur eigenen Sicherheit in Haft genommen.
>
> An Todesfällen wurden 36, an Schwerverletzten ebenfalls 36 gemeldet. Die Getöteten bzw. Verletzten sind Juden. Ein Jude wird noch vermißt. Unter den getöteten Juden befindet sich ein, unter den Verletzten zwei polnische Staatsangehörige.
>
> *Heydrich*

Quelle: Walther Hofer, Der Nationalsozialismus, Dokumente 1933 — 1945, S. 293

Das Konzentrationslager Theresienstadt war eines der „harmlosesten" Lager. Vertreter internationaler Organisationen durften es besichtigen.

In endlosen Zügen wurden Millionen von Juden aus den von Deutschen beherrschten Gebieten in die Vernichtungslager gebracht. Je aussichtsloser der Krieg wurde, desto fieberhafter wurden die Anstrengungen, die „Endlösung" abzuschließen.

Zeugnisse des Holocaust 1945. Als die Siegermächte die Lager befreiten, fanden sie noch lebende Skelette und Leichenberge vor.

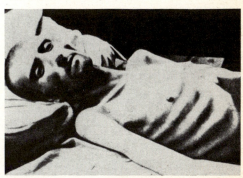

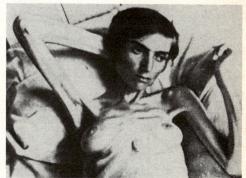

Nicht in jedem Konzentrationslager wurden Menschen vergast, doch jedes war ein Zentrum des Terrors.

Von 1941 bis 1945 findet die Massenvernichtung der Juden mit immer perfekteren Methoden statt: Millionen Juden werden erschossen und vergast, vor allem im östlichen Europa. Dorthin werden aus allen europäischen Ländern die Juden transportiert.

7.2.5 Das Gewissen steht auf: Widerstand

Die Zustimmung für Hitler war im Volk zwar beträchtlich, trotzdem gab es von Beginn seiner Herrschaft an Widerstand gegen ihn. Unmittelbar nach der „Machtergreifung" entwickelten Mitglieder der SPD Überlegungen, Hitler zu stürzen. Zur Ausführung des Plans kam es nicht, vor allem deshalb, weil die Führer der SPD keine gesetzmäßige Basis sahen, denn schließlich war Hitler legal an die Macht gekommen. Widerstand einzelner oder kleinerer Gruppen hat es während der gesamten nationalsozialistischen Herrschaftszeit gegeben.

Sie kamen aus allen Schichten unseres Volkes. Ein gemeinsames Ziel verband sie: die Beseitigung Hitlers und seiner Gewaltherrschaft. Menschen aller Berufe und Altersgruppen gehörten zum Widerstand: Adlige und Bürger, Arbeiter und Bauern, Offiziere und Diplomaten, Beamte und Professoren, Politiker und Studenten, Wirtschafts- und Gewerkschaftsführer, Geistliche beider Konfessionen.

Gefährlich konnten diese Gruppen Hitler jedoch nicht werden. Viele von denen, die Widerstand leisteten, verschwanden spurlos über Nacht. Sie landeten in Gefängnissen und Konzentrationslagern.

Gescheiterte Attentatsversuche

Herbst 1938:	Hitler soll verhaftet und vor ein Gericht gestellt werden. Das Münchener Abkommen verhindert den Plan.
08. 11. 1939:	Der Tischler Elser versucht ein Attentat im Münchener Bürgerbräu. Hitler verläßt den Saal vorzeitig.
Herbst 1939:	Planungen für einen Umsturz im Oberkommando des Heeres. Die Pläne werden jedoch auf den Verdacht hin, Hitler habe von ihnen Kenntnis erhalten, vernichtet.
13. 03. 1943:	Es gelingt, zwei Zeitbomben in das Flugzeug Hitlers zu bringen. Die Zündung versagt.
18. 03. 1943:	General von Gersdorff versucht einen Anschlag im Berliner Zeughaus. Hitler verkürzt seinen Besuch auf acht Minuten. Der Zünder hat eine Brenndauer von 15 Minuten.

November 1943 Januar 1944:	Offiziere wollen sich und Hitler bei der Vorführung neuer Uniformen in die Luft sprengen. Die Vorführungen werden abgesagt.
09. 03. 1944:	Ein junger Rittmeister will Hitler auf dem Obersalzberg erschießen. Entgegen sonstiger Gewohnheiten wird kein Begleitoffizier zur Besprechung zugelassen.
11. 07. 1944:	Oberst von Stauffenberg will das Attentat durchführen. Da Himmler fehlt, wird es verschoben.
15. 07. 1944:	Wiederholung des Versuchs durch von Stauffenberg. Hitler verläßt vorzeitig den Raum.
Der 20. Juli 1944:	Oberst Graf von Stauffenberg nimmt im Führerhauptquartier an einer Lagebesprechung teil.

Er täuscht ein Telefongespräch vor, stellt die Aktentasche mit der Zeitbombe in Hitlers Nähe ab und verläßt den Raum. — Auf der Rückfahrt zum Flugplatz hört er die Explosion. Er landet in Berlin; die Verschwörer setzen den „Walküre-Plan" in Gang.

Mit Hilfe des Ersatzheeres wollen sie alle Schlüsselstellungen in Berlin besetzen. Bald aber wird bekannt, daß Hitler lebt. Nach dramatischen Stunden bricht der Aufstand zusammen.

> Das Attentat muß erfolgen ... Sollte es nicht gelingen, so muß trotzdem in Berlin gehandelt werden. Denn es kommt nicht mehr auf den praktischen Zweck an, sondern darauf, daß die deutsche Widerstandsbewegung vor der Welt und vor der Geschichte den entscheidenden Wurf gewagt hat. Alles andere ist daneben gleichgültig.

Quelle: Generalmajor von Tresckow, zitiert in v. Schlabrendorff, Offiziere gegen Hitler, S. 138

Die folgenden Monate sind grauenvoll. Tausende von Menschen werden verhaftet und Tausende hingerichtet. Die Opfer müssen qualvolle Folterungen über sich ergehen lassen. Die Verurteilten werden nach Hitlers persönlicher Anweisung „aufgehenkt wie Schlachtvieh".

Die Reaktion auf das Attentat vom 20. Juli in der offiziellen Presse.

```
Abschrift.
1 L 427/44
5 J 1906/44

            IM NAMEN DES DEUTSCHEN VOLKES !
                 In der Strafsache gegen
Frau Ehrengard F r a n k - S c h u l t z  geborene Besser
aus Berlin-Wilmersdorf, geboren am 23. März 1885 in Magdeburg,
zur Zeit in dieser Sache in gerichtlicher Untersuchungshaft,
            wegen Wehrkraftzersetzung,
hat der Volksgerichtshof, 1. Senat, auf die am 2.November 1944
eingegangene Anklage des Herrn Oberreichsanwalts, in der
Hauptverhandlung vom 6. November 1944, an welcher teilge-
nommen haben
            als Richter:
    Präsident des Volksgerichtshofs Dr.Freisler, Vorsitzer,
    Landgerichtsdirektor Stier,
    -Brigadeführer Generalmajor der Waffen-   Tscharmann,
    SA-Brigadeführer Hauer,
    Stadtrat Kaiser,
            als Vertreter des Oberreichsanwalts:
    Erster Staatsanwalt Jaager,
für Recht erkannt:
    Frau F r a n k - S c h u l t z  bedauerte einer Rote-Kreuz-
Schwester gegenüber, daß der Mordanschlag auf unseren Führer
mißglückte und erfrechte sich zu der Behauptung, einige Jahre
unter angelsächsischer Herrschaft seien besser als " die gegen-
wärtige Gewaltherrschaft".
    Sie hat also gemeinsame Sache mit den Verrätern vom
2o. Juli gemacht.
    Dadurch ist sie für immer ehrlos geworden. Sie wird mit
dem  T o d e  bestraft.
                                              Gründe.
```

Selbst für harmlose Äußerungen gegen das Regime drohte die Todesstrafe. Berüchtigt war der Volksgerichtshof unter seinem Präsidenten Freisler.

❞ Die ganze Welt weiß heute, daß in Deutschland während Hitlers und Himmlers Schreckensherrschaft Tausende von heldenhaften Männern und Frauen lebten, die unter völlig hoffnungslosen Umständen bereit waren, für Wahrheit, Freiheit und Menschenwürde ihr Leben in die Schanze zu schlagen. Ihnen, den Rettern der Ehre Deutschlands, gebührt unsere tiefste Bewunderung. ❞

Quelle: Thomas Mann.

7.2.6 Die Eroberung von „Lebensraum": Der Zweite Weltkrieg

Bevor Hitler daran gehen konnte, „Lebensraum" zu erobern, mußte er die internationalen Bindungen, die das Reich während der Zeit der Weimarer Republik eingegangen war, lösen. So tritt er im Oktober 1933 aus dem Völkerbund aus und bricht am 7. 3. 1936 in einem entscheidenden Punkt den Versailler Vertrag: Er läßt die Wehrmacht ins entmilitarisierte Rheinland einrücken. Aber er ist nicht nur der Friedensstörer, sondern spielt auch in der Außenpolitik eine doppelte Rolle: Er betont stets seinen Friedenswillen und schließt u. a. mit England und Polen Verträge. Seine friedlichen Absichten und die Versicherung, er vertrete nur das Selbstbestimmungsrecht der Völker, verkündete er auch beim „Anschluß" Österreichs und der „Eingliederung" der sudetendeutschen Gebiete aufgrund des Münchener Abkommens vom 29. 9. 1938.

Jetzt zeigt sich, daß der Friedenswille nur vorgeschoben war, denn schon Monate vorher hatte er gegenüber Wehrmachtsvertretern gesagt:

❞ Es ist mein unabänderlicher Entschluß, die Tschechoslowakei in absehbarer Zeit durch eine militärische Aktion zu zerschlagen. ❞

Quelle: Walther Hofer, Der Nationalsozialismus, Dokumente 1938 — 1945, S. 204

Hitler, der nach dem Abkommen von München erklärt hatte, Deutschland habe keine weiteren territorialen Forderungen mehr, strafte sich selbst Lügen: Im Frühjahr 1939 besetzte er die Rest-Tschechei.

Als Hitler unter Bruch aller Versprechungen die restlichen tschechischen Gebiete besetzt, weiß man, daß sein Machthunger unersättlich ist. Hitler will den Krieg. Sein Angriff auf Polen löst die zweite furchtbare Katastrophe Europas in diesem Jahrhundert aus.

01. 09. 1939	Angriff auf Polen.
03. 09. 1939	Kriegserklärung Englands und Frankreichs.
09. 04. bis 10. 06. 1940	Besetzung Dänemarks und Norwegens.

10. 05. 1940	Überfall auf Holland, Belgien, Luxemburg, Angriff gegen Frankreich.	10. 07. 1943	Invasion der westlichen Alliierten in Italien.
22. 06. 1940	Waffenstillstandsvertrag mit Frankreich.	06. 06. 1944 und 15. 08. 1944	Invasion der westlichen Alliierten in Nord- und Südfrankreich.
31. 03. 1941	Deutsch-italienische Offensive in Nordafrika.	1944	Rückzug auf fast allen Fronten. Schlacht um Deutschland.
06. 04. 1941	Beginn des Balkanfeldzuges.	30. 04. 1945	Selbstmord Hitlers.
22. 06. 1941	Angriff auf die Sowjetunion.	07. 05. 1945	Eroberung Berlins, Besetzung ganz Deutschlands, bedingungslose Kapitulation (Westen).
11. 12. 1941	Kriegserklärung an die USA.		
Winter 1941/1942	Beginn von Rückschlägen und Niederlagen.	09. 05. 1945	Gesamtkapitulation in Kraft.
23. 11. 1942 bis 02. 02. 1943	Offensive bis zur Wolga und bis zum Kaukasus, Schlacht um Stalingrad, Beginn schwerer Luftangriffe auf deutsche Rüstungsbetriebe und Großstädte.	17. 07. bis 02. 08. 1945	Konferenz von Potsdam: Aufteilung Deutschlands und Berlins in vier Zonen unter Militärregierungen; die „Oder-Neiße-Linie" trennt Ostdeutschland ab und stellt es unter polnische bzw. russische Verwaltung.
13. 05. 1943	Kapitulation der deutschen Truppen in Nordafrika.		

In der Schlacht um Stalingrad wurde um jedes Haus gekämpft. Am Ende kapitulierte die 6. Armee. 91 000 Soldaten gerieten in sowjetische Gefangenschaft, nur etwa 6 000 kehrten nach Jahren zurück.

Siege werden am Anfang vom deutschen Heer erfochten, große Teile Europas erobert. In der Wüste Afrikas, an der Wolga, am Atlantik und an den Fjorden Norwegens stehen deutsche Truppen. Hitler läßt sich als den größten Feldherrn aller Zeiten feiern.

Aber der Angriff gegen die Sowjetunion zeigt nach gewaltigen Anfangserfolgen, daß er den Bogen von Beginn an politisch und militärisch überspannt hat. Schon der erste Kriegswinter in Rußland bringt schwere Rückschläge. Die Vereinigten Staaten von Nordamerika sind in den Krieg eingetreten und stärken durch riesige Materiallieferungen die sowjetische Abwehrkraft. — Die Zeit der Siege ist endgültig vorbei. In Stalingrad verblutet eine Armee.

Bis 1943 schien sich der Traum vom großdeutschen Lebensraum zu erfüllen, nach Stalingrad aber war deutlich, daß der Krieg nicht mehr zu gewinnen war — auch nicht mehr mit immer neuen Durchhalteparolen und der Ankündigung neuer Geheimwaffen.

Die Alliierten landen in Frankreich, für den deutschen Landser beginnt der bittere Rückzug. Viele deutsche Städte werden von den Bomben der alliierten Luftflotte schwer getroffen. Die Schlacht um Deutschland beginnt. Von Ost und West strömen die Heere der Sieger in das deutsche Land. Trotz verzweifelter Gegenwehr und aller Durchhalteparolen ist ihr Vormarsch nicht mehr aufzuhalten. Die sichere Niederlage vor Augen, verkündet Propagandaminister Goebbels noch am 2. März 1945:

> „Wer nicht kämpfen will und abhaut, wird umgelegt. Das letzte Bataillon auf dem Schlachtfeld wird ein deutsches sein."

Knapp zwei Monate später verübt Hitler im Bunker der Reichskanzlei Selbstmord. Am 7. und 8. Mai 1945 erfolgt die bedingungslose Kapitulation. Unendliches Leid, Blut und Tränen hat dieses sinnlose Völkermorden gekostet.

Auf dem Höhepunkt des großen Krieges aber verkündet Josef Goebbels:

> „Wir würden uns schämen, vor den Müttern, die ihre Söhne, vor den Kindern, die ihre Väter, und vor den Frauen, die ihre Männer hingaben, die Augen aufzuschlagen, wenn wir am Ende dieses Krieges wieder mit leeren Händen dastünden!"

Ein Kommentar zu diesen Sätzen erübrigt sich ...

Die Wende des Krieges in der offiziellen Propaganda.

Verluste an Menschen im Zweiten Weltkrieg

Land	Soldaten	Zivilbevölkerung Bombenkrieg	Zivilbevölkerung andere Feindeinwirkung
Deutschland	3 760 000	430 000	1 223 600
Volksdeutsche		—	1 002 000
Österreich	432 000	104 000	
(Ungarn)	230 000	—	
Rußland	13 600 000	—	7 000 000
Frankreich	340 000	—	470 000
Großbritannien	326 000	60 000	—
Italien	330 000	—	
Polen	320 000	—	4 200 000
Jugoslawien	410 000	—	1 280 000
USA	259 000	—	—
Japan	1 200 000	600 000	—
Die Gesamtverluste in der Welt, geschätzt	16 000 000	20 bis 30 Mio. durch Luftkrieg, Massenvernichtung, Partisanenkampf, Flucht usw.	

Quelle: Gebhardt, Handbuch der deutschen Geschichte, dtv 4222, Bd. 22, S. 364

... Hitler treu ergeben
Treu bis in den Tod, ...

Seid wachsam, damit unser Tod nicht vergeblich war!

7.2.7 Zur Diskussion gestellt

Das „Dritte Reich" liegt für Sie in weiter Ferne. Vielleicht sagen Sie: Was habe ich damit zu tun?

Dennoch: das Gestern ist immer auch Gegenwart ...

Und wer Berichte aus jener Zeit liest, dem stockt der Atem ...

▼

Die folgenden Anregungen sind als „Einstieg" gedacht. — Sind Sie einmal in der Diskussion, ergeben sich immer neue Fragen.

Tips: Bilden Sie Arbeitsgruppen.

Lesen Sie Berichte aus jener Zeit (Seite 203 — 220).

Sprechen Sie mit Leuten aus der Generation Ihrer Eltern und Großeltern; versuchen Sie zu verstehen.

Diskutieren Sie nicht nur mit dem Kopf: Versuchen Sie vor allem, ein Gefühl für das „Klima" jener Zeit zu entwickeln.

Beziehen Sie möglichst viel auf sich und die Gegenwart, so z. B.: wie hätte i c h mich als Jazz-Fan, als Freund eines Juden, als Jude verhalten?

Die folgenden vier Texte bieten eine Menge Diskussionsstoff ...

Versuchen Sie zum Schluß, eine Art Bilanz zu ziehen; nehmen Sie dabei ganz gezielt die Gegenwart unter die Lupe.

Einige Vorschläge:

Könnte ähnliches auch heute passieren („Wenn Hitler heute käme ...")?

Sehen Sie Parallelen bei anderen Staaten der Gegenwart? Wenn ja, welche?

Gibt es in unserer Gesellschaft Anzeichen für die Sehnsucht nach einem „starken Mann", der „Ordnung schafft", mit dem „Parteiengezänk" Schluß macht?

Kennen Sie rechtsradikale Gruppen; wie beurteilen Sie ihre Parolen? (Sollte man diese Gruppen wie die „Meiers" behandeln?)

Der Jude mußte im Dritten Reich als d e r Sündenbock herhalten. Gibt es in unserer Gesellschaft auch „Sündenböcke"?

Der Großvater:
„Unsere Ehre heißt Treue"

Ich ... bin der Großvater, Jahrgang 1917. Kriegskind des Ersten Weltkrieges. Geboren ein Jahr vor dem schmachvollen Kriegsende. Deutschland wurde zerstückelt, von den Siegern zum Schuldigen erklärt und hatte mehr als 60 Milliarden Mark Kriegsschulden zu bezahlen. Inflation, Riesenarbeitslosigkeit, Parteienhader, Wirtschaftsflaute — das war meine Jugend. Als dann Hitler kam, sagte er, was viele Leute hören wollten: Schluß mit der Kriegslüge! Schluß mit der Arbeitslosigkeit! Einigkeit macht stark! Ich trat in die Hitlerjugend ein, kam zum Reichsarbeitsdienst und dann in die Wehrmacht. Wegen meines Gardemaßes wurde ich zur SS überstellt und kam in die „Leibstandarte Adolf Hitler". Im Krieg waren wir an allen Brennpunkten in vorderster Front. Wir waren eine verschworene Truppe! „Unsere Ehre heißt Treue." Kameradschaft war das große Erlebnis. Was dann nach dem Krieg über die Rolle der SS gesagt und geschrieben wurde, hat mich tief getroffen. Wir waren eine kämpfende Truppe — von den Morden in den Konzentrationslagern habe ich nichts gewußt.

Der Vater:
„Ich weiß, was Ihr angestellt habt"

Ich ... bin der Sohn, Jahrgang 1943. Aufgewachsen im zerstörten Berlin, in den schlimmsten Hungerjahren der Nachkriegszeit. Meine Erinnerung setzt ein am Ende der „Berliner Luftbrücke" 1949: Viele Trümmer und viel Hoffnung auf bessere Zeiten. Die Übriggebliebenen waren froh, davon gekommen zu sein. Mein Vater arbeitete als Handelsvertreter. Über den Krieg und seine Kriegserlebnisse hat Vater selten gesprochen. Höchstens wenn er mal Besuch bekam und etwas getrunken hatte. Dann schwelgten die alten Kameraden in ihren Erinnerungen. Als ich 16 Jahre alt war, habe ich einmal eine große Lippe riskiert und mir eine schallende Backpfeife eingefangen. Ich hatte gesagt: „Hör doch endlich mit Deiner Kriegsscheiße auf!" Ich weiß, was die SS alles angestellt hat. Vater verteidigt sich immer damit, daß er ja bei der kämpfenden Truppe war. Aber auch dort sind doch schlimme Sachen passiert. Wir haben darüber nie gesprochen. Ich hatte immer das Gefühl, Vater will nicht darüber reden. Aber nicht, weil er sich schämt, sondern weil er bis heute eigentlich stolz ist auf das, was er damals vollbracht hat.

Der Enkel: „Er hatte auch seine guten Seiten"

Ich ... bin der Enkel, Jahrgang 1967. Ich habe meine Freunde, meinen Sportverein und die Disco. Vom Krieg weiß ich nichts. Die Zeit von damals interessiert mich auch nicht allzu sehr. Opa erzählt manchmal von seinen Erlebnissen im Krieg und zeigt mir auch Bilder. Von Vater weiß ich, daß die SS Hitlers schlimmste Truppe gewesen sein soll. Bei Opa kann ich mir nicht vorstellen, daß er je was Schlimmes angestellt haben soll. Der ist viel zu gutmütig und ehrlich dazu. Mutter sagt immer: „Opa kann keiner Fliege was zuleide tun, Opa ist einfach ein guter Mensch." Und das stimmt auch. Opa hat nur Freunde. Nur mit Vater kommt er nicht so gut aus. Die beiden zanken sich oft. Und fast immer geht es dabei um Politik. Opa sagt, Hitler hat viele Fehler gemacht, aber er hatte auch seine guten Seiten. Was die damals in fünf Jahren geschafft haben, dazu brauchten die heute 30 und mehr. Vater wird dann giftig: „Einreißen und sinnlos zerstören geht eben schneller als sinnvoll aufbauen." Ich meine, Opa hat trotzdem in Vielem recht.

Quelle: PZ, Nr. 29, Juni 1982. Der Text dieser Seite ist gekürzt.

Neue Musik, Prügel und KZ ...

▼

Stellen Sie sich vor, Sie begeistern sich an einer neuen Musik. — Dann bekommen Sie höchstens Ärger mit Eltern oder Nachbarn, wenn Sie den Verstärker zu voll aufdrehen ...

Seit 1935 kam der „Swing" (Jazz) nach Europa. Diese rhythmische Musik schlug wie eine Bombe ein[1]. Viele Jugendliche waren begeistert. Man gründete „Swing-Clubs" und berauschte sich an der neuen Musik. — Doch den „Mächtigen' gefiel diese disziplinlose „Negermusik" gar nicht: „Die „Swing-Jugend" bekam mehr als Ärger:

> Lieber Heydrich!
>
> Anliegend übersende ich Ihnen einen Bericht, den mir der Reichsjugendführer Axmann über die „Swing-Jugend" in Hamburg zugesandt hat.
>
> Ich weiß, daß die Geheime Staatspolizei schon einmal eingegriffen hat. Meines Erachtens muß aber das ganze Übel radikal „ausgerottet" werden. Ich bin dagegen, daß wir hier nur halbe Maßnahmen treffen.
>
> Alle Rädelsführer ... sind in ein Konzentrationslager einzuweisen. Dort muß die Jugend zunächst einmal Prügel bekommen, und dann in schärfster Form exerziert und zur Arbeit angehalten werden. Irgendein Arbeitslager oder Jugendlager halte ich bei diesen Burschen und diesen nichtsnutzigen Mädchen für verfehlt. ...
>
> Der Aufenthalt im Konzentrationslager für diese Jugend mußt ein längerer, zwei bis drei Jahre sein. ... Bei den Eltern ist nachzuforschen, wieweit sie das unterstützt haben. Haben sie es unterstützt, sind sie ebenfalls in ein KL zu verbringen und das Vermögen ist einzuziehen ...

Quelle: Heinrich Himmler, („Reichsführer SS und Chef der Deutschen Polizei", in einem Brief an seinen Stellvertreter, geschrieben am 26. Januar 1942 aus dem Führerhauptquartier.) in: PZ 29, Juni 1982, S. 16

▼

Möchten Sie „Meier" heißen ... ?

Stellen Sie sich vor, es beginnt eine große Verfolgung aller Menschen, die „Meier" heißen. Man glaubt, herausgefunden zu haben, daß die Meiers an allem schuld sind: An der Arbeitslosigkeit, der Inflation, an der Wirtschaftskrise. — Täglich lesen wir in den Zeitungen: „Die Meiers sind unser Unglück".

---

[1] Bekannteste Orchester waren u. a.: Duke Ellington, Benny Goodman, Jimmy Lunce-Ford, Count Basie.

Der Bundestag beschließt ein Gesetz, um diesem schändlichen Treiben ein Ende zu bereiten. Darin wird unter anderem festgelegt:

Wer Meier heißt, muß ab dem vollendeten sechsten Lebensjahr eine Armbinde mit dem Namen „Meier" tragen. Er muß den Bürgersteig verlassen, wenn sich anständige Bürger nähern. Öffentliche Verkehrsmittel darf er nur mit schriftlicher Erlaubnis der Polizei benutzen[1].

Ein Meier hat keinen Anspruch auf Lohnzuschläge für Überstunden oder Feiertagsarbeit, Familien- und Kinderzulagen. Er hat Arbeit anzunehmen, die ihm vom Arbeitsamt zugewiesen wird. Meiers werden gruppenweise und getrennt von der übrigen Belegschaft eingesetzt. Einem Meier ist es verboten, sich auf Parkbänke zu setzen, seine Wohnung nach acht Uhr abends zu verlassen, Kinos, Discos oder Theater zu besuchen. — Radio, Fernseher, Schreibmaschine, Fotoapparat, Taschenrechner, Fahrrad und Fernglas darf er nicht besitzen. Meiers dürfen keinem Verein beitreten und nur in bestimmten Geschäften einkaufen.

Jeder Widerstand wird durch Einweisung in Sonderlager oder mit der Todesstrafe bedroht. — Verboten sind auch Ehen zwischen Meiers und anderen Bürgern. Jeder, der in der Öffentlichkeit freundschaftliche Beziehungen zu einem Meier zeigt, ist in Haft zu nehmen. Der betreffende Meier ist in ein Lager einzuweisen ...[2].

Sie werden es erraten haben: Ersetzen Sie den Namen „Meier" durch das Wort „Jude", dann erhalten Sie einen kleinen Einblick in die Lebensbedingungen jener Bürger im „Dritten Reich".

Die Fortsetzung ist bekannt: Auschwitz als Symbol der millionenfachen Menschenvernichtung.

Möchten Sie „Meier" heißen?

Lesen Sie den Text noch einmal gründlich durch. — Nun stellen Sie sich vor, Sie heißen „Meier":

Versuchen Sie, sich in dieser Rolle zu sehen, sich einzufühlen ... Lassen Sie sich Zeit dabei.

Gehen Sie in Ihrer Phantasie weiter: Was bedeutet es für meine Arbeit, mein Privatleben, ein „Meier" zu sein? — Was ändert sich an meinem Tagesablauf, meiner Freizeit, meinen Freundschaften ...?

Wie werde ich seelisch mit dieser Situation fertig?

---

[1] Die Benutzung wird nur gestattet, wenn der Arbeitsplatz weiter als sieben Kilometer von der Wohnung entfernt ist.

[2] Die Bestimmungen stammen sinngemäß aus dem „Gesetze zum Schutze des deutschen Blutes und der deutschen Ehre" (14. 11. 1935). Außerdem aus Erlassen und Verordnungen des Reichsministeriums des Inneren, des Reichsarbeitsministeriums, des Reichssicherheitshauptamtes und der Geheimen Staatspolizei (von 1935 bis 1945).

Hitler ist an allem schuld

(Fragen eines nachdenklichen Zeitgenossen).

Hitler baute das Dritte Reich ...

    Er allein?

Hitler verfolgte die Juden ...

    Hatte er nicht wenigstens einen Fahrer bei sich?

Hitler errichtete die KZ's ...

    Hat er selbst die Fundamente gegossen?

Wer prügelte, folterte, vergaste ...

Wer bespitzelte und verhaftete ...

Wer marschierte nach Polen, Frankreich und Rußland ...

    Er allein?

Wer bezahlte die Spesen?

    Es bleiben viele Fragen ...

8 Die „deutsche Frage"

8.0 Hinweise — Büchertips
8.1 Wenn einer eine Reise tut ...
8.2 Deutschland nach dem Kriege
8.3 Zwei „feindliche Brüder" — Deutschland im Vergleich
8.4 Der Staatsaufbau der DDR — Grundinformationen
8.5 Sozialistische Demokratie — Pluralistische Demokratie
8.6 Zweimal „made in Germany" — Wirtschaft im Vergleich
8.7 Jugend in Deutschland — Informationen und Meinungen

8 Die deutsche Frage

8.0 Hinweise — Büchertips

„Das Parlament", 22. Dezember 1979

Es gibt dicke Wälzer und zahllose Dokumente über die „deutsche Frage". Wir können in diesem Kapitel nur versuchen, einige Grundinformationen, Anregungen und Denkanstöße zu geben.

Für Sie wird es dabei Probleme geben: Wahrscheinlich kennen Sie die DDR nicht aus eigener Anschauung. Sie müssen sich also aus „zweiter Hand" informieren.

Übrigens: Es braucht nicht dabei zu bleiben. Auch Sie können in die DDR reisen! Lesen Sie dazu die Tips „Wenn einer eine Reise tut ... (Seite 227 f.).

Kostenlos erhalten Sie umfangreiche Informationen:

> Informationsangebot zur deutschen Frage, Bundesministerium für innerdeutsche Beziehungen, Postfach 120250, 5300 Bonn 1.

Wer an Gesetzestexten interessiert ist, erhält sie als „Seminarmaterial" von der „Bundesanstalt für gesamtdeutsche Aufgaben", Adenauerallee 10, 5300 Bonn 1.

Der Bevollmächtigte der Bundesregierung in Berlin, Bundesallee 216, 1000 Berlin 15.

Ständige Vertretung der Bundesrepublik Deutschland in der DDR, Hannoversche Straße 30, DDR-1040 Berlin (u. a. wichtig für Schwierigkeiten bei Besuchen in der DDR).

Ständige Vertretung der DDR in der Bundesrepublik Deutschland, Godesberger Allee 18, 5300 Bonn 2 (Bad Godesberg).

Reisebüro der DDR — Generaldirektion, Alexanderplatz 5, DDR-1026 Berlin (u. a. wichtig für Visaanträge für Ausländer, Informationen über Touristik in der DDR).

Sie sollten sich unbedingt eine Verfassung der DDR besorgen, auch wenn auf den folgenden Seiten die wichtigsten Artikel zitiert sind. (Natürlich brauchen Sie auch das „Grundgesetz"!) Sie erhalten die Verfassung als Taschenbuch im Buchhandel, oder schreiben Sie an:

Bundesanstalt für gesamtdeutsche Aufgaben, Adenauerallee 10, 5300 Bonn 1.

Dieses Institut gibt (für den Unterricht) z. B. die Verfassung der DDR, Gesetze der DDR, das Zivilgesetzbuch, das Jugendgesetz, das Arbeitsgesetz heraus (kostenlos).

Auch von folgenden Stellen erhalten Sie kostenlose Informationen:

Presse- und Informationsamt der Bundesregierung, Postfach, 5300 Bonn

Bundesministerium für Bildung und Wissenschaft, Postfach, 5300 Bonn

Bundesministerium für innerdeutsche Beziehungen, Godesberger Allee 140, 5300 Bonn 2 (Bad Godesberg)

Sie erhalten u. a. den „Zahlenspiegel (Bundesrepublik Deutschland — Deutsche Demokratische Republik — Ein Vergleich").

Büchertips

Timothy G. Ash, „Und willst du nicht mein Bruder sein ...".

Die DDR heute. — Spiegel-Buch.

Reiner Kunze, Die wunderbaren Jahre, Fischer Taschenbuch 2074.

Der Brücken-Vertrag, Ackerstraße 3, 4000 Düsseldorf, bietet Literatur aus und über die DDR an.

Unsere Beziehungen zur DDR. Wir informieren Sie:

Durch Verträge und Vereinbarungen sind Erleichterungen für die privaten Beziehungen zwischen den Menschen in beiden deutschen Staaten geschaffen worden.

Nutzen Sie schon alle Möglichkeiten? Wenn Sie sich informieren wollen — **Merkblätter** stehen Ihnen kostenlos zur Verfügung:
- Reisen in die DDR mit Tagesaufenthalten im grenznahen Bereich und Reisen durch die DDR in andere Länder
- Reisen nach und von Berlin (West)
- 77 praktische Tips
- Besuche aus der DDR
- Hinweise für Geschenksendungen in die DDR und nach Berlin (Ost)
- Einfuhr von Erbschaftsgut in die DDR
- Ausfuhr von Erbschaftsgut aus der DDR
- Ausfuhr von Umzugsgut aus der DDR
- Verfügung über Bankguthaben in der DDR
- Briefmarkentausch mit Partnern in der DDR
- Numismatischer Tauschverkehr mit Partnern in der DDR

Was wurde erreicht, was bleibt zu tun? Was sollten Sie über beide deutsche Staaten wissen? Fordern Sie kostenlos **Informationen** dazu an:
- Auskünfte A–Z zum Stand der innerdeutschen Beziehungen
- Die Entwicklung der Beziehungen zwischen der Bundesrepublik Deutschland und der Deutschen Demokratischen Republik 1969 bis 1976 — Bericht und Dokumentation
- Zahlenspiegel — Bundesrepublik Deutschland/Deutsche Demokratische Republik — Ein Vergleich

Ihre Postkarte für die Bestellung von Merkblättern und Informationsschriften richten Sie bitte an:
**Gesamtdeutsches Institut
Kennziffer 46
Postfach 16 40
5300 Bonn 1**

Bundesministerium für innerdeutsche Beziehungen

„Das Parlament", 22. Dezember 1979

8.1 Wenn einer eine Reise tut ...

Viele von uns waren im Urlaub in Spanien, Italien oder Frankreich. Sie haben an dänischen Küsten gebadet oder in Schweden gezeltet. Wer aber war schon einmal in der DDR, um Land und Leute kennenzulernen?

Festreden, in denen die Einheit Deutschlands beschworen wird, berühren uns kaum. Ausstellungen, Filme und Berichte über die DDR sind vielleicht interessant, aber der hautnahe Kontakt fehlt.

Wie wäre es mit einer Reise in die DDR?

Es gibt mehr Möglichkeiten, als Sie denken:

1. Leben Sie im „grenznahen" Bereich zur DDR?
   Dann können Sie im „Kleinen Grenzverkehr" zu Tagesbesuchen in die DDR einreisen. Örtliche Reisebüros organisieren auch Ausflugsfahrten.

2. Haben Sie Verwandte oder Bekannte in der DDR?
   Dann dürfen Sie als Bundesbürger mehrmals im Jahr Verwandte oder Bekannte in der DDR besuchen — es sei denn, sie wohnen im Sperrgebiet. Auch wenn Sie niemand in der DDR kennen, haben Sie verschiedene Möglichkeiten: Reisebüros vermitteln Touristenaufenthalte, z. B. mehrtägige Rundreisen, Einzelreisen mit Hotelreservierung, Gruppenfahrten, Urlaubsaufenthalte an der Ostsee oder im Thüringer Wald.

3. Sind Sie Westberliner?
   Westberliner können mehrmals im Jahr nach Ost-Berlin oder in die DDR fahren.

4. Wie wäre es mit einer Fahrt nach Berlin?
   Aus der Grafik ersehen Sie, daß West-Berlin durch viele Verkehrsadern mit der Bundesrepu-

---

Besuche werden einfacher
Künftig Zwei-Tage-Reisen in grenznahe Kreise möglich

Bonn. Die Maßnahmen, die von der DDR noch selbst bekanntgegeben und vom 1. August an wirksam werden sollen, betreffen folgende Punkte:
- Senkung des Mindestumtauschs von derzeit 25 Mark für Rentner, Invalidenvollrentner, Unfallvollrentner auf 15 Mark.
- Erweiterung der möglichen Dauer des Aufenthalts für Bürger aus der Bundesrepublik und West-Berlin von 30 auf bis zu 45 Tage im Jahr.
- Erweiterung der Reisemöglichkeiten für Alters- und Invalidenrentner aus der DDR in die Bundesrepublik und nach West-Berlin, auch zum Zwecke des Besuchs von Bekannten (nicht nur Verwandte).
- Verdoppelung der möglichen Ausreisedauer für Rentner und Invalidenrentner aus der DDR in die Bundesrepublik und nach West-Berlin von bisher 30 auf 60 Tage im Jahr.
- Erweiterung der Freigrenze für Mitnahme von Gegenständen im Reiseverkehr aus der DDR in die Bundesrepublik und nach West-Berlin für einen Tagesaufenthalt auf 100 Mark (bisher 20 Mark), 200 Mark bei mindestens vier Tagen Aufenthalt.
- Verdoppelung der Geltungsdauer des Mehrfachberechtigungsscheines für die Einreise in grenznahe Kreise der DDR von drei Monate auf sechs Monate.
- Ausdehnung der Einreisegenehmigung auf mehr als drei Kreise in die DDR beim grenznahen Verkehr.
- Verlängerung der Aufenthaltsdauer für Einreise in grenznahe Kreise der DDR auf zwei Tage (bis 24 Uhr des die Einreise folgenden Tages).
- Großzügigere Handhabung der Mitnahme von Literatur- und Druckerzeugnissen.
- Großzügigere Gestaltung des Schallplattenversandes.
- Genehmigung zur Einreise in die DDR mit Wohnmobilen auch mit einer Nutzlast von mehr als einer Tonne.

„Lübecker Nachrichten", 26. Juli 1984

blik Deutschland verbunden ist. Sie können die Stadt per Eisenbahn, Pkw oder auf dem Luftwege erreichen. Seit 1971 ist ein ungehinderter Verkehr nach Berlin möglich (Transitverkehr). Von West-Berlin aus können Sie Tagesbesuche nach Ost-Berlin unternehmen. (S. 252).

5. Besitzen Sie ein Zelt?

Auch in der DDR sind Campingreisen möglich. Die Campingplätze sind von Mai bis September geöffnet.

6. Fahren Sie durch die DDR in andere Staaten (z. B. Polen)?

Dann können Sie in der DDR ihre Fahrt unterbrechen ...

Wenn Sie der Idee solch einer „deutsch-deutschen Begegnung" nähertreten wollen, finden Sie auf Seite 226 die notwendigen Adressen. Außerdem kann Ihnen jedes Reisebüro die wichtigsten Tips geben.

Wichtig für alle Bundesbürger: Für Fahrten in die DDR oder durch sie benötigt man einen Reisepaß.

DDR-Bürger dagegen haben kaum Möglichkeiten: Rentnern ist die Reise erlaubt. Auch können in dringenden Familienangelegenheiten DDR-Bürger zu uns kommen (z. B. schwere Krankheit, Geburten, Eheschließungen).

Innerdeutsche Verkehrsbeziehungen

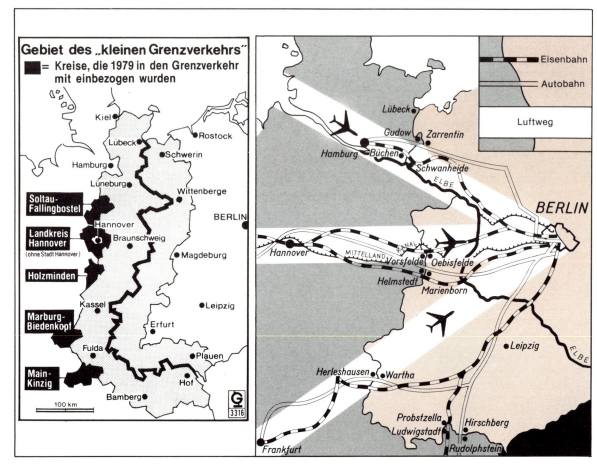

8.2 Deutschland nach dem Kriege

● **Von der Kapitulation zu zwei deutschen Staaten**

Stichpunkte

1945 Bedingungslose Kapitulation: Nachdem der von Hitler angezettelte Krieg verloren ist, übernehmen die Siegermächte USA, Großbritannien, Frankreich und die UdSSR die Regierungsgewalt. Die Gebiete östlich der Oder-Neiße-Linie werden unter sowjetische bzw. polnische Verwaltung gestellt. Das restliche Deutschland wird in vier Zonen aufgeteilt und Militärregierungen unterstellt.

Die Aufteilung Deutschlands in Besatzungszonen, auf die man sich schon auf der Konferenz von Teheran (Dezember 1943) prinzipiell geeinigt hatte, wurde auf der Konferenz von Jalta (Februar 1945) beschlossen. Die endgültige Festlegung brachte die Konferenz von Potsdam (Juli/August 1945).

Auf der Potsdamer Konferenz wird u. a. beschlossen: Deutschland soll eine wirtschaftliche Einheit bleiben. Das politische Leben wird auf demokratischer Grundlage neu geordnet. — Die deutschen Ostgebiete jenseits der Oder-Neiße-Grenze werden der Sowjetunion bzw. Polen zur Verwaltung übergeben.

Hamburg 1945

Die Einteilung in Besatzungszonen

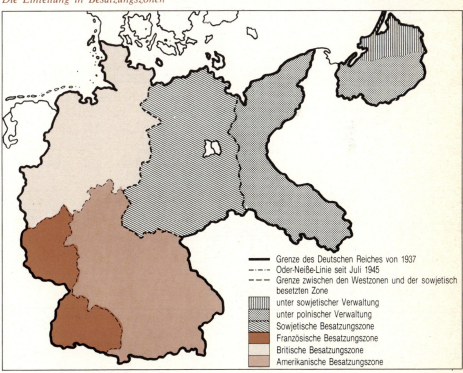

Vertriebene 1950 (Angaben in 1000)

Gebiete	Bevölkerung Anfang 1945*	Vertriebene September 1950
Ostpreußen	2594	1959
Pommern	1956	1430
Brandenburg	657	395
Schlesien	4751	3197
Summe	9957	6981

Quelle: Die deutschen Vertriebenen in Zahlen, Bonn o. J., S. 15

* einschließlich der Kriegstoten

Zwischen dem 26. Juni 1948 und dem 12. Mai 1949 wurden 1,44 Mill. t Güter nach Berlin eingeflogen

Befehl!

Ueber die Stadt Halle ist der

Ausnahmezustand

verhängt. Demonstrationen, Versammlungen und Zusammenrottungen jeder Art sind verboten.

Jeder Aufenthalt auf den Straßen ist von

21.00 bis 4 Uhr

verboten.

Im Falle von Widerstand wird von der Waffe Gebrauch gemacht!

Halle, den 17. Juni 1953

Chef der Garnison und Militärkommandant der Stadt Halle (Saale)

1946 In den Ländern der westlichen Besatzungszonen finden Wahlen statt. Landtage und Landesregierungen bilden sich. In der „Sowjetzone" werden Kommunistische und Sozialdemokratische Partei zur „Sozialistischen Einheitspartei Deutschlands" (SED) zusammengeschlossen.

1947 Versuche der Siegermächte, auf den Konferenzen von Moskau und London eine gemeinsame Deutschlandpolitik zu finden, scheitern. Der Ost-West-Gegensatz verschärft sich. — Den europäischen Staaten soll durch Waren- und Geldlieferungen beim Wiederaufbau geholfen werden (Marshall-Plan).

1948 Währungsreform in den Westzonen (21. Juni). Währungsreform in der Sowjetzone (24. Juni). Beginn der Blockade Berlins durch die UdSSR. Die Westmächte antworten mit einer „Luftbrücke" zur Versorgung der Stadt.

1949 Viermächte-Abkommen über das Ende der Blockade in Berlin. Das Grundgesetz für die Bundesrepublik Deutschland tritt in Kraft. Der „Deutsche Volksrat" billigt die „Verfassung der DDR". — Es entstehen zwei deutsche Staaten.

1951 Erstes Interzonenhandelsabkommen zwischen der Bundesrepublik Deutschland und der DDR.

1952 Stalin bietet den Westmächten einen Friedensvertrag mit Deutschland an, die Westmächte lehnen ab.

1953 Volksaufstand in Ost-Berlin und Städten der DDR (17. Juni).

> Am Morgen des 17. Juni stand Ostberlin, stand die DDR im Zeichen der Volkserhebung.
>
> Es kam zu tumultartigen Szenen in den Straßen Ostberlins. Ich sah, wie Funktionärsautos umgeworfen, Transparente und Losungen, auch Parteiabzeichen abgerissen und verbrannt wurden.
>
> In vielen Städten der DDR kam es zum Massensturm auf Gefängnisse, auf Partei- und Regierungsdienststellen, insbesondere solche des Staatssicherheitsdienstes. Zentren der Generalstreikbewegung des beginnenden Aufstandes waren die traditionellen Industriegebiete Sachsens und Thüringens — von jeher Mittelpunkte der Arbeiterbewegung.

Quelle: Hermann Weber, Kleine Geschichte der DDR, S. 69

1955 Die Bundesrepublik Deutschland wird (5. Mai) in die NATO aufgenommen und ein selbständiger Staat. — Aufnahme diplomatischer Beziehungen der Bundesrepublik Deutschland zur UdSSR.

1956 Durch die Aufnahme der DDR in den Warschauer Pakt stehen sich zwei deutsche Armeen in zwei deutschen Staaten gegenüber („Bundeswehr" — „Nationale Volksarmee").

1959 Außenministerkonferenz der vier Großmächte über Wiedervereinigung und Friedensvertrag scheitert.

1961 Errichtung der Mauer in Berlin, die Spaltung vertieft sich.

1970 Kontaktgespräche zwischen Bundeskanzler Brandt und DDR-Ministerpräsident Stoph. — Unterzeichnung des deutsch-sowjetischen und deutsch-polnischen Vertrages (Moskauer und Warschauer Verträge).

Fluchtbewegungen aus der DDR und Ost-Berlin

1955 — 1960	
Jahr	Personen
1955	252 870
1956	279 189
1957	261 622
1958	204 092
1959	143 917
1960	199 188

Jan. — Sept. 1961	
Monat	Personen
Januar	16 097
Februar	13 576
März	16 094
April	19 803
Mai	17 791
Juni	19 198
Juli	30 415
August	47 433
September	14 821

Quelle: Dokumente zur Deutschlandpolitik IV. Reihe, Bd. 6, Frankfurt 1975, S. 1591 f.

Die „Mauer" in Berlin, Symbol deutscher Spaltung

1971 Unterzeichnung des Berlin-Abkommens der vier Großmächte (Seite 249). Abkommen zwischen der Bundesrepublik Deutschland und der DDR über den Transitverkehr von und nach Berlin.

1972 Unterzeichnung des „Grundvertrages" (rechts).

1973 Beide deutsche Staaten werden in die UN aufgenommen. — Aufnahme des grenznahen Verkehrs in die DDR (Seite 228).

1974 Die ständigen Vertretungen der Bundesrepublik Deutschland und der DDR nehmen ihre Arbeit auf. — Verbesserungen im Reiseverkehr in die DDR.

1975 Vereinbarung zwischen der Bundesregierung und der Regierung der DDR über den Berlin-Verkehr.

1976 Abkommen zwischen der Bundesregierung und der Regierung der DDR auf dem Gebiet des Post- und Fernmeldewesens.

1978 Vereinbarungen mit der DDR über Verbesserungen im Berlin-Verkehr.

1979 Der grenznahe Verkehr (Seite 228) wird um zusätzlich fünf weitere Kreise erweitert.

1983 Teilweiser Abbau der Selbstschußanlagen.

1984 Erleichterungen im Reiseverkehr (S. 227).

Die innerdeutschen Beziehungen

1972	**Transitabkommen** Rechtssicherheit und zügige Abfertigung von Reisenden und Gütern im Transit mit Berlin (West)	**Verkehrsvertrag** Regelung des gegenseitigen Wechsel- und Transitverkehrs	1972
1973	**Grundlagenvertrag** Gegenseitiger Gewaltverzicht · Unverletzlichkeit der Grenzen · Beschränkung der Hoheitsgewalt auf das jeweils eigene Staatsgebiet · Austausch ständiger Vertretungen · Regelung praktischer und humanitärer Fragen · Entwicklung des innerdeutschen Handels · Zusammenarbeit auf den Gebieten der Wissenschaft und Technik, des Gesundheits- und Verkehrswesens		
1973	**UNO-Beitritt** beider deutscher Staaten	**Verkehrsvereinbarungen** Ausbau und Neubau der Transitwege zwischen dem Bundesgebiet und Berlin · Transitpauschale	1975 / 1978 / 1980
1974	**Ständige Vertretungen** nehmen ihre Arbeit auf		
1976	**Postabkommen**	**Erweiterung des Kleinen Grenzverkehrs**	1979
1978	**Grenzprotokoll**		

© Erich Schmidt Verlag

● **Der Grundvertrag**

Der „Grundvertrag" („Vertrag über die Grundlagen der Beziehungen zwischen der Bundesrepublik Deutschland und der Deutschen Demokratischen Republik" vom 21. Dezember 1972) war zwischen Regierung und Opposition heftig umstritten.

> Wir glauben, daß dieser Vertrag flüchtig, unter Zeitdruck ausgearbeitet und schlecht ist ... Diese Bundesregierung hat den Standpunkt des freien Deutschlands in diesem Vertrag ungenügend durchgesetzt.

Quelle: Rainer Barzel am 15. Februar 1973 vor dem Deutschen Bundestag

> Die Koalition hat geschafft, was sie sich vorgenommen hatte ... Wer über die bisher erzielten praktischen Ergebnisse der Vertragspolitik mit der DDR enttäuscht ist, hat entweder schon vergessen, wie es vorher war, oder er hat sich Illusionen über die DDR gemacht und ist zum Gefangenen übersteigerter Erwartungen geworden.

Quelle: Egon Bahr in „Die Zeit", 14. Dezember 1973

Die Bayerische Staatsregierung beantragte beim Bundesverfassungsgericht, den Grundvertrag „mit dem Grundgesetz nicht vereinbar und deshalb nichtig" zu erklären. Das Gericht entschied: „Der Grundvertrag ist in der sich aus den Gründen ergebenden Auslegung mit dem Grundgesetz vereinbar."[1]

Der Vertrag besteht aus einer Präambel und zehn Artikeln[2], die die Grundlagen der Beziehungen zwischen beiden deutschen Staaten regeln sollen (siehe Grafik). Es ist der Versuch, ein erträgliches Verhältnis der beiden deutschen Staaten zueinander zu schaffen. Die Gegenwart zeigt, wie schwierig selbst dieses bescheidene Ziel zu erreichen ist.

---

[1] Der Grundvertrag ist abgedruckt in: Beck'sche Texte, dtv 5003 (zusammen mit dem Grundgesetz).

[2] Außerdem gehören eine Reihe von Zusatzprotokollen, Briefwechseln und Erklärungen dazu.

8.3 Zwei „feindliche" Brüder? — Zweimal Deutschland im Vergleich

8.3.1 Grundrechte in Deutschland

— Verfassung der Deutschen Demokratischen Republik in der Fassung vom 7. Oktober 1974.

> Art. 19 (2) Achtung und Schutz der Würde und Freiheit der Persönlichkeit sind Gebot für alle staatlichen Organe, alle gesellschaftlichen Kräfte und jeden einzelnen Bürger.
>
> (3) Frei von Ausbeutung, Unterdrückung und wirtschaftlicher Abhängigkeit hat jeder Bürger gleiche Rechte und vielfältige Möglichkeiten, seine Fähigkeiten in vollem Umfange zu entwickeln und seine Kräfte aus freiem Entschluß zum Wohle der Gesellschaft und zu seinem eigenen Nutzen in der sozialistischen Gemeinschaft ungehindert zu entfalten. So verwirklicht er Freiheit und Würde seiner Persönlichkeit. Die Beziehungen der Bürger werden durch gegenseitige Achtung und Hilfe, durch die Grundsätze sozialistischer Moral geprägt.
>
> Art. 24 (2) Gesellschaftlich nützliche Tätigkeit ist eine ehrenvolle Pflicht für jeden arbeitsfähigen Bürger. Das Recht auf Arbeit und die Pflicht zur Arbeit bilden eine Einheit ...
>
> Art. 27 (1) Jeder Bürger der Deutschen Demokratischen Republik hat das Recht, den Grundsätzen dieser Verfassung gemäß seine Meinung frei und öffentlich zu äußern ...

— Grundgesetz der Bundesrepublik Deutschland

> Art. 1 (Schutz der Menschenwürde) (1) Die Würde des Menschen ist unantastbar. Sie zu achten und zu schützen ist Verpflichtung aller staatlichen Gewalt.
>
> Art. 2 (Freiheitsrechte) (1) Jeder hat das Recht auf freie Entfaltung seiner Persönlichkeit, soweit er nicht die Rechte anderer verletzt und nicht gegen die verfassungsmäßige Ordnung oder das Sittengesetz verstößt.
>
> (2) Jeder hat das Recht auf Leben und körperliche Unversehrtheit. Die Freiheit der Person ist unverletzlich. In diese Rechte darf nur auf Grund eines Gesetzes eingegriffen werden.
>
> Art. 5 (1) Jeder hat das Recht, seine Meinung in Wort, Schrift und Bild frei zu äußern und zu verbreiten und sich aus allgemein zugänglichen Quellen ungehindert zu unterrichten ...

Beim oberflächlichen Lesen fallen die gleichen Begriffe und fast gleichen Formulierungen auf. Bei Gesetzen kommt es jedoch auf jedes einzelne Wort an! Vergleicht man genauer, dann werden zwei unterschiedliche Auffassungen von Freiheit deutlich.

1. Freiheit bedeutet: frei sein von ...
   Über die Nutzung der Freiheit wird nichts gesagt.
2. Freiheit bedeutet: frei sein für (zu) ...
   Hier wird die Richtung vorgegeben, in die sich Freiheit entfalten soll.

▼

In beiden Verfassungen wird die Entfaltung der Persönlichkeit garantiert. Vergleichen Sie die Formulierung genau. Innerhalb welcher Grenzen wird die Entfaltung zugelassen? Für wen gelten die erwähnten Grundrechte? Wer ist nicht erwähnt?

Ein „Recht auf Arbeit" ist im Grundgesetz nicht zu finden. Überlegen Sie Gründe, warum man dieses Recht nicht aufgenommen hat. Diskutieren Sie das „Recht und die Pflicht zur Arbeit", wie sie in der Verfassung der DDR stehen. Welche Konsequenzen könnten sich in der Praxis daraus ergeben?

Die „Meinungsfreiheit" ist in beiden Verfassungen garantiert. Lesen Sie genau: Warum wird die Formulierung aus der DDR-Verfassung auch als „Gummi-Paragraph" bezeichnet? Im Strafgesetzbuch der DDR wird „staatsfeindliche Hetze" mit schweren Freiheitsstrafen bedroht. Vergleichen Sie mit dem Art. 27 (1) der DDR-Verfassung. Sehen Sie einen Widerspruch?

Wie müssen folgende Fälle nach dem Grundgesetz oder der Verfassung der DDR beurteilt werden? Müssen sie zugelassen, können sie verboten bzw. bestraft werden? Nennen Sie immer die entsprechende Textstelle: „Gammeln" (vor — nach Ende der Schulpflicht); Auswandern; Ausbildung abbrechen; Regierung kritisieren; Schlägerei anfangen; Vorgesetzte nicht grüßen.

Suchen Sie aus den beiden Verfassungen Beispiele für die beiden Auffassungen von Freiheit. Versuchen Sie ein abschließendes Urteil über die Garantie der Freiheitsrechte in beiden Verfassungen.

8.3.2 Vergleichen, was nicht vergleichbar ist?

Der Vergleich: Wolf Biermann[1]

Freiheiten im Westen	Freiheiten im Osten
Wolf Biermann darf in der Bundesrepublik Deutschland	Wolf Biermann darf in der DDR:
— wohnen	— nicht wohnen
— Bürger sein	— nicht Bürger sein
— frei seine Meinung äußern	— nicht seine Meinung äußern
— auftreten und singen	— nicht auftreten
— schreiben und drucken lassen	— nichts veröffentlichen lassen

Biermanns Ideal ist der freiheitliche Sozialismus.

Er kritisiert:

die Bundesrepublik Deutschland, weil sie nicht sozialistisch ist.	die DDR, weil sie nicht freiheitlich ist.

Wolf Biermann vergleicht: Er nimmt Stellung zu einem Film von Reiner Kunze — „Die wunderbaren Jahre"[2]. Kunze, ebenfalls aus der DDR ausgebürgert, schildert in dem Film das Leben von Jugendlichen in der DDR. Dazu Biermann in „Die Zeit", 28. Februar 1980:

> „ Der Film erzählt die Geschichte von jungen Menschen, die zum Tode getrieben werden. Hier im Westen gehen solche Menschen anders kaputt, aber kaputt gehen sie eben auch. Am Ende ist es egal, ob sie an der Berliner Mauer erschossen werden, oder ob sie sich den goldenen Schuß selber geben, ein paar hundert Meter weiter in der Toilette von Bahnhof Zoo.

---

[1] 1936 geborener kommunistischer Liedermacher und Sänger. 1953 von Hamburg in die DDR übergesiedelt, dort mit Berufsverbot belegt: Er durfte weder auftreten noch veröffentlichen, 1976 aus der DDR „ausgebürgert", lebt jetzt wieder in Hamburg.

[2] Siehe auch den Buchtip Seite 226.

> Freilich, die schändlichen Berufsverbote hier im Westen sind, gemessen an denen im Osten nichtig. Aber für die Betroffenen hier sind sie das Wichtigste. Und für Leute, die hier ohne Berufsausbildung, ohne Arbeit herumhängen, ist der Meinungsterror im Osten kein Trost. Der Film erzählt von jungen Menschen, die sich in den Freiraum Kirche flüchten. Die Flucht in die holde Kunst mit Bach und Bibel ist im Osten eine oppositionelle Haltung gegen einen Staat, der den Stiefel schon in der Schlafzimmertür hat. Hier im Westen, wo die individuelle Freiheit unerhört viel größer ist, würde sich diese gleiche Haltung in das konformistische[3] Gegenteil verkehren. Wer im Osten sich offen mit dem lieben Gott verbündet, hat es schwer mit den Halbgöttern seiner weltlichen Obrigkeit. Kirchliche Bindungen machen im Osten den Weg zum sogenannten Erfolg steinig, aber hier im Westen ebnen sie die Wege. "

▼

Biermann vergleicht Tatbestände, die nicht vergleichbar sind: Opfer des DDR-Staates — Opfer von Drogen-Mißbrauch. Versuchen Sie die Unterschiede herauszuarbeiten. Entnehmen Sie dem Text: Vorwürfe gegen die Bundesrepublik Deutschland / Vorwürfe gegen die DDR.

Wie beurteilt Biermann die Freiheit in der Bundesrepublik Deutschland / in der DDR?

---

[3] konformistisch = angepaßt, übereinstimmend mit der herrschenden Meinung.

8.4 Der Staatsaufbau der DDR — Grundinformationen

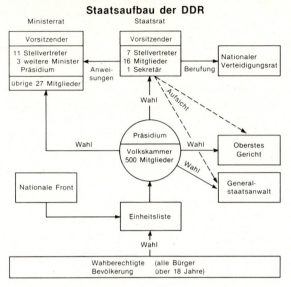

Grätz, Die DDR, 1979, S. 19

Die DDR ist ein Zentralstaat (Seite 92). Verwaltung und Wirtschaft werden von einer übergeordneten Zentrale aus geplant und gelenkt (demokratischer Zentralismus). Sie ist eine Volksdemokratie (sozialistische Demokratie). Kennzeichen dieser Staatsform ist die führende Rolle einer Staatspartei, der SED[1]. Alle wichtigen Staatsämter sind mit führenden Mitgliedern der SED besetzt.

8.4.1 Volkskammer

Die Volkskammer ist das Parlament der DDR. Sie tagt etwa viermal im Jahr. Beschlüsse werden fast immer einstimmig gefaßt. Die Volkskammer wählt den Vorsitzenden und die Mitglieder des Staatsrates, des Ministerrates, den Vorsitzenden des Verteidigungsrates, den Präsidenten und die Richter des Obersten Gerichts und den Generalstaatsanwalt. Das Gesetzgebungsrecht wird nur selten in Anspruch genommen. Zwischen den Tagungen der Volkskammer gibt der Staatsrat Erlasse heraus, die Gesetzeskraft besitzen.

---

[1] Sozialistische Einheitspartei Deutschlands

„ Art. 48 (1) Die Volkskammer ist das oberste staatliche Machtorgan der Deutschen Demokratischen Republik. Sie entscheidet in ihren Plenarsitzungen über die Grundfragen der Staatspolitik.

(2) Die Volkskammer ist das einzige verfassungs- und gesetzgebende Organ in der Deutschen Demokratischen Republik. Niemand kann ihre Rechte einschränken.

Art. 54 Die Volkskammer besteht aus 500 Abgeordneten, die vom Volke auf die Dauer von 5 Jahren in freier, allgemeiner, gleicher und geheimer Wahl gewählt werden. "

8.4.2 Staatsrat

Der Staatsrat ist das oberste Staatsorgan der DDR. Er hat u. a. die Aufgaben eines Staatsoberhauptes, vertritt die Volkskammer zwischen den Sitzungen, behandelt Gesetzesvorlagen, gibt Erlasse mit Gesetzeskraft heraus, beaufsichtigt die Tätigkeit des Obersten Gerichts und der Staatsanwaltschaft, beruft die Tagungen der Volkskammer ein, schreibt Wahlen aus, verkündet Gesetze.

„ Art. 66 (1) Der Staatsrat nimmt als Organ der Volkskammer die Aufgaben wahr, die ihm durch die Verfassung sowie die Gesetze und Beschlüsse der Volkskammer übertragen sind ...

(2) Der Staatsrat vertritt die Deutsche Demokratische Republik völkerrechtlich ... "

8.4.3 Ministerrat

Die Regierung der DDR heißt Ministerrat. Sie besteht aus 40 Ministern[2] und wird vom Vorsitzenden des Ministerrates geleitet. Der Ministerrat ist dem Staatsrat unterstellt.

„ Art. 76 (1) Der Ministerrat ist als Organ der Volkskammer die Regierung der Deutschen Demokratischen Republik ...

(2) Der Ministerrat leitet die Volkswirtschaft und die anderen gesellschaftlichen Bereiche ...

(3) Der Ministerrat leitet die Durchführung der Außenpolitik ... "

---

[2] Diese große Zahl ergibt sich daraus, daß die gesamte Wirtschaft verstaatlicht ist und für bestimmte Industriezweige Ministerien geschaffen wurden.

8.4.4 Parteien und Nationale Front

„ Art. 3 (1) Das Bündnis aller Kräfte des Volkes findet in der Nationalen Front der Deutschen Demokratischen Republik seinen organisierten Ausdruck. "

In der DDR gibt es fünf Parteien:

SED	— Sozialistische Einheitspartei Deutschlands
CDU	— Christlich-Demokratische Union
DBD	— Demokratische Bauernpartei Deutschlands
NDPD	— National-Demokratische Partei Deutschlands
LDPD	— Liberal-Demokratische Partei Deutschlands

Die SED spielt die führende Rolle (S. 237). Alle Institutionen im gesetzgebenden oder gesetzausführenden Bereich werden von ihr beherrscht. Die SED hat etwa 2 Mio. Mitglieder. Ein Austritt aus der Partei ist nicht möglich.

Alle Parteien und die Massenorganisationen

FDGB	— Freier Deutscher Gewerkschaftsbund
FDJ	— Freie Deutsche Jugend
DFD	— Demokratischer Frauenbund Deutschlands
DKB	— Deutscher Kulturbund
DTSB	— Deutscher Turn- und Sportbund
DSF	— Gesellschaft für Deutsch-Sowjetische Freundschaft
DRK	— Deutsches Rotes Kreuz
GST	— Gesellschaft für Sport und Technik

wirken in der Nationalen Front mit. Die Nationale Front wird verstanden „als das breiteste und umfassendste Bündnis aller politischen und sozialen Kräfte des Volkes unter Führung der Arbeiterklasse und ihrer Partei"[1]. Die Nationale Front soll also eine allseitige Interessengemeinschaft vorspiegeln. Die Nationale Front hat keine eingetragenen Mitglieder. Die Geschäfte werden von wenigen hauptamtlichen Kräften geführt, die von ehrenamtlich Tätigen unterstützt werden. Wichtigste Aufgabe ist die Aufstellung von Einheitslisten für Wahlen auf allen Ebenen, vor allem für die zur Volkskammer.

8.4.5 Vergleich

Die DDR ist ein Zentralstaat (S. 92).

Die Bundesrepublik ist ein Bundesstaat (S. 92 f.)

Schlagen Sie nach und stellen Sie die Unterschiede fest.

Vergleichen Sie die Staatsorgane:

Volkskammer (S. 235)
Staatsrat (S. 235)
Ministerrat (S. 235)
Bundestag (S. 104 ff.)
Bundespräsident (S. 112 ff.)
Bundesregierung (S. 114 ff.)

Lesen Sie bitte sehr genau. Sie werden Unterschiede feststellen. Einige sind unwesentlich, andere haben viel mit Macht und Machtkontrolle zu tun (S. 88 ff.). Versuchen Sie, diese Unterschiede herauszufinden.

8.5 Sozialistische Demokratie — Pluralistische Demokratie

„ Sozialistische Demokratie setzt voraus, daß die Arbeiterklasse ihre führende Rolle in der Gesellschaft verwirklicht und daß die Produktionsmittel gesellschaftliches Eigentum sind. "

Quelle: Böger/Kremendahl, Bundesrepublik — Deutsche Demokratische Republik: Vergleich der politischen Systeme, Stuttgart 1980, S. 28

Pluralismus: Der Wettstreit unterschiedlicher Gruppen. Der pluralistische Staat lenkt die Austragung der Konflikte in geordnete Bahnen, schützt Minderheiten und die Grundrechte des einzelnen. Die Ausübung der Macht ist vielen Kontrollen unterworfen (siehe auch Seite 89 ff.).

---
[1] DDR Handbuch, hrsg. v. Bundesministerium für innerdeutsche Beziehungen, S. 751

8.5.1 Beispiel: Parteien in Deutschland

8.5.1.1 Die Partei als Vortrupp der Arbeiterklasse (DDR)

Auf Seite 235 finden Sie Grundinformationen. Die SED beansprucht die unbedingte Führungsrolle im Staat. Das lesen wir in Art. 1 der Verfassung; das kommt im Programm der SED noch stärker zum Ausdruck:

> Die Sozialistische Einheitspartei Deutschlands ist der bewußte und organisierte Vortrupp der Arbeiterklasse und des werktätigen Volkes der sozialistischen Deutschen Demokratischen Republik.

Woher bezieht die SED diese Führungsrolle?

> Die SED leitet ihre führende Rolle ... nicht primär[1] durch in Wahlen errungene Zustimmung, sondern durch „wissenschaftliche Einsicht" in angeblich objektive historische Bewegungsgesetze ab. Diese Führungsrolle ist ihr weder jemals demokratisch erteilt worden, noch ist die SED bereit, sie durch Wahlen in Frage stellen zu lassen.

Quelle: Böger/Kremendahl, a. a. O., S. 88

Und die anderen Parteien?

Sie erkennen in ihren Programmen ausdrücklich die führende Rolle der SED an. So heißt es sogar in der Verfassung der DDR, Art. 3 (2):

> In der Nationalen Front der Deutschen Demokratischen Republik vereinigen die Parteien und Massenorganisationen alle Kräfte des Volkes zum gemeinsamen Handeln für die Entwicklung der sozialistischen Gesellschaft.

Und die politische Opposition?

Wenn eine Partei die absolute Wahrheit besitzt, dann kann sie logischerweise keine Opposition dulden. Und so ist es auch: In der Volkskammer gibt es keine Oppositionspartei.

> In sozialistischen Staaten existiert für eine Opposition keine objektive politische und soziale Grundlage, denn die Arbeiterklasse ... ist die machtausübende Klasse.

Quelle: Aus dem „Kleinen Politischen Wörterbuch" (Berlin-Ost), zitiert in „Das Parlament", 15. 09. 79

Robert Havemann[2], überzeugter Marxist, übt schonungslose Kritik:

> Die Lage, in der sich die führenden Parteikader befinden, ist gleichermaßen tragisch, beschämend und hoffnungslos. Sie leben vom Volk, von der Partei und wohl auch voneinander weitgehend isoliert. Sie haben Angst, sich frei zu bewegen, sie leben in einem abgeschlossenen Getto ..., abgesichert durch Mauer und Stacheldraht mit Wachttürmen und Infrarot-Sperren, ein vor dem Volk verstecktes Leben.
>
> Sie haben die Macht im Staat, das weiß jeder, auch daß es immer noch eine entlehnte Macht ist, hier in der DDR. Aber dafür werden sie auch — nicht immer mit Recht — für alles verantwortlich gemacht, und zwar gerade darum um so mehr, weil sie jeder Verantwortung entzogen sind. Sie wurden nie gewählt und können nicht mehr „abgewählt" werden. Sie sind unser Schicksal ... Ich bin bei aller Schonungslosigkeit meiner Kritik an den politischen Zuständen noch immer der festen Überzeugung, daß von den beiden deutschen Staaten die DDR der bessere Staat ist. Weil ich die Hoffnung nicht aufgeben will, daß es uns gelingen wird, auch bei uns die große sozialistische Solidarität zustande zu bringen, die die Basis des Vertrauens bilden muß ...

8.5.1.2 Mehrparteiensystem (Bundesrepublik Deutschland)

Auf S. 77 ff. finden Sie Grundinformationen (siehe auch Opposition, S. 110 ff.). In der Bundesrepublik

---

[1] Primär: zuerst vorhanden, ursprünglich, vorrangig

[2] Robert Havemann, geb. 1910, gest. 1982; wurde vom Volksgerichtshof zum Tode verurteilt, war bis 1945 in Haft. — 1946 bis 1964 Professor an der Humboldt-Universität in der DDR, Mitglied der SED und 1950 bis 1963 Abgeordneter der Volkskammer. Er erhielt den Nationalpreis der DDR. — 1964 wurde er aus der SED ausgeschlossen und verlor auch sein Lehramt. — Havemann gehörte in den letzten Jahren zu den schärfsten Kritikern innerhalb des SED-Staates.

besitzt keine Partei einen absoluten Führungsanspruch. Die Abwahl einer Regierungspartei auf demokratischem Wege und damit ein „Machtwechsel" ist möglich.

> In einem parlamentarischen Regierungssystem wie in der Bundesrepublik vollzieht sich die gewaltlose Ablösung der Machtträger vorwiegend ... als Ergebnis der periodisch stattfindenden Wahlen .

Quelle: Böger/Kremendahl, a. a. O., S. 88

Kritik gibt es auch hier:

> Dem deutschen Bürgersinn ist nicht nur Machtfülle der Bürokratie abträglich, sondern auch das Verhalten der Parteien und ihrer Funktionäre. Deshalb halte ich ... eine Beschneidung des Parteieneinflusses in der Bundesrepublik für erforderlich.

Hier dürfte ein Schritt genügen, der noch dazu verhältnismäßig einfach zu verwirklichen ist: die Sperrung öffentlicher Gelder für die Parteien, etwa für den Wahlkampf und für die Wahlpropaganda. Ihre Finanzierung aus Steuermitteln erscheint mir ohnehin illegal — auch wenn der Bundestag dies beschlossen hat. Die Finanzierung der Parteipropaganda ... wäre nur dann berechtigt, wenn unsere Parteien von der Verfassung tatsächlich allein mit der politischen Willensbildung des Volkes beauftragt worden wären. Da dies nicht der Fall ist, haben sie auch keinen Anspruch auf öffentliche Gelder ... Die Finanzierung der Parteipropaganda im Wahlkampf durch den Staat benachteiligt andere, nicht in Parteien zusammengeschlossene Bürgergruppen ...

Quelle: Peter Grubbe, Was schert mich unser Staat, Hamburg 1981, S. 239

„So läßt sich die freiheitliche demokratische Grundordnung als eine Ordnung bestimmen, die unter Ausschluß jeglicher Gewalt- und Willkürherrschaft eine rechtsstaatliche Herrschaftsordnung auf der Grundlage der Selbstbestimmung des Volkes nach dem Willen der jeweiligen Mehrheit und der Freiheit und Gleichheit darstellt. Zu den grundlegenden Prinzipien dieser Ordnung sind mindestens zu rechnen: die Achtung vor den im Grundgesetz konkretisierten Menschenrechten, vor allem vor dem Recht der Persönlichkeit auf Leben und freie Entfaltung, die Volkssouveränität, Gewaltenteilung, die Verantwortlichkeit der Regierung, die Gesetzmäßigkeit der Verwaltung, die Unabhängigkeit der Gerichte, das Mehrparteienprinzip und die Chancengleichheit für alle politischen Parteien mit dem Recht auf verfassungsmäßige Bildung und Ausübung einer Opposition."

Aus einer Entscheidung des Bundesverfassungsgerichts

Einige Merkmale der

Sozialistischen Demokratie	Pluralistischen Demokratie
Herrschaft der Arbeiterklasse, führende Rolle einer Partei	Mehrparteiensystem, keine Herrschaft einer Partei
Keine politische Opposition	Politische Opposition
Meinungseinheit durch „Diktatur des Proletariats"	Meinungsfreiheit und -vielfalt (u. a. Presse, Funk, Fernsehen)
Sozialisierung der Hauptproduktionsmittel (S. 239)	Marktwirtschaftl. System, als „Soziale Marktwirtschaft" (S. 162 ff.)

8.6 Zweimal „made in Germany" — Wirtschaft im Vergleich

Die wirtschaftlichen Erfolge beider deutscher Staaten können sich im internationalen Vergleich sehen lassen. Beide mußten nach der Katastrophe des Zweiten Weltkrieges neu anfangen (s. S. 229). Dabei waren die Startbedingungen für die Westdeutschen besser (mehr Rohstoffvorräte, wirtschaftliche Hilfe aus den USA) als für die Ostdeutschen (große wirtschaftliche Verpflichtungen gegenüber der UdSSR). Beide deutsche Staaten haben ihren wirtschaftlichen Erfolg auf sehr unterschiedlichen Wegen erreicht. Ihre Wirtschaftssysteme sind Ausdruck der jeweiligen Weltanschauung und machen das Bild vom Menschen deutlich, das ihm zugrunde liegt.

DDR: Das Kollektiv, die Gesamtheit der Bürger, steht im Mittelpunkt. Das Wohlergehen des Kollektivs ist der höchste Wert. Geht es der Gemeinschaft gut, dann geht es auch dem einzelnen gut. Antrieb für das wirtschaftliche Handeln ist das „sozialistische Bewußtsein", die Erkenntnis, daß der eigene Einsatz wichtig ist für das Gemeinwohl.

Bundesrepublik Deutschland: Im Mittelpunkt steht der einzelne Mensch, das Individuum. Die Freiheit des Individuums ist der höchste Wert. Geht es dem einzelnen gut, geht es auch der Gesamtheit gut. Antrieb für das wirtschaftliche Handeln ist das Gewinnstreben des einzelnen.

8.6.1 Sozialistische Planwirtschaft: Das Wirtschaftssystem der DDR

Friedrich Engels, der den Anfang des Maschinenzeitalters miterlebt hat, schreibt 1847 in seinem Buch „Grundsätze des Kommunismus":

> ... eine Menge Kapitalisten warfen sich auf die Industrie, und in kurzer Zeit wurde mehr produziert als gebraucht werden konnte. Die Folge davon war, daß die fabrizierten Waren nicht verkauft werden konnten und daß eine sogenannte Handelskrisis eintrat. Die Fabriken mußten stillstehen, die Fabrikanten machten Bankerott und die Arbeiter kamen außer Brot ... Nach einiger Zeit waren die überflüssigen Produkte verkauft, die Fabri-

ken fingen wieder an zu arbeiten, der Lohn stieg ...
Aber nicht lange, so waren wieder zuviel Waren produziert, und eine neue Krise trat ein. „

Quelle: Marx und Engels, Manifest, Reclam, S. 69

Daraus haben die sozialistischen Staaten die Folgerung abgeleitet: Nur der Staat kann Krisen verhindern und durch zentrale Planung und Lenkung wirtschaftlichen Erfolg garantieren. Die DDR nennt ihr Wirtschaftssystem: sozialistische Planwirtschaft[1].

„ Das Ziel der sozialistischen Produktion ist die immer bessere Befriedigung der materiellen und geistigen Bedürfnisse der Menschen und die allseitige Entwicklung und Vervollkommnung der Produktion auf der Grundlage der fortgeschrittenen Wissenschaft und Technik und der Steigerung der Arbeitsproduktivität[2]. „

8.6.1.1 Theoretisch: „in jeder Hinsicht überlegen"

Die Partei will nichts dem Zufall überlassen. Im Besitz der wahren Lehre weiß sie, was gut ist für die Allgemeinheit wie für den einzelnen Bürger.

Die politische Führung bestimmt, welche Ziele den Vorrang haben: der wirtschaftliche Aufbau (Vervollkommnung der Produktion) oder der Konsum der Bevölkerung („Befriedigung der Bedürfnisse").

In Plänen werden dann die Einzelheiten festgelegt: was, wie, womit produziert wird; wie die Produkte verteilt werden und was sie kosten.

Der Plan wird als Gesetz verkündet und muß daher von allen eingehalten werden. Das setzt voraus, daß der Staat über Grund, Boden und die Produktionsmittel (Fabriken, Maschinen) verfügen kann. Das geht am einfachsten, wenn der Boden und Produktionsmittel Staatseigentum sind.

Die Arbeitsleistung des einzelnen läßt sich jedoch nicht perfekt planen. Daher setzt die sozialistische Planwirtschaft ein „sozialistisches Bewußtsein" voraus: Erst dann werden alle Bürger Höchstleistungen vollbringen, wenn sie eingesehen haben, daß es zuerst der Gemeinschaft gut gehen muß.

---
[1] Volkswirtschaftler nennen das System „Zentralverwaltungswirtschaft".
[2] Die eingebauten Zitate stammen aus einer DDR-Broschüre: Ökonomische Gesetze des Sozialismus, 1966, 4. Auflage.

Arbeitsbedingungen und Löhne werden vom Staat festgesetzt. Höchstes Ziel für die Betriebe ist die Erfüllung des Plans. Wird er übererfüllt, so stehen dem Betrieb Prämien zu, die zum Jahresende an die Belegschaft verteilt werden. Solange das sozialistische Bewußtsein nicht bei allen ausgeprägt ist, sollen diese Prämien zu hohen Arbeitsleistungen anspornen.

Und so beurteilt die Partei die Wirksamkeit:

„ Zweifellos beweisen die von den Werktätigen der DDR vor allem im Zeichen des neuen ökonomischen Systems erreichten eindrucksvollen Ergebnisse, wie leistungsfähig die sozialistische Planwirtschaft ist. Und wir sind aus guten Gründen gewiß, daß sie auf Sicht der kapitalistischen Wirtschaft in jeder Hinsicht überlegen ist.

Worin bestehen denn, kurz zusammengefaßt, die Vorteile des neuen ökonomischen Systems, worin drückt sich seine Überlegenheit über die kapitalistische Wirtschaft aus? „

Quelle: Neues Ökonomisches System, Berlin (Ost) 1967, S. 61 f.

Auch hier soll die Partei antworten:

„ Erstens ist es das System der Entwicklung einer modernen, wandlungsfähigen Volkswirtschaft auf der Grundlage des sozialistischen Eigentums — und daher ohne die Gefahr von Krisen und Kriegen.

Zweitens ist es das System, das eine einheitliche, vorausschauende und zugleich bewegliche Planung der gesamten Volkswirtschaft beinhaltet und daher gegenüber dem Kapitalismus eine höhere Effektivität der Produktion, geringere Verluste, Ausschaltung von Fehlinvestitionen und Doppelarbeit ermöglicht.

Drittens ist es das System, das die Probleme der wissenschaftlich-technischen Revolution im Interesse der arbeitenden Menschen löst — ohne Verlust von Arbeitsplatz und Lohn, ohne Strukturkrisen und wirtschaftliche Zwangsmaßnahmen. „

Quelle: Neues Ökonomisches System, Berlin (Ost) 1967, S. 61 f.

8.6.1.2 Die Praxis sieht anders aus

Theoretisch kann die Zentralverwaltungswirtschaft das beste wirtschaftliche Ergebnis erzielen: Der Planungsbehörde sind alle wirtschaftlichen Daten bekannt. Diese werden im Plan auf das günstigste

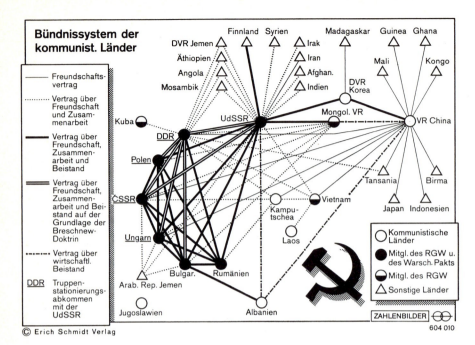

kombiniert. Ein Wille (Plan) bewegt alles. Fehlentscheidungen einzelner Unternehmer sind nicht möglich. Die Wirtschaftskräfte können konzentriert werden, um durch sparsamen Einsatz aller Mittel das Beste aus der Wirtschaft herauszuholen. Die Praxis sieht anders aus. Die Störungen liegen im System:

Beispiel 1 (Produktion)

Die Betriebe werden kontrolliert, ob ihr Ergebnis mit dem Plan übereinstimmt. Je höher die Übererfüllung des Plans, desto besser für den Betrieb und die Belegschaft. Um ein besonders gutes Ergebnis zu erreichen, können sich alle besonders anstrengen. So ist das Prämiensystem gedacht. Die Versuchung ist jedoch groß, mit weniger Einsatz das gleiche für den Betrieb zu erreichen: Bei der Planfestsetzung wird die wahre Produktionskraft des Betriebes verschwiegen, dann kann man später den Plan leichter übererfüllen. Allerdings darf das nicht übertrieben werden, denn erstens gibt es Höchstgrenzen für Prämien, zum zweiten werden die Leistungen des Vorjahres als Soll für den Plan festgesetzt.

Beispiel 2 (Konsum)

Die politische Führung legt fest, welche Bedürfnisse die Bevölkerung hat.

„ Solange noch kein Überfluß an materiellen Gütern geschaffen ist — und das wird erst im Kommunismus der Fall sein —, können die materiellen Güter natürlich nicht nach den Bedürfnissen verteilt werden. Niemand, auch der sozialistische Staat nicht, kann mehr verteilen, als er besitzt oder, genauer gesagt, erwirtschaftet. "

Die Partei — nicht der einzelne — muß auswählen und Schwerpunkte setzen. Sie beschließt, welche Bedürfnisse im Planjahr befriedigt werden sollen und welche erst später oder gar nicht. Stellt sich heraus, daß am Bedarf vorbeigeplant wurde, dann kann der Fehler erst später in einem folgenden Plan berichtigt werden.

Ständiger Mangel und Versorgungslücken auf der einen Seite, auf der anderen Seite Berge unverkäuflicher Ware, sind bis heute Dauererscheinungen in allen zentral gelenkten Wirtschaften, auch in der DDR.

Die Wirtschaft der DDR ist eng verflochten mit den Wirtschaften der „sozialistischen Bruderländer unter der Führung der UdSSR".

RGW — **R**at für **g**egenseitige **W**irtschaftshilfe (Comecon) heißt das Wirtschaftsbündnis, in dem die Planungen der Mitgliedsländer aufeinander abgestimmt werden. Im übergreifenden Plan werden den einzelnen Volkswirtschaften bestimmte Produktionsschwerpunkte zugewiesen.

8.6.2 Soziale Marktwirtschaft: das Wirtschaftssystem der Bundesrepublik Deutschland

„ In einer marktwirtschaftlichen Ordnung lösen sich aller Erfahrung nach die alltäglichen Interessenkonflikte harmonischer als über kollektive oder bürokratische Lenkung. Im Wettbewerb gelingt die notwendige Anpassung der Wirtschaft an veränderte Bedingungen und an neue Zukunftsanforderungen am wirksamsten. "

Quelle: Soziale Marktwirtschaft für die Achtziger Jahre, S. 10 f.

Das System der Sozialen Marktwirtschaft ist ausführlich im Kapitel 5 (S. 162 ff.) beschrieben.

8.6.3 Wo lebt man besser?

Mieten auf dem Stand von 1938
Versorgung der DDR-Bevölkerung mit Wohnungen „nicht ungünstig"

Berlin (ddp). Die Versorgung der DDR-Bevölkerung mit Wohnungen ist nach einer Untersuchung des Westberliner Deutschen Instituts für Wirtschaftsforschung (DIW) „nicht ungünstig".

Die Wohnungen sind im Durchschnitt aber kleiner und älter als die in der Bundesrepublik. Dafür liegt aber auch die Durchschnittsmiete erheblich niedriger. Bei Altbauten liegt sie noch auf dem Stand von 1938. Bei Neubauten wurden je Quadratmeter Wohnraum 0,80 bis 1,25 Mark kassiert. In der Bundesrepublik müssen bei Neubauten bis zu sieben Mark je Quadratmeter Wohnraum gezahlt werden.

Die niedrigen Mieten haben in der DDR dazu geführt, daß die privaten Hausbesitzer, denen immer noch 60 Prozent der Wohngebäude gehören, über Jahre hinweg nicht einmal die dringendsten Instandsetzungsarbeiten finanzieren konnten.

So zeigt die Wohnungsausstattung auch immer noch viele Mängel. Nur in jeder fünften Wohnung in der DDR ist eine Zentralheizung installiert, nur in jeder zweiten gibt es Bad oder Dusche sowie Innentoilette. Zwölf Prozent der Wohnungen haben nicht einmal einen Wasseranschluß.

„Lübecker Nachrichten", 27. Juli 1978

Verbraucherpreise pro kg in Mark	DDR 1976	BRD 1976	1975
Gans	7,30	7,80	7,20
Pute	7,30	6,50	6,00
Ente	7,20	6,40	5,80
Schwein (aus der Schulter ohne Knochen)	8,60	9,00	9,00
Kotelett	10,00	14,50	14,50
aus der Keule	8,20	10,50	10,50
Rind (Braten ohne Knochen)	9,80	14,30	14,00
Rouladen	10,20	15,80	15,20
Roastbeef	12,50	22,30	22,00
Lendenfilet	13,20	29,00	27,80
Kalb (aus der Keule ohne Knochen)	13,00	19,80	19,50
Karpfen (frisch)	4,40	9,50	7,90
Forelle (frisch)	8,50	13,00	8,40
Wildschwein (Rücken und Keule)	7,20	28,00	20,50
Hirsch	9,20	32,00	24,00
Reh	10,80	32,00	24,00
Hase (Rücken und Keule tiefgefroren)	6,60	11,80	10,10

In der DDR sind die Endverbraucherpreise für Fleisch seit 1958 stabil. Die Preise für Wild bestehen seit 1968.

Tabelle aus dem „Neuen Deutschland" (DDR)

Billig — aber nicht zu haben

Sind in der DDR Lebensmittel wirklich preisgünstiger als in der Bundesrepublik?

Das SED-Blatt „Neues Deutschland" druckte dieser Tage eine Tabelle, in der die Preise für Fleisch und Fisch in beiden deutschen Staaten miteinander verglichen wurden.

Die Leser in der DDR mögen sich gefragt haben, was mit dieser Tabelle ohne jeden Kommentar bezweckt war. Pessimisten glauben, die DDR wolle auf diese Weise die Bevölkerung auf Preiskorrekturen im eigenen Land vorbereiten. Denn die Subventionen für Grundnahrungsmittel kosten den Staat sehr viel Geld. Spaßvögel meinen, mit der Tabelle solle der Bevölkerung vor Augen geführt werden, wie billig manche Waren in der DDR doch wären — wenn es sie gäbe. Denn wer in Fleischerläden der DDR nach Pute, Lendenfilet, Kalbskeule, Wildschwein oder Rehbraten fragt, wird meist nur milde angelächelt. Auch Forellen hat man in einschlägigen Fachgeschäften nur selten gesehen.

Beide Erklärungen wollen aber nicht so recht befriedigen. So bleibt als dritte Möglichkeit die Absicht, den DDR-Bürgern zu suggerieren, daß sie es doch viel besser hätten als die Bundesbürger. Dabei weiß natürlich jeder, daß der Mensch nicht von Fleisch und Fisch allein lebt. Billig sind in der DDR aber nur Grundnahrungsmittel, Mieten und Tarife für öffentliche Leistungen. Hochwertige Nahrungsmittel, Textilien und langlebige Konsumgüter sind dagegen unverhältnismäßig teuer. Da außerdem die Löhne und Gehälter im Westen wesentlich höher sind, müssen DDR-Bürger in aller Regel für die gleiche Ware viel länger arbeiten als Bundesbürger.

„Die Zeit", 11. Februar 1977

Preise und Kaufkraft (1979) im Vergleich

Güter	Preise		Zum Kauf erforderliche Arbeitszeit Std.:Min.	
	DM	M/DDR		
Herrenoberhemd, Kunstfaser	19,90	43,00	1:49	8:52
Herrenstraßenschuhe, Rindbox	32,00	58,00	2:55	11:58
Damenfeinstrumpfhose	3,95	18,00	0:22	3:43
Damenkleid, Kunstfaser, Jersey	69,00	135,00	6:16	27:50
Fahrbarer Staubsauger	165,00	195,00	15:00	40:12
Kühlschrank	338,00	1 400,00	30:44	288:40
Waschautomat, für max. 4 kg	498,00	1 450,00	45:16	298:58
Personenkraftwagen	9 190,00	23 500,00	835:27	4 845:22
Elektrischer Strom 75 kWh	21,60	8,00	1:58	1:39
Straßenbahn-, Omnibusfahrt, je 1 Fahrt	1,35	0,20	0:07	0:02
Briefporto im Fernverkehr, 20-g-Brief	0,50	0,20	0:03	0:02
Ortsgespräch in öffentl. Sprechstelle, 1 Gespräch	0,20	0,20	0:01	0:02
Tageszeitungen, Abonnement, monatlich	13,10	3,50	1:11	0:43
Roggen-Mischbrot, 1 kg	2,35	0,52	0:13	0:06
Deutsche Markenbutter, 1 kg	9,20	10,00	0:50	2:04
Margarine, Spitzensorte, 1 kg	4,40	4,00	0:24	0:49
Eier, Stück	0,26	0,34	0:01	0:04
Trinkvollmilch, verpackt, 0,5 l	0,55	0,36	0:03	0:04
Schweinekotelett, 1 kg	10,80	8,00	0:59	1:39
Kartoffeln, 5 kg	3,20	0,85	0:17	0:11
Äpfel, inländ., mittl. Güte, 1 kg	1,45	1,97	0:08	0:24
Zitronen, 1 kg	2,40	5,00	0:13	1:02
Schokolade, Vollmilch, 100 g	1,18	3,85	0:06	0:48
Bohnenkaffee, mittl. Sorte, 1 kg	21,80	70,00	1:59	14:26

Quelle: Zahlenspiegel 1982, herausgegeben vom Gesamtdeutschen Institut

Abschließender Kommentar aus der DDR-Broschüre von 1968 „Wo lebt man besser?"

> Nimmt man alle diese Lebensumstände zusammen — und das muß man tun —, also die soziale Sicherheit, die modernen Bildungsmöglichkeiten für alle, die Sicherheit vor Krisen und vor Mißbrauch für militärische Abenteuer, die menschliche Geborgenheit, in der wir in der DDR leben, nachdem Ausbeutung und Brutalität des Konkurrenzkampfes beseitigt sind, so ergibt sich, daß jeder Bürger, sogar der kleine Unternehmer, in der DDR besser lebt. Denn: Sozialismus — das bedeutet ein Höchstmaß an sozialer Sicherheit für alle Arbeitenden, das Ende der Ausbeutung und der Existenzangst, die völlige Gewißheit, niemals auf die Straße gesetzt zu werden.
>
> Sozialismus — das bedeutet planmäßig wachsende, krisenfreie Produktion und auf ihrer Basis stetig steigender Wohlstand für alle nach Maßgabe ihrer Leistung.
>
> Sozialismus — das ermöglicht, die Zukunft schon heute vorauszuplanen und bewußt zu gestalten.
>
> In den Genuß aller dieser Vorzüge der sozialistischen Gesellschaftsordnung, unserer humanistischen Menschengemeinschaft — geschaffen unter der Leitung der Arbeiterklasse und ihrer Partei —, kommen alle Bürger der DDR. Das ist es, weshalb ihr Lebensstandard schon heute höher ist als der des Bürgers der Bundesrepublik.
>
> Und dieses Verhältnis verschiebt sich auf allen Gebieten des Lebens Jahr für Jahr weiter zu unseren Gunsten.

▼

Vergleichen Sie: Was ist wo billiger/besser?

Aus der Preisgestaltung können Sie Schwerpunkte der Wirtschaftsplanung der DDR erkennen.

Problem Arbeitslosigkeit: In der DDR gibt es — offiziell[1] — keine Arbeitslosen.

Da Sie die Seite 233 ff. aufmerksam gelesen haben, können Sie sagen, warum das so ist.

8.7 Jugend in Deutschland — Informationen und Meinungen

8.7.1 Informationen

Aus der Verfassung der Deutschen Demokratischen Republik:

> Art. 20 (3) Die Jugend wird in ihrer gesellschaftlichen und beruflichen Entwicklung besonders gefördert.

---

[1] Zusatzinformation: Wer als politisch unzuverlässig gilt, etwa weil er einen Ausreiseantrag in die Bundesrepublik gestellt hat, wird meistens entlassen und findet keinen neuen Arbeitsplatz.

Sie hat alle Möglichkeiten, an der Entwicklung der sozialistischen Gesellschaftsordnung verantwortungsbewußt teilzunehmen.

Art. 25 (1) Jeder Bürger der Deutschen Demokratischen Republik hat das gleiche Recht auf Bildung. Die Bildungsstätten stehen jedermann offen. Das einheitliche sozialistische Bildungssystem gewährleistet jedem Bürger eine kontinuierliche sozialistische Erziehung, Bildung und Weiterbildung.

(4) In der Deutschen Demokratischen Republik besteht allgemeine zehnjährige Oberschulpflicht, die durch den Besuch der zehnklassigen allgemeinbildenden polytechnischen Oberschule zu erfüllen ist ... Alle Jugendlichen haben das Recht und die Pflicht, einen Beruf zu erlernen. 99

Das Bildungswesen ist zentral gelenkt (durch das „Ministerium für Volksbildung"). — Jugendorganisationen[1] versuchen, durch außerschulische Aktivitäten die Jugend in die DDR-Gesellschaft einzubinden. Auch Berufswahl und Berufsausbildung werden zentral gelenkt:

99 Das Amt für Berufsbildung lenkt ... die ca. 200000 Abgänger pro Jahr in die einzelnen Lehrstellen. Vorausgegangen ist durch den polytechnischen Unterricht und viele Befragungen bei Schülern und Eltern eine recht intensive Berufsorientierung ... Die Verbindung zwischen Theorie und Praxis in der Lehrausbildung ist intensiv. Es gibt pro Lehrling ca. doppelt so viele Berufsschullehrer wie in der Bundesrepublik Deutschland ... Be-

---

[1] „Junge Pioniere", 6- bis 10jährige, „Thälmann-Pioniere", 11- bis 14jährige, „Freie Deutsche Jugend", über 14 Jahre.

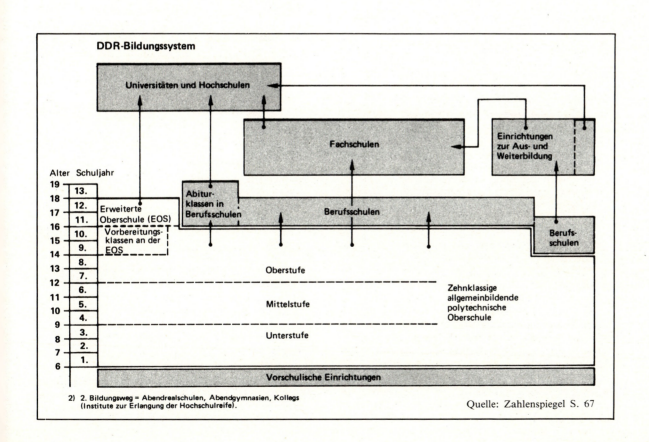

Quelle: Zahlenspiegel S. 67

GESETZBLATT
der Deutschen Demokratischen Republik

1974 — Berlin, den 31. Januar 1974 — Teil I Nr. 5

Tag	Inhalt	Seite
28.1.74	Gesetz über die Teilnahme der Jugend an der Gestaltung der entwickelten sozialistischen Gesellschaft und über ihre allseitige Förderung in der Deutschen Demokratischen Republik — Jugendgesetz der DDR —	45

I.
Die Entwicklung der Jugend zu sozialistischen Persönlichkeiten

§ 1

(1) ...

(2) Aufgabe jedes jungen Bürgers ist es, auf sozialistische Art zu arbeiten, zu lernen und zu leben, selbstlos und beharrlich zum Wohle seines sozialistischen Vaterlandes — der Deutschen Demokratischen Republik — zu handeln, den Freundschaftsbund mit der Sowjetunion und den anderen sozialistischen Bruderländern zu stärken und für die allseitige Zusammenarbeit der sozialistischen Staatengemeinschaft zu wirken. Es ist ehrenvolle Pflicht der Jugend, die revolutionären Traditionen der Arbeiterklasse und die Errungenschaften des Sozialismus zu achten und zu verteidigen, sich für Frieden und Völkerfreundschaft einzusetzen und antiimperialistische Solidarität zu üben. Alle jungen Menschen sollen sich durch sozialistische Arbeitseinstellung und solides Wissen und Können auszeichnen, hohe moralische und kulturelle Werte ihr eigen nennen und aktiv am gesellschaftlichen und politischen Leben, an der Leitung von Staat und Gesellschaft teilnehmen. Ihr Streben, sich den Marxismus-Leninismus, die wissenschaftliche Weltanschauung der Arbeiterklasse, anzueignen und sich offensiv mit der imperialistischen Ideologie auseinanderzusetzen, wird allseitig gefördert. Die jungen Menschen sollen sich durch Eigenschaften wie Verantwortungsgefühl für sich und andere, Kollektivbewußtsein und Hilfsbereitschaft, Beharrlichkeit und Zielstrebigkeit, Ehrlichkeit und Bescheidenheit, Mut und Standhaftigkeit, Ausdauer und Disziplin, Achtung vor den Älteren, ihren Leistungen und Verdiensten sowie verantwortungsbewußtes Verhalten zum anderen Geschlecht auszeichnen. Sie sollen sich gesund und leistungsfähig halten.

Das Jugendgesetz der DDR

gehrter als gute Lehrstellen sind ... die Plätze an den erweiterten polytechnischen Oberschulen, die durch die Reifeprüfung (Abitur) die Chance bieten, ein Hochschulstudium zu beginnen. Die Auswahl ... erfolgt vorrangig nach den schulischen Leistungen und der gesellschaftlichen Aktivität im Sinne der Politik der SED. Schwerer haben es u. a. Kinder von Eltern, die aus bestimmten Berufen kommen (Pfarrer, Angestellte, ehemalige Unternehmer und Großbauern), eine christliche oder gar antikommunistische Haltung zur Schau stellen oder die nahe Verwandte im Westen haben, den Sprung in die höhere Schule zu schaffen ... Geklagt wird über die Bevorzugung der Kinder von Funktionären. „Bonzenkinder machen immer ihren Weg" ist eine der Faustregeln der DDR-Pädagogik."

Quelle: Frank Grätz, „Die DDR, Daten, Fakten, Analysen, Hinweise", München 1979, S. 88

▼

Vergleichen Sie das dargestellte Bildungssystem der DDR mit dem der Bundesrepublik Deutschland. Blättern Sie zurück auf S. 17 und ziehen Sie die abgebildete Grafik (S. 243) zu Hilfe.

Aus dem Grundgesetz der Bundesrepublik Deutschland:

„ Art. 2 (1) Jeder hat das Recht auf die freie Entfaltung seiner Persönlichkeit ...

Art. 7 (1) Das gesamte Schulwesen steht unter der Aufsicht des Staates.

Art. 30 Die Ausübung der staatlichen Befugnisse und die Erfüllung der staatlichen Aufgaben ist Sache der Länder ..."

Im Grundgesetz fehlen Vorschriften über die Schularten. Wie Sie wissen werden, gehört das Bildungswesen ausschließlich in die Zuständigkeit der Länder. Diese Regelung hat Vor- und Nachteile:

„ Wir bejahen den Wettbewerb der Länder im Bildungswesen, wir bejahen aber nicht Rückfälle in Bildungspartikularismus[1]. Wenn ideologischer Streit der Länder um die Anerkennung von Schulzeugnissen auf dem Rücken der Jugendlichen ausgetragen wird, wenn ein Ab-

[1] Partikularismus — Kleinstaaterei

iturient aus Niedersachsen mit guten Noten im Freistaat Bayern nicht studieren darf, dann ist die Grenze des Vernünftigen überschritten ... Wir wollen keinen Glaubenskrieg im Bildungswesen, wohl aber Pluralität, kulturelle Vielfalt und — bitte — Toleranz auch im Bildungswesen! "

Quelle: „Mut zur Zukunft", Regierungspolitik 1980 — 1984", Seite 124 (Regierungserklärung vom 24. 11. 1980)

▼

Welche entscheidenden Unterschiede sehen Sie in der Grundauffassung von Erziehung? (Vergleichen Sie die entsprechenden Artikel der Verfassungen.)

Lesen Sie das Jugendgesetz der DDR genau und schreiben Sie als Stichworte heraus:

1. Aufgaben und Pflichten,
2. Eigenschaften des jungen sozialistischen Bürgers.

In der Bundesrepublik Deutschland gibt es kein Gesetz, in dem Aufgaben und Pflichten in gleicher Weise dargestellt sind.

Versuchen Sie, den Text so umzuschreiben (streichen, ändern), daß er bei uns gelten könnte. — Wenn Sie sorgfältig arbeiten, können Sie wesentliche Unterschiede beider Gesellschaftssysteme herausfinden.

8.7.2 Meinungen

Die Sorgen nehmen zu ...

" Das wirkliche innenpolitische Problem der DDR ist die Lethargie[1] der Älteren und die kaltschnäuzige Anpassung oder heißblütige Verweigerung der jüngeren Generation. Dagegen erweist sich der Staat viel machtloser als gegen bewußten Widerstand. Wenn ein Rockfestival zum kritischen Diskussionsforum wird, wenn Jugendliche mit einem Sitzstreik die Einrichtung eines Jugendzentrums fordern, wenn Tausende von jungen Leuten (wie jüngst in Dresden) zu einem Friedensforum zusammenkommen — dann zeigt sich die ganze Hilflosigkeit des SED-Staates.

Vor die Wahl zwischen massivem Polizeieinsatz oder Gewährenlassen und Verschweigen gestellt, sucht der Staat häufig nach einem dritten Weg: dem Unterlaufen und Umgarnen. Er richtet das geforderte Jugendzentrum ein, aber unter Leitung der FDJ. ...

Die ältere Generation hat zuviel erlebt, um das Erreichte jetzt noch aufs Spiel zu setzen, und wer sich gar nicht mit dem SED-Staat abfinden konnte, hatte bis 1961 die Chance zu gehen.

Die jüngeren Leute haben beides nicht: weder das Ruhebedürfnis noch die Möglichkeit zum Ortswechsel. Weil sie nicht in den Westen können, benehmen sie sich, als seien sie dort: Jeans, Parkas, lange Haare, Rockmusik, Motorräder, Recorder — das ganze Ambiente[2] der jungen Welt kommt aus dem Westen. ...

So wie sich im Westen die Jugend ihre Ideale nicht vorschreiben lassen möchte, so hält sie es wohl auch in der DDR. ...

Die Forderung, oppositionelle Regelungen schon im Keim zu ersticken, kann die inneren Probleme der DDR freilich nicht aus der Welt schaffen. Die Sorgen der SED nehmen mit den wirtschaftlichen Schwierigkeiten und mit dem Heranwachsen der neuen Generation zu — langsam, aber sicher. "

Quelle: Joachim Nawrocki in „Die Zeit", 19. März 1982

▼

Leben in der Deutschen Demokratischen Republik; Leben in der Bundesrepublik Deutschland ..., vielleicht können Sie noch mehr an Informationen und Meinungen zusammentragen:

— in Gesprächen mit Menschen aus der DDR,
— auf einem Aufenthalt in Ost-Berlin,
— auf einer Besuchsreise in die DDR,
— aus Presse, Hörfunk, Fernsehen

Versuchen Sie eine Gegenüberstellung: Schule, Beruf, Freizeit:

Jugend-Ost   **Jugend-West**

Welche Gemeinsamkeiten entdecken Sie; was empfinden Sie als trennend?

Beziehen Sie die Reportage von S. 246 ein.

---

[1] Lethargie = Trägheit, Gleichgültigkeit.
[2] Ambiente = Das ganze „Drumherum".

Wie in einem alten Film

Eindrücke von einer Klassenfahrt in die DDR — Von Juliane Köhler

In die DDR? Wieso denn ausgerechnet dahin?" das hörten wir öfters. Es ging um die Studienfahrten der Klasse 13 des Droste-Hülshoff-Gymnasiums in Freiburg.

Eine Projektwoche nutzten wir dazu, uns vorzubereiten: Wir informierten uns über unsere Reiseziele Weimar, Leipzig, Eisenach, die Wartburg, das Konzentrationslager Buchenwald; wir verschafften uns politische, historische und literarische Grundkenntnisse, zum Beispiel über die Entstehung der Teilung Deutschlands, über Entspannungspolitik; wir sahen Filme von hier und „drüben" über die DDR.

Am wichtigsten für uns waren die Gespräche, die wir mit ehemaligen DDR-Bürgern führten. Sie berichteten von ihren Erfahrungen mit dem System, vom Leben auf der anderen Seite, von Gefangenschaft und Flucht.

Diese Erzählungen machten uns teilweise sehr betroffen; wir mußten uns jetzt zum erstenmal mit diesem Phänomen DDR auseinandersetzen. Eine Diskussion mit DKP-Mitgliedern zum Thema DDR regte die Stimmung noch mehr an — unsere Informationen waren so widersprüchlich, daß wir nun alle wirklich neugierig darauf waren, eigene Erfahrungen zu machen.

Endlich drin in der DDR hatten wir alle das Gefühl, in einen alten Film geraten zu sein — die Dörfer so deutsch, die Straßen so holprig ... und wir so ein Fremdkörper in unserem modernen Bus, der wirken mußte wie ein Mondfahrzeug, mit lauter glotzenden Mondkälbern darin. ...

In Plauen holten wir unsere Reisebegleiterin ab und liefen kurz in kleinen Gruppen durch die Stadt. Faszinierend das Kaufhaus „Konsument", völlig ohne Reklamegeklingel oder Musik, alles nur der Bedarfsdeckung dienend. Die Waren hatten einen ganz anderen Charakter als bei uns, sie sollten nicht gefällig wirken und zum Kauf anregen, sondern nur ihren Zweck erfüllen.

Am Abend dieses ersten Tages stand auf unserem Programm ein Gespräch mit „Vertretern des öffentlichen Lebens" — FDJ-Funktionären, wie sich herausstellte. Die Vertreter der FDJ, der Freien Deutschen Jugend, berichteten über Funktion und Aufbau dieser Jugendorganisation, über die Aktivitäten und Aufgaben der „Jugendfreunde". Es hörte sich in unseren Ohren sehr utopisch und unrealistisch an, was da über allgemeine Einigkeit, freiwilligen, aber fast ausnahmslosen Beitritt zur FDJ oder über freiwillige Arbeitseinsätze erzählt wurde. „Die Jugend hilft geschlossen und begeistert mit beim Aufbau des Sozialismus" — das kam uns unwahrscheinlich vor. Sollten die Jugendlichen „drüben" so verschieden sein von uns? Wer schon einmal versucht hat, irgend etwas in Gang zu setzen (gar nicht zu reden von „freiwilligen, unbezahlten Arbeitseinsätzen"), kennt doch den trägen, unlustigen Haufen, der hauptsächlich etwas geboten kriegen will und nur sehr schwer zu irgendeiner Aktivität zu bewegen ist.

Und das mit der Freiwilligkeit? Aber da war nicht zu diskutieren, die FDJ-Offiziellen blieben dabei: kein Zwang, keine Nachteile aus einem Nichtbeitritt und allgemeine Einigkeit.

Bei der Frage nach der Meinungsfreiheit redeten wir aneinander vorbei: Wir wollten wissen, ob Kritik, zum Beispiel an der Regierung, möglich sei. Das war für alle anwesenden DDR-Offiziellen undenkbar, da „die Regierungsbeschlüsse ja im Volk entstehen". Konstruktive Kritik ist möglich, Verbesserungsvorschläge sind erwünscht; aber die Frage nach möglicher Systemkritik ist einfach zu „westlich" gestellt, wie uns später klar wurde.

Durch Zufall trafen wir Angehörige einer christlichen Gemeinde; wir sprachen mit Naumburger Jugendlichen, die wir auch privat besuchten, mit jugendlichen Gästen unseres Hotels, die aus der DDR, Ungarn und sogar aus Moçambique kamen. In diesen offiziell nicht geplanten Gesprächen klang vieles anders. So hörten wir von den jungen DDR-Gästen des Jugendhotels, daß sie Verhaltensmaßregeln über den Umgang mit uns bekommen hätten.

In diesen Unterhaltungen zeigte sich bald, daß die Jugendlichen dort im Grunde genauso sind wie wir, daß sie nur murrend ihre „freiwilligen Einsätze" ableisten und sich gern davor drücken; daß sie in Gegenwart des FDJ-Leiters die richtigen Sätze abspulen und zu Hause oder unter Freunden über ganz anderes reden, die Politik weglassen oder auch mal abweichende Meinungen haben.

Daß ihnen in „Stabü" (= Staatsbürgerkunde) nach wie vor der allwissende kommunistische Mensch als Ziel vor Augen gestellt wird, daß — ob einer nun Datentechniker, Schuster oder Lokführer ist — alles nur eine Frage des richtigen Bewußtseins sei, fanden sie genauso fragwürdig wie wir.

Die Vorstellung, in den Westen zu flüchten oder — im Falle offener Grenzen — sofort auszuwandern, fanden sie meistens albern. Aber besuchen würden sie uns eben mal gern, sich mal umschauen, und dann wieder zurück nach Hause, ganz normal eigentlich.

Unsere unterschiedlichen Ausgangspunkte waren aber doch nicht zu übersehen: Die Jugendlichen aus der DDR berichteten über ihre Schwierigkeiten, zum Beispiel an bestimmte „schicke" Kleidung (Jeans, Turnschuhe ...) heranzukommen oder Ersatzteile für's Mofa zu kriegen. Wir dagegen wollten ihnen von den Gedanken vieler Jugendlicher im Westen berichten, die gerade versuchen, ohne diesen ständigen Konsum, diese fertige Kultur, diese fertigen Denkschemata auszukommen, von denen sie sich bedrückt und eingeengt fühlen. ...

Wenn wir gedankenlos vom Urlaub in Frankreich, Italien, Spanien erzählten, mußten wir uns erst wieder ins Gedächtnis rufen, daß solche Länder für unsere neuen Freunde völlig unerreichbar sind. Unvorstellbar für sie, mal am Wochenende ins Ausland zu fahren wie wir, rüber ins Elsaß mit dem Fahrrad ... Eigentlich ist es doch nur ein Zufall, auf welcher Seite man geboren ist. Die Rollen könnten genausogut vertauscht sein, und wir würden dasitzen, „Westschokolade" essen und über den blöden Stabü-Lehrer schimpfen. Diese Grenze ist nicht normal.

Ich habe mich vor dieser Reise nie „geteilt" gefühlt. Aber jetzt ist die andere Hälfte aus ihrem diffusen Nebel aufgetaucht. Wir bekamen auf der Hinfahrt die Frage gestellt: Fühlt ihr euch mit den DDR-Bürgern als ein Volk? Wir wiesen die Frage ab, was sollte man darauf antworten? Auf der Rückfahrt antworteten fast alle mit ja.

Wir wollen auf jeden Fall noch mal hin.

„Die Zeit", 15. Januar 1982

8.8 Stimmen zur deutschen Frage: Mehr als 30 Jahre geteilte Nation ...

• Die Nation ist nicht tot ...

„ Über 30 Jahre bedeuten viel für ein Menschenleben. Eine Generation wird gewöhnlich nach einem Zeitraum von 25 Jahren bemessen; Zeit genug, um einen Menschen zu prägen. Auch Nationen haben ein Eigenleben, sind eine Art Organismus. Auch bei ihnen gehen Jahre der Trennung nicht spurlos vorüber ... Die Frage, was eines heute noch fernen Tages in Mitteleuropa sein wird, wird weder von Bonn noch von Ost-Berlin aus entschieden. Da sind andere weltpolitische Kräfte am Werk, auf die beide deutschen Staaten nur einen indirekten Einfluß ausüben können ...

Mag der äußere Anschein auch dagegen sprechen ..., sieht man jedoch genauer hin ... dann wird man heute (wie in Zukunft) feststellen können, daß sich unter der Oberfläche zweier, nunmehr seit drei Jahrzehnten bestehenden Staaten so viel nicht verändert hat. In gewisser Weise kann man sagen, daß die Deutschen in den beiden deutschen Staaten heute wahrscheinlich näher beieinanderstehen als je zuvor in der Nachkriegszeit — nur sind sich die wenigsten darüber so recht im klaren. Das gilt auch und vor allem für die jüngere Generation ... Bonn und Ost-Berlin sind heute dabei, jenseits allen nach wie vor bestehenden politischen Trennungslinien gemeinsame Zukunftsinvestitionen vorzunehmen ... daß von solch konkreter Politik auch Auswirkungen auf das Bewußtsein der Menschen ausgehen, kann nicht übersehen werden. Die Nation ist keinesfalls so tot, wie mancher möchte. "

Quelle: Dettmar Crams in „Das Parlament", 19. Mai 1979

• Die Unzufriedenheit ist gestiegen ...

„ Das Regierungssystem der DDR sieht keine Opposition vor, nach der Meinung der SED kann und darf es in ihrem Herrschaftsbereich keine Opposition geben. Im ‚Kleinen Politischen Wörterbuch' (Berlin-Ost) heißt es: ‚In sozialistischen Staaten existiert für eine Opposition keine objektive politische und soziale Grundlage, denn die Arbeiterklasse ... ist die machtausübende Klasse.' Entsprechend dieser ideologischen Sicht ist in der DDR politische Opposition verboten, wird jede tatsächliche oder vermeintliche Opposition verfolgt. Die Standardbegründung dafür lieferte das SED-Zentralorgan ‚Neues Deutschland' bereits vor über 20 Jahren: „Warum gibt es in der DDR keine Opposition? ... Eine Opposition in der DDR könnte doch nur gegen die Politik unserer Regierung gerichtet sein. Sie müßte sich also gegen ... unsere niedrigen Mieten, gegen die Stabilität unserer Preise ... gegen die Friedenspolitik richten. ... Sie müßte für den Einsatz von Faschisten und Militaristen in hohen Machtpositionen ... und für die Vorbereitung eines Atomkrieges sein. Solche Opposition zu dulden, wäre verbrecherisch. "

Quelle: Hermann Weber in „Das Parlament", 15. September 1979

• Wiedervereinigung

„ „Das gesamte deutsche Volk bleibt aufgefordert, in freier Selbstbestimmung die Einheit und die Freiheit Deutschlands zu vollenden." "

Quelle: Aus der Präambel des Grundgesetzes

Vor Jahren, Sie werden sich kaum erinnern, wurde die Wiedervereinigung Deutschlands von allen Parteien als das große Ziel deutscher Politiker bezeichnet.
Inzwischen sind wir nüchterner geworden. Vom „Willen zur Einheit" wird auch heute noch gesprochen. Aber in der Tagespolitik kommt das Wort „Wiedervereinigung" kaum noch vor.

Was viele aus der älteren Generation noch immer schmerzt, empfinden Sie beinahe als normal: Sie sind mit der deutschen Teilung aufgewachsen. Sie kennen keine andere Wirklichkeit. Für Sie ist die deutsche Spaltung ein Stück Geschichte, das Sie nicht miterlebt haben.

Höchstens ein paar Jahrhunderte ...?

„ „Die Wiedervereinigung wird eines Tages kommen ... Sie wird spätestens dann kommen, wenn die Menschheit sich überhaupt zu einem einzigen Staatenverband vereinigt ... und es spricht vieles dafür, daß dieser Augenblick gar nicht allzu fern ist: höchstens ein paar Jahrhunderte." "

Quelle: Daniel Rith in „Radius", 3. September 1964

Annäherung

Untersuchen Sie die folgenden verschiedenen Standpunkte auf dem Hintergrund der deutschen Nachkriegsgeschichte.

Versuchen Sie, die Meinungen zur Wiedervereinigung mit eigenen Worten darzustellen. Erarbeiten und begründen Sie eine eigene Meinung!

Die folgenden Zitate sind ein kleines Spiegelbild deutscher Nachkriegsgeschichte:

1952 Befreiung ... (Bundeskanzler Adenauer)

„Erst wenn der Westen stark ist, ergibt sich ein wirklicher Ausgangspunkt für friedliche Verhandlungen mit dem Ziel, nicht nur die Sowjetzone, sondern das ganze versklavte Europa östlich des Eisernen Vorhangs zu befreien ..."[1]

1963 Schicksalsfrage (Bundeskanzler Erhard)

„Die Schicksalsfrage unseres ganzen Volkes, die Wiedervereinigung in Frieden und Freiheit, ist unverändert unabdingbares und vornehmstes Ziel unseres politischen Wirkens."[2]

1963 Preis für den Frieden („New York Post")

„Falls eine stabilisierte deutsche Teilung der Preis ist, der für den Frieden gezahlt werden muß, dann dürfte der überwiegende Teil der Welt der Meinung sein, Deutschland sollte sich auf diesen Preis einrichten."[3]

1965 Allmählicher Prozeß ... (Sebastian Haffner)

„Die Wiedervereinigung der beiden deutschen Staaten ... kann nicht durch Zwang oder Druck, sondern nur durch das freiwillige Zusammenwirken beider Partner mit Billigung ihrer Schutzmächte und nicht mit einem Schlage, sondern nur als allmählicher Prozeß erfolgen."[4]

1971 Viele Schritte ... (Egon Bahr)

„Heute ist klar, daß die Wiedervereinigung nicht ein einmaliger Akt ist ..., sondern ein Prozeß mit vielen Schritten und vielen Stationen."[5]

1976 Keine Illusionen ... (Bundeskanzler Schmidt)

„... unsere Deutschlandpolitik ist frei von Illusionen ... Jeder weiß, daß es das Ziel unserer Politik ist, auf einen Zustand des Friedens in Europa hinzuwirken, in dem das deutsche Volk in freier Selbstbestimmung seine Einheit wiedererlangt."[6]

1977 Kein Interesse ...

„Kaum ein Staat (außer China) ist an einer deutschen Wiedervereinigung interessiert. Nach den Erfahrungen der beiden letzten Weltkriege halten im Gegenteil die weitaus meisten Länder die Teilung Deutschlands in zwei Staaten ... für das kleinere Übel, weil sie das wirtschaftliche und militärische Potential[7] ... eines wiedervereinigten Deutschlands mit rund 80 Millionen Menschen fürchten."[8]

1978 Europäische Friedensordnung ... (Bundesregierung)

„Nach Auffassung der Bundesregierung kann die Lösung der deutschen Frage nur im Rahmen einer europäischen Friedensordnung auf der Grundlage eines dauerhaften Interessenausgleichs zwischen Ost und West erfolgen."[9]

1979 Große Veränderungen ... (Robert Havemann)

„Als die so ungleichen siegreichen Verbündeten sich 1945 in Potsdam an den runden Tisch setzten ..., meinten sie noch, sie könnten den Kuchen gemeinsam verspeisen ... Als dieser Traum ausgeträumt war, wurden die beiden deutschen Staaten gegründet. Man begann mit dem Kalten Krieg ... Die beiden Deutschlands werden es nicht leicht haben, wieder zusammenzuwachsen. In beiden werden große Veränderungen vor sich gehen."[10]

1980 Gemeinsame Verantwortung (Bundeskanzler Schmidt)

„Beide deutsche Staaten haben gemeinsame Verantwortung ... Der Staatsratsvorsitzende Erich Honecker und

---

[1] Bundeskanzler Adenauer am 6. März 1952, „Der Spiegel", 9. Oktober 1963.

[2] Bundeskanzler Erhard im Bericht der Bundesregierung für das Jahr 1963.

[3] „New York Post", 1963.

[4] Sebastian Haffner in: „Zivil", Januar 1965, Seite 67.

[5] Egon Bahr in: „Der Spiegel", 30. August 1971.

[6] Bundeskanzler Schmidt, aus der Regierungserklärung am 16. Dezember 1976 vor dem Deutschen Bundestag.

[7] Potential = Leistungsfähigkeit.

[8] Aus „Politik und Zeitgeschichte", Beilage zur Wochenzeitung „Das Parlament", 15. Januar 1977.

[9] Bonner Almanach 1978/79, Seite 118.

[10] Robert Havemann in: „Die Zeit", 7. Dezember 1979.

ich, wir konnten für alle Deutschen sprechen, als wir sagten, daß vom deutschen Boden nie wieder ein Krieg ausgehen darf."[1]

1981 Zukunftsaufgabe ...
  (Bundestagspräsident Stücklen)

„Die Einheit Deutschlands in Frieden und Freiheit bleibt auch in Zukunft eine Aufgabe für alle Deutschen."[2]

1983 Teilung erträglich machen
  (Bundeskanzler Kohl)

„Wir wissen: Aus eigener Kraft allein können wir den Zustand der Teilung nicht ändern. Wir können und müssen ihn aber, wenn möglich, erträglicher und weniger gefährlich machen."[3]

- **Prüfstein Berlin**

Die Nußschale ...

» Den Berlinern kann gewiß niemand garantieren, daß ihr Gemeinwesen für alle Zukunft gegen äußeren Druck gefeit bleibt, aber soviel hat sich doch gezeigt: Die Sowjetunion und ihre Verbündeten erkannten, daß sie in kurzer Frist — gar mit Gewalt — die „Nuß" Berlin nicht zu knacken imstande sind.

Die Nußschale hat sich als fest und hart erwiesen, nun gilt es aber, den Kern der Nuß vor Fäulnis zu bewahren. «

Quelle: Manfred Rexin in „Das Parlament", 12. Januar 1980

Kostenlose Informationen erhalten Sie von:

Informationszentrum Berlin, Hardenbergstraße 20, 1000 Berlin 12; u. a. erhalten Sie die Schriftenreihe „Bericht Berlin", „Kurzgefaßt: Berlin", die „Informationsmappe Berlin" (zum Teil in Klassensätzen).

---

[1] Aus der Regierungserklärung vom 24. November 1980.
[2] „Das Parlament", 4. Juli 1981.
[3] Aus der Regierungserklärung vom 4. Mai 1983.

Gesamtdeutsches Institut, Adenauerallee 10, 5300 Bonn; u. a. erhalten Sie „Die Berlin-Regelung" (in Klassensätzen).

Bundesministerium für innerdeutsche Beziehungen, Kölner Straße 140, 5300 Bonn.

Vor zwanzig Jahren ...

mußte Frau Krause umfangreiche Vorbereitungen treffen, wenn sie mit Mann und Kindern per Auto nach Berlin fahren wollte. Sie füllte heißen Kaffee in Thermosflaschen, schmierte große Pakete mit Butterbroten und legte Spielzeug für die Kinder zurecht, denn diese Fahrt war oft ein kleines Abenteuer. Man hatte nicht nur mit schikanösen Kontrollen zu rechnen, auch stundenlange Wartezeiten mußten mit einkalkuliert werden.

Heute ...

braucht Frau Krause weniger Thermosflaschen und Butterbrote. — Die Fahrt nach Berlin ist sicher und verhältnismäßig unkompliziert geworden.

Hier kann nicht die lange Geschichte der Reibereien der Siegermächte um Berlin geschildert werden ... Wichtig ist, daß es den Westmächten gelang, die „Insel Berlin" zu halten. — Die Stadt gehört zwar nicht voll zur Bundesrepublik Deutschland, hat aber so viele Bindungen zu unserem Staat, daß dieser „Schönheitsfehler" in der Praxis nicht allzu schwer wiegt.

Die Grundlage der heutigen Situation (1984) ist das **Viermächte-Abkommen** (Berlin-Abkommen). Es wurde nach langen Verhandlungen am 3. September 1971 unterzeichnet.

Wichtige Inhalte des Abkommens:

- Alle Beteiligten bestätigen den Fortbestand der Viermächte-Rechte. Der Viermächte-Status von ganz Berlin bleibt unberührt.

- Die Sowjetunion übernimmt die Verpflichtung, daß der zivile Berlinverkehr von Behinderungen frei sein wird.

- Die Sowjetunion akzeptiert die Bindungen zwischen West-Berlin und der Bundesrepublik Deutschland.

- Die Westmächte bekräftigen, daß West-Berlin kein Bestandteil der Bundesrepublik Deutschland ist und auch weiterhin nicht von ihr regiert wird.

- Die Beteiligten verzichten auf Anwendung oder Androhung von Gewalt und werden Streitigkeiten nur mit friedlichen Mitteln beilegen.

Dieses Abkommen bedeutete einen großen Fortschritt, vor allem für praktische Probleme:

„ Die Praxis des Berlin-Abkommens beweist, daß es den vier Mächten gelungen ist, ein für Berlin (West) befriedigendes erträgliches Verhältnis zu erreichen ... Wesentliche Erleichterungen für den Alltag der Berliner wurden vereinbart und werden praktiziert. "

Quelle: Bodo Thomas in „Das Parlament", 12. Januar 1980

Streit ...

Trotz aller großen Fortschritte gab und gibt es immer wieder Streit:

„ „Dieses Abkommen brachte eine Regelung des bestehenden Zustandes und praktische Erleichterungen, aber es brachte keine Lösung des Berlin-Problems ... Nach Auffassung der Westmächte gelten die allgemeinen Bestimmungen für ganz Berlin ... Die Sowjetunion und die DDR bestreiten das und behaupten, es handele sich bei dem Viermächte-Abkommen im ganzen nur um eine Regelung für West-Berlin ... Der permanente Streit um das Viermächte-Abkommen, insbesondere die Bundespräsenz[1] in Berlin, um die Entwicklung der Bindungen und um die Praxis der außenpolitischen Vertretung ist weniger ein Streit um den Status der Stadt als um die Auslegung des Viermächte-Abkommens ... Der schwerste Verstoß war das im Juni 1977 in der Volkskammer verkündete neue Wahlgesetz der DDR, das keinen Unterschied mehr zwischen Abgeordneten aus der DDR und aus Ost-Berlin macht."

Quelle: Joachim Nawrocki in „Das Parlament", 12. Januar 1980

Berlin, ein deutsches Schicksal

„ Diese Stadt Berlin hat eine Seele, die trotz Bomben, Trümmern, Besatzung, Armut, Hunger, Teilung immer ihre starke Leuchtkraft behält. Es ist etwas Seltsames um diese Seele, sie ist mutig und unverbraucht, klar und optimistisch wie die Luft über der Stadt. "

Quelle: Hubert von Meyerinck, Meine berühmten Freundinnen, Erinnerungen, zitiert in „Das Parlament", 12. Januar 1980

Berlin bleibt ein Spiegelbild des zweigeteilten Deutschlands. Verschärfen sich die Spannungen zwischen Ost und West: in Berlin sind sie deutlich zu spüren; zeigen sich Fortschritte in der Entspannung: in Berlin kann man sie besser als irgendwo registrieren. So ist Berlin zum Symbol der Spaltung, zum Symbol deutscher Geschichte geworden.

1870 Sieg und Einheit ...

Das Brandenburger Tor während der Nacht, nachdem die Siegesnachricht von Sedan eingetroffen war (Deutsch-Französischer Krieg). — Text am Brandenburger Tor: „Welch eine Wendung durch Gottes Führung."

---

[1] Präsenz = Anwesenheit.

1918 Niederlage ...

Die preußische Garde, von der Front heimgekehrt, zieht durch das Brandenburger Tor. — Der Krieg ist verloren, der Kaiser geflohen.

1933 Begeisterung ...

Fackelzug am 30. Januar durch das Brandenburger Tor. Hitler hat die Macht ergriffen, die Massen bejubeln die „nationale Erhebung".

1945 Niederlage ...

Russische Truppen feiern am 2. Mai am Brandenburger Tor den Sieg über Deutschland. Das „Dritte Reich" ist vernichtet, Deutschland furchtbar zerstört.

1953 Aufstand ...

Volksaufstand am 17. Juni. Junge Männer haben die Sowjetfahne vom Brandenburger Tor heruntergeholt. Mit wehenden schwarz-rot-goldenen Fahnen marschieren sie weiter.

1961 Spaltung ...

Berlin nach dem 13. August 1961. Die „Mauer", Symbol deutscher Spaltung, durchzieht die ehemalige Reichshauptstadt.

Berlin ist eine Reise wert ...

» Berlin, meine Damen und Herren, bleibt Prüfstein der Beziehungen zwischen Ost und West. Berlin ist keine Stadt wie jede andere. Die geteilte Stadt ist Symbol der deutschen Frage. «

Quelle: Bundeskanzler Kohl in der Regierungserklärung vom 4. Mai 1983

» Klassenreisen nach Berlin, und — soweit möglich — Besuche in Ost-Berlin und in der DDR dienen im Rahmen der politischen Bildung auch dem Aufsuchen und Aufspüren historischer und kultureller Gemeinsamkeiten der Deutschen in Ost und West. (Siehe auch Seite 246.) «

Quelle: Beschluß der Ständigen Konferenz der Kultusminister der Länder (KMK) vom 23. November 1978

„Berlin ist keine Stadt wie jede andere ...", heißt es in der Regierungserklärung. Die von Bund und Ländern geförderten Berlin-Fahrten ermöglichen auch den Besuch von Ost-Berlin.
Nutzen Sie die Gelegenheit! Lernen Sie auch Ost-Berlin kennen. Knüpfen Sie Kontakte. Versuchen Sie, mit Gleichaltrigen in Ost-Berlin ins Gespräch zu kommen. — Fordern Sie kostenlose Informationen an! (Seite 226/227)
Hier einige Zitate aus dem Bericht einer Klasse, die im Rahmen eines Berliner Wandertages auch Potsdam besuchte:[1]

» **An der Grenze**
Auf dem Bahnhof Friedrichstraße stiegen wir aus und gingen zum Grenzübergang. Ein DDR-Grenzbeamter rief uns anhand der Personalliste auf, so daß wir nur noch unsere Ausweise vorzuzeigen brauchten.

Mit der S-Bahn unterwegs
Am S-Bahn-Schalter lösten wir dann Hin- und Rückfahrkarten nach Potsdam (1,40!), die wir an der Sperre selbst lochten. Um 9.22 Uhr ging's dann los, quer durch Ost-Berlin nach Schönefeld. Unterwegs sahen wir ein Mädchen mit original (!) „Levis"-Jeans — übrigens war dies nicht die einzige. Sogar mokiert haben sich einige DDR-Jugendliche über unsere „moderne" „West"-Kleidung, die uns — deutlich hörbar — schlampig nannten. Auf dem Ostbahnhof ertönte aus den Lautsprechern: „Soeben läuft der Zug nach Köln ein!" Diese Durchsage wurde von einigen DDR-Bürgern mit „schön wär's" bedacht.

In Potsdam
Gegen 12 Uhr erreichten wir schließlich Potsdam-Hauptbahnhof, nachdem wir die schöne Landschaft im Süden von Berlin durchfahren hatten. Während wir vor dem Bahnhof auf „unsere" Straßenbahn (Linie 1 oder 4 Richtung Bassin-Platz) warteten und die vielen Plakate und Sprüche „bewunderten", genehmigten wir unseren ausgehungerten Bäuchen erst einmal einen großen Imbiß zu sehr kleinen Preisen.

Rundgang
Am Bassinplatz stiegen wir aus, und wir gingen dann durch das historische Holländer-Viertel, das bisher recht bescheiden restauriert wurde. Unser Klassenlehrer erklärte uns Geschichte und Anlage von Häusern und Viertel. Anschließend wanderten wir an dem sehr schönen Nauener-Tor vorbei durch eine lange Fußgängerzone in die Altstadt, die recht ordentlich wiederhergestellt wurde, eine Fußgängerzone, von der sich die Wilmersdorfer Straße eine Scheibe abschneiden könnte. Uns fielen die für unsere Verhältnisse niedrigen Preise (ein 3-kg-Brot z. B. 1,40) auf, wobei man aber nicht die niedrigen DDR-Löhne vergessen sollte. Anschließend besichtigten wir für 25 Pfennig pro Person das Schloß Sanssouci, in dessen zahlreichen Räumen Friedrich der Große im Sommer gelebt hatte. Sogar den Sessel, in dem er starb, konnte man sich ansehen.

Konsum und Kontakte
Auf dem Rückweg setzt sich deutlich eine Spitzengruppe von den anderen ab. Dank der großen Laufgeschwindigkeit der Vorläufer war noch Zeit zum Einkaufen, denn wir mußten das Geld ausgeben (zurücktauschen ist nicht möglich). So wurden Brote, Tintenfässer, Schreibwaren, Nagellack, Kakteen, Einkaufsnetze (als zusätzlicher „Stauraum") und etliches mehr zu günstigen Preisen erstanden — im wahrsten Sinne des Wortes.

Um 17 Uhr drängten wir uns vor dem Potsdamer Brandenburger Tor in die schon überfüllte Straßenbahn, um den Zug um 17.26 Uhr nach Karlshorst zu erreichen.
Ein Hut wurde von DDR-Jugendlichen eingetauscht und Bekanntschaften geschlossen (mit Austausch von Adressen). Am Alexanderplatz hieß es umsteigen nach Friedrichstraße, wo wir gegen 19 Uhr ankamen. An der Kontrollstelle wurden wir vorgelassen, so daß wir gegen 20 Uhr am Leopoldplatz waren, von wo wir uns in heimatliche Richtungen bewegten.
Ein interessanter Wandertag — zur Nachahmung empfohlen! «

---
[1] Aus „Potsdam, Ein Berliner Wandertag aus Schülersicht", Westermann: Praxis Geographie, Jahrgang 13, S. 48.

9 Weltpolitische Probleme
Fragen der internationalen Politik

9.0 Hinweise
9.1 Hürdenlauf nach Europa
9.2 Der Nord-Süd-Konflikt: Entwicklungshilfe in der Sackgasse?

Tagungsort des europäischen Parlaments in Straßburg

UN-Gebäude in New York

9 Weltpolitische Probleme
Fragen der internationalen Politik

Quelle: „Die Zeit", 18. Januar 1980

9.0 Hinweise

Auf wenigen Seiten lassen sich nicht alle weltpolitischen Probleme darstellen. In diesem Kapitel finden Sie zwei Schwerpunkte: „Hürdenlauf nach Europa" und „Der Nord-Süd-Konflikt"[1]. Vielleicht macht es Ihnen Spaß, sich weitere Informationen zu verschaffen. Hinweise auf Informationsquellen und Büchertips finden Sie bei den einzelnen Abschnitten.

Zur Lage: Die weltpolitische Lage hat sich nach dem Zweiten Weltkrieg deutlich verändert: Ein Vierteljahrhundert beherrschte der Ost-West-Konflikt beinahe allein die Weltpolitik. — Jetzt rückt immer stärker ein anderer Konflikt ins Rampenlicht, der zwischen Reichen und Armen: Der Nord-Süd-Konflikt.

Lassen wir als „Einstimmung" in dieses Kapitel zwei Fachleute zu Wort kommen:

[1] Dem Thema „Frieden" ist ein besonderes Kapitel gewidmet (Seite 88 ff.).

Prof. Carl Friedrich v. Weizsäcker:

> **Gefahrenschwangere Weltlage**
>
> Die achtziger Jahre haben begonnen. Die ersten Stöße des erwarteten Erdbebens haben uns erreicht:
>
> - Die Nationen des atlantischen Bündnisses, wirtschaftlich noch immer die Herren der Welt, taumeln durch seelische Identitätskrisen[1]. In der Gegenwehr gegen ihre Ängste, mögen diese nun Arbeitslosigkeit, Inflation, Ölerpressung, Sowjetaggression, Kernenergie oder Terrorismus heißen, erzeugen sie mehr Probleme, als sie lösen ...
>
> - Die Dritte Welt übernimmt unsere Technik, mißtraut unseren Werten, haßt unsere wirtschaftliche Herrschaft. Die steigenden Ölpreise zerstören ihre Wirtschaft rascher als die unsere ...
>
> - Die Sowjetunion, die seit Jahrzehnten eine konsequente und vorsichtige Machtpolitik betreibt, muß im kommenden Jahrzehnt fürchten, daß die Zeit nicht mehr für sie arbeitet. Ihre Wirtschaft ist ... in unheilbarem Niedergang. Ihre ideologische Überzeugungskraft geht weltweit verloren. Die einzige Überlegenheit, die sie hat aufbauen können, die militärische, kann ... binnen zehn Jahren dahinschwinden ... So sieht eine gefahrenschwangere Weltlage aus, die gefährlichste seit dem Ende des Zweiten Weltkrieges.

Quelle: „Information für die Truppe", 12/81

Prof. Dr. Ossip K. Flechtheim gilt als Begründer der „Futurologie", der „Wissenschaft von der Zukunft". — In einem Gespräch mit der Zeitschrift „Bild der Wissenschaft" (September 1979) faßt er seine Kerngedanken über Zukunftsprobleme der Menschheit zusammen:

1. Die Gefahr, daß infolge der ungeheuren technischen Entwicklung der Vernichtungswaffen die Menschheit sich selber auslöschen könnte. Deshalb muß die Zukunftsforschung in erster Linie Friedensforschung sein.

2. Das Bevölkerungswachstum. Die Möglichkeit einer Bevölkerungsexplosion vor allem in der Dritten Welt. Und damit hängt die Gesamtproblematik der Dritten Welt zusammen: Hunger, Not, Elend.

[1] Identität = Wesensgleichheit, mit sich übereinstimmen.

3. Die Frage der Umweltbedrohung, der Raubbau an der Natur und an unseren Ressourcen[1].
4. Das Problem der miteinander konkurrierenden Wirtschaftssysteme. Die Tatsache, daß im Osten alles überplant ist und im Westen durch nicht ausreichende Planung wirtschaftliche Krisen entstehen.
5. Die politische Problematik des Terrors . . . verbunden mit der Frage nach den Grenzen der Demokratie, wobei man auch, vor allem in der gegenwärtigen Situation, darüber nachzudenken hat, inwieweit bestimmte Technologien wie die Datenverarbeitung durch Überwachungssysteme unsere Demokratie bedrohen können.
6. Das kulturell-gesellschaftliche Problem im engeren Sinne: . . . Die alten Werte haben ihre Gültigkeit verloren, die Menschen suchen nach neuen. Die früher stabilen menschlichen Beziehungen sind erschüttert. Das zeigt sich in der Familie, in der Schule.
7. Der Mensch selber ist zum Problem geworden. Die Beziehungen zueinander sind im Wandel. Hier paßt vielleicht das Wort von der Entfremdung, die sich in Frustration[2] und dadurch bedingten Aggressionen Luft zu machen versucht.

Wir machen keinen Hungerstreik — wir haben Hunger!

[1] Ressourcen = Hilfsquellen.
[2] Frustration = Erlebnis der Enttäuschung.

9.1 Hürdenlauf nach Europa

Kostenlose Informationen erhalten Sie von der ,,Kommission der Europäischen Gemeinschaften", Presse- und Informationsbüro, Zitelmannstraße 22, 5300 Bonn.

Presse- und Informationsamt der Bundesregierung, Postfach 1300, 5300 Bonn (u. a. die Broschüre ,,Europa").

Europa-Union Deutschland e. V., Stockenstraße Nr. 1-5, 5300 Bonn (u. a. das ,,Europa-Taschenbuch" von Claus Schöndube).

Europäisches Parlament, Informationsbüro, Friedrich-Wilhelm-Straße 10, 5300 Bonn 1.

Buchtip: Taschenbuch von Karl Moersch ,,Europa für Anfänger", Societäts-Verlag.

> **Europa ohne Grenzen?**
>
> Der kleine Junge aus Hannover war mit seinen Eltern unterwegs auf der Fahrt in den Urlaub. Das Ziel war die Bretagne, an der französischen Nordseeküste.
>
> ,,Papa", fragt er, ,,warum fahren wir denn nicht weiter?" ,,Du siehst doch", sagte der Vater, und er war schon ziemlich nervös, ,,du siehst doch, daß vor uns eine Schlange steht." ,,Und warum halten die alle?" — ,,Weil wir gleich an die Grenze kommen. Gleich fahren wir über die Grenze nach Frankreich." — ,,Aber wir waren doch schon an der Grenze, Papi." — ,,Das war vor zwei Stunden, als wir von Deutschland nach Belgien fuhren. Jetzt fahren wir von Belgien nach Frankreich. Und da müssen wir eben über eine Grenze." ,,Und warum?" fragt Ulli. — ,,Warum! Warum!" fauchte der Papa. ,,Warum? Zum Donnerwetter, ich weiß es auch nicht, warum man an den Grenzen immer noch jeden Menschen kontrolliert. Und da reden die immer vom Vereinigten Europa." ,,Franz", sprach die Mama auf dem Nebensitz, ,,du sollst mit dem Jungen nicht schimpfen. Er kann ja nichts dafür." — ,,Du hast recht", sagte der Papa, ,,aber vielleicht kann er es eines Tages ändern.

Quelle: ,,Betrifft uns", 3/79, Seite 16

● **Europa ohne Grenzen**

Auch wenn an Grenzen noch kontrolliert wird, so reichen doch Personalausweis, Führerschein und Fahrzeugschein für eine Reise durch die Europäi-

Quelle: „Etappen nach Europa", Amt für amtliche Veröffentlichungen der Europäischen Gemeinschaften

sche Gemeinschaft[1]. — In allen Ländern wird der Euroscheck als Zahlungsmittel anerkannt. — Wer unterwegs krank wird, kann in jedem Land der Gemeinschaft die Krankenversicherung in Anspruch nehmen. Vor der Reise sollte man sich die Unterlagen für das Reiseland abholen. Die Krankenkassen informieren aber auch genau über die Einzelheiten.

> Das europäische Idealkind ist ein Mädchen. Es wird in Dänemark geboren, in Großbritannien in die Schule gehen, in der Bundesrepublik Deutschland arbeiten und in Holland alt werden: In Dänemark ist die Säuglingssterblichkeit am niedrigsten, in Großbritannien sind die Ausbildungschancen für Mädchen am besten, in der Bundesrepublik Deutschland die Löhne und Gehälter am höchsten, und von allen Europäerinnen wird die Holländerin am ältesten.

Quelle: „EG — die Europäischen Gemeinschaften", hrsg. von der Kommission der Europäischen Gemeinschaften

---

[1] Belgien, Bundesrepublik Deutschland, Dänemark, Frankreich, Griechenland, Großbritannien, Irland, Italien, Luxemburg und die Niederlande.

Das Wasserglas: Der Zustand der Europäischen Gemeinschaften läßt sich mit dem bekannten Bild des halbgefüllten Wasserglases vergleichen: Der eine ist froh, daß es schon halb voll ist, während der andere traurig feststellt, daß es noch halbleer ist.

9.1.1 Europa: Wie fing es an? — Schritte nach Europa

> „Wir müssen eine Art Vereinigte Staaten von Europa errichten ... Wir können es uns einfach nicht leisten, durch all die kommenden Jahre den Haß und die Rache mit uns fortzuschleppen, die den Ungerechtigkeiten der Vergangenheit entsprossen sind ... Europa muß sich vereinigen, oder es wird untergehen."

Als Winston Churchill 1946 diese Worte sprach, stimmten ihm viele begeistert zu. Der alte Erdteil blutete aus vielen Wunden. Die „Vereinigten Staaten von Europa" waren die zündende Zukunftsidee, und man erhoffte sich eine schnelle Verwirklichung des Zusammenschlusses.

Schritte nach Europa

1950	Der französische Außenminister Robert Schuman schlägt eine Europäische Gemeinschaft für Kohle und Stahl vor (EGKS-Montanunion).
1951	Die Verträge zur Gründung der Montanunion werden von Belgien, der Bundesrepublik Deutschland, Frankreich, Italien, Luxemburg und den Niederlanden unterzeichnet.
1957	Die sechs Länder der Montanunion gründen die Europäische Wirtschaftsgemeinschaft (EWG) und die Europäische Atomgemeinschaft (Euratom) (Römische Verträge).
1963	Zwischen der EWG, 17 afrikanischen Staaten und Madagaskar wird das erste Assoziierungsabkommen[1] unterzeichnet.

---

[1] Assoziierung = Verknüpfung.

1967 Die Exekutivorgane der EGKS, Euratom und der EWG werden zusammengefaßt. Seitdem spricht man von der „Europäischen Gemeinschaft" (EG).

1968 Die letzten Zölle zwischen den Mitgliedsländern werden abgeschafft (Zollunion). Die Freizügigkeit der Arbeitnehmer wird verwirklicht.

1973 Dänemark, England und Irland treten der EG bei.

1975 Abkommen von Lomé (Seite 203).

1977 Portugal und Spanien beantragen den Beitritt zur EG.

1979 Ein Europäisches Währungssystem tritt in Kraft[1] (EWS). Erste Direktwahl des Europäischen Parlaments.

1981 Griechenland wird Mitglied.

1984 Zweite Direktwahl des Europäischen Parlaments.

Am 1. Januar 1981 ist Griechenland Vollmitglied der EG geworden. Damit ist — nach der Gründung 1958 und der ersten Erweiterung von 1973 — die dritte Ausbauphase der Gemeinschaft eingeleitet.

▼

Stellen Sie die Wirtschaftsleistungen der einzelnen Länder in Prozent dar (Bundesrepublik Deutschland = 100 %). Zeichnen Sie die Ergebnisse als Säulendiagramm.

Einige Fachausdrücke, die Sie kennen sollten:

Freihandelszone — Die Mitglieder erheben untereinander keine Zölle. Gegenüber Drittländern (Nichtmitgliedern) behält jedes Land einen eigenständigen Außenzoll bei.

Gemeinsamer Markt — Er geht über die Zollunion hinaus. Die Mitglieder vereinbaren den Verkehr von Waren, Dienstleistungen und Kapital unter freien, gleichen Bedingungen. Dazu kommt die Freizügigkeit der Arbeitnehmer, das Niederlassungsrecht von Selbständigen und Gesellschaften. Die EG wird als „gemeinsamer Markt" bezeichnet. Sie ist jedoch mehr, weil die Mitglieder bereits versuchen, einen Teil ihrer Wirtschaftspolitik miteinander abzustimmen.

Integration — (lateinisch) = Wiederherstellung eines Ganzen. Zusammenschluß. Beispiel: Die wirtschaftliche Integration der westeuropäischen Staaten (langfristiges Ziel ist auch die politische Integration).

Präferenzsystem. — Die gegenseitige handelspolitische Vorzugsbehandlung für Einfuhrwaren zwischen zwei oder mehreren Ländern.

Schutzzölle — sollen den Preis eingeführter Waren (Importe) so verteuern, daß Inlandsprodukte vor der sonst billigeren ausländischen Konkurrenz geschützt werden.

Supranational (überstaatlich). — Die EG als überstaatliche Gemeinschaft ist supranational. Supranationale Organisationen sind gegenüber den Mitgliedsstaaten weitgehend unabhängig. (Die Mitgliedstaaten haben ihnen Hoheitsrechte übertragen.)

Zollunion. — Die Mitglieder erheben untereinander keine Zölle und vereinbaren auch einen gemeinsamen Außenzoll gegenüber Nichtmitgliedern. Die EG-Staaten bilden eine solche Zollunion.

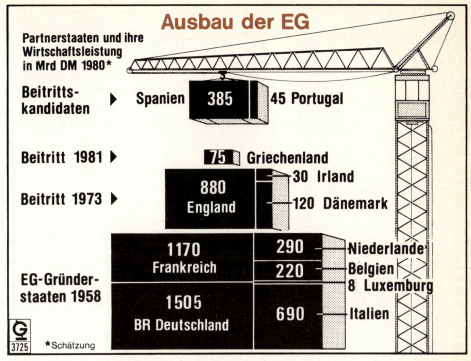

[1] Außer Großbritannien nehmen alle EG-Staaten daran teil.

Europäisches Parlament für verkürzung der arbeitszeit

Weitgehend unbemerkt von der hiesigen presse hat sich das Europäische Parlament mit deutlicher mehrheit für eine arbeitszeitverkürzung eingesetzt.

Der beschluß, der am 18. november 1983 zustande kam, hat in den entscheidenden abschnitten folgenden wortlaut: „In der erwägung, daß die zunahme der arbeitslosigkeit eines der hauptprobleme der länder der Europäischen Gemeinschaft darstellt und parlament, rat, kommission und wirtschafts- und sozialausschuß die bedeutung der generellen arbeitszeitverkürzung für die bekämpfung der arbeitslosigkeit bekräftigt haben, ... fordert ... das Europäische Parlament ... deshalb, daß in der empfehlung (der kommission der Europäischen Gemeinschaft) das ziel einer kurzfristigen, erheblichen senkung der täglichen, wöchentlichen und/oder jährlichen arbeitszeit zur schaffung von arbeitsplätzen ausdrücklich verankert wird, wobei als minimum in den nächsten zwei jahren eine zehnprozentige arbeitszeitverkürzung erreicht werden muß ..."
Desgleichen begrüßt das Europäische Parlament „ein gemeinschaftliches vorgehen der beschränkung von überstunden".

druck + papier 3/1984

Assoziierung. — Es bedeutet Teilmitgliedschaft. — Einige Staaten in Europa, Afrika und Asien sind mit der EG „assoziiert". Die EG-Staaten bauen die Zölle für Einfuhren aus assoziierten Staaten ab. Diese senken ihre Zölle gegenüber Einfuhren aus EG-Staaten und anderen assoziierten Ländern. Das bedeutet eine Vorzugsstellung der assoziierten Staaten gegenüber anderen Ländern.

9.1.2 Die Europäische Gemeinschaft (EG)
(siehe auch Grafik Seite 260)

Die Europäische Kommission (Dienststellen vor allem: Brüssel, Luxemburg)

Sie besteht aus 14 Mitgliedern[1] (Kommissare). Diese werden von den Regierungen der Mitgliedstaaten auf vier Jahre ernannt. Sie können während ihrer Amtszeit nicht abberufen werden[2] und „üben ihre Tätigkeit in voller Unabhängigkeit zum allgemeinen Wohl der Gemeinschaft aus".

Welche Aufgaben und Rechte hat die Kommission? Sie ist ...

• *Motor der Gemeinschaft (Initiativorgan)*

Die Kommission vertritt das Interesse der Gemeinschaft und macht Vorschläge zur Gemeinschaftspolitik. Sie arbeitet die „europäischen Gesetze" aus. Erst auf ihre Vorschläge hin kann der Rat diese Rechtsvorschriften verabschieden.

• *Ausführendes Organ der Gemeinschaft (Exekutivorgan)*

Die Kommission sorgt für die Durchführung der Verträge und Beschlüsse der Gemeinschaftsorgane. Dabei erläßt sie Durchführungsbestimmungen, überwacht die Anwendung der Vertragsvorschriften und entwirft den Haushalt der Gemeinschaft. Die Kommission verwaltet die Gemeinschaftsfonds[3] (z. B. Agrar-, Regional-, Sozial-, Entwicklungsfonds).

---
[1] Je zwei aus der Bundesrepublik Deutschland, Frankreich, Italien, Großbritannien und je einem aus den anderen Mitgliedstaaten.
[2] Nur das Europäische Parlament kann durch ein Mißtrauensvotum den Rücktritt der Kommission erzwingen.
[3] Fonds = für bestimmte Zwecke bestimmte Geldmittel.

• *Hüterin der Verträge („Wachhund" der Gemeinschaft)*

Die Kommission wacht über die Anwendung und Einhaltung der Vertragsbestimmungen und Beschlüsse der EG-Organe. Sie kann z. B. den Gerichtshof anrufen, wenn ein Mitgliedstaat Vertragsbruch begeht.

Der Europäische Rat

Seit 1974 treten die Regierungschefs der EG dreimal im Jahr als „Europäischer Rat" zusammen. (Diese Treffen sind in den Verträgen nicht vorgesehen.) — Hier werden Beschlüsse vorbereitet, die der Ministerrat dann verabschiedet. Außerdem werden Probleme der europäischen politischen Zusammenarbeit besprochen; auch auf Gebieten, für die die EG nicht oder nur zum Teil zuständig ist. So konnte z. B. ein gemeinsames Auftreten der EG-Mitglieder vor der UN erreicht werden.

Der Rat (Ministerrat) (tagt meist in Brüssel oder in Luxemburg)

Er besteht aus je einem Vertreter der EG-Staaten (Minister oder Staatssekretäre). Obwohl Mehrheitsentscheidungen möglich sind, wird im „Rat" in den meisten Fällen einstimmig entschieden.

Welche Aufgaben und Rechte hat der Rat?

Er ist der eigentliche Gesetzgeber der Gemeinschaft. — Er entscheidet auf der Grundlage von Kommissionsvorschlägen (und auch Vorschlägen des Parlaments) über die EG-Politik.

> Nach den Verträgen von Rom muß jede Maßnahme von allgemeiner Tragweite oder größerer Bedeutung vom Ministerrat beschlossen werden; der Rat kann aber, außer in einigen wenigen Fällen, nur auf Vorschlag der Kommission entscheiden. Die Kommission hat somit eine ständige Initiativpflicht. Ohne ihre Vorschläge sind dem Rat die Hände gebunden, und die Gemeinschaft kommt nicht voran.

Quelle: Emile Noël, Generalsekretär der EG-Kommission in „Die Organe der Europäischen Gemeinschaft", Seite 18

Das Europäische Parlament (tagt im allgemeinen in Straßburg)

Es hat 434 Mitglieder und wurde 1979 zum ersten Mal in allgemeinen Wahlen vom Bürger direkt gewählt:

> Mit seinem durch die Direktwahl gewonnenen stärkeren politischen Gewicht und seinem neuen Ansehen wird das Europäische Parlament ... in der Lage sein, seine Befugnisse intensiver und vollständiger wahrzunehmen und so einen wesentlich größeren Einfluß auf das Funktionieren der Gemeinschaft ausüben.

Quelle: Emile Noël, a. a. O., Seite 27

Welche Aufgaben und Rechte hat das Europäische Parlament?

- *Kontrollinstrument*

Das Parlament kann die Kommission zwingen, zu allen Punkten Stellung zu nehmen, die es wünscht. — Außerdem kontrolliert das Parlament die Haushaltsführung, für die die Kommission die Verantwortung trägt. (Der Europäische Rechnungshof unterstützt dabei das Parlament.)

- *Mitsprache bei der Festsetzung des Haushalts*

Der Haushalt wird von der Kommission entworfen, die endgültige Festsetzung aber trifft das Parlament. Es kann den Haushalt auch ablehnen. Die Durchführung vieler Verordnungen und Beschlüsse sind mit Geldausgaben verbunden. Daher hat das Parlament durch sein Mitspracherecht beim Haushalt auch Einfluß auf die Gesetzgebung.

Der Rechnungshof (Sitz in Luxemburg)

Die zehn Mitglieder werden vom Rat einstimmig ernannt (nach Anhörung des Parlaments). Der Rechnungshof prüft die Durchführung des Gesamthaushalts der EG. Er kontrolliert die Ordnungsmäßigkeit der Einnahmen und Ausgaben und die Wirtschaftlichkeit der Haushaltsführung.

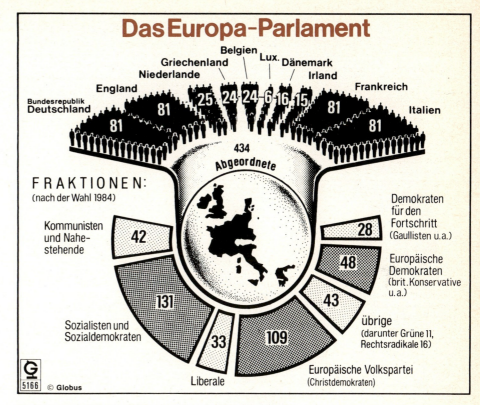

Die Zusammensetzung des Parlaments nach Herkunft und parteipolitischer Zugehörigkeit

Der Europäische Gerichtshof

Er besteht aus zehn Richtern[1], überwacht die Rechtmäßigkeit aller Beschlüsse und ist gerichtliche Instanz für alle Streitfälle, die die Gemeinschaft betreffen. Seine Entscheidungen sind für die Mitgliedstaaten, die Gemeinschaftsorgane und die einzelnen Bürger verbindlich.

Auch wir können uns an den Europäischen Gerichtshof wenden:

---

[1] Der Gerichtshof wird von vier Generalanwälten unterstützt.

Frauen erfochten Entschädigung
EG-Gerichtshof: Deutsches Recht reicht bei beruflicher Diskriminierung nicht

Luxemburg. Frauen, die im Berufsleben diskriminiert werden, haben Anspruch auf eine angemessene Entschädigung.

Das hat der Luxemburger EG-Gerichtshof festgestellt. Damit haben drei Frauen aus der Bundesrepublik in ihrem Kampf um die Gleichberechtigung gegenüber Männern wichtige Urteile (AZ: EuGH Rs 79/83) erfochten.

Im einen Fall hatte sich die Diplom-Kauffrau Dorit Harz aus Hamburg um eine Managerstelle bei einem Handelsunternehmen beworben. Ihre Bewerbung wurde abgelehnt, weil angeblich Frauen bei der Aushandlung von Verträgen in arabischen Ländern nicht erwünscht sind. Im zweiten Fall hatten die beiden Sozialarbeiterinnen Sabine von Colson und Elisabeth Kamann sich um eine Stelle in der Justizanstalt Werl beworben, in der nur männliche Gefangene aufgenommen werden. Männliche Bewerber wurden ihnen aber vorgezogen, obwohl diese angeblich schlechter qualifiziert waren, weil die Einstellung von Frauen für solche Anstalten problematisch sei.

„Lübecker Nachrichten", 11. April 1984

1. „Europäischen Gemeinschaft für Kohle und Stahl" (EGKS oder Montanunion),
2. „Europäischen Wirtschaftsgemeinschaft" (EWG),
3. „Europäischen Atomgemeinschaft" (Euratom).

9.1.3 Europa im Zahlenspiegel

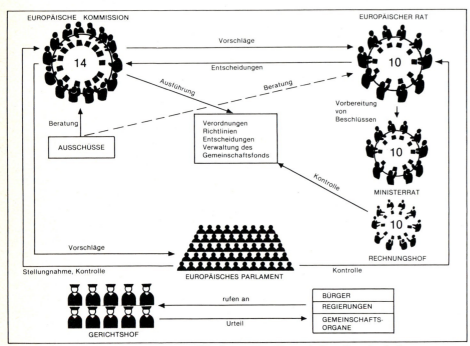

Die Organe der Europäischen Gemeinschaft

Vergleichen Sie die Texte über die Europäische Gemeinschaft (Seite 258 f.) mit der Grafik. — Achten Sie dabei auf die Pfeile, die deutlich machen sollen, wie die Organe miteinander verflochten sind (Funktionsschema).

Die Organe der Europäischen Gemeinschaft (EG):

Die EG umfaßt drei Gemeinschaften. Sie entstand 1967 aus dem Zusammenschluß der

Quelle: W. Hanel, aus: EG-Magazin, Juni/Juli 1981, S. 11

Was wollen diese beiden Karikaturen aussagen? Stimmen Sie zu?

Die EG-Partner im Vergleich 1981 (ausgewählte Beispiele)

Beispiel Land	Erwerbs-quote	Arbeits-losenquote	Pkw je 1000 Einw.	Einwohner je Arzt[1]
Bundesrepublik Deutschland	46	5,5	384	451
Belgien	42	11,6	320[1]	444
Dänemark	52	6,9[1]	267	512
Frankreich	43	7,8	366	613
Griechenland	36[1]	1,1[1]	94	453
Großbritannien	47	10,5	282	653
Irland	36[1]	10,3[1]	225	831
Italien	40	8,9	313	485
Luxemburg	44	—	477	878[1]
Niederlande	39	7,4	323	583

[1] Angaben für 1980

Quelle: Statistisches Jahrbuch 1983 für die Bundesrepublik Deutschland, Internationale Wirtschaftszahlen 1982/83, hrsg. v. Institut der deutschen Wirtschaft.

Stellen Sie diese Grafik als „Säulendiagramm" dar.

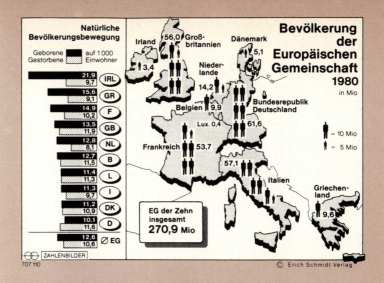

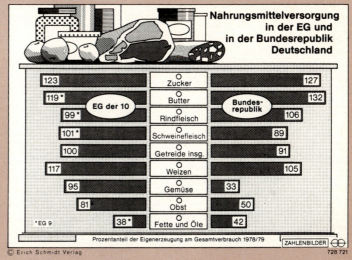

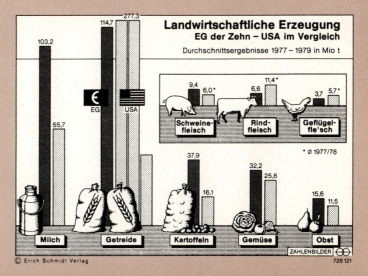

261

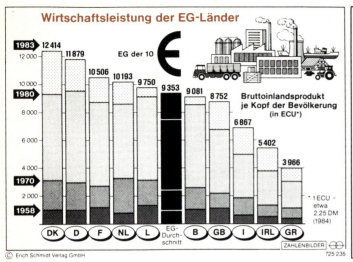

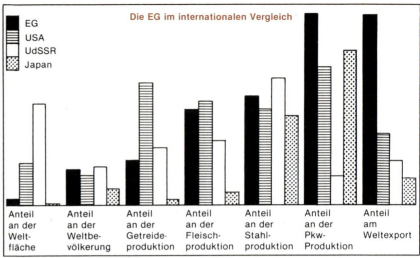

9.1.4 Hürdenlauf nach Europa: Ziele, heute und morgen

> **Europäische Schweine ... ?**
>
> Die europäischen Institutionen haben europäische Zuckerrüben, Butter, Käse, Weine, Kälber, ja sogar Schweine zustande gebracht. Aber keine europäischen Menschen. Solche europäischen Menschen gab es im Mittelalter, in der Renaissance, im Zeitalter der Aufklärung und sogar im 19. Jahrhundert. Sie gilt es wieder zu schaffen. Die Jugend hat es sich bereits zu Herzen genommen: mit dem Rucksack unterwegs, kennt sie keine Grenze.

Quelle: Aus der Rede der Alterspräsidentin des Europäischen Parlaments am 17. Juli 1979 in „Das Parlament", 4. August 1979

Die Väter des EWG-Vertrages waren entschlossen, „durch gemeinsames Handeln den wirtschaftlichen und sozialen Fortschritt ihrer Länder zu sichern", d. h., die Europäische Gemeinschaft ist nicht auf wirtschaftliche Ziele beschränkt, so wichtig diese auch sein mögen. Ziel bleibt die politische Gemeinschaft.

Die vier Freiheiten

„Schöne Reden ..., hohe Ziele ...", so mögen wir denken, wenn wir Broschüren über Europa

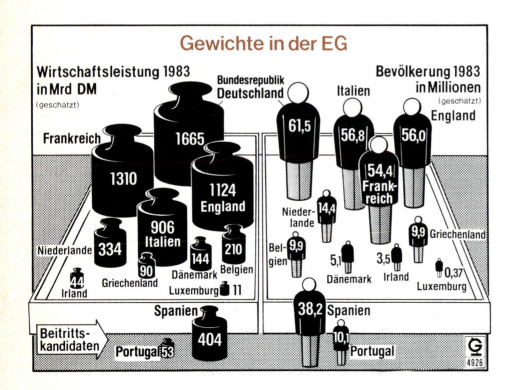

durchblättern. Wir fragen uns: „Was bietet mir Europa persönlich, wie wirkt sich der Zusammenschluß auf mein Berufs- und Privatleben aus?" An den „vier Freiheiten" können wir uns deutlich machen, was uns „Europa" (z. T. schon heute) bringt:

• 1. Freier Warenverkehr

Jahrhundertealte Schranken können nicht über Nacht beseitigt werden. Viel ist geschehen, viel ist noch zu tun. Der Warenaustausch zwischen den EG-Staaten ist enorm gestiegen. Noch sind zahlreiche Hindernisse zu überwinden, so z. B. die restlose Beseitigung von Zollschranken, Verfälschung des Wettbewerbs; die Angleichung von Normen und technischen Vorschriften. Allerdings besteht nicht die Absicht, „Euro-Bier" oder „Euro-Brot" einzuführen . . .

. . . und was habe ich davon? — Studieren Sie das Warenangebot in den Läden und Kaufhäusern. Der steigende Warenaustausch hat sich für jeden von uns ausgewirkt!

• 2. Freier Personenverkehr

Wenn es auch noch Paßkontrollen gibt, sie werden weniger. Durch die geplante Einführung eines Euro-Passes dürften die Kontrollen weiter vereinfacht werden. — Völlige Freizügigkeit im Personenverkehr bedeutet auch, daß EG-Bürger sich in Mitgliedsstaaten zur Ausübung ihres Berufes niederlassen können.

. . . und was habe ich davon? — Sie können ungehindert von einem Gemeinschaftsland in das andere reisen. Sie haben das Recht, in jedem beliebigen Gemeinschaftsland eine Arbeit anzunehmen. Ihre Sozialversicherungs- und sonstigen Leistungsansprüche werden auf das Gastland übertragen.

• 3. Freier Dienstleistungsverkehr

In sogenannten „Dienstleistungsberufen" ist es schwieriger, Freizügigkeit zu erreichen. Hier ist noch viel zu tun. So konnte z. B. erst 1976 die Freizügigkeit für Ärzte verwirklicht werden[1], 1979 für Rechtsanwälte und Krankenschwestern. Jetzt ist man bemüht, für Architekten, Zahnärzte und Hebammen die Freizügigkeit einzuführen. Andere Berufsgruppen werden folgen.

. . . und was habe ich davon? — Falls Sie in einem Dienstleistungsberuf tätig sind: Fragen Sie an, wie es bei Ihrem Beruf zur Zeit mit der Freizügigkeit steht?[1]

Freier Personen- und Dienstleistungsverkehr bedeuten auch: Italiener, Griechen usw. können bei uns als Kellner, Kfz-Schlosser, als Arzt, Rechtsanwalt oder Krankenschwester arbeiten. — Welche Probleme könnten sich daraus ergeben?

• 4. Freier Geldverkehr

Einiges ist erreicht. Rechtlich gesehen kann ein Angehöriger eines Mitgliedslandes z. B. in einem anderen Mitgliedsland sein Geld anlegen (investieren). Aber einige Staaten untersagen ihren Bürgern dieses Recht. — Auch hat schon mancher Auslandsreisende erlebt, daß er beim Grenzübergang angeben muß, wieviel Geld er in seiner eigenen Währung bei sich hat.

. . . und was habe ich davon? — Fahren Sie im Urlaub nach Paris, Rom, Brüssel, Kopenhagen? — Dann können Sie mit „Euroscheck" in jedem Mitgliedsland schnell und unproblematisch über Ihr Geld verfügen. (Auskünfte erteilen alle Banken und Sparkassen.)

9.1.5 Hürdenlauf nach Europa: Ein ganzer Sack voller Probleme

9.1.5.1 Beispiel: Agrarpolitik

Eine merkwürdige Geschichte (ein Pfund Butter erzählt)

❱❱ Man hat mich im Sommer . . . in einer Molkerei in der Bundesrepublik Deutschland hergestellt und zum Preis von 3,80 DM staatlicherseits aufgekauft und in einem riesigen Kühlhaus gelagert . . . Im Lagerhaus sind weder Kosten noch Mühen gescheut worden, mich und

---

[1] Langwierige Verhandlungen über die gegenseitige Anerkennung der Ärztediplome waren vorausgegangen.

[1] Kommission der Europäischen Gemeinschaft, Presse- und Informationsbüro, Zitelmannstraße 22, 5300 Bonn.

meine Gefährten zu konservieren, um unsere Qualität zu erhalten. Weil immer mehr Päckchen im Kühlhaus Platz finden sollten, ist es allmählich zu eng geworden. Deshalb hat man uns ans Ausland verkauft. Der Preis hat mich jedoch ein bißchen enttäuscht, weil die UdSSR für uns nur 1,20 DM pro Pfund gezahlt hat. Immerhin haben die Verbraucher in der Bundesrepublik zum selben Zeitpunkt 4,20 DM, also 3,— DM mehr auf den Tisch legen müssen. Für einige von uns ist auch in der UdSSR die Reise noch nicht zu Ende gewesen. Gerüchte besagen, daß die Sowjetunion einen Teil der Butter für 2,20 DM pro Pfund an andere Länder weiterverkauft hat.

So ganz klar geworden ist mir der Sinn unserer Reise bis heute noch nicht. Man hätte das Problem doch gerechter, vernünftiger und wirtschaftlicher lösen können, indem man ... „

Quelle: „Zeitlupe 7, Europa", Bundeszentrale für politische Bildung

Quelle: EG-Magazin Nr. 1/77

„ **Ziel der gemeinsamen Agrarpolitik ist es,**

a) die Produktivität der Landwirtschaft ... zu steigern;
b) auf diese Weise der landwirtschaftlichen Bevölkerung ... eine angemessene Lebenshaltung zu gewährleisten;
c) die Märkte zu stabilisieren;
d) die Versorgung sicherzustellen;
e) für die Belieferung der Verbraucher zu angemessenen Preisen Sorge zu tragen." „

Quelle: Art. 39 des EWG-Vertrages

Von diesen fünf Zielen wurde vor allem eins nicht nur erreicht, sondern übertroffen: die Sicherstellung der Versorgung. Es entstand eine Überproduktion, die den Verbraucher jährlich viele Milliarden kostet[1]. — Wie kam es dazu?

Für Landwirtschaftprodukte wird jährlich ein Richtpreis (Orientierungspreis) festgelegt. Er ist ein Kompromiß zwischen den Forderungen der Landwirtschaft und dem Ziel: „Belieferung der Verbraucher zu angemessenen Preisen". Sinkt nun der Preis unter den Richtpreis (z. B. durch eine Rekordernte), dann muß der Staat „intervenieren", d. h. die Ware zum Richtpreis aufkaufen (das ist teuer). — Technischer Fortschritt, Preis- und Absatzgarantien führen so zu einer ständigen Überproduktion[2]. Es entstehen die „Berge" (Butter-, Schweinefleisch-, Magermilchpulverberg). Die Verschleuderung oder sogar Vernichtung der Überproduktion ist mit weiteren hohen Kosten verbunden. (Es werden riesige Überschüsse finanziert, die dann mit riesigem finanziellen Aufwand abgebaut werden müssen.) — Diese völlige Abkehr der Agrarpolitik von einer „freien Marktwirtschaft" steht immer wieder im Kreuzfeuer der Kritik.

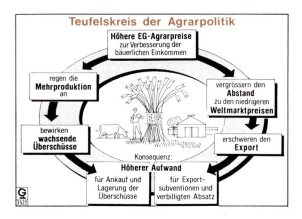

---

[1] Mehr als 70 Prozent des EG-Haushaltes werden vom Agrarmarkt verschlungen.

[2] Z. B. bei Milch, Zucker, Südfrüchten, Getreide, Schweinefleisch, Wein. — Wenn in einem guten Sommer die Milchproduktion um ein Prozent steigt, kann dies einen Milchpulverüberschuß von einer Million Tonnen zur Folge haben.

Nahrungsmittelvernichtung: Tomaten auf dem Müll der Kanalinsel Guernsey

Die Kuh trinkt Milch

Das eindrucksvollste Beispiel für eine Fehlentwicklung in der EG-Agrarpolitik sind die Milch-Marktordnungen, die 1981 ca. 11,5 Mrd. DM, rund ein Drittel der EG-Agrarausgaben kosten.

Die EG verpflichtet die Interventionsstellen zum unbegrenzten Ankauf von Butter, Magermilchpulver und bestimmten Käsesorten gegen einen garantierten Mindestpreis. Auf diese Weise machen die Molkereien selbst bei Überschuß einen guten Gewinn. Aber auch die Bauern kommen nicht zu kurz; sie erhalten für ihre Milch ebenfalls einen hohen Garantiepreis. Die Folge: Wer die eifrigsten und meisten Kühe im Stall hat, der verfügt über das höchste Einkommen. Daß dadurch die viel zitierten Milchseen entstanden sind, darf keinen verwundern. Aus den Milchüberschüssen wird dann – schließlich besteht Ankaufspflicht – mit hohem Energieaufwand Pulver gemacht, das zunächst einmal in den Lägern verschwindet. Wenn diese dann voll sind, verkauft die EG das Pulver zum Spottpreis entweder an das Ausland oder aber wieder an die Bauern. Diese verwandeln es in Magermilch und füllen damit die Futtertröge. So kommt es, daß die treue Berta nach einiger Zeit wieder ihr eigenes Produkt schlabbert.

„Frankfurter Rundschau", 24. Januar 1981

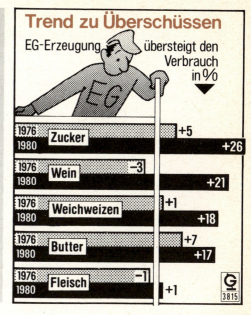

Minister protestiert: Äpfel nicht vernichten

H a m m (reuter). Scharf hat sich der nordrhein-westfälische Landwirtschaftsminister Hans-Otto Baeumer gegen die Vernichtung von Überschußprodukten in der Europäischen Gemeinschaft ausgesprochen.

Er appellierte am Wochenende in Hamm an Bundesernährungsminister Josef Ertl, die geplante Vernichtung von 200 000 Tonnen Äpfeln zu stoppen und diese kostenlos sozialen Einrichtungen, Krankenhäusern und Schulen zur Verfügung zu stellen. Aus der Überschußproduktion der zurückliegenden Jahre seien bereits 350 000 Tonnen verfüttert oder vernichtet worden, kritisierte Baeumer; die Brüsseler Agrarpolitik sei hoffnungslos in der Sackgasse.

Es sei unerträglich, daß erhebliche Gelder zur Agrarpreisstützung aufgewendet werden, um dann für die Beseitigung der entstandenen Überschüsse erneut tief in die Tasche zu greifen.

„Lübecker Nachrichten", 2. März 1980

9.1.5.2 Andere Probleme

Fast täglich lesen wir in den Zeitungen: „Krise um Europa", „Streit um die Agrarpreise" ... Die Dauerkrise um Europa ist zum Alltag der Politiker geworden. Versuchen wir, einige Kernprobleme anzudeuten:

1. Nationaler Egoismus der Mitgliedsstaaten

> Die Mitglieder der Europäischen Gemeinschaft ähneln gelegentlich einer Familie, deren Angehörige miteinander auf dem Weg über Rechtsanwälte verkehren.

„Die Zeit", 4. Januar 1980

Stellen Sie sich das einmal ganz realistisch vor: Eine zehnköpfige Familie verkehrt untereinander per Rechtsanwalt! Jeder sucht seinen Vorteil, jeder will das Beste für sich herausholen! — Wie enttäuschend, mühselig und zeitraubend dieser Weg ist, kann sich jeder denken ...

Da praktizierte Frankreich im Ministerrat die „Politik des leeren Stuhls"[1] und blockierte damit den weiteren Aufbau der EG; da gehen manche ihren eigenen Weg, wenn es um Inflationsbekämpfung oder Ölkrise geht; da werden ohne weiteres Bestimmungen der Zollunion verletzt ...

Man spricht heute von einem Trend, von einer Neigung zur „Re-Nationalisierung", d. h., jedes Mitgliedsland versucht mehr denn je, das eigene Schäfchen ins Trockene zu bringen.

2. Komplizierter Aufbau der Organe, wachsende Bürokratisierung

> Wer kennt die Namen der Gremien und Organisationen, der Institutionen und Räte, der Sekretariate und Ausschüsse und alle die gesetzlichen Grundlagen, auf denen sie arbeiten und die sie durch ihre Arbeiten ständig erweitern? ...

Vielleicht hängt gerade der Verlust an europäischer Begeisterung, der heute mancherorts beklagt wird, damit zusammen, daß Europa so entsetzlich kompliziert, so bürgerfern ist, und damit sein Ziel nicht mehr für jedermann sichtbar.

Da gibt es drei europäische parlamentarische Versammlungen, fünf große europäische Wirtschaftsorganisationen, unzählbare Fachorganisationen im zwischenstaatlichen Bereich. Wäre da weniger nicht in der Tat mehr? Wie soll der Bürger dieses Europa akzeptieren, wenn er sich nicht mehr zurechtfindet?

Quelle: Klaus Schöndube in: „Das Parlament", 2. Juni 1979

Gipfelkonferenzen – oder: wie man Probleme auf höchster Ebene löst.

(Aus: EG-Magazin Nr. 6/1977, S. 13)

3. Große wirtschaftliche Probleme

Die Agrar-Politik (Seite 263) ist der große „Dauerbrenner", mit dem sich die EG noch viele Jahre herumschlagen muß. — Außerdem hat „Europa" noch viele andere wirtschaftliche Probleme zu lösen. Nennen wir einige der wichtigsten.

- Die Bewältigung der Energiekrise und einer kommenden Rohstoffkrise (die EG-Staaten sind auf die Einfuhr vieler Rohstoffe angewiesen).

- Hohe Inflationsraten und Arbeitslosigkeit in vielen Mitgliedsländern (die schwächsten Volkswirtschaften haben die höchsten Inflations- und Arbeitslosenzahlen).

- Den unterschiedlichen Nutzen, den sich die einzelnen Länder versprechen.

---

[1] 1965/66. — Frankreich nahm seinen Platz im Ministerrat erst wieder ein, als die übrigen Partner den Wünschen der französischen Regierung weitgehend entgegengekommen waren (Ministerrat, Seite 258).

- Mehr Länder, mehr Probleme: Der Beitritt neuer Mitglieder (Griechenland; Portugal, Spanien sollen folgen) belastet zusätzlich den problematischen Agrarmarkt mit seinen Überschüssen und Steuersubventionen. Die „Mitgift" der Südeuropäer besteht vor allem in Problemen: Sie sind arm und landwirtschaftlich orientiert. Die Überproduktion der EG würde weiter steigen. Vor allem Spanien wird wegen der niedrigen Produktionskosten seiner Landwirtschaft von Italien und Frankreich als Billigproduzent gefürchtet. — Auch der Arbeitsmarkt der jetzigen EG-Staaten wird schwer belastet („freier Personenverkehr", Seite 263).

Soll die EG „wachsen, platzen oder verenden" ...?

Ein hoher EG-Beamter soll gesagt haben: „Die EG kann entweder wachsen, platzen oder verenden."

Fachleute sehen drei Möglichkeiten der Zukunftsentwicklung:

1. Rückbildung der EG zu einer Art Freihandelszone.
2. Beibehaltung der EG-Fassade, hinter der die Nationalstaaten eine Politik betreiben, die immer stärker von nationalen Interessen bestimmt wird.
3. Die mühsame, langsame und von vielen Krisen begleitete Weiterentwicklung der EG zur wirtschaftlichen und politischen Integration[1].

„ Europa, das ist eher ein Baum, der wächst, der eine Schicht nach der anderen ansetzt, der aber nicht konstruiert werden kann. „

Quelle: Konrad Adenauer, zitiert in „Europa wählen", Presse- und Informationsamt der Landesregierung Schleswig-Holstein

Welche Zukunftsentwicklung der EG sehen Sie im Augenblick? — Begründen Sie.

Tip:
Sammeln Sie einige Wochen Zeitungsmeldungen über Probleme der EG.

---

[1] Integration = Zusammenschluß.

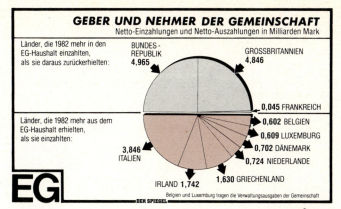

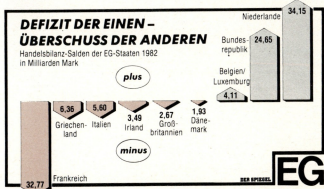

9.1.6 Mehr als 25 Jahre Europäische Gemeinschaft: Eine Bilanz

„Das Problem ist die politische Schwäche der Regierungen"

Es ist sicherlich wahr: Die Europäische Gemeinschaft befindet sich in einer schweren Krise. Die von Jahr zu Jahr steigenden Agrarkosten, die Arbeitslosigkeit, die ungleiche finanzielle Belastung der Mitgliedstaaten, die Stahlkrise, das regionale Ungleichgewicht der Entwicklung — um nur einige der Probleme zu nennen — machen eine Reform dringend nötig. Zugleich zeigt sich der Ministerrat, der Gesetzgeber der Gemeinschaft, als wenig flexibel und in wichtigen Fragen häufig unfähig, notwendige Entscheidungen zu fällen. So nimmt es nicht Wunder, daß die Europäische Gemeinschaft heute nur ein geringes Echo bei den Bürgern findet. 25 Jahre nach ihrer Gründung, der Unterzeichnung der Römischen Verträge am 25. März 1957, gibt sie nur wenig Anlaß für Hochgefühle. Dabei ist es nur ein geringer Trost, daß diese Entwicklung auf dem Hintergrund einer weltweiten Wirtschaftskrise gesehen werden muß.

Durch diese wenig erfreuliche Entwicklung treten die wirklichen Leistungen der Gemeinschaft in den Hintergrund, ja sie werden als selbstverständlich verstanden. Die stetigen Erfolge des ersten Vierteljahrhunderts des Bestehens der Gemeinschaft werden, eben weil sie so selbstverständlich sind, vergessen. Auch heute leistet die Gemeinschaft — trotz der krisenhaften Entwicklung — vieles für die Bürger und für unsere Wirtschaft, was kaum oder gar nicht zur Kenntnis genommen wird.

Quelle: „Das Parlament", Nr. 11, 20. März 1982

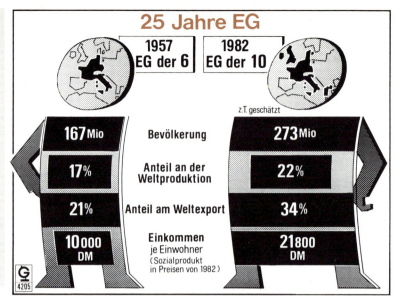

25 Jahre Europäische Gemeinschaft:

Ein Supermarkt für 270 Millionen Verbraucher

Die Gemeinschaft steht vor vielen schwierigen, ungelösten Problemen. Sie ist von der Weltwirtschaftskrise hart betroffen. Die Mitgliedstaaten haben oft ihre nationalen, egoistischen Interessen vor das europäische Gemeinwohl gestellt.

Und trotz alledem ist die EG unbestreitbar ein großer wirtschaftlicher und politischer Erfolg. Sie ist der bisher erfolgreichste Einigungsversuch unabhängiger Staaten. Die Wirkungen dieses friedlichen Einigungswerkes gehen weit über die rein wirtschaftlichen Erfolge hinaus. Die EG bringt Frieden, Freiheit und Verständigung unter ihren Mitgliedstaaten und Völkern.

Alle können sich mehr leisten

Ob Unternehmer, Arbeitnehmer, Landwirte, Rentner, Freiberufler, oder Verbraucher: Alle können sich heute sehr viel mehr leisten als noch vor 25 Jahren. Die Preise sind zwar überall stark gestiegen, die Einkommen wuchsen aber noch schneller. Die Realeinkommen sind im EG-Durchschnitt — von Sizilien bis Jütland — um weit mehr als das Doppelte gestiegen.

Großes internationales Warenangebot

Das Warenangebot in unseren Geschäften ist heute reichhaltiger und internationaler denn je. Käse aus Dänemark, Blumen aus Holland, Cognac aus Frankreich, Whisky aus Irland, Pfirsiche aus Griechenland und Autos aus Italien sind in unseren Geschäften heute selbstverständlich. Die EG ist ein Supermarkt für 270 Millionen Verbraucher. Der Warenaustausch unter den EG-Ländern ist in den 25 Jahren um mehr als das Zwanzigfache gestiegen; er erhöhte sich damit doppelt so schnell wie der Handel mit allen anderen Ländern auf der Welt.

Dank der EG wurden die Zölle unter den Mitgliedstaaten völlig abgeschafft. Die importierten Waren wurden dadurch billiger, der Wettbewerb schärfer. Dies ist dem Verbraucher zugute gekommen, wenn auch Preissteigerungen nicht verhindert werden konnten.

EG-Agrarpolitik sichert Nahrungsmittelversorgung

Die EG-Agrarpolitik ist für die Verbraucher und Steuerzahler zwar ziemlich teuer, jedoch billiger als wenn es noch zehn verschiedene nationale Agrarpolitiken geben würde. Die gemeinsame Agrarpolitik hat immerhin das Hauptziel erreicht, die Verbraucher unabhängig von den starken Produktions- und Preisschwankungen am Weltmarkt sicher und reichhaltig mit Nahrungsmitteln zu versorgen. Die Ausgaben für die Ernährung gehen im Vergleich zu den Gesamtausgaben immer weiter zurück; die Agrarpolitik hat dadurch einen Beitrag zu stabileren Preisen geleistet.

Gesundheit und Sicherheit

Güter und Dienstleistungen dürfen bei Gebrauch unter normalen Bedingungen keinerlei Gefahr darstellen. Von diesem Grundsatz ausgehend wurden mit rund dreißig europäischen Richtlinien die einzelstaatlichen Rechtsvorschriften harmonisiert, um Gesundheit und Sicherheit der Verbraucher zu schützen und zugleich den freien Warenverkehr zu fördern, der sonst durch unterschiedliche nationale Vorschriften beeinträchtigt würde. Die einschlägigen Maßnahmen gehen vom einfachen Verbot bestimmter Stoffe bis zur Verbesserung der Verbraucherinformationen.

So regeln europäische Richtlinien die Kennzeichnung von Lebensmitteln (Haltbarkeit, Zusatzstoffe usw.), ihre Verpackung (beschränkte Zulassung von PVC), Aufmachung und Werbung, bisweilen auch die Zusammensetzung bestimmter Erzeugnisse (Honig, Obstsäfte, Dosenmilch, Schokolade).

Im wirtschaftlichen Interesse der Verbraucher

Die Politik der Gemeinschaft berührt in vielen Bereichen die wirtschaftlichen Interessen des Verbrauchers unmittelbar. So unterbindet oder ahndet die EG-Wettbewerbspolitik unlautere Praktiken, die sich auf die Preise auswirken können.

Der Verbraucher muß seine Rechte vor und nach einem Kauf geltend machen können und vor bestimmten mißbräuchlichen Verkaufspraktiken geschützt werden. Die Kommission hat dem Ministerrat bereits mehrere Richtlinienentwürfe über die Produktenhaftung (1976), Haustürgeschäfte (1977), irreführende Werbung (1978) und Verbraucherkredite (1979) unterbreitet.

Quelle: „Das Parlament", 27. März 1982

9.1.7 Was man sonst noch wissen sollte: Andere Zusammenschlüsse

Europäische Freihandelszone (EFTA), 1959 gegründet. Sie war als wirtschaftliches Schutzbündnis gegen die EWG gedacht und sollte gleichzeitig die Verschmelzung mit der EWG vorbereiten. Nach dem EG-Beitritt einiger Länder ging die Bedeutung der Rest-EFTA[1] zurück.

Europarat. Zusammenschluß 21 westeuropäischer Staaten[2] mit dem Ziel, die Zusammenarbeit im wirtschaftlichen, sozialen, kulturellen und wissenschaftlichen Bereich zu fördern. Er wurde 1949 gegründet und kann zur Zeit nur Empfehlungen geben. Er tagt in Straßburg.

Der **Europäische Gerichtshof** für Menschenrechte ist ein Organ des Europarats. Auch ihn können, wie die Zeitungsmeldung zeigt, die Bürger anrufen.

Organisation für wirtschaftliche Zusammenarbeit und Entwicklung (OECD), 1961 gegründet. Mitglieder: alle nichtsozialistischen europäischen Staaten, die USA, Kanada, Japan, Australien, Neuseeland (Jugoslawien ist assoziiertes Mitglied). Aufgaben: wirtschaftliche Zusammenarbeit und gegenseitige Abstimmung der Entwicklungshilfe.

Rat für gegenseitige Wirtschaftshilfe (Comecon). Wirtschaftsgemeinschaft der sozialistischen Länder[3], 1949 gegründet. Gegengewicht zur EG. Das Comecon soll die Wirtschaftsplanung der Mitglieder koordinieren. Es kennt aber im Gegensatz zur EG keine übernationalen Behörden. Die Mitglieder treten keine Souveränitätsrechte ab.

---

[1] Island, Norwegen, Österreich, Portugal, Schweden, Schweiz, Finnland.
[2] Belgien, Bundesrepublik Deutschland, Dänemark, Frankreich, Griechenland, Großbritannien, Irland, Island, Italien, Liechtenstein, Luxemburg, Malta, Niederlande, Norwegen, Österreich, Portugal, Schweden, Schweiz, Spanien, Türkei, Zypern.
[3] Mitglieder: Bulgarien, CSSR, DDR, Kuba, Mongolei, Polen, Rumänien, UdSSR, Ungarn, Vietnam (mit Jugoslawien, Finnland, Irak und Mexiko sind Assoziierungsabkommen geschlossen).

Menschenrechte verletzt: Bonn muß zahlen

S t r a ß b u r g (dpa). Der Europäische Gerichtshof für Menschenrechte hat die Bundesrepublik zum erstenmal in ihrer Geschichte zur Zahlung von Schadenersatz verurteilt.

...

Ein hessischer Arzt, der um seine Approbation und die Betriebserlaubnis für eine Privatklinik kämpfte, hatte wegen des überlangen Verfahrens — einmal sieben und einmal elf Jahre — Klage eingereicht. Der Europäische Gerichtshof entschied im Gegensatz zu dem vorher angerufenen Bundesverfassungsgericht, daß die Dauer des Verfahrens auch durch die komplizierte Materie nicht zu rechtfertigen sei und gegen Artikel sechs Absatz eins der Europäischen Menschenrechtskonvention verstoße.

„Lübecker Nachrichten", 11. März 1980

9.2 Der Nord-Süd-Konflikt: Entwicklungshilfe in der Sackgasse?

Kostenlose Informationen erhalten Sie von:

Bundesministerium für wirtschaftliche Zusammenarbeit, Postfach, 5300 Bonn (u. a. erhalten Sie die Broschüren: „Politik der Partner", „Zusammenarbeit mit Entwicklungsländern", „Entwicklungspolitik").

Arbeitsgemeinschaft für Entwicklungshilfe, Theodor-Hürth-Straße 2 — 6, 5000 Köln 1.

Deutsche Welthungerhilfe, Adenauerallee 134, 5300 Bonn 1.

Deutscher Entwicklungsdienst, Kladower Damm 299, 1000 Berlin 22.

UNICEF, Steinfelder Gasse 9, 5000 Köln 1.

Arbeitskreis, „Lernen und Helfen in Übersee", Truchseßstraße 100, 5300 Bonn-Bad Godesberg. Der Arbeitskreis gibt Auskünfte über alle Entwicklungshelfer-Organisationen.

Brot für die Welt, Staffelnbergstraße 76, 7000 Stuttgart (ev.). Misereor, Mozartstraße 9, 5100 Aachen (kath.).

Terre des Hommes Deutschland, Ruppenkampstraße 11a, 4500 Osnabrück.

Buchtips:

E. Meueler (Hrsg.), ,,Unterentwicklung. Wem nützt die Armut der Dritten Welt?'', rororo 6906/07. Arbeitsbuch für Schüler und Lehrer. Beide Bände enthalten viele Informationen und Arbeitsaufgaben.

Rudolf Strahm, ,,Überentwicklung — Unterentwicklung'', Laetare-Verlag. Ein Werkbuch mit vielen Schaubildern und Kommentaren.

,,Entwicklungshilfe in der Sackgasse'', Fischer Taschenbuch 1860.

Lüpke/Pfäfflin, ,,Abhängige Dritte Welt'', Laetare-Verlag, Ein Arbeitsbuch zur Unterentwicklung.

Regula Reuschler (Hrsg.), ,,Wer sagt denn, daß ich weine?'', Lenoz Verlag Basel. Erzählungen über Schwierigkeiten, mit denen Kinder und Jugendliche in Industrie- und Entwicklungsländern zu kämpfen haben.

,,Überlebenslesebuch'', Wettrüsten, Nord-Süd-Konflikt, Umweltzerstörung. rororo 7672 (mit vielen Kontaktadressen und Buchtips).

Friday ist ein Beispiel. Er steht für viele Millionen Menschen in den Ländern der Dritten Welt. Sie leben in Armut und Unterentwicklung. Man schätzt ihre Zahl auf 800 Millionen. Wissenschaftler und Theoretiker der Entwicklungspolitik haben den Kreislauf, der bei Friday am Einzelschicksal deutlich wird, als ,,Teufelskreis'' beschrieben:

Weil ein Volk in seiner Mehrheit arm ist, kann niemand sparen. Dadurch ist kein Kapital für Investitionen vorhanden. Die Folge: Es gibt zu wenig Produktionsstätten, die Produktivität ist gering. Dadurch gibt es zu wenig Arbeitsplätze, zu wenig Verdienstmöglichkeiten. Wo nicht verdient wird, kann der Staat keine Steuern erheben. Leere Staatskassen bedeuten: keine staatlichen Angebote an Bildungs- und Ausbildungsmöglichkeiten, mangelhafte Gesundheitsfürsorge. Wer nicht über einen gewissen Bildungs- und Ausbildungsstand verfügt, bekommt keine Arbeit.

Trotzdem vergrößern sich die Familien. Große Familien ohne Arbeit in schlechtem Gesundheitszustand verarmen. Und damit ist der Kreislauf geschlossen.

9.2.1 Im Teufelskreis der Armut

Quelle: ,,Politik der Partner'', Bundesministerium für wirtschaftliche Zusammenarbeit

Das Häufchen Mensch, das auf der anderen Straßenseite vor dem Hotel in Accra hockt, sieht aus wie 50. Der Mann ist aber erst 32. Er heißt Friday. Friday ist arm. Deswegen hat er nicht genug zu essen. Er ist unterernährt. Man kann ihm ansehen, daß er schwach ist, sicher auch nicht gesund. Deshalb wird er nicht mal vom Hotelportier zum Koffertragen gerufen. Ohne Arbeit wird Friday immer arm bleiben. Durch die unzureichende Ernährung wird sich seine Gesundheit nicht wieder herstellen lassen ...

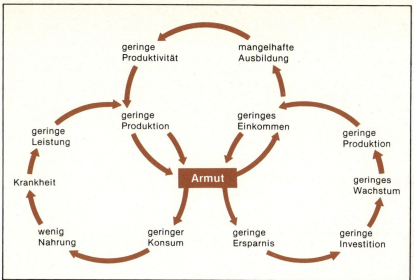

Teufelskreis der Armut
Quelle: „Stimme und Weg 70", März 1981, Volksbund Deutsche Kriegsgräberfürsorge

9.2.2 Was sind Entwicklungsländer?

9.2.2.1 Die drei Welten

> Man kann die Menschheit grob einteilen in:
>
> die erste Welt: Nordamerika, Westeuropa, Japan, Australien, Neuseeland (etwa 700 Millionen Bewohner);
>
> die zweite Welt: Sowjetunion, China, Osteuropa (etwa 1200 Millionen Bewohner);
>
> die dritte Welt: Lateinamerika, die arabischen Länder, Schwarzafrika, Südasien (etwa 2000 Millionen Bewohner).

Quelle: Nach Prof. Carl Friedr. v. Weizsäcker, „Erste, zweite und dritte Welt", Informationen für die Truppe, 12/74

- Die **erste Welt** ist mächtig, marktwirtschaftlich, modern.
- Die **zweite Welt** ist mächtig, sozialistisch, z. T. rückständig.
- Die **dritte Welt** ist machtlos, teils marktwirtschaftlich, teils sozialistisch, rückständig.

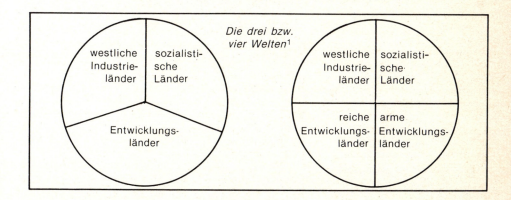

Welche Unterschiede bestehen, zeigt die Welteinkommenspyramide.

---

[1] Manchmal ist von einer „vierten Welt" die Rede. Damit will man deutlich machen, daß es zwischen den Entwicklungsländern große Unterschiede gibt. Manche sind zwar unterentwickelt, haben aber reiche Bodenschätze. Andere Länder haben keine „natürlichen" Reichtümer. Das sind die „Habenichtse", die „vierte Welt".

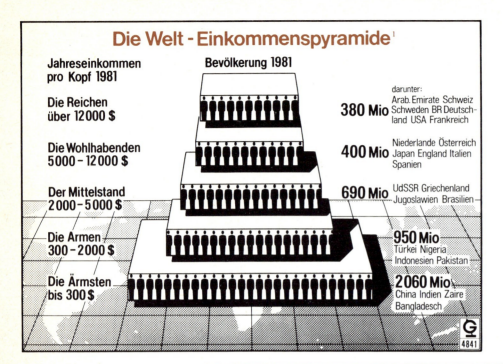

Wir sprechen von „Unterentwicklung", von „Entwicklungsländern"; wir nehmen (oft unbewußt) den technischen und wirtschaftlichen Standard der Industrieländer als Maßstab. Wir meinen, alle Länder, die diesen materiellen Wohlstand nicht besitzen, sind „unterentwickelt". Wir vergessen, daß unsere Art zu leben, für Afrikaner und Asiaten in mancher Beziehung gar nicht so vorbildlich und erstrebenswert ist!

> Unterentwicklung ist nicht einfach eine Rückständigkeit ferner Nationen, die in einem oder drei oder fünf Jahrzehnten aufgeholt werden könnte, oder die vielleicht gar unheilbar wäre. Unterentwicklung ... ist vielmehr ein Ausdruck einer Menschheitskrise, die sich lange hinzieht und die ihren Höhepunkt voraussichtlich erst in den vor uns liegenden Jahrzehnten erreichen wird ... Wir selbst haben noch nicht gelernt, unser menschliches Verhalten, unsere kulturelle Bewußtseinshaltung mit den technischen Mitteln, die wir erfunden haben, ins Gleichgewicht zu setzen ...

Ich

sitze auf dem Rücken
eines Mannes, erdrücke ihn,
während er mich tragen muß,
mit meinem Gewicht,
und gleichzeitig versichere ich
mir und den anderen,
daß er mir leid tut
und ich seine Last
auf jede erdenkliche Weise
erleichtern möchte —
außer, daß ich
von seinem Rücken herabsteige.

LEO TOLSTOI

Ein Europäer ...	Ein Asiate (Afrikaner oder Südamerikaner)[2]
Der Europäer erfand die moderne Technik. Er wurde immer klüger, seine Erzeugnisse immer begehrenswerter.	Den anderen Menschen auf der Welt blieb diese Technik verschlossen. Sie litten und lernten, das Leid zu verklären.
Ich schuf ... eine Landwirtschaft —	... deren Überschüsse vernichtet werden müssen, während ich hungere.
Ich schuf ... eine Wirtschaft —	... die mich zum Rohstofflieferanten degradiert und jetzt zum Verbraucher machen möchte.
Ich schuf ... ein politisches System —	... das mich zwingen will, einem der politischen Blöcke beizutreten.
Ich schuf ... eine Verwaltung —	... die für mein Land zu kompliziert und für unsere Menschen unangemessen ist.
Ich schuf ... eine Familienplanung —	... die mir im tiefsten zuwider ist.
Ich schuf ... ein Erziehungswesen —	... das nur nach westlichem Muster erzieht und meine Sprache zerstört.
Ich schuf ... eine Kultur —	... die meine Kultur auflöst und mich meinen Vätern entfremdet.
Ich schuf ... eine Gleichheit und Brüderlichkeit —	... und mir wurde gerade das vorenthalten.
Ihr habt einfach alles laufen lassen —	Ihr habt einfach alles in die Hand genommen.
Wenn ihr richtig zupacken könntet, ginge es euch besser —	Könnt ihr euch so selbstzufrieden als Lehrer der ganzen Welt aufspielen?

[1] Betont werden muß, daß in den einzelnen Ländern z. T. beträchtliche Einkommensunterschiede bestehen.

[2] Der Text stammt aus einem Gottesdienst über das Thema Entwicklungshilfe

Die asiatischen Hochkulturen, die in vielen Einzelkulturen geprägte Menschlichkeit der Schwarzafrikaner und Indios ... sie alle waren nach ihren eigenen langbewährten Maßstäben nicht unterentwickelt."

Quelle: Prof. C. F. v. Weizsäcker in „Das Parlament", 12. Februar 1980

Müssen wir nicht heute der Unterentwicklung die eigene „Überentwicklung" gegenüberstellen?

Unterentwicklung	Überentwicklung
Hunger, Unterernährung Fehlernährung	Übergewicht, Herzinfarkte
hohe Kindersterblichkeit, Babyboom	Greisenboom
Rückstände in Wissenschaft und Forschung	Anbetung der Wissenschaft
unzureichende Infrastruktur und Planung	Bürokratisierung, Gesetzesproduktion, immer mehr Ordnungen und immer weniger Ordnung
schlechte medizinische Versorgung	Zunahme der Zivilisationskrankheiten, künstliche Verlängerung des Lebens, hoher Psychopharmaka[1]-Konsum
Armut, Besitzlosigkeit	materieller Wohlstand, extremes Streben nach materiellem Besitz
geringe Industrialisierung	Überindustrialisierung
fehlender Wohnraum und unzureichende Verkehrswege	Betonierung und Asphaltierung der Umwelt
Wassermangel	Wasserverschwendung bei gleichzeitiger Abnahme der Qualität des Wassers (Wasserverschmutzung)
Analphabetentum	Schulstreß, Schülerselbstmorde
wenig Informationsmöglichkeiten	totaler Fernsehkonsum, Medienschwemme

Quelle: „Überlebenslesebuch", rororo 7672, Seite 142

Wir müssen über den Begriff „Entwicklungsländer" neu nachdenken. Einige der hier vorgetragenen Gedanken werden für Sie ungewohnt sein. Wie denken Sie über dieses Problem?

Behalten Sie diese Einführungen im Gedächtnis, wenn Sie sich auf den nächsten Seiten informieren. (Auf Seite 283 werden diese Überlegungen wieder aufgenommen.)

9.2.2.2 Merkmale und Ursachen der Unterentwicklung

Auf einen vereinfachten Nenner gebracht, haben Entwicklungsländer mit drei Hauptproblemen zu kämpfen:

— Bevölkerungswachstum bei geringem Wirtschaftswachstum,

— Analphabetentum,

— Hunger.

(siehe auch „Teufelskreis der Armut", Seite 270 f.)

• **Merkmale der Unterentwicklung**

Das Bundesministerium für wirtschaftliche Zusammenarbeit nennt „gemeinsame Merkmale" für Entwicklungsländer:

— Analphabetentum,

— Arbeitslosigkeit,

— schlechter Gesundheitszustand,

— niedriger Lebensstandard bei großer ungleicher Verteilung,

— wenig Kapital für Investitionen,

— eine Wirtschaft, die überwiegend von der Landwirtschaft geprägt ist.

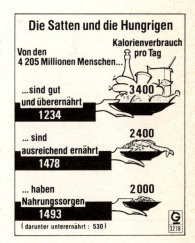

---

[1] Arzneimittel, die auf die Seele einwirken oder sie beeinflussen (z. B. Beruhigungsmittel).

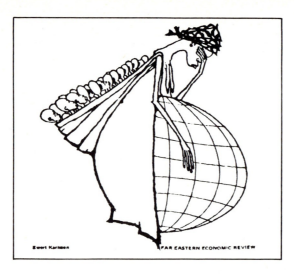

● **Ursachen der Unterentwicklung**

Allgemein unterscheidet man zwei Gruppen:

1. innere Ursachen,
2. äußere Ursachen[1].

— *Innere Ursachen*

Hier sind vor allem die geographischen Ursachen zu nennen. Viele Entwicklungsländer liegen in den Tropen und Subtropen.

Versuchen Sie, geographische Ursachen zusammenzutragen. Benutzen Sie einen Atlas, ein Erdkundebuch und erinnern Sie sich, was Sie über tropische Länder gelernt haben. Benutzen Sie auch das Beispiel „Nepal" (Seite 283) für andere geographische Ursachen.

Auch politische und soziale Ursachen können eine große Rolle spielen, so z. B. eine Gesellschaftsordnung mit Traditionen, die die Weiterentwicklung hemmen (u. a. Diskriminierung der Frau, Ablehnung von Geburtenregelung, Konzentration von Macht und Besitz in einer dünnen Oberschicht). — Nicht selten sind die politischen Verhältnisse instabil[1]. Es gibt z. B. Stammesfehden, autokratische[2] Herrschaftsformen, keine politische Opposition.

— *Äußere Ursachen*

Folgen der Kolonialzeit: Den meisten heutigen Entwicklungsländern wurde großer Schaden zugefügt. Sie wurden über viele Jahrzehnte ausgebeutet, die politisch-soziale Ordnung wurde zerstört, die kulturelle Eigenart gestört (Lebensstil, Sitten, Konsum usw.). — Umstritten ist, wie groß diese Schäden im Einzelfall waren.

Als andere äußere Ursache wird die Weltwirtschaftsordnung genannt: Entwicklungsländer sind auf den Verkauf ihrer Rohstoffe angewiesen. Schutzzölle gefährden den Wettbewerb.

Beispiel:

Der Weltmarktpreis von Zucker ist niedriger als der Preis in der Bundesrepublik Deutschland und in der EG. Zum „Schutz" des europäischen Zuckers wird bei Einfuhren ein Schutzzoll erhoben. So ist bei uns der teure Rübenzucker billiger als der eingeführte „billige" Rohrzucker.

Die Preise der Industrieprodukte steigen stärker als die der Rohstoffe[3].

Beispiel:

Für eine Uhr aus der Schweiz mußte Tansania 1964 7,5 kg Kaffee exportieren, 1974 waren es schon 14,2 kg und heute etwa 20 kg!

99 Im Jahre 1972 betrug der Kostenvoranschlag für den Bau einer Fleischfabrik in Tansania 1,8 Millionen US-Dollar. Zwei Jahre später belief sich der Angebotspreis auf 7,1 Millionen US-Dollar. Für uns heißt das real — also

---

[1] Eine genaue Trennung zwischen inneren und äußeren Ursachen ist oft nicht möglich.

---

[1] Oft durch willkürliche Grenzziehung während der Kolonialzeit (äußere Ursachen).

[2] autokratisch = selbstherrlich

[3] Das Verhältnis der Exportpreise zu den Importpreisen nennt man „Terms of Trade". Sie haben sich für die Entwicklungsländer ständig verschlechtert. — „Die Terms of Trade" sind nicht das Ergebnis abgründiger Bosheit einiger Kapitalisten . . ., sondern der Machtverhältnisse am Markt" (E. Eppler, „Wenig Zeit für die Dritte Welt", Seite 124).

unter Berücksichtigung der damaligen und jetzigen Sisalpreise —, daß eine Fabrik, die uns ursprünglich 7000 Tonnen Sisal kosten sollte, jetzt fast 24000 Tonnen Sisal kostet. "

Quelle: Julius Nyerere, Präsident von Tansania, zitiert in „Politik der Partner", Bundesministerium für wirtschaftliche Zusammenarbeit.

Da viele Entwicklungsländer „Monokulturen"[1] betreiben, sind sie für Preisschwankungen auf dem Weltmarkt besonders anfällig (siehe Grafik).

▼

Vergleichen Sie auf einer Kolonialkarte die Schwerpunkte der europäischen Kolonialreiche mit den heutigen Entwicklungsländern. Was wissen Sie über die Auswirkungen des Kolonialismus?

Nennen Sie die Gründe für Monokulturen in vielen Entwicklungsländern. Beschreiben Sie mögliche Folgen der Monokulturen. Welche Folgen (wirtschaftlich, politisch, sozial) kann die Verschlechterung der „Terms of Trade" für Entwicklungsländer haben?

Sind Sie Teetrinker? — Für 1 kg Tee erhält die Pflückerin 0,80 DM. Der Endpreis beträgt 26,— DM (Grafik). Berechnen Sie die Gesamtsteigerung in Prozent.

9.2.2.3 „Die sollen doch die Pille nehmen ...!"

Hauptproblem der Entwicklungsländer ist die Bevölkerungsexplosion.

Trotz hoffnungsvoller Ansätze blieben die Erfolge bei der Geburtenkontrolle hinter den Erwartungen zurück. — Woran liegt das? Es gibt mehrere Gründe, die eine wirkungsvolle Familienplanung erschweren. So berichtete der „Stern", daß z. B. in Indien, die Aufklärer des Gesundheitsdienstes gegen eine **dreifache Barriere** von Tabus[2], Traditionen und Überzeugungen ankämpften:

---

[1] Monokultur = einseitiger Anbau einer bestimmten Kulturpflanze (z. B. Kaffee, Kakao).

[2] Tabu = etwas, wovon man nicht sprechen darf.

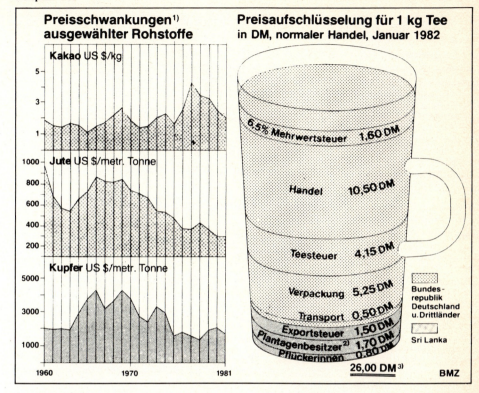

Beispiel: Tee

1) Auf der Basis des Dollarkurses von 1978
2) inklusive Verarbeitung
3) Einzelhandelspreis

Quellen: UNCTAD, Monthly Commodity Price Bulletin, Nr. 2, Februar 1982 (für Rohstoffpreisschwankungen); Tee-Büro (Hamburg) und Bundesministerium für Ernährung, Landwirtschaft und Forsten für Preisaufschlüsselung bei Tee)

BMZ: Jahresb. 1981, a. a. O., S. 7.

" Die **erste** und niedrigste Barriere war die religiöse. Wie das Christentum nehmen Islam und Hinduismus ... eine ablehnende Haltung ein ... Sehr viel schwerer war die **zweite** Barriere zu durchbrechen ... Der Drang des Mannes, sich in einer stattlichen Zahl prächtiger Nachkommen fortzupflanzen, ist noch immer stärker als der Zweifel, ob er diese Kinder auch ernähren kann. Die **dritte** und stärkste Barriere ... aber ist die soziale Funktion der Kinder. Bis heute bilden sie in Indien wie in allen Ländern der Dritten Welt die einzige Versicherung gegen den frühen Hungertod der Eltern ... So prallten die Argumente der Familienplaner an der Lebenserfahrung von Jahrtausenden ab wie an einer Betonwand. "

Quelle: „Stern", Nr. 7/75

8 Kinder: Abgeordnete gefeuert

Nach dem achten(!) Kind ist die Abgeordnete Xin Cuihua vom Parlament der Provinz Shanxi (China) gefeuert worden, weil die strenge Geburtenkontrolle nur ein Kind erlaubt.

„Bild", 24. Januar 1983

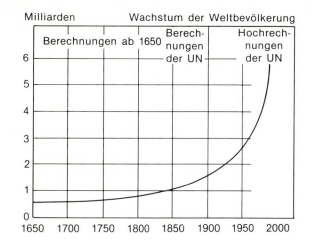

Machen Sie Vorschläge, wie die dritte Barriere zu durchbrechen wäre.

Ungewöhnliche Maßnahmen

Einige Länder greifen zu ungewöhnlichen Maßnahmen, um ihr Bevölkerungswachstum zu senken. Hier einige Beispiele:

— In China erhalten Eltern mit nur einem Kind Prämien. Sie werden bei der Zuweisung von Arbeitsplätzen und Wohnungen bevorzugt. Wer mehr als zwei Kinder in die Welt setzt, muß eine Kindersteuer zahlen.

— In Pakistan verlieren Eltern mit mehr als drei Kindern jede Steuerermäßigung.

— In Singapur sind vom vierten Kind an höhere Entbindungskosten im Krankenhaus zu zahlen.

— In Indien erhalten Männer für die freiwillige Sterilisierung eine Prämie.

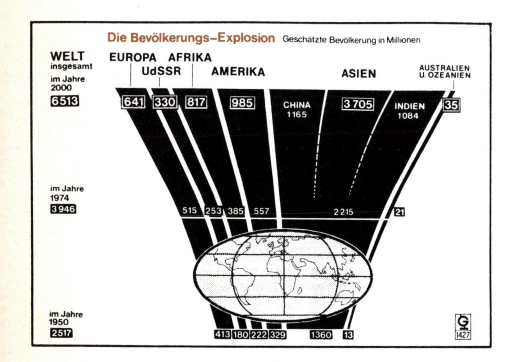

Stellen Sie sich vor, in der Bundesrepublik Deutschland würden zu viele Kinder geboren. Würden Sie die beschriebenen Maßnahmen für uns akzeptieren? Begründen Sie Ihre Meinung.

Machen Sie andere Vorschläge, das Bevölkerungswachstum zu senken. Vorschläge, die unser Gefühl für Freiheit, Gerechtigkeit und Menschenwürde nicht verletzen.

Stellen Sie die voraussichtliche Weltbevölkerung der einzelnen Regionen im Jahr 2000 in Prozent dar. — Ermitteln Sie auch die Prozente aus den Jahren 1950 und 1974. — Was fällt Ihnen auf?

Vergleichen Sie die Angaben der Weltkarte (Analphabetentum, Jahreseinkommen, Hungergürtel).

Vergleichen Sie mit den Bevölkerungszahlen. Stimmt die Behauptung: „Die Ursache des Hungers ist der Hunger"? (Siehe auch „Teufelskreis der Armut", Seite 270.) Erklären Sie anhand der Karte den Ausdruck „Nord-Süd-Gefälle".

Hunger- und Analphabetengürtel

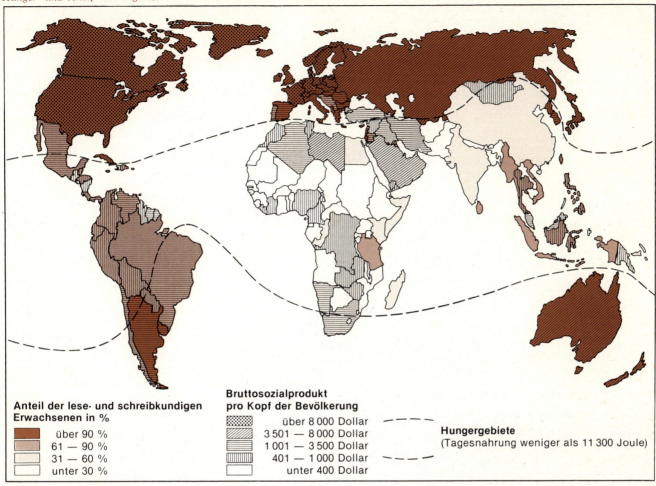

Quelle: Weltentwicklungsbericht 1980

9.2.3 Entwicklungshilfe — aber wie?

9.2.3.1 Mit den Industrieländern gleichziehen . . . ?

Was heißt eigentlich „Entwicklung"? Auf einen vereinfachten Nenner gebracht, hieß die traditionelle Auffassung: Entwicklung bedeutet, das Wirtschaftswachstum der armen Länder zu fördern. Dann wird innerhalb gewisser Zeit Armut und Ungleichheit von selbst beseitigt. Heute hat ein Umdenken begonnen. Man merkt, daß diese einfache Rechnung nicht aufgeht. Mit vier Thesen[1] wollen wir andeuten, worum es geht.

---

[1] These = Behauptung

- **1. These:** „Entwicklung" bedeutet nicht nur wirtschaftliches Wachstum.

> Ein Entwicklungskonzept, das das wirtschaftliche Wachstum in den Vordergrund rückt ... bringt keine wirkliche Entwicklung. Es schafft mehr Probleme, als es löst.

Quelle: Josef Ki Zerbo, afrikanischer Historiker, in: „Die Zeit", 7. Dezember 1969

Beispiel:

Der Aufbau einer modernen Industrie auf Kosten der traditionellen Landwirtschaft bedeutet Wachstum. Dies kann zur Landflucht mit allen negativen Folgen führen: Verstädterung, Arbeitslosigkeit[1], Anwachsen der städtischen Elendsquartiere (Slums), steigende Kriminalität usw.

Sri Lanka (Ceylon) und Brasilien sind Musterbeispiele zweier verschiedener Entwicklungswege: Sri Lanka führte eine Landreform und ein massives Wohlfahrtsprogramm für die arme Mehrheit durch. Ergebnis: Die Einkommensverbesserung der ärmsten 20 Prozent der Einwohner betrug 100 Prozent. Brasilien fördert vor allem kapitalintensive Anlagen und Großproduzenten. Ergebnis: Die Einkommensverbesserung der armen Massen ist nur ganz geringfügig. Die Kluft zwischen reich und arm wird immer größer.

- **2. These:** „Entwicklung" nach westlichem Vorbild ist nicht wünschenswert

Wir haben hier in den westlichen Ländern mit vielen Problemen zu kämpfen: Materialismus, Verstädterung, Umweltverschmutzung, psychische Probleme (innere Umweltverschmutzung) ... sollen als Stichpunkte andeuten, worum es geht.

Wollen wir diese Probleme auch in die Entwicklungsländer exportieren, wünschen sich diese Länder überhaupt ein Leben nach „westlichem Vorbild"?

> Jedes Entwicklungsland, ob in Afrika, Asien oder Lateinamerika, hat seinen kulturellen Nährboden ... Ich habe mich selber immer wieder dabei ertappt, wie schwer es mir fällt, mich in Kultur- und Denkkategorien sogenannter Entwicklungsländer hineinzuversetzen ... So mag es den meisten von uns gehen ... Wir müssen die Augen und Ohren öffnen, um herauszufinden, was jedes Land für sich als notwendig erachtet.

Quelle: H. Hamm-Brücher, „Die Zeit", 7. Dezember 1979

- **3. These:** „Entwicklung" nach westlichem Vorbild ist nicht möglich

> Tansania wünscht das wirtschaftliche Niveau Kenias zu erreichen, Kenia das Süditaliens, Süditalien das Norditaliens, Italien das Deutschlands und Deutschland das Schwedens oder der Vereinigten Staaten.

Quelle: „Entwicklungshilfe in der Sackgasse", a. a. O., Seite 59

---

[1] „Moderne Industrie" bedeutet heute: Es werden wenig Arbeitskräfte gebraucht. In den Entwicklungsländern gibt es aber ein riesiges Überangebot an Arbeitskräften

---

1 Amerikaner (USA) verbraucht durchschnittlich gleichviel Energie wie:

2 Deutsche

3 Schweizer od. Oesterreicher

60 Inder

160 Tansanier

1100 Ruandesen

nach UNO

Energieverbrauch als Maßstab für Fehlentwicklung

Stellen Sie sich vor: Ein Land rennt mit hängender Zunge hinter dem anderen her, und das Endziel ist der Wohlstand der USA ...!

Denken Sie an die dazu nötigen Autos[1], Bungalows, Kühlschränke, Fernseher, Waschmaschinen, private Schwimmbecken usw., usw.! Und wenn Sie berücksichtigen, daß man zur Produktion dieser Dinge Rohöl, Stahl und viele andere Rohstoffe braucht, wird klar, daß unser Planet längst ausgeplündert und im Dreck erstickt ist, bevor dieses Ziel erreicht werden kann.

- **4. These:** Es geht vor allem um „Grundbedürfnisse"

> Genügend essen, sauber und geschützt wohnen, Entfaltung durch lebenslange Bildung — darum geht es. Während die Länder der Dritten Welt sich verzweifelt bemühen, diese Grundbedürfnisse zu befriedigen, versuchen wir ebenso verzweifelt, stets mehr über unsere Grundbedürfnisse hinaus zu leben. Denn wir können nicht anders. Diese Volkswirtschaften wollen unaufhörlich mit Konsum gefüttert werden.

Quelle: „Entwicklungshilfe in der Sackgasse", a. a. O.

Nach Berechnung der „Bariloche-Stiftung" (Argentinien) rechnet man im Schnitt mit der Dauer einer Generation (25 — 30 Jahre), bis diese Grundbedürfnisse befriedigt sein werden.

▼

Wie stehen Sie zu der Forderung: „Niemand sollte seinen Wohlstand steigern, bis für alle die Grundbedürfnisse garantiert sind"?

9.2.3.2 „Nord-Süd: Ein Programm zum Überleben"

(Bericht der Nord-Süd-Kommission)

Im Februar 1980 legte die „unabhängige Kommission über internationale Entwicklungsfragen" ihren Abschlußbericht vor[2]. Hier einige Zitate:

---

[1] Dann hätte z. B. Indien 260 und China mehr als 400 Millionen Autos.
[2] Vorsitzender war Willy Brandt. Zitate nach „Die Zeit", 15. Februar 1980

> Aber die internationale Debatte über Entwicklungsfragen an der Schwelle der 80er Jahre handelt nicht mehr allein oder in erster Linie von „Unterstützung" und „Hilfe", sondern von neuen Strukturen. Was heute auf der Tagesordnung steht, handelt von einer Neuordnung der internationalen Beziehungen, vom Errichten einer neuen Ordnung und einer neuen Art, die Entwicklungsprobleme umfassend zu betrachten.

> In den letzten Jahren ist ... klar geworden, daß Entwicklungsstrategien, die vornehmlich auf Produktionsausweitung abgestellt waren, verändert und ergänzt werden müssen — und zwar mit dem Ziel einer gerechteren Einkommensverteilung. Dabei gilt es, den Grundbedürfnissen der ärmsten Schichten und der Arbeitsplatzbeschaffung in besonderer Weise Rechnung zu tragen. Es ist gewiß unsinnig, den Entwicklungsländern Produktionsverfahren aufzuzwingen, welche die in großem Maße vorhandene Arbeitskraft weitgehend ungenutzt lassen."

„Die Erwartung, daß ein schnelleres Wirtschaftswachstum in Entwicklungsländern an sich schon den breiten Massen zugute kommen würde, hat sich nicht erfüllt."

„Zusammen mit meinen Kollegen in der Kommission bin ich davon überzeugt, daß die Völker dieser Welt nicht nur zusammen in Frieden leben müssen, sondern es auch können. Die Aufgabe besteht darin, die Menschheit von Abhängigkeit und Unterdrückung sowie von Hunger und Not zu befreien.

Nord-Süd-Kommission übergab Bericht

Brandt: Chancen für den Westen

Bonn / New York (dpa). Der in zweijähriger Arbeit zustande gekommene Bericht der Nord-Süd-Kommission — Titel: „Nord-Süd: Ein Programm zum Überleben" — beschreibt die Umgestaltung der Beziehungen zwischen den reichen und den armen Ländern der Welt als „die größte Herausforderung der Menschheit für den Rest dieses Jahrhunderts". In dem 250 Seiten starken Papier werden von den entwickelten Ländern, einschließlich der kommunistischen Staaten Osteuropas, erhebliche Opfer zur Überwindung des Wohlstandsgefälles und verstärkte Anstrengungen zur Beendigung des Wettrüstens verlangt.

Unter anderem fordern die 18 Mitglieder der unabhängigen „Brandt-Kommission" eine Verdoppelung der gesamten staatlichen Entwicklungshilfe auf 40 Milliarden Dollar jährlich. Bis 1985 sollten die Leistungen der reichen Industriestaaten die seit langem geforderte Mindestgrenze von 0,7 Prozent des Bruttosozialproduktes (Bundesrepublik Deutschland 1978: 0,38 Prozent) erreichen. Im Jahr 2000 sollte sie auf ein Prozent gestiegen sein. Zur Finanzierung wird die Einführung einer Steuer auf den Handel und vor allem auch auf Rüstung und Waffenexporte vorgeschlagen.

„Lübecker Nachrichten", 13. Februar 1980.

1983 legte die Brandt-Kommission einen neuen Krisen-Report vor. Darin heißt es:

> Heute sind die Aussichten noch dunkler: Die internationale Wirtschaftskrise könnte sich 1983 zur Depression entwickeln; Massenarbeitslosigkeit in den Ländern des Nordens und die Gefahr wirtschaftlicher Zusammenbrüche in Teilen der Dritten Welt; akute Gefährdung des internationalen Währungssystems und wachsende Unordnung im Welthandel; Verschlechterung in den Ost-West-Beziehungen und neuer Rüstungswettlauf; politische und wirtschaftliche Krise in Ost-Europa und in vielen anderen Teilen der Welt; Krieg und Bürgerkriege in zahlreichen Ländern der Dritten Welt – alles zusammen ergibt eine höchst unsichere und wenig stabile Zukunft.

Quelle: Willy Brandt (Hrsg.) „Hilfe in der Weltkrise", in „Der Spiegel", Nr. 5/1983

Fassen Sie aus den Texten die Kernthesen zusammen. Stimmen Sie zu?

Nord-Süd: gegenseitige Abhängigkeit!

Uns muß klar sein, daß nicht nur die Entwicklungsländer unsere Hilfe benötigen, sondern wir von den rohstoffreichen Entwicklungsländern abhängig sind.

„ Neuordnung der Weltwirtschaft?

Seit im Jahre 1974 die „Charta der wirtschaftlichen Rechte und Pflichten des Staaten" von der Generalversammlung der Vereinten Nationen beschlossen wurde, sind die Forderungen der Entwicklungsländer nach einer Neuordnung der internationalen Wirtschaftsbeziehungen immer drängender geworden. Sie standen seither auf der Tagesordnung einer Fülle von internationalen Konferenzen der UN, ihrer Unter- und Sonderorganisationen, der OECD, der EG und der Weltbankgruppe und haben sich von einer zunächst ausschließlich ökonomischen Frage zum Kern einer auch außenpolitischen Auseinandersetzung zwischen Entwicklungs- und Industrieländern gewandelt. **"**

Quelle: „Das Parlament", 23. Februar 1980

»Ist dir klar, daß ich dich in der Hand habe?«

Immer drängender fordern Entwicklungsländer[1] eine neue Weltwirtschaftsordnung. Unter anderem verlangen sie:

— Internationale „Rohstoff-Ausgleichslager", um Rohstoffherstellern stabile Preise zu garantieren.
— Einen gemeinsamen Fonds zur Finanzierung dieser Lager[2].
— Koppelung der Rohstoffpreise an die Preise für Industriegüter
— Einschränkung der Produktion synthetischer Ersatzstoffe für Naturprodukte (um die Märkte für Naturprodukte zu erweitern).

In harten Verhandlungen lehnten die Industrieländer bisher diese Forderungen als zu „dirigistisch" ab.

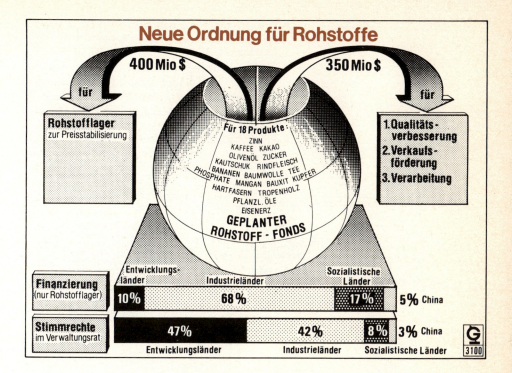

„ Inzwischen zeigt „. . . die Front der Industrieländer Risse. Während die einen — u. a. die Vereinigten Staaten und die Bundesrepublik Deutschland — nur sehr zögernd auf einzelne Forderungen einzugehen bereit waren, zeigten andere — unter ihnen die Niederlande und die skandinavischen Länder — Bereitschaft zu weitergehenden Zugeständnissen. "

Quelle: „Das Parlament", 23. Februar 1980

Welche Nachteile könnten die obengenannten Forderungen für die Industrieländer haben?

Wären Sie bereit, diese Nachteile für sich hinzunehmen?

---

[1] Die „Gruppe der 77", ein Zusammenschluß von mindestens 119 Ländern der Dritten Welt, ist vor allem Sprachrohr dieser Forderungen: „Wir, die Vertreter der Entwicklungsländer, Mitglieder der Gruppe 77 . . . heben hervor, daß die bestehende Wirtschaftsordnung nicht nur den Entwicklungsprozeß der Entwicklungsländer nicht fördert, sondern daß sie auch mangelhaft funktioniert." (Aus: „Programm für kollektive Selbsthilfe", 16. Februar 1979)

[2] Die Mittel sollen von den Erzeuger- und Verbraucherländern aufgebracht werden.

9.2.3.3 Die EG und die Dritte Welt

Kernstück der Zusammenarbeit der EG mit der Dritten Welt ist der Vertrag von Lomé[1] mit den sogenannten „AKP-Ländern"[2] (Lomé I: 1975 — 1980, Lomé II: 1980 — 1985). Diese Konvention[3] bedeutet einen ersten Schritt zu einer neuen Ordnung der Nord-Süd-Beziehungen.

● **Worum geht es?**

— Freier Marktzugang — Den AKP-Ländern wird für 99,5 Prozent ihrer Produkte Zollfreiheit gewährt. (Die EG nimmt 50 Prozent der AKP-Exporte auf.)

— Stabilisierung der Exporterlöse (Stabex-System) — Schwankungen der Rohstoffpreise bringen Entwicklungsländer oft in eine verzweifelte Si-

---

[1] Hauptstadt des westafrikanischen Staates Togo
[2] AKP steht für Afrika, Karibik, Pazifik (58 Länder)
[3] Konvention — Übereinkunft

tuation. „Stabex" läßt sich mit einer Versicherung gegen schlechte Jahre vergleichen. Beispiel: Der Export Burundis besteht zu 80 Prozent aus Kaffee. Fallen die Kaffeepreise unter eine bestimmte Schwelle, dann zahlt „Stabex" den Differenzbetrag. Diese „Versicherung" schützt die AKP-Länder vor wirtschaftlichen Katastrophen[1].

— Finanzhilfen verschiedenster Art werden geleistet, z. B. Zuschüsse, Stabex, Sonderdarlehen (Lomé I: 10 Milliarden, Lomé II: 14 Milliarden DM).

— Industrielle Zusammenarbeit, z. B. Förderung von Privatinvestitionen.

• **Was bedeutet Lomé für die europäische Wirtschaft?**

Natürlich bringt Lomé auch der EG große Vorteile. Das Abkommen bedeutet:

„ ... erhöhte Absatzmöglichkeiten für die europäische Wirtschaft und Versorgung mit Rohstoffen ..., zusätzliche Aufträge ..., erhöhter Schutz europäischer Investitionen."

Quelle: „Das Parlament", 23. Februar 1980

• **Kritik**

Bei den AKP-Staaten handelt es sich im wesentlichen um frühere Kolonien der EG-Mitgliedsstaaten. Andere Entwicklungsländer fragen mit Recht:

„Soll wirklich der frühere Kolonialstatus ... darüber entscheiden, ob ein Entwicklungsland in den von der EG privilegierten Klub aufgenommen wird?"

Quelle: „Das Parlament", 23. Februar 1980

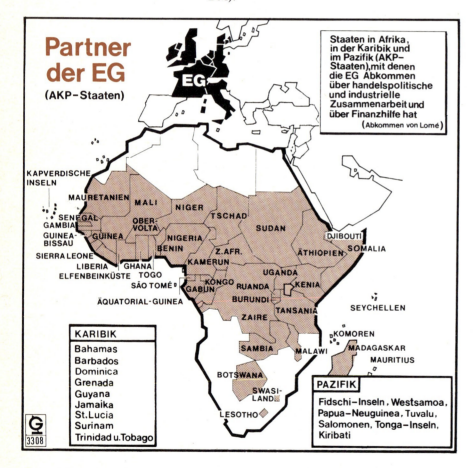

9.2.3.4 Andere Länder, andere Probleme ...

Beispiel: Tansania

Republik in Ostafrika, 945 000 km², 19,8 Millionen Einwohner (1983), Hauptstadt Dodoma. — Das Land gehört zu den armen Entwicklungsländern. 90 % der Einwohner leben im kaum erschlossenen Hinterland. Auf 22 000 Menschen kommt ein Arzt (bei uns auf 650 Menschen), die Säuglingssterblichkeit beträgt 30 % (bei uns 3 %), die durchschnittliche Lebenserwartung liegt bei 35 Jahren (bei uns 73 Jahre), etwa 68 % sind Analphabeten, das durchschnittliche Jahreseinkommen beträgt 75,— DM.

Hauptprobleme:

— Unzureichende Infrastruktur[1].

— Mangel an Fachkräften.

---

[1] Die „reicheren" AKP-Staaten müssen die Beträge später zurückzahlen, die ärmsten sind davon befreit.

[1] Infrastruktur (Unterbau) = Der notwendige wirtschaftliche und organisatorische Unterbau einer Wirtschaft (u. a. Verkehrsnetz, Fachkräfte, Energieversorgung, Erziehungs- und Gesundheitswesen, Krankenhäuser).

- Ländliche Unterentwicklung.
- Starke Abhängigkeit der Haupterzeugnisse vom Weltmarkt (u. a. Erdnüsse, Baumwolle, Kaffee, Gewürznelken, Zuckerrohr).

Beispiel: Nepal

Königreich auf der Südseite des Himalaya, eingeschlossen zwischen China und Indien. 141 000 km², 12 Millionen Einwohner, Hauptstadt Katmandu. Das Land gehört zu den ärmsten Entwicklungsländern. 94 % der Bevölkerung arbeitet in der Landwirtschaft, aber nur 10 % der Bodenfläche sind Kulturland. Auf 38 600 Menschen kommt ein Arzt, die durchschnittliche Lebenserwartung beträgt 45 Jahre, etwa 80 % sind Analphabeten. Das Land hat nur geringe natürliche Hilfsquellen. Der Fremdenverkehr ist eine wichtige Einnahmequelle.

Hauptprobleme:

- Unzureichende Infrastruktur (vor allem das Verkehrswesen ist rückständig).
- Geringe landwirtschaftliche Produktivität (u. a. ist die Viehzucht wenig entwickelt).
- Vorhandene Wasserkraft wird wenig genutzt.
- Als Bergland von Erosion[1] bedroht.

Beispiel: Uruguay

Republik in Südamerika (kleinster Staat Südamerikas), 176 000 km², 3 Millionen Einwohner, Hauptstadt Montevideo. Das Land gehört zu den „fortgeschrittenen" Entwicklungsländern. Auf 700 Einwohner kommt ein Arzt, 95 % der Kinder besuchen eine Schule, die durchschnittliche Lebenserwartung liegt bei 71 Jahren, das Pro-Kopf-Einkommen liegt über 1000 US-Dollar. — Wichtigster Wirtschaftszweig ist die Landwirtschaft (vor allem Viehwirtschaft). Das Land besitzt wenig Bodenschätze.

Hauptprobleme:

- Absatzschwierigkeiten für Fleisch und Wolle.
- Zu geringe Industrialisierung. Veraltete Maschinen und Methoden in der heimischen Industrie (vor allem in der Fleischverarbeitung).

---

[1] Erosion (Ausnagung) = Zerstörung des Bodens durch Wasser und/oder Wind.

- Die Wirtschaft befindet sich seit Jahren in einer Krise (hohe Inflationsrate, Arbeitslosigkeit).

Suchen Sie die genannten Länder auf der Landkarte auf. Vergleichen Sie die verschiedenen Angaben, und verschaffen Sie sich weitere Informationen.

Welche gezielten Maßnahmen schlagen Sie jeweils vor? (Auch nach diesen wenigen Kurzinformationen müßten Sie auf einige Punkte kommen.) Überlegen Sie, warum vor allem für Nepal auch die geographische Lage die Ursache vieler Schwierigkeiten ist.

9.2.4 Stimmen zur Entwicklungshilfe

Auf den folgenden Seiten werden Meinungen zur Entwicklungshilfe dargestellt.

Welcher Ansicht stimmen Sie zu, welche Meinung lehnen Sie ab? Begründen Sie Ihren Standpunkt.

Tip: Versuchen Sie, Ihre „europäische Brille" abzunehmen und die Probleme mit afrikanischen oder asiatischen Augen zu sehen.

„ Die Entwicklungsländer sind nicht länger bereit, für ihre Nahrung auf morgen zu warten. Sie wollen heute essen. Ihre Völker fordern alle guten Dinge des Lebens, und wenn sie sie nicht bekommen können, fragen sie, warum nicht? "

Quelle: Kenneth Kaunda, Staatspräsident von Sambia, in „Das Parlament", 23. Februar 1980

Gastmahl[1]

Drei Menschen beim Essen. Ein Deutscher, ein Kolumbianer, ein Inder. Vor ihnen ein Teller mit zwölf Scheiben Brot. „Guten Appetit" wünschen sie sich. Unser Landsmann packt sich zehn Scheiben auf den Teller. Der Rest für die beiden Gäste. — Er erhebt

---

[1] Frei nach: Stichworte zur Schalomarbeit, Laetare Verlag

283

seine Stimme, spricht von Humanität und Entwicklungshilfe, von Freiheit und Demokratie. Die anderen denken sich: Dem zeigen wir's noch.

99 Ich hasse das Wort ...

„Ich hasse das Wort Entwicklung. Wie oft muß ich das hören von Leuten hier in Europa. Sie mögen Mitleid mit uns haben ..., auf jeden Fall blicken sie auf uns herab. Eure unterentwickelten Länder, sagen sie ... Aber sie haben nicht begriffen ..., daß wir Leute aus Afrika, Asien und Lateinamerika nicht entwickelt zu werden brauchen. Wir sind schon entwickelt. Ich kann mir nicht helfen, ich glaube, es ist das tiefe, aber oft gut versteckte Vorurteil gegen unsere Haut, gegen unser uneuropäisches Aussehen, das bewirkt, daß technische Entwicklung mit menschlicher Entwicklung verwechselt wird ... Die Hilfe, die wir brauchen, ist in meinen Augen eine moralische Verpflichtung, schließlich sind wir jahrhundertelang benutzt und ausgebeutet worden, um die sogenannten entwickelten Länder zu dem zu machen, was sie sind, nämlich reich. Deswegen sind wir auch nicht mehr zu scheu, um Hilfe zu erbitten. Aber diese Hilfe sollte doch nicht mit einem hochmütigen Vorurteil verbunden sein. 99

Quelle: John Blain, Erfahrungen im Leben mit „Entwickelten", zitiert in „Unterwicklung", a. a. O.

Müssen wir ihnen unter die Arme greifen?

Die Entwicklungsländer sind selbstbewußt geworden. Sie fordern, statt zu bitten. Das paßt uns nicht. Wenn wir schon helfen, wollen wir gebeten sein. Forderungen empfinden wir als ungehörig. Sie stören uns in dem Gefühl, Wohltäter zu sein.

Moralisch sind die alten Kolonial- und Industriestaaten zur Hilfe verpflichtet. Doch: Sind sie auch rechtlich verpflichtet? In einem Pressebeitrag[1] untersucht der Völkerrechtler Ingo v. Münch diese Frage. Er kommt zu dem Ergebnis:

99

„Aus dem derzeit geltenden Völkerrecht läßt sich ... ein solcher ... Rechtsanspruch (noch) nicht begründen. 99

Aber er kommt zu dem Schluß: Bei Weiterentwicklung des Völkerrechts könnte sehr wohl ein Rechtsanspruch auf Entwicklungshilfe entstehen. Kerngedanke seiner Überlegungen: In modernen Staaten ist

[1] Aus: „Die Zeit", 11. Februar 1977

der Staat dazu verpflichtet, Bedürftigen zu helfen, d. h., diese haben einen Rechtsanspruch auf Hilfe. So läßt sich denken, daß dieses Prinzip der „kollektiven Verantwortlichkeit" in unserer kleiner werdenden Welt auch auf das Völkerrecht ausgedehnt wird. Und dann hätten die armen Völker gegenüber den Reichen einen Rechtsanspruch auf Hilfe!

99 Aus Neuguinea zurück

Europa — gehetzte Menschen, man rempelt einander an und merkt es nicht mehr, läuft weiter die Rolltreppe hinauf, denn Zeit ist Geld. — Ich habe gelernt, nichts ist so wichtig, daß es noch heute getan werden muß. — Ich packe meinen vor fünf Jahren gekauften und noch kaum getragenen Wintermantel aus. „Was, den willst du noch tragen, der ist doch ganz aus der Mode!" — Ich kämpfe darum, mir einen Rest asiatischer Gelassenheit zu bewahren. Wenn die Leuchtreklamen flüstern, schaue ich nicht hin, sie sind nur Kulisse und nicht einmal eine gute. Zu Weihnachten schenke ich auch nichts, denn ich habe Angst vor überfüllten Kaufhäusern, in denen gierige Käufer einander anrempeln. Mein Auto hat Beulen, aber es tut das, was es tun soll: Es fährt.

Man sagt, der Mensch werde von seiner Umwelt geprägt. Hier haben die Leute oft soviel Ähnlichkeit mit einer überlasteten Maschine. Sie produzieren und produzieren, die Menschen und die Maschinen ... 99

Quelle: Aus „Radius" 1, 1970, Seite 38

99 Einsicht in den Sinn des Lebens ...?

Hilfe zur Selbsthilfe und Hilfe zum eigenen Aufstieg ist die einzige menschenwürdige Form der Entwicklungshilfe. Sozialistisch infizierte Entwicklungshelfer verdrehen nur die Köpfe und hemmen die Entwicklung ... eine Radikalisierung der Entwicklungsvölker können wir uns am wenigsten leisten. Außer der Einsicht in den Sinn des Lebens brauchen die Entwicklungsvölker den Begriff der Pflicht. Durch eine überstürzt eingeführte Demokratie sehen sie allzuleicht ihre Rechte ohne Zusammenhang mit den Pflichten.

Etwas vom Geist des alten Beamtentums als „Diener des Staates" müßte in die Leute hinein, vom Minister bis zum letzten Schreiber. 99

Quelle: Der andere Mensch Nr. 3, 1973, Hrsg.: Förderungsgesellschaft Afrika, Frankfurt

> **Jeder Dollar tötet hundert Menschen ...**
>
> „Die derzeitigen Ziele der Entwicklungshilfe sind weder wünschenswert noch vernünftig ... Im Norden der USA werden lateinamerikanische Ärzte für spezielle Chirurgie ausgebildet. Aber in den Slums, wo 90 Prozent der Bevölkerung leben, grassiert die Amöbenruhr. — Jeder Dollar, der für Ärzte und Krankenhäuser ausgegeben wird, kostet 100 Menschen das Leben. Würde das Geld für die Trinkwasserreinigung verwendet, könnten je Dollar 100 Menschenleben gerettet werden. — Lateinamerika braucht ... medizinische Hilfskräfte, die ohne ärztliche Aufsicht arbeiten und mit Medikamenten umgehen können ... Jeder Dollar für Schulen bedeutet mehr Privilegien für wenige auf Kosten von vielen. Trotz großer Aufwendungen kann kein Land Lateinamerikas ... mehr als einem Drittel der Bevölkerung eine fünfjährige Schulzeit garantieren. — Aufhebung der Schulpflicht im Kinderalter, Einführung eines Erziehungspasses für jedes Neugeborene. Dieser Paß soll jedem den Anspruch auf eine gleiche Summe öffentlichen Geldes sichern, das er im Laufe seines Lebens nach Belieben für seine Ausbildung verwenden oder verfallen lassen kann ..." Es ist der 50jährige Ivan Illich, einer der besten und gleichzeitig umstrittensten Kenner Lateinamerikas, der diese Thesen verficht. Ein Revolutionär? ... Ivan Illich spricht von der „Revolution in den Köpfen der einzelnen".

Quelle: Aus: „Weltblick", hrsg. vom Bundesministerium für wirtschaftliche Zusammenarbeit.

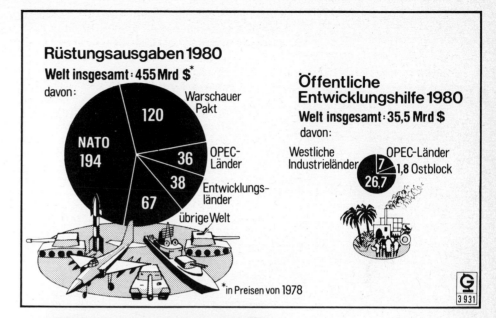

> **Rüstung tötet täglich!**
>
> Hunger in der Dritten Welt — das ist nicht allein qualvolles Verhungern: Unterernährung bedeutet zum Beispiel eine achtmal höhere Kindersterblichkeit, eine um ein Drittel geringere Lebenserwartung; Fehlernährung bedeutet zum Beispiel Eiweißmangel, von Kind an eine unzureichende Entwicklung des Gehirns und damit Intelligenzeinbuße. Rüstung tötet nicht erst im Krieg: Sie ist tödlich in jedem Augenblick, in dem für sie Milliardenbeträge vergeudet werden, von denen ein geringer Teil reichen würde, um die großen sozialen und humanitären Aufgaben unserer Zeit zu lösen. Wer sich dieser Einsicht verschließt und am Wettrüsten festhält, macht sich mitschuldig an millionenfachem Tod in der Welt.

Quelle: „Überlebenslesebuch", a. a. O., S. 131

Zeichnung: Haitzinger

Mehr und mehr Menschen müssen Zugang zu den Grundlagen der wirtschaftlichen und sozialen Entwicklung und Macht haben.

Dazu gehören eine bessere Ausbildung und Arbeitsplätze, die ihren Inhaber und seine Familie ernähren können, ebenso wie eine gerechte Verteilung des Bodeneigentums und anderer Einkommensgrundlagen.

Die Ergebnisse der wirtschaftlichen und sozialen Entwicklung müssen allen Bevölkerungsgruppen gleichmäßig - gerechter als bisher - zugutekommen.

Dies gilt nicht nur für die Einkommen des einzelnen, sondern ebenso für seine Ausbildungsmöglichkeiten, die Sicherheit seines Arbeitsplatzes und andere Bereiche der sozialen Absicherung wie Kranken- und Altersversicherung.

Mehr und mehr Menschen müssen die Möglichkeit erhalten, über die Gestaltung ihres eigenen Lebens, ihrer engeren und weiteren Gemeinschaft und ihres Volkes mitzubestimmen.

Die wirtschaftliche und soziale Unterdrückung von vielen Hundert Millionen Menschen läßt diese in einem Zustand der Hoffnungslosigkeit verharren, in dem sie jede Teilnahme an einem Entwicklungsprozeß verweigern.

Quelle: Zeitlupe 1, Hunger, Bundeszentrale für politische Bildung

Die Rüstung frißt alles

„Die Zeit", 27. April 84

Rüstung : Entwicklung = 30 : 1

Ein Hauptproblem der Welt von heute besteht in der Befreiung der Menschheit von der Last der Militärausgaben, in der Durchführung effektiver und wirksamer Maßnahmen auf der Linie der Abrüstung, zunächst der Kernabrüstung. Dem Wettrüsten, das nicht nur schwerste Gefahren für die menschliche Zivilisation heraufbeschwört, sondern auch Jahr für Jahr immer mehr materielle Fonds und menschliche Intelligenz für die Schaffung von Vernichtungsmitteln verschlingt, ist entschieden ein Ende zu setzen.

Die Tatsache, daß die Militärausgaben im Weltmaßstab um 50 Prozent höher liegen als die Bereitstellung für das Gesundheitswesen, daß fast die Hälfte der für die wissenschaftliche Forschung abgezweigten Fonds von der Forschung für Militärzwecke verschlungen werden, muß den Völkern und Regierungen sehr ernst zu denken geben. Die Rüstungsausgaben überschreiten heute um mehr als das Dreißigfache den Umfang der den Entwicklungsländern gewährten öffentlichen Hilfe. Die Bereitstellung der durch die Verwirklichung der Abrüstung freigewordenen gewaltigen Mittel für die ökonomisch-soziale Entwicklung wäre eine besonders wichtige Quelle für die Hebung des Lebensstandards der zurückgebliebenen Völker, für die allgemeine Erhöhung der Zivilisationsstufe und des Wohlstands der Bevölkerung unseres Planeten.

(Nicolae Ceaușescu, rumänischer Staatspräsident, auf der UN-Weltbevölkerungskonferenz, nach: „der überblick", S. 27)

„Stimme und Weg 70", Die Zeitschrift für junge Menschen, März 1981,

Was müßte Ihrer Ansicht nach geschehen, um menschenwürdige Lebensbedingungen für alle Menschen herzustellen?

In den Entwicklungsländern:

	sehr gut	zusammen mit anderen Maßnahmen	un- sinnig
Ernteerträge durch hochgezüchtetes Saatgut und Einsatz von Chemikalien steigern	☐	☐	☐
Die Selbstversorgung der ländlichen Bevölkerung mit Grundnahrungsmittel fördern	☐	☐	☐
Die Landarbeiter bei besseren Arbeitsbedingungen gerecht entlohnen	☐	☐	☐
Weniger Agrarprodukte exportieren	☐	☐	☐
Bodenreformen nicht nur auf dem Papier, sondern in der Praxis durchführen	☐	☐	☐
Familienplanung	☐	☐	☐

In den Industrieländern:

Mehr Agrarprodukte aus der Dritten Welt importieren	☐	☐	☐
Nahrungsmittel aus Überschüssen in die Dritte Welt senden	☐	☐	☐
Gerechtere Preise für Importgüter aus der Dritten Welt zahlen	☐	☐	☐

Welche persönlichen Konsequenzen hältst du für sinnvoll?

Sich für mehr Entwicklungshilfe einsetzen	☐	☐	☐
Sich informieren und darüber klarwerden, welche Hindernisse den Menschen, die ihr eigenes Leben gestalten wollen, mit unseren Steuern, in unserem Namen und von Unternehmen, die aus unserem Lande kommen, errichtet werden	☐	☐	☐
Beim Kauf von Kaffee, Tee, Kakao, tropischen Früchten, Fleisch etc. kritischer sein bzw. nicht kaufen	☐	☐	☐
Lebensmittelverschwendung bei sich und anderen verhindern	☐	☐	☐
Mit Freunden Meinungen diskutieren und Vorurteile über die Ursachen des Hungers abbauen	☐	☐	☐
Mit Anfragen an Ministerien und Abgeordnete als Wähler die Politiker zu alternativem Handeln ermutigen	☐	☐	☐
Durch Leser- und Hörerbriefe auf die wirklichen Ursachen des Hungers aufmerksam machen	☐	☐	☐
Projekte unterstützen, die die arme Bevölkerung in die Lage setzen, sich selbst zu versorgen	☐	☐	☐

Nach meiner Meinung könnten auch folgende Maßnahmen helfen, den Hunger zu überwinden:

_____

_____

_____

_____

_____

_____

(Nach: Hunger durch Überfluß. Umfrage der Aktion Brot für die Welt, 1981)

10	**Der schwere Weg zum Frieden**
10.0	Hinweise — Büchertips
10.1	„Wir produzieren Sicherheit"
10.2	Fragezeichen: Höhere Rüstung = höhere Sicherheit?
10.3	„Wie spielt man Frieden?" — Friedenserziehung

10 Der schwere Weg zum Frieden

10.0 Hinweise — Büchertips

In einem Punkt sind sich die Fachleute einig: Das Überleben der Menschheit ist durch das gigantische Wettrüsten bedroht. Allein auf jeden Bewohner der NATO- und Warschauer-Pakt-Staaten entfallen 60 Tonnen Sprengstoff TNT!

Doch trotz Aufrüstung blieb seit fast 40 Jahren Europa von Kriegen verschont. — Kann Rüstung weiter diesen „Frieden" garantieren? Oder haben die Kritiker recht, die vor weiterem Wettrüsten warnen? — Haben sie recht, wenn sie die ungeheuren Rüstungskosten für viele Schwierigkeiten bei uns und in den Entwicklungsländern verantwortlich machen?

Schließlich sind noch folgende Fragen zu stellen:

> *W*arum vernichten sich Menschen, die sich weder kennen noch hassen?
>
> *W*elche Motive stehen hinter der latenten Kriegsbereitschaft der Völker?
>
> *W*arum nimmt der Krieg immer totalere und brutalere Formen an?
>
> *W*ieso wird ein Atom-Krieg in den Bereich des Möglichen gerückt, obwohl er das Ende der Menschheit bedeuten kann?

Quelle: „Psychologie heute", 2/1983

Auf den folgenden Seiten wird versucht, Grundinformationen und Denkanstöße zu geben. — Mit voller Absicht werden verschiedene Meinungen (auch extreme Meinungen) gegenübergestellt. Versuchen Sie selbst, sich ein Urteil zu bilden: Welcher Weg führt zum Frieden? — Patentrezepte gibt es nicht ...

Wer sich gründlicher informieren will, findet viele Anregungen zur kostenlosen Information und Buchtips.

Für weiter Interessierte:

Sammeln Sie einige Wochen oder Monate Zeitungsausschnitte von Zeitungen verschiedener politischer Richtung über dieses Thema.

Kostenlose Informationen erhalten Sie von:

Presse- und Informationsamt der Bundesregierung, Postfach, 5300 Bonn (u. a. „Dokumentation zur Entspannungspolitik").

Auswärtiges Amt, Postfach, 5300 Bonn (u. a. „Abrüstung und Rüstungskontrolle").

Bundesminister der Verteidigung, Postfach, 5300 Bonn.

Bundesamt für den Zivildienst, Postfach 520220, 5000 Köln 51.

Streitkräfteamt, Postfach 140189, 5300 Bonn 1

Buchtips:

„Rüstung und Abrüstung im Atomzeitalter". Ein Handbuch, hrsg. vom Stockholmer Friedensinstitut (SIPRI), rororo 4186.

„Krieg ohne Waffen", rororo 1710. Untersuchung über die Möglichkeit und Erfolge sozialer Verteidigung.

„Rüstungsjahrbuch 82/83, rororo 4717.

Henning Schierholz (Hrsg.) „Frieden — Abrüstung — Sicherheit, didaktisches Sachbuch für Schule, Jugendarbeit und Erwachsenenbildung", rororo 7444. Das Buch enthält eine Fülle von Informationen, ist aber sehr anspruchsvoll.

Komitee für Grundrechte und Demokratie (Hrsg.) „Frieden mit anderen Waffen", rororo 4939. Es

---

[1] latent = versteckt, verborgen.

werden fünf Vorschläge zu einer alternativen Sicherheitspolitik dargestellt.

Jürgen Horn „Wehrdienst und Zivildienst", Heyne Ratgeber Nr. 08/4690.

„Überlebenslesebuch", Wettrüsten, Nord-Süd-Konflikt, Umweltzerstörung, rororo 7672 (mit vielen Kontaktadressen und Buchtips).

Informationen und Buchtips über Friedenserziehung finden Sie auf Seite 303.

10.1 „Wir produzieren Sicherheit"

10.1.1 Bundeswehr und NATO

Der Frieden ist unser Auftrag.

„ Wir wollen Frieden in Freiheit. Ohne die Bundeswehr hätte es für uns nicht über dreißig Jahre Frieden gegeben. Und ohne die Bundeswehr gibt es auch in der Zukunft keinen Frieden. Wer für Frieden in Freiheit steht, braucht sich nicht zu verstecken. Der Dienst in der Bundeswehr ist Friedensdienst und damit Ehrendienst.

Ein Volk, das nicht zur Verteidigung entschlossen ist, verspielt mit der Freiheit auch den Frieden. Wir alle müssen uns mehr als bisher anstrengen, vor allem die jungen Bürger vom Sinn der Verteidigung und der Bundeswehr zu überzeugen. "

Quelle: Bundeskanzler Helmut Kohl in seiner Regierungserklärung am 13. Oktober 1982

Die Bundeswehr im Bündnis

Die Bundeswehr hat den Auftrag, gemeinsam mit den Truppen unserer Bündnispartner
- **im Frieden** durch ständige Einsatzbereitschaft einen Gegner davon abzuhalten, militärische Gewalt anzudrohen oder anzuwenden;
- **in Krisen** dazu beizutragen, daß die politische Führung verhandeln kann, ohne sich einem fremden politischen Willen unterwerfen zu müssen;
- **im Verteidigungsfall** gemeinsam mit den Bündnispartnern die Unversehrtheit unseres Landes zu erhalten oder wiederherzustellen.

Konsequente Vorbereitung der Verteidigung ist das beste Mittel, einem möglichen Angreifer das Risiko seines Tuns vor Augen zu führen und ihn zu veranlassen, einen bewaffneten Konflikt erst gar nicht zu beginnen.

Abschreckung als Mittel der Kriegsverhinderung ist aber nur glaubwürdig, wenn nach Quantität und Qualität ausreichende Kräfte zur Verfügung stehen.

Quelle: „Kräftevergleich NATO/Warschauer Pakt", Hrsg.: Bundesminister der Verteidigung

Land- und Luftstreitkräfte Mitteleuropa und Verstärkungen aus den USA beziehungsweise der UdSSR

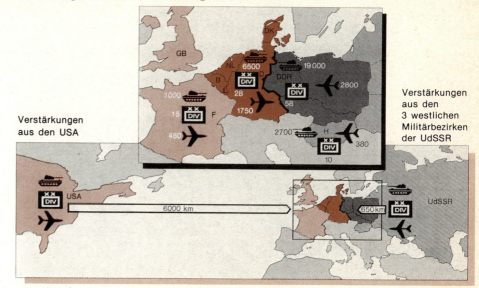

Entnommen: Weißbuch 1979, Bundesminister für Verteidigung

Organisation der Bundeswehr

Die Einheiten sind der NATO unterstellt. Befehlsgewalt hat im Frieden der Verteidigungsminister, im Krieg der Bundeskanzler. — Der Soldat soll zum Staatsbürger in Uniform herangebildet werden, jeder unnötige Drill soll unterbleiben. Er behält (soweit wie möglich) alle Rechte eines Staatsbürgers. In den Grundsätzen der „Inneren Führung" sind diese Gedanken niedergelegt. Der Wehrbeauftragte hat die Aufgabe, Beschwerden der Soldaten entgegenzunehmen, Mißstände zu untersuchen und dem Bundestag darüber zu berichten. Die „Territoriale Verteidigung" untersteht nicht der NATO. Sie soll im Kriegsfall für Ordnung und Sicherheit im Hinterland sorgen.

Was ist die NATO[1]?

Es ist ein Verteidigungsbündnis, gegründet 1949. Mitglieder: Belgien, Bundesrepublik Deutschland, Dänemark, Frankreich, Griechenland, Großbritannien, Island, Italien, Kanada, Luxemburg, Niederlande, Norwegen, Portugal, Türkei, USA. — Alle Mitglieder haben sich zu gegenseitiger Hilfe verpflichtet (siehe Art. 5, Abs. 1 des Vertrages). Die Mitglieder versuchen, ihre Wirtschafts- und Außenpolitik aufeinander abzustimmen.

Wichtigste Arbeitsgruppe ist der Nordatlantikrat, in dem alle Mitglieder gleichberechtigt vertreten sind.

Die Außen- und Verteidigungsminister treffen sich jährlich. Alle NATO-Staaten legen schon im Frieden fest, welche und wieviel Truppen sie im Falle eines Angriffs dem Oberbefehl der NATO unterstellen. Die gemeinsamen Kommandostäbe bestehen schon im Frieden[1].

> Die NATO ist das dauerhafteste, umfassendste und erfolgreichste multilaterale[2] Bündnis in der Geschichte freier Staaten. Sie entstand im Jahre 1949 unter dem Eindruck zunehmender Spannungen zwischen Ost und West ... Die NATO hat sich seitdem ständig bewährt: Seit

---

[1] „North Atlantic Treaty Organization", auch Atlantikpakt oder Nordatlantikpakt genannt.

[1] Ausnahmen: Island und Frankreich: Island hat keine Truppen und stellt Stützpunkte, Frankreich zog sich 1966 aus den NATO-Kommandostäben zurück, blieb aber Mitglied des Paktes.

[2] multilaterale = Verträge zwischen mehr als zwei Staaten.

Ende des Zweiten Weltkrieges sind rund um den Erdball über 100 Kriege und bewaffnete Konflikte ausgebrochen — in Europa hingegen blieb uns ein bewaffneter Konflikt zwischen Ost und West erspart. Dies ist eine der längsten Friedenszeiten in der Geschichte unseres immer wieder von großen Kriegen geschüttelten Kontinents. „

Quelle: „Es geht um unsere Sicherheit", Bundesminister der Verteidigung, Seite 25

Gemeinsame Verteidigung

Artikel 5, Absatz 1 des Nordatlantikvertrages, 4. April 1949

Die Verbündeten vereinbaren, daß ein bewaffneter Angriff gegen eine oder mehrere von ihnen in Europa oder Nordamerika als ein Angriff gegen sie alle angesehen wird; sie vereinbaren daher, daß im Falle eines solchen bewaffneten Angriffs jede von ihnen in Ausübung des in Artikel 51 der Charta der Vereinten Nationen anerkannten Rechts der individuellen oder kollektiven Selbstverteidigung der Partei oder den Parteien, die angegriffen werden, Beistand leistet, indem jede von ihnen unverzüglich für sich und im Zusammenwirken mit den anderen Parteien die Maßnahmen, einschließlich der Anwendung von Waffengewalt, trifft, die sie für erforderlich erachtet, um die Sicherheit des nordatlantischen Gebiets wiederherzustellen und zu erhalten.

10.1.2 NATO und Warschauer Pakt

Warschauer Pakt: 1955 geschlossenes Militärbündnis der Ostblockstaaten (Gegenstück zur NATO)[1].

Als Ergebnis des Ost-West-Konfliktes stehen sich zwei waffenstarrende Bündnissysteme gegenüber: NATO und Warschauer Pakt.

„ Frieden durch Gleichgewicht

Unter den heutigen Gegebenheiten ist die Frage, ob der Frieden auch militärisch gesichert werden muß, uneingeschränkt mit „JA" zu beantworten. Es ist die übereinstimmende Auffassung der Regierungen aller NATO-Mitgliedstaaten, daß nur diejenigen militärischen Mittel benötigt werden, die der friedenerhaltenden und defensiven Politik der Allianz gerecht werden können ... Jeder potentielle Angreifer soll vor einer Aggression gegen die NATO oder eines ihrer Mitglieder abgeschreckt werden ... „

Quelle: Generalinspekteur a. D. Ulrich de Maizière, zitiert in „Information für die Truppe", 3/82

---

[1] Zwischen: Albanien, Bulgarien, DDR, Polen, Rumänien, Sowjetunion, Tschechoslowakei, Ungarn.

Quelle: „Wahnsinn der Rüstung", Sternbuch, S. 49

Die Selbst- und Feindbeurteilung von NATO und Warschauer Pakt[1]

	NATO Selbstverständnis	Warschauer Pakt Selbstverständnis	NATO aus der Sicht des Warschauer Paktes	Warschauer Pakt aus der Sicht der NATO
Ziel und Auftrag	*Verteidigung* des freien Westens gegen die kommunistische Aggression; *Frieden*	*Verteidigung* des Sozialistischen Lagers gegen die imperialistische Aggression; *Frieden*	Vernichtung des sozialistischen Lagers	Ausbreitung des Kommunismus; Vernichtung der westlichen Zivilisation
Unausgesprochenes Ziel der Führungsmächte	—	—	Vorherrschaft der USA	Vorherrschaft der UdSSR
Berufung auf eine höhere weltliche Institution	UNO	UNO	—	—
Strategie, Bewaffnung und Ausrüstung	defensiv	defensiv	offensiv	offensiv
Einschätzung der Stärke von Bewaffnung und Ausrüstung	sehr hoch, trotzdem müssen die eigenen Kräfte verstärkt werden	sehr hoch, trotzdem müssen die eigenen Kräfte verstärkt werden	den eigenen Kräften zum Glück unterlegen, dennoch stark, besonders in der atomaren Rüstung	den eigenen Kräften zum Glück unterlegen, dennoch stark, besonders in der konventionellen Rüstung
Einschätzung der Verteidigungsbereitschaft der Soldaten und der Bevölkerung	muß intensiviert werden	muß intensiviert werden	?	seit Sommer 1968 geringer geworden
Beurteilung des Erfolgs des Bündnisses	positiv: der Frieden ist der NATO zu verdanken	positiv: der Frieden ist dem Warschauer Pakt zu danken	negativ	negativ

[1] Aus: „Thema: Frieden." Begleitmaterial zum Schulfernsehen. Berlin 1973.

Vergleichen Sie die Beurteilungen! Was fällt Ihnen auf?

10.1.3 Reden ist besser als schießen ... Versuche zur Friedenssicherung und Rüstungsbeschränkung

Der Ost-West-Konflikt bildet eine ständige Gefahr für den Frieden. Die nachstehende Aufstellung zeigt, daß versucht worden ist und versucht wird, zu Übereinkünften zu kommen, die den Frieden sichern helfen. (Im nächsten Abschnitt wird u. a. dargestellt, warum es so schwierig ist, sich über Abrüstung zu einigen.)

1959 Antarktis-Abkommen. Verbot von militärischen Stützpunkten, Kernexplosion und Lagerung von Atommüll. (Von den USA, der UdSSR und 12 Staaten unterzeichnet.)

1963 Atomstoppabkommen. Es verbietet die Kernwaffenversuche in der Atmosphäre, im Weltraum und im Wasser[1]. (Von den USA und etwa 100 Staaten unterzeichnet, aber nicht alle Atommächte traten bei.)

1967 Vertrag über die friedliche Nutzung des Weltraums. Er verbietet militärische Einrichtungen im Weltraum sowie Kernwaffen in einer Erdumlaufbahn. (Von den USA, England, der UdSSR und weiteren Staaten unterzeichnet.)

1968 Atomwaffensperrvertrag. Er verbietet die Weitergabe von Kernwaffen. (Von den USA, England, der UdSSR und etwa weiteren 100 Staaten unterzeichnet, aber nicht alle Atommächte traten bei.)

1970 Moskauer und Warschauer Verträge. Verzicht auf jede Gewaltanwendung zwischen der Bundesrepublik Deutschland einerseits und der UdSSR und Polen andererseits.

1972 Salt I. Erstes Abkommen zur Begrenzung nuklearstrategischer Waffensysteme zwischen den USA und der UdSSR.

1973 Beginn der Verhandlungen zwischen der NATO und dem Warschauer Pakt über beiderseitig ausgewogene Truppenverminderungen in Mitteleuropa (MBFR). Bisher kein entscheidender Durchbruch.

1975 Konferenz über Sicherheit und Zusammenarbeit in Europa (KSZE).

---

[1] Beispiel, wie Verträge unterlaufen werden können: Die Atomtests finden nun unter der Erde statt!

1979 Salt II. Zweites Abkommen zur Begrenzung nuklear strategischer Waffensysteme.

1981 Beginn von Verhandlungen zwischen den USA und der UdSSR über die eurostrategischen Waffen (Mittelstreckenraketen).

1983 Unterbrechung dieser Verhandlungen.

10.1.4 Friedensdienst mit und ohne Waffen

• **Gefreiter Hartmut Hensel**

„ Es stimmt zwar, daß man als Soldat zum Schießen ausgebildet wird, und das heißt ... daß man in einem Ernstfall töten kann und wird, aber andererseits glaube ich, daß dieser Ernstfall durch die Existenz der Bundeswehr verhindert wird. Denn das Ende eines militärischen Konfliktes wäre nicht abzusehen. Die Verluste der kämpfenden Parteien an Menschen und Material in einem heutigen ... Krieg würden so groß sein, daß Sieger und Besiegte am Ende des Waffenganges vor dem Ruin stünden. Die Folgerung daraus ist, daß ein Angriffskrieg gegen eine bewaffnete Macht für die Bundesrepublik Deutschland kein lukratives Geschäft ist. Einer generellen, in allen Staaten der Welt durchgeführten Abrüstung wäre ich nicht abgeneigt, ja ich stimme ihr von Herzen zu, aber solange irgendein Staat der Welt — egal welcher — noch über Mittel verfügt, anderen Gewalt anzutun, bin ich dagegen, abzurüsten; denn wer etwas verschenkt, kann nicht sicher sein, daß ihm wieder etwas geschenkt wird. "

Quelle: „Ernstfall Friede", Bundeszentrale für politische Bildung, Seite 30

• **Kriegsdienstverweigerer Frank Müller**

„ Mein Gewissen verbietet es mir, zu töten, auch im Falle eines Krieges. Meine Einstellung wurde bestärkt durch den Roman „Im Westen nichts Neues" von Erich M. Remarque. Die Darstellung des Krieges aus der Sicht der Betroffenen hat mich zutiefst erschüttert; besonders waren es diese schockierenden Szenen: „... Wir sehen Menschen leben, denen der Schädel fehlt; wir sehen Soldaten laufen, denen beide Füße weggefetzt sind; sie stolpern auf den splitternden Stümpfen bis zum nächsten Loch; ein Gefreiter kriecht fast einen Kilometer weit auf den Händen und schleppt die zerschmetterten Knie hinter sich her; ein anderer geht zur Verbandsstelle, und über seine festgehaltenen Hände quellen die Därme, wir sehen Leute ohne Mund, ohne Unterkiefer, ohne Gesicht ...' Ich bin entsetzt über die Brutalität und über die Selbstverständlichkeit, mit der getötet wird. Obwohl mein Vater die Ableistung des Wehrdienstes für meine Pflicht hält, verweigere ich den Dienst mit der Waffe ... Meine Einstellung und der Konflikt mit meinem Vater haben mich schlaflose Nächte gekostet. Aber in diesen Nächten wurde mir bewußt, daß auch nur ein von mir getöteter Mensch mir den Rest meines Lebens den Schlaf rauben würde — mein Gewissen würde mich stark quälen. — Deshalb möchte ich meine Kraft in den Dienst derer stellen, die Konflikte mit friedlichen Mitteln zu lösen versuchen. „

Quelle: Aus der schriftlichen Begründung einer Gewissensentscheidung

▼

Zwei junge Männer in Ihrem Alter haben Ihre Entscheidungen getroffen. Diskutieren Sie die Meinungen, bilden Sie sich Ihr eigenes Urteil.

10.2 Fragezeichen: Höhere Rüstung = höhere Sicherheit?

Billionen für neue Waffen?
US-Studie nennt verteidigungspolitische Leitlinien bis 1989

Washington (LN/dpa). Das US-Verteidigungsministerium will von 1985 bis 1989 umgerechnet rund vier Billionen Mark für die Streitkräfte ausgeben. Das geht aus einem Geheimpapier des Pentagons zu den Verteidigungs-Leitlinien hervor, dessen Inhalt jetzt bekannt wurde. Als Ziel wird die Wiederherstellung eines sichereren Gleichgewichts der Abschreckung genannt. Die atomare Überlegenheit über die Sowjets solle jedoch nicht wiedererlangt werden.

USA sind überlegen

Rüstungsausgaben steigen weiter
Täglich 2,5 Milliarden Dollar für militärische Zwecke im Jahr 2000?

Übergewicht der Sowjetunion

Aufrüsten, um abrüsten zu können

„Lübecker Nachrichten", 19. März 1983

TIRESIAS SICHT[1]

Unheilbar gesund

Die Friedensforschung forscht gewaltig
Und sucht für Frieden einen Grund.
Die Luft jedoch bleibt eisenhaltig.
Und Eisen, weiß man, ist gesund.

Gesund für Munitionsgeschäfte.
Für Waffenhandel und -export.
Zur Sicherung der Arbeitsplätze.
Zum Schutz der Freiheit. Und so fort ...

Bei solchem Ausmaß an Gesundsein
muß ja der Frieden auf dem Hund sein!
DIETER HÜSS

[1] Tiresias: Blinder Seher aus Theben.

... zum Katapult ...

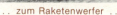
... zur Kanone ...

... zum Raketenwerfer ... ... zum Langstreckenbomber ...

... zur Interkontinentalrakete: Angeborene Tötungshemmungen versagen

Entwicklung der Fernwaffen: Vom Pfeil und Bogen ...
gestaltet nach: „Die Zeit" Nr. 47, 13. November 1981

10.2.1 Zwei kleine Jungen ...

❞ Amerika und Rußland sind wie zwei kleine Jungen, die bis zu den Knien im Benzin stehen. Einer hat fünf Feuerzeuge, der andere zehn. Der mit den zehn prahlt: ,,Ich fühle mich sicherer, wiel ich zehn Feuerzeuge habe." Und beide wollen sich auf Deubel komm raus immer mehr verschaffen.

Dieses Gleichnis vom selbstmörderischen ,,Overkill" — Übertod — erklärt besser als jede umständliche Problemanalyse, warum mehr und mehr Menschen in der demokratischen Welt an der Theorie der nuklearen Abschreckung zu zweifeln beginnen. Sie hat, mitsamt dem dahinterstehenden Rüstungsarsenal, drei Jahrzehnte lang den Frieden bewahrt; dies läßt sich nicht leugnen. Aber ist Verlaß darauf, daß es auch fürderhin geht? Und ist nicht auf jeden Fall das fortgesetzte atomare Wettrüsten Irrsinn? Um im Bilde der beiden Jungen zu bleiben: Wächst nicht mit jedem Feuerzeug die Gefahr, daß einer zu zündeln anfängt und alles in die Luft jagt?

Dreißigtausend Kernwaffen lagern heute in den amerikanischen Zeughäusern, ein Drittel davon strategische Gefechtsköpfe; zwanzigtausend Kernwaffen haben die Sowjets angehäuft. Doch noch immer rüsten die Supermächte unentwegt weiter ... ❞

Quelle: Theo Sommer in ,,Die Zeit", 19. März 1982

❞ Die Russen wollen keinen Krieg. Sie sind so wenig Kriegstreiber wie die Amerikaner ...

Die Vorstellungen der beiden Supermächte, was ihre Sicherheit erfordert, klaffen weit auseinander. Ihre Ängste voreinander sind geradezu spiegelverkehrt. Beide trauen dem anderen das Schlimmste zu und wappnen sich dagegen — mit der unvermeidlichen Wirkung, daß der andere noch tiefer in seine Ängste hineingestoßen wird und nun seinerseits nachzieht; dieser Mechanismus hält die Rüstungsspirale in Umdrehung. Beide sind der Ansicht, der Gegner habe angefangen und wolle nun nicht aufhören; beide glauben, der andere wolle das Gleichgewicht der Waffen und des Schreckens zu seinem Vorteil verändern, um Überlegenheit zu erringen; beide fürchten, der Kontrahent verfolge nur die einzige Absicht, dem eigenen Lager weltpolitisch das Leben zu erschweren. ❞

Quelle: Theo Sommer in ,,Die Zeit", 11. März 1983

Zwei verfeindete Weltmächte, die bis zu den Knien in Atomwaffen stehen und immer noch mehr haben wollen ... Prof. Carl-Friedrich v. Weizsäcker, bekannter Physiker, Philosoph und Friedensforscher, setzte sich in einem Vortrag mit diesem Problem auseinander. Hier einige seiner Kerngedanken:

Er beschreibt den Ost-West-Konflikt und fährt fort:

,,Die Erfahrung lehrt, daß Waffen bisher so gut wie nie abgerüstet worden sind, es sei denn, sie seien schon vorher entbehrlich gewesen ... Das Tragische ist, daß man zur Erklärung des ständigen Rüstungswettlaufs keine primär[1] aggressiven Motive vorauszusetzen braucht; Angst der Mächte voreinander genügt zur Erklärung." —

v. Weizsäcker ist der Meinung, die heutige Konfrontation komme ,, ... aus dem wachsenden Zweifel jedes der beiden Systeme an sich selbst, aus ihrer Unfähigkeit, ihre eigenen Probleme zu lösen. Nach meinem Eindruck ist die Schwäche der Sowjetunion ihre Unbeweglichkeit, die Schwäche der Vereinigten Staaten ihr hektisches Herumhüpfen zwischen gegensätzlichen, gleich unzureichenden Lösungsversuchen."

Die Hoffnung, die atomare Abschreckung könne den Frieden für immer bewahren, hält er für eine ,,hirnverbrannte Verrücktheit ...": ,,Die atomare Abschreckung konnte uns eine Atempause von einigen Jahrzehnten geben, um eine politische Lösung des Friedensproblems zu suchen."

Die große politische Lösung hält er zur Zeit nicht für möglich: ,,Wir müssen froh sein, wenn wir Wege finden, die Atempause um ein weiteres Jahrzehnt oder etwas mehr zu verlängern."

Er macht sieben Vorschläge zur Verlängerung dieser Atempause:

1. Nichtverbreitung von Kernwaffen

Begrenzte Atomkriege hält er für lebensgefährlich: ,,Die Menschheit wüßte dann, daß begrenzter Atomwaffeneinsatz möglich ist. Vermutlich würde der Einsatz dann ... so oft wiederholt, bis er einmal nicht mehr begrenzt bliebe."

2. Rüstungsbeschränkung

Verhandlungen führen ,, ... zu der höchst frustrierenden Pflichtübung, die beiderseitigen Raketen, Sprengköpfe, Panzer, Truppeneinheiten zu zählen und gegeneinander aufzurechnen. Wie man in harten Verhandlungen erwarten kann, wenden dabei beide Partner sehr verschiedene Zählmethoden an ..." v. Weiz-

---

[1] primär = zuerst vorhanden, vorrangig.

säcker sieht das Problem nicht bei den großen strategischen Waffen: „Das Problem liegt bei den kleineren Nuklearwaffen für begrenzten Einsatz."

3. *Abrüstung der europäischen Mittelstreckenraketen*

„Trotz meiner Skepsis gegen Abrüstung halte ich in diesem Fall die wirkliche Abrüstung für möglich und für unerläßlich notwendig."

4. *Kein Ersteinsatz von Kernwaffen*

Er sieht die Gefahr „... daß sofort oder später der große Nuklearkrieg die Folge ist."

5. *Rein defensive[1] konventionelle Rüstung*

Sie „... müßte so sein, daß sie überhaupt nur defensiv verwendet werden kann; dann bietet sie keinen Anreiz zum Rüstungswettlauf."

6. *Zivilschutz*

„Ich bin seit zwanzig Jahren für Zivilschutz eingetreten, weil ich die Zuversicht, es werde kein Krieg mehr kommen, immer für Träumerei gehalten habe."

7. *Weltweite wirtschaftliche Zusammenarbeit*

v. Weizsäcker sieht darin einen „... Beitrag zur politischen Stabilisierung." Je mehr wirtschaftliche Zusammenarbeit und Verflechtung, desto kleiner die Gefahr des Krieges.

Der Vortrag schließt mit den Worten: „Warum soll nicht eines Tages eine vernünftige Weltfriedensordnung das heutige System einander fürchtender Militärmächte ablösen? Heute aber kommt es vor allem darauf an, daß in den nächsten zwei Jahren vernünftige ... Abrüstungsbeschlüsse zustande kommen."

Quelle: „Abschreckung — nur eine Atempause?" in „Die Zeit", 26. März 1982

10.2.2 Der Zug nach Neumünster ... Meinungen und Denkanstöße

99 Wenn man sich in einen Zug setzt, der nach Neumünster fährt, dann braucht man sich nachher nicht zu wundern, wenn man in Neumünster ankommt. Einmal saßen wir in einem solchen Zug drin, er fuhr nicht nach Neumünster, sondern in die Vernichtung. Jetzt haben wir uns in den gleichen Zug gesetzt. Wie sollte denn genau das, was damals in den Krieg führte, heute zum Frieden führen?

In den letzten Kriegstagen war ich als Soldat in der Nähe von Prag eingesetzt. Wir kämpften gegen die Amerikaner. Vom Himmel regneten außer Bomben und Granaten auch Flugblätter. Der Inhalt eines Blattes blieb mir im Gedächtnis. Darauf stand fast wörtlich: „Die Deutsche Nation, die den Wind gesät und den Sturm geerntet hat ...", dann die Aufforderung zur Niederlegung unserer Waffen und mit dem Hinweis, daß wir ehrenvoll entsprechend den Bestimmungen der Haager Landkriegsordnung behandelt werden sollten. Es hieß dann weiter: „Der Wiederaufstieg des Deutschen Volkes wird hart und mühsam sein. Das dem Deutschen Volk dabei nicht die Last des Gewehres drückt, dafür werden wir Sorge tragen". Unterzeichnet vom Präsidenten der Vereinigten Staaten von Amerika. 99

Quelle: Leserbrief von Walter Grickshus an „Wir", Sozialdemokratische Zeitung Jan./Febr. 1982

99 **14 513 Kriege**

„Seit 3600 vor Christus bis 1960 fanden 14 513 Kriege statt. Dabei kamen nach Schätzungen 3 Milliarden und 64 Millionen Menschen um. Nur 292 dieser 5600 Jahre waren ohne Krieg. Von 650 vor Christus bis heute zählten die Historiker 1656 Versuche, durch Wettrüsten den Frieden zu bewahren. Dieses führte 1640mal zum Krieg. In den anderen Fällen zum wirtschaftlichen Ruin der Beteiligten. 99

Quelle: Norwegische Akademie der Wissenschaften, Oslo

Quelle: „Die Zeit", vom 13. November 1981

---

[1] defensiv: verteidigend, abwehrend.

Töten lernen um nicht töten zu müssen oder Der große Eiertanz

Sie sind also Soldat?
Ja.
Gerne?
Nun ja.
Was denn nun — ja oder?
Ja.
Und was machen Sie denn so den ganzen Tag?
Mein Gott, Dienst.
Mit Waffen und so?
'türlich. Gestern zum Beispiel, da war Gefechtsschießen.
Aha. Und auf wen schießen Sie da?
Wieso auf wen — auf was! Pappkameraden, Panzerattrappen und so.
Wieso denn das?
Nun ja, die stellen doch den Feind dar.
Was denn für'n Feind?
Eh — also — einen eventuellen Gegner.
Momentmal, entweder Sie haben einen Feind oder Sie haben keinen.
Doch — wir haben Pappkameraden.
Aber wer ist denn nun wirklich der Feind, auf den Sie schießen wollen?
Ich will ja gar nicht.
Wie denn, was denn, entweder Sie haben einen Feind oder Sie haben keinen.
Natürlich hab' ich keinen.
Warum schießen Sie denn dann?
Weil — also — ich muß doch vorher üben.
Was denn, auf Menschen schießen?
Nee, oder doch — aber ich schieß' doch nur auf einen angenommenen Feind.
Und wenn ja nun, bei dem Gefechtsschießen gestern, wirklich Menschen gewesen wären?
Dann hätt' ich natürlich nicht geschossen.
Aber wenn es Feinde gewesen wären?
Dann hätt' ich natürlich geschossen.
Mann, das war doch nur'n angenommener Feind.
Aber der Feind, das sind doch auch Menschen.
Nee, das waren Pappkameraden.
Ich meine im Ernstfall, da würden Sie doch auch auf Menschen schießen.
Natürlich — das heißt nee — ich meine, den Ernstfall lassen wir gar nicht eintreten.
Aha, und dafür üben Sie Schießen auf Pappkameraden?
Genau.

Quelle: PZ, Oktober 1979

> **Wahnsinn in Zahlen**
>
> Eine einzige Interkontinentalrakete, so die indische Regierungschefin Indira Ghandi, kostet so viel Geld, daß man 1,5 Millionen Menschen davon satt machen könnte.
>
> Für einen kurzen Moment horchte die Weltöffentlichkeit auf: Wahnsinn in anschaulichen Zahlen! Und außerdem: Wer könnte überzeugender Weltgewissen spielen als die Chefin eines Landes, das den Wettlauf gegen den Hungertod Millionen seiner Bürger immer wieder verliert.
>
> Dabei ist es eine hundertfach niedergelegte und ausgerechnete Erkenntnis: An den Raketen, Flugzeugen und Panzern leiden und sterben Menschen schon im Frieden.
>
> Indira Ghandi hätte auch sagen können: Für den Preis eines modernen Kampfpanzers könnte man in Indien für 30000 Kinder Schulen bauen. Für den Preis eines Kampfflugzeuges könnte man 40000 Dorfapotheken einrichten.

Quelle: PZ, März 1982

● **Kanonier Ludwig Setz: „Was wir verteidigen"**

> Ich beginne mit einem Zitat aus dem Buch „Verteidigung der Freiheit" von Emil Obermann. Es lautet: „Als wir den Soldaten anzogen, zogen wir den Bürger nicht aus." Nach sechs Wochen Grundausbildung will ich es folgendermaßen umändern: „Als man uns als Soldat anzog, brauchten wir den Bürger nicht auszuziehen."
>
> Die Grundlage für unsere Verteidigung sehe ich in der wachsenden Bedrohung. Für die Abwehr dieser Bedrohung ist ein wirksamer Verteidigungswille notwendig, der jedoch erst entstehen kann, wenn jeder weiß, was es zu verteidigen gilt. Eigentlich sollte jeder Staatsbürger diese verteidigungswürdigen Güter kennen. Bei uns sind Regierung und Staat nicht um ihrer selbst willen da, sondern um allen Bürgern dieses Staates die Sicherheit und Freiheit zu gewährleisten, daß sie ihr Recht auf Leben und persönliches Glück wahrnehmen können.
>
> Es gibt mehrere Garantien für unsere Freiheiten. Die erste ist unsere demokratische Staatsordnung, die die äußeren Voraussetzungen schafft. Wichtig ist die Existenz von mindestens zwei Parteien mit eigenen politischen Ordnungsideen. Wir dürfen uns glücklich schätzen, frei wählen zu können. Freie Wahlen sind das Fundament, auf dem unsere Freiheit basiert. Und wir Soldaten sollten stolz sein, dieses Gut verteidigen zu dürfen und den Wehrdienst als Ehrendienst ansehen.

Quelle: „Information für die Truppe", 4/81

---

26 Jahre Wehrdienst = 26 Jahre Dienst am Frieden! Unser Friede ist so sicher, wie wir bereit sind zu dienen?

1. *Mehr als 26 Jahre Friede stehen auf unserer „Haben-Seite". Es ist dies insbesondere das Verdienst von Millionen von Bundesbürgern, die Wehrdienst geleistet haben und leisten.*

2. *Wir verstehen unverändert Sicherheitspolitik als Politik der Entspannung, die jedoch nur auf der Grundlage glaubwürdiger militärischer Verteidigungsfähigkeit möglich ist.*

3. *Einseitige Abrüstung nur in Mittel- und Westeuropa, Verzicht auch auf unsere Mitgliedschaft im NATO-Bündnis wären mehr als ein Experiment. Es wäre für die Sowjetunion gleichbedeutend mit der Möglichkeit zur politischen Erpressung.*

4. *Eine im NATO-Bündnis starke Bundeswehr ist eine unverzichtbare Voraussetzung für jede Bundesregierung, auch ein gewichtiges Wort in der NATO-Politik mitzusprechen!*

5. *Ziel bundesdeutscher Sicherheitspolitik war stets die Bewahrung des Friedens in Freiheit. Auch weiterhin muß dieses Ziel verfolgt werden!*

6. *Friede in Freiheit gibt es jedoch nicht zum Null-Tarif, auch nicht durch Illusionen! Deswegen brauchen wir eine verteidigungsfähige Bundeswehr.*

7. *Wir sind für Rüstungsbegrenzung und Abbau nuklearer Überkapazitäten, jedoch in beiderseitiger Ausgewogenheit! Verhandeln kann nur, wer nicht erpressbar ist, wer sich verteidigen kann.*

8. *Neutralität heißt, alleine stark genug sein, um sich nicht dem Willen anderer beugen zu müssen. Ein sicheres Dasein ohne Verteidigungsfähigkeit zwischen den Machtblöcken führen zu können, ist ein fundamentaler Irrtum.*

9. *Die Einsatzbereitschaft der Bundeswehr dient der Erhaltung des Friedens durch Abschreckung.*

10. Wir halten unseren Staat und unsere Gesellschaft für verteidigungswürdig. Die Bundeswehr schützt gemeinsam mit unseren NATO-Partnern unser Volk gegen Angriffe von außen. Wehrdienst verstehen wir als aktive Kriegsverhinderung.

Quelle: „Information für die Truppe", 3/81

> **Song von der Super-Sicherheit**
>
> Sicherheit! Sicherheit!
> Für jede Gelegenheit
> prima Supersicherheit:
> Sicherheit vor Sturm und Feuer
> Sicherheit vor Frau am Steuer
> Sicherheit vor Eis und Hitze
> Sicherheit vor Autositze
> Sicherheit durch Gürtelreifen
> Sicherheit durch Deo-Seifen
> Sicherheit am Arbeitsplatz
> Sicherheit bei Zahnersatz
> Sicherheit bei Mundgerüchen
> Sicherheit vor Bankeinbrüchen
> Sicherheit mit Bein im Gips
> Sicherheit in Männerslips
> Sicherheit in schönen Stunden
> Sicherheit vor scharfen Hunden
> Sicherheit vor Stubenfliegen
> Sicherheit vor Kinderkriegen
> Sicherheit vor jeder Plage
> Sicherheit in jeder Lage
> nur in einer Lage nicht —
> wenn ein neuer Krieg ausbricht ...

Quelle: „Paßt uns die Rüstung?" Materialien NDR-Schulfernsehen, Seite 11

> **USA überlegen ...**
>
> Die USA seien militärisch noch immer stärkste macht in der welt, stellt das Zentrum für Verteidigungsinformation in Washington fest, das von pensionierten amerikanischen offizieren geleitet wird. Das zentrum befürwortet militärische stärke, ist aber gegen „übertriebene" verteidigungsausgaben. In dem bericht wird die feststellung von präsident Reagan, die Sowjetunion sei den Vereinigten Staaten atomar überlegen, als „falsch" und „gefährlich" bezeichnet.

Quelle: „Druck und Papier", 19/82

Werbung: Links der Rüstungsbetrieb Rheinmetall, rechts deutsche Friedensbewegungen.

„Bild", 21. November 1957

Ein Beispiel, wie sich Meinungen ändern (achten Sie auf das Datum).

Wir haben Angst. — Wir wollen Abrüstung. — Wir wollen den Frieden, das sollten wir auch Andersdenkenden zubilligen. ,,Es geht nirgends so unfriedlich zu wie in einer Diskussion über den Frieden'', wurde einmal gesagt.

Quelle: PZ, Oktober 1979

Die obenstehende Zeichnung drückt diese Tatsache drastisch aus.

Gehen Sie die Seiten 289 — 300 noch einmal durch und versuchen Sie, zu einem abschließenden Urteil zu kommen. (Achten Sie auch auf die aktuellen Tagesmeldungen.)

Tip: Bilden Sie Arbeitsgruppen, bearbeiten Sie verschiedene Probleme und begründen Sie Ihren Standpunkt.

Themenvorschläge:
Kriegsdienstverweigerung, ja oder nein?

Wie könnte die Angst der Weltmächte voreinander abgebaut werden?

Kann der Westen ,,Vorleistungen'' bei der Abrüstung riskieren?

Könnten ,,Vorleistungen'' das Mißtrauen der Sowjetunion beseitigen?

Sollte die Bundesrepublik ,,Vorleistungen'' riskieren?

Sollte die Bundesrepublik einseitig abrüsten?

Sollte jede Aufrüstung der Sowjetunion mit einer ,,Nachrüstung'' beantwortet werden?

Beziehen Sie bei der Beantwortung dieser Frage auch die folgenden Texte mit ein. Bei diesen schwierigen Dokumenten sollten Sie einen Fremdwörterduden benutzen.

Kommuniqué der Sondersitzung der Außen- und Verteidigungsminister der NATO

Am 12. Dezember 1979 in Brüssel

1.

Die Außen- und Verteidigungsminister trafen am 12. Dezember 1979 in Brüssel zu einer Sondersitzung zusammen.

2.

Die Minister verwiesen auf das Gipfeltreffen vom Mai 1978, bei dem die Regierungen ihre politische Entschlossenheit zum Ausdruck brachten, der Herausforderung zu begegnen, die der fortdauernde intensive militärische Aufwuchs auf seiten des Warschauer Paktes für ihre Sicherheit darstellt.

3.

Im Laufe der Jahre hat der Warschauer Pakt ein großes und ständig weiterwachsendes Potential von Nuklearsystemen entwickelt, das Westeuropa unmittelbar bedroht und eine strategische Bedeutung für das Bündnis in Europa hat. Diese Lage hat sich innerhalb der letzten Jahre in besonderem Maße durch die sowjetischen Entscheidungen verschärft, Programme zur substantiellen Modernisierung und Verstärkung ihrer weitreichenden Nuklearsysteme durchzuführen. Insbesondere hat die Sowjetunion die SS-20-Rakete disloziert, die durch größere Treffgenauigkeit, Beweglichkeit und Reichweite sowie durch die Ausrüstung mit Mehrfachsprengköpfen eine bedeutende Verbesserung gegenüber früheren Systemen darstellt, und sie hat den ,,Backfire-Bomber'' eingeführt, der wesentlich leistungsfähiger ist als andere sowjetische Flugzeuge, die bisher für kontinentalstrategische Aufgaben vorgesehen waren. Während die Sowjetunion in diesem Zeitraum ihre Überlegenheit bei den nuklearen Mittelstreckensystemen (LRTNF) sowohl qualitativ als auch quantitativ ausgebaut hat, ist das entsprechende Potential des Westens auf demselben Stand geblieben. Darüber hinaus veralten diese westlichen Systeme, werden zunehmend verwundbarer und umfassen zudem keine landgestützten LRTNF-Raketensysteme.

4.

Gleichzeitig hat die Sowjetunion auch ihre Nuklearsysteme kürzerer Reichweite modernisiert und vermehrt und die Qualität ihrer konventionellen Streitkräfte insgesamt bedeutend verbessert. Diese Entwicklungen fanden vor dem Hintergrund des wachsenden Potentials der Sowjetunion im interkontinentalstrategischen Bereich und der Herstellung der Parität mit den Vereinigten Staaten auf diesem Gebiet statt.

5.
Diese Entwicklungen haben im Bündnis ernste Besorgnis hervorgerufen, da – falls sie fortdauern sollten – die sowjetische Überlegenheit bei den Mittelstreckenwaffen die bei den interkontinentalen strategischen Systemen erzielte Stabilität aushöhlen könnte. Durch diese Entwicklungen könnte auch die Glaubwürdigkeit der Abschreckungsstrategie des Bündnisses dadurch in Zweifel gezogen werden, daß die Lücke im Spektrum der dem Bündnis zur Verfügung stehenden nuklearen Reaktionen auf eine Aggression stärker akzentuiert würde.

6.
Die Minister stellten fest, daß diese jüngsten Entwicklungen konkrete Maßnahmen des Bündnisses erfordern, wenn die NATO-Strategie der flexiblen Reaktion glaubwürdig bleiben soll. Nach intensiven Beratungen auch über alternative Ansätze und deren Wert und nach Kenntnisnahme der Haltung bestimmter Bündnispartner, kamen die Minister überein, daß dem Gesamtinteresse der Allianz am besten dadurch entsprochen wird, daß die zwei parallelen und sich ergänzenden Ansätze: LRTNF-Modernisierung und -Rüstungskontrolle verfolgt werden.

7.
Die Minister haben daher beschlossen, das LRTNF-Potential der NATO durch die Dislozierung von amerikanischen bodengestützten Systemen in Europa zu modernisieren. Diese Systeme umfassen 108 Abschußvorrichtungen für Pershing II, welche die derzeitigen amerikanischen „Pershing Ia" ersetzen werden, und 464 bodengestützte Marschflugkörper (GLCM). Sämtliche Systeme sind jeweils mit nur einem Gefechtskopf ausgestattet. Alle Staaten, die zur Zeit an der integrierten Verteidigungsstruktur beteiligt sind, werden an diesem Programm teilnehmen. Die Raketen werden in ausgewählten Ländern stationiert und bestimmte Nebenkosten werden im Rahmen von bestehenden Finanzierungsvereinbarungen der NATO gemeinsam getragen werden. Das Programm wird die Bedeutung nuklearer Waffen für die NATO nicht erhöhen. In diesem Zusammenhang kamen die Minister überein, daß als integraler Bestandteil der TNF-Modernisierung sobald wie möglich 1000 amerikanische nukleare Gefechtsköpfe aus Europa abgezogen werden. Weiterhin beschlossen die Minister, daß die 572 LRTNF-Gefechtsköpfe innerhalb dieses verminderten Bestands untergebracht werden sollen. Dies impliziert notwendigerweise eine Gewichtsverlagerung mit der Folge, daß die Zahl der Gefechtsköpfe von Trägersystemen anderer Typen und kürzerer Reichweite abnimmt. Zusätzlich haben die Minister mit Befriedigung zur Kenntnis genommen, daß die Nukleare Planungsgruppe (NPG) eine genaue Untersuchung vornimmt über Art, Umfang und Grundlage der sich aus der LRTNF-Dislozierung ergebenden Anpassungen und ihrer möglichen Auswirkungen auf die Ausgewogenheit von Aufgaben und Systemen im gesamten nuklearen Arsenal der NATO. Diese Untersuchung wird Grundlage eines substantiellen Berichts an die Minister der NPG im Herbst 1980 sein.

8.
Die Minister messen der Rüstungskontrolle als Beitrag zu einem stabileren militärischen Kräfteverhältnis zwischen Ost und West und zur Förderung des Entspannungsprozesses eine große Bedeutung bei. Dies spiegelt sich wider in einem breit angelegten Spektrum von Initiativen, die im Bündnis geprüft werden mit dem Ziel, die Weiterentwicklung von Rüstungskontrolle und Entspannung in den achtziger Jahren zu fördern. Die Minister betrachten die Rüstungskontrolle als integralen Bestandteil der Bemühungen des Bündnisses, die unverminderte Sicherheit seiner Mitgliedstaaten zu gewährleisten und die strategische Lage zwischen Ost und West auf einem beiderseits niedrigeren Rüstungsniveau stabiler, vorhersehbarer und beherrschbarer zu gestalten. In dieser Hinsicht begrüßen sie den Beitrag, den der SALT-II-Vertrag zur Erreichung dieser Ziele leistet.

9.
Die Minister sind der Auffassung, daß auf der Grundlage des mit SALT II erreichten und unter Berücksichtigung der die NATO beunruhigenden Vergrößerung des sowjetischen LRTNF-Potentials nun auch bestimmte amerikanische und sowjetische LRTNF in die Bemühungen einbezogen werden sollten, durch Rüstungskontrolle ein stabileres umfassendes Gleichgewicht bei geringeren Beständen an Nuklearwaffen auf beiden Seiten zu erzielen. Dies würde frühere westliche Vorschläge und die erst kürzlich geäußerte Bereitschaft des sowjetischen Staatspräsidenten Breschnew aufnehmen, solche sowjetischen und amerikanischen Systeme in Rüstungskontrollverhandlungen einzubeziehen. Die Minister unterstützen voll die als Ergebnis von Beratungen im Bündnis getroffene Entscheidung der Vereinigten Staaten, über Begrenzungen der LRTNF zu verhandeln und der Sowjetunion vorzuschlagen, so bald wie möglich Verhandlungen auf der Grundlage der folgenden Leitlinien aufzunehmen, die das Ergebnis intensiver Konsultationen innerhalb des Bündnisses sind:

a) Jede künftige Begrenzung amerikanischer Systeme, die in erster Linie für den Einsatz als TNF bestimmt sind, soll von einer entsprechenden Begrenzung sowjetischer TNF begleitet sein.

b) Über Begrenzungen von amerikanischen und sowjetischen LRTNF soll Schritt für Schritt bilateral im Rahmen von SALT III verhandelt werden.

c) Das unmittelbare Ziel dieser Verhandlungen soll die Vereinbarung von Begrenzungen für amerikanische und sowjetische landgestützte LRTNF-Raketensysteme sein.

d) Jede vereinbarte Begrenzung dieser Systeme muß mit dem Grundsatz der Gleichheit zwischen beiden Seiten vereinbar sein. Die Begrenzungen sollen daher in einer Form vereinbart werden, die de jure Gleichheit sowohl für die Obergrenzen als auch für die daraus resultierenden Rechte festlegt.

e) Jede vereinbarte Begrenzung muß angemessen verifizierbar sein.

10.
Angesichts der besonderen Bedeutung dieser Verhandlungen für die Sicherheit des Bündnisses insgesamt wird zur Unterstützung der amerikanischen Verhandlungsbemühun-

gen ein besonderes, hochrangiges Konsultationsgremium innerhalb des Bündnisses gebildet. Dieses Gremium wird die Verhandlungen kontinuierlich begleiten und den Außen- und Verteidigungsministern berichten. Die Minister werden die Entwicklung dieser und anderer Rüstungskontrollvereinbarungen bei ihren halbjährlichen Konferenzen bewerten.

11.

Die Minister haben sich zu diesen beiden parallel laufenden und komplementären Vorgehensweisen entschlossen, um einen durch den sowjetischen TNF-Aufwuchs verursachten Rüstungswettlauf in Europa abzuwenden, dabei jedoch die Funktionsfähigkeit der Abschreckungs- und Verteidigungsstrategie der NATO weiterhin zu erhalten und damit die Sicherheit ihrer Mitgliedstaaten weiterhin zu gewährleisten.

a) Ein Modernisierungsbeschluß, einschließlich einer verbindlichen Festlegung auf Dislozierungen, ist erforderlich, um den Abschreckungs- und Verteidigungsbedürfnissen der NATO gerecht zu werden, um in glaubwürdiger Weise auf die einseitigen TNF-Dislozierungen der Sowjetunion zu reagieren und um das Fundament für ernsthafte Verhandlungen über TNF zu schaffen.

b) Erfolgreiche Rüstungskontrolle, die den sowjetischen Aufwuchs begrenzt, kann die Sicherheit des Bündnisses stärken, den Umfang des TNF-Bedarfs der NATO beeinflussen und im Einklang mit der grundlegenden NATO-Politik von Abschreckung, Verteidigung und Entspannung – wie sie im Harmel-Bericht niedergelegt wurde – Stabilität und Entspannung in Europa fördern. Der TNF-Bedarf der NATO wird im Licht konkreter Verhandlungsergebnisse geprüft werden.

Quelle: Weißbuch 1983, Zur Sicherheit der Bundesrepublik Deutschland, S. 193 ff.

Die Strategie der Flexiblen Reaktion

271. Die gültige Strategie der Flexiblen Reaktion kennt drei Reaktionsarten. Umfang, Ausrüstung und Ausbildung der Streitkräfte sowie die operativen Planungen sind auf diese Reaktionsarten abgestimmt.

Die Direktverteidigung soll dem Aggressor verwehren, sein Ziel zu erreichen, und zwar auf der Stufe des militärischen Konflikts, die der Aggressor gewählt hat. Das kann den Einsatz nuklearer Waffen einschließen. Entweder scheitert damit die Aggression oder der Aggressor wird mit der Gefahr der Eskalation konfrontiert.

Die Vorbedachte Eskalation soll einen Angriff dadurch abwehren, daß sie den Angreifer zu der politischen Entscheidung bewegt, seine Kriegshandlungen einzustellen, weil Erfolgschancen und Risiken in keinem für ihn tragbaren Verhältnis stehen. Als mögliches Mittel, ihn hiervon zu überzeugen, hält das Bündnis Optionen des politisch kontrollierten, selektiven Einsatzes nuklearer Waffen offen.

Die Allgemeine Nukleare Reaktion richtet sich vor allem gegen das strategische Potential des Angreifers und bedeutet den Einsatz der nuklear-strategischen Waffen der Allianz. Ihre Androhung ist das stärkste Abschreckungsmittel, ihre Anwendung wäre die stärkste der möglichen NATO-Reaktionen.

Quelle: Weißbuch 1983, Zur Sicherheit der Bundesrepublik Deutschland, S. 148

Wie stellen Sie sich eine rein defensive Armee vor?

Was halten Sie von einer atomwaffenfreien Zone in Mitteleuropa?

Die Genfer Raketen-Verhandlungen

Mittelstreckenraketen in Europa (INF-Verhandlungen)

Im Westen: geplant (NATO-Doppelbeschluß)
- 464 Cruise missiles
- 108 Pershing II

UdSSR: vorhanden im europäischen Teil
- 243 SS-20 (je 3 Sprengköpfe)
- 270 SS-4/SS-5

Cruise missiles 2300 km
Pershing II 1500 km
SS-20 5000 km

*Umstritten ist die Anrechnung der vorhandenen 64 englischen und 98 französischen Raketen

10.3 „Wie spielt man Frieden"? — Friedenserziehung

10.3.0 Hinweise — Büchertips

Auf den folgenden Seiten finden Sie nur einige Denkanstöße. Wenn Sie mehr wissen wollen, lassen Sie sich in Buchhandlung oder Bücherei beraten. Besorgen Sie sich die neuesten Taschenbuch-Prospekte.

ℹ **Kostenlose Informationen erhalten Sie von:**

Deutsche Gesellschaft für Friedens- und Konfliktforschung e. V., Theaterstraße 4, 5300 Bonn, Bonn-Bad Godesberg,

Aktionsgemeinschaft Dienst für den Frieden, Blücherstraße 14, 5300 Bonn 1,

Arbeitsgemeinschaft Friedenspädagogik, Bavariastraße 28, 8000 München 2,

Aktion Sühnezeichen / Friedensdienste, Jebenstraße 1, 1000 Berlin 2.

Büchertips:

Warren Miller: ,,Kalte Welt'', Verlag Beltz und Gelberg.

Erich Kästner: ,,Die Konferenz der Tiere'', Verlag Dressler.

Horst Burger: ,,Warum warst du in der Hitlerjugend?'', Vier Fragen an meinen Vater, rororo.

Joseph Ziemann: ,,Sag bloß nicht Mosche zu mir, ich heiße Stasiek'', Basis Verlag.

Christine Nöstlinger: ,,Maikäfer flieg'', dtv.

Giesecke u. a.: ,,Gesellschaft und Politik in der Bundesrepublik Deutschland'' Fischer-Taschenbuch 6271; das Buch befaßt sich kritisch mit Situationen unserer Gesellschaft.

Lernziel Frieden; Bezugsadresse: Deutsche Unesco-Kommission, Colemannstraße 15, 5300 Bonn 1; umfangreiche Zusammenstellung von Literatur (z. B. Jugendbücher!), Dokumenten und Erklärungen verschiedenster Gruppen (vor allem für den Lehrer geeignet).

Hennin / Kubitzka: ,,Wir üben Frieden ein, Arbeitshilfen für Jugendarbeit und Erwachsenenbildung'', Waldkircher Verlagsgesellschaft, Schillerstraße 21, 7808 Waldkirchen.

Niklas / Ostermann: ,,Vorurteile und Feindbilder'', Verlag Urban und Schwarzenberg.

Reiner Kunze: ,,Die wunderbaren Jahre'', Fischer Taschenbuch 2074.

150 Bücher zur Friedenserziehung für jedes Lebensalter wurden ausgewählt von: Arbeitskreis für Jugendliteratur, Postfach 430340, 8000 München 40 (die Liste kann gratis bestellt werden).

99 **Wie spielt man Frieden . . . ?**

Der russische Kinderbuchautor Marschak beobachtete einmal sechs- bis siebenjährige Kinder beim Spiel. ,Was spielt ihr?' fragte er. Die Antwort: ,Wir spielen Krieg.' Darauf sagte Marschak: ,Wie kann man nur Krieg spielen! Ihr wißt doch sicher, wie schlimm Krieg ist. Ihr solltet lieber Frieden spielen.'

,Das ist eine gute Idee', sagten die Kinder. Dann Schweigen, Beratung, Tuscheln, wieder Schweigen. Da trat ein Kind vor und sagte: ,Großväterchen, wie spielt man Frieden?' 99

Quelle: ,,Thema Frieden'', a. a. O.

> Entsetzt stürzt die Mutter ins Wohnzimmer: ‚Karl, den Jungen mußt Du Dir mal vornehmen. Stell Dir vor: Er hat sich ein altes Gewehr besorgt und spielt Krieg. Ist das nicht entsetzlich? Wir wollen unsere Kinder doch zum Frieden erziehen!' —
>
> ‚Der soll mich kennenlernen', brummt der Vater, ‚ich gucke eben noch den Krimi zu Ende, dann knöpfe ich mir das Bürschchen vor ...'

> Viele Eltern erschrecken immer wieder über die Faszination, die für ihre Kinder von Krieg, Verbrechen, Polizei- und Soldatenspielen, Waffengebrauch ausgeht. Sie sind in großer Gefahr, mit diesen kindlichen Phantasien nicht einfühlend umzugehen, sondern ihrerseits mit Aggression darauf zu antworten, daß das Kind nicht so ist, wie es sein müßte: friedfertig.

Quelle: Wolfgang Schmidbauer in „Friedenserziehung", März 82, Seite 95

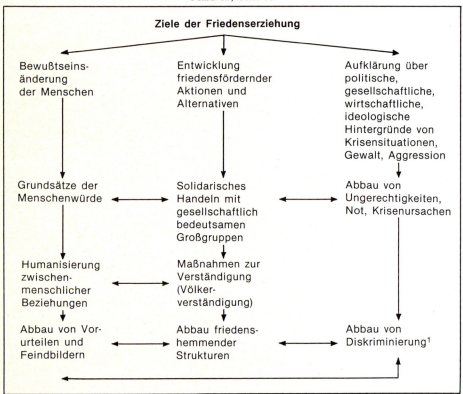

[1] Diskriminierung = Herabwürdigung, Herabsetzung.

10.3.1 Warum gibt es Kriege?

> **Passanten in Berlin antworteten.**
>
> 1. Frau: ‚Nur aus Macht und wirtschaftlichen Gründen.'
> 2. Frau: ‚Weiß ich nicht, gab es immer und wird es wohl leider immer geben.'
> 3. Frau: ‚Weil die Menschen nicht normal sind.'
> 4. Frau: ‚Weil den Menschen wahrscheinlich anders nicht zu helfen ist.'
> 5. Frau: ‚Das fängt ja in der Familie schon an, daß sich ein Ehepaar nicht verträgt oder mit den Kindern ...'
> 1. Mann: ‚Das liegt wohl in der Unzulänglichkeit der Menschen begründet.'
> 2. Mann: ‚Solange es zwei Gesellschaftsordnungen gibt auf der Welt, wird es wahrscheinlich immer Kriege geben.'
> 3. Mann: ‚Weil das Volk nicht bestimmt, sondern die, die da oben sitzen ...'
> 4. Mann: ‚Warum? ... sonst hätten wir ja zu viel Menschen auf der Welt.'
> 5. Mann: ‚Die Großkonzerne, die wollen verdienen ... Also da denke ich, daß es auch daran liegt.'

Quelle: „Thema: Frieden", Begleitmaterial zum Schulfernsehen, Berlin 1973

Wissenschaftler antworten:

1. Krieg ist Folge unserer Aggressivität[1]: Einige Forscher sagen, der Mensch sei von Natur aus aggressiv. Er entlade diese Aggressivität in Kriegen.

2. Krieg ist Folge gesellschaftlicher Ursachen: Andere Wissenschaftler meinen, Aggressivität wird durch Erziehung, durch gesellschaftliche Lebensbedingungen ausgelöst.

3. Krieg ist Folge des Machtstrebens von Staaten: Nach dieser Ansicht ist Krieg die Folge entgegengesetzter machtpolitischer Interessen.

[1] Aggressivität = Angriffsverhalten

4. *Krieg entsteht durch die Angst der Mächte voreinander:* Die Angst führt zu einem ständigen Rüstungswettlauf, der in einen Krieg einmünden kann.

5. *Krieg ist Folge von Ausbeutung:* Diese Ansicht geht auf Marx und Engels zurück: Kriege entstehen als Auseinandersetzungen zwischen Klassen im nationalen und internationalen Rahmen.

6. *Krieg ist Folge des ungeordneten Staatensystems:* Kriege sollen nach dieser Ansicht durch internationale Schiedsgerichte und Verbesserungen der Beziehungen zwischen den Staaten vermieden werden.

Beispiel: Krieg als Folge menschlicher Aggression

Wie schwierig es ist, Kriege als Folge e i n e r Ursache zu erklären, soll am Beispiel der menschlichen Aggression angedeutet werden.

„ Wer die Aggression versteht, kann den Krieg vermeiden", mit dieser einfachen Erklärung glaubte man, die eigentliche Kriegsursache gefunden zu haben. Es stellte sich heraus, daß gerade der „moderne" Krieg noch andere Ursachen haben muß: „Sehr wenige Bombenbesatzungen wären ... willens, Kinder (oder auch Erwachsene) mit eigenen Händen zu erwürgen, zu erstechen, zu verbrennen ...

Die in den Bombensilos die Schlüssel drehen und die Hebel umlegen, empfinden wahrscheinlich nicht die mindeste Aggressivität gegen ihre Opfer; sie kennen sie nicht, sie haben nichts gegen sie, sie sind ihnen gleichgültig, vielleicht tun sie ihnen auf vage Art sogar leid. — Schon der persönlich aggressive Mensch war schlimm; schlimmer aber ist der ohne Aggressivität tötende. Die persönliche Aggressivität hat sich aus den Kriegen zurückgezogen ... "

Quelle: Dieter E. Zimmer in „Die Zeit", 13. November 1981

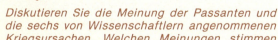

Diskutieren Sie die Meinung der Passanten und die sechs von Wissenschaftlern angenommenen Kriegsursachen. Welchen Meinungen stimmen Sie zu? Begründen Sie Ihre Ansicht.

WARUM KRIEG?

Zu diesem Thema führten Redakteure der Zeitschrift „Psychologie heute" (Nr. 2/1983) ein Gespräch mit der amerikanischen Militärhistorikerin Sue Mansfield. — Es folgen einige Zitate aus diesem Gespräch:

„ Zunächst einmal müssen wir zwischen Aggression und Krieg unterscheiden. Ohne ein gewisses Maß an Aggression könnte das Leben weder erhalten noch weitergegeben werden. Krieg ist dagegen ein besonderer Typ gesellschaftlich anerkannter ... Aggression; im Krieg werden Individuen durch sozialen Druck gezwungen, Menschen zu töten, obwohl sie diese weder hassen noch besonders fürchten ...

Die Kriegsmotive sind immer vielschichtig. Man kann am Krieg zum Beispiel viel Geld verdienen ... Krieg ist immer auch Abenteuer. Man sieht fremde Länder, die Langeweile des Alltags wird unterbrochen ...

Aus Angst vor der Ausweitung des kommunistischen Machtbereiches haben die Vereinigten Staaten in Korea und Vietnam gekämpft. Die Russen sind in Ungarn und der Tschechoslowakei einmarschiert ... Zu solchen Fehleinschätzungen kommt es, wenn andere Völker aus einer paranoiden[1] Vorstellung heraus als feindselig und bedrohlich wahrgenommen werden ...

Sowohl die Gestalttheorie als auch die historische Analyse zeigen deutlich, daß diejenigen, die Atomwaffen produzieren, zutiefst verängstigte Menschen sind, die in defensiver Bewaffnung Schutz und Sicherheit suchen ... Ich bezweifele deshalb, daß die Forderung nach sofortiger Abrüstung etwas bewirken wird ... Letzten Endes hängt unser Überleben davon ab, daß wir das alte Ritual[2] des gerechten Krieges aufgeben ...

Wir müssen aufhören, uns selbst als schwach anzusehen. Wir Amerikaner sind eine mächtige Nation ... Wir sollten die naive Vorstellung zerstören, nach der wir alles Recht auf unserer Seite haben und die anderen durch und durch böse sind. Wir können nicht länger so tun, als seien die russischen Raketen Angriffswaffen und unsere nicht. "

Quelle: „Psychologie heute", Nr. 2, 1983

[1] paranoisch = geistesgestört, verwirrt.

[2] Rituale = urspr. die feierlichen Formeln und Gebräuche beim Gottesdienst.

Die historischen Phasen des Krieges

Krieg ist weder der „Vater aller Dinge", noch ist er so alt wie die Menschheit. Es gab durchaus Zeiten, in denen die Menschen ohne Kriege auskamen; und es gab Kampfformen, die nicht auf Vernichtung des „Feindes" aus waren. Interessanterweise sind die Kampfstile der sogenannten Primitiven meist „zivilisierter" gewesen als die primitiven Massenschlachten sogenannter zivilisierter Völker.

Jede Kultur entwickelte ihren eigenen Kampfstil, ihren eigenen Kriegsmythos. Beides hing immer eng zusammen mit dem Menschenbild, der Religion und der Vorstellung von Welt und Kosmos.

Sue Mansfield hat die Geschichte des Krieges in folgende Phasen eingeteilt:

URZEIT
Keine Kriege

JUNGSTEINZEIT
Krieg als religiöser Ritus, durch den der Schöpfungsakt nachvollzogen wird

BRONZEZEIT/ HEROISCHES ZEITALTER
Kampf um persönlichen Ruhm, nicht zu Ruhm und Ehre der Gemeinschaft

BÄUERLICHE KULTUREN
Krieg zum Erwerb von Land, Macht und Reichtum. Wird meist von einer politischen Elite angezettelt. Machtstreben und Besitzgier gehen einher mit Schuldgefühlen

CHRISTLICHES ZEITALTER
Krieg als „gerechter" Krieg, mit brutalen Kreuzzügen, in denen die Krieger als „Racheengel Gottes" das Heil suchten

TECHNOKRATISCHES ZEITALTER
Mechanisierter und standardisierter Krieg, ausgelöst durch Ohnmachtsgefühle und Verfolgungsängste

ATOM-ZEITALTER
Entweder noch nie dagewesene totale Zerstörung der Erde oder Besinnung der Menschheit auf die kreative Nutzung der eigenen Aggressionen

> **Das Märchen, warum es keinen Krieg geben kann**
>
> Zwischen zwei Völkern drohte Krieg. Auf beiden Seiten schickten die Feldherren Kundschafter aus. Sie sollten herausfinden, wo man am leichtesten in das Nachbarland einfallen könnte. Die Kundschafter kehrten zurück und berichteten: Es gibt nur eine Stelle, wo man in das andere Land einfallen kann. Überall sonst sind hohe Gebirge und tiefe Flüsse.
>
> An dieser Stelle aber, so erzählten sie, hat ein Bauer sein Feld. Er wohnt dort in einem kleinen Haus mit Frau und Kind. Sie sind glücklich. — Wenn wir aber über das Feld ins Feindesland marschieren, zerstören wir das Glück. Also — sagten die Kundschafter — kann es keinen Krieg geben.
>
> Das sahen die Feldherren ein, und der Krieg fand nicht statt — wie jeder Mensch begreifen wird.

Frei nach einem alten Märchen aus China

Diskutieren Sie die dargestellten Meinungen. Stimmen Sie zu?

10.3.2 So fängt es an: Wir und die anderen

> Mein Vater hatte gestern Krach im Geschäft. Der Chef hat „Flasche" zu ihm gesagt ... Da kam er natürlich schon wütend nach Hause. Und dann hatte meine Mutter das Essen nicht pünktlich fertig. Da gab's schon wieder Krach. Und da hab ich bloß gesagt, sie sollen nicht so brüllen. Schon hatte ich Vaters Faust im Gesicht. Und als ich aus dem Zimmer lief, hab' ich vor Wut noch nach unserem Hund getreten. Da riß mich die Mutter am Ohr. Ich sollte nicht so unbeherrscht das arme Tier mißhandeln.

Quelle: PZ, 6/72

> Steven Pitkin (Soldat): ‚Man betrachtet den Feind als Tier, und zur gleichen Zeit wirst du selbst zum Tier. Das bringt mich heute völlig durcheinander, daß ich wirklich ein Tier war, und daß ich zurückgekommen bin und nun wieder zivilisiert sein soll'.

Quelle: „Wintersoldat", ARD 14. Mai 1973

Er sagte: „Dieser verdammte Idiot; dem werd' ich's zeigen, wer mehr PS unter der Haube hat ..." — Gegenfahrbahn ..., ins Schleudern ..., konnte nur noch tot geborgen werden ...

Oft ist es der kleine Krieg, der unseren Alltag verwüstet:

Krieg in Familien, Vereinen und Gruppen ...
Krieg im dröhnenden Disco-Schuppen ...
Krieg auf Straßen, Plätzen und Gassen,
Wo Auto, Motorrad und Fahrrad sich hassen.

Krieg ist jedes Umweltverschmutzen,
Es wird unseren Kindern und Enkeln nichts
  nutzen.
In vielen Betrieben und Schulen herrscht Krieg,
Wir erhalten von dort so manchen Hieb.

Krieg führen wir gegen Gastarbeiter,
Zigeuner ..., Fremde, ... und so weiter!

Aggressionen ...

gegen sich selbst ...

Brennend brach der Mann auf dem Rasen zusammen

Vor den Augen der entsetzten Bewohner eines Wohnblocks in der Souchaystraße in Krempelsdorf versuchte gestern abend ein 30jähriger Mann, sich auf grausige Art das Leben zu nehmen: Er übergoß sich mit Benzin, zündete es an und erlitt schwerste Verbrennungen.

Wie die Feuerwehr mitteilt, soll der junge Mann brennend noch etwa 20 Meter über das Gelände hinter dem Haus gelaufen sein, bevor er zusammenbrach. Die Mutter, die ihren Sohn auf dem Rasen liegen sah, erlitt einen schweren Schock und mußte vom Notarzt versorgt werden.

gegen andere ...

Eltern ließen ihr Baby verhungern

Wanne-Eickel (Hei.) Ganz bewußt — so der Staatsanwalt — hat ein junges Ehepaar in Wanne-Eickel eines seiner drei Kinder verhungern lassen. Erst dann hätten der 26jährige Vater und die 19jährige Mutter den Notarzt gerufen. Der Mediziner fand den 14 Monate alten Benjamin regungslos in einem verschmutzten Bettchen. Der tote Junge war bis auf die Knochen abgemagert. Der Staatsanwalt, der Haftbefehle gegen die Eltern beantragte: „Das Martyrium des Kindes kann Wochen gedauert haben."

Zwei Meldungen vom gleichen Tag

„Lübecker Nachrichten", 9. April 1983

Diskutieren Sie:

Wie kann es zu solchen Handlungen kommen?

Versuchen Sie, eine Liste von Ursachen zusammenzustellen, die zu Aggressionen gegen uns selbst und gegen andere führen. Ziehen Sie Parallelen zu Mord, Folter, Gewalt …

10.3.2.1 Vorurteile: Urteile ohne Verstand

„ Kriege, Schrecken und Mißverständnisse, unendlich viel Elend, aber auch kritiklose Hocheinschätzung sind entstanden, weil Menschen vorschnell und aus dem Gefühl heraus geurteilt haben, ohne ihren Verstand zu benutzen und ohne sich die Grundlagen für ein Urteil zu schaffen. Es ist ja so leicht, von einem Menschen her auf ein Volk oder Rasse zu schließen. Wie oft kann man hören: „Die Russen sind grausam. Gastarbeiterkinder sind dumm, Neger sind dumm!", aber auch: „Wir Deutschen sind ein Volk der Dichter und Denker, wir sind fleißig und gewissenhaft; deutsche Wertarbeit ist in der ganzen Welt angesehen!" Wir nennen solche Behauptungen, die meist voreilig gefällt und nicht durch Erfahrung oder Nachdenken gewonnen worden sind, Vorurteile! "

Quelle: „Wir und die anderen", Materialien zum NDR-Schulfernsehen, Seite 31

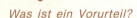

Was ist ein Vorurteil?

Schreiben Sie aus dem letzten Absatz die Wörter und Satzteile heraus, die den Begriff „Vorurteil" erklären: Ein Vorurteil ist …

Nennen Sie weitere Beispiele von Vorurteilen.

Menschen brauchen Selbstbewußtsein. Für sein Selbstbewußtsein braucht man Ansporn, Anerkennung und Bestätigung durch seine soziale Umwelt. Wenn diese Bestätigung fehlt, kann es schlimme Folgen haben.

Beispiel:

Jürgen geht der Ruf voraus: Er taugt nichts! Eltern, Lehrer, Meister, Kollegen

— beobachten ihn. Ihnen fällt immer nur auf, was ihr Vorurteil bestätigt. Andere Feststellungen werden beiseitegeschoben oder unterbewertet;

— machen ihm bei jeder Gelegenheit klar: „Von Dir kann man doch nichts erwarten! Du kannst nichts, tust nichts, taugst nichts!"

Vielleicht gibt Jürgen sich am Anfang noch Mühe. Weil er dauernd entmutigt wird, glaubt er schließlich selbst, daß er nichts schafft. Er strengt sich nicht mehr an, und nun geht tatsächlich alles daneben. Jetzt stimmt der Satz: „Jürgen taugt nichts!" Das Vorurteil ist bestätigt.

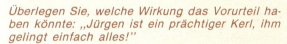

Überlegen Sie, welche Wirkung das Vorurteil haben könnte: „Jürgen ist ein prächtiger Kerl, ihm gelingt einfach alles!"

Wie wird sich seine Umwelt verhalten? Wie wird Jürgen beeinflußt? Wie wird er schließlich selbst sein?

10.3.2.2 Wer angegriffen wird, kapselt sich ab: Beispiel Gastarbeiter

Weil wir sie als „Arbeitskräfte" brauchten, haben wir die Italiener, Spanier, Türken aus ihrer sozialen Umwelt herausgerissen. Wir wollten sie nicht als Menschen. Uns fiel an ihnen zuerst auf, daß sie „anders" waren. Und wie verhalten wir uns ihnen gegenüber?

Vorurteile schaden uns selbst: Wenn eine Gruppe von außen angegriffen wird, rücken die Mitglieder enger zusammen. Man baut Schutzwälle auf, um den Feind abzuwehren. Gastarbeiter ziehen zusammen, in bestimmte Straßen, in bestimmte Stadtviertel. Die Deutschen ziehen dort aus. Man grenzt sich ab. Im Inneren der Gruppe wird streng darauf geachtet, daß die eigenen Normen eingehalten werden. Abweichler werden zurückgepfiffen. Eine Öffnung nach außen oder eine Angleichung an unsere Gruppen werden nicht geduldet: Man muß zusammenhalten. Immerhin: In wachsendem Maße gibt es Organisationen, die versuchen, die Kluft zu überwinden.

Beispiel Diakonie:

Fast überall kümmern sich kleine Gruppen um Außenseiter und Randgruppen der Gesellschaft. Gelingt es ihnen, die Einstellung der Mehrheit zu ändern?

Das Vorurteil gegen Gastarbeiter hat eine Wirkung, die keiner von uns wollen kann: Es macht eine Anpassung an unsere Normen, eine Eingliederung in unsere Gesellschaft unmöglich.

99 Ausländer unter sich lernen nicht richtig Deutsch, können sich deutschem Lebensstil aus Beispielmangel nicht anpassen. Verhinderte Sozialisierung wird zur Quelle neuer Konflikte! 99

Quelle: Klaus Hinst u. a.: „Wir und die anderen", rororo Tele Nr. 24. S. 33

Erst wenn der Druck gegen die Gastarbeiter nachläßt, haben sie in unserer Gesellschaft eine Chance.

10.3.2.3 Wie reagieren Sie auf Leute, die „anders" sind?

99 Die Rolle des Prügelknaben, des Minderwertigen, an dem wir unseren Wert messen, müssen oft auch Gruppen in unserem eigenen Volk spielen. Angehörige bestimmter, allgemein mißachteter Berufe werden zu Minderheiten gestempelt; Studenten, die sich unseren Vorstellungen nicht fügen, werden zu Außenseitern gemacht. Politisch mißliebige Gruppen werden verleumdet, bösartige Absichten und Ziele werden ihnen unterstellt. 99

Quelle: Klaus Hinst u. a.: „Wir und die anderen", rororo Tele Nr. 24. S. 35

Bürger werden zu Sündenböcken gemacht

Die Gesellschaft braucht diese Außenseiter, um den eigenen Mitgliedern zu zeigen, was man nicht tun, was man nicht denken, wie man nicht leben darf.

Die Gesellschaft mißbraucht Außenseiter als Prügelknaben.

Wenn etwas nicht klappt, werden Schuldige gesucht. Die Gesellschaft braucht Sündenböcke. Außenseiter sind dankbare Opfer, sie können sich nicht wehren. Sie werden die Prügelknaben, an denen man — ungestraft — die aufgestaute Wut austoben kann.

Man sollte das Positive sehen: Außenseiter helfen der Gesellschaft, sich weiterzuentwickeln. Für eine starre Gesellschaft sind Außenseiter und Minderheiten gefährlich. Weil sie sich nicht an die gültigen Normen halten, stellen sie die Normen der Gesellschaft in Frage. Eine Gesellschaft etwa, die Sauberkeit, Ordnung, beruflichen Erfolg als höchste Werte anerkennt, duldet Gammler ungern. Gammler leben ohne regelmäßige Arbeit. Für sie ist Sauberkeit nicht so wichtig wie die persönliche Freiheit. Eine Gesellschaft, die Außenseiter und Minderheiten duldet, gesteht ein: Man kann auch nach anderen Normen leben. Durch die Auseinandersetzung der Gesellschaft mit ihren Außenseitern können veraltete Normen an neue Bedingungen angepaßt werden.

Eine Gesellschaft, die keine Außenseiter erträgt, ist unbeweglich, starr und nicht fähig, sich weiterzuentwickeln.

Eine „offene Gesellschaft" ist aufgeschlossen für neue Ideen, neue Werte, Normen, Rollen. Sie ist auch offen für Leute, die „anders" sind.

Außenseiter und Minderheiten haben es in allen Gesellschaften schwer. Sie können ihr Leben ertragen in einer offenen Gesellschaft, wenn sich der Unmut der Gesellschaft auf viele Sündenböcke verteilt und sich nicht als „Prügelknaben der Nation" den ganzen Zorn der Allgemeinheit auf sich ziehen.

„Außenseiter" oder „Kinder unserer Gesellschaft!" — Auf dem DAM-Platz in Amsterdam. Wer ist „normal"? Wie reagiert die Gesellschaft?

Versuchen Sie, in einer Diskussion folgende Fragen zu klären:
Ist die Gesellschaft der Bundesrepublik Deutschland eine „starre Gesellschaft", die keine Außenseiter duldet?
Ist sie eine „offene Gesellschaft", in der Außenseiter und abweichendes Verhalten weitgehend geduldet werden?
Geben Sie Beispiele an.
Wie verhalten Sie sich persönlich gegenüber Außenseitern und Minderheiten?

10.3.3 Feindbilder ...

10.3.3.1 ... des Nationalsozialismus'

An anderer Stelle wird die Ideologie des Nationalsozialismus genauer dargestellt[1]. Der Haß auf die Juden ist eines seiner wesentlichen Feindbilder: „Man müßte den Juden, wenn er nicht wäre, erfinden. Man braucht einen sichtbaren Feind, nicht bloß einen unsichtbaren", schreibt Hitler in seinem Buch „Mein Kampf". Der Jude als Sündenbock der Geschichte. Für alles Elend, für jeden Fehler wurde er verantwortlich gemacht. Das „Weltjudentum" war an allem schuld. — Lassen wir Hitler noch mit einigen Sätzen zu Worte kommen[2]: „Siegt der Jude ... über die Völker dieser Welt, dann wird seine Krone der Totenkranz der Menschheit sein, dann wird dieser Planet wieder wie einst vor Jahrmillionen menschenleer durch den Äther ziehen." — „Indem ich mich des Juden erwehre, kämpfe ich für das Werk des Herrn."

Vergessen wir nicht: Diese fanatische Judenfeindschaft führte zu den entsetzlichsten Verbrechen an den Juden in der Geschichte: zum planmäßigen Massenmord in den Gaskammern von Auschwitz ... Und am 2. April 1945, wenige Tage vor seinem Selbstmord, brüstet sich Hitler mit den Worten: „Man wird dem Nationalsozialismus ewig dankbar dafür sein, daß ich die Juden in Deutschland und Mitteleuropa ausgelöscht habe."[3]

„Das ist Vergangenheit ..." werden Sie vielleicht sagen, „das kann heute nicht mehr passieren". Sind Sie sicher? — Dann lesen Sie die folgenden Berichte aus unseren Tagen[4]:

Stadtbücherei Rüsselsheim, Hauptjugendbücherei, an einem Nachmittag im Oktober. Sechs bis acht Jungen im Alter zwischen 13 und 15 Jahren betreten im Sturmschritt die Bibliotheksräume, beschmieren die große Schiefertafel mit Hakenkreuzen, brüllen „Juden raus" und verlassen vor den Augen der erschreckten Besucher mit einem lauten „Heil Hitler" die Bücherei.

An einer Oberschule in Berlin-Lichtenrade: Kurz vor dem Unterricht malen einige Schüler an der Tafel ... dazu kommen dann andere Schüler, die machen ein Hakenkreuz, einer schreibt an die Tafel: „Es gibt nichts schöneres auf Erden, als Juden zu vergasen", dann noch Davidssterne, und dann schreibt einer: „Mister X ist eine Judensau". In dem Augenblick kommt der Kollege rein — er ist Amerikaner ... — und sagt: „Wie können deutsche Kinder so etwas schreiben?" Er ist der „Mister X" und hat den Schülern einmal mitgeteilt, daß er jüdische Verwandte hat.

---

[1] Kapitel 7.2.1 S. 203 ff.
[2] Die Zitate stammen aus dem Buch von Sebastian Haffner „Anmerkungen zu Hitler", Kindler Verlag, S. 105/106.
[3] Aus dem letzten Bormanndiktat vom 2. April 1945.
[4] Aus P Z, Juni 1982, S. 12/13.

10.3.3.2 ... der DDR

Beispiel: Wehrunterricht

Seit Beginn des Schuljahres 1978/79 wurde in allen Schulen der DDR das Fach „Wehrunterricht" eingeführt. Dieser Unterricht soll dazu beitragen, die „Wehrbereitschaft" der Jugendlichen zu fördern:

> Unsere offene Parteilichkeit gebietet, klar und unmißverständlich zu erklären, daß der Haß gegen das imperialistische System Teil jenes Denkens, Fühlens und Wollens ist, das den opferreichen Kampf sozialistischer Soldaten motiviert ... Der Haß auf den imperialistischen Klassenfeind ist untrennbar verbunden mit der Liebe zur sozialistischen Gesellschaft, zum sozialistischen Vaterland, zur glücklichen Zukunft der Menschheit.

Quelle: Loose/Glass, „Wehrmoral und Soldatenethos im Sozialismus, seine Politik und Landesverteidigung", Berlin (DDR), 1975, S. 77.

Beispiel: Friedenskinder

Reiner Kunze, Schriftsteller, übersiedelte 1977 von der DDR in die Bundesrepublik. In seinem Buch „Die wunderbaren Jahre" schildert er den Alltag in der DDR. Im Klappentext des Buches heißt es:

> Da werden schon Kinder, Spielzeugmaschinenpistolen im Anschlag, zum Haß auf den Klassenfeind gedrillt. Da lernen Elf- und Zwölfjährige in der sozialistischen Wehrerziehung, wie man Menschen tötet.

Hier zwei Ausschnitte unter der Überschrift „Friedenskinder":

> *Siebenjähriger:* (In jeder Hand hält er einen Revolver, vor der Brust hat er eine Spielzeugmaschinenpistole hängen).
>
> „Was sagt denn deine Mutter zu diesen Waffen?"
> „Die hat sie mir doch gekauft."
> „Und wozu?"
> „Gegen die Bösen."
> „Und wer ist gut?"
> „Lenin".
> „Lenin? Wer ist das?"
> Er denkt angestrengt nach, weiß aber nicht zu antworten.
> „Du weißt nicht, wer Lenin ist?"
> „Der Hauptmann."

> *Elfjähriger:*
> „Ich bin in den Gruppenrat gewählt worden", sagt der Junge und spießt Schinkenwürfel auf die Gabel. Der Mann, der das Essen für ihn bestellt hat, schweigt.
> „Ich bin verantwortlich für sozialistische Wehrerziehung", sagt der Junge.
> „Wofür?"
> „Für sozialistische Wehrerziehung". Er saugt Makkaroni von der Unterlippe.
> „Und was mußt du da tun?"
> „Ich bereite Manöver vor und so weiter."

Versuchen Sie, aus den gelesenen Texten mit eigenen Worten „Feindbilder" der DDR zu formulieren.

10.3.3.3 ... und unsere Feindbilder?

Erziehung zum Haß (auf den „Juden", auf den „Klassenfeind") ..., so könnte man Feindbilder des Nationalsozialismus und der DDR zusammenfassen. — Doch wie sieht es bei uns aus?

Versuchen Sie in einer „Bilanz" der Seiten 307 bis 310 folgende Fragen zu beantworten:

1. *Jeder hat seine Vorurteile und: „Man soll sich seine Vorurteile nicht vermiesen lassen." Dieser Satz enthält gewiß ein Körnchen Wahrheit, a b e r: Wann werden Vorurteile gefährlich, wann gefährden sie den Frieden zwischen den Menschen, zwischen den Völkern?*

2. *Gibt es in unserer Gesellschaft Anzeichen von Haß gegenüber Außenseitern oder Minderheiten (z. B. Gastarbeitern)? Wenn ja, welche Ursachen mag dieser Haß haben?*

3. *Es wird behauptet, daß die wachsende Industrialisierung, der Konkurrenzkampf an Arbeitsplatz und Schule, eine unmenschliche Städteplanung und die Umweltzerstörung unsere Gesellschaft zu einer „friedlosen Gesellschaft" machen.*

Nehmen Sie Stellung.

10.3.4 Friede, Freude, Eierkuchen ...?
Die Austragung von Konflikten

> Frieden heißt: Friede des Menschen mit sich selbst
> Friede der Menschen untereinander
> Friede zwischen den Völkern

Machen wir uns nichts vor: Der große Friede fällt nicht vom Himmel. Es wird ihn nie geben (Er wäre Kirchhofsfrieden und langweilig!). Alle Konflikte mit „Friede, Freude, Eierkuchen ..." zuzudecken, führt zum Gegenteil:

> „ Erziehung zu nicht aggressivem, ‚harmonischem' Verhalten ist Erziehung zur Unterdrückung von Aggression und führt zu Anpassungsverhalten, das jederzeit in unkontrollierte Aggression umschlagen kann. Sie leugnet die notwendige Konflikthaltigkeit einer demokratischen Gesellschaft. "

Quelle: „Friedenserziehung", a. a. O., S. 106

Es geht darum, mit Aggressionen richtig „umzugehen", Konflikte gewaltfrei zu regeln.

Das beginnt im täglichen Leben:

Im Mofa-Club „Heiße Öfen" gab es heute Krach. Udo, der ungekrönte Boß der Gruppe, geriet ins Kreuzfeuer der Kritik. Gerd und einige andere warfen ihm vor, daß er in letzter Zeit allzu deutlich nur seine engsten Freunde vorziehen würde. Udo — Auszubildender im Kfz-Handwerk — ist durch seine Geschicklichkeit im Umgang mit Mofas zur begehrten Persönlichkeit der Gruppe geworden. Manchmal ist ihm das zwar lästig, im allgemeinen aber genießt er seinen Ruhm.

Heute reagierte er sauer: „Wenn Ihr was zu motzen habt, dann sucht Euch doch einen anderen Deppen, der Euch bei Euren gammeligen Öfen hilft."

Seine Anhänger unterstützen ihn. Die Gruppe der Kritiker wurde immer kleinlauter und kleiner. Schließlich mußte Gerd klein beigeben. Keiner wollte sich zum Außenseiter machen lassen. Eine Ausweitung des Konfliktes hätte vielleicht die Gruppe in zwei feindliche Lager gespalten, oder der ganze Club wäre sogar geplatzt. Soweit wollte es niemand kommen lassen.

Udo hatte seine Führungsrolle behauptet. Aber der eigentliche Konflikt blieb ungelöst. Es kam nicht mal zu einem Kompromiß[1], weil über die verschiedenen Standpunkte gar nicht geredet wurde.

Sicherlich kennen auch Sie solche Situationen: Der Krach ist für heute zwar beigelegt, aber im Untergrund schwelt der Streit weiter. Keiner hat so recht ein gutes Gefühl. Dabei sind Meinungsverschiedenheiten in einer Gruppe etwas ganz Natürliches. Nur sollten sie vernünftig ausgetragen werden.

Hier einige Ratschläge, wie man sich in Konflikten verhalten sollte:

1. Reden, wenn einmal etwas nicht paßt!

2. Die andere Meinung nicht von vornherein als „blöd" oder „unsinnig" abtun: zuhören, was der „Gegner" sagt. — Den „Gegner" als Mensch achten.

3. Die eigene Meinung überdenken!

4. Weiter reden — zuhören — denken, bis man ein Ergebnis findet. Nicht klein beigeben, wenn man nicht überzeugt ist. Nicht im Krach „Schluß machen" — lieber die Sache noch einmal überschlafen und dann erst die Entscheidung fällen.

Oft haben beide Parteien etwas recht und etwas unrecht. Deshalb muß es am Ende nicht einen Gewinner und einen Verlierer geben. Manchmal ist ein Kompromiß die vernünftige Lösung: Dabei müssen beide Parteien zurückstecken, aber beide müssen auch zustimmen können.

Einen Kompromiß zu finden, ist oft nicht leicht, gleichgültig, ob in einem Mofa-Club oder in der Politik. In einer demokratischen Gesellschaft sollen Konflikte vernünftig gelöst werden, das heißt: mit Worten und nicht mit Fäusten, mit Verhandlungen und nicht mit Gewalt. Politiker ringen oft monatelang um einen Kompromiß, bevor Gesetze beschlossen oder Verträge mit auswärtigen Staaten unterzeichnet werden können.

Das miteinander Reden und Verhandeln setzt voraus, daß man den Gegner ernst nimmt, als Men-

---
[1] Kompromiß = Übereinkunft, Ausgleich.

schen anerkennt und achtet, auch wenn man seine Auffassung nicht teilen kann. Diese Haltung nennt man Toleranz[1]. (S. auch Art. 1 und 2 66).

Toleranz ist lebenswichtig in einer demokratischen Gesellschaft.

> Toleranz ist auch die Überwindung des Freund-Feind-Bildes in der Politik, es ist zu ersetzen mit dem Bild des Gegners. Ich mache da einen enormen Unterschied. Denn, wenn ich keinen Unterschied zwischen Gegner und Feind machen würde, so würde ich nächsten Mittwoch vor dem Fernsehapparat sitzen und denken, die Bayern sind Feinde, wo sie doch nur beim Fußball-Match Gegner sind.

Quelle: Prof. Dr. Alfred Grosser, Paris, in „Das Parlament", 1. Oktober 1977

Nehmen Sie Stellung zu den drei auf dieser Seite wiedergegebenen Auffassungen zur Bewältigung von Konflikten.

Suchen Sie Beispiele aus Ihrem Lebenskreis, in denen Konflikte aufbrechen.

Überlegen Sie, wie diese Konflikte zu lösen sind (ohne „faulen Kompromiß").

Konflikt ist ein Teil der Demokratie — Hans Apel, SPD — damals Verteidigungsminister — sagte[2] vor dem Politischen Club Tutzing:

> Die weit verbreitete, in allen Lebensbereichen um sich greifende Sehnsucht nach Harmonie ist gefährlich; denn in einer Demokratie ist es unbedingt nötig, daß These und Antithese — Pro und Contra — sichtbar werden. Da ist keine Rede von Harmonie. Es gibt kein Leben ohne Konflikte, Angst führt zu unkontrollierten Ausbrüchen. Demokratie aber ist Konfliktregelung, und das bedeutet: Konflikt ist ein Teil der Demokratie.
> Politik ist Dienst am Nächsten und gleichzeitig Kampf um die Macht.

Quelle: Das Parlament, 20. Oktober 1979

---

[1] Toleranz = Duldung, Duldsamkeit; tolerieren = dulden, innerhalb gewisser Grenzen gewähren lassen.

[2] Auszug, verkürzt, dem Sinn nach wiedergegeben.

Höflichkeit, Liebenswürdigkeit
im Umgang miteinander
im Bus, im Wartezimmer, im Theater,
in den Restaurants ist unmodern.

Man gibt sich cool und distanziert,
fordert aber eine humanere
Gesellschaft. Die brauchen wir wirklich.
Gehen wir aufeinander zu,
so oft es möglich ist.

Nur gemeinsam werden wir
die Zukunft gewinnen.

Das Poster dieses Anzeigenmotives im Format DIN A 2
und die Schrift „Nur gemeinsam werden wir die Zukunft gewinnen"
senden wir Ihnen auf Wunsch gerne zu.
Aktion Gemeinsinn e.V., eine Vereinigung unabhängiger
Bürger, Schumannstraße 57, 5300 Bonn 1

Stichwortverzeichnis

Abonnement-Zeitung 63
Abschlußprüfung 14
Abschwung 164
Abstimmung 105
Agrarpolitik 263
Aggression 305
Aggressivität 304
Alkohol 50
   -mißbrauch 49
Alternative 158
Altersversicherung 145
Analphabetentum 173
Antisemitismus 205
Antrag 105
Arbeit 35 ff., 43
   -geber 19, 173
   -geberverband 13, 15, 166
   -nehmer 19, 167
Arbeitsbedingung 142
   -dienst 211
   -losenversicherung 173
   -losigkeit 16, 141, 170, 211
   -maschine 133 f.
   -platz 185
   -schutzgesetz 143
   -vertrag 19
   -zeit 21
ARD 69
Arier 203 f.
Assoziierung 257
Atomindustrie 87
Aufrüstung 212
Aufschwung 164
Ausbildung 12, 47
Ausführende Gewalt 90
Auskunftsrecht 116
Ausländer 12, 32
Ausland 163
Ausschließliche Gesetzgebung 106
Auszubildende(r) 14
Autoritäre Herrschaft 93 f.

Bauer 130
Bauernbefreiung 141
Begnadigungsrecht 113
Behörden 116
Berlin 251
   -Abkommen 232
Berufsausbildungsvertrag 14
   -bildungsgesetz 14
   -grundbildungsjahr 17
   -schule 10, 13, 15, 17, 21
Besatzungszone 230
Betreuungsverwaltung 115

Betrieb 10, 13, 47
Betriebsrat 23
   -verfassungsgesetz 23
Bevölkerungsexplosion 275 f.
   -wachstum 141, 273
Bildung 178
Bildungswesen 17 ff.
Bismarck 143 ff.
Blockade 230
Boulevardblatt 63
Bücherverbrennung 209
Bürgerinitiative 86
Bürgerliches Gesetzbuch (BGB) 20, 42
Bürgerrechte 98
Bürokratie 115
Bund 90
Bundesanstalt für Arbeit 180
Bundesgericht 90, 95
   -haushalt 176
   -kanzler 113
   -präsident 95, 107, 109, 112
   -rat 90, 95, 107, 111, 113, 170
   -rechnungshof 91
   -regierung 87, 90, 95, 107, 113 f.
   -republik Deutschland
     17, 76, 90, 94, 162, 171, 230 ff.
   -staat 92, 94, 97
   -tag 90, 95, 113, 170
   -tagsdebatte 105
   -tagswahl 79
   -verfassungsgericht 77, 91, 95, 97
   -versammlung 95, 111, 113
   -wehr 231, 290

CDU 78 f., 185
CDU/CSU 79
Chance 148, 180
Comecon 240, 269
Computer 11, 53
CSU 78 f.

Dampfmaschine 133
Dawes-Plan 192
DDR 227 ff., 230 ff., 310
   -Bildungssystem 243
Demokratie 94 f., 186
Demokratische Herrschaft 93
Demokratischer Zentralismus 235
Demoskopie 71
Deutsche Arbeitsfront 207
   - Christen 209
Deutscher Gewerkschaftsbund (DGB) 33, 186
Diebstahl 120
Dienstleistung 180
   -sberuf 131
   -sverkehr 163

Diktatur 93 f.
Dolchstoßlegende 195
Dreifelderwirtschaft 132
Dreiklassenwahlrecht 99
Dreißigjähriger Krieg 132
Drittes Reich 201 ff.
Drogen 50
   -mißbrauch 49
Duales System 13

EFTA 269
EG 163, 258
Ehe 40
Eigenverantwortung 172
Einheitsliste 236
Einkommen 169
Eisenbahn 135 f.
Eltern 40
Engels 141
Energie 149 ff.
   -bedarf 151
   -vorrat 151
Entwicklungshilfe 269
   -land 271
Ermächtigungsgesetz 190, 200, 206, 213
Erosion 283
Erziehung 40, 44
Europa 255 ff.
   -rat 269
Europäische Freihandelszone 269
   - Gemeinschaft 258
Europäischer Gerichtshof 259
   - Rat 258
Europäisches Parlament 259
Exekutive 90

Fabrikindustrie 134
Fachzeitschrift 65
Familie 37, 39 ff., 47
F.D.P. 78, 81
Feindbild 309
Fernsehen 57, 68 ff.
Fernsehrat 69
Fließband 146
Föderalismus 92, 97
Fraktionsdisziplin 108
   -zwang 108
Frauen 42
   -arbeit 141
Freie Deutsche Jugend 236
Freier Deutscher Gewerkschaftsbund 236
Freihandelszone 257
Freiheit 119
   -srechte 98
   -sstrafe 122
Freizeit 35 ff., 177

Frieden 289
  -sdienst 294
  -serziehung 302
  -spolitik 80 ff.
  -ssicherung 294
  -svertrag von Versailles 189
Führerkult 205
  -staat 207
Fünf-Prozent-Klausel 102
Futurologie 254

Gastarbeiter 32, 307
Gefängnis 30
Gegendarstellung 60
Geldstrafe 122
  -verkehr 263
Gemeinsamer Markt 257
Gerechtigkeit 127, 186
Gericht 29, 121
Gesellschaft 29, 117
Gesetz 107, 113
  -esinitiative 107
  -esvorlage 107
  -gebende Gewalt 90
  -gebung 104
  -gebungsnotstand 113 f.
Gestapo 211
  -keller 206
Gewaltenteilung 90
Gewerbeaufsicht 22
  -freiheit 137
Gewerkschaft
  15, 20, 127, 158, 167, 179
Gewissensfreiheit 108
Gleichheitsrecht 98
  -schaltung 205 ff.
Globalsteuerung 164
die Grünen 79, 82
Grundbedürfnis 279
  -gesetz
  32, 40, 90 f., 95, 170 f., 230, 233
  -rechte 97, 170, 233
  -vertrag 232
Gruppe 27 ff.

Hammelsprung 105
Handwerker 130 ff.
Hausfrau 43
Herrschaftsform 93
Hitler 201 ff.
  -jugend 208
Hindenburg, von 189
Höchstzahlverfahren 103
Hörfunk 57, 68 ff.
Holocaust 215
Hunger 132, 273

Ideologie 309
Individuum 238
Industrialisierung 133 ff.
Industrie 155
Industrielle Revolution 133
Industriegesellschaft 129 ff.
  -nation 133
Inflation 193 f.
Information 54
  -squelle 58
Infrastruktur 282
Innerdeutsche Beziehung 232
Innung 13, 15, 23
Integration 257
Intendant 69
Interessengruppe 95
  -verband 83 ff.
Interzonenhandelsabkommen 230
Invalidenversicherung 145

Jäger 130
Jude 203, 222, 309
  -ntum 204
  -nverfolgung 212 ff.
Judikative 90
Jugend 242 ff.
  -arbeit 143
  -arbeitsschutz 21, 50 ff.
  -arbeitsschutzgesetz 10, 51
  -strafe 123

Kammer 13
Kanzlerdemokratie 114
Kapitulation 229
Kaufleute 130 f.
Kernwaffen 296
Kinderarbeit 141, 143
  -geld 176
Kleiner Grenzverkehr 227, 232
König 94
Körperverletzung 120
Kommentar 46, 55 ff.
Konferenz von Jalta 229
  - Potsdam 219, 229
  - Teheran 229
Konflikt 28 ff., 311
  -herd 37
Konjunktur 163 ff.
  -politik 164
Konkurrenz 163
Konkurrierende Gesetzgebung 107
Konstruktives Mißtrauensvotum 114
Kontrolle 89
Konzentrationslager 206, 215, 223
Kraftmaschine 134
Krankenversicherung 145, 173

Krieg 304
  -sdienstverweigerer 294
Kriminalität 31, 119
Kriminalpolizei 119
Kündigung 15, 19, 20, 24
Kundenzeitschrift 65

Länder 90
Landesgericht 90
  -parlament 90
  -regierung 90, 95
Landtag 95
Langeweile 36
Lebensraum 218
Legislative 90
Lehrling 14, 16, 29
Leistung 177 f., 187
  -sverwaltung 115
Liebe 36
Lobby 85

Macht 88
  -konkurrenz 100
  -kontrolle 85, 89, 100, 110
  -mißbrauch 86
  -zentrum 116
Magisches Viereck 165
Marktmechanismus 164
  -wirtschaft 178
Marshall-Plan 230
Marx 141
Maschine 147
Massenmedien 57 ff., 84, 91
Mauer 231
Mehrheit 105
  -swahl 100
Mehrparteiensystem 237
Meinung 55 ff.
  -sforscher 71
Meldung 46, 55 ff.
Menschenrechte 97
Mikroelektronik 147
Ministerrat 235, 258
Mißtrauensvotum 114
Mitbestimmung 23
Mittelstreckenrakete 297, 302
Monarchie 94, 157

Nachricht 55 ff.
Nahrungsmittel 132
Nation 247
Nationale Front 236
  - Volksarmee 231
Nationalsozialismus 309
  -sozialisten 203
NATO 231, 290

Nepal 283
Nikotin 50
Nord-Süd-Kommisson 279
  -Konflikt 269
Notverordnung 199
Nürnberger Gesetze 213

Öffentliche Meinung 91
Opposition 110
Ordnungsverwaltung 115

Parteien 77, 84, 95
  -übersicht 78
Parlament 84
Parlamentarische Opposition 91, 110
Parlamentarischer Rat 96
Parlamentarismus 93
Parlamentsauflösung 113
Persönlichkeit 11
Personenverkehr 263
Petitionsausschuß 107
  -recht 107
Pluralismus 77, 236
Pluralistisch 117
Pluralistische Demokratie 236, 238
Politische Macht 89
Polizei 29, 119
Position 27 ff.
Präferenzsystem 257
Präsident 94
Präsidialdemokratie 93
Presse 57, 62 ff.
  -freiheit 59 ff.
  -kommission 67
  -konzentration 66
  -recht 59 ff.
  -rat 61
Primärgruppe 39
Probezeit 15
Produktivität 146
Publikumszeitschrift 65

Rahmenvorschrift 107
Rasse 205
  -nfrage 203
  -ngesetz 202
  -nkampf 205
  -nlehre 309
  -nwahn 205
Rat für gegenseitige Wirtschaftshilfe
  (RGW) 240
Rationalisierung 146
Rauchen 48
Rauschgift 49
Rechnungshof 259

Rechtsbehelf 116
  -mittel 116
  -staat 97, 118
Regenbogenpresse 66
Regierung 84, 114
  -sform 93 f.
Reichskristallnacht 202, 213 f.
  -tagswahl 197
Relative Mehrheitswahl 100
Rentenversicherung 173
Reparation 191
Republik 94, 157
Resozialisierung 126
Rhöm-Putsch 207
Richter 121
Richterliche Gewalt 90
Rohstoff 149
Rolle 27, 42 ff.
  -nerwartung 28
Rüstung 295
  -sbeschränkung 294, 296
Rundfunkanstalt 68

Saurer Regen 153
Schule 36, 47
Schutzzoll 257
SED 235 ff.
Sekundärgruppe 40
Selbstverwaltung 173 f.
Sicherheit 290, 295
Solidarische Gesellschaft 186
Solidarität 40, 172, 186
Sowjetzone 230
Sozialabgaben 175
  -amt 170
  -Budget 175
  -gesetzbuch 170
  -hilfe 170, 174
  -leistung 175
Soziale Frage 139
  - Gruppe 39
  - Marktwirtschaft 162, 166, 240
  - Norm 29 ff.
  - Sicherheit 171
Sozialisation 44
Sozialistengesetz 143
Sozialistische Demokratie 235 f., 238
  - Planwirtschaft 238 f.
Sozialistisches Bewußtsein 238
Sozialpolitik 143 ff.
  -rechte 98
  -staat 97, 162, 170, 174, 186
  -versicherung 19, 144 ff., 169,
  171, 173
  -versicherungsgesetzgebung 142
SPD 78, 80, 186
Sperrklausel 102

Spinnvorgang 134
Staat 76, 119
  -saufbau 92, 94
  -sform 94
  -sgebiet 92
  -sgewalt 90, 92
  -spartei 235
  -srat 235
  -svolk 92
Stabex 282
Stalingrad 219
Standeszeitschrift 65
Sternstatut 61
Steuer 168 f., 175
Strafe 122
Strafverfahren 121
Strukturwandel 133, 147 ff.
Subsidiarität 172
Supranational 257

Tageszeitung 63
Tansania 282
Tarifpartner 20
  -vertrag 24
Technik 11, 148
Terms of Trade 274
Teufelskreis der Armut 269
Totalitäre Herrschaft 94
Transitabkommen 232
Trauschein 43
Trinken 50

Überentwicklung 273
Umweltpolitik 80 ff.
  -schutz 152 ff.
  -schutzgesetz 149
Unfallversicherung 145
  -sgesetz 142, 143 ff., 173
Unterentwicklung 273
Untertan 87
Urlaub 21, 35 ff.
Urmensch 130
Uruguay 283

Verbandszeitschrift 65
Verbrechen 120
Vereinte Nationen 97
Verfassung 95 f.
  - der DDR 230, 233
Verhältniswahl 101
Verkehr 155
  -svereinbarung 232
  -svertrag 232
  -swesen 135 f.
Vermittlungsausschuß 107
Versicherter 173
Versicherungsträger 173
Vertrag von Lomé 281

- Versailles 191
Vertrauensfrage 114
Vertreterversammlung 173 f.
Vertriebene 229
Verwaltung 84, 114
   -sgericht 116
Viermächte-Abkommen 249
Völkerbund 202
Volksaufstand 230, 251
   -begehren 91
   -demokratie 235
   -einkommen 168
   -entscheid 91
   -herrschaft 97
   -kammer 235
Vorbestrafter 30
Vorindustrielle Gesellschaft 157
   - Zeit 132
Vorurteil 34, 307

Wähler 95
Währungsreform 162, 230
Wahlprogramm 79
   -recht 102
   -system 99
Warenverkehr 263
Warschauer Pakt 231, 292
Wehrdienst 211, 298
   -unterricht 310
Weimarer Republik 187
   - Verfassung 189
Weiterbildung 17
Weltpolitische Probleme 254 ff.
Weltwirtschaft 280
   -skrise 189, 192, 197 ff.
Wettbewerb 162 f.
Widerstand 216
Wiedervereinigung 247 ff.
Wirtschaftliches Gleichgewicht 164

Wirtschaftspolitik 79 ff.
   -ziel 165
Wochenzeitung 63

Young-Plan 192

ZDF 69
Zeitschrift 64
Zeitungsleser 62
Zentralstaat 92, 94
   -verwaltungswirtschaft 239
Zeugnisverweigerungsrecht 60
Zivilschutz 297
Zollunion 257
   -verein 136
Zukunft 12, 47, 185
Zunft 131, 137
   -ordnung 131
Zweiter Weltkrieg 218 ff.